历代史略（点校本）

柳诒徵 著
张华中 等 点校

江苏人民出版社

图书在版编目(CIP)数据

历代史略:点校本/柳诒徵著;张华中等点校
.一南京:江苏人民出版社,2020.11
ISBN 978-7-214-24368-3

Ⅰ.①历… Ⅱ.①柳… ②张… Ⅲ.①中国历史一古代史 Ⅳ.①K22

中国版本图书馆 CIP 数据核字(2020)第 004649 号

书　　名	历代史略(点校本)
著　　者	柳诒徵
点　　校	张华中　等
责任编辑	洪　扬
装帧设计	许文菲
责任监制	王　娟
出版发行	江苏人民出版社
出版社地址	南京市湖南路1号A楼,邮编:210009
出版社网址	http://www.jspph.com
照　　排	江苏凤凰制版有限公司
印　　刷	南京新洲印刷有限公司
开　　本	718毫米×1000毫米　1/16
印　　张	28.25
字　　数	404千字
版　　次	2020年11月第1版　2020年11月第1次印刷
标准书号	ISBN 978-7-214-24368-3
定　　价	88.00元

(江苏人民出版社图书凡印装错误可向承印厂调换)

柳诒徵《历代史略》(点校本)序一

柳诒徵《历代史略》(点校本)承苏州高新区教育局张华中名师工作室认真点校,江苏人民出版社郑重推出,近期得以面世,是一件令人高兴的事。

柳诒徵《历代史略》首篇“总论”分述“地理概论”和“历史大旨”。又分别论说各个历史时期概貌:卷一《上世史》、卷二《中世史(上)》、卷三《中世史(下)》、卷四《近世史(上)》、卷五《近世史(中)》、卷六《近世史(下)》。自“唐虞”时代至明末,应当说,这是一部比较完整的中国通史专著。以我稍微熟悉一些的秦汉史而言,卷二《中世史(上)》包括秦、楚汉、前汉(上)、前汉(中)、前汉(下)、后汉(上)、后汉(下)、三国、制度略,介绍了这一时期的历史脉络,也对重要制度有所说明。又有“附录”27 种,包括图表,以及诸帝在位年数及年号的说明,便于读者检索参考。

有关《历代史略》(点校本)的由来,张华中先生在“后记”中已经申说明白。他特别写道:“近代历史教科书特别是《历代史略》均是在开篇介绍地理沿革或地理概况,让我们大概领略了空间观念培养的路径。”这一特点其实非常重要。这里有必要说明这种教育学理念的历史渊源。《汉书》卷二四上《食货志上》说到先秦两汉农耕社会的生产和生活秩序的基本原则,即所谓“先王制土处民富而教之之大略”,其中是包括如何“教之”的内容的:“是月,余子亦在于序室。八岁入小学,学六甲五方书计之事,始知室家长幼之节。十五入大学,学先圣礼乐,而知朝廷君臣之礼。其有秀异者,移乡学于庠序;庠序之异者,移国学于少学。诸侯岁贡少学之异者于天子,学于大学,命曰造士。行同能偶,则别之以射,然后爵命焉。”这里所说的教育程式中的“八岁入小学”,“十五入大学”,“小学”是指初级教育。对于教学主要内容所谓“学六甲五方书计之事”,颜师古的解释引用了苏林和臣瓒两种说法:“苏林曰:‘五方之异书,如今秘书学外国书也。’臣瓒曰:‘辨五方之名及书艺也。’师古曰:‘瓒说是也。’”颜师古赞同“瓒说”。而确实“瓒说”较苏林说更为接近教育史的真实,但是可能也并没有完整说明《食货志》的意思。“六甲五方”“书计之事”并不仅仅是“辨五方之名”,“书计之事”也不仅仅是“书艺”。所谓“学六甲五方书计之事”,应是指基本知识和书写计算的技能。顾炎武说:“‘六甲’者,四时六十甲子之类;‘五方’者,九州岳渎列国之名;‘书’者,六书;‘计’者,九数。瓒说未尽。”周寿昌说:“此《礼记·内则》之言。礼,‘九年教之数日’,郑注,‘朔望与六甲也’,犹言学数干支也。‘六年教之数与方名’,郑注,‘方名,东西’,即所云‘五方’也。以东西该南北中也。‘十年出就外傅,居宿于外,学书记’,即‘书计’也。‘书’,文字;‘计’,筹算也。六书九数,皆古人小学之所有事也。”(金少英:《汉书食货志集释》,中华书局 1986 年 10 月版,第 37 页)“数”学,是当时“小学”的重要内容之一。《论衡·自纪》中,王充自述童年经历,言“六岁教书”,《太平御览》卷三八五引《会稽典录》写作“七岁教书数”,这里是包括了“数”的。《四民月令》说“正月”事:“研冻释,命幼童入小学,学书《篇章》。”据原书本注,《篇章》包括《九九》之属。后世将数学知识看作科学的基点。所谓“六甲五方”,“六甲”是关于时间的知识,“五方”是关于空间的知识。汉代将地理知识纳入学童教育的思想,将“辨五方之名”作为早期教学内容,是值得赞美的教育学的重要进步。而《历代史略》(点校本)“后记”所说历史教学重视“介绍地理沿革或地理概况”,提示了“空间观念培养的路径”,其实是沿承了古来这种好的教育传统的。

汉代的初级教育“小学”,其实可以和近代教育之“小学”相类比。王国维《观堂集林》卷四《汉魏博士考》写道:“刘向父子作《七略》,‘六艺’一百三家,于《易》《书》《诗》《礼》《乐》《春秋》之后,附以《论语》、《孝经》、‘小学’三目,‘六艺’与此三者,皆汉时学校诵习之书。以后世之制明之:‘小学’诸书者,汉小学之科目;《论语》《孝经》者,汉中学之科目;而‘六艺’则大学之科目也。”(王国维:《王国维遗书》,上海古籍书店 1983 年 9 月版,第 1 册第 7 页)王国维“汉小学之科目”“汉中学之科目”与“大学之科目”之说,古今比况,认识基础应与西方近代教育体系对中国教育的影响有关。“小学”是与“大学”对应的,起初指初级教育。大致正是在西汉时期,“小学”又曾经专门指称文字学。有学者指出,“以‘小学’指称文字学,始于西汉,具体说,始于刘向、刘歆父子。他们在那部可称为世界上第一个图书分类目录的《七略》里,第一次把周秦以来的字书及‘六书’之学,称为‘小学’。小学的创始人,便是扬雄、杜林、许慎、郑玄。”(胡奇光:《中国小学史》,上海人民出版社 1987 年 11 月版,第 1—2 页)《汉书》卷一二《平帝纪》记录了汉平帝元始五年(5)宣布的最后一道政令:“征天下通知逸经、古记、天文、历算、钟律、小学、《史篇》、方术、《本草》及以《五经》《论语》《孝经》《尔雅》教授者,在所为驾一封轺传,遣诣京师。”据说响应征召前来长安的学者多达数千人。科学史家李约瑟认为,这是在王莽的倡议下召开的“中国历史上第一次科学专家会议”(李约瑟:《中国科学技术史》,科学出版社、上海古籍出版社 1990 年 7 月版,第 1 卷《导论》第 112 页)。在这样的全国“科学专家会议”中,最高执政集团对“天下通知”“小学”的学者予以郑重征召。可见,“小学”当时俨然已经能够与“《五经》《论语》《孝经》《尔雅》”并列,成为一个重要学科方向了。《汉书》卷三〇《艺文志》中“小学”专为一种,列于《易》《书》《诗》《礼》《乐》《春秋》《论语》《孝经》之后。“小学”一种中的书目,有闻人名家编纂者。如:“《苍颉》一篇。上七章,秦丞相李斯作;《爰历》六章,车府令赵高作;《博学》七章,太史令胡母敬作。”“《凡将》一篇。司马相如作。”“《训纂》一篇。扬雄作。”又有“扬雄《苍颉训纂》一篇;杜林《苍颉训纂》一篇;杜林《苍颉故》一篇。”班固对当时的学术史进行了总结,对于“小学”有所说明。班固总结“六略三十八种”文献学成就中,对于“小学”一种的综合分析,是字数最多的。其中说到“臣复续扬雄作十三章……”,颜师古注引韦昭曰:“臣,班固自谓也。作十三章,后人不别,疑在《苍颉》下篇三十四章中。”就是说,当时一流学者,是参与了童蒙教材的编写的。“小学的创始人”和积极建设者,是一时声名显赫的学术领袖们。这其实是文化盛世的景况。理解中国文化的这一传统,中国教育的这一传统,就不会对柳诒徵这样的著名学者编写《历代史略》有所诧异了。

张华中先生主持的《历代史略》点校工作,谨慎认真。对于杨共乐、张昭军主编“我国 20 世纪文化史大家柳诒徵的作品——《柳诒徵文集》(全 12 卷)”(杨共乐:《柳诒徵文集》“前言”)的第一卷《历代史略》的若干疏误有所补正。如题“第二编《中世史上》”(张华中主持点校《历代史略》作“卷二《中世史(上)》”)的部分,“九篇”只有“八篇”,完全缺失“第二篇楚汉”。这一篇有四章:第一章“项羽为霸王”,第二章“楚汉分争上”,第三章“楚汉分争下”,第四章“汉灭楚”。杨共乐、张昭军主编本在第一篇“秦”的第三章“沛公入关”于“刘邦攻屠武关(在陕西商州东),高恐诛,使人弑二世,立二世兄子子婴为秦王,不复称皇帝,子婴既立,刺杀高,夷三族”句后,直接接续“汉六年,人有告楚王韩信反……”事,不仅“楚汉”部分完全缺写,甚至此章题名所谓“沛公入关”事也并不涉及。并且“前汉上”部分第一章即作“高祖诸政”,张华中主持《历代史略》点校本第一章为“汉业初定”,其中部分文字杨共乐、张昭军主编《柳诒徵文集》本杂入“沛公入关”一章。在子婴杀赵高与刘邦杀韩信之间,史事情节残断,全不连贯。为了勉强衔接上下文,不得不作整理者按:“原文此叙事混乱不明,只好试接《史记》补,以通文字。”(杨共乐、张昭军主编《柳诒徵文集》,商务印书馆 2018 年 3 月版,第 1 卷第 61 页)

“楚汉”部分及“汉业初定”部分,张华中主持《历代史略》点校本较杨共乐、张昭军主编《柳诒徵文集》本补足文字约六千字。也就是说,顾颉刚以为《史记》“最精彩及价值最高部分”即“楚汉之际”,“其笔力之健,亦复震撼一时,叱咤千古”的这段历史记述,在《历代史略》(商务版)中竟然意外消失。这部分历史内容,江苏人民出版社版现今终得补全。

柳诒徵的历史意识以及历史普及方式的高明之处,还表现在他对于“国学”的判断。对于“国学”的学术品质、“国学”的文化内涵、“国学”的社会价值、“国学”的时代意义,学者多有不同理解,各存歧见。进行相关分析,必然涉及有关“国学”真正内容的认识。对于“国学”内涵的定义,我们曾经看到有“国学的核心是儒学,儒学的核心是经学”的说法。回顾春秋战国中国思想学术原创时代的文化形势,儒学当时只是百家之学中的一家。传统文献学经史子集四部分类中,经学列位最先,但是学术总量有限,其实远远不如史学。《隋书》的《经籍志》分四卷,正式以“经”“史”“子”“集”四部进行图书文献的分类。我们可以大略统计四部文献卷数以及在所著录文献总体中所占比例,史部书籍 13264 卷,竟占到经史子集四部合计卷数的 36.13%。而“六经皆史”的说法,其实也是有合理性的。列入经部的《尚书》《春秋》等儒学经典著作,唐代史学家刘知几在所著《史通》中已经将其归入史书一类。北宋年间,参与编写《资治通鉴》的著名学者刘恕,也曾经提出古时的经书其实也是史书的见解。这种认识后来得到许多学者的赞同。王阳明说:“《五经》亦只是史,史以明善恶,示训戒。善可为训者,时存其迹以示法;恶可为戒者,存其戒而削其事,以杜奸。”([明]王守仁撰,吴光、钱明、董平、姚延福编校:《王阳明全集》,上海古籍出版社 1992 年 12 月版,第 9 页至第 10 页)明末清初的著名思想家顾炎武在说到《春秋》这部书时,也曾经指出:“《孟子》曰‘其文则史’,不独《春秋》也,虽《六经》皆然。”他还写道:“《春秋》,因鲁史而修者也,《左氏传》,采列国之史而作者也。”([清]顾炎武:《日知录》卷三“鲁颂商颂”条,《日知录》卷四“春秋阙疑之书”条,[清]顾炎武著,黄汝成集释,栾保群、吕宗力校点:《日知录集释》(全校本),上海古籍出版社2006年12月版,第175、183页)章学诚则更进了一步,他在《文史通义》中开宗明义第一句就响亮地提出“六经皆史也”的观点([清]章学诚:《文史通义内篇一·易教上》,[清]章学诚著,仓修良编:《文史通义新编》,上海古籍出版社1993年7月版,第1页)。他指出,“三代学术,知有史而不知有经,切人事也。后人贵经术,以其即三代之史耳。”([清]章学诚:《文史通义内篇二·浙东学术》,[清]章学诚著,仓修良编:《文史通义新编》,第70页)就是说,在夏、商、周三代,说到学术,只知道有“史”而不知道有“经”,“史”是更准确的人文现象的记录。关于“经”和“史”的关系的讨论,绝不仅仅限于图书分类问题,而具有更深刻的文化意义。王国维于1914年完成的震惊国内外学术界的名著《流沙坠简》以及此后发表的一系列论文,都是在对出土汉代简牍文书进行研究的基础上完成的。鲁迅写道:“中国有一部《流沙坠简》,印了将有十年了。要谈国学,那才可以算一种研究国学的书,开首有一篇长序,是王国维先生做的,要谈国学,他才可以算一个研究国学的人物。”(《不懂的音译》,《热风》,《鲁迅全集》,人民文学出版社1981年版,第1卷第398页)在“国学”名义得到肯定的民国时期,国学学者的工作对象绝不仅仅是经学。考察清华国学院导师们的教研内容,多在儒学、经学之外。其他一些可以称为“国学”家的学者的研究方向和研究路径,也多专注于史学。

柳诒徵曾经论《讲国学宜先讲史学》,明确表达了在中国传统文化、中国传统学术中对史学的特殊看重。他写道:“现在有许多人都知道要讲国学,但是中国的学问很多,首先应讲那一种学问,自然各有各的嗜好习惯。喜欢讲某一种学问的,就先讲某一种学问,以为旁的学问都在其次。譬如讲小学,讲经学,讲理学,讲文学,讲考古学,等等,都是很重要的。许多专家都认为讲国学莫要于此,我也承认这许多学问都应当讲的。但是我们要讲国学,必须先将各国的学问来比较一下,那一种学问在世界各国都有的,那就要问某一种学问在中国是特别发达、特别完备。自然中国的小学、经学、理学、文学等,比较他国特别发达,但是最初发达的,无过于史学,后来逐渐进步,尤其完备,所以我说讲国学宜先讲史学。”他又对“何以说中国的史学特别发达、特别完备”做了进一步的说明。他指出:“一切的学问,在古时候都是史官所管。”“中国构成国家的时候,特别注重纪载人事的历史,那是各国都没有的。”“我们要知道中国有两个最大的学问的人:一个是老子,一个是孔子。这两个大学问家的学问,从何处产生呢?都是从史学产生出来的。”他回顾“老子是周朝的柱下史”的经历,又说“孔子是删订经书的,其实各种经书也都是史书。”“所以孔子并不是经学家,孔子是一个史学家。孔子说:‘其事则齐桓、晋文,其文则史,其义则丘窃取之矣。’孔子是据史书上的事情,看出道理来,讲明立国和做人的大义。”“并非孔子自己要创造一种学说,他是从史书上看出这种道理,是不可违反的。”柳诒徵站在一个史学教育家的立场上,说了很多恳切的话。他指出:“现在的教育,自然不能叫个个人都讲史学,但是只有一点一滴的史事在胸中,那就比以前相差得不知多远了。”(《广播周报》1935 年第 25 期)读了这些文句平和的诚挚的劝告,再手抚我们面前这部《历代史略》(点校本),就会更加出自内心地感谢承担点校任务的张华中名师工作室,感谢承担出版任务的江苏人民出版社。感谢他们的辛劳!感谢他们的贡献!

王子今

北京大有北里

2020 年 11 月 4 日

柳诒徵《历代史略》(点校本)序二

进入21世纪以来,在历史课程改革的过程中,我与全国各地中学历史教师或教研员多有接触和交往。因我祖籍镇江,对江苏的同行们便自然多了一份亲近感,对他们当然也给予了更多关注。在他们当中,华中老师给我留下了深刻印象。他最大的特点在于:勤奋学习、执着钻研、善于思考、勇于探索。每每见面,他都抓紧时间,讨论认真严肃的学术话题。更重要的是,他对我国的历史教育改革,特别是教科书建设具有高度的责任感和使命感。

柳诒徵先生恰是我的老乡,是著名史学家、史学教育家、古典文学家、图书馆学家,而且还是书法家,被誉为中国近代史学之先驱。但因他在新中国建立后不久便辞世,在史学界之外的普通大众中,鲜有对他了解者。实际上,他是与陈垣等并称"北陈南柳"的国学大师。

20世纪初,柳先生就随主张维新的导师赴日本考察,深感教育在国家富强过程中发挥的作用,故撰写《历代史略》一书,作为中国的历史教材。此书是柳先生史学研究的起点,也是近代中国历史教科书的开山之作。它突破纲鉴的编年体例,从史前时期直通明末,系统叙述了历代史事沿革,被很多人视为中国第一部近代新式历史教科书。全书展现了史学与哲学的思辨,维新与保皇思想的碰撞,对时空观念的有机把握,对历史鲜活生动叙述的追求。在西学东渐的大潮流下,在清末"新政"的苟延残喘中,本书与夏曾佑等人的历史教科书共同荡起一缕清风。虽已相隔百余年,在当今中国,此书仍具有跨越时空的历史文化价值。

新中国的历史教科书建设,经过数代人的努力,取得了很大成绩。但不得不说,受诸多因素的限制,我们的教科书比较侧重宏观叙述和规律揭示,很难展开鲜活的叙述和描写,因而骨感有余,血肉不足;对学科间的有机结合特别是历史地理融合的"时空观念",虽不断提及,但并未进行刻意的系统设计。而且,能够弥补这些缺憾的普及型通史读本也不够丰富。

华中老师以强烈的责任感，大胆选中此书加以点校，作为历史读本付梓问世，是颇有勇气和见地的。校点是编辑加工古籍使其成为可靠的、便于阅读的出版物的一项基础性工作，需要很深的文字功底和史学素养，更需要“呕心沥血”的牺牲精神。仅此一点，就足以令人赞赏与感佩。

赘言少叙，惟愿此书的问世，可了却华中老师的宏愿，造福于广大的历史爱好者、助益于师生们的教与学，并为我国历史教科书建设与历史教材学研究作出贡献。

陈　其

人民教育出版社原历史室主任

中国教育学会历史教学专业委员会原理事长

夏威夷州立大学历史学博士

2020 年 11 月 19 日

点校说明

1.《历代史略》原书六卷八本，现合为一本，为尽可能呈现原有篇章面貌，点校本目录层级统一为：卷、篇、章。为方便阅读，此次点校本，将原书繁体竖排改为简体横排。

2. 原书有的目录如“春秋末诸大事（楚灵骄而败……）”后面小标题特别长，出于版式及现代阅读习惯只保留“春秋末诸大事”。

3. 原书部分名词写法与今天不同，为尽可能减少读者的疑惑，一般采用今天通行的写法。如喜马拉山（喜马拉雅山）、九疑（九嶷）、祈连山（祁连山）、潞江（怒江）、商邱（商丘）、楚邱（楚丘）、阖庐（阖闾）、句践（勾践）、驺衍（邹衍）、怕（帕）提亚、阿剌（拉）伯、亚西（细）亚、蒲（葡）萄牙等。

4. 原书笔误或表述不当的，直接校正过来，如楚使展完（屈完）、饮毛茹血（茹毛饮血）、范蔚宗（范晔，同一句话中只有范晔是称字，则改为称名）、范睢（范雎）、辨士（辩士）、五代九国（五代十国）、毋（毌）丘俭、吐番（蕃）、祝（柷）、景（璟）、徇（殉）、九猸（猕）府、大（太）政、龙翰（翰）等。

5. 原书的通假字，一并校为常用字。如畔（叛）、寖（浸）、反（返）、蚤（早）、从（纵）、弟（悌）、肮（吭）、著（着）、扞（捍）、涂（途）、沈（沉）、巙（蔑）、禽（擒）、烝（蒸）等。

6. 原书的古今字，古字统一改为今字。如本作“陈”的“阵”字，统一改为“阵”字，如“决机于两阵之间”“使观营阵”等。

7. 书中姓、人名及古地名一般不改，跟古书一致起来，便于定位对应。如“高昌王麴文泰”此处的麴字虽同“曲”，但作为姓，不改为“曲”；“朝衡”不改为“晁衡”；“穀梁”不改为“谷梁”；“濬”不改为“浚”；“洊”不改为“荐”。古地名如“疊州”不改为“叠州”，“驩州”不改为“欢州”，“石硅”不改为“石柱”。

8. 极少数地方根据语法使语句通顺，添加个别字。如“夜击坑二十万人（于）新安故城，在河南府渑池县东城南”。

9. 原文为竖排版，行文中有“如左”表述者，因现为横排版，统一改为“如下”。如“其世次名号如下”。

10. 原文有明显为注释的正文，现改为小字。如“三师古三公之官……秦主兵之任”。

11. 原书行文到明代，有涉及清朝的史实前通常加“我大清”，点校时保持原貌。如“我大清景祖翼皇帝”。

12. 原书“宏正”“宏治”等是避讳清乾隆皇帝的名字爱新觉罗・弘历，现统一校正为“弘正”“弘治”。

目　录

首篇　总　论

第一章　地理概略

环地球而国者，以数十计。惟大清建国之地，开辟最早，阅时五千年，更主二十余世，拓地殖民，代有增廓。沿及大清，蔚为亚细亚东方之大国。治历史者，欲知历代之沿革，当先究本朝之疆域焉。

我国东界东海，与日本、朝鲜相望；南临南海，与安南、南掌、缅甸接壤；西南以喜马拉雅山与印度分界；东北有乌苏里江、黑龙江，北有阿尔泰山，西有天山、葱岭，皆以与俄罗斯分界。东西相距一万三千余里，南北相距八千余里，面积凡七兆二十万方里，几居亚细亚三分之一。

我国全境，统名之则曰中国，析言之则有中国本部、东三省、蒙古、新疆、青海、西藏之别。中国本部当我国全境之东南，纵横五千余里，面积二兆五十万方里，历代建国皆在其地，相沿以为居天下之中，故通称为中国。

国中连山大者数条，皆发脉于昆仑山。昆仑在天山之南，喜马拉雅山之北，群峰东趋，分为数支。东南入中国，为雪山、云岭、岷山。岷山又分二支，相并而东。南支为剑山，为汉南诸山，至荆山而极；北支为朱圉、嶓冢、终南、太华，又东为熊耳、嵩高，山势南折，为方城、桐柏诸山，又转而东，至天柱而极，西人谓之北岭。北岭支脉北出者，曰吴山、陇山、桥山。云岭之东南，有越城、骑田、大庾诸岭，九嶷、武夷诸山，蜿蜒数千里，达于东海之滨，西人谓之南岭。骑田、大庾之间，有大支脉北出，其高峰曰衡山。昆仑之一支稍北者，曰祁连山。东过中国之北，为贺兰山、阴山、兴安岭。又东为医巫闾山、长白山。阴山之脉东至黑水，南入中国。其长岭曰太行，高峰曰恒山、霍山。长白山之脉南入于海，崛起中国东境，其高峰曰泰山、沂山。

国中有二大川，曰河、曰江。河水发源昆仑之东，经积石山即雪山，斜过中国西北隅，北出塞外，遇阴山而东折，谓之北河。转而南，复入中国，过太行、桥山之间，谓之西河。遇北岭而东，谓之南河。又转东北，谓之东河，终注于渤海。其水色如黄金，故号黄河。计长七千数百里，水性湍悍，流域屡变。古时自南河转北，入大陆泽，东北会于湿水。而河东别有济水，略同今河道。其后河流渐徙，与济合，遂转东南，以会于淮。至咸丰五年，河始复北徙，由大清河入海。其支川大者，左有汾水，右有渭水、洛水，三水皆名著于史。江水出于河源之西，东南入中国，名金沙江。转而东北，与岷江合，始称大江。东流并洞庭、鄱阳两湖之水，注于东海，计长八千余里。其下流一名扬子江。入江之川大者十余，而汉水长三千余里，名最著。汉朝、汉土之号，皆本此水。其外大川甚多。湿水，一名永定河，发源太行之西北，并河北诸川，注于渤海。淮水发源桐柏山，并河南诸川，汇为洪泽湖，注于东海。粤江发源金沙江之东南，东流三千里，入于南海，其大次于江、河。

南、北二岭横贯中国，地势分为三带。北岭、淮水以北为北带，其南至南岭为中带，中带之南为南带。大清置十八省，以分辖中国。其六省在北带，曰直隶、山东、山西、河南、陕西、甘肃。七省在中带，曰江苏、安徽、浙江、江西、湖北、湖南、四川，唯江苏、安徽北境逾淮入北带。四省在南带，曰福建、广东、广西、云南。一省跨中、南二带，曰贵州。历代国都多在北带，黄河左右，自古称为中原，治世则常为文物之会，乱世则必为兵争之地。今则中、南二带之富庶远胜于北带，江淮及沿海口岸，均用兵所必争焉。

东三省在直隶省东北，曰盛京、曰吉林、曰黑龙江。地势广袤，以方里计之，几得内地十八省之七。大清初，起吉林，国号满洲，南拓盛京，北取黑龙江。入关以后，遂分建为三省。至咸丰中，其地稍侵于俄国。

蒙古当盛京、黑龙江之西，中国长城之北，中有大沙漠。横亘数千里，土人名曰戈壁。蒙古跨沙漠而居，分为二部，漠北曰外蒙古，漠南曰内蒙古。其直蒙古之西而与甘肃接壤者，曰新疆省，亦分南、北二部。以天山为之界，南曰天山南路，一曰回疆；北曰天山北路，一曰伊犁。

当甘肃、四川西北，而在祁连、巴颜喀喇两山脉之间者，曰青海。青海，以湖而名，其湖即古之弱水。西藏又在青海之西，而当昆仑之南，地最高，山最峻，金沙江及南亚细亚诸大川澜沧江、怒江、布喇麻普特喇河、印度斯河皆发源于兹。其地分三部，前藏曰康，中藏曰卫，后藏曰藏。此大清疆域之大略也。

第二章　历史大旨

由大清而上溯，统一中国者，凡十三代，曰唐、虞、夏、商、周、秦、汉、晋、隋、唐、宋、元、明。据一方而为帝王者，周末有七王国秦、楚、齐、燕、赵、魏、韩；汉晋之际有魏、汉、吴三国；晋时有五胡十六国成、前赵、后赵、前秦、后秦、西秦、前燕、后燕、南燕、北燕、前凉、后凉、南凉、北凉、西凉、夏；晋隋之际，宋、齐、梁、陈相继为南朝，后魏、北齐、后周为北朝；唐宋之际，有梁、唐、晋、汉、周五代及十国前蜀、后蜀、吴、南唐、吴越、闽、楚、南汉、南平、北汉；五代及宋之时，辽、金相继为北朝，北朝之西，有西夏、西辽。其统祚政俗皆详见于正史。

历代正史之例，创于汉司马迁。迁作《史记》，分为五体，本纪以序帝王，世家以记侯国，表以系时事，书以详制度，传以志人物。其后班固作《汉书》，晋陈寿作《三国志》，宋范晔作《后汉书》，梁沈约作《宋书》，萧子显作《齐书》，北齐魏收作《魏书》，唐姚思廉作《梁书》《陈书》，李百药作《北齐书》，李延寿作南北二史，令狐德棻等作《北周书》，魏征等作《隋书》，后晋刘昫等作《旧唐书》，宋欧阳修、宋祁等作《新唐书》，薛居正等作《旧五代史》，欧阳修作《新五代史》，元托克托等作宋辽金三史，明宋濂等作《元史》，国朝张廷玉等作《明史》，皆沿其例，虽间有损益，而大致相同。乾隆间，钦定此二十四书皆为正史。

然迁书起黄帝讫汉武帝，上下三千余年，贯通史之例。班、陈而下，断代为史，不能贯串古今、观其会通。梁武帝鉴其弊，尝命吴均作《通史》，未克成书。至宋司马光作《通鉴》、袁枢作《纪事本末》、郑樵作《通志》，始足萃诸史之精，酌因革之道。然三书卷册浩繁，未易卒读。后之续者，或且倍之。盖专门之学，非教科之用。今欲俾初学贯彻历代，得其大凡。故本《通鉴》《通志》之意，仿《纪事本末》之体，略采正史，析其条理，以为历史初级。

政治之得失，学术之升降，疆域之分合，国势之隆替，代有不同。然统观历代，大抵自唐虞至秦而一变，自汉至五代而一变，宋元以来之风会，与上古划然不可复合。故兹编分为三大纪，自唐虞三代至六国并于秦，二千余年为上世史；自秦历汉晋至唐，一千余年为中世史；自五代历宋、辽、金、元至明，七百余年为近世史。取便寻览且资考镜焉。

卷一　上世史

第一篇　唐虞

第一章　尧舜

开中国之治统,为百王之仪范者,曰帝尧、帝舜。帝尧者,帝喾之子,初居陶今山东曹州府定陶县,一说曰今山西汾州府平遥县,后为唐侯唐地,在今山西太原府太原县。继兄挚即帝位,号陶唐氏。能修仁智之德以亲宗族,治群臣,和诸侯,太古民俗至是一变。尝命羲及和治历象,测日行一周天之期,定为三百六十六日,以月行十二周为一年,置闰月,以正四时。饬戒百官,以时治其事,众功皆兴。当尧中叶,洪水为患,民不安其居。尧命崇伯鲧治之九年,功不成。尧闻虞舜之贤,举以为相。舜使鲧之子禹平水土,卒以成功。

舜者,瞽瞍之子,世邑于虞今山西蒲州府。父顽,母嚚,弟象傲,舜耕稼陶渔,以事父母,克谐以孝,使不至奸。尧妻以二女,嫔于虞,舜遂相尧摄国事,巡狩四岳东岳泰山、南岳衡山、西岳华山、北岳恒山,觐诸侯,正其时月,同其律吕、丈尺、斗斛、权衡,以齐远近,立民信。流共工,放驩兜,窜三苗,殛鲧,四罪而国民咸服。共工、驩兜与鲧皆事尧得罪者,三苗即今湖南苗猺之先,据荆扬之间今江西九江府、湖北武昌府及湖南东境,负险作乱,故执其渠酋窜逐之。尧知子丹朱不肖,逊位于舜。尧崩,舜即帝位,号有虞氏。

舜之政术,以礼乐刑罚为重,尝修吉、凶、军、宾、嘉五礼,定玉帛章服之制,以诗歌音律和协神人。制五等之刑,曰墨、劓、剕、宫、大辟。五刑之可宥者,以流放代之,轻罪又用鞭朴。鞭为官府之刑,朴为学校之刑。或得出金赎其罪,谓之赎刑。洪水之后,民俗偷薄,昧于伦理。舜特定为五教,使契敷布于民。五教者,父义、母慈、兄友、弟恭、子孝也,中国儒教盖自此始。舜在位五十年,亦以其子商均不肖,逊位于禹。

第二章　三皇五帝之说

自唐虞而上,邈不可考,古书有三皇五帝之号,而不指名其人。史家或以太皞、炎帝、黄帝、少皞、颛顼为五帝,或以黄帝、颛顼、帝喾、尧、舜为五帝,或以太皞、炎帝、黄帝为三皇,以少皞、颛顼、帝喾、尧、舜为五帝,或以天皇、地皇、人皇为三皇,以太皞、炎帝、黄帝、尧、舜为五帝,或曰太皞、炎帝、黄帝,直相承而帝,或曰太皞传十五世、炎帝传八世,众说不一,世莫能定。

所谓天皇、地皇、人皇者,非必实有其人。后人徒设其名,以表三才开始之序也。旧史记太皞、炎帝、黄帝之事颇多荒诞,然创制之功实自三帝始盛。如太皞始画八卦,造书契,制嫁娶,结网罟,养牺牲,造琴瑟;炎帝始造耒耜,教民耕稼,尝百草,制医药,教民日中为市,交易百货;黄帝始作器用,创货币,作舟车,制衣冠,营城邑,命仓颉制文字,大挠作甲子,容成作历,隶首作算数,伶伦作律吕,元妃嫘祖教民育蚕。民生利用之事,皆出于群圣人之制作。后世虽有损益,莫能出其范围。

唐虞之世,距今四千余年,计其时,距太古开辟之初,当亦不下数千年。盖开辟之初,民生蠢然,一穴居野处、茹毛饮血之世而已。自非神圣迭生,明于庶物,察于人伦,积数十世之经略,无由建此文明之国。而三皇五帝之事,远而无征,年代世系亦难详考。至唐虞时,人文既开,规模大备,史氏纪载始可得而述焉。

第三章　唐虞之地理官爵

史称黄帝画野分州,得百里之国万区,是州国之名起自黄帝。然唐虞时,声教所及仅四千余里,万区之说无可指证。舜、禹既平洪水,始画九州。一曰冀州,在黄河之北,即今直隶北境及山西全省也;二曰兖州,在河济之间,今直隶南境、山东西北境也;三曰青州,自渤海至泰山,今山东中部以东也;四曰徐州,自泰山至淮,今山东南境、江苏、安徽北境也;五曰扬州,自淮至南海,今江苏、安徽南境及江西、福建、浙江各省也;六曰豫州,自南河至荆山,今河南及湖北北境也;七曰荆州,自荆山至衡山之南,今湖北南境及湖南也;八曰雍州,在西河之西,今陕西北境及甘肃也;九曰梁州,在华山西南,今陕西南境及四川也。后又改为十二州,分冀东恒山之地为并州,其东北医巫闾之地为幽州,分青之东北至朝鲜北境为营州。夏时又复其旧，为九州。

尧都平阳今山西平阳府，舜都蒲坂在蒲州府永济县东南，皆在冀州西南。其时九州又分五服，近都之地方千里，曰甸服，天子之国也。甸服之外有侯服，侯服之外有绥服，皆诸侯所国。绥服以内，殆三千里，文教先被之地，古所谓中国也。绥服之外有要服、荒服，各种夷狄居之。东方曰夷，南方曰蛮，西方曰戎，北方曰狄，在九州中为羁縻之部落，以时贡其方物。

唐尧之时，已有百官，而不详其职掌。舜时命禹为司空，总理庶政；弃为后稷，播百谷；契为司徒，主教育；皋陶为士，主刑罚；垂为共工，治百工；伯益为虞，掌山泽；伯夷为秩宗，典祭祀之礼；夔典乐，教胄子；龙为纳言，出纳帝命。帝都官制可考者，惟此九官。九官皆协其职，而禹、皋陶、稷、契、益最显，故曰舜有臣五人而天下治。

诸侯之爵有五，曰公、侯、伯、子、男，分封其国于十二州，每州立一牧，以为之长。牧又统于四岳，四岳或曰一人主四方，或曰方各一人。五载之中，天子一巡狩，诸侯四朝，其有功者赐以车服。岳牧及帝都之官，又有考功之制，三岁一考，三考乃行黜陟。

第二篇　三代

第一章　夏后氏

禹之治水也,居外八年,三过其门而不入。陆行乘车,水行乘船,泥行乘橇,山行乘檋。决九川至海,浚畎浍至川,通道路,开水运,因定九州贡赋,立五服之制,万邦乂安,四夷来王。唯苗民桀骜不服,禹奉舜命攻逐之,自是苗种益衰,不能复抗华夏。舜崩,禹受禅,为元后,号夏后氏,都安邑今山西解州夏县,不称帝而称王,王亦至尊之号也,是后三代之君皆称王。禹令九牧贡金,铸九鼎,图百物之形,三代相传,以为王者宝器。

禹崩,子启贤,能承继禹业。诸侯有扈氏无道,启与战于甘,灭之扈国,今陕西西安府鄠县;甘,扈之南郊。启子太康淫放失国,迁于河南而崩,弟仲康立。仲康崩,子相立。夏后氏衰,有穷后羿逐相而代夏政穷国,今山东济南府德州北,用寒浞为相寒,国名,在山东莱州府潍县东。羿善射,荒于游畋,寒浞专国,内外咸服。羿为家众所杀,浞因羿室,生浇及豷,后使浇用师灭斟灌、斟寻氏斟灌故城在山东青州府寿光县东北,斟寻故城在山东莱州府潍县东,杀夏后相。相妃,有仍氏女,方娠,逃归于有仍,生少康焉。及长,为有虞庖正虞舜后封国,今河南归德府虞城县,有田一成,有众一旅,能布其德,以抚夏众。夏遗臣靡收二国之烬,以灭浞而立少康。少康灭浇于过国名,在山东莱州府城西北,使其子季杼灭豷于戈国名,所在不详,夏复兴焉。少康崩,季杼嗣位。

自杼历六世至孔甲,好方鬼神,事淫乱。夏后氏德衰,诸侯叛之。孔甲后三世曰癸,暴虐,号为桀。伐有施氏,有施以末喜女焉,有宠,所言皆听。崇侈纵欲,以殚民财,关龙逢谏,桀杀之,国人大崩,遂为商汤所灭。夏后氏有国十有七世,凡四百有余年。世系见附录,以下商周及周末诸大国皆同。

第二章　商之兴亡

汤，子姓，契之后也。契为唐虞司徒，封于商今陕西商州，传十余世至汤，居亳今河南归德府治。与葛今归德府宁陵县为邻，汤事之。葛伯放而不祀，曰无以供牺牲也，汤遗之牛羊，葛伯食之。又不以祀，曰无以供粢盛也，汤使亳众往为之耕。老弱馈食，葛伯率其民，要而夺之，不授者杀之。汤始用师征之，征十一国，而诸侯无敌者。初莘国名，今河南开封府陈留县人伊尹见桀，有所告，不用，伊尹去之。汤使人聘之，乃归汤。凡五就桀，五就汤，遂相汤伐桀，放之南巢今安徽庐州府巢县。诸侯奉汤为天子，都于西亳今河南河南府偃师县，是为商王成汤，号伊尹，曰阿衡。汤孙太甲颠覆汤之典刑，伊尹放之桐今河南河南府偃师县西南五里。三年，太甲悔过，自怨自艾，以听伊尹之训，尹乃奉归于亳。太甲修德，诸侯归之，庙号太宗。

自太甲历四世至太戊，用伊陟为相，勤于政事，商道复兴，庙号中宗。太戊之后，商浸衰乱。然十余世间，贤君三作，曰祖乙、盘庚、武丁。盘庚之时，已都河北今河南卫辉府淇县。盘庚渡河南，复居成汤之故居，治亳之殷地，自是商又号殷。武丁久劳于外，学于甘盘。及即位，三年默以思道，使人求四方之贤圣。有傅说者，隐于傅岩在山西解州平陆县东北，筑道以供食。武丁举以为相，殷大治，诸侯咸朝。伐鬼方夷狄之大国，所在不详，三年克之，庙号高宗。

自高宗历四世至武乙，复迁于河北。武乙无道，陵侮天神。曾孙帝辛号为纣，有智辩，材力过人。伐有苏氏，获妲己，嬖之。厚赋税，重刑辟，纵淫乐，为长夜之饮。国民怨望，诸侯叛之。

是时，西伯昌兴于雍州。昌，姬姓，后稷弃之后也。弃仕唐虞，教民稼穑，封于邰今陕西乾州武功县，子孙世为后稷，以服事有夏。及夏衰，不复务农，后稷不窋失其官，自窜于戎狄之间。不窋孙公刘迁于邠今陕西邠州，复修后稷之业，庶民怀之。历八世至古公亶父，獯鬻北狄大国攻之，乃去邠，邑于岐山之下，国号周今陕西凤翔府岐山县。邠人慕其仁，从徙焉。亶父长子曰太伯，少曰季历。季历娶太任生昌，太任贤，教昌有方。古公卒，太伯不嗣，逃奔蛮夷，以让季历。历立，称公季。公季卒，昌立。

昌施仁政，诸侯归之。纣召昌，囚于羑里城名，在河南彰德府汤阴县北七年，诸侯皆从之囚，纣惧而归之，命为西伯，得专征伐。伯者，诸侯之长也。虞今山西解州平陆县、芮今解州芮城县之君争田，久而不平，乃朝周，见周人贵礼让，惭而去，俱让其田，以为闲原。昌礼贤下士，泰颠、闳夭、散宜生之徒，皆往归焉。伯夷、吕望避纣，居海滨，闻西伯善养老，亦归之。西伯伐崇国名，在陕西西安府鄠县，三旬不降，退修教而复伐之，因垒而降。因作丰邑在鄠县丰水上，徙都之。商王已失民心，周德日盛，西土咸服，泽被江汉，三分殷土有其二，以服事殷。

昌卒，太子发嗣为西伯，以吕望为太师，号师尚父。时，纣暴虐不止，庶兄微子启去而之其封国，王族箕子佯狂为奴，诸父比干谏而死。于是西伯发东至孟津津名，在河南怀庆府孟县南，大会诸侯。会者八百国，遂率以伐殷。师尚父督师，战于牧野殷都南郊。殷师溃，纣自焚死，微子降。商为王六百有余年而亡，纣于汤为十六世孙，其间兄终弟及者甚多，凡三十世。

第三章　周之盛衰

西伯发既代商为王，追尊古公曰太王，公季曰王季，谥昌曰文王。大封建宗族、功臣，封太师吕望于齐，封王弟周公旦于鲁齐鲁见三篇第二章。立纣子武庚为殷后，使王弟管叔、蔡叔、霍叔监之。王问道于箕子，箕子以《洪范》授之。《洪范》犹言大法，上世治道之要目也。王封箕子于朝鲜，而不臣，子孙为箕氏，有国九百余年。当时所谓朝鲜者，今朝鲜西北境也。箕子施教，夷俗丕变，朝鲜开化自此始。

王在位七年而崩，谥曰武王。子成王诵幼，周公为太宰，摄政当国，召邑名，在陕西凤翔府岐山县西南公奭为太保，保王躬。管、蔡流言曰："周公将不利于孺子。"遂与武庚为乱，奄、徐、淮夷并兴奄国故地在山东兖州府曲阜县东，徐夷故城在安徽泗州。淮夷，淮南之夷。周公东征，杀武庚、管叔，放蔡叔。伐奄三年讨其君，淮、徐皆平。封微子于宋见三篇第二章，以绍殷祀。夏商盛时，虽称治平，而世犹质朴，礼制未甚明。周公多才艺，制礼作乐，更定制度，周之文物于是灿然，至今以为极盛之世。

初，武王作镐京于渭南，谓之宗周，此后世长安之地，今为陕西首府，曰西安。武王又将营东都，未果。成王迁殷民于洛滨，因作洛邑，周公兴工筑王城，是为东都，此后世洛阳之地，今河南河南府治之。王至东都，受诸侯朝，命周公留治，而还镐京。自陕原名，在河南陕州西南以东，周公主之，自陕以西，召公主之，德化大行。成王崩，子康王钊立。时周公已卒，召公与毕邑名，在西安府城西北公高相之。毕公者,武王庶弟也。成康之际,国内安宁,史称刑不用者四十余年。

康王崩,子昭王瑕立。昭王南巡狩不返,子穆王满立。世传昭王济汉,汉滨人以胶船载之,中流船解,王溺死焉。穆王将征犬戎西戎一种,当陕西凤翔府附近地,祭公谋父周公之胤,国在河南开封府郑州东北谏曰:"先王耀德不观兵。"王不听,征之,自是荒服者不至。穆王肆意周游,谋父作诗讽之,以止王心,王是以得没于宫。

自穆王历共王、懿王、孝王、夷王,至厉王,悦荣夷公,以为卿士。荣公好专利,以教王。诸侯不朝,王行暴虐,国人谤王,王得卫巫,使监谤者,以告则杀之,国人莫敢言,道路以目。王喜,曰:"吾能弭谤矣。"召公虎曰:"是障之也。防民之口,其害甚于防川。"王不听。三年,国人作难,流王于彘邑名,在山西霍州东北。王子靖在召公之宫,国人围之。召公以其子代靖死,靖因得脱。诸侯释位,以间王政者十四年,号曰共和。及厉王死于彘,奉靖即位,是为宣王。

是时,四夷皆已叛周,猃狁北狄大国内侵,逼京邑。宣王命尹吉甫伐之,追至太原今山西太原府。又命方叔南讨荆蛮,召公虎东平淮夷。王亲率六师,征徐夷。樊仲山甫辅王,赋政于外,王职有阙,山甫补之。王化复行,周室中兴,既而政稍衰。鲁武公以二子括、戏见王,王命少子戏为鲁太子。仲山甫谏曰:"是教逆也。"王不听。武公卒,戏立,是为懿公,鲁人杀之,而立括之子。于是宣王伐鲁,立懿公弟孝公称,诸侯由是不睦。

宣王崩,子幽王宫涅立。幽王讨褒姒姓国,今陕西汉中府褒城县,褒人纳女曰褒姒,王嬖之,废申后,以褒姒为后,生伯服。虢文王弟虢叔所封,今河南陕州卢氏县公石父以谄佞得幸,为卿士,褒姒与之比。逐太子宜臼,而立伯服。宜臼奔申姜姓国,今河南南阳府。申,其母国也。王欲杀之,求诸申,申侯不与,王伐申。申人、缯人召犬戎以攻周,杀王于骊山下今西安府临潼县东南,郑桓公死之。晋文侯、卫武公、秦襄公帅师救周郑、晋、卫、秦俱见次篇,破犬戎,与郑武公共迎故太子,立之,是为平王。以西都逼于戎,徙居洛邑,以岐丰之地今陕西凤翔府西安府与秦。自武王至幽王,凡十二世,三百五十二年此据郑氏《通志》,《汲冢纪年》则曰:二百五十七年。而周乃东迁,自是称为东周,王室衰微,政令不行,五霸齐桓公、宋襄公、晋文公、秦穆公、楚庄王迭兴,主诸侯之会盟。以其事载于《春秋》书,谓之春秋之世。

第三篇　诸侯本末

第一章　周代封建之制

古史称禹会诸侯于涂山，执玉帛者万国，意其时所谓侯国不过族长、部酋耳。绵世历年，互相兼并，遂生大国。夏有有穷见二篇第一章、昆吾今直隶大名府开州，商有大彭今江苏徐州府、豕韦今河南卫辉府滑县，皆乘王政之衰，据有东夏，迭为雄长。商汤之时，诸侯尚有三千，及周初为千八百国。周公相武王克商，灭国五十，封建亲戚，以藩屏周。兄弟之国者，十有五人。姬姓之国者，三十八人。异姓之得封者，亦十有八人，姜姓最显，世为王舅。姒姓出于大禹，封于杞今河南开封府杞县，子姓出于成汤，封于宋见次章，号二王后。黄帝、尧、舜之后，皆新受封。

唐虞已有五等之爵，夏商稍变其制，惟分公、侯、伯三等。周制列爵惟有五，分土惟三，公侯之国皆方百里，伯七十里，子、男五十里。不能五十里，不达于王，附于诸侯曰附庸。其齐、鲁、卫各国，或因元勋，或因懿亲，特赐大邦，加以附庸，为东方雄藩，不拘常例。王有三公九卿及大夫、士，诸侯亦有卿大夫、士。士分上、中、下三等。王之上士特称元士，诸侯之卿大夫之命于王者也。或曰：唯公、侯有卿，伯、子、男无之。九州、五服，率沿禹制。甸服之地，西自岐山，东至洛汭今陕西凤翔府以东，河南河南府以西，北包河内谓南河之北，今河南怀庆府、河东谓西河之东，今山西西南境。东西千三百里，南北五六百里，称方千里，谓之王畿，以充王官采邑。公卿受地视公侯，大夫视伯，元士视子、男，故又称畿内诸侯。

古者战用兵车，故兵赋以车算之。一成之田，当方一里许，出车一乘，卒数十人。百成为同，以封公侯，其赋百乘。王畿百同，其赋万乘。王曰兆民，诸侯曰万民。兆，百万也。九州人口，盖以千万数，而甸服之民，居其什一。诸侯之民，每国可万余人。然雄藩巨邦，或据数同之地，有民数十万，兵车千乘。其功德隆盛者，王特锡命为众诸侯之长，谓之元侯，或曰侯伯。制军之法，五人为伍，五伍为两，四两为卒，五卒为旅，五旅为师，五师为军。军，一万余人。王作六军，以征不庭。元侯作三军，以承王命。诸侯或一军，或无军，帅教卫以佐元侯。伯、子、男无军，无教卫，帅赋以从诸侯，有巡狩、朝觐、会同之礼，以修上下之交。王合诸侯，则元侯率之以见。元侯合诸侯，则侯率子、男以见。诸侯能治其国，则有庆，庆以地；其国不治，则有让，贬爵削地，或加讨伐。此宗周立国之大势也。

当其盛时，王畿千里，居重驭轻。同姓诸侯列据四方，以御外侮。异姓与诸姬相婚媾，亦不敢离叛。朝聘、会盟、出车、赋役，所以维系群情者，意至深远。故诸侯虽各私其土，子其民，而奉王室之政刑与郡县之制无异。周衰，王失其政刑，异姓大国始有贰者，诸姬亦已疏远，自相阋争，畿内诸侯复阴图自立。于是强并弱，大吞小，渐非周初之制。至平王时，兼并益炽，惟存百七十国，有爵列于伯、子而地倍蓰于公、侯者。其大夫之大者，采地逾小国，号为百乘之家。列国争兴军旅，无复知有王命。齐、楚、秦、晋最强盛，皆拥三军，或作六军，并国二十若三十，势且驾王国之上。其后，弱国愈灭，遂为二十许国。其大者七，曰：秦、楚、齐、燕、赵、魏、韩，各有地千里，或至三千里，皆称万乘之国，而东周削弱为一小国矣。

第二章　十四国封地

列国与周同姓者，鲁、卫、晋、郑、吴、燕、韩、魏最著。鲁，侯爵，周公旦之所封也，在徐州北境，今山东兖州府也，都曲阜今兖州府曲阜县。周公相王室，元子伯禽就封，次子仕周者，世为公卿，称周公。卫，侯爵，武王弟康叔封之所封也，在冀州南境，今河南卫辉府也，初都殷纣之墟，后屡迁。晋，侯爵，成王弟唐叔虞之所封也，初国于汾水上流，后迁于其下流。至文侯仇，定平王，至文公重耳文侯从曾孙，大兴，世霸诸侯，有冀州大半今山西省及直隶南境，河南北境，都绛绛有二：故绛，今山西平阳府翼城县；新绛，平阳府曲沃县。郑，伯爵，宣王弟桓公友之所封也，在周之东，都新郑今河南开封府新郑县。吴，子爵，太伯之后也，据扬州今两江之大半，故都在太湖东，今名苏州府，江苏首府也。燕，伯爵，召公奭之所封也，据冀州东北今直隶河间府东北，都蓟，今京城之地也。召公之胤仕周者，世为公卿，称召公。魏，毕公高之后也。毕公国绝，苗裔毕万事晋，邑于魏今山西解州芮城县，为魏氏，后世为诸侯。初有冀州南境今山西西南境及河南北境及雍州东境今陕西北境,都安邑,夏后旧都也。后丧地于秦,更开疆东方,跨冀、兖、徐、豫四州今河南东北境及直隶南隅,山东西隅,江苏、安徽西北隅,迁都大梁,今河南首府开封也。韩,晋之支族也,邑于韩故城在陕西同州府韩城县南,为韩氏。后为诸侯,取郑,都之,其地环绕东周,与秦、楚、赵、魏相接今河南之半及山西东南境。

列国与周异姓者,齐、宋、楚、越、秦、赵最著。齐,姜姓,侯爵,太公望之所封也,都临淄今山东青州府临淄县。至桓公小白,霸业隆,后为田氏所篡。田氏,妫姓,虞舜之胤,陈侯之支族也,本称陈氏,后改为田,事齐,遂代之,有青州及兖、徐之半,大抵今山东省也。宋,子姓,公爵,微子启之所封也,在豫州东境,都商汤之墟,曰商丘今河南归德府也,至襄公兹父一霸。楚,芈姓,子爵,其先熊绎事周成王、康王,封于荆蛮,至熊通始大,是为武王。至庄王旅霸诸侯,后愈大,当其盛时,有荆、扬二州及徐、豫南境今湖广、两江、河南东南境,都郢,今湖北荆州府也。越,姒姓,子爵,夏后少康之后也,在吴之南,今浙江绍兴府,其故都也。秦,嬴姓,伯爵,系出于伯益。益之苗裔蜚廉,以材力事殷纣,周公驱于海隅而戮之。其后有非子,为周孝王牧马,马大蕃息,邑诸秦今甘肃秦州清水县,在渭水上流。至襄公非子五世孙,救周有功,平王封为诸侯。至穆公任好襄公五世孙,霸西戎,其后稍衰而复大兴。有雍、梁二州今陕西、四川,初都雍,今陕西凤翔府也,后迁咸阳,今西安府咸阳县也,皆在渭滨。赵与秦同姓,祖蜚廉,蜚廉六世孙造父居赵城今山西霍州赵城县,由此为赵氏。子孙事晋,与韩、魏同为诸侯。有冀州之半今直隶西南境及山西大半,都邯郸,今直隶广平府邯郸县也。

自楚子始僭王号,吴、越相继效之,其后齐、魏、秦、燕、韩、赵、宋皆自称王,自是王号始轻。吴为越所灭,晋为韩、魏、赵所分,韩取郑,齐取宋,楚取越、取鲁。秦终灭周室,并列国而为皇帝,于是三代之诸侯尽亡。

第四篇　春秋

第一章　齐桓、宋襄之霸

郑桓公为周司徒，死于犬戎之难。其子武公、孙庄公，为平王卿士。平王欲分政于虢，庄公怨王。王崩，孙桓王林立，以虢公忌父为卿士，遂夺郑伯政。郑伯不朝，桓王以蔡、卫、陈伐郑，败绩蔡，侯爵，蔡叔度之后也，今河南汝宁府上蔡县；陈，妫姓，侯爵，虞舜之后，今河南陈州府，郑人射王，中肩，王威不振如此。

桓王生庄王，庄王生僖王。僖王时，齐侯小白始霸。初，小白长兄襄公无道，鲍叔牙知乱将作，奉小白奔莒巳姓，子爵之国，今山东沂州府莒州。管夷吾、召忽奉小白兄公子纠奔鲁。襄公毙于乱，小白自莒入而立，是为桓公。鲁庄公伐齐，纳子纠，齐人败之。鲍叔言于鲁曰："子纠，亲也，请君讨之；管、召，仇也，请受而甘心焉？"鲁乃杀子纠，召忽死之，管仲请囚，鲍叔受之，以荐桓公，公重用之，号为仲父。管仲为政，使士、农、工、商异其居处，寄军令于国政，士养义勇，民殖财利，国以富强，诸侯慑服。

桓公霸功之大者，在攘夷狄，以救诸夏。是时，白狄居雍州东北今陕西鄜州以北，赤狄居翼州内部今山西潞安府，白狄别种居其北今直隶定所正定府，山戎诸部又居其东北今直隶东北境，江淮之地未脱蛮夷之俗。自楚武王崛起荆蛮，文王灭息姬姓，侯爵之国，今河南光州息县、灭邓曼姓，侯爵之国，今河南南阳府邓州、灭申见二篇第三章，豫州南境今湖北北境及河南南境皆属于楚。成王受之，令尹斗谷于菟为政，有贤声，国益强大，浸逼中国。周惠王时，山戎攻燕，燕人苦之。狄屡攻邢侯爵，周公之胤，今直隶顺德府，又伐卫，灭之。卫人出庐于曹卫邑，今河南卫辉府滑县，邢人亦溃。桓公北伐山戎，破之，命燕伯纳贡于周。又遣师逐狄，迁邢于夷仪故城有二，一在顺德府城西，一在山东东昌府城西南，不知孰是，具其器用而迁之，城楚丘卫地，在滑县东，即隋卫南废县，而封卫焉。史称“邢迁如归，卫国忘亡”，美其善恤亡国也。遂帅宋公、鲁侯、陈侯、卫侯、郑伯、许男、曹伯伐楚许，姜姓之国，今河南许州；曹，武王弟曹叔振铎所封，今山东曹州府定陶县，楚成王使问师故，管仲责以贡不入王室。楚使屈完如师，与诸侯盟于召陵楚邑，今许州郾城县。

桓公虽威制诸侯，不敢失尊王之义。周惠后宠王子带，将废太子郑而立之。桓公帅诸侯会王太子于首止宋地，在河南归德府睢州东南，以宁周室。惠王崩，太子立，是为襄王。襄王元年，宰周公及诸侯会齐侯于葵丘宋地，在卫辉府考城县东，王使周公赐齐侯胙。胙，祭肉也。王祭祖宗赐其肉，优礼也，且以齐侯老，命无下拜。齐侯辞不敢当，下拜登受。遂盟诸侯，令皆归于好。王子带召伊洛之戎西戎入居伊洛二水之间者伐周，齐侯使管夷吾平戎于王，王以上卿之礼飨夷吾。夷吾辞之，受下卿之礼而还，征诸侯戍周以备戎难。

五霸，桓公为盛，九合诸侯，一匡中国，管仲之力也。仲死，桓公亲近小人。寺人貂、易牙、开方专权。公又好内，内嬖如夫人者六人，皆有公子。公属公子昭于宋襄公，以为太子。五公子皆求立。公卒，乱作。易牙与寺人貂杀群吏，而立公子无亏，太子奔宋。桓公尸在床六十七日，尸虫出于户。宋襄公以曹伯、卫人、邾曹姓，子爵之国，今山东兖州府邹县人伐齐，齐人杀无亏，宋师败齐，立孝公昭而还。

初，襄公为太子，请立庶兄目夷。父桓公命之，目夷辞而退，襄公以为仁，授之政，于是宋治。齐桓公既卒，襄公慨然有霸图。周襄王十三年，襄公合诸侯于盂宋地，在归德府睢州，楚成王会之，执襄公以伐宋，已而释之。明年，宋楚战于泓水名，在归德府柘城县西，目夷请及楚人未尽济击之，公不可。济而未成列，又以告，公曰：“未可。”遂为楚所败。国人咎公，公曰：“君子不困人于厄。”世笑以为“宋襄之仁”。

第二章　晋文、秦穆之霸

宋襄公霸业不成而死，晋文公踵兴。文公之父曰献公，献公以屈产之乘与垂棘之璧，假道于虞以伐虢虞，公爵，王季弟虞仲之后，今山西解州平陆县；虢，见二篇第三章。虞公许之，宫之奇谏，不听。百里奚不谏，去之秦。晋灭虢，虢公丑奔周，遂袭虞，灭之，晋始大。

献公尝克骊戎姬姓之戎，居骊山，获骊姬，嬖之。骊姬欲立其子，谮太子申生。

申生自杀，公子重耳奔白狄，公子夷吾奔梁嬴姓，伯爵之国，今陕西同州府韩城县。献公卒，晋乱。骊姬子奚齐及其娣之子卓皆被杀，夷吾求入立，以重赂许秦穆公及晋大夫。齐桓公使隰朋会秦师，纳之，是为惠公。惠公入而背外内之赂。晋饥，秦输之粟，秦饥，晋闭之籴。故秦伯伐晋，战于韩原在韩城县西南，虏晋侯，既而归之。其岁，晋又饥，秦伯复饩粟。重耳在外十九年，从狐偃、赵衰、贾佗、魏犨等，周游诸侯，秦伯召之于楚。及惠公卒，其子怀公立。秦伯纳重耳于晋，晋人杀怀公而奉之，是为文公。

王子带以赤狄攻襄王，王出居于郑地，告难于诸侯。狐偃说文公曰："求诸侯莫如勤王。"文公从之，帅师纳王，杀子带。王厚飨之，赐南阳今河南怀庆府之田。文公请隧，隧者，王之葬礼也。王不许，曰："未有代德而有二王，亦叔父之所恶也。"

楚成王使令尹成得臣与陈侯、蔡侯、郑伯、许男围宋，宋告急于晋。襄王二十年，晋侯以齐、宋、秦之师，与楚人战于城濮卫地，在山东曹州府濮州南，败之。王自至践土郑地，在河南开封府荥泽县西北，策命晋侯为侯伯。诸侯盟于王庭，要言曰："皆奖王室，无相害也。"鲁、卫、陈、蔡、郑、许、曹、邾皆从晋，是后百有余年，晋世霸中国。

秦穆公使孟明视袭郑，蹇叔谏，不听。孟明闻郑有备，灭滑姬姓，伯爵之国，在河南河南府偃师县东而还。时晋文公卒，未葬。其子襄公墨缞，与姜戎姜姓之戎，居晋南境败秦师于崤山名，在河南府永宁县北，虏孟明，既而逸之。自是秦晋构兵七十年矣。穆公能用贤，尝举百里奚于市，以为相，秦由是而兴，又信任蹇叔、公孙支，得由余于戎而问计。孟明，百里奚之子也。穆公以崤之败深自罪，犹用孟明，增修国政，并国二十，遂霸西戎。穆公卒，以子车氏之三子为殉，皆秦之良也，国人哀之。

晋有三军，其将佐皆卿也。中军帅常执国政，谓之元帅。襄公以赵盾赵衰之子为元帅。公卒，盾立太子夷皋而相之，是为灵公。周顷王、匡王之际，晋政在赵氏，灵公不君，赵盾骤谏，公患之，将杀盾，不克，为赵穿所弑。盾逆襄公弟黑臀于周而立之，是为成公。

第三章　楚庄之霸附吴始兴

楚庄王，成王之孙也。即位初，国大饥，庸今湖北郧阳府竹山县、麇今郧阳府治叛之。庄王率秦人、巴姬姓国,今四川重庆府人伐庸,灭之。群蛮、百濮皆服濮、蛮,夷种名。又伐陆浑之戎西戎一种,入居河南府嵩县,遂至于洛,观兵于周疆。周定王使王孙满劳之,庄王问鼎之轻重,有图周之意。满对曰:"轻重在德不在鼎。周德虽衰,天命未改,鼎之轻重,未可问也。"

庄王举荐艾猎为令尹,施教安民,平众舒偃姓诸夷,故地在安徽庐州府,盟吴越,楚国治强。陈夏徵舒弑灵公,庄王伐之,谓陈人无动,将讨夏氏,遂入陈,杀徵舒,因县陈。诸侯、县公皆庆,申叔时独不庆,王让之,对曰:"人有言,牵牛蹊田,田主夺牛,蹊者信有罪矣,夺之牛,罚不已重乎?"王曰:"善!"乃复封陈。

郑已服楚,又徼事晋。周定王十年,庄王围郑,十旬克之。郑襄公肉袒牵羊以降,庄王以郑伯能下人,退师数里而许之平。晋景公使荀林父率师救郑,不及,与庄王战于邲郑地,在开封府郑州东,败绩。庄王使申舟聘于齐,过宋而不假道,宋人杀之。王闻之,投袂而起,驰围宋。宋告急于晋,晋不救,宋与楚平。

庄王卒,子共王立。齐顷公伐鲁,又败卫师,鲁、卫乞师于晋。景公使郤克救之,败齐侯于鞌齐地,在山东济南府界内。共王使叔父令尹婴齐帅蔡侯、许男侵卫、侵鲁以救齐,遂与鲁成公及齐、秦等十国之大夫盟于蜀鲁地,在山东泰安府城西。晋畏楚众而避之。

楚申公巫臣奔晋,令尹婴齐等有怨于巫臣,杀其族人。巫臣怨之,请晋侯使于吴,吴子寿梦悦之,乃通吴于晋,教之车战,使之叛楚。自是吴屡伐楚,取蛮夷属楚者,吴始大。

第四章　晋业复盛附子产相郑

周简王时,晋厉公与秦、楚为成,秦、楚皆叛盟。厉公帅诸侯伐秦,败之。楚共王侵郑,郑叛于晋。简王十一年,厉公伐郑,共王帅东夷救之,战于鄢陵郑地,今河南开封府鄢陵县,败绩,王伤其目。

厉公侈,多外嬖,反自鄢陵,欲尽去群大夫而立其左右,使胥童杀三郤郤锜、郤犨、郤至三卿。栾书、荀偃杀胥童,遂弑厉公,逆襄公曾孙周,于周而立之,是为悼公。悼公少而贤,使韩厥、荀罃荀林父孙为政,以士鲂、赵武赵盾孙、魏绛魏犨孙为卿,举不失职,爵不逾德,民无谤言,霸业复盛。

周灵王时,无终山戎国,今直隶顺天府蓟州子嘉父纳虎豹之皮于晋,以请和山戎诸部。悼公欲伐之,魏绛曰:"劳师于戎,诸华必叛。获戎失华,无乃不可乎?"

因陈和戎之五利，公悦，使绛抚诸戎。

郑间于晋、楚，连年被兵，或事晋，或事楚。郑人侵蔡，楚人讨之，郑人欲从楚，或欲待晋救，终与楚平。悼公帅诸侯伐郑，郑恐，行成。诸侯皆不欲与楚战，乃许郑成，师还。楚又伐郑，乃从楚。悼公归，谋所以息民。魏绛请尽积聚以贷，自公以下，苟有积者，尽出之。国无滞积，亦无困人。行俭省用，车服从给。行之期年，国乃有节。三驾而楚不能与争，盟十二诸侯于郑地。赦郑囚，礼而归之。晋民大和，诸侯遂睦。

悼公卒，子平公立。士匄逐栾盈栾书孙，杀其党。后盈入曲沃栾氏邑，今山西绛州闻喜县，昼袭绛，不克，奔曲沃，晋人围之，灭栾氏。士匄为政，诸侯之币重。赵武代之，令薄其币，而重礼之，复诸侯丧邑。灵王二十三年，秦晋为成。后三年，晋楚为成。赵武与令尹屈建盟于宋，宋平公及齐、鲁等十国之大夫会焉。约曰："晋楚之从，交相见也。"晋楚争霸八十余年，至是始平。周景王时，郑罕虎授公孙侨政。侨使都鄙有章，上下有服，田有封洫，庐井有伍。从政三年，舆人诵之。侨为人恭敬，养民以惠，择能而使之。为辞命，裨谌草创之，游吉讨论之，公孙挥修饰之，而侨润色之，以应诸侯，鲜有败事。没侨之世，晋楚无敢加焉，以郑有礼也。

郑人游于乡校，以论执政。鬷蔑谓侨："毁乡校，如何？"侨曰："夫人朝夕退而游焉，以议执政之善否。其所善者，吾则行之；其所恶者，吾则改之。是吾师也，若之何毁之"？侨有疾，谓游吉曰："我死，子必为政。唯有德者，能以宽服民，其次莫如猛。夫火烈，民望而畏之，故鲜死焉。水懦弱，民狎而玩之，则多死焉，故宽难。"侨卒，孔子闻之，出涕曰："古之遗爱也。"

第五章 春秋末诸大事

楚共王卒，子康王立。康王时，与晋和。王卒，子郏敖立。叔父围为令尹，杀郏敖而自立，是为灵王。灵王使伍举如晋，求诸侯，请如宋之约。晋平公欲勿许，女叔齐曰："不可。晋楚惟天所授，不可与争。楚王方侈，君其修德以待其归"。平公从之。诸侯会灵王于申楚县，故申侯国，王率以伐吴，遂灭赖子爵之国，在河南光州商城县南、取鄫鲁邑，本鄫国，今山东兖州府峄县。

陈哀公之弟招杀太子偃师，哀公自缢。灵王使弟弃疾奉偃师子，围陈，灭之，放招于越。灵王又诱蔡灵侯，杀之，遂灭蔡。杀太子有为牺牲以祭冈山，城陈、蔡、不羹故城在河南南阳府舞阳县西北，使弃疾为蔡公。又遣师围徐，以惧吴王。次于乾谿楚地，在安徽颍州府太和县东南，以为之援。周景王十六年，陈、蔡、不羹叛王，奉蔡公入郢，杀太子禄。王将还，师途而溃，王缢。弃疾立，是为平王，复封陈、蔡。

齐栾施、高彊与陈无宇、鲍国斗，栾、高氏败，陈、鲍分其室。晏婴谓无宇必致诸公。无宇尽致之，而老于莒故莒，子国，见四篇第一章。景公与之高唐今山东济南府禹城县，陈氏始大。无宇召诸公族尝被逐者，而皆返其邑。公族之无禄者，私分之邑；国之贫困者，私与之粟。大其家量以贷粟于民，而以公量收之，齐民多归心焉。晏子恭俭，善与人交，立强臣之间，以礼自守，人不敢犯。景公重敛繁刑，晏子屡托事规谏，公能纳之。然公室已微，不能复救。

晋平公卒，子昭公立。诸侯事晋者，皆有贰心。楚灵王死之岁，昭公奉周卿士刘邑名，在河南府偃师县西南文公合诸侯于平丘郑地，在直隶大名府长垣县南，大治兵以示威，甲车四千乘。然是后霸业卒衰，不复振矣。昭公卒，子顷公立。

周景王宠王子朝，欲立之。王崩，王子猛立，王室乱。卿士单穆公、刘文公与子朝之党战，猛卒，谥悼王。弟敬王匄立，子朝入王城，尹文公立之，敬王居外。晋顷公令诸侯，输王粟，具戍人。知文子荀罃孙跞、赵简子赵武子鞅帅师纳王于成周，子朝奔楚。顷公卒，子定公立。魏献子魏绛子舒、韩简子韩厥曾孙不信合诸侯，城成周。成周在洛邑东，王城下都也。

楚平王信谗，欲杀太子建，执其师伍奢。奢有子尚及员，王以免其父召之。尚谓员曰："吾智不逮尔，我能死矣，尔能报之"。尚至，王并杀之。员将亡，谓其友申包胥曰："我必覆楚。"包胥曰："勉之，我必复之。"员奔吴，吴王阖闾立，用员之谋伐楚，楚始病焉。平王卒，子昭王立。昭王失礼于蔡昭侯，昭侯如晋，请伐楚。周敬王十四年，晋定公奉刘文公合十七诸侯于召陵，以侵楚，无功而还，晋于是乎失诸侯。蔡侯从吴，伍员导吴师伐楚，败之于柏举楚地，今河南汝宁府西平县。五战及郢，昭王奔随姬姓侯爵，楚属国，今湖北德安府随州，伍员发平王墓而鞭其尸。申包胥如秦乞师，秦哀公未许。包胥哭于秦庭七日夜，勺饮不入口，秦乃出师。明年，包胥以秦师至，大败吴师。昭王入于郢，赏功臣。包胥曰："吾为君也，君既定矣，又何求？"遂逃赏。

敬王十九年，鲁定公以孔子为中都今山东兖州府汶上县宰。一年，四方则之，遂为司寇，相定公。会齐景公于夹谷齐地，在山东泰安府莱芜县南，齐人欲劫鲁侯，孔子以礼却之。将盟，齐人加于载书曰："齐师出境，而不以甲车三百乘从我者，有如此盟。"孔子使兹无还揖对曰："而不返我汶阳之田，吾以共命者，亦如之。"汶阳者，齐所侵鲁地也。齐侯将享鲁侯，孔子又以礼沮之，乃不果享，齐人归鲁侵地。

鲁有三大家，曰：孟孙氏、叔孙氏、季孙氏。皆出于桓公，谓之"三桓"。三桓专国，公室卑弱，季氏最骄僭。孔子使门人仲由为季氏宰，将堕三都。三都者，三家之邑也。敬王二十二年，叔孙氏堕郈叔孙氏邑，故城有二，一在山东泰安府东平州南，一在沂州府城东。季氏将堕费季氏邑，今山东沂州府费县，费人袭鲁，定公入于季氏之宫。费人攻之，入及公侧。孔子命申句须、乐颀伐之。费人北，国人败之，遂堕费。孟氏亦将堕成成城，在今山东兖州府宁阳县东北九十里，其宰公敛处父不肯堕，公围成不克，三家之焰卒未衰。

敬王二十三年，孔子诛少正卯，曰："人有大恶者五：一曰心达而险，二曰行僻而坚，三曰言伪而辩，四曰记丑而博，五曰顺非而泽。少正卯兼有之，不可以不诛。"孔子为政，鲁国大治。齐人惧，归女乐以沮之，季桓子受之，三日不朝。孔子去鲁，历聘诸侯，门人多从之。后十余年，季康子以币召之于卫，乃归鲁，然鲁终不能用孔子。

晋自昭公以来，公室卑弱。范、知、中行、赵、魏、韩氏皆大，号为六卿。范氏即士氏，知、中行氏皆荀氏也。孔子去鲁之明年，范昭子士匄孙吉射、中行文子荀偃孙寅伐赵简子，简子奔晋阳赵氏邑，今山西太原府太原县。知文子言于定公曰："君命大臣，始祸者死。今三臣始祸，而独逐鞅，刑不钧矣。请皆逐之。"知文子与韩简子、魏襄子献子之孙曼多奉公以伐范氏、中行氏。二氏败，韩、魏以赵氏为请，赵简子入于绛。

第六章　吴越之兴亡附齐弑二君

吴伐越，越王勾践败之于槜李越地，在浙江嘉兴府城西，吴王阖闾伤而死。子夫差立，使人立于庭，苟出入，必谓己曰："夫差，尔忘越王之杀尔父乎？"周敬王二十六年，败越于夫椒山名，在江苏常州府无锡县太湖滨。勾践以余兵保于会稽山名，在浙江绍兴府城东南，使大夫种行成，请为臣妾。吴王将许之，伍员曰："不可。树德莫如滋，去疾莫如尽。勾践能亲而好施，与我同壤而世为仇雠。今不取，后虽悔之，不可及已。"太宰嚭受越赂，劝夫差许越成。员退告人曰："越十年生聚，十年教训，二十年之外，吴其为沼乎?”勾践既免，使大夫种守国，入宦于吴，三年而释归，日与范蠡治兵事图吴。

齐景公卒，国夏、高张立少子荼。陈僖子无宇之子乞逐国高，废荼而立其兄悼公，悼公失欢于吴。敬王三十五年，吴王帅鲁哀公、邾子、郯嬴姓国，今山东沂州府郯城县子伐齐，齐人弑悼公，赴于师，吴王乃还。齐人立悼公子简公。明年，简公伐鲁，不利。吴王又伐齐，败之于艾陵齐地。简公宠阚止，欲除陈氏。陈成子僖子之子恒杀阚止，遂弑简公而立其弟平公。成子专齐，封邑大于公所食，是后，陈氏改称田氏。

吴之将伐齐也，勾践率其众以朝焉，王及列士皆有馈赂。吴人皆喜，唯伍员惧曰:“是豢吴也。”入谏，王不听。员使于齐，属其子于鲍氏。夫差返自艾陵，闻之，怒，使赐之属镂之剑以死。夫差欲霸中国。敬王三十八年，与单平公、晋定公、鲁哀公会与黄池在河南卫辉府封丘县南，勾践乘虚兴师伐吴，获太子友，遂入吴都。夫差急盟而归，与越平。周元王元年，越围吴，居二年，吴师溃。夫差上姑苏山名，在江苏苏州府城西，使行成。越王曰:“昔天以越予吴，而吴不受。今天以吴予越，吾敢逆天而听君乎?”夫差自杀。越已平吴，北征上国，宋、郑、鲁、卫皆入朝。范蠡功成，辞位而去，乘轻舟，浮于太湖，莫知其所终。大夫种后以谗死。

周自东迁至元王崩，凡十五世，三百有二年，而王室愈微。诸侯亡灭者，百五十国。是后，韩、魏、赵氏分晋，齐田氏代姜氏，越衰于南，而燕强于北，与秦、楚俱为七雄，号称“战国”。

第五篇　战国(上)

第一章　三晋、田齐兴

周贞王十一年，晋知襄子文子之孙瑶与赵、韩、魏共分范、中行氏地，以为邑。出公怒，告齐、鲁，欲以伐四卿。四卿反，攻公，公奔齐，道死。知伯立懿公，而夺晋政。

知伯贪而愎，求地于魏桓子襄子之孙驹、韩康子简子之孙虎，皆与之。又求于赵，赵襄子简子之子无恤不与，知伯怒，帅韩、魏之甲以攻之。初，襄子父简子使尹铎为晋阳，请曰："以为茧丝乎，抑为保障乎？"简子曰："保障哉。"尹铎损其户数，以轻赋税。简子谓襄子曰："晋国有难，必以晋阳为归。"至是，襄子出奔晋阳，三家围而灌之，城不浸者三版，沉灶产蛙，民无叛意。贞王十六年，赵孟使人潜出说韩、魏，韩、魏与之约，共败知伯军，灭知氏而分其地。是时，田襄子陈成子之子盘相齐，其兄弟宗人尽为都邑大夫，与赵、韩、魏通使。盖三家且有晋，而田氏且有齐也。

周贞王崩，长子哀王去疾立。弟思王叔袭杀哀王而自立，少弟考王嵬又攻杀思王而自立。考王崩，子威烈王午立。威烈王二十三年，晋三卿魏斯、赵籍、韩虔以周命列为诸侯，号曰"三晋"。斯，桓子之孙，是为魏文侯。籍，襄子兄、伯鲁之曾孙，是为赵烈侯。虔，康子之孙，是为韩景侯。

魏文侯以卜子夏、田子方为师，每过段干木之闾必轼，四方贤士多归之。尝使乐羊伐中山白狄别种，国在直隶正定府，三年克之。使西门豹守邺邑名，今河南彰德府临漳县，河内称治。李悝教民尽地力，作平籴法。卫人吴起善用兵，文侯以为将，拔秦五城。起与士卒同衣食，分劳苦。卒有病疽者，起为吮之，士卒乐为之死。守西河，而秦兵不敢东向。

赵烈侯好音,命相国公仲连赐郑歌者二人田,人万亩,公仲诺而不与。或教公仲进牛畜、荀欣、徐越三士。畜侍以仁义。明日,欣侍以举贤使能。明日,越侍以节财俭用,度功德而赐与。烈侯悦,止歌者之田。

周安王十一年,田襄子之孙和迁齐康公于海上,使食一城。其后会魏文侯,求为诸侯。文侯为之请于周,周许之。和为齐侯,号太公。及康公卒,无子,田氏遂并其邑。

魏文侯卒,子武侯立。吴起与魏相不合,去之楚,楚悼王以为相。起明法审令,捐不急之官以养战士,要在强兵,而贵戚大臣多怨起者。及悼王卒,攻杀之。安王二十六年,魏武侯、赵敬侯、韩哀侯共废晋靖公,而分其地。明年,韩灭郑,因自阳翟今开封府禹州徙都焉。

齐侯因齐,太公之孙也,后称王,是为威王。初立时,国不治,诸侯来伐。周烈王六年,威王召即墨邑名,故城在山东莱州府平度州东南大夫,语之曰:"自子之居即墨也,毁言日至。然吾使人视即墨,田野辟,人民给,官无留事,东方以宁,是子不事吾左右以求誉也。"封之万家。召阿今山东兖州府阳谷县大夫,语之曰:"自子之守阿,誉言日至。然吾使人视阿,田野不辟,人民贫馁。赵攻甄今山东曹州府濮州,子不救。卫取薛陵故城在阳谷县东北,子不知。是子厚币事吾左右以求誉也。"是日,烹阿大夫及左右尝誉者,群臣悚惧,莫敢饰非。齐国大治,诸侯不敢致兵者二十余年。

第二章　秦孝公兴附申子相韩、孟子出仕、楚并越

当周显王时,河、山以东,强国六河谓西河,山谓终南太华之属。淮泗之间,小国十余。秦僻在西陲,与楚、魏接界。诸侯皆摈秦,以夷狄遇之,不得与中国之会盟。秦孝公发愤修政,欲以强秦。显王八年,孝公令国中曰:"宾客群臣,有能出奇计强秦者,吾且尊官,与之分土。"卫公孙鞅好刑名之学,西入秦,见孝公,说帝道,说王道,次说霸道,而后及强国之术。孝公大悦,与议国事,定变法之令:使民为什伍而相纠察,若不纠举则相连坐;告奸者,与斩敌首同赏;匿奸者,与降敌同罚;有军功者,各以率受爵;私斗者,各以轻重被刑大小;戮力本业,耕织致粟帛多者,复其身;事末利及怠而贫者,举以为收孥;民有二男以上不分家者,倍其赋;宗室非有军功不得为属籍。令既具,未布,恐民之不信,立一木于国都南门,募民能徙置北门者,予十金。民怪之,莫敢徙。复曰:"能徙者,予五十金。"有一

人徙之,辄予五十金,乃发令。太子犯法,卫鞅曰:“法之不行,自上犯之。然君嗣不可施刑,刑其傅公子虔,黥其师公孙贾。”秦人皆趋令,行之十年,道不拾遗,山无盗贼。民勇于公战,怯于私斗,家给人足,乡邑大治。秦民初言令不便者,有来言令便。鞅曰:“此乱法之民也。”尽迁之于边,民莫敢议令。筑冀阙宫庭于咸阳,徙都之。并诸乡聚为县,县置令、丞,凡三十一县。废井田,开阡陌,更为赋税法,平度量衡,秦国富强。

申不害者,故郑之贱臣也,与卫鞅同时。其学本于黄老,而主刑名,以干韩昭侯。昭侯以为相,内修政教,外应诸侯。十五年,终申子之身,国治兵强。

显王二十八年,魏惠王伐韩。韩昭侯请救于齐,齐宣王使田忌、孙膑伐魏,大破之马陵魏地,在直隶大名府城东南,杀其将庞涓,虏太子申,覆军十万。明年,卫鞅言于孝公曰:“魏破于齐,诸侯叛之。因此时伐魏,魏必东徙,然后秦据河山之固,东向以制诸侯,此帝王之业也。”公从之,使鞅伐魏,魏使公子卬御之。鞅遗卬书,佯和,与会饮,伏甲虏之,因破魏师。惠王恐,献河西之地以和,去安邑,徙都大梁。秦封鞅商今陕西商州、於在河南南阳府淅川县西十五邑,号曰商君。

商君用法严酷,尝临渭论囚,渭水尽赤。为相十年,人多怨之。孝公卒,太子立,是为惠文王。公子虔之徒告商君欲反,发吏捕之。商鞅之魏,魏不受,纳诸秦。秦人攻杀之,车裂以徇。

魏惠王军屡败,卑礼厚币以招贤者。显王三十三年,孟子至梁,说以仁义,惠王不能用。明年,惠王卒,子襄王立。孟子去梁适齐,齐宣王以为卿。

自越王勾践没,越久不闻。至王无疆,伐齐,又伐楚,楚威王大败之,尽取故吴地。越以此散,诸公族或为王,或为君,居闽浙之地,服属于楚。

第三章　苏张纵横之谋

秦国已强,宣力东方。诸侯非戮其力,殆不能制秦,而秦之利又在诸侯相离,于是“合纵连衡”之说作。“从”,纵也,南北为纵;“衡”,横也,东西为横。故六国相合谓之纵。六国不合,各连和于秦,谓之横或衡。

周人苏秦与魏人张仪俱事鬼谷先生,学纵横之术。苏秦见秦惠文王,陈并诸侯之策,不用,秦乃去。显王三十六年,北说燕文公曰:“燕之不被秦兵,以赵蔽其南也。与赵纵亲,六国为一,则燕必无患矣。”文公从之,资秦车马以至赵,说肃侯曰:“秦不敢举兵伐赵者,畏韩、魏议其后也。韩、魏入秦,则赵危矣。臣窃为君计,莫如六国合纵以摈秦。”肃侯悦,厚赐赉之,以约于诸侯。秦乃见韩宣惠王、魏襄王、齐宣王、楚威王,所至逞雄辩,以说纵之利,诸侯皆听之。约曰:秦攻一国,则五国救之。有不如约者,五国共伐之。于是苏秦为纵约长,并相六国。北报赵,车骑辎重拟于王者。既而秦使公孙衍欺齐、魏以伐赵,赵侯让苏秦。秦恐,请使于燕,必报齐,秦去赵而纵约皆解。

张仪入秦,惠文王悦之,以为客卿。仪伐魏,取蒲阳今山西蒲州府,复以与魏,因说魏襄王曰:“秦之遇魏甚厚,魏不可以无礼。”魏尽入上郡十五县春秋白狄地,今陕西延安府及鄜州绥德州以谢焉。仪归为秦相,复伐魏取陕今河南陕州。既而免相,出相魏,以为秦。

燕文公卒,子易王立。苏秦说易王曰:“臣居燕,不能使燕重,在齐则燕重。”乃伪得罪奔齐,为客卿。劝宣王侈,欲以弊齐,后为齐人所杀。

周慎靓王三年,楚、赵、魏、韩、燕同伐秦,攻函谷关秦之东关,在河南陕州灵宝县。秦出兵逆之,五国皆败走。明年,秦破韩、赵,斩首八万,诸侯振恐。张仪说魏哀王曰:“诸侯约从,结为兄弟也。今亲兄弟尚有争财相杀伤,而欲恃反覆苏秦之余谋,其不可成亦明矣。”哀王乃背纵约,请成于秦。仪归,复相秦。巴见四篇第三章、蜀今四川成都府相攻,俱告急于秦。时有韩寇,仪欲伐韩。惠文王用司马错之说,伐蜀取之,因遂取巴,秦益富强。

惠文患齐、楚纵亲,使张仪说楚怀王绝齐,请献商、於之地六百里,怀王信之。陈轸曰:“秦之所以重楚者,以其有齐也。今绝齐,则楚孤,秦奚与之地哉?”王不听,闭关绝约于齐。齐湣王怒,与秦合。楚遣使受地于秦,仪见使者曰:“地从某至某,广袤六里。”怀王闻之大怒,欲攻秦。陈轸复谏,王又不听。伐秦大败,失汉中地今陕西汉中、兴安二府。

周赧王四年,秦欲得楚黔中地今四川酉阳州、湖北施南府等,请以武关秦之南关,在陕西商州东之外即商、於等地易之。怀王曰:“不愿。愿得张仪而献黔中。”仪请行,因楚嬖臣幸姬,以得免死。因说怀王曰:“为纵者,无异于驱群羊而攻猛虎,不格明矣。今王不事秦,秦劫韩驱梁而攻楚,则楚危矣。王诚听臣,臣请使秦、楚长为兄弟之国。”怀王已得仪而重出地,乃纵之。仪遂之韩,说襄王以事秦而攻楚,襄王许之。仪归报,惠文封以六邑,号武信君。复使往说齐湣王、赵武灵王、燕昭王,连衡以事秦,皆许之。仪归,未至而惠文王卒,子悼武王荡立。悼武不说仪,诸侯闻之,皆叛衡,复合纵。仪出相魏,寻死。苏、张皆以游说致身富贵,游士争慕效之。又有公孙衍、苏代、苏厉、周最、楼缓之徒,皆以辩诈相高,遍布于四方。

秦悼武王卒,弟稷立,是为昭襄王,或略言昭王。昭王少,母宣太后芈氏治国事,任异父弟魏冉为政。赧王十六年,昭王遗楚怀王书,愿与会武关面相约结。昭睢曰:“秦,虎狼也,不可信。”王子兰劝王行,秦人执之以归。楚人立太子横,是为顷襄王。怀王卒于秦,楚人怜之,如悲亲戚。

第四章　燕齐之胜败附孟尝君事

燕易王卒,子哙立。哙专任其相子之,终以国让之。子之南面行王事,而哙反为臣,国大乱。齐宣王伐之,五旬而举之。哙死,子之亡,齐因取燕。时孟子在齐,教宣王谋于燕众而置君,王不听。燕人叛齐,立太子平,是为昭王。孟子不遇于齐,致为臣而去。昭王吊死问孤,与民同甘苦,厚礼以招贤者,为郭隗筑宫而师事之。士争趋燕,乐毅自魏往,王以为亚卿,任以国政。

齐王族田婴事威王、宣王,任职用事。宣王卒,子湣王立。封婴于薛在山东兖州府滕县,号靖郭君。婴有贱妾之子曰文,通倪饶智略,劝婴散财养士,宾客争誉其美。婴卒,文嗣为薛公,号孟尝君。招致诸侯游士及有罪亡人,食客常数千人。秦昭王闻其贤,使请于齐,以为丞相。丞相,秦官,犹周太宰也。或谓昭王:“孟尝君相秦,必先齐而后秦。”王囚文,欲杀之,文逃归而相齐。文怨秦,与韩、魏共伐之,入函谷关,秦割河东三城以和。

湣王负强,南败楚,西摧三晋。时宋王偃淫虐,世呼曰“桀宋”。湣王灭之,广地数百里。王益骄,诸侯皆害之,孟尝君以薛附魏。周赧王三十一年,燕昭王使乐毅为上将军,与秦、楚、三晋合谋,以伐齐,败之济西。燕师长驱入临淄,湣王奔莒。燕封毅为昌国君,留徇齐城未下者。楚将淖齿率兵救齐,因为齐相。齿欲与燕分齐地,执湣王,杀之。乐毅整军,禁侵掠,礼逸民,宽赋敛,除暴令,祀桓公、管仲于郊,齐民喜悦。六月之间,下齐七十余城,独莒、即墨不下,淖齿为莒人所杀。齐亡臣求湣王子法章而立之,是为襄王,保莒城在江苏海州赣榆县西,即墨人推田单为将,以拒燕。

乐毅留于齐五岁,二邑未服。赧王三十六年,昭王卒,子惠王立。惠王自为太子时,不快于毅。田单乃纵反间曰:“乐毅欲王齐,齐人未附,故且缓攻,以待其事。齐唯惧他将之来,即墨残矣。”惠王闻之,使骑劫代将。毅奔赵,将士愤惋。田单用火牛之计，大败燕师，杀骑劫，逐北至河上，七十余城皆复为齐，乃迎襄王入临淄。王以单为相，封安平君。孟尝君中立为诸侯，无所属。襄王畏之，与连和。及卒，诸子争立，齐、魏共灭之。赵惠文王欲与乐毅谋伐燕，毅泣辞之，王乃止。封毅于观津在直隶冀州武邑县东南，竟死于赵，号望诸君。

第五章　赵武灵王及廉蔺

赵武灵王欲拓地于北疆，与肥义谋胡服骑射以教国民，略狄地至代今直隶宣化府蔚州、云中今内蒙古归化城土默特地，西及九原今内蒙古毛明安及乌喇忒地。传国少子何，是为惠文王。使肥义相之，自号主父。北破林胡、楼烦北狄二国，山西保德州宁武府及太原府岢岚州等，楼烦故地也，林胡又居其北，欲自云中、九原直南袭秦，不果。攻中山见五篇第一章，灭之。尝诈为使者入秦。秦昭王怪之，使人逐之，则已脱关矣。初，武灵废太子章而立惠文，既而怜章，欲王之于代。未决，章作乱，杀肥义。公子成、李兑讨灭之，遂围主父，使饿而死。

惠文得楚和氏璧，秦昭王请以十五城易之。惠文欲不与，畏秦强；欲与之，恐见欺。蔺相如愿奉璧而往，城不入，则完璧而归。王遣之献璧，秦王无意偿城，相如乃绐取璧，使从者怀之，间行归赵。身待命于秦，秦王贤而归之。

田单复齐之岁，秦王与赵王会于渑池今河南府渑池县，蔺相如从。及饮酒，秦王请赵王鼓瑟，赵王鼓之。相如请秦王击缶，秦王不肯。相如曰："臣请得以颈血溅大王。"左右欲刃之，相如叱之，皆靡，秦王为一击缶。秦终不能有加于赵，赵亦盛为之备，秦不敢动赵。王归，以相如为上卿，位在将军廉颇右。

廉颇者，赵之良将也，多军功。以相如素贱人，徒以口舌居己上，羞为之下，欲见相如辱之。相如闻之，不肯与会。每朝常称病，出而望见，辄引车避匿。其舍人皆以为耻，相如曰："夫以秦王之威，而相如廷叱之。相如虽驽，独畏廉将军哉？顾强秦所以不敢加兵于赵者，徒以吾两人在也。今两虎共斗，其势不俱生。吾所以为此者，先国家之急，而后私仇也。"颇闻之，肉袒负荆，至门谢罪，遂为刎颈之交。

第六篇　战国(下)

第一章　秦连攻三晋附秦灭周，平原、信陵、春申好客

秦丞相魏冉举白起为将。白起善用兵，尝败韩、魏于伊阙山名，在河南府城南，斩首二十四万。又伐魏至轵今河南怀庆府济源县，取六十一城。田单复齐之岁，起伐楚，取鄢今湖北襄阳府宜城县、邓故邓侯国，今河南南阳府邓州。明年，拔郢，烧夷陵楚陵墓之地，湖北宜昌府，楚顷襄王徙都陈故陈侯国，今河南陈州府。秦封起为武安君。明年，定巫今四川夔州府、黔中今四川酉阳州、湖北施南府及湖南西北境。

赧王四十五年，秦人伐赵，围阏与故城在山西辽州和顺县西北。廉颇、乐乘皆曰："道远险狭，难救。"赵奢曰："道远险狭，犹两鼠斗于穴中，将勇者胜。"惠文王使奢救之，秦师败还。王赐奢号马服君，与廉、蔺同位。

魏人范睢尝从中大夫须贾使于齐。齐襄王闻其辩口，私赐之金。贾疑睢以国阴事告齐，归告魏相魏齐。齐怒，笞击之，折胁，拉齿，置厕中。睢佯死，得逃出。魏人郑安平匿之，变姓名曰张禄。秦谒者王稽至魏，潜载与归，荐于昭王。睢教以远交近攻之策，王悦，以为客卿。时宣太后及穰邑名，即楚邓邑侯魏冉擅国，睢说王，废太后，逐穰侯，而代为丞相，封应邑名，在河南汝州宝丰县西南侯。

范睢既得志，一饭之德必偿，睚眦之怨必报。魏使须贾聘于秦，睢敝衣间步往见之。贾惊曰："范叔无恙乎?"取一绨袍赠之。睢为贾御，至相府，曰："我为君先入，通于相君。"贾见其久不出，问于门下"范叔不出，何也?"门下曰："无范叔，乡者吾相张君也。"贾知见欺，膝行入谢罪。睢曰："尔所以不死者，以绨袍恋恋，尚有故人之意耳。"乃使归告魏王曰："速斩魏齐头来，不然且屠大梁。"贾还以告魏齐，齐出走而死。睢荐王稽为河东今山西平阳府守，召郑安平为将军。

楚黄歇侍太子完为质于秦。及顷襄王疾病，歇使太子亡归，而自请赐死。

秦昭王怒,欲听之。应侯曰:"不如无罪而归之,以亲楚。"王从之。楚王卒,太子立,是为考烈王,以黄歇为相,号春申君。

秦武安君伐韩,拔野王今河南怀庆府治。上党赤狄故地,今山西潞安府路绝,请降于赵,赵孝成王受之。赧王五十五年,秦王龁攻上党,拔之,遂伐赵。廉颇军长平今山西泽州府高平县,坚壁不进。应侯使人为反间曰:"秦独畏马服君子赵括为将耳。"赵王使括代颇。蔺相如曰:"括徒能读父书,不知合变也。"王不听。括少学兵法,自思天下莫敢当。尝与父奢言兵事,奢不能难,然不谓善也。括母问其故,奢曰:"兵,死地也,而括易言之,赵若将括,必破赵军。"及括将行,母上书言括不可使。括至军,果为白起所败,中矢死。卒四十万人皆降,白起尽坑杀之。后二年,秦王陵攻邯郸,少利。昭王欲使白起代陵,起曰:"秦虽胜于长平,士卒死者过半,国内空,远绝河山而争人国都,取败必矣。"辞疾不肯行,乃遣王龁。

赵孝成王使弟平原君胜求救于楚。平原君好士,食客数千人,欲择门下文武备具者二十人与俱,得十九人,余无可取,毛遂自荐。平原曰:"士之处世,若锥处囊中耳,其末立见。今先生处门下三年,胜未有所闻。"遂曰:"臣乃今日请处囊中耳!使遂早得处囊中,乃颖脱而出,非特末见而已。"平原乃与之俱,至楚,与考烈王言合从之利。半日不决,毛遂按剑历阶而上,曰:"从之利害,两言而决耳。今日出而言,日中不决,何也?"王怒,叱之,毛遂按剑而前曰:"王之所以叱遂者,以楚国之众也。今十步之内,不得恃楚国之众也,王之命悬于遂手。且以楚之强,天下不能当。白起,小竖子耳。一战而举鄢、郢,再战而烧夷陵,三战而辱王之先人。此百世之怨,赵之所羞。合从为楚,非为赵也!"王曰:"唯唯。"乃与楚王歃血,定从而归。平原君曰:"胜不敢复相士。"以遂为上客。楚使春申君将兵救赵。

魏安釐王亦使晋鄙救赵。秦王使谓魏曰:"赵旦暮且下,诸侯敢救赵者,必移兵击之!"魏王恐,止晋鄙,留兵壁邺,使新垣衍说赵,欲共尊秦为帝。齐人鲁仲连在邯郸,见衍,曰:"彼秦者,弃礼仪而上首功之国也。彼即肆然帝天下,则连有蹈东海而死耳。"因痛论帝秦之害。衍再拜曰:"先生天下之士也,吾不敢复言帝秦矣。"

魏王弟无忌爱人下士,食客三千人,号信陵君。其姊为平原君夫人。赵急,使者冠盖相属,责救于信陵君。信陵君屡请于王,且使宾客游说万端,王终不听。信陵素厚遇隐士侯嬴,嬴教信陵,祷王幸姬,窃得晋鄙兵符,且荐力士朱亥与俱,谓晋鄙合符而疑,则击杀而夺其军。信陵一如嬴言,得兵以进。

楚、魏救至,秦军屡却。白起曰:"不听吾言,今何如?"秦王闻之怒,废起为士伍。起与应侯有隙,竟赐剑而死。明年,信陵君大败秦师。王龁解围走,郑安平以二万人降赵。信陵君不敢归魏,使将将其军以还。平原君欲封鲁连,连笑曰:"所贵于士者,为人排难解纷而无取也。即有取,是商贾之事也。"辞去,终身不复见。

秦王既用应侯之策,连攻三晋,周人恐。赧王五十九年,与诸侯约从以伐秦,为秦所攻,尽献其邑三十六,口三万。是岁,赧王卒,周亡。贞王以后,周拥空号,存于强国之间者,凡九世,二百十三年。自武王克商至于此,合八百六十七年,传世三十有七。

明年秦昭襄王五十二年,楚考烈王八年,齐王建十年,燕孝王三年,赵孝成王十一年,魏安釐王二十二年,韩桓惠王十八年,秦王稽坐与诸侯通,弃市。昭王临朝而叹:"武安君死,而郑安平、王稽皆叛,内无良将,外多敌国。"范睢惧。燕辩士蔡泽闻之,西入秦,见睢曰:"四时之序,成功者去。商君、吴起、大夫种,何足愿与?"说睢以全身名之道,睢荐泽于王,谢病免相。王以泽为相,数月而辞之,号纲成君。

楚使春申君取鲁,鲁顷公迁于莒,寻为楚所灭。春申君好士,与孟尝、平原、信陵齐名,皆争招致宾客,以相倾夺。平原使人于春申,使者为玳瑁簪,刀剑室饰以珠玉,欲以夸楚。春申客三千余人,其上客皆蹑珠履见之,赵使大惭。

秦昭襄王卒,太子柱立,是为孝文王。孝文王即位三日而卒,子庄襄王楚立。庄襄王元年楚十四年,齐十六年,燕王喜六年,赵十七年,魏二十八年,韩二十四年,以吕不韦为相国。不韦,阳翟大贾也。庄襄以昭王庶孙为质于赵,因不韦之助得入立,是以尊宠无比,封以河南今河南府十万户,号文信侯。

秦蒙骜破魏。魏王患之,使人请信陵君于赵。信陵君畏得罪,不肯还。客毛公、薛公见曰:"魏急而公子不恤,一旦秦克大梁,夷先王宗庙,公子何面目立于天下乎?"信陵趣驾还,复为魏将。诸侯闻之,皆遣救。信陵帅三晋、楚、燕之师,败蒙骜于河外谓南河之南,追至函谷关而还。

第二章　秦并六国

秦庄襄王卒,太子政立,后号为始皇帝。政生十三年矣,国事皆决于文信侯，号称仲父。秦攻伐无已，时三晋地益削，诸侯患之。秦王政六年楚二十二年、齐二十四年、燕十四年、赵悼襄王四年、魏景闵王二年、韩三十二年，楚、赵、魏、韩、卫合纵伐秦，楚考烈王为纵长，春申君用事。至函谷，秦师出，五国皆败走。楚去陈，迁于寿春今安徽凤阳府寿州。春申幸李园妹，有娠，纳之考烈王，生幽王悍。李园使盗杀春申，而夺楚政。秦王政母，本邯郸舞姬。吕不韦初娶之，既而献诸庄襄王，生政。及为太后，时时与不韦私通。政既长，太后嬖人嫪毐作乱而诛，不韦坐免相。王迁太后于雍，齐客茅焦谏王，乃迎归咸阳。不韦后恐诛，饮鸩死。

秦宗室大臣议曰："诸侯人来仕者，皆为其主游间耳，请一切逐之。"于是大索逐客。客卿李斯亦在逐中，行，且上书，论其非计。王乃召李斯，复其官，除逐客令。李斯劝王，阴遣谋士游说诸侯，离间其君臣，然后使良将随其后，竟以并六国。

初，赵李牧事孝成王，守北边。时，匈奴始强，屡为边患。牧养士，习骑射，设奇陈，大破之。匈奴奔走，不敢近赵。及孝成王卒，子悼襄王立。廉颇亡去，王召牧为将。王卒，子幽缪王立。秦之十三年楚幽王四年，齐三十一年，燕二十一年，赵幽缪王二年，魏九年，韩王安五年，桓齮破赵，斩首十万。幽缪王以牧为大将，战于宜安邑名，在直隶正定府藁城县西南，秦师败还，王封牧为武安君。明年，韩王安使韩非聘于秦，请为藩臣。非者，韩之诸公子也，善法术之学，秦王悦之。李斯嫉而间之，下吏治。斯遗非药，使自杀。十七年，内使腾灭韩，虏王安。明年，王翦伐赵，李牧御之。秦人与赵嬖臣金，使言牧欲反，赵人杀牧。明年，遂灭赵，虏幽缪王，王兄嘉自立为代王。

初燕太子丹质于秦，秦王政不礼焉，怒而亡归。闻卫人荆轲勇，厚礼之，奉养无不至，欲遣轲劫秦王。时秦将樊於期得罪，亡在燕，轲请得樊将军首及燕督亢燕膏腴地，在直隶顺天府涿州东南地图以献秦，丹不忍杀之。轲私见於期，以意讽之，於期慨然自刎。丹奔往伏哭，遂函其首，置利匕首于图中，装遣。轲至咸阳，秦王喜，见之。轲奉图进，图穷而匕首见，把王袖揕之，未至身。王惊起，轲逐之。王拔剑斩轲，遂体解以徇。王大怒，益发兵伐燕。二十一年楚王负刍二年、齐三十九年、燕二十九年、魏王假二年、代王嘉二年，王翦拔蓟，燕王喜奔辽东今盛京省东境，斩丹以献。

明年，王贲翦子灭魏，杀王假。又明年，王翦大破楚，杀其将项燕。又明年，虏楚王负刍。楚自武王以来，王南疆二十五世，凡五百余年而亡。又明年，王贲灭燕，虏王喜。还，灭代，虏王嘉。初，齐王建母君王后贤，事秦谨，与诸侯信。且秦连岁攻五国，五国各自救，以故建立四十余岁不受兵。君王后卒，齐客多受秦金，为反间，不修战备，不助五国攻秦。二十六年，王贲入临淄，王建降，迁之于共今河南卫辉府辉县，饿而死。于是诸侯皆亡，惟卫犹存，至秦二世皇帝元年，废卫君角为庶人。

第三章　四夷远斥

唐虞之世，中国广袤不满三千里。九州域内，夷狄居其大半。虽曰声教所及，莫不来王，其俗陋而性犷者，未化也。周建两都，王畿跨三州，河、济、淮、汉之滨，皆列置侯国，通道于九夷百蛮，使各以其方贿来贡。诸夏之盛，轶于前代矣。然而戎狄之杂居冀、雍，蛮夷之蟠据江淮者，犹未变于华。华夷之疆界，与虞夏无大异也。

周已衰，平王避戎东迁，而杂戎往往入居畿甸。春秋初，戎狄强盛，齐桓公攘之，仅得以绥诸夏。是时，冀州有山戎、赤狄共见四篇一章及众狄居直隶西境，山西北境。山戎虽名戎，亦狄种也。雍州有白狄见四篇一章及大荔今陕西同州府朝邑县、义渠今甘肃庆阳府诸戎，豫州有伊洛之戎。晋惠公归自秦，诱瓜州今甘肃西北境之戎处之中国。自是伊洛之滨，又有姜戎、阴戎、陆浑之戎。当时所谓戎狄者，非尽异类。姜戎与齐同姓，晋献公所灭骊戎者，与周同姓。又有犬戎者，与晋同出于唐叔，惟其礼俗与戎侔，故谓之戎，犹东南之徐、楚、吴、越皆出于中国，而号为蛮夷也。

春秋中，戎狄渐衰。晋襄公败白狄，获其君。景公灭赤狄诸国，悼公和山戎诸部。昭公灭肥今直隶正定府藁城县，顷公灭鼓今正定府晋州，二国皆白狄别种也。陆浑之戎，亦为顷公所灭。其别部蛮氏居河南汝州地至春秋末，楚昭王灭之。战国初，秦厉公伐大荔，取其王城；伐义渠，虏其王。赵襄子北略狄土，韩、魏灭伊洛阴戎，余种西走。自是戎狄益远矣。

东南之夷，虽极蠢愚，非如戎狄之倔强难制。及楚之盛，群蛮莫不慑服。吴踵起，淮滨诸夷皆属焉。徐夷在西周盛时为强国，至春秋而微，遂为吴所灭。蛮夷已属吴、楚，风俗渐变。其不从化者，或匿于山谷，或逃于海滨，而江淮遂为衣冠之乡矣。

是故战国之时，中原虽甚乱，而夷狄之远斥，反胜于三代盛时。其后秦惠文王并巴、蜀，昭襄王灭义渠，赵武灵王破林胡、楼烦，燕将秦开击却东胡。三国皆大拓疆土，筑长城以拒诸胡。及秦并六国，华夏之地，东渐于海，西据陇山，北包恒山，南达南岭，纵横四千里，夷狄几绝踪。而南岭之南今福建两广，百越散处。巫黔之西南今湖广西境、四川东南境及贵州、云南二省，土蛮据之。陇蜀之西今甘肃四川西境，氐、羌诸部居之，俱无甚大者。惟东胡、匈奴、月氏，并在塞外，为夷狄强国。东胡，即山戎，汉时号乌桓、鲜卑。月氏居甘肃西北境甘州府及肃州、安西州，古瓜州之地，与晋惠公所诱来者同类。匈奴，狄之一种，与殷周之獯鬻、猃狁同类，所居在今山陕、甘肃边外之地。诸胡皆无城郭常处，逐水草转移，以畜牧射猎为业。贵壮贱老，不知礼义，由秦及汉常为边患。

第七篇　礼俗及文事

第一章　名字、姓氏及世族

古俗简质，人惟有姓氏及名，无字与谥。贵贱皆呼其名，不相讳。至周世，始有冠而命字之礼冠礼详后。自称以名，称人以字，而不相呼名，惟于臣子及幼贱者则名之。

谥法亦自周始。人死则诔其行以立谥，而讳生时之名。有物与死者同名，臣子必易其物名。秦始皇一废谥法，汉寻复之。周、汉之际，制谥用一二字。唐宋以来，帝王谥号至累二十余字。且当君父生时即讳其名，并同音之字，目为嫌名，避不敢称，此周制所未有也。

姓者，生也，所以明世系所出，而别婚姻也。一姓分为数族，则又称氏以为之别。故氏一再传而可变，姓千万年而不变。古史称炎帝母居姜水，黄帝母居姬水，舜母居姚墟，因以为姓，盖犹出于自称。至禹平洪水，分土授民，始有赐姓之制。其时族姓甚多，号为百姓。及周兴，姬姓繁衍于华夷，异姓渐绌，然犹有二十余姓。周衰，姜、芈、妫、嬴踵兴，与诸姬相轧，而他姓愈微。

古之称氏者，大抵以君国之号，或以地名，然非必人尽用之。周时，有君命氏族之法，用以分别贵贱。其受氏之别有五：或以所封之国，或以祖父之字，或以祖父之谥，或以世居之官，或以世食之邑。凡男子冠名以氏而不称姓，姓惟妇人称之。及战国时，妇人亦不称姓，而姓之用废，世尽以氏族为姓。

古俗甚重世系，群姓皆称神圣之裔。唐虞大臣，如禹、皋陶、稷、契之属，皆出于名族。惟商世，伊尹、傅说起自微贱，骤跻宰辅，实为创举。至周时，封建世禄之制益备，王朝公卿，莫非有土之君。诸侯执政，亦皆世臣。士庶人各守其业，虽有俊杰，艰于进用。以孔子之贤圣，一用于鲁，亦不过位大夫。成例相沿，视为固然。其后,积弊日甚。暗弱之君,虚拥位号;强臣大族,篡弑频仍。其势不得不变,数百年间,诸侯吞灭殆尽,其卿大夫亦兴亡相踵。于是吴起、孙膑、乐毅、廉颇、白起、王翦等白身而为将,苏秦、张仪、蔺相如、范雎、蔡泽等徒步而为相。卿相之位,不复专属于世家。及秦并六国,世侯世族灭亡无遗,遂开后世布衣将相之局,是古今国势之一大变也。

第二章　冠婚丧祭之礼

三皇时,以冒覆头,句颔绕项。黄帝始造冕旒,其后冠制益备,以皮及布帛制之。周人特重冠礼。子年二十,则父于宗庙延宾设醴,为之三加冠。字之曰"某甫既冠",则以成人之礼相待。天子、诸侯之子或十二而冠,或十五而冠,皆四加冠。

太皞制嫁娶,以俪皮为礼。虞时始有嘉礼之称。周制,男三十而娶,女二十而嫁。嫁娶必以仲春之月。凡结婚始纳雁,以为采择之礼,次问女之名氏,次纳吉、卜,聘财于女氏,然后请婚期,而婿亲迎,谓之六礼。同姓虽百世,不通婚姻。买妾不知其姓,则卜之。

古俗一夫配众妇,无妻妾、嫡庶之分。周制:王之嫡妻曰后,诸侯曰夫人,大夫曰内子,皆与其夫齐位,群妾莫敢与为匹。子孙以嫡庶为别,丧服亦以嫡庶为差。并后夺嫡,垂为大戒。周衰,礼废,幽王始以嬖倖乱国。其后如齐桓公、晋献公皆以庶孽争立,酿数世之祸。

周制诸侯嫁女,列国使同姓二国以其女媵之。三女皆以侄娣相从,姊妹姑侄并为列妾。故国君一娶得九女,夫人早死,则继之以媵,或以侄娣,而不再娶。王纳后妃,盖亦如此,而其制不详。王立六宫,诸侯立三宫,以处群妾,命为内官。王之内官凡一百余,有夫人、嫔御、世妇等号。其贵宠者,位视公卿。战国时,诸侯荒淫,不揆古制,拘集宫妾,大国累千,小国累百,至秦尤甚。

古者丧期无数,敛死者以薪,葬之中野,不封不树。唐虞始制瓦棺,服君及父母之丧皆三年。夏制堲周,以土周绕于棺。商始以木为棺椁。或曰禹之丧法,桐棺三寸,制丧三月,以木为棺,殆不始于商。周公制丧礼,节目详备,哭泣、擗踊,皆有法。人死,则必先复。复者,呼其魂来归也。次有沐浴、饭含、小敛、大敛之礼,衣衾、棺椁务尽其美。王七日而殡,七月而葬。诸侯五日殡,五月葬。大夫、士三日殡,三月葬。丧期以服为差,为父母斩衰二十五月父在则为母期,谓之三年之丧。其次齐衰十三月,谓之期丧。其次有大功、小功、缌麻之服,自九月至三月。王崩,臣庶皆服丧三年,嗣王不亲政,谓之谅暗,百官皆听于冢宰。诸侯薨,亦准之。

丧葬既毕,以木为死者之主,奉之于庙。岁时祭祀,有事必告焉。王有七庙、二祧及四亲。庙为三昭三穆,与太祖之庙而七。夏祖禹、商祖契、周祖后稷,其主百世不迁。祧者,迁主所藏之庙也。亲庙亲尽则迁其主于祧,而致新主于庙。诸侯五庙,无二祧,以太祖之庙为祧。大夫三庙,士一庙,庶人无庙,祭于寝。

祖考之祭,必撰族人,使服死者遗衣服,以象其生时,坐神主之侧,名之曰尸。祭者北面事之,献奠、致礼,谓鬼神凭尸来格也。凡祭,以牛若羊豕为牺牲,以黍稷为粢盛。王侯行亲耕之礼,以劝农事,取其田之收,以供粢盛。后、夫人行亲蚕之礼,以劝蚕事,缫其茧丝,以为祭服。此二礼,历代帝后多遵行之,至今不废。

舜命伯夷典三礼,盖祭天神、地祇、人鬼之礼也。夏人事鬼,敬神而远之。殷人尊神,率民以事神。先鬼而后礼,其制度俱不详。周代尤重祭祀,以为国家之大事。天地、日月、星辰、山林、川泽皆神而祭之。王者筑坛于国都南郊,燔柴祀天,以其太祖配食,谓之郊祀。郊祀为王之大礼,诸侯以下不得行之。其次于郊祀者,为社稷。社,土神,后土配之。稷,谷神,后稷配之。诸侯兼祀社稷,大夫以下有州社、里社专祀土神。王以春分朝日,秋分夕月,祭日之坛曰王宫,祭月之坛曰夜明,祭星之坛曰幽宗。孟夏日食,则王为之不举,伐鼓于社,以责群阴。王祭九州名山大川,诸侯祭境内山川。山崩川竭及有水旱之灾,则君降服、撤乐,祝用币,史用辞,以禜群神。自汉魏以来,祀地只于北郊,其礼视南郊,天地群神从祀两郊。又祀日于东郊,祀月于西郊。四郊皆有祭坛,较周制稍变。

第三章　文字之沿革

由上古至秦汉,文字凡经五变。开辟之初,结绳而治,未有书契。仓颉始造古文,象虫鸟形迹为之。周宣王太史籀作大篆,名籀文,初变古文之体。秦丞相李斯等作小篆,增损籀文,渐趋简易。狱吏程邈继造隶书,字画务从省简,以便施之徒隶。汉史游又作草书,损隶之规矩,存字之梗概。因其草创,谓之草书。自后通用隶、草二体,古篆惟碑刻、印玺用之。

周人教小学，析文字之体用，为六书。其说甚明，凡摹写形体以表庶物，谓之象形，如日、月、山、川是也。形之难象者，以符号表其义，谓之指事，如数字及上、下、左、右是也。合二字并取其义，以表新义，谓之会意，如日月为明，口鸟为鸣是也。合二字，一取其义，一取其声，谓之谐声，如江、河皆从水，而工、可为声。崑、崙皆从山，而昆、仑为声是也。太古始制字，主指事、象形，而两间事物不可一一作新形以表之，故辅以会意，广以谐声，而后字之体备。至其为用，则有转注、假借二法。同类一首之字，互相为训，谓之转注，如考(老)、讽(诵)是也。本无其字，依声托事，谓之假借，如令(长)、朋(来)是也。宋郑樵计六书之数，谓象形类凡六百余字，指事类凡一百余字，会意类凡七百余字，转注类凡三百余字，谐声类凡二万一千余字，假借类凡五百余字。

上世有笔墨，而未有木皮纸，或书于木，或书于竹。故札、檄等字从木，篇、籍等字从竹。或用缣帛为纸，故纸字从系。典籍大抵以漆液书竹简，以韦编束，卷而藏之，故算书册以卷数。秦始皇时，内史蒙恬始精毛笔之制。至后汉世，宦者蔡伦造意，用树皮、币布等捣抄作纸，文书之用于是益便。

第四章　上古典籍

中国典籍最古者曰《易》《书》《诗》《春秋》。《易》本蓍筮之书，列记卦爻以示吉凶。其曰易者，以其有交易、变易之义也。太皞始画八卦，卦有六爻，重为六十四卦。文王因之，作卦辞、爻辞，分为上、下二篇。孔子为《彖》《象》《系辞》《文言》《序卦》之属十篇，以阐易理，谓之十翼。《易》虽始于太皞，而成于周，故曰《周易》。

《书》又名《尚书》，三代史官记大政大事者也。周时《书》之存者三千余篇，孔子删之，上断于尧，下讫于秦，凡百篇，而为之序，言其作意。至秦燔书，亡失大半，今所传者，惟《尧典》《皋陶谟》《禹贡》《甘誓》《汤誓》《盘庚》《高宗肜日》《西伯戡黎》《微子》《牧誓》《洪范》《金縢》《大诰》《酒诰》《梓材》《召诰》《洛诰》《多方》《多士》《立政》《无逸》《君奭》《顾命》《吕刑》《文侯之命》《费誓》《秦誓》二十八篇今古文之说，详卷之三。

《诗》者，周代之歌也，亦孔子所删，分风、雅、颂三类。诸国之歌谣曰风，燕飨朝会之乐歌曰雅，宗庙之乐歌曰颂。孔子手定者三百十一篇，今存三百五篇。“笙诗”六篇有其义，而亡其辞。

《春秋》者,鲁史记也。古者左史记言,右史记事。事为《春秋》,言为《尚书》。孔子既纂书,复取《春秋》笔削之,正名显实,以讨僭乱。始鲁隐公元年,终哀公十四年,其后十六年之文,弟子所续也。公羊、谷梁、左氏皆为之传。《左氏》三十卷,叙事最详。东周二百五十年,五霸功业,列国盛衰,悉具是书。又《国语》二十一篇,国别为语,与左氏相表里,或称为《春秋外传》。《战国策》三十二篇,记战国人之筹策,多纵横、权诈之言。周代古史可考者,惟此三书。

儒者立六经之目,谓《诗》《书》《礼》《乐》《易》《春秋》也。《乐》书失传,其论散见于《礼》书中,故又称五经。《礼》有《周礼》《仪礼》《礼记》此小戴所传,详卷之三,谓之三礼。《周礼》本名《周官》,叙天地四时六官天官大冢宰,地官大司徒,春官大宗伯,夏官大司马,秋官大司寇,冬官大司空之职事,相传以为周公所作,然其言不尽合于周制,殆出于后人所窜乱。《仪礼》记冠、婚、丧、祭、燕射、朝聘之制,盖周公所作,今存十七篇。《礼记》之作,出自孔门,或录旧礼之义,或录变礼所由,或兼记体履,或杂序得失。秦汉诸儒附益所作,合为四十九篇。唐代立五经于学官,《礼》独取《礼记》,后遂相沿不废。

《易》《书》《诗》,"春秋三传""三礼"之外,有《论语》《孝经》《尔雅》《孟子》四经,合称十三经。《论语》者,孔子及门弟子之语,而后人所辑而撰录也。《孝经》盖曾子弟子所辑,皆孔子与曾子论孝之语。《尔雅》十九篇,或言首篇为周公作,余则孔子与子夏所增。《孟子》七篇,皆孟子自著。

周秦诸子之书,流传于世者数十部。儒家以《荀子》为最,道家以《老子》《庄子》《列子》为最。《墨子》及《晏子春秋》,墨家之所主。《管子》《商子》《韩非子》,法家之所宗也。四家大旨,略载于次篇。又兵家有《孙》《吴》《尉缭子》,纵横家有《鬼谷子》。《孙子》者,孙武之书。《吴子》者,吴起之书也。吴起仕魏、楚见第五篇。孙武与尉缭出处不明,或曰武事吴王阖闾,建军功。然左氏详叙吴事,未尝及武。其书辞理精绝,儒者亦盛称之。《鬼谷子》即所谓鬼谷先生,苏秦、张仪之师也。其书专论阴谋权术,或以为即苏秦所作。

第八篇　教育及学派

第一章　学校制度

虞舜立教，首重明伦。立上庠、下庠，行养老之礼。以乐官主学事，教君及诸臣之适子。夏立东序、西序，商立右学、左学，皆以养老教士，而掌学之官不详。上庠、东序、右学为大学，在国之郊。下庠、西序、左学为小学，在国中。大小二学，皆国学也。虞时，未闻有乡学，夏商始有之。夏曰校，义主教育。商曰序，义主习射。

周代学制，视虞、夏、商加详。王之小学一，曰东胶，在国中。大学四，曰辟雍、虞庠、东序、瞽宗，在四郊，皆国学也。乡学，则党有庠，州有序，乡有校，皆为大学，家塾为小学。国之小学掌于保氏，大学则大乐正、大司成掌之，而总其成于大司徒。乡校掌于乡大夫，州序掌于州长，党庠掌于党正。诸侯不得擅立学，天子命之教，然后为学，其国学曰泮宫。

小学以礼、乐、射、御、书、数为教科，谓之“六艺”。大学则春秋教《礼》《乐》，冬夏教《诗》《书》，谓之“四术”。春夏兼教干戈，秋冬兼教羽籥。国之有道者、有德者使教焉，死则祀之于学，称为先师，学官四时率学者释奠。国学、乡学，以时举行养老、饮酒之礼，以示民孝悌。

王侯及士庶之子，皆以八岁入小学，十五入大学。卿大夫、士、庶人之子，即入乡之大学。乡大夫论其秀者，升之司徒，曰“选士”。司徒论士之秀者，升之国学，曰“俊士”。俊士入学称为“造士”。间一年，即校其学之进否，七年而小成，九年而大成。大乐正乃论其秀者，升诸司马曰“进士”。司马定其论，然后王官之。其在学不帅教者，大乐正告于王。王为视学，以化导之。不变，然后屏之远方，终身不齿。

唐虞三代，教学之统，皆在君相，伦物修明，道艺一贯。士民之才智者毕萃学校，浸淫于诗书礼乐之化，无敢或贰。周衰，圣君贤相不作，学校之制浸隳。始有以矫激之说，创为异端，如老子者。孔子睹世之弊，力倡古学，思复周初之盛，而世不用，仅得垂空文以自见。孟子当战国时，亦思兴学校，行仁义，世益以为迂。而同时诸子，争出新说，以鸣于世。列、庄骋虚无之辨，申、韩炫法术之学，墨主兼爱，杨尚为我，苏、张为纵横，荀卿论性恶，宋钘、尹文、邹衍、慎到之属亦各骋其雄辩。民风士气嚣然不靖，以成秦楚之乱。故欲知世运之变，当知学校之废兴及周秦诸子之学派也。

第二章　孔孟及荀子

孔子名丘，字仲尼，鲁人也。生而好礼，为儿嬉戏，常陈俎豆，设礼容。及长，以知礼闻，游历列国，与士大夫、博物者游，观书于周，益娴典礼。居，恒温而厉，威而不猛，恭而安，动容周旋皆中礼。

孔子少时贫贱，尝为委吏、乘田，必尽其职。比三十余岁，避鲁乱适齐。齐景公欲以卿位待之而不果，遂返鲁。以诗书礼乐教弟子，四方来学者甚众。后为鲁司寇，定公用之不终。事见第四篇。孔子去鲁之列国，所至不遇，畏于匡郑邑，今直隶大名府长垣县，厄于宋，彷徨于郑、卫，穷于陈、蔡之间。六十八岁而归鲁，修礼正乐，笔削《春秋》。以周敬王四十一年卒，时年七十三。葬鲁城北泗上，门人皆心丧三年。鲁人徙居近其冢者，百有余家，因名曰“孔里”。鲁世世相传，以岁时奉祠。诸儒讲礼于塚侧，后世因其故堂作庙，藏孔子衣冠琴书，号为圣庙。

孔子博学而多能，诗书六艺无所不通，而一约之以礼。远宗尧舜，近法文武。论学、论政必从周代，以示尊王之义。其言行，务为中庸，不尚隐怪。论治国，必本之于修身。修身，必本之于伦常。以仁为众德之宗，以克己复礼为为仁之道。性命、天道盖罕言之，尝自明所学，曰：“述而不作，信而好古。”盖孔子于上古圣人之礼教，皆笃好而深信之。故孟子以孔子为能集群圣之大成。

孔子诲人，谆谆不倦，弟子众至三千，知名者七十余人。颜回最贤，传孔子博文约礼之学，贫而早死。孔子哭之，恸曰：“天丧予！”曾参、闵损皆纯孝，孔子称之。冉耕、冉雍有德行，与颜、闵齐名。宰予、端木赐善为说辞。冉求、仲由长于政事。言偃、卜商长于文学。有若、颛孙师、公西赤之徒，亦各有所得。诸子出处不详。仲由、冉求、冉雍皆尝为季氏宰，端木赐、言偃皆仕鲁，仲由后仕卫孔氏，遭乱而死。卜商，字子夏，孔子没后，居西河教授，魏文侯所师者是也。孔子生鲤，先孔子卒。鲤子伋，字子思，学于曾子，名显于诸侯。孔子裔孙，代有达者，历代帝王奉孔子为先师，求其后，尊以爵秩，以祠圣庙，至今不绝。

孔子没后，百有余年，孟子得其道，以传于世。孟子，名轲，邹春秋邾国，今山东兖州府邹县人也。受业子思之门人，道既通，适魏，魏惠王不能用。游事齐宣王，在三卿之中，不遇而去。往来于宋、鲁、滕、薛之间，欲行其道以济民，卒无知者，退与万章、公孙丑之徒作《孟子》七篇。

孟子之学兼通五经，尤长于诗、书，自明所愿学者，惟孔子。尊仁义，黜功利，述周家井田、世禄、学校之制。拳拳以教民、养民为念，排斥桓、文之霸业。说齐、魏之君以行仁政而王。然战国方务富强，闻所谓王政，莫不以为迂阔。孟子已不得志于诸侯，慨然以明道自任。疾世人以性为不善，甘于为恶，乃唱性善之说。谓人皆有仁、义、礼、智之端，扩而充之，虽尧舜不难至。尤恶杨墨，曰："杨氏为我，是无君也。墨氏兼爱，是无父也。无父无君，是禽兽也。"历代学者以孔孟并称，元明以来尊为亚圣。

荀卿，名况，赵人也。少游学于齐，至襄王时，荀卿最为老师。后适楚，春申君以为兰陵春秋鄫国，今山东兖州府峄县令，坐事废，因家兰陵。推儒、墨、道德之行事兴坏，著书数万言而卒。其书论礼最详，率述周制。排击墨子之尚俭、非乐，以为不知文。其斥神怪、灾祥、形相之说，具有卓识。惟论性与孟子相反，曰"人之性恶，其善者伪也"，盖有激于衰世而云。又其书有《非十二子篇》，诋子思、孟子以为饰邪说，与慎、墨、宋、惠之徒并称。儒者以是疵之，然是篇或出于伪作，其学大致合于儒。

第三章　老子及杨墨列庄

李耳，字聃，楚苦邑今河南归德府鹿邑县人也，世谓之老聃，与孔子同时，仕周为藏书室之史。见周衰，去之。西至关，关尹喜曰："子将隐矣，强为我著书。"于是老子乃著书上下篇，言道德之意五千余言而去，莫知其所终。《老子》之文简奥难解。大旨言，道存于自然，不假人为。仁义者，道之废也。礼乐者，德之薄也。柔弱谦下，虚静无为，是谓玄德。柔能制刚，弱能胜强，谦下不争，则天下莫能与之争。老子不尚唐虞三代之治世，谓其说本于黄帝，遂有拟作黄帝书者，故号曰“黄老之道”。汉以后，道教盛行，尊《老子》曰《道德经》。

自老子一倡异说，杨朱、墨翟、列御寇、庄周之徒，相继起焉。杨朱之说主自爱、逸身，不要名利，从性而游，不逆万物。拔一毛而利天下，不为也；悉天下以奉一身，不取也。杨朱不知何国人，其书不传。

墨翟，宋大夫也。其说主兼爱，疾世之侈靡，尚俭约节用。论声乐之弊，辨厚葬、久丧之害。又信鬼神之赏罚，而非天命前定之说。称禹之形劳，泛爱博施，不避穷苦，虽摩顶放踵，利天下为之。墨子之徒甚众，生不歌，死不服，衣褐穿跷，奔走四方。《墨子》书今存五十三篇。墨家有《晏子春秋》，盖墨子之徒撰之。晏婴以俭名于世，故墨者述其行事，以明己术。

列御寇，郑人也。当周安王时，其说宗老子，一死生，齐是非，虚静无为，以求合于道。

庄周，宋之蒙邑名，故城在河南归德府城东北人也。为蒙漆园吏，博学善属文，著书十余万言，率寓言也。其说近于列子，离儒墨之是非，洸洋自恣，文极奇变。

第四章　名法诸家附稷下诸子及屈原

名家起于宋钘、尹文，而惠施、公孙龙之属继之。钘，宋人，与孟子同时，尚名法，恶攻战。上说下教，见侮不辱，忍饥寡欲，急于救民，颇类墨者。尹文与钘同居齐稷下稷，山名，在齐都南，号称能言，著《尹子》二卷。惠施与庄子同时，尝为魏相。公孙龙，赵人也。其学务为诡辩，饰辞巧譬，倒是非，淆真伪，缴纷争，言以相乐。施著《惠子》一篇，龙著《公孙龙子》十四篇，今俱不传。

稷下者，齐宣王馆宾客之所也。宣王好文学游说之士，赐列第，尊宠之。淳于髡、邹衍、慎到、田骈、邹奭之徒七十六人，皆为上大夫。不治事而议论，于是稷下学士盛，且数百千人。淳于髡学无所主，博闻强记，称为多智。邹衍之言，怪迂而闳大，然要归于仁义，后为燕昭王师。慎子述名法，非世之尚贤，申韩剧称之。田骈、邹奭皆著书，今不传。

法家以李悝为祖，申不害、商鞅次之，韩非又次之，四子之事略见战国篇中。《管子》，书虽托名管仲，盖成于后人，述管仲治国之术，不尽可信。然其重赏罚，任法而不任智，及富国强兵之策，法家多祖尚之。

李悝集诸国刑书，著《法经》六卷。商鞅传之，改法为律，中国历代法律，实原于此书。申、商皆有著书，《申子》今不传，《商子》之论略同《管子》，而加刻薄，正与鞅行事相类。韩非兼取申、商之意,著书五十五篇。其言曰:“商鞅为法而无术,申子有术而法不一。法者,官之所师也;术者,主之所执也。此不可一无,皆帝王之具也。”非之学,有得于老子,假其虚静之说,以神法术之用。蔑仁义,厉刑名,惨礉刻深,大悖人性,故终不容于世。

战国学士长于论辩,而乏雅韵。古乐既亡,无复雅颂之作,独屈原以楚辞著焉。屈原,楚世家也。为怀王左徒,志洁行廉,明于治体,王甚任之。后以谗见疏,作《离骚》以自诉。顷襄王又迁之于江南,遂投汨罗水名,在湖南长沙府湘阴县而死。屈原之辞,凄婉动人,怨而不恚,绍风雅之遗音,为后世词赋之祖。

卷二　中世史(上)

第一篇　秦

第一章　始皇之政

夏后、殷、周之盛，王畿不过千里，其外为诸侯、夷狄。及秦王政兼六国，禹迹所及，始悉直隶于王家。是时，诸侯称王已久，王号不足以表至尊之义，于是议尊号，采三皇五帝之名，更号曰“皇帝”。命为“制”，令为“诏”，自称曰“朕”。追尊考庄襄王为太上皇。制曰：“太古有号无谥，死而以行为谥，则是子议父、臣议君也，甚无谓。自今以来，除谥法。朕为始皇帝，后世以计数，二世、三世至于万世，传之无穷。”是岁，秦之二十六年也。

丞相王绾等言：“燕、齐、楚地远，不置王无以镇之，请立诸子。”皇帝下其议。廷尉李斯曰：“周武王所封子弟，同姓甚众，后属疏远，相攻击如仇雠。今海内赖陛下神灵一统，皆为郡县。诸子、功臣以公赋税赏赐之，甚足易制，天下无异意，则安宁之术也。置诸侯不便。”皇帝曰：“天下初定，又复立国，是树兵也。而求其宁息，岂不难哉？廷尉议是。”以郡县敷治，北带治关内今陕西西安、同州、凤翔三府及邠、乾、商三州及二十七郡陇西、北地、上郡、河东、上党、太原、雁门、代郡、云中、九原、邯郸、钜鹿、上谷、渔阳、右北平、辽西、辽东、齐郡、东郡、砀郡、薛郡、琅琊、泗水、三川、颍川、南阳、汉中；中带置六郡巴郡、蜀郡、南郡、长沙、九江、会稽；后逾南岭，取南带地，置三郡南海、桂林、象郡。凡三十六郡，郡置守、尉、监。收民间兵器，聚之咸阳秦京，今陕西西安府咸阳县，销以为钟鐻铜人，徙诸郡豪富于咸阳十二万户。

二十八年，皇帝东行郡县，封泰山，禅梁父山名，在泰山南。封禅者，祭天地而告成功也。遂游海上，礼祠八神天、地、兵、阴、阳、日、月、四时，所至立石颂秦德，以明得意。初，燕人宋无忌、羡门子高之徒称有仙道、形解、销化之术。燕、齐海上之人多传之者，号为方士。帝至海上，方士徐福等上书，请得斋戒与童男女求神仙,乃遣徐福发童男女数千人入海求之。时人相传周鼎没于泗水中,帝南过彭城县名,属泗水郡,今江苏徐州府治,祷祠泗水,使千人没水求之,不得。渡淮,浮江,至湘山在湖南长沙府湘阴县北洞庭湖中祠,逢大风,问博士:"湘君何神?"对曰:"尧女,舜妻。"帝大怒,使刑徒伐树,赭其山。

明年,复东巡。韩人张良以其父、祖相韩五君祖开地,相昭侯、宣惠王、襄王;父平,相僖王、桓惠王,及韩亡,欲为报仇。帝至博浪沙在河南怀庆府阳武县东南中,良使力士操铁椎狙击之,误中副车。帝惊,大索不得。

帝好巡游,大治驰道,东穷燕齐,南极吴楚,道广十余丈。又使蒙恬发兵三十万人,北伐匈奴,收河南地谓北河之南,今内蒙古鄂尔多斯地,增筑长城,起临洮县名,属陇西郡,今甘肃巩昌府岷州,达于辽东郡名,今盛京奉天府南境及锦州府西境,逾山跨谷,延袤七千余里,号"万里城"。城壁高、厚各二丈许,每三十丈设堡寨,置戍兵。又略取南越,以谪徙民五十万人戍五岭大庾、骑田、部龙、萌渚、越城,皆南岭之诸峤也。秦威振胡越。

帝以为咸阳人多,先王宫庭小,乃营朝宫、渭南上林苑在西安府城西北。先作前殿阿房,东西五百步,南北四十丈,上可坐万人,下可建四丈旗,周驰为阁道,自殿下直抵南山,表山巅以为阙,为复道,自阿房渡渭,属之咸阳。刑徒七十余万人,分作诸宫。关中计宫三百,关外四百余。立石东海上,以为秦东门。令咸阳之旁二十里内,宫观复道相连,帷帐、钟鼓、美人充之。帝所居宫,不使人知,有言其处者,罪死。群臣受事者,悉于咸阳宫。

三十四年,丞相李斯上书曰:"异时诸侯并争,厚招游学。今天下已定,法令出一。百姓当家则力农工,士则学习法令。今诸生不师今而学古,闻令下,则各以其学议之。夸主以为名,异趣以为高,率群下以造谤。如此不禁,则主势降乎上,党与成乎下。禁之便。臣请史官非秦记皆烧之,非博士官所职,天下有藏《诗》《书》、百家语者,皆诣守、尉杂烧之。有敢偶语《诗》《书》者,弃市。以古非今者,族。所不去者,医药、卜筮、种树之书。若有欲学法令者,以吏为师。"制曰:"可。"

帝召文学、方术士甚众,欲以兴太平,炼求仙药。有二生相与讥帝,因亡去。帝大怒,使御史案问诸生,犯禁者四百六十余人,皆坑之。长子扶苏谏曰:"诸生皆诵法孔子,今皆重法绳之,臣恐天下不安。"帝大怒,使扶苏北监蒙恬军于上郡郡名,今陕西鄜州以北地。帝为人刚愎自用,国事无大小皆决于己。至以衡石量书,日夜有程,不得休息。

第二章　秦民离叛

秦自孝公以来,世以刑法御下,惟务残刻,不施仁义。国民虽慑其威,而不心服。始皇重之以骄暴,内事土木,外威四夷,赋敛愈重,戍徭无已。祸乱之机已隐伏于中。三十六年,东郡郡名,今直隶大名府、山东东昌府及临清州有陨石,民或刻其石曰:"始皇帝死而地分。"始皇遣御史逐问,莫服,尽诛石傍居人,燔其石。

明年,始皇出游,少子胡亥、丞相李斯从。途得病而崩。李斯秘不发丧。宦者赵高与斯谋,诈为受诏,立胡亥为太子,遣使赐扶苏、蒙恬死。至咸阳发丧,胡亥袭位,是为二世皇帝。

二世皇帝元年楚隐王陈胜、赵王武臣、齐王田儋、燕王韩广、魏王咎元年,帝东行郡县,还,谓赵高曰:"吾欲悉耳目之好,穷心志之乐,以终吾年寿,可乎?"高曰:"此贤主之所能行也。陛下严法刻刑,尽除故臣,更置所亲信,则高枕肆志矣。"帝然之,更为法律,务益刻深,诸公子、大臣多戮死。

楚人陈胜、吴广将戍渔阳郡名,今直隶顺天府东境,率众作乱于蕲县名,属泗水郡,故城在安徽凤阳府宿州南,诈称公子扶苏、楚将项燕,号"大楚",取陈春秋陈都,秦置县,属颍川郡,今河南陈州府治,据之。魏名士张耳、陈余属之。诸郡县争杀长吏以应胜。胜自立为楚王,使吴广监诸将,以击荥阳县名,属三川郡,今河南开封府荥泽县。或以反者闻于二世,帝怒,下之吏,召诸儒问之。叔孙通曰:"群盗鼠窃狗偷,何足忧也?"帝喜,以通为博士。通因亡去。陈王以所善陈人武臣为将军,张耳、陈余为校尉,使徇赵地,又使周市徇魏地,使周文西击秦。二世大惊,遣章邯拒之,走周文。武臣至赵,自立为赵王。使韩广略燕地,广亦自立为燕王。

会稽郡名,今江苏大江以南及浙江省守殷通欲起兵应陈胜,以项燕之子梁为将。梁使兄子籍斩通,佩其印绶,举吴春秋吴都,秦置县,为会稽郡治,今江苏苏州府治中兵,得八千人。籍,字羽,少时,学书不成,去;学剑,又不成。梁怒,籍曰:"书足以记姓名而已,剑一人敌,不足学,学万人敌。"梁乃教籍兵法,略知其意,又不肯竟学。籍身长有力,才器过人。至是,梁为会稽守,籍为裨将,徇下县。

沛县名,属泗水郡,今属江苏徐州府人刘邦,豁达有大度,不事家人产业,沛中子弟多欲附者。沛令欲以沛应陈胜,县吏萧何、曹参劝令召刘邦。邦已有众数十百人,令悔,闭城。沛父老率子弟杀令,迎邦,立为沛公。萧、曹等为收众,得三千人,以应诸侯。后张良来属,数说邦以《太公望兵法》。邦善之,常用其策。良与他人言辄不省。良曰:"沛公殆天授。"遂从不去。

齐人田儋,故齐王族也。与从弟荣、横皆豪健,能得人。儋自立为齐王,略定齐地。楚将周市定魏地,迎魏公子咎于陈,立为魏王。二世二年楚怀王心、赵王歇、齐王田市、魏王豹、韩王成元年、燕二年,章邯连败楚军,周文走死,吴广、陈王皆为其下所杀。赵将李良杀武臣以降秦,张耳、陈余求故赵之后,得赵歇,立为赵王。

项梁渡江而西,黥布、刘邦以其兵属之。居巢县名,属九江郡,今安徽庐州府巢县人范增,年七十,好奇计,往说梁曰:"陈胜首事,不立楚后而自立,其势不长。今君起江东谓大江东南之地,楚蜂起之将争附君者,以君世世楚将,为能复立楚之后也。"梁然之,求得楚怀王孙心于民间,立为楚王,取祖谥为号,谓之"怀王",都盱眙县名,属九江郡,今属安徽泗州。张良劝梁立韩后,梁使良立韩公子成为韩王,西略韩地。章邯伐魏,齐、楚救之。齐王田儋、魏王咎、周市皆败死。田荣立儋子市为齐王而相之。

二世数让李斯如何令盗如此,斯恐惧,乃阿帝意,教以严行督责,税民深者为明吏,杀人众者为忠臣。刑者相半于道,而死人日积于市,秦民益骇惧思乱。赵高说帝曰:"天子所以贵者,以群臣莫得见其面也。"帝乃不坐朝廷,事皆决于高。高与李斯有隙,谮曰:"丞相长男李由为三川郡名,今河南河南、开封、怀庆、卫辉四府及陕州、汝州守,与楚盗通,且丞相居外,权重于陛下。"斯上书言高罪,帝下斯吏,具五刑,腰斩咸阳市,夷三族。高以中人为丞相,称中丞相。

项梁再破秦军,有骄色。宋义谏,不听,与章邯战,败死。怀王徙都彭城,立魏咎弟豹为魏王。秦军破赵,围赵王于巨鹿县名,巨鹿郡治,今直隶顺德府平乡县,怀王以宋义为上将,项羽为次将,以救赵。二世三年楚、赵、齐、魏、韩二年,燕三年,义至安阳县名,属砀郡,故城在山东曹州府曹县东不进。羽斩之,领其兵渡河,沉船,破釜甑,烧庐舍,持三日粮,以示士卒必死,大破秦军巨鹿下,虏其将王离王翦孙。是时,诸侯军救赵者十余壁,莫敢纵兵,诸将皆自壁上观。楚战士无不一以当十,呼声动天地,诸侯军皆惴恐,羽由是为诸侯上将军,章邯等以其军降羽。

第三章　沛公入关

初,楚怀王与诸将约,先入定关中者,王之。当时,秦兵强,诸将莫利先入关,独项羽怨秦杀项梁,奋愿入关。诸老将皆曰:"羽为人慓悍猾贼,独沛公宽大长者，可遣。”王乃遣刘邦伐秦。

邦过高阳里名，在河南开封府杞县西，高阳有老儒郦食其，知邦骑士，谓之曰：“吾闻沛公慢而易人，多大略，此真吾所愿从游。”骑士曰：“沛公不好儒，客冠儒冠来者，辄解其冠，溲溺其中。未可以儒生说也。”郦生令骑士入言之。邦召生于传舍。生入，邦方踞床，使两女子洗足而见生。生长揖不拜，曰：“足下必欲诛无道秦，不宜踞见长者”。邦辍洗，起摄衣，延生上坐，问计。生为邦说下陈留县名，属三川郡，今属开封府，后常为说客。张良以韩兵从邦。邦略南阳郡名，今河南南阳府及湖北襄阳府北境，引兵而西。

秦中丞相赵高欲专权，恐群臣不听，乃持鹿献于二世，曰：“马也。”二世笑曰：“丞相误邪，谓鹿为马。”问左右，或默或言。高阴中诸言鹿者以法，群臣皆畏。高前数言“关东盗无能为”，既而秦兵数败，刘邦攻屠武关在陕西商州东，高恐诛，使人杀二世，立二世兄子子婴为秦王，不复称皇帝。子婴既立，刺杀高，夷三族。

刘邦败秦军峣关在陕西西安府蓝田县东南。明年秦王子婴元年，楚、赵、齐、魏、韩三年，燕四年，西楚霸王项籍、汉王刘邦、齐王田荣元年，至霸上霸，水名，在西安府城东；霸上，今名白鹿原。秦王子婴素车白马，系颈以组，封皇帝玺，降轵道旁，秦亡。秦自惠文以来，称王百有三年，为皇帝止二世，十有五年，子婴为王四十六日而降。诸将或言诛子婴。邦曰：“怀王遣我，固以能宽容，且人已降，杀之不祥。”乃以属吏。

邦西入咸阳，见秦宫室、帷帐、重宝、妇女，欲留居之。樊哙谏曰：“此皆秦所亡也，愿急还霸上，无留宫中。”邦不听。张良曰：“为天下除残贼，宜缟素为资。今始入秦，即安其乐，此所谓助桀为虐，愿听哙言。”邦乃还霸上，悉召诸县父老豪杰，谓曰：“父老苦秦苛法久矣。吾与诸侯约，先入关中者王之。吾当王关中，与父老约法三章耳。杀人者死，伤人及盗抵罪。余悉除去秦法，诸吏民皆安堵如故。”秦人大喜。

第二篇 楚汉

第一章 项羽为霸王

项羽已定河北,率诸侯兵欲西入关,计秦降卒不服,至关必危,夜击坑二十万人于新安故城,在河南府渑池县东城南。行至函谷关在河南陕州灵宝县南,刘邦遣兵守关。羽大怒,攻破之,进军鸿门道名,在西安府临潼县,期旦日击邦。范增曰:"沛公居山东谓太行及崤函之东,贪财好色。今入关,财物无所取,妇女无所幸,此其志不在小,急击勿失。"

羽季父项伯素善张良,夜驰往告良,欲与俱去。良要伯入见邦。邦奉卮酒为寿,曰:"吾入关,秋毫不敢有所近,籍吏民、封府库而待将军,所以守关者,备他盗也。岂敢反乎?愿伯具言臣之不敢背德。"项伯许诺,曰:"旦日不可不早自来谢。"伯去,具以告羽,且言:"人有大功,击之不义,不如因善遇之。"羽许诺。旦日,邦从百余骑至鸿门,见羽谢。羽留邦与饮。范增数目羽,举所佩玉玦者三。羽不应,增出,使项庄入前为寿,请以剑舞,因击邦于坐。项伯亦拔剑起舞,常以身翼蔽邦,庄不得击。张良出告樊哙以事急,哙带剑拥盾直入,瞋目视羽,头发上指,目眦尽裂。羽曰:"壮士,赐斗卮酒、生彘肩。"哙立饮,拔剑切肉,食尽之。羽曰:"壮士,能复饮乎?"。哙曰:"臣死且不避,卮酒安足辞?夫秦有虎狼之心,天下皆叛。今沛公先破秦,入咸阳,劳苦功高,而将军欲诛之,此亡秦之续耳。窃为将军不取也。"羽无以应,命之坐。须臾,邦起如厕,因招哙出,间行趋霸上,令张良留谢,持白璧一双献羽,玉斗一双奉亚父。亚父者,范增也。增置玉斗地,拔剑撞破之,曰:"竖子不足与谋!夺将军天下者,必沛公也。"

居数日,羽引兵西屠咸阳,杀降王子婴,掘始皇帝冢,烧秦宫室,火三月不灭,收宝货、妇女而东。秦民大失望。韩生说羽曰:"关中地肥饶而四塞,可都以霸。”羽见秦残破，又思归，曰：“富贵不归故乡，如衣绣夜行耳。”韩生退曰：“人言楚人沐猴而冠，果然！”羽闻之，烹韩生。

羽使人致命怀王，王曰：“如约。”羽怒曰：“怀王，吾家所立耳，非有功伐，何得专主约！”乃阳尊为义帝，徙江南都彬县名，属长沙郡，今湖南彬州。羽自立为西楚霸王时人名郢为南楚、吴为东楚、彭城为西楚，羽都彭城，故国号西楚，王梁、楚地战国末魏、楚之地，今江苏省及山东西南境、河南东境、安徽北境，都彭城。立刘邦为汉王，王巴郡名，今四川重庆、顺庆、保宁、绥定、夔州五府、蜀郡名，今四川成都、潼川二府、汉中郡名，今陕西汉中、兴安二府及湖北郧阳府，都南郑今汉中府治。而三分关中，王秦降将三人章邯为雍王、司马欣为塞王、董翳为翟王，以距塞汉路。徙赵、魏、燕、齐故王赵王歇为代王、魏王豹为西魏王、燕王韩广为辽东王、齐王田市为胶东王，更立诸将九人为王楚将黥布为九江王、番君吴芮为衡山王、义帝柱国共敖为临江王、赵将司马卬为殷王、赵相张耳为常山王、张耳嬖臣申阳为河南王、燕将臧荼为燕王、齐将田都为齐王、故齐王建孙田安为济北王。汉王怒，欲攻羽。萧何曰：“大王王汉中，养民致贤人，收用巴蜀，还定三秦秦三将所封咸阳以西为雍，咸阳以东为塞，上郡为翟，天下可图也。”王乃就国，以何为丞相，遣张良返韩。项王以韩王成无功，废而杀之。良间行归汉。良多病，未尝特将，常为画策臣。后项王使人击杀义帝于江中。

第二章　楚汉分争上

淮阴县名，属九江郡，今江苏淮安府清河县人韩信，家贫无行，常从人寄食，人多厌之。及项梁渡淮，信从之，又屡以策干羽，不用，亡归汉。汉王亦未之奇也。信数与萧何语，何奇之。汉王至南郑，将士皆歌讴思东归，多道亡者。信度何已数言王，王不我用，即亡去。何自追之，人言丞相何亡。王怒，如失左右手。何来谒，王骂曰：“若亡，何也？”何曰：“臣不敢亡，追亡者耳。”曰：“谁？”曰：“韩信也。”王复骂曰：“诸将亡者以十数，公无所追。追信，诈也！”何曰：“诸将易得耳，至如信者，国士无双。王欲长王汉中，无所事信；必欲争天下，非信无可与计事者。王能用信，信即留。不然，终亡耳。”王曰：“吾为公以为将。”何曰：“不留。”王曰：“以为大将。”何曰：“幸甚。”王欲召信，何曰：“王素慢无礼，拜大将如呼小儿，此信所以去也。”于是择日斋戒，设坛场具礼。诸将皆喜，以为得大将。及拜，乃韩信也，一军皆惊。汉王用信计，部署诸将，留萧何收巴蜀租，给军粮食，引兵出略三秦。

项王已王诸将，而田荣、陈余不得王，皆怒。荣发兵，击并三齐齐及胶东、济北，自立为齐王。时彭越拥众在梁地，无所属。荣使越击楚，大破其军。张良遗项王书曰："汉王欲得关中，如约即止，不敢东。"又以齐、梁反书遗之。项王以故无西意，而北伐齐。楚汉之二年，陈余与齐兵袭常山故赵地，今直隶正定、顺德、广平三府王张耳，耳败走汉。赵王歇立余为代今直隶宣化府蔚州及山西北境王。余留傅赵王，而使夏说守代。项王前立郑昌为韩王，以拒汉。汉王遣韩信略韩地。信急击，降昌。汉立信为韩王。项王破齐，齐王荣走死。项王坑其降卒，所过多残灭，齐民聚叛。

汉王渡河，西魏今山西南境王豹降之，虏殷殷纣故国，今河南北境王司马卬。初，阳武县名，属三川郡，今属河南怀庆府人陈平，家贫，好读书，事魏王咎，不用，去。事项羽，得罪亡归汉。因魏无知求见汉王，王与语，悦之，拜为都尉、典护军。平受诸将金，周勃、灌婴等言之于王，王召让无知。无知曰："臣所言者，能也。王所问者，行也。今有尾生、孝己之行，无益胜负之数，王何暇用之乎？"王又让平，平曰："臣裸身来，不受金，无以为资。诚臣计有可采，愿王用之，使无可用者，金具在，请封输官，得请骸骨。"王乃谢，厚赐之，拜护军中尉，尽护诸将。

汉王至洛阳周王城，下都秦三川，郡治故城。在河南府城东北、新城乡名，在河南府城南，三老董公遮说曰："顺德者昌，逆德者亡，兵出无名，事故不成。项羽无道，放杀其主，天下之贼也。大王宜率三军之众，为之素服，以告诸侯而伐之。则四海之内，莫不仰德，此三王之举也。"于是，汉王为义帝发丧，哀临三日，发使告诸侯，请与讨项羽。

田荣弟横立荣子广为齐王，以拒楚，项王留，连战。汉王率五诸侯河南王申阳、韩王郑昌、魏王豹、殷王司马卬、代王陈余兵五十六万伐楚，拜彭越为魏相国，略定梁地。汉王入彭城，收其货宝、美人，日置酒高会。项王闻之，自以精兵三万还击，大破汉军。汉军入谷、泗、睢水，死者二十余万人，水为之不流。围汉王三匝，会大风，昼晦，汉王乃与数十骑遁去。汉王家室在沛，父母妻子为楚军所获，后常置军中为质。诸侯背汉，复与楚。汉王至荥阳，诸败军皆会焉。萧何亦发关中老弱，悉诣荥阳，汉军复振。何守关中，为法令约束，立宗庙社稷，事以便宜施行，计关中户口，转漕调兵，未尝乏绝。

第三章　楚汉分争下

魏王豹叛汉，韩信击虏之，定西魏地。信请兵三万人，愿以北举燕赵，东击齐，南绝楚粮道。汉王许之，遣张耳与俱，破代兵，擒夏说。楚汉三年，信、耳击赵，赵聚兵井陉口道名，在直隶正定府，井陉县东，号二十万。李左车说陈余曰："井陉道极险狭，愿假臣奇兵，从间路绝敌辎重。足下深沟高垒，勿与战，彼前不得斗，退不得还，野无所掠，不十日，而两将之头可至麾下。"陈余不从。韩信谍知之，乃敢下，用奇计，大破赵军，斩陈余，擒赵王歇，募生得李左车，解缚师事之，用其策，遣辩士奉书于燕，燕从风而靡。

汉随何说九江国跨安徽、江西王黥布叛楚。楚攻之，布间行归汉。汉王方踞床洗足，召布入见。布悔怒，欲自杀。乃出就舍，帐御、食饮、从官皆如汉王居。布大喜过望，后封为淮南即九江国王。

郦食其劝汉王立六国后，王曰："趣刻印。"张良来谒，王方食，具以告良。良曰："天下游士离亲戚弃坟墓，从大王游者，徒望咫尺之地。今复立六国后，游士各归事其主，大王谁与取天下乎？且夫楚唯无强，六国挠而从之，大王焉得臣之乎？诚用客谋，大事去矣。"汉王辍食吐哺，骂曰："竖儒，几败乃公事。"令趣销印。

陈平曰："项王骨鲠之臣，亚父辈数人耳。行间以疑其心，破楚必矣。"汉王与平黄金四万斤，不问其出入。平多纵反间。楚围汉王于荥阳，急，汉王请和。范增欲急攻下之，项王疑增，不听。增怒，请骸骨归，疽发背而死。纪信诳楚，自称汉王出降，王因得遁去。项王烧杀纪信。

汉王军成皋县名，今河南开封府汜水县，项王拔荥阳，遂取成皋。汉王逃，北渡河，入赵壁，夺张耳、韩信军，令耳守赵，后封为赵王，使信收赵兵未发者击齐。郦食其为汉往说齐王，田广下之。蒯彻说韩信曰："将军击齐，而汉发间使下之，宁有诏止将军乎？且郦生伏轼掉三寸舌，下七十余城，将军为将数岁，反不如一竖儒之功乎？"信遂渡河。楚汉四年，袭破齐，齐王烹郦生而走。

汉王复取成皋，就敖仓食，与楚皆军广武山名，在开封府荥泽县西。楚食少，项王患之，乃为高俎，置汉王父太公其上，告汉王曰："不急下，吾烹太公。"汉王曰："吾与若俱北面受命怀王，约为兄弟，吾翁即汝翁，必欲烹汝翁，幸分我一杯羹。"楚汉久相持不决，项王欲与汉王独身决战。汉王曰："吾宁斗智不斗力。"因数羽十罪,项王大怒,伏弩射汉王,伤胸。

第四章　汉灭楚

楚使龙且救齐,龙且曰:“韩信易与耳,寄食于漂母,无资身之策,受辱于胯下,无兼人之勇。”进与信夹潍水而军。信夜使人囊沙壅水上流,且渡击且,佯败还走,且追之。信使决水,且军大半不得渡,信急击杀且,虏齐王广。田横自立为齐王,战败走梁。

信遣使请为假王以镇齐。汉王怒骂之,张良、陈平蹑王足,附耳语,王悟,复骂曰:“大丈夫定诸侯,即为真王耳,何以假为。”立信为齐王,征其兵击楚。项王使人说信,欲与连和,三分中国。信谢曰:“汉王授我上将军印,言听计用,我倍之不祥,虽死不易。”蒯彻亦切劝自立,信犹豫,遂谢彻。

项王少助、食乏,信又进兵击楚,楚患之,乃与汉约,二分中国,鸿沟今名汴河,在开封府中牟县以西为汉,以东为楚,归汉王父母妻子,解而东归。汉王欲西归,张良、陈平曰:“汉有天下大半,楚兵饥疲,今释不击,此养虎自遗患也。”王从之。

楚汉五年,汉王追项王至固陵楚地,在河南陈州府太康县西,齐王信、魏相国越期会不至,张良劝王以梁、楚地许两人。两人皆引兵来。淮南王黥布亦会焉。项王至垓下楚地,在安徽凤阳府灵璧县南,兵少食尽,战败入壁,汉围之数重。项王夜闻汉军四面楚歌,大惊曰:“汉皆已得楚乎,何楚人多也?”起饮帐中,悲歌慷慨,左右皆泣,莫能仰视。夜从八百骑溃围南走,渡淮,迷失道。汉追及之,至东城县名,故城在凤阳府定远县东南,骑能属者二十八人。项王谓之曰:“吾起兵八岁,七十余战未尝败北,今卒困于此,此天亡我,非战之罪也。今日固决死,愿为诸君决战。”乃驰溃围,杀数十百人,至乌江大江津名,在安徽和州城东北。乌江亭长舣船待,曰:“江东虽小,亦足王也,愿大王急渡。”王笑曰:“籍与江东子弟八千人渡江而西,今无一人还。纵江东父老怜而王我,我何面目见之?”下马步战,自刎而死。汉王以鲁公礼葬羽,哭之而去,驰入韩信壁,夺其军,分项氏地为梁今山东西境及河南东境、楚今江苏省及山东南境二国,更立信为楚王,彭越为梁王。诸侯王尊汉王为皇帝,是为汉高祖,更王后曰皇后,王太子曰皇太子,都洛阳。兵皆罢归家。

第三篇　前汉(上)

第一章　汉业初定

高祖置酒洛阳南宫，问群臣曰："吾所以得天下者何？项氏所以失天下者何？"高起、王陵对曰："陛下使人攻城略地，因以予之，与天下同其利。项羽不然，有功者害之，贤者疑之，战胜而不予人功，得地而不予人利。"高祖曰："公知其一，未知其二。夫运筹帷幄之中，决胜千里之外，吾不如子房。镇国家、抚百姓、给馈饷、不绝粮道，吾不如萧何。连百万之众，战必胜，攻必取，吾不如韩信。此三人者，皆人杰也。吾能用之，此吾所以取天下也。项羽有一范增而不能用，此其所以为我擒也。"子房者，张良字也。

初，韩信破齐，齐相田横走博阳县名，属齐郡，今山东泰安府泰安县，自立为齐王，军败，亡归彭越。及汉灭楚，横惧诛，与其徒五百人入海，居岛中。帝召之曰："横来，大者王，小者侯。不来，且举兵加诛。"横与二客乘传，至洛阳城东自刭。帝以王礼葬横，二客自刭从之，岛中五百人闻之，皆自杀。

初，季布为项羽将，屡窘帝，羽灭，帝购求布，敢有舍匿，罪三族。鲁侠士朱家匿之，之洛阳，见夏侯婴曰："季布何罪？臣各为其主耳。且以布之贤，汉求之急，不北走胡，南走越耳。"婴言于帝，乃赦布，召拜郎中。布母弟丁公亦尝窘帝，帝急顾曰："两贤岂相厄哉？"丁公乃还，至是谒见，帝以徇军中曰："丁公为臣不忠，使项王失天下。"遂斩之。

齐人娄敬说帝曰："洛阳，天下之中，有德则易以兴，无德则易以亡。秦地被山带河，四塞以为固，卒然有急，百万之众可立具，此扼天下之吭，而拊其背也。"帝问群臣，群臣皆山东人，争言洛阳之利。张良独是敬说。帝即日西徙关中，赐敬姓刘氏，后定都长安周镐京，今陕西西安府治。

汉既灭楚,临江春秋楚国,今湖北荆州府王共欢不降。汉遣刘贾、卢绾击虏之。燕王臧荼反,帝自将击虏之,以卢绾为燕王。汉之六年,人有上书告楚王信反,诸将曰:"发兵坑竖子耳。"帝问陈平,平危之曰:"古有巡狩,会诸侯。陛下第出,伪游云梦湖北大泽名,会诸侯于陈,因擒之,此一力士之事耳。"帝从之,信来谒,帝令武士缚之。信曰:"果如人言。狡兔死,走狗烹;高鸟尽,良弓藏;敌国破,谋臣亡。天下已定,我固当烹。"遂械系以归,赦为淮阴侯。

后,帝从容与信言诸将能将兵多少。帝曰:"如我,能将几何?"信曰:"陛下不过能将十万。"帝曰:"君如何?"信曰:"臣多多益善。"帝笑曰:"多多益善,何为为我擒?"信曰:"陛下不能将兵而能将将,且陛下所谓天授,非人力也。"

帝剖符封诸功臣,酂县名,属南阳郡,故城在湖北襄阳府光化县东北侯萧何食邑独多。功臣皆曰:"臣等被坚执锐,多者百余战,少者数十合。萧何未尝有汗马之劳,徒持文墨议论,反居臣等上,何也?"帝曰:"诸君知猎乎,追杀兽者,狗也。发纵指示者,人也。今诸君,功狗也。如萧何,功人也。"

张良亦无战功,帝使自择齐三万户。良曰:"臣始与上会于留县名,属沛郡,故城在江苏徐州府沛县东南,愿封留足矣。"封为留侯。留侯素多病,杜门,导引,不食谷,曰:"家世相韩,及韩灭,为韩报仇。今以三寸舌为帝者师,封万户侯,此布衣之极。愿弃人闲事,从赤松子游耳。"赤松子者,时人所传仙人号也。留侯盖自托于神仙,以避盛满之祸。

帝已封大功臣二十余人,余争功不决,诸将畏不得封,往往相聚语。留侯劝帝先封雍齿。齿者,帝平生所憎也。诸将皆喜曰:"雍齿且侯,我属无患矣。"帝急趣丞相、御史定功行封,诏定元功十八人位次,萧何第一,曹参次之,赐何剑履上殿,入朝不趋。是岁,尊父太公为太上皇。

第二章 高祖诸政

高祖去秦苛仪,为简易。群臣饮酒争功,或妄呼,拔剑击柱。博士叔孙通说帝曰:"儒者难与进取,可与守成。愿征鲁诸生,共起朝仪。"帝从之。七年,长乐宫成,诸侯、群臣朝贺,谒者治礼,引诸侯王以下,以次奉贺,莫不震恐肃敬。礼毕,置法酒,御史执法,举不如仪者,辄引去,莫敢喧哗失礼者。帝曰:"吾乃今日知为皇帝之贵也。"拜通太常。

初,匈奴畏秦北徙,及中国乱,复稍南渡河。胡言,称其君曰单于,犹汉言天子也，诸王侯隶属之，疆土极广。头曼单于有太子曰冒顿，壮武有权数，射杀头曼，自立为单于，灭东胡、走月氏，复蒙恬所夺故地。高祖徙韩王信于太原郡名，今山西太原、汾州二府，沂、代、保德三州以备御之。匈奴围信于马邑县名，属雁门郡，时为韩国治，今山西朔平府朔州，信降匈奴。于是帝自将击信，破其军，匈奴佯败走，汉悉兵逐之。帝先至平城县名，属雁门郡，故城在山西大同府城东，兵未尽到，冒顿纵精兵四十万骑围帝于白登山名，在大同府城东七日。帝用陈平计，使厚遗阏氏，冒顿解围去。阏氏者，单于之妻，犹汉言后妃也。帝还，过赵。赵王张敖，景王耳之子也，尚帝女，执子婿礼甚卑，帝谩骂之。赵相贯高等怒，阴谋杀帝，事觉，敖坐废为侯，韩王信后为汉将所斩。

匈奴数击汉。九年，帝遣刘敬往结和亲，名宫人为公主，以妻单于，约为兄弟，岁遗缯絮酒米食物各有数。敬又说帝，徙齐、楚大族豪杰十余万口以实关中。

十年，赵高祖庶子，隐王如意所封相国陈豨反，帝自将击之。明年，淮阴侯信舍人弟上变，告信与豨通谋。皇后吕氏与相国何谋，诈言豨已败死，绐信入贺，使武士缚信，斩之。信曰："吾悔不用蒯彻之计，乃为儿女子所诈。"遂夷三族。帝败豨还，诏捕蒯彻。彻至，曰："跖之狗吠尧，尧非不仁，狗固吠非其主。当时，臣唯知韩信，非知陛下也。"帝释之。陈豨后为樊哙所击斩。梁王彭越太仆得罪走汉，告越谋反。帝使人掩越，捕之，废为庶人。吕后曰："此自遗患。"劝帝杀之，夷三族，醢越肉，以赐诸侯。淮南王黥布见汉杀韩信，醢彭越，自疑祸及身，遂反。帝自将击之。十二年，布败走，长沙今湖南之东半王吴臣诱杀之。燕王卢绾阴与陈豨通谋，帝召之，不至，遂亡入匈奴。

秦平南越，置南海今广东省、桂林今广西东境、象郡今广东廉州、雷州二府及安南国。秦乱，南海尉赵佗击并桂林、象郡，自立为南越王。高祖遣陆贾往说佗，令称臣奉汉约。汉之威令，始达南海矣。贾归报，拜大中大夫。

贾时时前说《诗》《书》，帝骂曰："乃公马上得天下，安事《诗》《书》?"贾曰："陛下马上得之，宁可以马上治之乎？文武并用，长久之术也。向使秦已并天下，行仁义，法先圣，陛下安得有之?"帝曰："试为我著古今成败得失。"陆生著书十二篇，每奏一篇，帝称善，号曰《新语》。

秦之乱也，齐、楚、三晋旧族复起，然皆不数年而败亡。汉所立之王，唯韩王信出于王族，其外六国赵景王张耳、楚王韩信、梁王彭越、淮南王黥布、长沙文王吴芮、燕王卢绾与汉皆自庶姓崛起。于是,周末世家之余泽,莫复存者。高祖惩秦无藩辅,孤立而亡,封子弟同姓为王,约曰:“非刘氏不得王。”是后,诸皇子悉封王,其异姓王或诛或废,六七年间皆绝灭,唯长沙吴氏以国小而忠得久存。帝之末年,刘氏王者九国齐悼惠王肥、楚元王交、赵隐王如意、梁王恢、淮阳王友、代王恒、淮南厉王长、吴王濞、燕灵王建。除吴、楚外,七王皆高祖庶子也,皆置百官、宫观,同制京师,其最大者为齐、代、吴、楚。齐今山东济南、泰安、青州、莱州、登州五府悼惠王肥及代今山西汾州府以北王恒,皆帝之庶子也。吴今江苏淮水以南、安徽大江以南及浙江、江西二省王濞,帝之兄子也。楚今江苏徐州府及海州、山东兖州、沂州二府元王交,帝之弟也。四王皆有数郡之地,列峙东北,为汉大臣所畏惮。汉所有唯十五郡内史、陇西、北地、上郡、云中、河东、河南、河内、东郡、颍川、南阳、南郡、汉中、巴郡、蜀郡,而公主、列侯颇食邑其中,举全国租赋入汉朝者,盖不过三之一。故汉初之政,虽多袭秦故,其立藩国则效周制,而封疆较大于周之公侯。

第三章　高后当国及诸吕之乱

戚姬有宠于高祖,生赵隐王如意,吕后见疏。太子盈,后所生也,为人仁弱。帝谓如意类己,欲废太子而立之,以大臣不服,乃止。帝击黥布时,中流矢,疾甚。吕后问:“陛下百岁后,萧相国死,谁可代之?”曰:“曹参。”问其次,曰:“王陵,然少戆。陈平可以助之。平智有余,然难独任。周勃重厚少文,可使为太尉。安刘氏者,必勃也。”帝在位十二年,崩,号曰高皇帝。太子盈即位,是为孝惠皇帝,尊皇后曰皇太后。

孝惠帝元年,太后鸩杀赵隐王,断戚夫人手足、去眼、熏耳、饮喑药,命曰“人彘”,召帝观之。帝惊,大哭,因病,岁余不能起。二年,相国何卒,曹参代之。参尝师盖公,治黄老之术,为相三年,无所变更,一遵何约束。百姓歌之曰:“萧何为法,较如画一,曹参代之,守而无失,载其清净,民以宁一。”参卒,王陵为右丞相,陈平为左丞相,周勃为太尉。

惠帝在位七年,崩,太子即位,史失其名,吕太后临朝称制。元年,太后议立诸吕为王,王陵不可,曰:“高帝刑白马盟曰:‘非刘氏而王,天下共击之。’”陈平、周勃以为可。陵罢相,遂王吕氏。四年,太后废帝,幽杀之,立其弟宏为帝,以太后称制不改元,诸吕擅权用事。

八年,太后崩,诸吕欲为乱。齐哀王襄,悼惠王之子也,发兵讨诸吕。相国吕王产吕后兄子，封于梁，改梁为吕国使大将军灌婴击之。婴留屯荥阳，与齐连和。时赵王吕禄吕后兄子将北军，吕王产将南军，太尉勃不得主兵。平、勃使郦寄郦食其从子说禄解印以兵授勃。勃入军门，令曰："为吕氏者，右袒。为刘氏者，左袒。"军中皆左袒，乃令齐王弟朱虚县名，属琅琊郡，故城在山东青州府临朐县东侯章击产，杀之，分部捕诸吕，无少长，皆斩之。诸大臣迎立代王恒，杀少帝。代王即帝位，是为太宗孝文皇帝，尊母薄氏曰皇太后。孝文元年，平、勃为左右丞相，灌婴为太尉。

第四章　文帝仁俭

文帝既立，益明习国事，问右丞相勃，曰："天下一岁决狱几何?"勃谢不知。又问："一岁钱谷出入几何?"勃又谢不知，惶愧，汗沾背。帝问左丞相平，平曰："有主者，即问决狱，责廷尉；问钱谷，责治粟内史。"帝曰："君所主者，何事?"平谢曰："陛下使待罪宰相，宰相者，上佐天子，理阴阳，顺四时，下遂万物之宜，外镇抚四夷、诸侯，内亲附百姓，使卿大夫各得其职焉。"帝称善。勃大惭，谢病免。

南越王佗，自吕后时称武帝，役属闽越、骆越俱南蛮种名，闽越居福建地，骆越居安南地，东西数百里，称制，与汉侔。文帝使陆贾复往，赐佗书。佗恐，谢罪，去帝制，称臣奉贡。匈奴冒顿单于尝遗书嫚吕后，吕后谦辞以谢之。至是，冒顿死，子老上单于立。文帝以宗室女妻之，使宦者中行说傅之。说降单于，教以无变其俗。遗汉书，倨傲其辞，屡入边侵掠，汉唯防备之而已。

文帝时，诸侯太骄。齐哀王之弟济北今山东济南府长清县王兴居发兵反，败死。帝弟淮南今安徽江淮之间厉王长谋反，废，徙蜀，道死。吴王濞招致郡国亡命者，采豫章郡名，今江西省铜以铸钱，煮海水为盐，故不赋而国富，颇不循汉法。齐、楚二国亦皆强僭。梁文帝子，怀王胜所封太傅贾谊上疏，陈治安之策数条，首痛论诸侯之害，言大国之王负强难制，莫如定制割地，众建诸侯而少其力。其次言汉奉匈奴，首足倒悬，宜急解之。末段论大臣当以礼遇之。初，高祖与萧、曹等起于微贱，视大臣如家仆，萧相国尝触上怒，下廷尉械系。文帝亦以嫌疑下绛春秋晋新都，汉置县，属河东郡，今山西平阳府曲沃县侯周勃于廷尉，受狱吏侵辱，故贾生以此讥帝。帝深纳其言，养臣下有节，不敢戮辱大臣。又及齐王嗣绝，分齐为六国，尽立哀王诸弟为王，自是，悼惠之族力分而弱。唯制匈奴之策，则帝不敢从，恐其劳民也。帝素爱贾生才，尝议以位公卿，生年少气锐，大臣多短之，故不大用而死。

古有肉刑,墨、劓、剕、宫是也。亏损人体,颇为惨虐。三代沿而不改,至秦,刑法最酷,一人犯罪,举家坐之,或为收孥,有大罪者,夷三族。汉兴,因之。文帝即位,除收孥诸相坐律令,然族诛之法则不除,终汉世,每轻用之。帝又除肉刑,唯宫刑沿旧。当黥者,髡钳而为徒;当劓者,笞三百;剕罪轻者,笞五百,重者弃市。于是有轻刑之名,而人死者转多,其受笞者,亦不胜痛楚而死。至景帝时,继述帝意,减其笞数。自是,笞者始得全。云帝好黄老之道,躬修玄默,禁网疏阔,罪疑者予民。张释之为廷尉,执法公平不阿,刑罚大省,至于一岁断狱止四百,几有刑措之风焉。

文帝在位二十三年,宫苑车服无所增益。尝有献千里马者,帝以其无用却之,下诏曰:"朕不受献,其令四方勿来献。"尝欲作露台,召匠计之,直金百斤,帝曰:"中人十家之产也,何以台为?"身衣弋绨,所幸慎夫人,衣不曳地,帷帐无文绣。感贾谊重农之说,兴亲耕之古礼,以劝奖农业。又用晁错策,募富民入粟,得以拜爵,畜积岁增,遂至除田租。帝舅将军薄昭杀汉使者,帝不忍加诛,使群臣往哭之,昭自杀。近臣如袁盎等谏说虽切,常假借纳用。张武等受赂,觉,更加赏赐,以愧其心。专务以德化民。当时,公卿大夫质朴纯厚,耻言人过,上下成俗,吏安其官,民乐其业。是以国内安宁,家给人足,后世鲜能及之。

三代之制,王侯死,百官群吏尽行三年之丧,不得饮酒、食肉、祠祀、嫁娶。至秦,其制更严,营造陵墓,穷极壮丽。文帝惩其弊,临崩,遗诏:"短丧,令到,吏民出临三日,皆释服。自当给丧事者,已葬三十六日,释服。治霸陵,皆瓦器,不得以金银铜锡为饰,因其山,不起坟。"景帝元年,丞相申屠嘉等奏:"功莫大于高皇帝,德莫盛于孝文皇帝,高庙宜为太祖,孝文庙宜为太宗。"制曰:"可。"

第五章　景武抑损诸侯

孝景帝名启,孝文长子也。为太子时,晁错为家令,得幸太子家,号为智囊。太子即位,错屡请间言事,辄听,宠倾九卿,法令多所更定。丞相嘉自绌,呕血而死,错为御史大夫。

文帝时,吴太子入见,得侍景帝饮,博争道,不恭,景帝引博局提杀之。吴王称疾不朝,文帝赐以几杖。晁错屡言吴过可削,文帝不忍。至是,错说景帝曰:"吴王诱天下亡人,谋作乱,今削之亦反,不削亦反。削之,反速,祸小;不削,反迟,祸大。"帝令公卿、列侯、宗室杂议,莫敢难。时楚、赵有罪,皆削一郡。胶西国名,今山东莱州府高密县有奸,削六县。及削吴二郡书至,吴王遂反。楚王戊者,元王之孙也。赵王遂者,高祖庶子幽王友之子也。胶西、胶东今山东莱州府平度州、菑川故城在山东青州府寿光县西南、济南今山东济南府之王,皆悼惠王之子也。六国皆起兵应吴,以诛错为名。

初,文帝知条县名,属勃海郡,今直隶河间府景州侯周亚夫有将才,临崩,戒景帝曰:"即有缓急,亚夫真可任将。"亚夫者,绛侯勃之子也。至是,拜为太尉,将三十六将军,往伐吴楚。错素与袁盎不善,盎密言于帝曰:"独有斩错,复诸侯故地,兵可无血刃而罢。"帝乃杀错,族其家,遣盎谕吴,吴王不拜诏。亚夫大破吴楚兵,诸反皆平。亚夫后为丞相,以谏忤帝意,谢病免,后又为人诬告下狱,不食而死。帝忌刻少恩,举用酷吏郅都、宁成,然用心刑狱,节俭爱民,能遵孝文之业,以故国家殷富。

景帝既平七国之乱,摧抑诸侯王,不得自治民补吏,令内史治之,减黜其百官。又留列侯于京师,不使就国。帝在位十六年,崩。太子彻立,是为世宗孝武帝。武帝下推恩之令,使诸王裂地,封子弟为列侯,以属汉郡,不行威让而藩国自析。又作左官附益之法,禁网渐密。汉法,王侯岁献黄金,助祭宗庙,谓之"酎金"。武帝时,列侯坐酎金不如法,夺爵者百余人,自是王侯尽失权势,无抚字之责,唯得衣食租税,几同廪禄。其后省内史,令相治国,国相与郡守名异而职同。侯国亦有相,改所食县、乡长吏为之,而其职如旧。故景、武以后,虽有王侯之称,郡县之政行于全国,与三代之封建迥异。

第四篇　前汉(中)

第一章　武帝崇儒又信神仙

孝武帝建元元年年号始于此，诏举贤良方正直言极谏之士，帝亲策问治道。广川县名，属信都国，故址在直隶河间府故城县董仲舒对策，其一，论德教之功，言人君宜正心，以正百官万民；其二，愿兴太学以养士，使列侯、郡守贡贤人；其三，请宗儒道，以灭绝异说。帝善其对，以为江都帝兄易王非之所封，今江苏扬州府相。丞相卫绾奏，所举贤良，或治申、韩、苏、张之言，乱国政者，请皆罢。奏可。

汉兴，孔子之学未盛，武帝崇儒，始置五经博士，令郡国举孝廉，亲策贤良文学，又征吏民习儒术者，置博士弟子五十人，以任官择吏，通一艺以上者，以补右职，自是官吏彬彬多学士矣。庄助、朱买臣、吾邱寿王、司马相如、东方朔、枚皋等以材智俊异宠用，并在左右，每令与大臣辩论，相如特以辞赋得幸，朔、皋好诙谐，帝以俳优畜之，朔时直谏，有所补益。帝兄河间今直隶河间府献县献王好古学，以金帛求四方善书，多得古文经籍。董仲舒、公孙弘皆以治《春秋》进。弘自布衣出为丞相。孔安国以孔子之裔为侍中，作《尚书传》。太史令司马迁作《史记》，经术文章，至是始盛。

帝又好神仙之说。有方士李少君，善为巧发奇中，见帝曰："祠灶则致物，而丹砂可化为黄金，蓬莱仙者可见，见之以封禅则不死。"帝信之，亲祠灶，遣方士入海求蓬莱安期生之属。少君死，帝以为化去，而燕齐怪迂之士，争来言神仙事矣。或奏，天神贵者曰泰一，泰一佐为五帝青帝、黄帝、赤帝、白帝、黑帝。盖泰一者，上帝异名也。于是立泰一及五帝祠坛于甘泉山名，在陕西邠州淳化县西北，三岁一郊见。又好巡游，屡行海上，求神仙，封泰山，禅萧然山名，在泰山东北，作明堂于汶上今山东泰安府治，以祠上帝。北巡辽西郡名，今直隶永平府东境及盛京西境、五原郡名，秦九原郡，今内蒙古毛明安乌喇忒地，南巡江汉，登天柱，所至祟祠祀，率无虚岁。

帝尝惑方士少翁之术，拜为文成将军，以客礼之。已而觉其诈，诛之。后又以方士栾大为五利将军，封乐通侯，妻以公主，大亦以诈诛。方士公孙卿宠信尤久，卿言仙人好楼居，帝乃大营宫观，作通天茎台，高四十丈。会柏梁台灾，更作建昌宫，千门万户，东凤阙，西虎圈，北太液池，池中有蓬莱、方丈、瀛洲，壶梁，象海中神山、龟鱼之属，南设玉堂、璧门，立井干楼、神明台，共高四十丈，台上有铜仙人，舒手掌、捧铜盘，盘大十围，号承露盘，以承云表之露，和玉屑饮之，云可以长生。帝屡获奇物，以为祥瑞，如白麟、朱雁、宝鼎、灵芝，皆为乐章，荐之郊庙。有司又言："元宜以天瑞命。"乃追定即位以来年号，年有号自此始。

第二章　武帝穷兵拓疆

武帝虽崇儒喜仙，而甚嗜武事，自恃才略，欲耀威于四表。尝用大行王恢议，遣恢等将兵匿马邑旁谷中，使间诱匈奴单于入塞而击之，单于觉而去，自是，匈奴屡攻汉塞。唐蒙上书请通南夷，帝拜蒙中郎将，将兵入夜郎南夷国名，今贵州遵义府近傍。夜郎听约，乃置犍为郡今四川叙州、嘉定二府及其附近之地，至贵州仁怀厅。又拜司马相如为中郎将，通西夷，邛、筰、冉駹三国皆在四川地，邛今宁远府，筰今雅州府清溪县，冉駹今茂州皆内属。匈奴入上谷郡名，今直隶宣化府，帝遣车骑将军卫青等击逐之。青，本人奴，由姊受帝宠得起身，然有将才，善遇士众，屡伐匈奴，每出有功，遂取河南地，置朔方郡今内蒙古鄂尔多斯地。匈奴右贤王屡侵朔方，元朔五年，青率六将军击走之，帝以青为大将军，尊宠无比，公卿皆卑奉之，独汲黯与抗礼，青愈贤黯，遇之加于平日。

初，黯为谒者，以严见惮，以屡切谏不得留内，迁东海郡名，今山东沂州府南境及江苏海州太守，好清净，病卧不出，而郡大治，入为九卿。帝方招文学，尝曰："吾欲云云。"黯曰："陛下内多欲，而外施仁义，奈何欲效唐虞之治乎？"帝怒，罢朝，曰："甚矣，黯之戆也。"他日，庄助誉黯，帝曰："古有社稷臣，如黯，近之矣。"大将军青虽贵，有时侍中，帝踞床侧而见之。丞相公孙弘燕见，帝或时不冠。至黯，帝不冠不见也。淮南王安厉王长之子谋反，曰："汉朝大臣，独汲黯守节死义，难惑以非，如丞相弘等，说之如发蒙振落耳。"黯后坐法免。

卫青甥霍去病亦屡北伐，多军功，为骠骑将军，亲贵比大将军矣。元狩四年武帝二十二年,两将军分道击匈奴,大破之。骠骑绝大漠,封狼居胥山在外蒙古喀尔喀地而还,单于远遁,漠南无王庭。其后路博德、杨仆等击南越,平之,获其王建德赵佗玄孙,置九郡南海、苍梧、郁林、合浦、珠崖、儋耳、交阯、九真、日南。其交阯、九真、日南三郡,秦象郡之地,今安南国也交阯,今山南以北;九真,今清华乂安顺化;日南,今广南。郭昌等又平西南夷,置五郡武都、汶山、沈黎、越嶲、牂柯。杨仆等击东越即闽越,今福建省,越人杀其王以降,汉徙其民于江淮之间。

帝已灭南越,欲观兵塞北,然后封禅。元封元年,武帝三十一年,亲帅大军出长城,登单于台盖在内蒙古归化城土默特界内,遣使告乌维单于老上单于之孙曰:"南越王头已悬于汉北阙,今单于能战,天子自将待边。"乌维詟不敢出。是岁,遂行封禅也。

初,月氏为匈奴所破,余众西迁,击破拔克特利,分其地而居之。武帝遣张骞往使。骞径匈奴中,单于得之,留十余岁。骞得间亡,西逾葱岭,历大宛、康居,至大月氏及拔克特利而还,复为匈奴所得,留岁余,逃归。初行时百余人,唯骞与一奴得还。

是时,匈奴西边今甘肃安西州西境、镇西府西境、迪化州及新疆小国二十余,葱岭以外大国七八,汉人总称西域。大宛、康居、大月氏,皆居阿母河北大宛,今浩罕塔什干等地;康居,今撒麻儿干以北;大月氏,今布哈喇东南境,其地今属俄国,号为中亚细亚。方匈奴之盛也,康居以东诸国,率皆服属之。匈奴日逐王置吏,领西域,赋税取足焉。拔克特利在阿母河南岸,今阿富汗国北境也,希腊人来,主之,秦时国势甚盛,及败于月氏,稍衰,汉史谓之"大夏"。大夏西邻,有帕提亚国,今波斯地也,亚施克氏世王之,为西亚细亚强国,汉史谓之"安息"。安息者,亚施克之转也。大夏之东南为印度,汉史谓之"身毒",地广民殷,富厚亚于汉土。

张骞自月氏还,具言西域诸国风俗,曰:"大宛、大夏、安息之属,皆大国,多奇物。身毒在大夏东南数千里,度其去蜀不远矣。"帝遣骞因蜀道求身毒国,莫得通,通滇国今云南云南府。会匈奴浑邪王叛,降汉,加以单于北遁,自河以西至盐泽今名罗布泊,空无胡人,西域道可通。骞请结乌孙西域国名,今新疆地,以断匈奴右臂。乃遣骞等使西域诸国,西至帕提亚,南至印度,于是西域始通于汉矣。汉于浑邪王故地今甘肃西北境置四郡武威、张掖、酒泉、敦煌,徙民以实之,绝匈奴与羌西夷之大种,居青海地通之道。又遣郭昌击滇,降之,置益州郡今云南之大半。遣赵破奴击楼兰西域国名,在甘肃安西州敦煌县西,虏其王,遂击破车师西域国名,今甘肃镇西府西境及迪化州。

朝鲜今朝鲜北境及盛京东南境箕氏传世四十有一，至箕准而衰。汉初，燕人卫满聚党出塞，攻逐准，自立为朝鲜王，役属真番今兴京之地、临屯今朝鲜江陵府，传至孙右渠，袭杀汉边吏。武帝使杨仆等击之，朝鲜杀右渠以降汉，以其地为四郡真番、临屯、乐浪、玄菟。

元封六年武帝三十六年，乌孙王遣使请娶汉女，结为昆弟。帝许之，以宗室女为公主，往嫁乌孙。是时，汉与西域使聘往来不绝，帝每巡狩，悉从外客，散财帛以示汉富厚，然诸国犹畏匈奴，待其使过于汉使。

第三章　武帝暴政及晚年悔改

武帝比岁征伐，国用不给，乃设买官，名曰“武功爵”，令民得无功而买之。以白鹿皮为皮币，杂造银锡为白金。孔仅、桑弘羊之徒，以善理财擢用，兴利以佐经费。置盐铁官，禁民私铸铁器、煮盐。算缗钱，舟车悉课税。设均输法，置平准于京师，令远方各以其所饶之物为赋，而相灌输，官自卖之于其所无之地，以夺商贾之利，禁民酤酿，官自开置，名曰“榷酤”，又令死罪得纳钱赎之。

帝所用丞相，初惟田蚡，以王太后之弟稍专权，余皆充位而已。公孙弘后，国家多事，丞相、大臣连诛死。公孙贺拜相，至涕泣不肯拜，亦卒得罪而族。帝好尊用酷吏，尝使张汤、赵禹定律令，务在深文，义纵、王温舒、杜周之属，皆峻刻为能。然汤、纵、温舒，亦皆诛焉。用刑虽严，吏民益轻犯法。东方盗贼滋起，帝遣使者衣绣衣，持斧发兵击之，所至得擅斩二千石以下，诛杀甚多。二千石者，谓郡守、国相、内史等，以其秩皆二千石也。

太初二年武帝三十八年，遣赵破奴击匈奴，败没。又遣李广利击大宛，不克。明年，大发兵，使广利率之围宛，降之，得善马数十匹。帝欲乘胜遂困匈奴，会且鞮侯单于乌维单于之弟新立，恐汉袭之，遣使朝献。然卫、霍已没，汉威不如昔日，北征常少利，李陵、李广利降于匈奴。

中郎将苏武使匈奴，单于欲降之，不屈，乃徙武北海今俄国境内贝加尔湖上无人处，使牧羊。武掘野鼠、食草实，卧起持汉节。单于使李陵劝武降，曰：“人生如朝露，何自苦如此！”武不肯。至昭帝时，匈奴国乱，乃与汉和亲，归武等。武留胡地十九年，始以强壮出，及还，须发尽白，汉拜为典属国。

武帝时，方士、巫觋多聚长安，变幻惑众，女巫往来宫中，教群妾度厄，埋木人祭之。征和二年武帝五十年,帝疾,江充言祟在巫蛊。帝在甘泉宫,以充为使者,治巫蛊狱,坐而死者数万人。充与太子据有隙,入宫求蛊,云于太子宫得木人尤多。据惧,捕充斩之,白母卫皇后卫青姊发兵。帝怒,使丞相刘屈氂讨之,皇后自杀,据败走,自经死。田千秋讼太子冤,帝悟,族江充家,作思子宫。

武帝受文景丰富之后,好大喜功,穷兵于四夷,内事土木,重敛繁刑,信惑神怪,巡游无度,使百姓疲敝,起为盗贼。晚年幸东莱郡名,今山东莱州府治及登州府,欲自浮海求神仙,遇大风不果,至泰山,修封禅,既而谓群臣曰:"朕即位以来,所为狂悖,使天下愁苦,不可追悔。自今事有伤害百姓者,悉罢之。"乃罢诸方士候神人者。是后,每对群臣,自叹向时愚惑,罢议轮台西域地名,在甘肃迪化州界内屯田,下诏深陈既往之悔,令禁苛暴,止擅赋,力本农,修马复令,以毋乏武备,由是不复出军。

第四章　霍光辅政附霍氏之败

武帝已丧戾太子,爱少子弗陵多知,欲立之。察群臣,唯霍光忠厚可任大事,乃使人画周公负成王朝诸侯,以赐光。光者,去病异母弟也。弗陵母钩弋夫人,无罪而赐死,谓侍臣曰:"古国家所以乱,由主少母壮,骄淫自恣也。"及病笃,立弗陵为太子,以霍光为大司马、大将军,受遗诏辅政。帝在位五十四年,崩。太子即位,是为孝昭帝。昭帝始元元年,皇兄燕王旦以长不得立,谋反,汉赦不治,诛其党与。武帝末年,国内虚耗,户口大减。霍光为政,首问民疾苦,赈贷贫民,罢榷酤官,轻徭薄赋,与民休息,百姓充实,稍复文景之业。昭帝姊鄂县名,属江夏郡,今湖北武昌府武昌县邑长公主、左将军上官桀、桀子车骑将军安、御史大夫桑弘羊等,忌大将军光,欲除之,与燕王旦通谋,令人诈为燕王上书,言光专权自恣,疑有非常。帝时年十四,聪明不惑,上书者亡,捕之甚急,桀等惧,白帝曰:"小事,不足遂。"帝不听,桀党有谮光者,帝辄怒曰:"大将军忠臣,先帝所属以辅朕身,敢有毁者,坐之!"自是莫敢复言。桀等谋令长公主置酒请光,伏兵格杀之,因废帝而立旦。安又谋诱旦,杀之,而立桀。事觉,诏捕桀、安、弘羊等,并宗族尽诛之,长公主、燕王自杀。

大将军光以朝无旧臣,张汤之子安世,自武帝时为尚书令,志行纯笃,乃白帝,用为右将军兼光禄勋,以自副焉。又以杜周之子延年有忠节,擢为太仆。光持刑罚严,延年常辅之以宽。

昭帝在位十三年崩，无嗣。皇后上官氏，安娶霍光女所生也。安等败，后以光外孙得不废。至是，光以后诏迎武帝孙昌邑故城在山东济宁州金乡县西北王贺，立之，尊后为太后。贺既立，淫戏无度，光率群臣奏太后废之，杀昌邑群臣二百余人。

初，戾太子遭巫蛊事，男女妻妾皆遭害，独孙病已在，生数月，亦系狱。丙吉治狱，得免死，且择谨厚女乳养之，月给米肉，视遇甚有恩惠。及长，高材好学，亦喜游侠，具知闾里奸邪，吏治得失。光等奏："孝武皇帝曾孙病已，节俭慈仁，可以嗣孝昭皇帝。"后迎入即位，后改名询，是为中宗孝宣帝。宣帝本始元年，光请归政。帝谦让不受，诸事皆关白光，然后奏。

自昭帝时，霍氏子弟、诸婿、外孙皆贵，党亲满朝。及贺废，光权益重。光夫人显，欲贵其少女成君，使女医阴毒杀许皇后。光大惊，欲自发举，不忍而止。显因劝光纳成君为皇后。地节二年宣帝六年，光卒。帝及太后亲临丧，赐丧具如乘舆制度。帝以张安世为大司马、车骑将军，魏相为丞相，丙吉为御史大夫。时，霍氏骄奢放纵，帝收其兵权，以安世为卫将军，领诸军。霍氏惧，谋反，诛坐而夷灭者数十家，霍皇后坐废。

第五章　宣帝中兴

霍光既卒，宣帝始亲政，励精为治，信赏必罚，综核名实，吏称其职，民安其业，自政事、文学、法理之士，至技巧、工匠之徒，咸精其能，拜刺史、守、相，辄亲见问。常曰："民所以安其田里而无叹声者，政平讼理也。与我共此者，其唯良二千石乎?"以为太守，吏民之本，屡变易，则下不安。故二千石有治效，辄以玺书勉励，增秩赐金，或授爵关内侯。公卿缺，则选诸所表，以次用之。于定国为廷尉，民无冤枉，与张释之并称。赵广汉、朱邑、龚遂、尹翁归、韩延寿、黄霸、张敞之属，皆治民有美绩，汉代良吏，于是为盛。

魏相好观汉故事，屡条汉兴以来便宜行事，及贤臣贾谊、晁错、董仲舒等所言，奏施行之，与丙吉同心辅政，帝皆重之。吉为人深厚，不伐善，自曾孙遭遇，绝口不道前恩。相卒，吉为丞相，尚宽大，好礼让，不亲小事，时人以为知大体。吉卒，黄霸、于定国相继代之。霸为相时，司农中丞耿寿昌白："令边郡皆筑仓贮谷，随贵贱而粜籴，名曰'常平仓'"。民便之。

帝效武帝故事，谨斋祀，增置神祠，颇好神仙。京兆尹张敞上疏请斥方士，帝由是罢尚方待诏,又修饰宫室、车服,盛于前朝。外戚许许皇后家、史祖母史良娣家、王氏母王夫人家贵宠,谏大夫王吉上疏,请述旧礼,明王制。帝以其言为迂阔,吉谢病归。帝方用刑法为治,信任中书宦官,司隶校尉盖宽饶奏封事,谤之。帝下之吏,宽饶自刎,众庶怜之。赵广汉、韩延寿亦以微罪诛,吏民号泣者数万人,识者以为善政之累。然良吏既众,宰辅皆得人,不失为中兴之令主。在位二十五年,崩。

第六章　汉威震绝域

自武帝耀武以来,塞外诸国皆慑汉威。昭帝时,楼兰王死,匈奴遣其质子归为王。霍光遣傅介子赍金币,扬言赏赐外国。至楼兰,诱新王刺杀之,持其首归。汉送其弟降在汉者立之,更名其国为鄯善。

初,冒顿破东胡,东胡余众散保乌桓山名,在内蒙古东部及鲜卑山在内蒙古科尔沁右翼西为二族。其后乌桓部众渐强,屡侵汉塞。霍光遣范明友出辽东,击破之,又募郡国徒筑玄菟城,以备东边玄菟,武帝灭朝鲜所设之郡,故城在今兴京界内。

宣帝初年,匈奴连击乌孙,乌孙请救于汉。宣帝遣五将军与乌孙夹击,匈奴奔遁。校尉常惠护乌孙兵,击获名王以下四万级,马、牛、羊、驴七十余万头。单于复击乌孙,会大雪,人畜冻死。丁零北狄别种,居外蒙古西北境攻其北,乌桓入其东,乌孙击其西,诸属国皆瓦解,而汉边少事矣。

元康元年宣帝九年,冯奉世使西域,会莎车西域国名,故地在回疆业尔羌近傍叛汉,奉世谕诸国发兵,攻拔其城,更立王而还。汉议封奉世,少府萧望之以为擅矫制发兵,不可以为法,即封奉世后奉使者,要功万里之外,生事于夷狄,渐不可长。帝善其议。

初,车师附匈奴,侍郎郑吉击破之,使吏卒往田其地,匈奴屡遣兵扰田者。吉上言,愿益田卒。帝欲因匈奴衰弱,击其右地,使不复扰西域。魏相谏曰:“臣闻,救乱诛暴者,谓之‘义兵’,兵义者王。敌加于己,不得已而起者,谓之‘应兵’,兵应者胜。争恨小故,不忍愤怒者,谓之‘忿兵’,兵忿者败。利人土地、货宝者,谓之‘贪兵’,兵贪者破。恃大矜众,欲示威于敌者,谓之‘骄兵’,兵骄者灭。间者,匈奴未有犯边疆,虽争车师,不足致意。今欲兴兵入其地,臣愚,不知此兵何名也?按今年计,子弟杀父兄,妻杀夫者,凡二百二十八人,此非小变,左右不忧此,乃欲报纤芥之怨于远夷,殆孔子所谓‘忧不在颛臾,而在萧墙之内也'。"帝从之,使郑吉还屯渠犁西域国名,所在不详。

神爵元年宣帝十三年,先零西羌种名,居青海地与诸羌叛汉,侵金城郡名,今甘肃兰州、西宁二府。帝使问后将军赵充国:"谁可将者?"充国年七十余,对曰:"无逾老臣。"复问:"度当用几人?"充国曰:"百闻不如一见,兵难遥度,愿至金城,图上方略。"帝乃遣充国击西羌。

充国至金城,上奏曰:"羌易以计破,难用兵碎,击之不便,愿罢骑兵,留步兵万余屯田。"帝报曰:"即如将军之计,虏当何时伏诛?熟计复奏。"充国上状曰:"帝王之兵,以全取胜。故为不可胜,以待敌之可胜。"因陈屯田便宜十二事。奏每上,辄下公卿议。初是其计者什三,中什五,最后什八。魏相请用其计,帝从之。明年,充国振旅而还,诸羌降汉,置金城属国以处降羌。

匈奴日逐王先贤掸且鞮侯单于之孙与单于屠耆堂乌维单于之曾孙有隙,帅其众降于汉。郑吉发渠犁、龟兹西域国名,今回疆库车地诸国五万人迎之,率诣汉京,吉威振西域。西域有南北二道,吉初护南道诸国,至是,又护北道,在车师以西者,号"都护",立幕府乌垒城在龟兹城之东,督察乌孙、康居等三十六国。汉之号令班西域矣。

屠耆堂暴虐好杀,失众而灭,五单于争立,遂分为二国。呼韩邪单于与郅支单于俱虚闾权渠单于之子,且鞮侯单于之曾孙相攻。呼韩邪败走,降汉称臣,请朝。正月,汉有司议其仪,丞相、御史以为单于朝贺,宜如诸侯王,位次在下。萧望之曰:"单于非正朔所加,故称敌国,宜待以不臣之礼,位在诸侯王上。"帝从之。甘露三年宣帝二十三年,呼韩邪朝汉,以客礼待之,赞谒不名,还,居五原塞下。自是,乌孙以西诸国近匈奴者,咸尊汉矣。

帝以外国宾服,思股肱之美,乃画其人于麒麟阁。霍光、张安世、韩增、赵充国、魏相、丙吉、杜延年、刘德、梁丘贺、萧望之、苏武,凡十一人,皆有功德,知名当世。

黄龙元年宣帝二十五年,郅支单于击破乌孙,北并坚昆北狄别种,居阿尔泰山地方,今吉利吉思族其裔也,留都之。元帝初元元年,置戊己校尉,屯田车师故地。五年,郅支杀使者,西走康居。明年,呼韩邪北归庭。其后,西域副校尉陈汤发兵,与都护甘延寿袭击郅支于康居,杀之,传首至京,悬藁街十日。呼韩邪入朝请为汉婿,元帝以宫女王昭君妻之。自是,匈奴后裔世称汉甥。

第五篇　前汉(下)

第一章　元帝任宦者

孝元帝,名奭,孝宣长子也。初为太子,柔仁好儒,见宣帝所用多文法吏,以刑绳下。尝侍燕,从容言:"陛下持刑太深,宜用儒生。"宣帝作色曰:"汉家自有制度,本杂霸王道,奈何纯任德教,用周政乎?且俗儒不达时宜,好是古非今,使人眩于名实,何足委任?"乃叹曰:"乱我家者,太子也。"然以太子许后微时所生,而帝少依许氏,及即位,许后以弑死,故弗忍废之也。临崩,以外属史高宣帝祖母史良娣之兄子为车骑将军,太子太傅萧望之为前将军,少傅周堪为光禄大夫,并受遗诏辅政,领尚书事。

元帝即位,望之、堪皆以师傅旧恩见信任。宗室刘向明经有行,望之选使给事中,与侍中金敞并拾遗左右,四人同心谋议,史高充位而已,由是与望之有隙。中书令弘恭、仆射石显自宣帝时久典枢机,元帝多疾,以显中人无外党,遂委以政,贵幸倾朝。显巧慧习事,与史高为表里,望之等患许、史放纵,又疾恭、显擅权,建白以为:"中书政本,国家枢机,宜以通明公正处之,武帝游宴后庭,故用宦者,非古制也,宜罢中书宦官。"议久不定。恭、显奏:"望之、堪、向朋党,数谮毁贵戚,欲以专权,不忠不道,请召致廷尉。"时,帝未知召致廷尉为下狱,可其奏。后帝欲召堪、向,闻其系狱,大惊曰:"非但廷尉问邪?"令出视事。恭、显使高说帝,竟免三人。后帝欲以望之为相,显等谗之,逮捕望之。望之自杀,恭病死,显为中书令。

显威权日盛,与少府五鹿充宗、中书仆射牢梁结为党友,诸附倚者皆得宠位。会日食、地震,刘向、京房等以为显等擅权所致。向尝上书请远佞邪,房见帝有所讽谕,帝亦知之,而不能退也。帝征用儒生,颇改前朝之政,韦玄成、匡衡皆以儒进为丞相,而帝徒牵制文义,优游不断,孝宣之业衰焉。

第二章　政归王氏

元帝在位十六年，崩，太子骜即位，是为孝成帝，尊母后王氏为皇太后，以元舅阳平县名，属东郡，今山东东昌府莘县侯王凤为大司马、大将军，领尚书事。成帝建始元年，石显免官，归故郡，道死，其党悉废黜，于是宦官失势，而政归外戚焉。是岁，王凤弟崇封安成县名，属汝南郡，故城在河南汝宁府城东南侯，其后五弟谭、商、立、根、逢时，同日皆为列侯，世谓之"五侯"。凤专权，谷永、杜钦等诸儒为之羽翼，王氏子弟分据势官。京兆尹王章见成帝，劝退凤。帝不忍，却杀章。自是公卿皆侧目视凤。光禄大夫刘向极谏，以为王氏与刘氏势不并立，帝不能用。凤卒，从弟音为大司马。

王太后兄弟八人，独弟曼早死，不侯，其子莽幼孤。五侯子乘时侈靡，以舆马、声色、佚游相高，莽折节为恭俭，勤身博学，外交英俊，内事诸父，曲有礼意。永始元年成帝十七年，封新都县名，属广汉郡，今属四川成都府侯，为侍中，位益尊而躬愈谦，声誉倾诸父。大司马音卒，王商代之。商卒，王根代之。

特进张禹以帝旧师，尝为丞相，及罢，帝犹与议政。时吏民多上书言灾异，王氏专政所致。帝至禹第，密以示禹。禹畏王氏，谓帝曰："灾变之意，深远难见。鄙儒所言，宜无信用。"帝雅信禹，由是不疑王氏。鲁国朱云好奇节，见帝曰："臣愿赐尚方斩马剑，断佞臣一人头，以励其余。"帝问谁也，对曰："安昌县名，属河内郡，故城在河南怀庆府温县东北侯张禹。"帝大怒曰："小臣廷辱师傅，罪死不赦。"御史将云下，云攀殿槛，槛折，云呼曰："云得下从龙逄、比干，游于地下，足矣！未知圣朝何如耳？"左将军辛庆忌叩头流血争之，帝意解。及后当治槛，帝曰："勿易，因而辑之，以旌直臣。"

成帝荒于酒色，政在外家，汉业愈衰。王根荐侄莽代己为大司马。莽聘贤养士，愈为俭约以饰名。成帝无子，立侄定陶今山东曹州府定陶县王欣为太子，在位二十六年，崩。太子即位，是为孝哀帝，尊皇太后曰太皇太后，追尊生父定陶恭王曰恭皇。太皇太后使莽避哀帝外家，莽罢就国，于是丁、傅二氏哀帝母丁姬，祖母傅太后之族用事。侍中董贤美而佞，帝宠幸之，贵震汉廷。帝屡诛大臣，欲以强主威，然信谗疾直，汉祚遂微。

哀帝在位六年，崩。太皇太后遣使驰召莽，董贤自杀。以莽为大司马，领尚书事，迎元帝庶孙中山今直隶定州王箕子入即位，年甫九岁，后改名衎，是为孝平帝。太皇太后临朝,大司马莽秉政,拟上世谅暗之制,令百官总己以听于莽。平帝元始元年,以孔光为太师,王舜为太保。光,孔子十三世孙。舜,音之子也。莽为太傅,号安汉公。四年,聘莽女为皇后,采伊尹、周公称号,加莽为宰衡,位诸侯王上。莽奏起明堂、灵台、辟雍。明堂者,所以出教化;灵台者,所以望云气;辟雍者,所以行大射、养老之礼。皆效周制也。益博士员,为学者筑舍万区,征异能之士,前后千数。

五年,孔光卒。成、哀以来,张禹、孔光等,以名儒为三公,与时俯仰,谄谀成风,公卿咸称莽功德,比之周公。吏民上书颂莽者至四十八万人,遂策命莽以九锡。九锡之名,古无闻,然亦本于周命侯伯之盛礼也。是岁,莽进毒弑帝。元帝世绝,征宣帝玄孙婴为皇太子,号曰"孺子",因周成王幼时之号也。莽居摄践祚,赞曰"假皇帝"。民臣谓之"摄皇帝"。汉自高祖五年为帝,至是十三世高帝、惠帝、二少帝、文帝、景帝、武帝、昭帝、宣帝、元帝、成帝、哀帝、平帝,二百有七年,乃为王氏所篡。居摄二年,东郡太守翟义起兵讨莽,不克而死。明年,莽即真皇帝位,定国号曰"新",更号其姑汉太皇太后曰"新室文母太皇太后",后五年,崩。

第三章　王莽败灭

新帝莽始建国元年,封孺子婴为定安公,立汉宗庙于其国。莽策命群司,文仿典诰,更定官爵,效虞周之制,置四辅、三公、四将,悉封宗属为侯、伯、子、男。汉诸侯王皆降为公,后皆夺爵,四夷称王者皆更为侯。汉时豪民兼并,贫富悬隔殊甚,置奴婢之市,与牛马同栏,于是莽用古井田法,更名民田曰王田,奴婢曰私属,皆不得买卖。男口不盈八,而田过一井者,分余田予九族乡里。后莽知民愁怨,诏许买卖王田及庶人。

莽恃府库之富,欲立威匈奴,改匈奴单于为降奴服于,命诸将北征。单于知者,呼韩邪之子也,怒曰:"先单于受汉宣帝恩,不可背也,今天子非宣帝子孙,何以得立?"遣兵入塞,北边始多事,西域皆叛。知卒,弟咸立,阳与新和。莽改号匈奴曰"恭奴",单于曰"善于",然匈奴侵盗不止。

莽锐思于地理,变更地名、疆界,一郡至五易名而复其故。制礼作乐,讲合六经,论议连年,制度不定。吏缘为奸,狱讼冤结。屡改造钱货,增减其价,民私铸钱,及非沮宝货以抵罪者,不可胜数。托名古制,设五均、六管以夺民利。榷酒酤,禁挟弩铠,法令烦苛,赋敛重数,农商失业,食货俱废。荆、扬、青、徐之间,盗贼群起,州郡不能制。莽以五石铜铸作北斗状,名曰“威斗”。斗者,汉人所祠为军神也。欲以厌胜众兵,出入使人负之以行。遣太师王匡、更始将军廉丹东讨众贼。青州贼樊崇等皆朱其眉,号“赤眉”。匡、丹兵所过放纵,东方为之语曰:“宁逢赤眉,不逢太师!太师尚可,更始杀我!”

荆州贼据绿林山名,在湖北安陆府当阳县东北,五年,分为下江谓大江下流、新市地名,故城在安陆府京山县东北兵。新市兵入南阳,平林县名,属南阳郡,故城在湖北德安府随州东北兵起应之。景帝六世孙刘演与弟秀起兵于春陵乡名,属南阳郡蔡阳县,故城在湖北襄阳府枣阳县东,与新市、平林兵合力,下江兵亦来附,众已十余万,无所统一,诸将议立刘氏,以从人望。下江将王常等欲立演,新市、平林将帅惮演威明,沮之。时,演同族春陵刘玄在平林兵中,号“更始将军”,诸将贪其懦弱,立为汉皇帝。南面朝群臣,羞愧流汗,举手不能言,改元更始,置公卿,演为大司徒。汉军徇昆阳、定陵、郾三县皆属颍川郡,昆阳故城在河南南阳府叶县南,定陵故城在南阳府舞阳县北,郾故城在河南许州郾城县南,下之。又攻取宛县名,南阳郡治,今南阳府治,汉帝入,都之。是岁,新之地皇四年王莽即位十五年,汉帝玄更始元年也。

新帝遣王寻、王邑大发兵平山东,以长人巨毋霸为垒尉,又驱虎豹犀象之属以助威武,兵四十二万,旌旗百余里不绝。汉诸将见新军盛,走入昆阳,兵仅八九千。寻、邑纵兵围之。刘秀至郾、定陵,悉发兵,自将步、骑千余为前锋,与新兵战,斩首数十级。诸将曰:“刘将军平生见小敌怯,今见大敌勇,甚可怪也。”寻、邑兵却,诸部共乘之,连胜而前,无不一当百。秀与敢死者三千人冲其中坚,寻、邑阵乱,汉兵乘锐崩之,遂杀寻。城兵亦鼓噪而出,中外合势,震呼动天地,新兵大溃。会大风雷雨,滍川盛溢,虎豹皆股战,士卒溺死者以万数。关中闻之震恐,四方豪杰响应,杀其牧守,用汉年号,旬月之间,遍于国内。演、秀威名益盛,汉帝忌演,杀之,秀不敢服丧,唯枕席有涕泣处,又未尝伐功。帝惭,拜秀为破虏将军,封武信侯。成纪县名,属天水郡,今甘肃秦州秦安县隗嚣起兵应汉,徇下天水郡名,今甘肃巩昌府东北境及秦州北境、陇西郡名,今甘肃兰州府南境及巩昌府大半诸郡。公孙述起兵成都县名,蜀郡治,今四川成都府治,自称辅汉将军、益州牧,后自立为蜀王。

汉兵入武关,三辅豪杰并起应之,进攻长安。莽旋席随斗柄而坐,曰:“天生德于予,汉兵其如予何?”明日,众兵入,斩莽,分其身,节解脔之,传首至宛。莽称帝十五年而亡。汉别将拔洛阳,帝玄徙都之,寻迁于长安,封宗室、功臣为王,凡二十人。群小、膳夫皆滥授官爵,征隗嚣为右将军。

第六篇　后汉(上)

第一章　光武复汉

汉帝玄以刘秀行大司马事,使徇河北,所过除莽苛政。南阳邓禹说秀曰:“更始常才,诸将皆庸人。帝王大业,非凡夫所任。明公莫如延揽英雄,务悦民心,立高祖之业,救万民之命,以公而虑,天下不足定也。”秀悦,令禹常宿止于中,与定计议。

邯郸县名,战国赵都,汉为赵国治,今属直隶广平府卜者王郎诈称成帝子子舆,汉宗室刘林立之为帝,徇下幽、冀,州郡响应。更始二年,刘秀北徇蓟县名,战国燕都,汉为广阳国治,今京城地,蓟中应王郎。秀促驾出城,晨夜南驰。至芜蒌亭在直隶深州饶阳县东北,冯异上豆粥,渡滹沱河,遇大风雨,入道旁空舍,冯异抱薪,邓禹热火,秀对灶燎衣,异进麦饭。时,郡县皆已降王郎,独信都郡名,今直隶冀州和戎郡名,今直隶正定府晋州不肯从。秀驰至信都,发旁县兵,移檄击邯郸,郡县复应秀。秀披舆地图,指示邓禹曰:“天下郡国如是,今始得其一。子前言天下不足定,何也?”禹曰:“方今海内淆乱,人思明君,犹赤子慕慈母。古之兴者,在德厚薄,不以大小也。”

上谷、渔阳诸将将兵会秀于广阿县名,属巨鹿郡,今直隶赵州隆平县。秀进拔邯郸,杀王郎,收郎文书,得吏民与郎交者数千章。秀会诸将烧之,曰:“令反侧子自安。”秀部分吏卒、军士皆言,愿属“大树将军”,谓冯异也。异为人谦退不伐。诸将论功,异常独屏树下,故有此号。

汉帝遣使立秀为萧县名,属沛郡,今属江苏徐州府王,令罢兵还。耿弇说秀以自立,秀乃不就征,辞以河北未平。秀击铜马诸贼,降之,诸将未信降者,降者亦不自安。秀令各归营勒兵,自乘轻骑按行部陈。降者相语曰:“萧王推赤心置人腹中,安得不投死乎?"秀以降人分配诸将,南徇河内。赤眉入颍川郡名,今河南开封府禹州、汝州东境及许州,遂西攻长安。秀欲乘衅并关中,遣邓禹将兵而西。禹荐寇恂守河内,恂调糇粮、治器械以供军,未尝乏绝。秀自引兵北徇燕、赵谓今直隶之地。

更始三年汉光武帝建武元年,方望立前定安公刘婴为帝,据临泾县名,属安定郡,今甘肃泾州镇原县,帝玄遣丞相李松击斩之。萧王秀败群贼,还至鄗县名,属常山郡,故城在直隶赵州柏乡县北,诸将立王为皇帝,改元建武,是为汉世祖光武帝。光武归河内,遣吴汉等围洛阳,赤眉樊崇等立刘盆子为帝,入长安。帝玄败走,已而降赤眉,寻被杀。光武遥封玄为淮阳今河南陈州府王,招降洛阳,入都之。

邓禹西渡河,师行有纪,百姓望风相携负以迎军。禹停车劳来之,垂髫戴白满车下。禹名震关西。建武二年,赤眉大掠而西,禹乃入长安,赤眉复还。禹战不利,走,帝遣冯异代禹。明年,禹惭无功,要异共击赤眉,大败,禹脱归,异收散卒坚壁。已而大破赤眉于崤山名,在河南府永宁县北底,余众东向宜阳县名,属宏农郡,今属河南府,帝勒军待之。樊崇以刘盆子及丞相徐宣等肉袒降。帝陈兵马,令盆子君臣观之,谓曰:"得无悔降乎?"宣叩头曰:"去虎口,归慈母,诚欢诚喜,无所恨也。"帝赐崇等田宅,关中余寇悉平。

第二章　光武平群雄附外夷叛服

光武之初立也,蜀王公孙述已称帝,号成家。隗嚣归天水,称西州上将军。窦融据河西谓金城、武威、张掖、酒泉、敦煌五郡之地,今甘肃兰州、凉州、甘州三府及肃州、安西州,称五郡大将军。秦丰据黎邱城名,在湖北襄阳府宜城县北,称楚黎王。李宪据庐江郡名,今安徽安庆、庐州二府,称淮南王,后称帝。渔阳太守彭宠叛汉,自称燕王。刘玄所立梁王刘永,称帝于睢阳县名,周为宋都,今河南归德府治,立董贤为海西县名,属东海郡,在江苏海州南王,张步为齐王,其他群盗犹众。光武遣将军吴汉等东伐,睢阳人斩刘永以降。将军耿弇等北伐,彭宠奴斩宠以降,弇东击张步。

建武四年,隗嚣使马援往观公孙述,援与述旧,谓当握手欢如平生,而述陈陛卫以延援,礼养甚盛。援语其属曰:"天下雌雄未定,公孙不吐哺走迎国士,反修饰边幅,如偶人形,此何足以稽天下士乎?"因辞归,谓嚣曰:"子阳,井底蛙耳。而妄自尊大,不如专意东方。"嚣乃使援奉书洛阳。初到,光武在殿庑下,岸帻迎,笑曰:“卿遨游二帝间,今见卿,使人大惭。”援顿首辞谢,因曰:“当今非但君择臣,臣亦择君。臣与公孙述同县,少相善,臣前至蜀,述陛戟而后进臣。臣今远来,陛下何知非刺客、奸人,而简易若是。”帝笑曰:“卿非刺客,愿说客耳。”援曰:“天下反复,盗名字者不可胜数,今见陛下恢廓大度,同符高祖,乃知帝王自有真也。”

五年,援归,嚣问东方事,援曰:“上才明勇略,非人敌也。且开心见诚,无所隐伏,阔达多大节,略与高帝同。经学博览,政事文辨,前世无比。”嚣曰:“卿谓何如高帝?”援曰:“不如也。高帝无可无不可。今上好吏事,动如法度,又不喜饮酒。”嚣不怿,曰:“如卿言,反复胜乎?”

嚣问班彪曰:“战国纵横之事,将复起于今乎?”彪著《王命论》以讽之,嚣不听,彪避地河西,窦融甚礼重之,彪为融画策,使之专意事汉。马援将家属归汉,嚣遣辨士说融以自立,曰:“高可为六国,下不失尉佗。”融不从,帝以融为凉州牧,赐玺书,有曰:“议者必有任嚣教尉佗之计。”书至,河西皆惊,以为天子明见万里之外。

汉将军朱祐急攻黎邱,秦丰出降,送洛阳斩之。帝自将击董贤及叛将庞萌,走之,耿弇连破齐兵,拔诸城。帝至临淄周末齐都,汉县,为齐郡治,今属山东青州府,自劳军,谓弇曰:“将军前在南阳,建此大策,常以为落落难合,有志者事竟成也。”弇遂追张步,降之,齐地悉定。六年,将军马成等拔舒县名,庐江郡治,今安徽庐州府庐江县,获李宪。吴汉等击斩董贤、庞萌,江淮、山东悉平,惟陇、蜀未平。帝积苦兵间,谓诸将曰:“且当置此两子于度外耳。”冯异自长安入朝,帝谓公卿曰:“是我起兵时主簿也,为我披荆棘,定关中。”劳异曰:“仓卒,芜蒌亭豆粥,滹沱河麦饭,厚意久不报。”

其后隗嚣称臣于公孙述,述立嚣为朔宁王。八年,帝自将击嚣,马援在帝前,聚米为山谷,指画形势,开示军所从径道。帝曰:“虏在吾目中矣。”窦融率五郡太守会之,遂共进军。嚣奔西域县名,属陇西郡,故城在甘肃秦州西南,会颍川盗起,帝驰还征之。寇恂前驱,贼悉降,百姓遮道曰:“愿借寇君一年。”乃留恂镇抚,大兵不战而还。九年,嚣病死,子纯嗣为王。十年,汉军攻降之,陇右平。

十一年,帝遣大司马吴汉将兵,会征南大将军岑彭伐蜀。彭至荆门山名,在湖北荆州府宜都县西北,装战船。吴汉欲罢之,彭不可,上书言状。帝报曰:“大司马习用步骑,不晓水战。荆门之事,一由征南公为重而已。”彭战船并进,所向无前。述使贼刺杀彭，吴汉继进。明年，至成都，击杀述，蜀平，诏窦融与五郡太守入朝，拜融为冀州牧。

王莽时，安定郡名，今甘肃平凉府及泾州卢芳诈称武帝曾孙刘文伯，起兵。更始亡，匈奴迎芳，立为汉帝，屡为边郡患，后降汉为代王，已而复反，奔匈奴而死。匈奴与乌桓、鲜卑屡连兵侵汉，后匈奴连年饥疫，人畜死亡大半，乌桓乘其敝，击破之。匈奴北徙数百里，漠南地空。

先是，西域诸国苦匈奴重敛，皆愿属汉，复置都护。光武以中国新定，不许，莎车王贤再遣使奉献，光武赐贤都护印绶。边郡守上言："夷狄不可假以大权。"诏夺还之，更赐大将军印。贤恨，犹诈称大都护，诸国悉服属焉。贤骄横，欲兼并西域，诸国惧，鄯善、车师等十八国遣子入侍于汉，愿得汉都护。帝厚赐之，还其侍子。贤知都护不出，击破鄯善，攻杀龟兹王，鄯善、车师复附匈奴。

匈奴南边八部立日逐王比为南单于，款汉塞内附。比者，单于知之子也。于是匈奴分为南北，自相攻击。汉徙南单于于西河郡名，今山西汾州府西境、宁武府偏关县、陕西榆林府东境及北边外、美稷县名，西河郡北境，故城在内蒙古鄂尔多斯左翼中旗东南，置使匈奴中郎将，将兵拥护之。北匈奴亦遣使求和亲，汉却之，及再来，许之。南单于比卒，弟莫立，帝遣使授玺绶，赐以衣冠、缯彩，后以为常。

第三章　光武诸政

光武年二十八始起兵，三十一为帝，四十二岁悉平群雄，六十二岁崩，在位三十三年。帝虽以征伐济大业，及国既定，乃退武臣而进文吏，明慎政体，总揽权纲，量时度力，举无过事，故能恢复前烈，身致太平。尝幸南阳，会宗室置酒作乐，诸母相与语曰："文叔少时谨信，与人不款曲，惟直柔耳，乃能如此。"文叔，帝字也。帝闻之，笑曰："吾治天下，亦欲以柔道行之。"

帝在兵间久，厌武事，蜀平后，非警急，未尝言军旅。北匈奴衰困，臧宫、马武上书请攻灭之，鸣剑抵掌，驰志于伊吾又曰伊吾卢，匈奴之地，今甘肃镇西府哈密厅之北。帝报书告以《黄石公记》曰："柔能胜刚，弱能胜强。"自是诸将莫敢言兵。闭玉门关汉之西关，在甘肃安西州敦煌县西，谢绝西域，保全功臣，不令以吏职为过。收其兵权，皆以列侯就第，故诸将皆以功名自终。祭遵先死，帝哀念不已。来歙、岑彭死锋镝，恤之甚厚。吴汉、贾复终于帝世。汉质厚少文，而有智略。帝在河北，邓禹屡荐汉，帝渐亲重之。汉在军，或战不利，意气自若。帝叹曰："吴公差强人意,隐如一敌国,每出师,朝受诏,夕则就道。”及卒,帝临问所欲言。汉曰:“臣愚无所知,惟愿陛下慎无赦而已。”贾复从征伐,未尝丧败。帝曰:“贾督有折冲千里之威。”尝战,被重伤,帝惊曰:“我不令复别将,为其轻敌也。果然,失吾名将。闻其妇有孕,生子邪,我女嫁之;生女邪,我子娶之。”其抚群臣如此。

惟马援死之日,恩意颇不终焉。援尝曰:“大丈夫当以马革裹尸,安能死儿女子手?”交趾女子征则、征贰作乱,诸蛮应之。马援以伏波将军讨平之,植铜柱于日南,表汉界而还。武陵郡名,今湖南西境及贵州东境蛮叛,援又请行。帝愍其老,援披甲上马,据鞍顾盼,以示可用。帝笑曰:“矍铄哉,是翁。”乃遣之。军至壶头山名,在湖南辰州府城东北,不利,援中暑,卒。帝婿梁松恨援,构陷之,收新息县名,属汝南郡,今河南光州息县侯印绶。援前在交趾,常饵薏苡,能胜瘴气,军还,载之一车。后有追谮之者,以为明珠文犀。帝益怒,得朱勃上书讼其冤,乃稍解。帝于赃无所贷,大司徒欧阳歙尝犯赃,歙所授《尚书》弟子千余人,守阙求哀,竟不免,死于狱中。

帝所用群臣如宋弘等,皆重厚正直。帝姊湖阳县名,属南阳郡,故城在河南南阳府唐县南公主尝寡居,意在弘。弘入见,主在屏后。帝曰:“谚言‘富易交,贵易妻’,人情乎?”弘曰:“贫贱之交不可忘,糟糠之妻不下堂。”帝顾主曰:“事不谐矣。”主有苍头杀人,匿主家,吏不能得。洛阳令董宣候主出行,奴骖乘,叱下车,格杀之。主入诉,帝怒,召宣,欲捶杀之。宣曰:“纵奴杀人,何以治天下!臣不须捶,请得自杀。”即以头叩楹,流血被面。帝令小黄门持之,使叩头谢主。宣两手据地,终不肯俯。帝敕曰:“强项令出!”赐钱三十万。

前汉末,谶纬之学起,附会天文历数,以豫言后事,王莽甚尚之。时人希旨,争作谶文上之,号为“符命”,以助莽之逆。光武亦惑其说,用人行政,多以符命决疑。晚年封泰山,禅梁阴谓梁父山之阴,亦由感谶也。因下诏宣布谶书于国中。儒臣桓谭尝极言谶之非经,帝大怒,以为非圣无法,至欲斩之。自是谶书大重于世,与儒书相为经纬,名儒如马融、郑玄,皆采其说。

王莽时,名德之士多隐遁,不食其禄。光武初立,访求耆儒卓茂,擢为太傅,封褒德侯。又征处士周党、严光。党入见,伏而不谒,博士奏诋之。帝曰:“自古明王圣主,必有不宾之士。”赐帛罢之。光尝与帝同学,帝物色得之,累征乃至,拜谏议大夫,不肯受,去,耕钓于富春山一名严陵山,在浙江严州府桐庐县西中。东汉多清节士,自此始。

光武素好儒学,诸功臣亦皆读书,有儒者气象。既平中原,首起太学,稽式古典,修明礼乐,遂起明堂、灵台、辟雍,每旦视朝,日昃乃罢,引公卿郎将,讲论儒书,夜分乃寐。太子庄承间谏曰:"陛下有禹、汤之明,而失黄老养性之道。"帝曰:"我自乐此,不为疲也。"

第四章　孝明、孝章之治

光武帝崩,太子庄嗣立,是为显宗孝明帝。明帝亦好儒,太子、王侯及群臣子弟皆授儒经。用弟东平今山东泰安府东平州献王议,定南北郊冠冕车服制度及光武庙乐舞,亲临辟雍,行大射养老之礼。礼毕,引诸儒升堂,执经问难,冠带缙绅之人,圜桥门而观听者亿万计。又命工图中兴功臣于南宫云台。邓禹为首,吴汉、贾复、耿弇、寇恂、岑彭、冯异、朱祐、祭遵等次之,凡三十二人,唯马援以皇后之父不与焉。

帝闻西域有神,其名曰佛,遣使之印度,求其道,得佛经及二僧以来。其书大抵以虚无为宗,贵慈悲不杀,以为人死,精神不灭,随复受形,生时所行善恶,皆有报应,故所务在修炼精神,以至为佛。教祖释迦牟尼没于周景王二年,其教传播遍于西域诸国,至是始入中国。帝为立白马寺,庶兄楚今江苏徐州府王英最先好之。

帝尊奉光武制度,无所变更,后妃家不得封侯预政。馆陶县名,属魏郡,今属山东东昌府公主光武帝女为子求郎,帝不许,赐钱十万,曰:"郎官上应列宿,出宰百里,苟非其人,则民受其殃。"当时吏得其人,民乐其业,远近畏服,户口滋殖焉。然性褊察,好以耳目隐发为明,公卿大臣屡被诋毁。近臣尚书以下,至见提曳。楚王英得罪自杀,穷治其党累年,坐死徙者数千人,冤滥甚众。

明帝在位十八年,崩。太子炟立,是为肃宗孝章帝。章帝继前朝察察之后,知人厌苛切,事从宽厚,慎刑省徭,民赖其庆。又尊师重学,亲诣鲁祠孔子于阙里孔子所居之里,在山东兖州府曲阜县城中,作六代黄帝、唐、虞、夏、商、周之乐。孝宣尝会群儒于石渠阁,论定五经同异。章帝修其故事,诏诸儒集议于白虎观,亲称制临决,作《白虎通》。又欲定汉礼,知诸儒拘挛,众论难一,命侍中曹褒依叔孙通旧典,杂以五经谶记之文交,撰次上之。

第五章 汉威复震西北附罗马通汉

匈奴既分南北,兵势浸衰。明帝患其相交通,置度辽营于五原以阻之。耿秉耿弇之侄请击北匈奴,谓宜如武帝通西域,断匈奴右臂。帝嘉其言,以秉及窦固窦融之侄为都尉,出屯凉州。永平十六年,秉等与诸将分道北伐,固追敌至蒲类海今名巴尔库勒海,在甘肃镇西府城西北,取伊吾庐地,留吏士屯田。

固遣假司马班超使西域,超到鄯善,其王礼之甚备。会匈奴使至,忽更疏懈。超会吏士三十六人,曰:"不入虎穴,不得虎子。"夜奔匈奴营,斩其使,杀从者百余人,鄯善震怖。超告以汉威德,勿复与匈奴通。初,于寘西域国名,今回疆和阗地连破莎车,杀其王,雄张南道。至是,超又使于寘,于寘王畏其威,杀匈奴使以降。龟兹王倚恃匈奴,据有北道,攻杀疏勒西域国名,今回疆喀什噶尔地王,以其臣兜题王之。十七年,超至疏勒,使吏劫缚兜题,因立故王兄子忠为王。于是,诸国皆遣子质于汉,西域复通。超,彪之子也。兄固及妹昭皆博学,善属文。超独以武功著。

窦固、耿秉出击车师,定前后两部前部,今新疆吐鲁番厅地;后部,今镇西府奇台县及迪化州地而还。汉以陈睦为都护,耿恭秉之从弟为戊校尉,关宠为己校尉,分屯车师地。十八年,明帝崩。是岁,焉耆西域国名,今回疆哈喇沙尔地、龟兹攻没陈睦,北匈奴围耿恭、关宠,章帝遣兵救之。建初九年,宠败没,汉兵迎恭归,罢都护及戊己校尉官,征还班超。时疏勒、于寘皆不欲超去,号泣请留,超乃还疏勒,击斩其叛者。超欲遂平西域,上疏请兵。章帝知其功可成,给兵千余人。八年,拜为将兵长史。明年,疏勒王忠反,超更立王,讨忠斩之。

是时,北匈奴衰耗,党众离叛,南部攻其前,丁零寇其后,鲜卑击其左,西域侵其右,不复自立,乃远引而去。章和元年章帝十三年,鲜卑击斩优留单于,匈奴大乱,五十八部降汉。和帝永元元年,窦宪击匈奴,大破之,降二十余万人,登燕然山今名杭爱山,在外蒙古赛因诺颜部界内,命班固刻石勒功而还。三年,宪复遣兵击破匈奴于金微山在外蒙古界内,北单于走死,鲜卑徙据其地。匈奴余种留者十余万落,皆自号鲜卑,鲜卑由此渐盛。及宪诛,班固坐逮,死狱中。固尝著《汉书》,未就,诏妹昭踵成之。

章帝末年,班超发于寘诸国兵,击莎车,降之。后月氏、龟兹诸国来降,汉因以超为都护,居龟兹。永元六年,超发龟兹、鄯善等八国兵,击破焉耆。于是,西域五十余国，至里海之滨，悉纳质内属。九年，超遣掾甘英，西使罗马国，其所跋涉，皆前世所未至，莫不备其风土，传其珍怪焉。

超在西域三十年，以功封定远侯以汉中郡治之，西乡为定远国，故城在陕西汉中府西乡县南，年老乞归，和帝许之，以任尚代为都护。尚请教，超曰："君性严急，水清无大鱼，宜荡佚简易。"尚私谓人曰："我以班君当有奇策，今所言平平耳。"超到京，一月而卒。尚后果失边和，如超言。至安帝永初元年，竟弃西域，不复置都护。西域既绝于汉，北匈奴复驱役诸国，略有北道，连寇河西。永宁元年安帝十四年，边郡守请击之。邓太后闻班超之子勇有父风，召问计。勇曰："要功荒外，师无后继，是示弱于远夷也。敦煌郡名，今甘肃安西州旧有营兵，今宜复之，又宜遣西域长史出屯楼兰西。"太后从之，复敦煌营兵。其后安帝以勇为西域长史，将兵五百出屯柳中车师前部之地，在今吐鲁番厅东。勇击逐匈奴田车师者，又击车师后部，获其王及匈奴使者。顺帝永建元年，勇发诸国兵击匈奴，走之，于是西域服于汉，惟焉耆未降。明年，汉遣张朗与勇俱攻之。朗先期入焉耆，受降而还。勇以后期，征下狱，免。勇去后，汉之威令不复行于西域矣。

当汉之世，罗马统一欧逻巴，南并亚非利加北土，东兼小亚细亚及叙利亚，与怕提亚接界，幅员、民众与汉相若。汉人传谓其人长大平正，有类中国，故称为大秦。其国距汉甚远，未尝交通。甘英之西也，亦唯达于其东部耳，未入欧逻巴地也。史称英抵条支，临大海，不渡而还。条支者，谓叙利亚。大海者，谓地中海也。希腊、罗马旧书云："东方有大国，名设利迦，美锦产焉。"此指汉土也。西亚细亚行贾，时时有逾葱岭达于汉边者。罗马富人由此得汉之锦绮，甚珍之，至以黄金与之比重而相易，于是设利迦之名，高于西土。罗马帝常欲通使于产锦之国，而怕提亚又欲以东货与罗马交市，故遮遏使不得自达。汉桓帝时，怕提亚侵罗马东边，罗马帝抹喀墺勒流安拖尼纳命将东伐，大败之，乃遣使由海路聘于汉。延熹九年桓帝二十年，西洋纪元百六十六年，诣日南，欧逻巴人通于中国，始见于此，而其后复绝，盖西使入汉，不得要领而还也。

第七篇 后汉(下)

第一章 外戚擅权及宦官蠹国

前汉时,外戚负势专横,吕、霍、上官几危国者,数矣。孝元王后四世为国母,群弟更持国柄,竟致新莽之篡。光武中兴,亲揽大权。明帝继之,最慎任使。贵戚皆遵法度,莫敢自恣。明德马后,援之女也,贤明好学。明帝之致治,颇赖后内助,然性谦谨,不敢以家私干政事。章帝即位,尊为太后,愈戒饬亲属,以盛满为戒。故诸马虽封侯,而退居私第,迄无祸败。及章帝宠窦后,诸窦贵盛,倾马氏,再开外戚预政之端。其后,皇统屡绝,权归女主,外立者五帝安帝、少帝、懿质帝、桓帝、灵帝,临朝者六后章德窦后、和熹邓后、安思阎后、顺烈梁后、桓思窦后、灵思何后,定策帷帝,委事父兄,贪立孩稚,以专其威,于是外家权势太盛。其不肖者,辄骄恣不轨;其贤者,亦为众忌所归。祸败相踵,国随沦亡。古来外戚之祸国,莫甚于汉。而外戚受祸之频,亦莫如汉者。两汉后妃之家著闻者,凡四十余氏,非身遭害,则家罹祸。大者夷灭,小者放窜。其得身家俱全者,盖不过五六也详见附录。

章帝初立庶子庆为太子,章德窦后窦融之孙勋,尚光武女沘阳公主,生后谮杀其母。废庆为清河今直隶广平府清河县及山东济宁州东境东昌府北境王,养梁贵人子肇,以为太子。又忌梁贵人,谮杀其父,贵人以忧死。章帝在位十四年,崩。太子肇立,年甫十岁,是为孝和帝。窦后为太后,临朝。太后兄宪以侍中用事,阴杀宗室,惧诛,自求击匈奴以赎死。太后许之。宪北伐有大功,入为大将军,专权骄纵,父子兄弟并为卿校,充满朝廷。和帝既长,知其逆谋,与中常侍郑众定议,勒兵收宪印绶,迫令自杀,黜其党与。以众为大长秋,封鄛乡侯。太后以永元九年崩。帝始闻知其非太后出,追尊梁贵人曰“恭怀太后”。

和帝在位十八年，崩。和熹邓后邓禹之孙无子，迎庶子隆即位，生百余日，是为孝殇帝。后为太后，临朝。明年，殇帝崩。太后与兄邓骘定策，迎清河王庆之子祜，以为和帝嗣，年甫十三，是为孝安帝。太后犹临朝，骘为大将军。

汉承秦制，以阉人为中常侍，然亦参用士人。光武中兴，悉用阉人，不复杂调士流。明帝以后，员数稍增，及郑众立功，和帝与之议政事，宦官用权自此始。邓太后以女主称制，不接公卿，乃任用阉人，通命两宫，宦官权益重。

是时，诸羌侵扰西州，南匈奴叛于西河，与乌桓、鲜卑为边患，且遭连年水旱，内郡困弊。永初四年，邓骘欲弃梁州，并力北边。郎中虞诩以为不可，曰："谚称：'关西出将，关东出相。'烈士武臣，多出凉州。今羌胡所以不敢入据三辅者，以凉州在后故也。"众皆从诩议，骘由是恶诩。会朝歌县名，属河内郡，今河南卫辉府淇县，即殷纣故都贼攻杀长吏，州郡不能禁，乃以诩为朝歌长，故旧皆吊之。诩笑曰："不遇盘根错节，无以别利器。此吾立功之秋也。"到官，募壮士，使入贼中，诱令劫掠，伏兵杀数百人。又潜遣贫人能缝者，佣作贼衣，以采线缝其裾，有出市里者，辄禽之。贼骇散，县境皆平。

元初二年安帝九年，邓太后闻诩有将帅之略，以为武都郡名，今甘肃阶州及秦州南境太守。诩驰至郡，郡兵不满三千，而叛羌万余。攻围数十日，诩令军中潜发小弩，羌侮之，并兵急攻，于是使二十强弩共射一人，发无不中。羌震退，诩因出城奋击，破之，乃筑营壁，招还流亡，一郡遂安。

安帝少号聪明，故邓太后立之。及长，多不德，稍不可太后意。帝乳母王圣，虑有废置，与宦者李闰、江京，共毁短太后，帝忿惧。建光元年安帝十五年，太后崩。宫人有诬告太后兄弟有异谋，帝怒，悉黜诸邓，邓骘不食而死。以舅耿宝安帝嫡母耿贵人之兄监羽林军骑，阎皇后兄弟并为卿校。江京、李闰、王圣、圣女伯荣等用事，煽动内外，竞为侈虐。太尉杨震屡上疏谏之，不听。震，弘农人，贫而好学，诸儒称为关西孔子，邓骘尝辟之，置于幕府，竟为三公。耿宝、阎显皆有请托，震不从，群小谮之，策收印绶。震饮鸩死，宝为大将军。

初，阎后无子，安帝立庶子保为太子，江京等与后谗之，废为济阴今山东曹州府定陶县，即前汉末定陶国王。帝在位十九年，崩。后为太后，临朝，与兄显等定策，迎安帝从弟北乡侯懿入即位。显忌大将军宝，讽有司奏贬之。宝自杀，王圣母子徙雁门郡名，今山西代州西境、宁武府东境、朔平府东南境、大同府西境，诸阎擅作威福。是岁，懿崩。中常侍孙程等夜斩江京，拥立济阴王，年十一，是为孝顺帝。

收诸阎,杀之,迁太后于离宫,寻崩。宦官封侯者十九人,后许以养子袭爵。顺帝既长,立梁贵人为皇后。后,恭怀太后侄商之女也。以商为大将军。商卒,其子冀代之,纵暴自恣,姻族满朝。帝遣杜乔、周举、张纲等八人,分行州郡,察吏治得失。纲埋其车轮,曰:"豺狼当路,安问狐狸?"遂劾奏梁氏无君之心十五事。帝知纲言直而不能用。他使所劾,亦多冀及宦者亲党,事皆寝遏。冀恨纲,欲中伤之。时广陵郡名,今江苏扬州府及淮安府南境贼张婴寇乱扬、徐间十余年,乃以纲为广陵太守。纲单车之职,径诣婴垒门,请相见,恳谕之。婴率万余人降。纲入垒宴,散遣其众,南州晏然。纲卒于郡,婴等五百余人为之行丧。

顺帝在位十九年,崩。太子炳立,年二岁,是为孝冲帝。梁后为太后,临朝。明年,冲帝崩,太后征清河王蒜及乐安今山东青州府北境王鸿之子缵至京师,皆章帝玄孙也。蒜为人严重,公卿归心。梁冀与太后共立缵,年八岁,是为孝质帝。蒜罢归国。质帝少而聪慧,尝因朝会目冀曰:"此跋扈将军也。"冀深恶之,使左右进毒以崩,在位一年余。冀召公卿议所立,太尉李固、大鸿胪杜乔欲立清河王。冀白太后,策免固,迎章帝曾孙蠡吾县名,属中山国,今直隶保定府博野县侯志即位,年十五,是为孝桓帝。清河王贬为侯,自杀。固、乔下狱死。

大将军冀凶恣日积,秉政十九年,威行内外。延熹二年桓帝十三年,桓帝与中常侍单超等谋,勒兵收冀印绶。冀自杀,梁氏无少长皆弃市,收其财货斥卖,得三十余万万钱,以充国用,减本年税租之半。超等五人封侯,世谓之"五侯"。超为车骑将军以卒,其后四侯转骄横,置狱于北寺,刑杀在其手。兄弟、姻戚宰州临君,肆行贪虐,与盗无异。阿附权势者,自宫或宫子,以图荣达。帝又好淫侈,采女五六千人,侍使倍之,耗费莫有纪极。当时名臣如黄琼、杨秉,相继升三公。国民属望,然皆制于阉寺,不能一振朝纲而没。

第二章　东汉多清名之士

安帝时,汝南郡名,今河南汝宁府及陈州府南境、光州北境太守王龚好才爱士,以袁阆为功曹,引进黄宪、陈蕃等。黄宪年十四时,颍川荀淑遇于客舍,竦然异之,曰:"子,吾之师表也。"见袁阆曰:"子,国有颜子。"阆曰:"见吾叔度耶?"叔度,宪字也。陈蕃、周举相谓曰:"时月之间不见黄生,则鄙吝之萌复存乎心矣。"太原郭泰亦深服其器。宪不就官而卒。王龚后为三公,以病免。

荀淑少博学,有高行,当世名贤李固、李膺皆师宗之,为朗陵侯国,属汝南郡,今河南汝宁府确山县相，莅事明治，称为神君。八子皆有名，时人谓之“八龙”。李膺性简亢，无所交接，唯以淑及陈寔为师友。寔尝为太邱县名，故城在河南归德府永城县西北长，修德清静，吏民追思之，至灵帝末年卒，海内赴吊者三万余人。

郭泰博学，善谈论，初游洛阳，李膺见之曰：“吾见士多矣，其聪识通朗，高雅密博，未有如郭林宗者也。”遂与为友。泰性明知人，好奖训士类，周游郡国。陈留郡名，今河南开封府东境及卫辉府南境茅容年四十余，耕于野；申屠蟠家贫，佣为漆工。泰皆见而奇之，劝令从学，后皆为名士。自余因泰奖进成名者甚多。泰尝举有道，不就，曰：“吾夜观乾象，昼察人事，天之所废，不可支也。”然犹周旋京师，诲诱不息。豫章高士徐稚以书戒之曰：“大木将颠，非一绳所维。何为栖栖，不遑宁处。”泰感其言，以为师表。

顺帝时，尚书令左雄管掌贡举，公直精明，能审核真伪。郡守坐谬举免黜者十余人，唯陈蕃、李膺等三十余人得拜郎中。桓帝时，朱穆为冀州刺史，令长望风解印绶去者四十余人。及到，奏劾贪污。宦者赵忠归葬父，僭用玉匣。穆案验，剖其棺出之。桓帝闻大怒，征穆诣廷尉。太学生刘陶等数十人上书讼穆，谓：“中官窃持国柄，手握王爵，口衔天宪。而穆独亢然不顾身，志清奸恶。臣愿代穆罪。”帝赦之，陶又上疏，请以穆及李膺夹辅王室。书奏不省，穆后上疏，请罢中官，触帝怒，愤懑发疽死。

梁冀既诛，黄琼为太尉，辟汝南范滂。滂少厉清节，州里服之。为清诏使，案察冀州，守令赃污者皆解印去。其所举奏，莫不厌塞众议。琼罢，杨秉为太尉。秉，震之子。立朝正直，中常侍侯览兄参为益州刺史，残暴贪婪。秉奏征之，参于道自杀，阅其车重三百余两，皆金银锦帛。秉奏请斥览，帝不得已，免览官。

秉卒，陈蕃代之。时李膺得罪，输作左校，蕃屡言其冤。以为司隶校尉，宦官畏之，鞠躬屏气，不敢出宫省。是时，朝廷日乱，纲纪颓弛，而膺独持风裁，以声名自高，士有被其容接者，名为登龙门云。

第三章　党锢之祸

桓帝为侯时，受学于甘陵县名，清河国治，故城在山东东昌府清平县南周福。及即位，擢为尚书。时同郡房植有名，乡人谣曰：“天下规矩房伯武，因师获印周仲进。”二家宾客互相讥揣成隙，由是甘陵有南北部，党人之议始于此。

汝南太守宗资以范滂为功曹，南阳太守成瑨以岑晊为功曹，皆褒善纠违。滂尤刚劲，疾恶如仇。二郡谣曰："汝南太守范孟博，南阳宗资主画诺。南阳太守岑公孝，弘农成瑨但坐啸。"太学诸生三万余人，郭泰及颍川贾彪为其冠，与李膺、陈蕃、王畅更相褒重。学中语曰："天下模楷李元礼，不畏强御陈仲举，天下俊秀王叔茂。"于是中外承风，竞以臧否相尚，朝臣皆畏其贬议。

延熹九年桓帝二十年，成瑨及太原太守刘瓆收捕宦官之党，于赦后杀之，皆征下狱，当弃市。山阳郡名，今山东济宁州南境及兖州府太守翟超以张俭为督邮，破宦官逾制冢宅，东海相黄浮案杀宦官族人犯法者，宦官诉冤，超、浮皆得罪。陈蕃争之，帝不听。瑨、瓆竟死狱中。

李膺亦于赦后案杀宦官之党，宦官教人上书，告膺等养太学游士，共为部党，诽讪朝廷，疑乱风俗。帝震怒，下郡国，逮捕党人。案经三府，陈蕃却不肯署。帝愈怒，下膺等北寺狱，辞连太仆杜密及陈寔、范滂之徒二百余人，使者四出追捕。蕃复极谏，帝策免之。朝臣震栗，莫敢复为党人言者。贾彪曰："吾不西行，大祸不解。"乃入洛阳，说皇后父窦武窦融玄孙，令上疏解之。膺等狱辞，又多引宦官子弟，宦官惧，白帝赦党人，书名三府，禁锢终身。

膺等已废锢，而名声愈高。范滂南归，汝南、南阳士大夫迎之者，车数千辆。海内之士，更相标榜，为之称号，以窦武、陈蕃、刘淑为三君。君者，一世所宗也。李膺、荀昱、杜密、王畅、刘佑、魏朗、赵典、朱寓为八俊。俊者，人之英也。郭泰、范滂、尹勋、巴肃等八人为八顾。顾者，能以德行引人也。张俭、翟超、岑侄、刘表等为八及。及者，能导人追宗也。度尚、张邈等为八厨。厨者，能以财救人也。

桓帝在位二十一年，崩，无子。窦皇后为太后，临朝，与父武议，迎章帝玄孙解渎亭侯宏即位，年十三，是为孝灵帝。灵帝建宁元年，武为大将军，陈蕃为太傅，博征名贤，李膺、杜密、尹勋等皆列于朝，国民想望太平。蕃与武谋，将诛中常侍曹节、王甫等，宦官知之，夜歃血共盟，拥灵帝出御前殿，王甫执蕃杀之，将禁兵围武。武自杀，亲姻悉诛，迁太后于南宫，徙武家属于日南。尹勋、刘淑、魏朗、巴肃等前后皆死，曹节等七人为列侯。

二年，节又讽有司，奏捕诸钩党李膺、杜密、范滂等百余人，下狱考死，妻子徙边。凡与宦官有隙者，一切指为党人，其死徙废禁者，六七百人。遂考党人门生、故吏、亲族在位者，悉免官，锢及五属。郭泰私恸曰："诗云：'人之云亡，邦国殄瘁。'汉室灭矣。但未知瞻乌爰止于谁之屋耳!"泰虽好臧否,而不为危言核论,故处浊世,而祸不及焉。初,范滂等非讦朝政,自公卿以下,皆屈节下之。太学生争慕其风,以为文学将兴,处士复用。申屠蟠独叹曰:"昔战国之世,处士横议,列国之王,至为拥彗先驱,卒有坑儒烧书之祸。"乃绝迹自晦,及难作,唯蟠超然免于评论。

第四章　汉末大乱

巨鹿郡名,今直隶顺德府东南境及广平府东北境张角奉事黄老,咒符水以疗病,号"太平道",遣弟子游四方,转相诳诱。十余年间,徒众数十万,置三十六方,大方万余,小方六七千,各立渠帅。灵帝中平元年即位十七年,角等一时俱起,皆著黄巾,所在燔劫。旬月之间,诸州响应。帝惧党人助贼,急解党禁,遣皇甫嵩等讨黄巾。嵩与曹操合兵,大破贼。操,沛人也,少机警,有权数,任侠放荡,不治行业。汝南许劭有高名,好核论乡党人物。操往问曰:"我何如人?"劭不答,操劫之。劭曰:"子,治世之能臣,乱世之奸雄。"操喜而去,至是以讨贼起。张角病死,嵩与角弟梁及宝战,皆破,斩之。自黄巾之乱,所在盗贼纵横,太常刘焉建议,以为四方兵寇,由刺史威轻,宜改置牧伯,选重臣任之。朝廷从之,焉自求为益州牧。州牧之任自此重。

灵帝在位二十二年,崩,皇子辨即位,年十四,母何太后临朝,后兄大将军何进录尚书事。袁绍劝进诛宦官,太后未肯。绍等画策,召四方猛将,使引兵向京,以胁太后。时将军董卓拥兵在河东,进召之。未至,进为宦官所杀。绍勒兵捕诸宦者,无少长皆杀之,凡二千余人。卓至,与帝辨语,语不可了,乃与帝弟陈留王协语,问乱由,协年九岁,答无遗失。卓欲废立,绍不可,卓怒,绍逃奔冀州。卓遂废帝为弘农王,鸩杀何太后,立陈留王为帝,是为孝献帝。

献帝初平元年,关东州郡起兵讨董卓,推袁绍为盟主。绍,司徒袁安之玄孙也。袁氏四世五公,家门富盛。绍壮健有威容,爱士养名,宾客辐凑。从弟术亦以侠气闻,至是皆起。卓迁都长安,杀诸富民,没入其财物,驱余民数百万而西,烧洛阳宫庙、民家,发诸陵墓,收其珍宝。

长沙太守孙坚起兵北上,与袁术合兵。术据南阳,以坚领豫州刺史。是时,关东州郡务相兼并,以自强大。绍、术亦自相离贰。二年,术遣坚击破董卓兵,坚至洛阳,修塞诸陵而还。绍逐冀州牧韩馥,自领州事,以曹操为东郡今直隶大名府开州、山东曹州府北境及东昌府南境太守。术又使坚击荆州刺史刘表，表兵射杀之。

董卓凶暴滋甚，自为太师，车服僭拟天子，宗族并列于朝，筑坞于郿县名，属右扶风，今属陕西凤翔府，积谷为三十年储，金银、锦绮、奇玩，积如丘山。自云："事成，雄据天下；不成，守此以老。"三年，司徒王允等密谋诛卓。中郎将吕布膂力过人，卓爱信之，常以布自卫。尝小失卓意，卓手戟掷布，布避得免。允因结布，使为内应。卓入朝，允等伏勇士于宫门，刺之，卓堕车，大呼吕布。布曰："有诏讨贼臣。"应声持矛刺卓，出怀中诏板以令吏士。吏士皆称万岁，百姓歌舞于道。卓宗族皆为其下所杀。卓党在东者，率军入长安，杀王允。吕布走依袁术，又归袁绍。曹操据兖州，自领刺史。四年，击袁术，破之。术走，据寿春县名，九江郡治，今安徽凤阳府寿州，领扬州事。

涿郡今直顺天府西南境、保定府东境及易州刘备，字玄德，其先出于景帝，少孤贫，以贩履为业，有大志，少语言，喜怒不形于色。河东关羽、涿郡张飞，与备友善，恩若兄弟，而稠人广坐，侍立终日，随备周旋，不避艰险。备尝与公孙瓒同学，因往依瓒于北平郡名，今直隶永平府西境、顺天府蓟州及遵化州。瓒使备徇青州有功，以为平原王国名，今山东济南府西北境及武定府西境相。备使羽、飞分统部曲。曹操击破徐州牧陶谦。兴平元年献帝七年，备往救谦。谦使备屯小沛即沛县，属沛国，今属江苏徐州府。谦卒，众迎备领徐州。时吕布取濮阳县名，东郡治，今直隶大名府开州，兖州郡县皆应布。二年，曹操击破之。布走归备。

初，孙坚从军于外，其子策、权等留家寿春。策年十余，已交结知名。舒人周瑜与策同年，亦英达夙成，迎策居舒，有无通共。及坚死，策往见袁术，得父余兵，东渡江转斗，所向皆破。百姓闻孙郎至，皆失魂魄。及策至，军士奉令一无所犯，民大悦。

第五章 曹操定中原

董卓余党构兵相攻，关中大乱，献帝逃至安邑战国魏都，汉置县，为河东郡治，今山西解州夏县。建安元年献帝七年，遂至洛阳。颍川荀彧，淑之孙也，为曹操谋士，说操曰："昔晋文公纳襄王而诸侯景从。高祖为义帝缟素而天下归心。今鸾驾旋轸，东京榛芜，诚由此时，奉主上，以输大顺，秉公义，以致英俊，四方虽有逆节，何足恤哉?"操从之，将兵入朝，迁帝于许县名，属颍川郡，今河南许州，遥授袁绍以太尉，操自为司空，以彧为侍中、尚书令。吕布据下邳县名，属下邳国，今江苏徐州府邳州，攻破刘备，备走归操，操以为豫州牧，遣东屯沛。二年，以袁绍为大将军，督冀、青、幽、并四州。

袁术以谶言“代汉者当涂高”，自云名字应之。盖术字公路，而术亦道也，故以为当涂之义，议称尊号。孙策以书谏之，术不听，遂称帝，遣将攻吕布，布击破之。三年，布复攻刘备。备败走，复归操。操击布，围下邳，引沂、泗灌之。布困迫而降，操杀之。备从操还许，操重礼之。袁术淫侈滋甚，资实空尽，不能自立。四年，自烧宫室，欲奔青州。操遣备邀之，术走还，呕血死。

袁绍连攻公孙瓒，进围易县名，属河间国，今直隶保定府雄县，获瓒，斩之。绍战胜，心益骄，简精兵十万、骑万匹，欲以攻许。沮授谏曰：“曹操奉天子以令天下，今举师南向，于义则违，窃为公惧之。”绍不听。操分兵守官渡城名，在开封府中牟县东北，与绍相拒。

车骑将军董承称受密诏，与刘备谋诛曹操。操一日从容谓备曰：“今天下英雄，唯使君与操耳。袁绍之徒，不足数也。”备方食，惊失匕箸，值大雷，诡曰：“圣人云，迅雷风烈必变，良有以也。”会操遣备邀袁术，备因取徐州。五年，董承等谋泄被杀，操击备，破之，擒关羽，备奔袁绍。绍遣颜良攻白马县名，属东郡，今卫辉府滑县，操使张辽、关羽击之。羽望见良麾盖，策马刺良于万众之中，斩其首而还，遂解白马之围。初，操察羽无留意，使辽以其情问之。羽叹曰：“吾极知曹公待我厚，然吾受刘将军恩，誓以共死，不可背之。要当立效以报曹公乃去耳。”操义之，及羽杀良，重加赏赐。羽尽封其所赐，拜书告辞，而奔备于袁军。左右欲追之，操曰：“彼各为其主，勿追也。”孙策既定江东，欲袭许，迎汉帝，密治兵，未发。策出猎，为怨家所射，创甚，呼弟权，佩以印绶，谓曰：“决机于两阵之间，与天下争权，卿不如我。举贤任能，各尽其心，以保江东，我不如卿。”遂卒，权代领其众。

袁绍攻曹操于官渡，操袭破其辎重，袁军大溃。刘备以绍兵在汝南，六年，操击之，备奔荆州，归刘表。绍惭败军，发病呕血死。二子谭、尚争国相攻。九年，操乘衅攻取邺县名，为魏郡治，今河南彰德府临漳县，自领冀州牧，治邺。谭败死，尚奔乌桓。十二年，操击乌桓，破之，胡汉降者二十余万，乌桓遂衰。尚奔辽东，辽东太守公孙康斩尚首送之，于是北带诸州皆从操之威令。

第六章　汉士三分

琅琊郡名，今山东青州府诸城县及沂州府东境诸葛亮寓居襄阳县名，属南郡，今湖北襄阳府治隆中山名，在襄阳府城西北，每自比管仲、乐毅。襄阳庞德公素有重名，亮每至其家，独拜床下。德公从子统，少朴钝。德公重之，尝谓亮为卧龙，统为凤雏。刘备访士于司马徽，徽曰："儒生俗士，岂识时务？识时务者，在俊杰。此间自有伏龙、凤雏，诸葛孔明、庞士元也。"徐庶亦言："孔明，卧龙也。将军愿见之，则宜枉驾顾之。"备三诣其庐，乃得见亮，问策，亮曰："曹操拥百万之众，挟天子令诸侯，此诚不可与争锋。孙权据有江东，国险而民附，此可与为援而不可图也。荆州用武之国，益州险塞，沃野千里。若跨有荆、益，保其严阻，抚和戎越，结好孙权，内修政治，外观时变，则霸业可成，汉室可兴矣。"备曰："善。"于是与亮情好日密，关羽、张飞不悦。备解之曰："孤之有孔明，犹鱼之有水也。"

建安十三年献帝十九年，曹操为汉丞相，仍居邺，南击刘表。表卒，其子琮举荆州降操。刘备奔江陵县名，南郡治，今湖北荆州府治，即春秋楚都，操将精骑急追之，及于当阳县名，属南郡，今属湖北安陆府之长坂在当阳县东北，备与数十骑走，张飞拒后，据水断桥，瞋目横矛，呼曰："身是张翼德也，可来共决死！"操兵无敢近者。备至夏口浦名，在湖北武昌府城西。

操进军江陵，将顺江东下。诸葛亮往见孙权，说以协力破操。权大悦。时操遗权书曰："今治水军八十万众，与将军会猎于吴。"权以示群下，群下失色，皆欲迎操。鲁肃独以为不可，劝权召周瑜。瑜至，曰："请得精兵数万，进住夏口，保为将军破之。"权拔刀斫前奏案曰："诸将吏敢言当迎操者，与此同！"乃使瑜督三万人，与备并力逆操，进遇于赤壁山名，在武昌府嘉鱼县东北下。操军次江北，瑜部将黄盖曰："操军方连船舰，首尾相接，可烧而走也。"乃取蒙冲斗舰十艘，载燥荻枯柴，灌油其中，裹以帷幕，上建旌旗，豫备走舸，系于其尾，先以书遗操诈云欲降。时东南风急，盖以十艘最著前，中江举帆，余船以次俱进。操军士皆指言："盖降。"去北军二里余，同时发火，火烈风猛，船往如箭，烧尽北船，烟焰涨天，人马烧溺死者甚众。瑜等率轻锐，雷鼓大进，北军大坏。操狼狈走还，后屡加兵于吴，不得志，叹曰："生子当如孙仲谋，如刘景升儿子，豚犬耳。"仲谋，权字。景升，表字也。

刘备徇下荆州、江南四郡武陵、长沙、桂阳、零陵，今湖南省及贵州东境。建安十五年,周瑜上疏于权曰:"刘备以枭雄之姿,而有关羽、张飞熊虎之将。聚此三人,俱在疆场,恐蛟龙得云雨,终非池中物也。宜徙备置吴。"权不从。瑜方议图北方,会病卒。鲁肃代领其兵。肃劝权以荆州江北今湖北荆州、宜昌二府北境及安陆府地借备,与共拒曹操。

备以庞统守耒阳县名,属桂阳郡,今属湖南衡州府令,不治。鲁肃遗备书曰:"士元非百里才也,使处治中、别驾之任,始当展其骥足耳。"备用统,亲待亚于诸葛亮。是时,刘焉之子璋据益州,民殷国富。统劝备取之。十六年,备留关羽守荆州,自引兵溯流,自巴入蜀,据涪城涪县,属广汉郡,今四川绵州。十八年,袭刘璋,庞统中矢卒。备遂入成都,自领益州牧。孙权使人从备求荆州诸郡,备不与,遂争之。二十年,备求和,分荆州,以湘水为界。权使鲁肃屯陆口陆水之口,在武昌府嘉鱼县西南。权将吕蒙初不学,权劝蒙读书,鲁肃后与蒙论议,大惊曰:"卿非复吴下阿蒙。"蒙曰:"士别三日,即更刮目相待。"及肃卒,蒙代之。

初,荀彧佐曹操,推贤进士,决机发策,以能削平群雄。及操党议九锡,彧独非之。操不悦,彧饮药而死。操遂为魏公,加九锡,为篡位之地。二十一年,进爵为王,用天子车服,出入警跸。二十四年,刘备击破魏军,取汉中,自立为汉中王。关羽自江陵出,攻樊城在襄阳府城北,汉江之右,取襄阳,自许以南,往往遥应羽,威震中原。魏王操议徙许都,以避其锐。司马懿曰:"刘备、孙权外亲内疏,关羽得志,权必不愿也。可遣人劝权蹑其后,许割江南以封之。"操从之。吕蒙亦劝权图羽,袭取江陵。魏军救樊,羽撤围走还,吴兵获羽,斩之。操表权领荆州牧,权上书称臣于魏。

关东诸将,本以讨董卓起,已而各图自立,互相攻阋,终皆为曹操所并,唯孙、刘二氏犹存,汉土分为三国。是时,承东汉尚气节之余风,人才甚盛,三国之主,各能用人。操则以权术相驭,策、权则以意气相感,备则以诚待人,众士仰慕。惟备有地最晚,人才已为魏、吴收尽,故得人较少。然诸葛亮才器绝世,备独得之,由是能与二国并立,成鼎足之势。

建安二十五年魏文帝黄初元年,魏武王操卒,子丕嗣立,为丞相、冀州牧、魏王。魏群臣言:"魏当代汉,见于图纬。"魏王乃使献帝禅位于己,奉为山阳县名,属河内郡,今河南怀庆府修武县公。献帝在位三十一年,禅位后十四年,卒。汉自世祖兴复,至是十三世光武帝、明帝、章帝、和帝、殇帝、安帝、少帝、懿顺帝、冲帝、质帝、桓帝、灵帝、献帝,百九十六年。通前后汉,凡二十六帝,合王莽、刘玄之世,历年四百二十有二。

第八篇　三国

第一章　诸葛相蜀汉附孙权称帝

魏王曹丕受禅于汉，即帝位，是为高祖文帝，改元黄初，追尊父武王曰太祖武帝，都洛阳。黄初二年汉昭烈帝章武元年，蜀中讹传汉帝已遇害，于是汉中王刘备发丧制服，谥曰孝愍帝。群臣竞言符瑞，劝王称帝号，是为汉昭烈帝，改元章武，都成都，以诸葛亮为丞相。史谓之蜀汉，以别于全汉。

汉帝耻关羽之没，自将击孙权，群臣谏，不听，权求和，不许。权使陆逊督诸军拒守，遣使降魏，魏封为吴王。三年汉二年、吴王孙权黄武元年，汉帝自巫峡道名，在四川夔州府巫山县东连营至夷陵县名，属南郡，今湖北宜昌府治界，与吴相拒累月。陆逊攻破其四十余营，汉军崩溃，帝夜遁入白帝城在夔州府城东。魏帝遣使责吴任子，不至，怒击之。吴王改元黄武，临江拒守，遣使聘于汉，汉吴复通。

四年汉三年，汉帝病笃，谓丞相亮曰："君才十倍曹丕，必能安国，终定大事。嗣子可辅，辅之。如其不才，君可自取。"亮涕泣曰："臣敢不竭股肱之力，效忠贞之节，继之以死。"帝又敕太子禅曰："勿以恶小而为之，勿以善小而不为。惟贤惟德，可以服人。汝父德薄，不足效也。汝与丞相从事，事之如父。"帝崩，禅即位，改元建兴，政事咸决于亮。乃约官职，修法制，教群下，参署违覆，勿远小嫌。亮遣使修好于吴，吴遂绝魏，专与汉和。

五年汉帝禅建兴二年，魏帝自率舟师击吴，吴列舰于江，江水盛长。帝临望，叹曰："我虽有武骑千群，无所施也。"乃旋师。明年，又以大军临江，见波涛汹涌，叹曰："嗟乎，固天所以限南北也。"不战而还。

南夷诸蛮居云南者叛汉，丞相亮讨平之。有孟获者，素为夷汉所服，亮生得之，使观营阵，纵使更战，七纵七擒，犹遣获，获不去，曰："公，天威也。"自是终亮之世，夷不复反。

魏文帝在位七年，崩，太子睿立，是为烈祖明帝。将军曹真太祖族子、陈群陈寔之子、司马懿受遗诏辅政。明帝大和元年汉五年，汉丞相亮率诸军出屯汉中，以图魏，临发上表，陈出师之由，告汉帝以政治之要，旨意恳切，世谓之《出师表》。二年汉六年，汉军攻祁山在甘肃巩昌府西和县西北，戎陈整齐，号令明肃。初，魏以昭烈既死，数岁寂然无闻，略无所备，猝闻亮出，朝野恐惧。天水郡名，今甘肃巩昌府东境及秦州北境、南安郡名，今巩昌府中部、安定郡名，今甘肃泾州及平凉府皆叛应亮，关中响震。魏帝遣张郃拒之，亮以马谡为先锋，战于街亭。谡违亮节度，郃大破之。亮乃还汉中，已而复上表，有曰："汉贼不两立，王业不偏安。坐而待亡，孰与伐之？臣鞠躬尽力，死而后已。至于成败利钝，非臣之明所能逆睹也。"引兵出散关在陕西凤翔宝鸡县西南，围陈仓县名，属扶风郡，今宝鸡县，粮尽而还。

三年汉七年、吴大帝黄龙元年，吴王孙权称帝于武昌县名，武昌郡治，今属湖北武昌府，是为太祖大帝，追尊父坚曰武烈帝，兄策曰长沙郡名，今湖南长沙、岳州二府桓王。初，大帝城秣陵县名，丹阳郡治，以为治所，改号建业，后徙武昌，至是迁都建业，其后建业为东南大都，东晋、南朝及明初，皆都焉，今为江宁府治，江南总督所驻也。

五年汉九年、吴三年，汉丞相亮击魏，围祁山。魏帝命大将军司马懿督诸军御之。懿不肯战，贾诩曰："公畏蜀如虎，奈天下笑何？"懿病之，进战，大败。亮以粮尽退军，懿使张郃追之，郃中伏弩而死。亮还汉中，劝农讲武，作木牛流马，运米集斜谷口在陕西汉中府褒城县北，治邸阁，息民休士，三年而后用之。

魏青龙二年明帝八年、汉十二年、吴嘉禾三年，亮悉众十万，由斜谷出，遣使约吴同时大举。亮至郿，军五丈原在凤翔府郿县西南，司马懿引军拒守。亮以前者屡出，皆运粮不继，使己志不伸，乃分兵屯田，耕者杂于渭滨居民之间，而百姓安堵，军无私焉。吴帝发大军，由三道入魏，魏帝敕懿坚壁莫战，自将击却吴军。

懿与亮相守百余日，亮屡挑战，懿不出，亮乃遗巾帼妇人之服。亮使者至懿军，懿问其寝食及事烦简。使者曰："诸葛公夙兴夜寐，罚二十以上，皆亲览，所噉食不至数升。"懿告人曰："食少事烦，其能久乎？"未几，亮病卒。长史杨仪整军还，百姓奔告懿。懿追之，姜维令仪反旗鸣鼓，若将向懿。懿敛军退。百姓为之谚曰："死诸葛走生仲达。"仲达者，懿字也。懿闻之，笑曰："吾能料生，不能料死故也。"亮尝推演兵法，作《八阵图》。至是，懿案行其营垒，叹曰："天下奇才也。”

亮为政,开诚心,布公道,循名责实,信赏必罚,邦内咸畏而爱之,刑政虽峻而无怨者。马谡素为亮所任,乃败军,流涕斩之而恤其后。廖立、李平皆为亮所废,及闻亮丧,立垂泣曰:“吾终为左衽矣。”平卒,发病死。汉帝谥亮曰“忠武侯”。二兄瑾、诞。瑾为吴名臣,官至大将军。诞仕魏,为镇南将军。

第二章　司马氏世秉魏政附吴之继统及废立,魏人放达成俗

汉末,董卓以公孙度为辽东太守。度到官,东伐高句丽朝鲜古时三国之一,据今朝鲜北境及兴京东边,西击乌桓,自称平州牧,传子康,以至孙渊,屡与吴通。魏明帝遣将击之,无功。吴大帝遣使拜渊为燕王,渊知吴远难恃,斩其使者,献首于魏。魏封渊为乐浪公。已而叛魏,自立为燕王。景初二年明帝十二年、汉延熙元年、吴赤乌元年,明帝遣太尉司马懿击渊,围襄平县名,辽东郡治,今盛京奉天府辽阳州,克之。渊突围走,懿击斩之。辽东、带方今朝鲜黄海、京畿二道地、乐浪今朝鲜平安道西南境、玄菟四郡皆平。

明帝沉毅明敏,将相咸服其大略。然性好奢靡,耽于内宠,宫女数千人,妇官秩石拟百官之数。屡起土功,既作许昌宫在河南许州东北,魏改许曰许昌,又治洛阳宫,徙长安钟篪、橐驼、铜人、承露盘于洛阳。盘折,声闻数里。铜人重不可致,乃大发铜,铸铜人二,龙凤各一,工役无辍,农桑失业。又起土山于芳林园,使公卿群僚皆负土,谏者皆不纳。

帝寝疾,召太尉懿入朝,以曹爽为大将军,与懿受遗诏辅政。爽,真之子也。帝在位十三年,崩。子芳立,年八岁。爽白芳以懿为太傅,自以其诸弟为将军侍从,出入禁闼。芳之正始五年汉七年、吴七年,爽大举入汉中。汉大将军费祎督诸军邀之,魏军退走,失亡甚众,关中为之虚耗。

爽擅朝政,多树亲党,骄奢无度。太傅懿称疾,不与政事。嘉平元年帝芳十年,汉、吴十二年,爽与诸弟从帝芳出外,懿与其子师、昭谋以皇太后令闭诸门,勒兵据武库,奏免爽等官,以侯就第。寻诬其谋逆,并其党与,皆夷三族。懿为丞相,后二年卒,师为大将军。

吴大帝以子和为太子,又爱和弟鲁王霸,礼秩与和无殊。霸党共谮太子,帝惑焉。丞相陆逊屡谏之,帝不听,逊愤恚而卒。帝既恶太子,又患鲁王结朋党,遂废太子,赐鲁王死,立少子亮为太子。帝有疾,令大将军诸葛恪总统国事。

恪,瑾之子也。嘉平四年汉十五年、吴帝亮建兴元年,大帝崩,太子亮立,恪为太傅。恪筑两城于东兴堤名,在安徽庐州府巢县东南,魏人来争,恪击走之,遂有轻敌之心。明年,发大军击魏,败还,复严兵,欲向青、徐。侍中孙峻因众怨,构恪于吴帝,伏兵杀之。群臣表峻为丞相、大将军。峻骄暴,国人侧目。

魏太常夏侯玄有重名,以曹爽亲故,不得在势任,居常怏怏。中书令李丰与之亲善。魏帝芳屡召丰语,司马师知其议己,杀之,收玄等,皆族之。帝意不平,左右劝勒兵黜师。帝惧不敢发,师废帝,迎明帝侄高贵乡公髦立之。帝芳在位十五年,废为齐王。及晋篡魏,降为邵陵公以卒。

魏帝髦正元二年汉十八年、吴五凤二年,扬州都督毌丘俭、刺史文钦起兵讨司马师。师击败之,以诸葛诞都督扬州。是岁,师卒,弟昭为大将军,已而加号大都督、假黄钺。甘露二年帝髦四年、汉二十年、吴太平二年,诸葛诞亦据州举兵,昭奉魏帝击之。时吴孙峻已卒,从弟綝辅政,发兵救诞,败还。三年汉景耀元年、吴景帝永安元年,昭拔寿春,斩诞。

吴孙綝恃势倨傲,帝亮亲政,多所难问。綝惧,称疾不朝,亮阴谋诛之。綝以兵围宫,废亮为会稽王,迎亮兄琅琊王休立之,是为景帝。綝为丞相,又无礼于新君,遂被诛。

魏帝髦在位六年,自见威权日去,不胜其忿,谓侍臣曰:"司马昭之心,路人所知也。吾不能坐受废辱。"率殿中宿卫、苍头、官僮鼓噪而出讨昭。昭之党贾充入与帝战,成济抽戈刺帝,殒于车下。昭以太后令罪状帝,追废为庶人,迎立文帝侄常道乡公璜,更名奂,是为元帝。

初,何晏何进之孙有才名,好老庄之书,谓六经为圣人糟粕,与夏侯玄、王弼之徒竞为清谈,士大夫争慕效之,遂成风流。明帝恶其浮华,抑而不用。曹爽辅政,引晏为腹心,遂与爽被杀。其后有嵇康者,文辞壮丽,好言老庄,与阮籍、籍兄子咸、山涛、向秀、王戎、刘伶相友,号"竹林七贤",皆崇虚无,蔑礼法,纵酒昏酣,遗落世事。时人以为贤,谓之放达。钟会方有宠于司马昭,闻康名而造之,康箕踞而锻,不为之礼。会深衔之,谮康尝欲助毌丘俭,且言康等有盛名,而放荡乱教,宜因此除之。昭遂杀康。

第三章　司马氏灭蜀吴

汉姜维负其才武,每欲大举击魏,费祎不从,曰:"丞相犹不能定中夏,况吾等乎？不如保国治民，谨守社稷。”及祎死，维当国，出兵北伐。司马昭患之，元帝景元四年汉炎兴元年、吴永安六年，遣邓艾、钟会击蜀，会入汉中，维退守剑阁道名，在四川保宁府剑州东北。会攻之，不能克，艾自狄道县名，属陇西郡，今甘肃兰州府狄道州进至阴平郡名，今甘肃阶州文县及四川龙安府北境，行无人之地数千里，凿山通道，造作桥阁。山高谷深，艾以毡自裹，推转而下，将士皆攀木缘崖，鱼贯而进，达于江油汉置戍处，属阴平郡，今龙安府江油县，以书诱汉将诸葛瞻。瞻，亮之子也，斩其使，列阵绵竹县名，属广汉郡，今四川绵州德阳县以待。艾大破之，瞻与其子尚皆死之。

汉人不意魏兵猝至，不为城守，乃遣使奉玺绶请降，敕维降会。皇子北地王谌怒曰："若理穷力屈，便当父子君臣背城一战，同死社稷，以见先帝可也，奈何降乎？"哭于昭烈之庙，杀妻子而自杀。艾至成都，帝禅面缚舆榇降。蜀汉二帝昭烈及禅，四十三年而亡。艾矜功专制，会嫉之，内有异志。维劝之反，会密奏艾有反状。魏诏以槛车征艾，会遂反，将士袭杀会及维，艾亦为监军卫瓘所杀。魏封刘禅为安乐公。

初，魏帝芳加司马懿九锡，辞不受。帝髦又以昭为相国，封晋公，加九锡，昭九辞之。元帝又累其命，昭三辞，然后受之，已而进爵为王。咸熙元年元帝六年、晋武帝泰始元年、吴帝皓甘露元年，王卒，子炎嗣，使元帝禅位于己。帝在位五年，降为陈留王。魏凡五帝文帝、明帝、废帝芳、废帝髦、元帝，四十六年而亡。炎称皇帝，是为晋世祖武帝，追尊懿曰宣帝，师曰景帝，昭曰文帝，后定庙号，宣为高祖，景为世宗，文为太祖。

吴景帝以魏咸熙元年崩，故太子和之子乌程侯皓立。皓骄暴好酒色，刑罚放滥，奢侈无度。晋使羊祜镇襄阳，吴陆抗都督诸军，与祜封境，使命常通。抗遗祜酒，祜饮之不疑。抗疾，祜与之成药，抗即服之，曰："岂有鸩人羊叔子哉！"祜务布德信，以怀吴人，每交兵，刻日方战，不掩袭。抗亦告其边戍曰："彼专为德，我专为暴，是不战而自服也。各保分界而已，无求细利。"抗，逊之子也。吴帝不修德政，而欲兼并，屡侵盗晋边。抗谏，不听。抗卒，祜上疏请伐吴，议者多不同，唯杜预、张华赞之。祜病，求入朝，面陈其计，晋帝欲使祜卧护诸军。祜曰："取吴，不必臣行，但既平之后，当劳圣虑耳。"祜疾笃，举杜预自代而卒。

吴帝淫虐日甚，上下离心。晋益州刺史王濬请速征之，杜预亦促之，晋帝乃决意大举,六道击吴。预出江陵,濬下巴蜀。太康元年武帝十六年、吴天纪四年,诸军并进,所向皆克。濬等平上流诸郡,预指授群帅方略,径造建业。濬戎卒八万,方舟百里,鼓噪入石头城在江宁府城西。吴帝皓面缚舆榇降,晋赐爵归命侯。吴称帝四世大帝、废帝亮、景帝及皓,凡五十二年而亡。晋代魏十有六年而并江南,自汉末中国分裂,至是八十余年,始复一统。

第九篇　制度略

第一章　官制沿革

虞舜九官，已见前卷。夏商官制，莫考其详。周时制度大备，有太师、太傅、太保，号三公，以论道经邦，燮理阴阳为职，而不与吏事。官不必备，以待有德。又有少师、少傅、少保，以贰于公。冢宰、宗伯、司徒、司马、司寇、司空，谓之六卿。又并三少，称九卿。冢宰一称太宰，总庶政，实首相之任也；宗伯掌祭祀礼乐及宗属之事，犹虞之秩宗兼典乐也；司徒掌教民，如虞之旧；司马掌兵马之政，虞无此官，盖古者有事，公卿群后皆为将帅，故不别设武官也；司寇掌刑狱，职与虞之士同；司空掌土，且治百工，犹虞之司空兼共工也。中叶以降，公卿秉政者，概称卿士，盖首相之任，而员不必限一人也。

春秋列国之官，大抵拟周之制，而省其员。晋以三军将佐称六卿，而元帅当首相之任。太师、太傅之属，皆从其令。楚设令尹、司马，分掌文武之政，百官皆与周及列国异名。至战国时，文武重臣，概称将相。将相位望高者，有相国、大将军之号。

秦设丞相官，以总庶政，或进位为相国，御史大夫贰之。其掌兵者，曰太尉，职如周司马，而任较重。诸卿则有奉常，掌祭祀礼乐；郎中令，掌宫殿掖门；卫尉，掌门卫屯兵；太仆，掌舆马；廷尉，掌刑狱；典客，掌宾客；宗正，掌宗属；治粟内史，掌钱谷，以供国用；少府，掌山泽之税，以供帝室费。

汉承秦制，设丞相、御史大夫，谓之二府。或称为三公，太尉尊与丞相等，或置或省，武帝罢太尉，置大司马，以冠将军之号。大司马大将军，位在丞相上。成帝改御史大夫为大司空，与丞相、大司马备三公官，俱称宰相。哀帝改丞相为大司徒。于是周六卿之三为汉三公，而无掌教、掌兵、掌土之别。平帝于三公之上置太师、太傅、太保，此出于王莽之意也。莽篡位，以太师、太傅、国师、国将为四辅，位上公，而三公如旧。光武帝置太傅，亦位上公，以授耆德，无常职。改大司马为太尉，与司徒、司空为三公，又称三司。

汉初，更名奉常为太常。武帝改郎中令为光禄勋，典客为大鸿胪，治粟内史为大司农，与卫尉、太仆、廷尉、宗正、少府称九寺大卿。东汉以三司分部九卿，太常、光禄勋、卫尉属太尉，太仆、廷尉、大鸿胪属司徒，宗正、大司农、少府属司空。九卿之称，魏晋皆因之，而无分属之事。

秦时，少府遣吏四人在殿中，主法书，谓之尚书，令仆射为之长。汉因之，武帝用宦者充其职，改曰中书谒者。霍光以大司马大将军领尚书事，自是尚书事为枢机之任。元帝时，宦者弘恭、石显相继为中书令，权宠陵压公卿。成帝罢中书宦官，复用士人为尚书，掌图书、秘记、章奏之事。及光武躬亲吏事，众务转归尚书，出纳王命，敷陈万机，三公唯受成事而已，然品秩甚卑，犹为少府之属吏。

东汉诸帝多幼年嗣位，于是老臣以太傅录尚书事，与三公称四府，其人死则省之。霍光以后，外戚辅政者，往往为大将军，与太尉别为一官，位在三公下，而权出其上。和帝初，窦宪以大将军辅政，公卿希旨，奏宪位在太傅下、三公上，嗣后梁商、梁冀皆因之。终汉之世，大将军常为贵戚之官，而太傅亦权不甚重。迨曹操柄国，复汉初制，罢三公官，专设丞相、御史大夫，自为丞相，而大权悉归于己矣。

魏文帝代汉，复设太傅及三司，然不常置，且皆不与朝政。又有大司马及大将军，各为一官，位在三司上，别置中书监、令，并掌机密，号为专任，而尚书之权稍减。其后，帝芳置丞相，元帝置相国，特以处司马氏也。晋初，置太宰、太傅、太保称上公，此依周三公而避景帝讳师。以太宰之名代太师，非周冢宰之任也。上公位尊，居者甚寡，又有大司马、大将军、太尉、司徒、司空，并上公为八公，而以中书执政，如魏之初。

周制，王宫有宫正、宫伯等官，皆用士人，以典宿卫，阉人、寺人仅供使令。战国时，始有宦者令。秦时，始尊宦者为皇后卿，有谒者令、丞、将作、卫尉等职。汉改将作为大长秋，或用中人，或用士人。又为太后置卫尉、少府、太仆，皆随太后宫为官号，谓之皇太后卿，位在大长秋上，诸职属吏皆用阉人。汉初，中常侍不过一二人，东都增其员数，重用宦官，竟以蠹政败国。及袁绍歼宦官之后，掖庭永巷，皆用士人，阃闱出入，莫有禁切，不久复用阉人。魏文帝立法，宦者官不得过诸署令,魏晋太后三卿及大长秋,皆以九卿兼之。

第二章　州郡牧守

周制,九州视《禹贡》稍变,以徐州合于青州,以梁州合于雍州,而分青、冀之北为幽、并二州。周末诸侯分争,以国为界,离合不常。秦削平六国,更划地界,设三十六郡,以守治民,以尉典兵,以御史监之。关内百里不属郡,内史管之。汉亦置内史、守、尉,而省监郡御史。景帝以守为太守,尉为都尉。都尉不遍置,边剧之郡则设之,事权比太守。

武帝攘胡越,疆土益广,于是立州部,以统诸郡。以古冀州地为冀今直隶保定府以南、幽今直隶北境及盛京省朝鲜国北境、并今山西省除西南隅三州;以雍州西境为凉州今甘肃省,其东北境今陕西鄜州以北属并州;改梁州曰益州今陕西汉中、兴安二府,湖北郧阳府及四川、云、贵三省;岭南新设交阯之州今两广及安南国。与兖今山东西境及河南开封、卫辉二府东境、青今山东东北境、徐今江苏大江以北及山东沂州府、安徽泗州、豫今河南东南境及安徽淮水以北、荆今河南南阳府及湖广、扬今江苏江南、安徽淮南及江西、闽、浙为十二州。州置刺史,以巡察郡国。文帝尝遣丞相史,出刺诸郡,刺史之名本之。又三分内史地,设京兆尹管今陕西西安府东南境、左冯翊管今西安府北境及同州府、右扶风管今西安府西南境及凤翔府,谓之"三辅"。三辅与弘农郡名,今陕西商州、河南陕州及河南府西境、三河谓河南、河东、河内三郡。河南,今河南府东境及开封府西境。河东,今山西平阳、蒲州二府及解、绛、吉、隰、霍五州。河内,今河南怀庆府及卫辉府西北境不属州部,置司隶校尉督察之,此汉之畿甸也。刺史任重而位卑于守相。成帝以其轻重不相准,更为州牧,位次九卿。汉兴以来,以秦郡太大,渐割而加置,且四边多开新郡,诸王国又析为众小国,于是郡国益多。哀、平之际,凡一百有三。凡言郡国,谓郡与王国也。列侯国小,皆属郡治,故不与郡对称也。

光武都洛阳,改河南太守为尹,复改州牧为刺史。前汉时,刺史乘传周行,无适所治,中兴始定治所。旧制,州牧奏守相不任位者,事皆先下三公,三公遣掾史按验。光武用法明察,不复委三府,故权归刺史。灵帝时,重臣出宰州者,特称州牧。至献帝时,群雄多自领州牧,俨然如古诸侯。魏晋复为刺史,任重者为使持节都督,轻者为假节,或加以将军之号,郡不置都尉,太守亦加将军。

三国鼎立,魏有司隶、凉、并、幽、冀、青、兖、徐、豫及荆、扬北境荆,今湖北北境、河南南阳府及陕西兴安府;扬,今安徽凤阳、庐州二府及滁州、六安州,以汉三辅及凉州东境今甘肃东境置雍州，以凉州南境今甘肃南境置秦州，凡十三州。吴有荆、扬、交三州。交州即交阯之州也，后分其北境置广州今两广，但广东廉州、雷州、琼州三府仍属交州。蜀汉所有，唯益州，户口最少，分其东北置梁州今陕西汉中府、四川东北境及甘肃阶州。司马氏灭蜀倾魏，分幽之东为平州今盛京省及朝鲜西北境，分益之南为宁州今云南省。及平吴，合两荆两扬，各为一州。以司隶所部为司州，凡十九州司、雍、青、凉、并、冀、幽、平、青、兖、徐、豫、荆、扬、广、交、凉、益、宁，其郡国增至百七十有三，此非地大于两汉，徒以州郡分析益细也。

第三章 爵封品秩附印绶之制

周设五爵以建诸侯，皆有封土，公卿大夫皆受地，视诸侯。秦制爵二十等，自彻侯至公士彻侯、关内侯、大庶长、驷车庶长、太上造、少上造、右更、中更、左更、右庶长、左庶长、五大夫、公乘、公大夫、官大夫、大夫、不更、簪褭、上造、公士，以赏战功，唯彻侯有地，其次关内侯，虽有侯号，而无封国，唯受廪禄而已。其十八等，自大庶长以下，皆将帅军吏也。受彻侯之封者，前后仅数人，亦不闻有传世者。

汉沿用秦爵，然大庶长以下，不常授之。彻侯改称列侯，或食县，或食乡、亭，大者万余户，小者五六百户，皆世袭其国，得臣其吏民，一岁之租，户率铜钱二百，万户之君，岁入二百万钱。列侯之上有诸王，虽以王为号，其实古诸侯也，故谓之诸侯王。其地大者或五六郡，连城数十，小者亦兼数县，倍蓰大侯，号为藩国。其傅曰太傅，相曰丞相，又有御史大夫、群卿，皆秩二千石，百官皆如汉朝。汉朝惟为置傅、相，其御史大夫以下，皆自置之。至七国反后，汉抑损诸侯，改丞相为相，省御史大夫，减群卿，诸官皆自汉置之，不得自置。其后太傅亦除太字，且诸大国或诛灭，或分析。列侯亦废置频仍，王侯皆失主宰之权，不为吏民所尊，势与富室无异，而四方悉辐辏于京师矣。

魏晋封爵，有王及公、侯、伯、子、男，皆开国，其下有乡侯、亭侯、关内、关外等侯。关内侯以下，皆为虚封。魏诸帝疏忌骨肉，诸王国皆寄地空名，其所食不过一县，刻削迁徙，殊无宁日，且禁防甚严，不许出国，悉锢宗室，绝仕进之路，故权归大臣，以至移国祚。晋武帝欲矫其弊，大封宗室，授以职任，且许其自选国中长吏。藩国之强，稍似汉初。

周以命数辨官爵之高卑，一命作士，九命位极人臣。汉以禄秩定官等，自中二千石至百石，十有四等中二千石、二千石、比二千石、千石、比千石、六百石、比六百石、四百石、比四百石、三百石、比三百石、二百石、比二百石、百石。石者，斛也，因一岁所赐俸米名之也。丞相、太傅、三公、大将军、骠骑、车骑、卫将军在此外，大抵秩倍中二千石。中二千石，犹云满二千石，月俸百八十斛。其次二千石，月俸百二十斛。降至百石，月俸十六斛。俸额不必与名相符，且时有增减，或杂给钱帛。前汉以御史大夫、九卿、执金吾为中二千石；以太子太傅、少傅、詹事、将作大匠、大长秋、典属国、三辅、司隶校尉、诸校尉、州牧、郡守、王国傅、相等为二千石。后汉沿之，更置度辽将军为二千石，升太子太傅、河南尹、三辅为中二千石，降诸校尉为比二千石。

魏晋禄秩之制不详。魏分官位之高下为九品，晋沿之，以八公为一品；四征、四镇、车骑、骠骑、卫将军为二品；九卿、光禄大夫、太子保傅、詹事、大长秋、侍中、常侍、尚书令、仆射、诸尚书、中书监令、秘书监、司隶校尉、河南尹等为三品；侍中、尚书等，在汉时属少府，秩仅千石，若六百石，至此与九卿比肩，在汉二千石上，而刺史降为四品，守、相降为五品，杂号将军甚众，三品、四品、五品皆有之。

上世无印章，诸侯朝王，执圭璧以为信，其制随爵有等差。战国始有佩印之事，诸侯各以赐其臣。秦始皇以蓝田山名，在陕西西安府蓝田县东白玉作玺，螭虎纽，文曰："受命于天，既寿永昌。"是皇帝之印也。秦灭，入汉，号曰传国玺，历代传受，以为重宝者千有余年，至后唐而亡。汉以印绶分贵贱之等，皇后之印，金玺螭虎纽，后改为玉玺赤绶，诸侯王金玺綟绶，列侯将相金印紫绶，御史大夫以下至比二千石银印青绶，比六百石以上铜印墨绶，比二百石以上铜印黄绶。魏晋印绶大抵沿汉。

卷三　中世史(下)

第一篇　西晋

第一章　晋室失政

晋武帝，魏名儒王肃之外孙也。家本传礼，故郊庙之礼，多从肃说。其丧，文帝及王太后素冠疏食，以终三年，优遇宗室，务存礼意。然性极奢纵，尝诏国内权禁嫁娶，取良家女五千余人入宫选之，号哭之声闻于外。及并吴，又选吴伎妾五千人入宫，常乘羊车，恣其所之。宫人竞取竹叶插户，盐汁洒地，以引帝车。至，便宴寝。皇后父杨骏用事，交通请谒，勋旧多被疏退。与群臣语，未尝有经国远谋。自吴既平，谓天下无事，尽去州郡武备。汉魏以来，羌胡、鲜卑降者，多处塞内诸郡，屡因忿恨杀害吏民。侍御史郭钦上疏，谓宜及平吴之威，渐徙内郡、杂胡于边地，峻四夷出入之防，明先王荒服之制。帝不听，卒为中国患。

皇太子衷，性不慧，武帝为纳贾充女为妃。妃多权诈，太子嬖而畏之。卫瓘尝侍帝宴，佯醉，跪于前，以手抚床曰："此座可惜！"帝意悟，悉召东宫官属，设宴而密封尚书疑事，令太子决之。贾妃大惧，倩外人代对，令太子自写以上，帝悦，因得不废。

武帝在位二十五年崩。太子立，是为孝惠帝，贾妃为皇后，预政。武悼杨后，惠帝母武元后之从妹。武元早崩，入继室。惠帝尊为太后，父骏为太傅、大都督。贾后杀骏而废太后，杀太宰汝南国名，属豫州，今河南汝宁府王亮文帝庶弟，杀太保卫瓘，杀卫将军楚国名，属徐州，今江苏徐州府王玮武帝庶子，用张华、裴頠、王戎并管机要。华以文学才识名重一时，后虽凶险，犹知敬重。与頠同心辅政，数年之间，虽暗主在上，而朝野安静。

王戎，竹林七贤之一也。立朝无所匡救，与时浮沉，性复贪吝，田园遍诸州。执牙筹，昼夜会计。家有好李，恐人得其种，常钻其核。凡所赏拔，专事虚名。

阮咸之子瞻见戎,戎问曰:“圣人贵名教,老庄明自然,其旨同异?”瞻曰:“将无同!”戎咨嗟良久,遂辟之。时人谓之“三语掾”。

是时,王衍戎之从弟、乐广皆善清谈,朝野争慕效之。衍神情明秀,少时山涛见之曰:“何物老妪,生宁馨儿!然误天下苍生者,未必非此人也。”衍弟澄及阮咸、毕卓等,皆以任放为达,醉狂裸体,不以为非。卓尝为吏部郎,比舍郎酿熟,卓夜至瓮间盗饮,为守者所缚,旦视之,乃毕吏部也。乐广闻而笑之曰:“名教中自有乐地,何为乃尔。”初,魏时何晏等立论,以为天地万物皆以无为本,衍等爱重之。裴颀著《崇有论》以释其弊,亦不能救也。

贾后淫虐日甚,太子遹非其所生,后废杀之。永康元年惠帝十一年,征西大将军赵国名,属冀州,今直隶赵州王伦文帝庶弟矫诏勒兵入宫,废后,杀之。杀司空张华、尚书仆射裴颀,自为相国。淮南国名,属扬州,今安徽凤阳府及滁、和二州,庐州府治王安武帝庶子率兵讨伦,不克而死。伦加九锡,明年,逼帝禅位,党与皆为将相,奴卒亦加爵位。每朝会,貂蝉盈坐。时人语曰:“貂不足,狗尾续。”齐国名,属青州,今山东青州府王冏武帝之侄镇许昌县名,颍川郡治,今河南许州,成都国名,属益州,今四川成都府王颖武帝庶子镇邺县名,魏郡治,今河南彰德府临彰县,河间国名,属冀州,今直隶河间府献县王颙宣帝侄孙镇关中,共举兵讨伦。伦伏诛,冏入辅政,骄奢擅权。太安元年惠帝十三年,颙檄长沙国名,属荆州,湖南长沙府王乂武帝庶子,使击杀之。

二年,颙与颖举兵反,乂奉帝,数与颖兵战。永兴元年惠帝十五年,东海国名,属徐州,今山东沂州府南境及江苏海州王越宣帝之侄在京,虑事不济,收乂,纳外兵,使颙将张方杀乂。颖入京,为丞相,寻还邺。颙表颖为皇太弟,丞相如故,乘舆、服御皆迁于邺,颙为太宰、大都督。越奉帝讨颖,颖击败之,迎帝入邺,越走归国。幽州今直隶北境及盛京省都督王俊起兵击颖,颖战败,奉帝还洛阳。时颙遣张方救颖,方拥帝及颖趋长安。颙废颖,更立豫章国名,属扬州,今江西南昌、瑞州、临江三府王炽为太弟。二年,越起兵于徐州今江苏大江以北及山东沂州府、安徽泗州,范阳国名,属幽州,今直隶顺天府、涿州及易州王虓宣帝之侄自许昌应之。光熙元年惠帝十七年,越遣将西入长安,奉帝还洛阳,越为太傅,辅政,虓为司空,镇邺。颖自武关在陕西商州东东奔,途被执送于邺,幽之。会虓卒,虓长史杀颖,颙亦为南阳国名,属荆州,今河南南阳府王模东海王越之弟,宣帝之侄所杀。

惠帝极昏愚。值凶岁,百姓饿死。帝曰:“何不食肉糜?”方贾后专政,时人知乱将作。索靖指洛阳宫门铜驼,叹曰:“会见汝在荆棘中耳。”赵王伦乱后,宗室迭相残灭。晋国分崩，诸王与事者，前后八人汝南王亮、楚王玮、赵王伦、齐王冏、成都王颖、河间王颙、长沙王乂、东海王越，世谓之“八王之乱”。惠帝在位十七年，食面中毒而崩。或曰太傅越鸩之也。太弟炽立，是为孝怀帝。

第二章　夷狄乱晋

匈奴自汉以来，臣事中国，入居塞内。以先世为汉婿，冒姓刘氏。魏武分其众为五部，左贤王刘豹，单于于扶罗之子也，为左部帅，居太原郡名，属并州，今山西太原、汾州二府兹氏县名，今汾州府治。豹子渊，幼而隽异，博习经史。尝曰：“吾耻随、陆无武，遇高帝而不能建封侯之业；绛、灌无文，遇文帝不能兴庠序之教，岂不惜哉！”于是兼学武事。及长，膂力过人，姿貌魁伟。初为任子，在洛阳。豹死，武帝以渊代为左部帅，既而为北部都尉，五部豪杰，幽、冀幽州，见前；冀州，今直隶中部及山东北境名儒多往归之。

成都王颖镇邺，表渊监五部军事，使将兵在邺。渊从祖右贤王宣谓族人曰：“汉亡以来，我单于徒有虚号，无复尺土。自余王侯，降同编户。今我众虽衰，犹不减二万，奈何敛手受役，奄过百年？司马氏骨肉相残，四海鼎沸，左贤王英武超世，复呼韩邪之业，此其时矣！”乃相与谋，推戴之。渊说颖请归，发五部来助。既至左国城故城，在山西汾州府永宁州东北，宣等上大单于之号，胡、晋归之者愈众。渊谓群臣曰：“吾汉氏之甥，约为兄弟。兄亡弟绍，不亦可乎？”乃称汉王，追谥刘禅曰“孝怀皇帝”，祭汉三祖高祖、世祖、昭烈、五宗太祖、世宗、中宗、显宗、肃宗，时惠帝永兴元年也。渊子聪，骁勇绝人，博涉经史，善属文。族子曜，早孤，养于渊，亦有文武才。至是，皆为渊将。又有石勒者，上党郡名，属并州，今山西潞安、泽州二府及沁州武乡县名，今属沁州羯人也。羯，匈奴别部，勒父、祖为其小帅。并州今山西省除霍州以西南饥乱，勒被掠，卖为人奴。主人奇其状貌而免之，乃结壮士为群盗。已从汉，勒有勇力，善骑射，渊以为辅汉将军。

惠帝时，氐、羌屡侵扰关陇，且岁荐饥。略阳郡名，属秦州，今甘肃秦州东北境、天水郡名，属秦州，今秦州治及巩昌府东境诸郡，民流移，就食于汉川。有李特者，其先，巴西郡名，属梁州，今四川保宁府蛮种也。特祖始迁略阳，号曰巴氐。特兄弟有材武，以流民入蜀，据广汉郡名，属梁州，今四川成都府汉州及潼川府，特自称大将军、益州今四川西南境及贵州大半牧。刺史罗尚击斩之，弟流代领其众，势复盛。流死，特子雄代之。攻走罗尚，取成都县名，蜀郡、益州俱治之。刘渊称王之岁，雄亦称成都王,后称帝,国号曰成。

汉魏间,匈奴已衰,鲜卑转繁盛,部族甚多。至晋世,有段、宇文、慕容、拓跋、秃发、乞伏诸族,遍布于北边。自辽东郡名,属平州,今盛京省东境至河西谓凉州诸郡,无所不居,而慕容、拓跋二氏最著。武帝时,慕容廆屡侵晋边。既而请降,晋以为鲜卑都督。自辽东徙居徒河县名,属辽西郡,故城在盛京锦州府城西北,又徙大棘城故城在锦州府义州西北。修政抚民,流亡多归之。及惠怀之世,慕容部日以强盛,廆自称鲜卑大单于。

拓跋氏世居北荒,不交南夏。其俗以索辫发,因号索头部。其酋曰可汗,犹言单于也。魏时,诘汾可汗南还,居匈奴故地。其子力微,复徙盛乐故城县名,前汉定襄郡治,后汉属云中郡,故城在山西归化城南。晋惠帝时,力微少子禄官为可汗,分国为三部:一居上谷郡名,属幽州,今直隶宣化府之北,自统之;一居代郡属幽州,今宣化府蔚州及山西大同府东境之北,使兄子猗㐌统之;一居盛乐,使猗㐌弟猗卢统之。晋人附者稍众,猗㐌渡漠北,巡西略诸国,降附者三十余国。及猗㐌、禄官死,猗卢总摄三部,拓跋氏之盛始于此。夷狄乱华之祸,萌蘖于汉魏,至是,乘晋之乱始四起。

怀帝永嘉二年,汉王刘渊称帝,徙都平阳县名,平阳郡治,今山西平阳府治。遣楚王聪、石勒等连攻晋内郡,取之。四年,渊殂,谥曰光文帝。太子和立,忌聪,欲杀之,聪弑而代之。

晋太傅越以羽檄征四方兵入援,卒无至者,越自帅兵拒石勒。五年,越卒,勒追败晋兵,纵骑围而射之,将士十余万人无一免者。执太尉王衍等,问以晋故,衍具陈祸败之由,云计不由己,且言少无宦情,不豫世事。勒曰:“君少壮登朝,名盖四海,身居重任,何得言无宦情邪?破坏天下,非君而谁?”夜使人杀之。

汉兵进陷洛阳,执怀帝,送平阳,封为会稽郡公。帝侄秦王业趋许昌。六年,雍州今陕西西安、同州、凤翔三府及甘肃泾州刺史贾疋迎入长安,奉为皇太子,建行台。石勒引兵据襄国县名,属广平郡,今直隶顺德府治,汉以为冀州牧。明年孝愍帝建兴元年,汉主聪宴群臣,使怀帝着青衣行酒,寻杀之。凶问至长安,太子业举哀,即位,是为孝愍帝。愍帝建兴四年,汉中山王曜攻陷长安,帝出降,送诸平阳,封为怀安侯。汉主复命帝行酒洗爵,又使执盖,遂杀之。

第二篇　东晋

第一章　元帝保江东附汉改号赵

晋琅琊国名，属徐州，今山东沂州府王睿者，武帝叔父琅琊武王伷之孙也，于惠、怀为再从兄弟。怀帝时，为安东将军，都督扬州今江苏大江以南及安徽淮水以南，镇建业县名，丹阳郡治，吴旧都，今江苏江宁府治，以王导为谋主，每事咨焉。睿名论素轻，吴人不附。导劝用贤俊，得卞壶、庾亮、刁协等百余人，为掾属，谓之“百六掾”，抚绥新旧，江东归心。

周颉、桓彝等避乱过江，彝见睿微弱，忧之。既而见导，退谓颉曰：“江左有管夷吾，吾无忧矣。”诸名士游宴新亭，颉中坐叹曰：“风景不殊，举目有江河之异。”因相视流涕。导曰：“当戮力王室，克复神州，何至作楚囚对泣邪？”

愍帝以睿为左丞相，诏以时进军，睿辞以江东未平。洛阳祖逖少有大志，南渡，请兵于睿，睿素无北伐之志，以逖为豫州今河南东南境、安徽淮北、湖北黄州府刺史，与兵千人，不给铠仗。逖渡江，中流击楫而誓曰：“祖逖不能清中原而复济者，有如此江！”愍帝又以睿为丞相，都督中外诸军事。长安陷，睿出师，露次移檄北征，实不行，官属劝即晋王位。明年，遂即帝位，是为中宗元帝。以其据江东，史谓之东晋。

元帝大兴元年即位二年，汉主聪殂，太子粲立，太后父靳准弑之，自称汉天王。刘氏男女无少长皆斩之。石勒讨准，破之。中山王曜自立于赤壁地名，在山西绛州河津县北，封勒为赵公。未几，准被杀。明年，曜徙都长安，改国号为赵，祀上祖冒顿，配天。勒与曜有隙，自称赵王，史称勒国为后赵。

晋祖逖取谯城在河南归德府夏邑县北，进屯雍邱县名，属陈留郡，今河南开封府杞县，劝农课桑，抚纳新附，后赵镇戍归逖者甚众。元帝以戴渊为征西将军，都督司、豫司州，即魏之司隶校尉所部。豫州，见上。逖以已翦荆棘，收河南地，而渊雍容，一旦来统之，意甚怏怏。又闻王敦与廷臣构隙，将有内难，知大功不遂，感激发病，卒。豫州士女，若丧父母。

第二章 王敦、苏峻之叛附陶侃镇荆

王敦，太尉衍之弟也。初，与从弟导同心翼戴，元帝亦推心任之。敦总征讨，导专机政，群从子弟，布列显要。时人语曰："王与马，共天下。"敦为镇东大将军，都督江今湖北武昌府及九江、福建、扬见前、荆今湖北及河南南阳府、陕西兴安府、湖南西北境、湘今湖南大半及两广北境、交今广东西南境及安南国、广今两广之大半六州诸军事，恃功骄恣，帝畏恶之。乃引刘隗、刁协为腹心，稍抑损王氏权，导亦渐见疏外。

敦参军钱凤等凶狡，知敦有异志，阴为画策。敦遂举兵武昌县名，武昌郡及江州治之，今属武昌府，以诛刘隗、刁协为名。隗、协劝帝尽诛王氏，帝不许。导率宗族每旦诣台城名，在江宁府城西北待罪。周顗将入，导呼之曰："伯仁，以百口累卿。"顗不顾，入见帝，言导忠诚，申救甚至。帝纳其言，顗醉而出。导又呼，顗不与言，顾左右曰："今年杀诸贼奴，取金印如斗大，系肘后。"既出，又上表，明导无罪。导不知，恨之。帝召见导，导稽首曰："乱臣贼子，何代无之，不意今者近出臣族。"帝跣而执其手曰："茂弘，方寄卿以百里之命。"以为前锋大都督。敦至石头城在江宁府城西，据之，协、隗等分道出战，大败而还。帝令百官诣石头见敦。敦欲杀周顗、戴渊，以问导，导不敢救，遂见害。后捡中书故事，见顗表，流涕曰："吾虽不杀伯仁，伯仁由我而死。幽冥之中，负此良友。"

太子绍，幼而聪慧，及长，仁孝，好贤礼士，与庾亮、温峤等为布衣之交。王敦在石头，忌太子有勇略，欲诬以不孝而废之，赖峤等众论，得沮其谋。敦不朝而去，还武昌。元帝忧愤成疾而崩，在位六年，太子立，是为肃宗明帝。

敦谋篡位，移镇姑熟城名，今安徽太平府治，以导为司徒，自领扬州牧。明帝加导大都督，督诸军讨敦。敦将举兵，病笃，使郭璞筮之。璞曰："明公起事，祸必不久。"敦大怒曰："卿寿几何?"璞曰："命尽今日。"日中，敦斩之，使兄含等帅众向京。帝自出屯南皇堂，夜募壮士，掩含军，破之。敦闻含败，曰："我兄老婢耳，门户衰，世事去矣，我当力行。"因作势而起，困乏复卧，寻卒。敦党悉平，发敦尸，斩之。有司奏王氏当除名，诏曰："司徒导以大义灭亲，将百世宥之。"悉无所问。

惠帝末年，刘弘都督荆州，威行江汉，举陶侃为将，讨平义阳郡名，属荆州，今河南汝宁府信阳州、湖北德安府隋州等叛蛮张昌，又讨破江东叛将陈敏。弘卒，南州复乱。元帝镇江东，以侃守武昌，击走湘州剧贼杜弢。王敦表刺荆州，既而忌之，左转广州。时王机盗据广州，侃直至讨平之。明帝以侃为征西大将军，都督荆、湘等州军事，荆州士女相庆。侃性聪敏恭勤，捡摄众事，未尝少闲，尝曰："大禹圣人，乃惜寸阴，众人当惜分阴。"诸参佐以谈戏废事者，命取其酒器、蒲博具，悉投于江曰："樗蒲者，牧猪奴戏耳。老庄浮华，不益实用。君子当正其威仪，何有蓬头跣足，自谓宏达邪？"在军四十一年，明毅善断，人不能欺，威名赫然。自南陵戍名，在安徽太平府繁昌县西南至白帝城名，在四川夔州府城东二千余里，路不拾遗。

明帝在位三年，崩。太子衍立，年五岁，是为显宗成帝。王导与中书令庾亮、尚书令卞壸辅政。苏峻前守临淮郡名，属徐州，今安徽泗州，于敦再反时，入卫有功，威望渐著。迁历阳郡名，属扬州，今安徽和州内史，卒锐器精，志轻朝廷，招纳亡命。庾亮建议征峻为大司农，峻拒命。江州都督温峤闻之，欲入卫，亮不听。峻举兵犯阙，卞壸力战死。亮奔依峤，峤邀陶侃入讨峻，斩之。

第三章　赵、成、燕代事迹

赵主刘曜与后赵石勒连攻战，互有胜负。曜攻后赵金镛城洛阳城西北隅也，在今河南河南府城东北，勒自将救之，战于洛阳，赵兵大溃。曜醉坠马，为勒获，归杀之，卒平关西。前赵亡，勒称天王，寻称帝。勒从子虎，性残忍，每屠城邑，鲜有遗类，然御众严而不烦，军功最多，勒封为中山王。

勒飨群臣，问曰："朕可方古何主？"或曰："过于汉高。"勒笑曰："人岂不自知，卿言太过。若遇高帝，当北面事之，与韩、彭比肩耳。若遇光武，当并驱中原，未知鹿死谁手。大丈夫行事，当礌礌落落，如日月皎然，终不效曹孟德、司马仲达，欺人孤儿寡妇，狐媚以取天下也。"勒虽不学，好使诸生读书而听之，时以其意论断得失，闻者悦服。尝使人读《汉书》，至郦食其劝立六国后，惊曰："此法当失，何以遂得天下？"及闻留侯谏，乃曰："赖有此耳。"晋成帝咸和八年，勒殂。太子弘立，中山王虎为丞相、魏王，寻弑弘，自称赵天王，徙都邺。

成主李雄以兄子班为太子。雄殂，班立。雄子越弑班而立弟期。期忌族父汉王寿威名,使出屯于外。咸康四年成帝十三年,寿袭成都,弑期而自立,改国号曰汉。

怀帝时,拓跋猗卢已强,并州刺史刘琨结为兄弟,表为大单于,封代公。猗卢帅部落自云中汉故郡,今归化城土默特界内入雁门郡名,属并州,今山西代州治、宁武府治,大同府西境、朔平府南境,琨与以陉山名,又名勾注,在代州西北北之地,尝为琨援,大败汉兵于晋阳县名,太原郡及并州治,今山西太原府太原县。猗卢城盛乐以为北都,平城县名,旧属雁门郡,今大同府治为南都。愍帝进其爵为王,食代、常山属冀州,今直隶正定府二郡。猗卢为其子所弑,国大乱,自是内难相踵,部落离散。成帝时,猗卢从孙翳槐立,翳槐弟什翼犍质于赵王石虎。翳槐临卒,命诸大人迎立之。什翼犍雄勇有智略,能修祖业,始制百官,号令明白,政事清简,于是东自濊貊东夷种名,居今朝鲜北境、西及破落那汉大宛国,今中亚细亚浩罕地,率皆归服,有众数十万,都盛乐,拓跋氏愈大。

元帝时,慕容廆大败宇文氏,取辽东,遣使献捷于晋元帝,以廆为平州今盛京省及朝鲜西境牧、辽东公。石勒殂之岁,廆卒,世子皝立。皝雄毅多权略,喜经术,其下劝称燕王,筑龙城故城在内蒙古土默特右翼西都之。西摧段氏,南却赵王虎兵,东伐高句丽朝鲜三国之一,今朝鲜北境及兴京之地,毁其都城,北灭宇文氏,袭扶余东夷国名,今盛京东北境,虏其王以归。

第四章　王导辅政及桓温灭蜀

晋成帝即位,冲幼,每见王导必拜。既冠,犹然以导为丞相,委以国政。导性宽纵,所任诸将多不奉法,大臣患之。初,苏峻之乱,庾亮激之也。峻平,亮泥首谢罪,出为豫州刺史。陶侃卒,亮代镇武昌,见导之专,欲起兵废之。或劝导密为之备,导曰:“吾与元规休戚是同,元规若来,吾便角巾还第,复何惧哉?”亮,成帝之舅也,虽居外镇,而遥执朝权,趋势者多归之。导内不能平,尝遇西风尘起,举扇自蔽,徐曰:“元规尘污人。”导简素寡欲,辅相三世,仓无储谷,衣不重帛。及卒,诏丧葬参用天子礼。

庾亮欲开复中原,上疏请率大众移镇石城山名,在河南汝宁府信阳州东南,遣诸军罗布江沔沔,汉水异名,为伐赵之规。王导欲许之,太常蔡谟曰:“不能以大江御苏峻,安能以沔水御石虎?”乃诏亮不许移镇,亮卒,以其弟翼代之。

翼为人慷慨,喜功名,不尚浮华。琅琊内史桓温桓彝之子豪爽,有风概。翼荐之曰:“英雄之才,宜委以方召之任。”殷浩才名冠世,翼弗之重,曰:“此辈宜束之高阁,俟天下太平,徐议其任耳。”浩累辞征辟,时人拟之管、葛。翼请浩为司马,不应,翼以王夷甫嘲之。夷甫者,王衍字也。

成帝在位十七年,崩,二子丕、奕并在襁褓。帝临崩,以弟琅琊王岳为嗣,岳即位,是为康帝。庾翼以灭胡取蜀为己任。康帝建元元年,欲悉众北伐,以桓温为前锋、都督,诏加翼都督征讨诸军事。康帝在位二年,崩。太子聃立,年三岁,是为孝宗穆帝,叔祖会稽郡名,属扬州,今浙江绍兴府王昱辅政。穆帝永和元年,庾翼卒,遗表以其子领荆州。侍中何充曰:“荆楚,国之西门,岂可以白面少年当之。桓温英略过人,西任无出温者。”丹阳郡名,属扬州,今江苏江宁府尹刘惔知温有不臣之志,谓会稽王曰:“温不可使居形胜之地。”王不听,以温都督荆、梁等州军事梁州,今陕西南境及四川东北境。时汉主李寿已殂,太子势立,骄淫不恤国事。温帅师伐之,拜表即行。三年,进至成都,势出降,送诣建康即建业,晋都,晋封为归义侯,李汉亡。

第五章　赵、燕、秦之兴亡附桓温北伐

赵王石虎作台观于邺,又营长安、洛阳二宫,作者数十万人,发美女三万人充内宫。郡县多强夺人妻,其夫死者三千余人。命太子宣出猎,建天子旌旗,戎卒十八万。虎望见笑曰:“我家父子如此,自非天崩地陷,当复何愁?”宣所过十五郡,资储皆空。虎复命宣弟秦公韬继出,亦如之。宣忌韬,杀之。虎又杀宣,极惨酷。立少子世为太子。晋永和五年,虎称帝,寻殂。太子世立,其兄彭城王遵弑之而自立,赵乱。晋征讨都督褚裒率师伐之,晋人皆以中原指期可复,蔡谟独谓:“莫若度德量力,必经营分表,恐忧及朝廷。”裒部将败没,裒退还。

赵主遵谋杀大将军石闵,闵弑遵,而立遵弟义阳王鉴。鉴又欲杀闵,闵幽鉴,杀胡羯二十万人。六年,闵弑鉴,自称魏帝,杀虎三十八孙,尽灭石氏。闵本姓冉,为虎所养,至是复其姓。时燕王慕容皝已卒,世子儁立。儁与弟垂伐赵,拔蓟城蓟,县名,今京城地,徙都之。虎子新兴王祗自立于襄国。七年,祗为其下所弑,后赵亡。八年,燕兵破魏,执冉闵归,杀之。儁称帝,后徙都邺。儁殂,太子暐立。

初,洛阳临渭县名,略阳郡治,故城在甘肃秦州秦安县东南氐酋蒲洪骁勇,多权略,群氐畏服之。汉主刘聪拜为将军,不受,自称略阳公。南安郡名,属秦州,今甘

肃巩昌府北境赤亭在巩昌府城东羌姚弋仲亦有威望，东徙榆眉汉故县，今陕西凤翔府汧阳县，戎夏襁负随之者数万，自称扶风郡名，属雍州，今陕西西安府西北境及凤翔府公。二人后皆附赵主刘曜，又事后赵石勒、石虎。虎以洪为流民都督，居枋头城名，在河南卫辉府濬县西南，后都督雍、秦州秦州，今甘肃南境。以弋仲为西羌大都督，居滠头戍名，在直隶冀州枣强县东北，后为六夷匈奴、羯、鲜卑、氐、羌、巴蛮大都督。

石闵言于赵主石遵曰："蒲洪，人杰也。今镇关中，恐秦、雍非复国家所有。"遵罢洪都督，洪怒，归枋头，遣使降于晋。及闵篡赵，洪、弋仲各欲据关西。弋仲遣其子襄击洪，洪迎击破之，自称三秦王，改姓苻。洪先擒赵将麻秋，不杀而用其言，因宴，为秋所鸩。世子健斩秋，率众入长安，自称秦天王，除赵苛政，寻称帝。弋仲遣使降于晋，寻卒。襄率其众归晋，诏屯谯城。襄博学善谈论，江东人士皆重之。

桓温既灭蜀，威名大振，晋廷惮之。会稽王昱以殷浩有盛名，引为心膂，欲以抗温。及闻中原大乱，复谋进取，以浩都督扬、豫等州。浩恶姚襄强盛，遣兵袭之，不克。浩率诸军欲进据洛阳，襄伏甲邀击，走之，遣使降于燕主慕容儁。浩连年北伐无功，桓温上疏请废之，乃免为庶人。自是内外大权归温矣。

永和十年，温帅师北伐，大败秦兵于蓝田县名，属京兆郡，今属陕西西安府，转战至灞上灞，水名，在西安府城东。秦王苻健闭长安小城自守，三辅京兆、冯翊、扶风三郡，今西安、同州、凤翔三府皆降。温抚谕居民，民争持牛酒迎劳，男女夹路观之。耆老有垂泣者曰："不图今日复睹官军！"北海郡名，属青州，今山东青州府东境王猛，少好学，倜傥有大志，隐居华阴县名，属宏农郡，今属陕西同州府。闻温入关，被褐谒之，扪虱而谈当世之务，旁若无人。温异之，问曰："吾奉天子命，除残贼，而三秦豪杰未有至者，何也?"猛曰："公不远数千里，深入敌境，今长安咫尺而不渡灞水，百姓未知公心，所以不至。"温默然无以应，徐曰："江东无卿比也。"温与秦兵战于白鹿原在灞水上，不利。秦人清野，温军乏食，败退。欲与猛俱还，猛辞不就。明年，秦主健殂，太子生立。

姚襄据许、洛，桓温督诸军伐之。进至河上，登船楼，北望中原，叹曰："使神州陆沉，百年丘墟，王夷甫诸人不得不任其责。"败襄于伊水，入洛阳，谒诸陵，置戍而还。襄北奔平阳，将图关中，秦主苻生遣将拒，击斩之，襄弟苌以众降于秦。

秦主生狂悖残虐，中外离心，从弟东海王坚弑之，自立为秦天王。或荐王猛，坚一见如旧友，自谓如玄德之遇孔明也。一岁五迁官，举异材，修废职，课农桑,恤困穷,秦民大悦。

晋穆帝在位十七年,崩,无嗣。成帝子、琅琊王丕立,是为哀帝。哀帝在位四年,崩。弟琅琊王奕立,会稽王昱为丞相。哀帝末年,燕太原王慕容恪略取河南诸城,与弟吴王垂共攻洛阳,克之。恪、垂皆燕主暐之叔父也,恪以太宰辅暐,国威益振。临卒,暐问以后事,恪曰:"吴王文武兼资,管萧之亚,若任以大政,国家可安。不然,秦晋必有窥窬之计。"暐不能从,委政叔祖太傅评。晋帝奕太和四年,桓温伐燕,至枋头,暐惧,谋奔和龙即龙城,垂请拒之,大败晋兵,温走还。垂威名日盛,太傅评忌,欲杀之,垂出奔秦。五年,秦王猛督诸军伐燕,与评战于潞川又名漳水,在山西潞安府潞城县北,败之。长驱围邺,号令严明,军无私犯,燕民各安其业。秦王苻坚继进入邺,执燕主暐以归,封为新兴侯。关东悉平,后又击晋西鄙,取梁、益二州。

坚以猛为丞相,加都督中外诸军事,文武两寄,巨细并关。秦王端拱无为,委猛不疑。猛刚明清肃,赏罚必当,由是秦国大治,富强无敌。猛寝疾,坚亲为祈郊庙、社稷,至猛第视疾,访以后事。猛曰:"晋虽僻处江南,然正朔相承,上下安和。臣没之后,愿勿以晋为图。鲜卑、西羌,我之仇敌,终为人患,宜渐除之,以安社稷。"言终而卒。鲜卑,谓慕容氏;西羌,谓姚氏也。坚哭之曰:"天不欲使吾平一六合邪?何夺吾景略之速也?"

第六章　桓温逆谋

晋桓温自哀帝时为大司马,都督中外诸军事,移镇姑熟,阴蓄不臣之志,尝抚枕叹曰:"男子不能流芳百世,亦当遗臭万年。"欲先立功河朔,还受九锡。及枋头之败,威名顿挫。参军郗超劝温行伊霍之事,以立大威权。太和六年简文帝咸安元年,温入朝白褚太后康帝后,废帝奕为海西公,迎立会稽王昱,是为太宗简文帝。简文即位,八阅月而不豫,急召温入辅,不至。遗诏温依诸葛武侯、王丞相故事。帝崩,太子昌明立,是为烈宗孝武帝。

初,谢安少有重名,前后征辟皆不就。士大夫相谓曰:"安石不出,如苍生何?"年四十余,桓温请为征西司马,后与王坦之俱仕朝。温望简文临终禅位,否,便居摄。既不副所望,甚愤,疑安、坦之所为,心衔之。孝武帝宁康元年,温入朝,诏安、坦之,迎于新亭。都下汹汹,或云:"欲诛王谢,因移晋祚。"温至,百官拜于道侧,温大陈兵卫,延见朝士,坦之甚惧,流汗沾衣,倒执手板。安从容就席,谓温曰:“安闻诸侯有道,守在四邻,明公何须壁后置人邪?”温命撤之,与安笑语移日。郗超卧帐中,听其言,风动帐开,安笑曰:“郗生可谓入幕之宾矣。”温有疾,还姑熟,讽求九锡,安、坦之故缓其事,寻卒。

第七章　苻坚之败

晋惠帝时,张轨为凉州今甘肃兰州府以西至安西州刺史,治姑臧县名,武威郡治,今甘肃凉州府治,威著西土。怀帝陷没,轨遣兵助愍帝于长安,封西平郡名,属凉州,今甘肃西宁府公。轨子茂降赵主刘曜,曜封为凉王。茂卒,兄子骏嗣,臣于后赵主石勒而耻之,假道于李蜀以通于晋穆帝。时,骏孙玄靓立,称藩秦主苻生。叔父天锡弑玄靓而代之,荒于酒色,政乱。秦王坚伐之,兵至姑臧,天锡面缚出降,封为归义侯。

匈奴刘卫辰居朔方汉故都,今内蒙古鄂尔多斯界内,为代所逼,求救于秦。秦遣兵击代,代王拓跋什翼犍使南部大人刘库仁拒战,大败。卫辰、库仁皆故汉主渊之族也。初,代世子寔早卒,继嗣未定,于是庶长子寔君杀诸弟,并弑什翼犍。秦兵趋云中,部众逃溃。秦王坚诛寔君,分代为二部。自河以东属库仁,自河以西属卫辰,使统其众。寔子珪尚幼,母贺氏以珪依库仁,库仁奉珪恩勤周备,不以废兴易意。

秦王坚灭燕,取蜀,平定凉、代,版图之广,数倍晋国。东夷、西域六十二国皆朝贡。坚意骄,益穷兵势,遣吕光远征,欲平西域之未服者。是时,法制日颓,不同王猛在时。慕容、姚氏窃欲乘其衅,而坚不知也。

晋以秦寇为忧,诏求良将可镇御北方者。谢安以兄子玄应诏,郗超叹曰:“安之明,乃能违众举亲;玄之才,足以不负所举。”玄镇广陵县名,广陵郡治,今江苏扬州府治,得刘牢之为参军,常领精锐为前锋,战无不捷,号“北府兵”,秦人畏之。

秦遣兵分道击晋,克襄阳县名,属襄阳郡,晋梁州寄治之,今湖北襄阳府治,执梁州刺史朱序以归。已而议大举,或谓晋有长江之险。坚曰:“以吾之众,投鞭于江,足断其流。”时中外皆谏,惟慕容垂、姚苌劝之亲征。晋太元八年孝武帝十一年,坚发长安戎卒六十余万,骑二十七万,水陆齐进,运漕万艘。晋以谢安弟石为征讨大都督,谢玄为前锋都督,督众八万拒之。刘牢之帅精兵五千趋洛涧水名,在安徽凤阳府怀远县西南,击破秦前锋,斩其将,石等继进。坚登寿阳城县名,旧名寿春,晋淮南郡治,今凤阳府寿州望之,见晋兵部陈严整,又望八公山在寿川东北草木,皆以为晋兵,怃然始有惧色。秦兵逼淝水在寿州东而陈,玄使人谓曰:“移陈小却,使我兵得渡,以决胜负。”坚欲使之半渡而蹙之,麾兵使却,秦兵退不可复止。朱序在陈后呼曰:“秦兵败矣。”辄奔晋军。玄等渡水追击,大败之。秦兵崩溃,走者闻风声鹤唳,皆以为晋兵至。坚中流矢,狼狈走还。

谢安文雅有德量。国家有难,每镇之以和静。方秦寇至,朝野震动,安夷然出游山墅。捷书至,安方与客棋,摄书置床上,无喜色,围棋如故。客问之,徐答曰:“小儿辈遂已破贼。”既罢,入户,喜甚,不觉屐齿折,其矫情镇物如此。以太保卒。

第八章　中原大乱及后魏兴

秦军既大败,鲜卑、西羌乘衅而兴,氐运忽衰。慕容垂起兵河内郡名,今河南淮庆府,自称燕王,是为后燕。姚苌起兵北地郡名,今陕西西安府耀州,自称秦王,是为后秦。慕容冲起兵平阳,进逼长安。冲,故燕主暐之弟也。暐为秦王坚所杀,冲乃称燕帝,是为西燕。冲攻长安,坚出奔,后秦王苌执而杀之。坚子长乐公丕称帝于晋阳。燕王垂定都中山郡名,今直隶定州,称帝。西燕弑其主冲,推段随为燕王。又杀随,而东立冲兄子忠为帝。后秦王苌入长安,亦称帝。西燕又弑其主忠,立慕容永儁之从祖兄弟为河东郡名,今山西解州及蒲川府王。永击秦主丕,丕败,南走,晋边将邀击杀之。永进据长子县名,属上党郡,属山西潞安府,称帝,丕族子南安王登自立于南安,引兵屡与后秦战,互有胜负。后秦主苌殂,太子兴立,击秦主登,杀之。秦太子崇奔湟中谓湟水之滨,今甘肃西宁府称帝,为西秦王乞伏乾归所杀,苻氏遂亡,时晋太元十九年孝武帝二十二年也。是岁,燕主垂围长子,拔之,杀西燕主永,西燕亡。于是后燕、后秦中分苻秦故地,与晋国成鼎足之势。

自苻秦失驭,中原大乱。慕容、姚氏虽迭举大号,而威令不能及远。河南、梁、益皆复附晋,西陲有氐、鲜卑、匈奴诸部,乘时割据。数十年间,群胡纷争,无所统一。当是时,索头遗孽再兴于塞北,征略夷夏,国势日盛。举北带之地,悉为胡人所戡定。

秦将吕光,氐种也,抚宁西域,威恩甚著。还据凉州,称凉天王,都姑臧,是为后凉。光殂,太子绍立,庶兄篡弑而代之。光从子超又弑篡,而立其兄隆。鲜卑乞伏国仁据陇右今甘肃兰州、巩昌二府地,秦主苻登封为苑川故城在兰州府靖远县西南王。国仁卒,弟乾归立,称秦王,是为西秦。鲜卑秃发乌孤起西平,称武威郡名,今甘肃凉州府王,乌孤卒,弟利鹿孤立,称河西王。卒,弟傉檀立,更立凉王,是为南凉。匈奴沮渠蒙逊推段业为主,据张掖郡名,今甘肃甘州府,业称凉王,是为北凉。蒙逊弑业,自称张掖公。又有陇西郡名,今巩昌府人李暠据敦煌郡名,今甘肃安西州敦煌县,称凉公,是为西凉。

晋安帝隆安五年魏道武帝天兴四年,后秦王姚兴伐后凉,大破之,凉王吕隆降。义熙中,兴使南凉秃发傉檀守姑臧,北凉沮渠蒙逊击破傉檀,取姑臧,都之,称河西王。西秦乞伏乾归为其侄所弑,世子炽盘立。炽盘袭南凉,灭之。凉公李暠卒,世子歆立。宋武帝时,蒙逊击杀之,灭西凉。其后炽盘卒,太子暮末立,为夏主赫连定所灭。蒙逊后附于魏,魏太武帝封为凉王。及蒙逊卒,世子牧犍立,太武灭之。

初,代刘库仁为降人所杀,其子显立,将杀拓跋珪。珪奔贺兰部,依其舅。诸部大人推珪为代王,徙居盛乐,改国号曰魏。乞师于燕主,慕容垂击显,走之。刘卫辰攻魏,珪大破之。卫辰走死,其子勃勃逃奔后秦。垂恶魏之逼,遣太子宝击之,大败。垂殂,宝立,珪大举击燕,进围中山。宝出奔龙城,宝族子详称帝于中山,宝弟赵王麟袭杀详,自立。魏拔中山,麟走,依叔父范阳王德,德据滑台城名,在直隶卫辉府滑县称燕王,是为南燕。麟谋反,被杀,燕主宝遇害于龙城。宝子长乐王盛诛贼而立,后为其下所弑,叔父熙立。南燕王德东略晋地,取广固城名,在山东青州府城西北都之,称帝。德殂,兄子超立。

魏王珪已胜燕,徙都平城,建宗庙社稷,即帝位,是为魏太祖道武帝。追尊远祖可汗毛以下二十八人,皆为帝。时晋隆安二年魏天兴元年也,史谓之后魏,以别于曹魏。道武帝惑方士之说,服寒食散,药发躁怒无常,屡手刃人。晋义熙五年安帝十三年、魏天赐六年,道武谴责贺夫人,将杀之。夫人告其子清河郡名,今山东、东昌府北境王绍,绍素凶狠,夜入弑帝。长子齐王嗣,诛绍而立,是为太宗明元帝。

燕王熙故将冯跋作乱,推高云为主,云称天王,执熙弑之。云,高句丽之支属也,为故燕主宝养子,至是复其姓。云又为其下所弑,冯跋代之,是为北燕。秦王姚兴使刘勃勃镇朔方,勃勃叛秦,自谓夏后氏之苗裔,称大夏天王,后筑统万城都之故城在陕西榆林府怀远县西,改姓赫连。

第九章　刘裕篡晋

晋自败苻坚以后，江东无事。孝武帝使弟会稽王道子录尚书。道子专权，帝嗜酒流连而已。有长星见，帝举酒祝之曰："长星劝汝一杯酒，世岂有万年天子邪?"张贵人宠冠后宫，年近三十，帝戏之曰："汝以年亦当废矣。"贵人使婢以被蒙其面而弑之。在位二十四年，太子德宗立，是为安帝。会稽王以太傅辅政。

安帝性不慧，寒暑饥饱不辨。会稽王暗懦，专委世子元显，生杀任意，民心骚动。妖贼孙恩自海岛出，作乱。敕刘牢之等讨之。彭城县名，沛郡治，今江苏徐州府治刘裕勇健，有大志。牢之引参军事，尝遣觇贼。遇贼数千人，从者皆死。裕奋长刀独驱之，众兵因进击贼，大破之。恩屡为裕所败，赴海死，其党卢循复起。

桓温之子玄，嗣父为南郡属荆州，今湖北荆州府公，负其才地，以雄豪自处。尝守义兴郡名，属扬州，今江苏常州府宜兴县，郁郁不得志。叹曰："父为九州伯，子为五湖长。"弃官归国，后为江州刺史。寻都督荆、江八州荆、江、司、雍、秦、梁、益、宁也，时司、雍寄治荆州，秦寄治梁州，遂举兵反。入建康，杀元显，又杀道子。玄为相国、楚王，加九锡，迫安帝禅位。刘裕起兵京口城名，今江苏镇江府治，讨玄，大破其兵。玄出走，死于江陵县名，南郡及荆州治，今荆州府治，帝复位。

南燕主慕容超侵掠晋边。义熙五年安帝十三年、魏道武帝天赐六年，刘裕抗表伐之，明年，拔广固。执超送建康，杀之，南燕亡。卢循乘裕北伐，出自番禺县名，南海郡及广州治，今广东广州府治，顺江而下，逼京邑，裕急还拒之。循乃退，裕追讨，破之。循奔交州，为刺史所击斩。

桓玄之乱，益州参军谯纵杀其刺史，称藩于后秦。秦王姚兴封为蜀王。裕遣将讨平之。十二年魏明元帝泰常元年，兴殂，太子泓立，裕督诸军伐秦，拔洛阳。明年，破潼关在陕西同州府华阴县东，今置厅，遂入长安。泓出降，送建康杀之，后秦亡。夏王赫连勃勃闻裕伐秦，曰："裕取关中必矣，然不能久留。若以子弟诸将守之，吾取之如拾芥耳。"裕将还，三秦父老诣门流涕，曰："残民不沾王化，于今百年。始睹衣冠，人人相贺。公舍此欲何之乎?"裕还彭城，勃勃进陷长安，称帝，归统万。

裕为相国、宋公，加九锡，欲移晋祚，以谶云："昌明之后，尚有二帝。"乃使人谥安帝。帝在位二十二年,弟琅琊王德文立,是为恭帝。恭帝元熙元年魏泰常四年,裕进爵为王,加殊礼。明年,至建康受禅,是为宋高祖武帝。晋帝降为零陵郡名,属湘州,今湖南永州府王,已而被杀。晋凡十五帝武帝、惠帝、怀帝、愍帝、元帝、明帝、成帝、康帝、穆帝、哀帝、废帝奕、简文帝、孝武帝、安帝、恭帝,百五十六年而亡。

第三篇　南北朝

第一章　魏太武经营四方附南北分朝

宋武帝在位三年崩，太子义符立。义符亲狎群小，游戏无度。魏明元帝击宋，取青今山东东北境、兖今山东西南境、河南诸郡。明元崩，太子焘立，是为世祖太武帝。义符在位二年，司空徐羡之等废而弑之，以义符弟宜都郡名，属荆州湖北宜昌府王义隆素有令望，迎入即位，是为太宗文帝。文帝既立，杀羡之等。

魏太武帝鸷勇，善用兵。将士咸尽死力，每战辄胜。夏主赫连勃勃殂，太子昌立。太武自将伐夏，克统万，昌走上邽县名，天水郡及秦州治，故城在甘肃秦州城西。魏将追擒之，昌弟平原王定自立于平凉县名，平凉郡治，今甘肃平凉府治。宋文帝元嘉八年魏太武帝神䴥四年，定击破西秦，以其王乞伏慕末归，杀之。又欲夺北凉地，吐谷浑王邀击之，执定献于魏，夏亡。吐谷浑者，慕容氏之支属也，世保白兰山在甘肃西宁府徼外，青海西南，至是，并西秦故地。燕王冯跋殂，弟弘立。十三年魏太延二年，魏伐燕，弘奔高丽即高句丽而被杀，北燕亡。十六年魏五年，魏伐凉，姑臧溃，其王沮渠牧健降，北凉亡。后又击逐吐谷浑，定河湟今甘肃兰州、西宁二府。

北狄一种，有柔然者。道武时，起于漠北，夺高车匈奴别部，居甘肃迪化州镇西府境内之地而居之，吞并诸部，士马繁盛，雄于北方。其酋社仑自称可汗，与魏为敌国。社仑死，从弟大檀立。太武亲征，大败之。追至菟园水在外蒙古赛因诺颜部内杭爱山南，分军搜讨诸部，降者数十万落，获马牛羊二百余万，大檀愤恨而死。后其子吴提及孙吐贺真连为太武所败。自是，柔然屏迹，不敢犯魏塞，高丽及西域诸国皆朝贡于魏。

魏司空崔浩，博学有智略。自明元时，已为谋臣。太武甚宠任之，尝指浩以示属国渠帅曰:“此人纤弱,不能弯弓,然胸中所怀,乃过于兵甲。朕之武功,皆此人所教也。”后命修国史,书先世事皆详实。僚吏劝浩刊其文于石,立之衢路,以彰直笔。北人忿恚,谮浩暴扬国恶,太武大怒,案诛之。

宋文帝欲大举击魏,王玄谟等劝之。沈庆之谏曰:“耕当问奴,织当问婢。今欲伐国,而与白面书生谋之事,何由济?”文帝不听。元嘉二十七年魏太平真君十一年,遣玄谟等出师,取碻磝城名,在山东东昌府茌平县西南,进围滑台。魏帝自将救之,众号百万,鞞鼓之声震天地。玄谟惧退,魏人追击,破之。宋人欲斩玄谟,庆之止之曰:“佛狸威镇天下,控弦百万,岂玄谟所能当?且杀战将以自弱,非计也。”佛狸,太武小字也。太武引兵南下,临江而还,杀掠不可胜计。所过郡县,赤地无余,春燕归巢于林下。

魏中常侍宗爱险暴,多不法,太子晃恶之。爱谮杀东宫官属,晃以忧卒,太武追悼不已。爱惧诛,弑帝,立南安王余太武庶子,既而又弑余。魏人立晃之子濬,是为高宗文成帝,执爱族诛之。太武经营四方,国颇虚耗,重以内难,朝野楚楚,文成嗣以镇静,怀集中外,人心复安。

晋八王乱后,戎狄窃据北带之地,互相攘夺者,百有余年。汉及前赵刘氏、夏赫连氏、北凉沮渠氏,匈奴也;后赵石氏,羯也;燕慕容氏、西秦乞伏氏、南凉秃发氏,鲜卑也;前秦苻氏、后凉吕氏,氐也;后秦姚氏,羌也。谓之五胡。成李氏,据中带西境,虽称巴氐,其实蛮也。并五胡为六夷。慕容氏前后四国曰:前燕、后燕、西燕、南燕。又有前凉张氏、魏冉氏、西凉李氏、北燕冯氏,皆汉人也。凡十五姓而为国十九。然汉与前赵,一姓相承,实一国也。冉魏、西燕建国甚短,不足齿于列国,故旧史以二赵前赵、后赵、四燕前燕、后燕、南燕、北燕、三秦前秦、后秦、西秦、五凉前凉、后凉、南凉、西凉、北凉、成、夏称为十六国。刘、石、慕容、苻、姚五氏者,五胡之雄也,皆尝主中原。苻秦又于五氏中,为最盛焉。成、二赵、冉魏、前燕、前凉六国先于苻秦而亡。二秦后秦、西秦、四燕后燕、西燕、南燕、北燕、四凉后凉、南凉、北凉、西凉及夏十一国皆后于苻秦而起。及拓跋氏灭夏、燕、凉,僭伪小国始尽绝踪。汉土分属二大国,宋因晋遗业有中、南二带,即古吴、越、楚、蜀之地也;魏据有北带,即古秦、晋、燕、齐之地也。北谓南为岛夷,以其僻在海隅也。南谓北为索虏,以其俗以索辫发也。两主各称至尊,而不相下,号曰南北朝。

第二章　宋齐篡弑相仍

宋帝义符既以童昏被废，文帝嗣位二十余年间，号为小康。及击魏，大败，所在罹兵燹，邑里萧条，元嘉之政衰矣。文帝在位三十年，太子劭多过失，数为帝所诘责，使巫咒诅帝。事觉，帝拟废之。劭弑帝而自立。武陵郡名，属郢州，今湖南常德府王骏举兵讨劭，宋人立骏，是为世祖孝武帝。劭战败被诛。

孝武在位十一年，崩，太子子业立。孝武疏忌骨肉，多诛杀。至子业尤甚，畏忌诸父。湘东郡名，属湘州，今湖南衡州府王彧等拘于殿内，殴捶陵曳，无复人理，恣为不道，中外骚然。宋人弑之而立彧，是为太宗明帝。子业弟晋安郡名，属江州，今福建沿海地王子勋自立于寻阳郡名，属江州，今江西九江府，明帝击灭之，遂杀孝武子十余人。帝寝疾，以太子幼弱，深忌诸弟，尽杀之。惟桂阳郡名，属湘州，今湖南郴州桂阳州王休范以庸劣得全。及病笃，以休范为司空，与褚渊、袁粲、沈攸之等并受顾命。渊荐萧道成为右卫将军，共掌机事。明帝在位七年，崩。太子昱立，年十岁。休范举兵反攻建康，萧道成击斩之。

宋帝昱在位五年，骄恣嗜杀，针、椎、凿、锯不离左右，一日不杀，则惨然不乐，中外惶惧。萧道成与袁粲、褚渊谋废立，粲沮之，渊默然。道成遂弑昱而立昱弟安成郡名，属江州，今江西吉安府安福县及袁州府王准，是为顺帝。袁粲谋诛道成，褚渊以其谋告道成，粲父子被杀于石头。百姓哀之曰："可怜石头城，宁为袁粲死，不作褚渊生。"沈攸之亦举兵江陵，讨道成，军溃，走死。道成为相国、齐公、加九锡，寻进爵为王。顺帝在位二年，禅位于齐，泣而弹指曰："愿后身世世勿复生天王家。"齐人杀之而灭其族。宋凡八帝武帝、废帝义符、文帝、孝武帝、废帝子业、明帝、废帝昱、顺帝，六十年而亡。

齐王道成称帝，是为齐太祖高帝，在位四年，崩。太子赜立，是为世祖武帝。武帝在位十一年，崩。太子长懋已卒，太孙昭业立。昭业狂昏，好与群小作诸鄙戏。在位一年，尚书令萧鸾弑之，而立昭业弟新安郡名，属扬州，今浙江严州府西境、安徽徽州府王昭文。鸾自为宣城郡名，属扬州，今安徽宁国、池州二府、广德州王。昭文即位未四月，鸾又废之而夺其位，是为高祖明帝。明帝，高帝之兄子也。高帝养之，恩过己子，而武帝太子长懋恶之。及明帝得志，杀高武子孙，殆无遗类。

明帝在位四年，崩，太子宝卷立。宝卷昏淫凶恣，亲信嬖幸，屡诛大臣，贼虐日甚。太尉陈显达举兵袭建康，败死。将军崔慧景受命出讨叛州，还军逼建康。

时豫州寄治历阳，今安徽和州刺史萧懿将兵在近，宝卷急召入援，慧景败死，懿为尚书令。

懿弟衍，英达有器略，为雍州今湖北襄阳府刺史，镇襄阳。知齐将乱，密修武备，招聚骁勇。衍使人劝懿行伊霍故事，不尔，亟还历阳。懿不能用，竟赐死。衍起兵东下，宝卷弟南康郡名，属江州，今江西赣州府王宝融称帝于江陵，是为和帝。以衍都督诸军，衍进围建康，齐人弑宝卷而迎之。宝卷在位三年，追废为东昏侯。衍自为相国、梁公，加九锡，寻进爵为王。和帝至姑熟，禅位于梁，在位仅一年。梁人杀之，齐凡七帝高帝、武帝、废帝昭业、废帝昭文、明帝、废帝宝卷、和帝，二十四年而亡。梁王衍称帝，是为高祖武帝。

第三章　魏孝文尚文治

魏文成帝以宋帝子业景和元年魏和平六年崩，太子弘立，是为显祖献文帝。献文即位初，宋边帅多叛附于魏。宋明帝遣将击之，大败，魏因取淮北地。献文聪睿夙成，刚毅有断，而好黄老、佛陀之学，常有遗世之心。嫡母冯太后猜忍多智，献文畏之。皇子宏生，太后自抚养之，立为太子。献文年甫十八，传位于宏，自称太上皇帝。时宏生五年矣，是为高祖孝文帝。太上徙居北苑，采椽土阶，与禅僧共居焉。然以孝文幼，仍听大政。太后有所幸李奕，太上由事诛之。后怒，鸩杀太上，临朝称制。后魏起夷狄，专以刑杀为政，猗卢为代王，用法甚严。国人犯罪者，或举部就诛，老幼相携而行。人问："何之?"曰："往就死。"无一人敢逃匿者。道武诛人，或夷五族。其克刘卫辰也，收宗党五千余人，无少长，尽杀之。末年被疾，刑罚滥酷。明元承之，吏文亦深。太武命崔浩更定律令，诏中书以经义决疑狱。然如崔浩之诛，同宗连姻，尽赤其族，僚属僮吏百余人皆戮死，则亦仍父祖旧习也。献文上皇慎刑狱，始减门房之诛，非谋反大逆及外叛，罪止其身。冯太后称制，又诏："五族者，降止同祖；三族者，止一门；门诛者，止身。"及孝文亲政，专尚文治，不任威刑，于是刑戮稍减。

孝文性至孝，事冯太后能承颜顺志。后崩，帝哀毁过礼，丧服一遵古制。初，后忌帝英敏，欲废之。盛寒，闭空室，绝其食三日。因大臣固谏，乃止。帝初无憾意，又有宦者谮帝于后，后杖帝数十，帝默然受之。及后崩，亦不复追问。

帝恭俭好学，精勤政事，日夕不倦。均民田，制户籍，作明堂、辟雍、灵台，修郊庙之礼，定乐章，正祀典，养老于明堂，亲耕籍田。凡先王礼制，儒书所述者，无不举行，世称其有太平之风。

帝恶国俗之陋，欲迁都以变旧风，恐群臣不从，乃诏大举伐齐。步骑三十余万，自将至洛阳。群臣稽颡于马前，请停南征。帝曰："今者兴发不小，动而无成，何以示后？苟不南伐，当迁都于此。"乃营洛都，遂迁焉。禁胡服，禁胡语，改国姓为元氏。诸功臣、旧族自代来者，姓多重复，皆改之。为诸弟娶中州名族，而使以前妻为妾媵。其所亲任，多中州儒生，宗室勋旧不悦。太子恂，私着胡服，欲奔还平城。帝废为庶人，寻赐死。代人恋旧土，有谋反者，讨平之。盖帝优于文学，深慕华风，欲兴文治，以比隆于三代，故不欲僻处恒北也。然南迁之后，武事渐弛，俗趋纷华，国势之衰，实始于此矣。

第四章　魏衰乱

魏孝文帝以齐帝宝卷永元元年魏太和二十三年崩，太子恪立，是为世宗宣武帝。宣武疏忌宗室，嬖幸擅权，魏政浸乱，以梁武帝天监十四年魏延昌四年崩。太子诩立，是为肃宗孝明帝。时年六岁，母胡氏为太后，称制。将军张彝之子仲瑀上封事，排抑武人。于是喧谤盈路，羽林、虎贲近千人相率至尚书省诟骂，以瓦石击省门。上下慑惧，莫敢近讨，遂焚彝第，曳彝父子，殴捶，投火中，远近震骇。太后收其凶强者八人，斩之，余不复治，大赦以安之。怀朔镇在内蒙古乌剌忒旗东北函使高欢至洛阳，见张彝之死，还家，倾赀以结客。或问其故，欢曰："宿卫相率焚大臣之第，朝廷惧而不问，为政如此，事可知矣，财物岂可常守邪?"欢自先世徙北边，遂习鲜卑之俗，沉深有大志，与侯景等相友善，以任侠雄乡里。

胡太后妹婿元乂恃宠骄恣，遂幽太后而专政，贪吝虐民。北边六镇武川、抚冥、怀朔、怀荒、柔玄、御夷，皆在长城北离叛，太后诛乂而再临朝，内嬖用事，政刑纵弛，盗贼蜂起，封疆日蹙。孝明浸长，太后自以所为不谨，务为壅蔽，母子嫌隙日深。秀容故城在山西朔平府朔州北境酋长尔朱荣讨贼有功，为六州并、肆、汾、唐、恒、云，即今山西省大都督。高欢见荣，劝举兵清君侧。会太后鸩杀帝，立宣武侄孙钊，荣乃举兵至河阳县名，属河内郡，今河南怀庆府孟县，立孝文之侄长乐王子攸，是为敬宗孝庄帝。执胡后及幼主钊沉之河，杀王公以下二千余人而还晋阳。讨剧贼葛荣，平之。自为大丞相。得宇文泰，爱其才，以为统军。泰，鲜卑宇文部之胤也。孝文之侄北海王颢奔梁，梁武帝立颢为魏王，遣将送入洛阳。庄帝奔河内，荣渡河击颢，颢走死。庄帝归洛阳，加荣天柱大将军。荣蓄不臣之志，帝阴谋诛之。荣入谒,帝手刺之。荣从弟世隆与荣弟兆共立宗室长广郡名,属青州,今山东莱州府平度州王晔孝文之从祖弟,兆入洛,执庄帝还晋阳,弑之。使高欢统六镇,世隆又废晔,立孝文之侄广陵王恭,是为节闵帝。欢起兵据邺,立宗室元朗,击尔朱氏,破之。入洛,废节闵及朗,而立宣武之侄平阳王修,是为孝武帝。节闵及朗、晔皆为孝武所杀,欢为大丞相,建府于晋阳居之。

时,贺拔岳都督关西二十州雍二、华二、夏二、岐三、梁东益十一州,今陕西省二秦、豳、泾、原、河、渭七州,今甘肃大半。巴、益二州,今四川保宁府北境,以夏州今陕西榆林府及内蒙古鄂尔多斯地被边要重,表宇文泰镇之。岳为秦州刺史侯莫陈悦所杀,泰讨悦,诛之,悉定秦陇。孝武帝以泰为关西大都督。帝畏欢,谋伐晋阳。欢拥兵来,帝奔长安,依泰,拜为大丞相。欢追帝,不及,乃立宣武侄孙清河世子善见于洛阳,迁于邺,是为孝静帝。魏自此分为东西二国。先是,荧惑入南斗,梁武帝以谚云:"荧惑入南斗,天子下殿走。"乃跣而下殿以禳之。及闻魏帝西奔,惭曰:"虏亦应天象邪?"孝武居长安半年,又与泰有隙,遇鸩而崩。泰立宣武之侄南阳王宝炬,是为文帝。高氏与宇文氏连年相攻战,互有胜负。

第五章　侯景乱梁附北齐代东魏

东魏高欢病笃,谓世子澄曰:"侯景有飞扬跋扈之志,非汝所能驾御。堪敌景者,唯慕容绍宗,我故不贵之,留以遗汝。"景专制河南十余年,素轻澄。及欢卒,景举河南十三州二豫、二荆、洛、广、二阳、襄、颍、南兖十一州,今河南省大河以南。兖、济二州,今山东西境附于梁。时梁与东魏和,边疆无事,群臣不欲纳其叛臣。嬖人朱异劝武帝纳之,封河南王,遣兄子贞阳侯渊明萧懿之子督诸将击东魏。高澄遣慕容绍宗拒战,败之,擒渊明,遂讨景。景南走,夺梁寿阳据之,梁就以为南豫州牧。澄求成于梁,以间景,景遂叛梁,引兵渡江,袭建康。

梁武帝孝慈恭俭,博学能文,勤于政务,早起视事,身衣布衣,一冠三年。深崇佛法,长斋断鱼肉,日止一食,惟菜羹粝饭而已。屡舍身佛寺,自称三宝奴。又疏简刑法,优假太过,奸吏招权弄法,牧守多浸渔百姓。在位四十八年,江南久无事,武备废弛。及侯景逼台城,公私骇震,援军至者为景所败。太清三年武帝四十八年、魏文帝大统十五年、东魏孝静帝武定七年,景佯求和,武帝遣人与景盟,以为大丞相。景攻陷台城,纵兵掠乘舆、服御、宫人。帝为景所制,饮膳亦被裁损,忧愤成疾,口苦索蜜不得,再曰"荷荷"而崩。太子统,仁孝好学,早卒,谥昭明帝。舍嫡孙而立统弟纲为太子，至是即位，是为太宗简文帝。简文既立，受制于景而已。

东魏高澄以大将军秉政，阴谋受禅，为其下所杀。弟洋自为丞相、齐王，逼静帝禅位，寻杀之，东魏亡。洋称齐帝，是为显祖文宣帝，追尊欢及澄皆为帝。史谓之北齐，以别于萧齐。

是时，梁国大乱，诸王据州郡互相攻击。湘东王绎镇江陵，邵陵郡名，属湘州，今湖南宝庆府王纶在江夏郡名，属郢州，今湖北武昌府，各自称假黄钺、都督、承制，皆简文之弟也。昭明太子之子、岳阳王詧镇襄阳，为绎所攻，遣使求援于西魏，请为附庸，西魏立詧为梁王。绎袭取郢州今湖北武昌、汉阳二府及湖南北境，纶奔齐。齐亦以纶为梁王，魏兵攻杀之。

简文在位二年，侯景废而杀之，立昭明太子之孙豫章王栋，已而废栋，自称汉帝。始兴郡名，属湘州，今广东韶州府太守陈霸先起兵讨景，进取江州，绎以为刺史。绎又遣王僧辨伐景。景篡立数月，为僧辨、霸先所败。东走欲入海，为其下所杀，送尸建康。僧辨传首江陵，截其手送于齐，暴尸于市。士民争取食之，并骨皆尽。绎自立于江陵，是为世祖孝元帝。自景之乱，江北州郡入于东魏，寻属齐。汉中、蜀、川亦为西魏所并，梁之疆土略与孙吴相似。

第六章　周代魏、陈代梁附北齐暴乱

魏宇文泰崇儒好古，尝举苏绰为尚书。绰性忠俭，以济民为己任，泰推心任之，始制计帐、户籍之法，后人多遵用之。又为六条诏书一曰清心、二曰敦教化、三曰尽地利、四曰擢贤良、五曰恤狱讼、六曰均赋役，令百司习诵之。颁新制三十六条，使刺史、守、令皆依之，百姓便之。晋氏以来，文章竞为浮华，泰欲革其弊，命绰仿《周书》体作《大诰》宣示群臣。自是，终宇文氏之世，诏诰多依此体。绰卒，泰与群公步送葬，酹酒言曰："尔知吾心，吾知尔心，方与共定天下，遽舍吾去，奈何？"举声恸哭，不觉卮落于手。泰以太师秉魏政，文帝充位而已。帝崩，太子钦立，密谋诛泰，泰废而弑之，立其弟齐王廓，是为恭帝。

泰遣柱国于谨击梁，入江陵。元帝焚古今图书十四万卷，以宝剑击柱，折之。叹曰："文武之道，今夜尽矣。"乃出降。或问何意焚书，曰："读书万卷，犹有今日。"寻被杀，在位三年。魏取襄阳，徙梁王詧于江陵，立为梁帝。屯兵守之，是为中宗宣帝，称臣于魏，史谓之后梁。

王僧辨、陈霸先奉元帝子、晋安王方智为太宰，承制。齐文宣帝立萧渊明为梁王，以兵纳之。僧辨奉归建康，以方智为太子。霸先杀僧辨，废渊明，立方智，是为敬帝。敬帝在位三年，霸先为丞相，寻为相国、陈公，遂篡位，帝寻遇害。梁凡四世武帝、简文帝、元帝、敬帝，五十六年而亡。霸先称陈帝，是为高祖武帝，在位二年，崩。兄子临川郡名，今江西抚州、建昌二府王倩立，是为世祖文帝。文帝在位七年，崩，太子伯宗立。伯宗在位二年，叔父安成王顼废之而自立，是为高宗宣帝。

初，宇文泰以汉魏官繁，命苏绰等仿《周礼》，更定六官。至魏恭帝三年梁敬帝太平元年、齐文宣帝天保七年，始行之。泰为太师、大冢宰，是岁，卒。世子觉袭职，封周公，时年十五，从兄宇文护受泰顾命，辅之。恭帝禅位于周，明年梁太平二年十月以后、陈武帝永定元年、周孝闵帝元年九月以后、明帝元年、齐天保八年，周公觉称天王，追尊泰曰太祖文王。封魏帝为宋公，寻杀之。魏自道武称帝，至是十四世道武帝、明元帝、太武帝、文成帝、献文帝、孝文帝、宣武帝、孝明帝、孝庄帝、节闵帝、孝武帝、文帝、废帝钦、恭帝，凡百五十九年而亡。护封晋公，为大冢宰。周王恶护之专权，密谋除之。护废而弑之，立王庶兄宁都公毓为天王，寻称帝，是为世宗明帝，尊文王曰文帝。明帝明敏有识量，护惮之，进毒弑之。弟鲁公邕立，是为高祖武帝。

齐文宣帝嗜酒淫泆，肆行狂暴，每醉辄手杀人，以为戏乐。诸王大臣冤死者众，又夷魏宗室二十五家，收诸元七百余人，尽杀之，弃尸漳水。文宣崩，太子殷立，叔父常山王演废殷而自立，是为肃宗孝昭帝。孝昭崩，弟长广王湛立，是为世祖武成帝。武成淫虐不减于文宣，传位太子纬，自称太上皇，仍总大政。太上崩，纬亦昏乱，嬖幸用事，诛杀贤能。齐政愈紊，陈宣帝遣将击齐，取沿淮诸郡。

第七章　周平北齐、隋代周并梁陈

周武帝深沉有远识，以晋公护秉政，深自晦匿，无所关预。护自受太祖顾托，擅威福者十有六年。诸子、僚属皆贪残恣横，武帝与弟卫公直等谋召护入，手击之，护踣于地，直出斩之。帝始亲政，追尊废王觉为孝闵帝。叱奴太后崩，帝行三年之丧。素重儒学，禁佛、道二教，毁诸淫祠，政事严明，称为贤主。

武帝闻齐国乱，自将东伐，取平阳，取晋阳，遂围邺。齐帝高纬传位于太子恒而出走,周兵追获之。周兴师未半年而悉平齐五十州。齐凡六世文宣帝、废帝殷、孝昭帝、武成帝、后主纬、幼主恒,二十八年而亡。帝还长安,献俘于太庙,封纬为温公,已而杀之,夷其族。

周宣政元年武帝十八年、陈宣帝太建十年,武帝崩,太子赟立,是为宣帝,立杨坚女为后。坚父忠仕魏及周,以功封隋公。坚袭爵,为亳州今属安徽颍州府总管。坚相表奇异,或尝告武帝:"坚有反相。"坚闻之,深自晦匿。及宣帝立,以为大司马。

宣帝淫戏无度,立未一年,传位于太子阐,是为静帝。上皇骄侈弥甚,自称天元皇帝。所居名天台,自比上帝,令群臣朝者致斋。天元崩,静帝幼冲,近臣以杨坚有重名,矫遗诏以坚辅政。坚自为大丞相,假黄钺,进相国、隋王,加九锡。寻受禅,封静帝为介公。周凡五世孝闵帝、明帝、武帝、宣帝、静帝,二十五年而亡。隋王称帝,是为高祖文帝。文帝秉周政仅九月,安坐而取二百余州,自古篡国之易,未有如隋者也。虽有周臣起兵匡复,帝犹假周之国力,不半岁,殄灭之。诸王数谋杀帝,帝以次诛锄。及即位,遂夷灭宇文氏之族,殆无遗种,静帝亦遇害。

初,苏绰在西魏,以国用不足,为征税法,颇重。既而叹曰:"今所为者,正如张弓,非平世法也。后之君子谁能弛之?"绰子威闻其言,每以为己任。文帝征威为度支尚书,威奏减赋役,务从轻简。帝又命有司修正周法,采魏晋以下律折衷之。制五刑曰:笞、杖、徒、流、死。死刑二:绞、斩。去前世枭轘及鞭法,族罪止谋叛以上,后世多遵用之。又改官制,除周六官,复依汉魏之旧而加增损。置吏、民、礼、兵、刑、工六部尚书,六部之称自此始。

初,梁宣帝为魏所立,其所统数郡而已。魏亡,臣于周。宣帝殂,太子岿立,是为世宗孝明帝。孝明时,周亡,复臣于隋。孝明殂,太子琮立,隋帝废梁国,赐琮爵莒公。后梁称帝三十三年而亡。

陈宣帝在位十四年,崩,太子叔宝立。叔宝耽佚游,起三高阁,饰以珠玉。与妃嫔、狎客日夕酣歌,政刑堕紊,文武解体。隋开皇八年陈帝叔宝祯明二年,下诏伐陈,命皇子晋王广督兵五十万,自八道进。叔宝闻之,谓侍臣曰:"王气在此,彼何为者?"尚书孔范曰:"长江天堑,虏军岂能飞渡邪?臣每患官卑,虏若渡江,臣定为太尉公矣。"范常自谓文武才能,举朝莫及,故敢大言也。叔宝然之,奏伎、纵酒、赋诗不辍。明年,隋将贺若弼自广陵济江,陈人不觉。韩擒虎自横江浦名，在安徽和州城东南宵济采石山名，在安徽太平府城西北，守者皆醉，不能拒。沿江诸戍望风尽走，擒虎入建康，叔宝自投于井，隋军俘之以归，献于太庙。陈称帝五世武帝、文帝、废帝伯宗、宣帝、后主叔宝，凡三十二年而亡。自晋元帝南渡江东，相承者五代东晋、宋、齐、梁、陈，凡二百七十三年。始为北朝所并，南北复归于一。

第四篇 隋

第一章 炀帝奢淫

隋文帝使太子勇参决政事，时有损益，帝皆纳之。勇率意任情，行无矫饰，独孤后深恶之。弟晋王广弥自修饰，媚事左右，密为夺宗之计。使仆射杨素谮勇，后遂劝帝废勇为庶人，而以广为太子。

帝性严峻，令行禁止。虽啬于财，赏功不吝。自奉俭薄，爱养百姓，在位二十一年。受禅之初，民户不满四百万，末年已及九百万。然以诈术得国，猜忌苛察，信受谗言，功臣、故旧无终始保全者，乃至子弟皆如仇敌。

帝寝疾，召太子广入居殿中。广预拟帝崩后事，为书问杨素。素答报，宫人误送帝所，帝览之大恚。帝所宠陈夫人陈宣帝女，旦出更衣，为广所逼，拒之得免。帝怪其神色有异，问故，夫人泫然曰："太子无礼。"帝恚，抵床曰："畜生！何足付大事？独孤误我。"将召故太子勇。素闻之，白广，令右庶子张衡入弑帝。其夜，广逼淫陈夫人。广即位，是为炀帝。遣人缢杀勇，后杀其八子。弟汉王谅为并州今山西太原府总管，发兵反。帝遣杨素讨，破之，虏谅以归，杀之。谅所部吏民坐死、徙者二十余万家。

炀帝营建洛阳为东京今河南，河南府治，役丁二百万人，作显仁宫在河南府宜阳县东南，发江南奇材异石，又求海内嘉木、异草、珍禽、奇兽以实苑囿。又发民百余万开通济渠，自西苑在河南府城西引谷、洛水，达于河，引河入汴，引汴入泗，以达于淮。又开邗沟在江苏扬州、淮安二府境内，今为运河之一部入江，渠旁筑御道。自长安至江都县名，江都郡治，晋广陵县，今江苏扬州府治，置离宫四十余所，充以美女。遣人往江南造龙舟及杂船数万艘，以备游幸之用。筑西苑，广数里，其内为海，起三神山，台观殿阁，罗络山上。北有渠，萦纡注海，缘渠作十六院，皆以夫人主之。穷极华丽,宫树凋落,则剪彩为花叶缀之。沼内亦剪彩为荷、芰、菱、芡,色渝则易之。好以月夜从宫女数千骑游西苑,作《清夜游曲》,马上奏之。

后又发民百余万,开永济渠今名卫河,引沁水南达于河,北通涿郡今直隶顺天府。丁男不给,兼役妇人。又凿太行山,通驰道,筑长城于西、北二边,营晋阳、汾阳二宫晋阳宫在山西太原府太原县北,汾阳宫在山西忻州静乐县北,又穿江南河今为浙西运河,自京口至余杭郡名,今浙江杭州府,帝或幸东京,或游江都,或北巡长城,或西抵河右,营造巡游,无虚岁。尝帅大军溯金河在山西归化城南,西南入黄河,幸突厥北狄国名,详见第七篇启民可汗帐,赋诗曰:"呼韩顿颡至,屠耆接踵来。何如汉天子,空登单于台。"征四方散乐,悉集东京。诸蕃来朝,陈百戏于端门外以示之。执丝竹者,万八千人,自昏达旦,终月而罢,费巨万,岁以为常。

第二章　隋国分崩

炀帝南平林邑南亚细亚国名,今安南国南境,西克吐谷浑,皆郡县其地。遣兵攻琉球,虏其民而还。又征高丽王元入朝,不至。大业七年下诏,亲征高丽。征国内兵,会涿郡。敕河南、淮南、江南造戎车五万乘,供载衣甲、幔幕。发河南、北民夫以供军须,发江、淮以南民夫及船,运黎阳县名,属汲郡,今河南卫辉府浚县,仓城在县西南、洛口仓城,在河南府巩县东诸仓米,舳舻次二百里,往还常数十万人,昼夜不绝,死者相枕,举国骚动。重以官吏侵渔,百姓穷困,始相聚为群盗。八年,师发涿郡,凡一百十三万,馈运者倍之,首尾亘百余里。帝渡辽河攻辽东城汉故郡治,自晋末属高丽,故城在盛京奉天府辽阳州北,不克。诸军进渡鸭绿江,大败而还。九年,再征兵亲征,攻辽东,亦不克。蒲山公李密,少有才略,轻财好士,尝乘黄牛读《汉书》。楚公杨素遇而奇之,素子玄感与密为深交。素卒,玄感潜谋作乱,至是,督运黎阳,遂率运夫反,引密为谋主,围东都。帝引军还,遣将讨之。玄感兵败走死,密被逮,伺守者懈,逸去。

十年,帝复征高丽,次怀远镇在直隶承德府朝阳县西,高丽王元遣使乞降。帝还西京,征元入朝,元竟不至。已而帝如东都,如汾阳,巡北边,又如江都巡游,仍不止。使代王侑留守西京,越王侗留守东都,二王皆元德太子昭之子也。

十二年,群盗翟让等起于河南,李密往从之,攻掠郡县。十三年恭帝侑义宁元年击败东都兵。让推密为主,号魏公。修洛口城,据之,略取河南诸郡。是时,豪杰窃据四方,隋国分崩。鄱阳郡名,今江西饶州府贼帅林士弘称楚帝,据江南;

东海郡名,江苏海州李子通据海陵县名,属江都郡,今江苏扬州府泰州;章丘县名,属齐郡,今属东济南府杜伏威据历阳县名,历阳郡治,今安徽和州;河北多盗,漳南县名,属清河郡,故城在山东东昌府恩县西北窦建德最大,称长乐王,据乐寿县名,属河间郡,今直隶河间府献县;马邑郡名,今山西朔平、大同二府校尉刘武周、朔方郡名,后魏夏州,今陕西榆林府郎将梁师都各据郡反,附于突厥;突厥立武周为定杨可汗,武周自称帝,取楼烦今山西忻州静乐县及太原府西北境、定襄今内蒙古归化城土默特地、雁门今山西代州诸郡;师都取雕阴今陕西绥德州、弘化今甘肃庆阳府、延安今陕西延安府等郡,称梁帝,突厥与以可汗号;金城郡名,今甘肃兰州府校尉薛举据陇西,称西秦霸王,寻称秦帝;武威司马李轨据河西,称凉王,后称帝;后梁宣帝曾孙萧铣据巴陵县名,巴陵郡治,今湖南岳州府治,称梁王,后称帝,徙都江陵。

第三章　唐定祸乱

唐公李渊者,晋西凉公暠七世孙也。祖虎,仕魏有功,封陇西公。父昞,于周世封唐公,渊袭爵。炀帝尝以渊为弘化留守,御众宽简,人多附之。四方盗起,帝以渊为山西、河东抚慰大使,讨捕群盗,多捷。寻为太原郡名,今山西太原府留守,突厥数侵边,诏渊击之。

渊次子世民聪明勇决,识量过人。见隋室方乱,阴有济世安民之志,与晋阳令刘文静及宫监裴寂相结。文静谓世民曰:"今主上南巡,群盗万数。当此际,有真主驱驾而用之,取天下如反掌耳。太原百姓,收拾可得十万人,尊公所将之兵,复数万。以此乘虚入关,号令天下,不过半年,帝业成矣。"世民笑曰:"君言正合我意。"乃阴部署宾客,而渊不知也。会渊兵拒突厥不利,渊恐获罪。世民乘间说曰:"顺民心,兴义兵,转祸为福。"渊大惊曰:"汝安得为此言?吾今执汝告县官!"世民徐曰:"世民睹天时、人事如此,故敢发言,必欲执告,不敢辞死。"渊曰:"吾岂忍告汝,慎勿出口。"明日,复说曰:"人皆传李氏当应图谶,故李金才无故族灭。大人若能尽贼,则功高不赏,身益危矣。惟昨日之言可以救祸,愿勿疑。"渊叹曰:"吾一夕思汝言,亦大有理。今日破家亡身,亦由汝,化家为国,亦由汝矣。"

先是裴寂私以晋阳宫人侍渊,渊从寂饮,酒酣,寂曰:"二郎阴养士马,欲举大事,正为寂以宫人侍公,恐事觉并诛耳。"炀帝以渊不能御寇,遣使者执诣江都。世民与寂等复说,曰:"事已迫矣,宜早定计。且晋阳士马精强,宫监蓄积巨万,代王幼冲,关中豪杰并起。公若鼓行而西,抚而有之,如探囊中物耳。”渊乃募兵,远近赴集,遣使于突厥,借其援。

渊使世子建成及世民击西河郡名,今山西汾州府,拔之。执郡丞高德儒,世民数其佞谀,斩之。自余不戮一人,秋毫无犯。渊进兵取临汾今山西平阳府、绛郡今山西绛州,济河而西,遣建成守潼关,世民徇渭北,关中吏民及群盗争归之。渊合诸军围长安,旬日拔之。立代王侑为帝,遥尊炀帝为太上皇。渊自为大丞相、唐王。大业十四年恭帝侑义宁二年、恭帝侗皇泰元年、唐高祖武德元年,加九锡,受禅于侑,称帝,是为唐高祖神尧皇帝。立建成为皇太子,世民为秦王,奉侑为酅国公。是岁,秦主薛举殂,子仁杲立,世民破秦,降仁杲,归杀之。

炀帝至江都,荒淫益甚,酒卮不离口,见中原已乱,无心北归,欲保江东。从驾多关中人,思归,遂谋叛。以许公宇文化及为主,夜引兵入宫,缢杀之。宗室、外戚无少长皆死,惟存帝侄秦王浩,立为帝,化及自称大丞相,拥众而西。魏公李密据巩、洛巩,县名,属河南郡,今属河南府。洛即洛口城以拒之,化及北走。鸩杀浩,自称许帝。炀帝凶问至东都,隋留守官奉越王侗即位,是为皇泰帝。谥先帝曰“世祖明帝”,谓之“炀”者,依唐之追谥也。王世充在东都屡与李密战,遂大败之。密走,降于唐。唐高祖遣密收抚山东,密叛去,唐人获而斩之。

长乐王窦建德取河北诸州,改国号曰夏。明年隋皇泰二年、唐武德二年,击破许主宇文化及于聊城县名,属武阳郡,今山东东昌府治,执而杀之。与王世充结好,奉表于隋,隋仍封为夏王。隋帝侗立一年,世充废之,而自称郑帝。寻杀侗,谥曰恭帝。及酅公杨侑卒,唐亦谥恭帝,故隋末有二恭帝。隋凡四帝文帝、炀帝、恭帝侑、恭帝侗,三十九年而亡。夏王建德闻世充自立,乃绝之,始用帝制。

唐帝遣人诈仕凉主李轨,袭执以归,杀之,河西平。定杨可汗刘武周遣其将宋金刚取唐河东诸州。唐武德三年,秦王世民击金刚,大破之。金刚及武周皆走死。世民击郑,郑主世充求救于夏。四年,世民围洛阳,夏王建德救郑,世民大破,擒之。世充出降,世民还长安,献俘太庙,斩建德于市,赦世充,寻为人所杀。帝又遣族子赵郡王孝恭及李靖击江陵,梁主萧铣出降,送长安杀之。李靖度南岭,悉平岭南。建德故将刘黑闼起兵漳南,复夏旧境,称汉东王,为世民所破,后其将执降于唐,杀之。

先是,武康县名,属吴郡,今属浙江湖州府沈法兴据毗陵县名,毗陵郡治,今江苏常州府治,称梁王。李子通取江都,称吴帝。杜伏威以历阳附于唐,唐封为吴王。

子通败梁兵，取其地，伏威使辅公祏攻之，子通败走。袭法兴，法兴走死。伏威后又击子通，执送长安。五年，入朝，留辅公祏守丹阳。是时，楚主林士弘已衰。及死，其众自散。六年，公祏反，称宋帝。七年，赵郡王孝恭讨斩之，江南平。于是僭伪皆亡，惟梁师都犹存，至太宗皇帝贞观二年，乃为唐所灭。

第五篇　唐(上)

第一章　李世民擅杀兄弟

唐高祖之起晋阳也,皆秦王世民之谋。高祖谓世民曰:“事成,当以汝为太子。”将佐亦以为请,世民固辞而止。李密降唐,初见高祖,犹有傲色,及见世民,不觉惊服,退而叹曰:“真英主也!”世民提兵,战无不胜,破薛仁杲,走刘武周,擒窦建德,降王世充。高祖以世民功大,特置天策上将,位在王公上,以世民为之,开府置官属。

世民以国内浸平,开馆以延文学之士。杜如晦、房玄龄、虞世南、褚亮、姚思廉、陆德明、孔颖达等十八人并以本官兼文学馆学士,分为三番,更日直宿。世民暇日,辄至馆中,讨论文籍,或至夜分,使阎立本图像,褚亮为赞,号“十八学士”。士大夫得预其选者,时人谓之登瀛洲。

皇太子建成好酒色游畋,弟齐王元吉骄侈多过失,而世民功名日盛。建成内不自安,乃与元吉协谋,共倾世民。高祖多内宠,二人曲意谄事诸妃嫔,世民独不事之,由是妃嫔皆誉二人而短世民,高祖惑之,猜嫌益甚。

武德九年,建成、元吉欲害世民。房玄龄、杜如晦、长孙无忌、尉迟敬德等劝世民杀建成、元吉,力请乃决。于是密奏:“兄弟专欲杀臣,似为世充、建德报仇。”明日,帅兵伏玄武门,建成、元吉入,觉有变,欲还。世民追射建成,杀之。尉迟敬德射杀元吉,建成、元吉诸子皆被杀。高祖立世民为太子,国事委太子处决,然后闻奏。初,东宫官属魏徵常劝建成早除世民,及是世民召征,责以离间兄弟。徵举止自若,对不屈,世民礼之。王珪亦尝为建成谋,皆以为谏议大夫。高祖寻自称太上皇,诏传位于太子,太子即位,是为太宗文武皇帝。

第二章　太宗之治

太宗初立,与群臣语及教化曰:"大乱之后,民未易化也。"魏徵曰:"不然,久安之民,骄佚难教。经乱之民,愁苦易化。"封德彝曰:"三代以还,人渐浇讹,故秦任法律,汉杂霸道,盖欲化而不能,岂能之而不欲邪?"徵曰:"五帝三王不易民而化,汤武皆能身致太平,岂非承大乱之后邪?"帝卒从徵言。或请重法禁盗,帝曰:"当去奢省费,轻徭薄赋,选用廉吏,使民衣食有余,自不为盗。安用重法邪?"贞观元年,关内唐十道之一饥。二年,诸道蝗。三年,大水。帝勤而抚之,民未尝嗟怨。四年,全国大稔,米价甚贱,终岁断死刑,才十九人。史称海内升平,路不拾遗,外户不闭,商旅野宿焉。时封德彝既死,帝曰:"魏徵劝我行仁义,今既效矣,惜不使德彝见之。"

唐雅乐有七德舞、九功舞。七德舞者,本名秦王破阵乐,太宗破刘武周时所作也。百余人被银甲,执戟而舞,以象武功。九功舞者,童子八佾,冠进德冠,舞踏安徐,以象文德。魏徵欲帝偃武修文,每侍宴,见七德舞,辄俛首不视;见九功舞,则谛观之。帝常自以骄侈为惧,首放宫女三千余人。尝曰:"人主惟一心,攻之者众。或以勇力,或以辨口,或以谄谀,或以奸诈,或以嗜欲。辐凑各求自售,人主少懈而受其一,则危亡随之,此其所以难也。"尝问侍臣:"创业、守成孰难?"房玄龄曰:"草昧之初,群雄并起,角力而后成之,创业难矣。"魏徵曰:"自古帝王莫不得之于艰难,失之于安逸,守成难矣。"帝曰:"玄龄与吾共取天下,出百死得一生,故知创业之难。徵与吾共安天下,常恐骄奢生于富贵,祸乱生于所忽,故知守成之难。然创业之难往矣,守成之难方与诸公慎之。"

帝虽以武功定祸乱,终以文德致治平。崇儒好学,置弘文馆,聚四部书二十余万卷。精选文学之士虞世南、褚亮等以本官兼学士,听朝之隙,引入内殿,讲论前言往行,商榷政事。取三品以上子孙充弘文馆学生,数幸国子监。大征名儒为学官,学生能明一经以上者皆得补官。增筑学舍千二百间,增学生满三千余员,自屯营飞骑,亦给博士授经。有能通经者,听得贡举。于是四方学者云集京师,乃至高丽、百济、新罗三国皆见第七篇、高昌西域国名,汉车师前部,今甘肃镇西府西境、吐蕃今西藏诸君长,亦遣子弟请入国学,升讲筵者至八千余人。帝以师说多门,章句繁杂,命孔颖达与诸儒定五经疏,谓之《正义》。

初,房玄龄、杜如晦仕秦府,时府僚多补外官,如晦亦出。玄龄谓太宗曰:

“余人不足惜，杜如晦王佐之才，大王欲经营四方，非如晦不可。”太宗即奏留之，使参谋帷幄，剖决如流。太宗每令玄龄入奏事，高祖曰：“玄龄为吾儿陈事，虽隔千里，皆如面谈。”太宗既立，以玄龄、如晦为左、右仆射，总领六部；王珪为侍中，统门下；魏徵以秘书监参预朝政。玄龄谋事必曰：“非如晦不能决。”及如晦至，卒用玄龄策。盖玄龄善谋，如晦善断，二人同心徇国，故唐世称贤相，推房、杜焉。史家赞曰：“玄龄佐太宗，凡三十二年，然无迹可寻。太宗定祸乱，而房、杜不言功。王、魏善谏诤，而房、杜让其贤。英、卫善将兵，而房、杜行其道。理致太平，善归人主。为唐宗臣，固宜哉！”王、魏者，王珪、魏徵。英、卫者，英公李世勣、卫公李靖也。

帝自知神采为臣下所畏，常温颜接群臣，导人使谏，赏谏者以来之。魏徵最善谏，前后数十疏。贞观十三年，徵上疏陈帝之志业，比贞观初，渐不克终者十条，帝深奖叹。十七年，徵卒，帝曰：“以铜为镜，可正衣冠；以古为镜，可见兴替；以人为镜，可见得失。徵没，朕亡一镜矣。”自制碑文，书石。是岁，又命画功臣于凌烟阁，长孙无忌、赵郡王孝恭、杜如晦、魏徵、房玄龄、高士廉、尉迟敬德、李靖、萧瑀、柴绍、侯君集、虞世南、李世勣等二十余人。

太子承乾不才，弟魏王泰多能，有宠，潜有夺嫡之志。侯君集负功怨望，以承乾暗劣，欲乘衅图之。因劝之反，事觉，废为庶人，君集坐诛，泰亦以险诈不立。皇后兄长孙无忌力劝帝立泰弟晋王治为太子。

魏徵尝荐君集，君集诛，帝始疑徵阿党。又有言徵自录前后谏辞，以示起居郎褚遂良者，帝愈不悦。徵临终，帝面指公主，欲以妻其子。至是罢其婚，踣所撰碑。后又征高丽无功，叹曰：“魏徵若在，不使我有此行也。”命驰驿祠徵，复立所踣碑。

第三章　太宗威加四夷

武德末，突厥颉利可汗与其侄突利可汗大举侵唐。至豳州属关内道，今属陕西，高祖命太宗拒之。突厥尝与唐和亲，太宗帅百骑驰诣敌阵，责其负约。且曰：“我，秦王也。可汗能斗，独出与我斗。”颉利笑而不应。又遣人说突利以利害，突利听命。颉利使突利与盟而还。

太宗初立，颉利与突利合十余万骑入泾州属关内道，今属甘肃，颉利进至渭水便桥在陕西西安府咸阳县东南之北。太宗自与高士廉、房玄龄等六骑径诣渭水上，与颉利隔水而语,责以负约。突厥大惊,皆下马罗拜。俄而,诸军继至,旌甲蔽野,颉利惧,请盟而退。贞观二年,遣柴绍等击朔方梁师都,突厥救之,绍等大破突厥兵,进围师都,其下杀之,以城降。四年,遣李世勣、李靖、柴绍等击突厥,靖袭破颉利于阴山,颉利遁走,别将擒之以献,诸部皆降。时突利先已入朝,帝处突厥降众,东自幽州属河北道,今直隶顺天府,西至灵州属关内道,今属甘肃宁夏府,分突利地为四州顺、祐、化、长,分颉利地为六州。以突利为顺州故城在直隶承德府东境、土默特右翼界内都督,颉利为右卫大将军,诸酋长至者皆拜官,布列朝廷,五品以上百余人。

当是时,大唐威振四夷。东北诸夷契丹、奚、霫以上三种皆东胡别种,居幽州营州之北,今直隶承德府及内蒙古东部、室韦契丹别种,居契丹东北,今黑龙江省、靺鞨东夷种名,盖亦东胡别种,居契丹东,今吉林省数十部;西夷伊吾今甘肃镇西府哈密厅,时西突厥种落居之、党项西羌别种,居吐谷浑南,今青海东南部诸部皆内附;远方诸国朝贡相踵;唐以伊吾置伊州,开党项为十六州,苗徭诸蛮之地,亦多设州;四夷君长诣阙,请帝为天可汗。帝曰:"我为大唐天子,又下行可汗事乎?"群臣、四夷皆称万岁。是后,玺书赐西北君长,皆称天可汗。帝尝奉太上皇,置酒未央宫,上皇命颉利可汗起舞,又命岭南蛮酋冯智戴咏诗,笑曰:"胡越一家,古未有也。"

吐谷浑数侵西边。九年,遣李靖、侯君集等击破之,可汗伏允走死。诏复其国,以伏允子慕容顺为可汗。顺死,子诺曷钵立。十年,遣子弟入侍。吐蕃在吐谷浑西南,自古未通中国。唐初,国势浸强,其王称赞普。赞普弃宗弄赞,有勇略,四邻畏之。太宗遣使慰抚之,弄赞奉表求婚,帝未之许。弄赞发兵,击破吐谷浑、党项,进攻松州属陇右道,今四川松潘厅。十二年,遣侯君集等击破之。弄赞惧,谢罪,因复请婚。高昌王麹文泰多遏绝西域朝贡,又与西突厥共击伊吾及焉耆西域,今回疆喀喇沙尔。焉耆诉之。十四年,遣侯君集等击灭高昌。西突厥叶护以可汗浮图城在高昌西北,汉车师后部,今甘肃迪化州降。以高昌地为西州,浮图城为庭州,置安西都护府于交河城高昌属城,汉车师前王旧治,今新疆吐鲁番厅,留兵镇之。十五年,以宗女嫁吐蕃,弄赞大喜,遣子弟入国学。

十八年,帝亲征高丽,褚遂良谏,不听。明年,渡辽水,克辽东城,降白岩城故城在盛京奉天府辽阳州东北,进攻安市城故城在奉天府盖平县东北,大破其救兵于城下。安市城险兵精,坚守不下。议者欲拔乌骨城在安市东南近大海,渡鸭绿水,直取平壤高丽国都,今置府,属平安道。长孙无忌谓:"亲征,异于诸将,不可乘危。"帝以辽左早寒,士马难久留,且粮将尽,敕班师。是行,欲一举灭高丽,不能成功,帝深悔之。

二十年,遣李世勣等击薛延陀匈奴别种,敕勒诸部之一,居突厥故地,降之。帝自诣灵州,招谕敕勒诸部,回纥等十一姓回纥、拔野古、同罗、仆骨、多滥葛、思结、阿跌、契苾、跌结、浑、斛薛,各遣使归命,乞置官司。诏曰:"朕聊命偏师逐擒颉利,始弘庙略,已灭延陀、铁勒即敕勒,百余万户请为州郡。混元以降,殊未前闻,宜备礼告庙,仍颁示普天。"帝为诗曰:"雪耻酬百王,除凶报千古。"勒石于灵州。明年,以敕勒诸部为六都督府、七州,以其酋长为都督、刺史,置燕然都护府在北河之北,今内蒙古乌喇忒部西境以统之。

二十二年,遣王玄策使印度,有一国王发兵攻玄策。玄策遁,抵吐蕃西境,征吐蕃及泥婆罗吐蕃属国,在吐蕃之西,今后藏界内之兵,进击,破之,擒其王以归。又遣阿史那社尔颉利可汗兄子等击破龟兹西域国名,今回疆库车,西域震骇。二十三年,遣高侃击突厥余众。是岁,太宗崩。高宗永徽元年,侃追车鼻可汗,擒之于金山在外蒙古赛因诺颜都内,于是突厥诸部尽为内臣,置府州二十有余,以单于都护府治云中,即后魏盛乐之地统之。其后,遣苏定方等击破西突厥,获沙钵罗可汗。龟兹国乱,遣杨胄讨平之,徙安西都护治焉。遂以吐火罗汉大月氏苗裔居拔克特利故地,今阿富汗国北境、嚈哒大月氏别种,居吐火罗东,今巴达克山地、罽宾在嚈哒南,今印度克什米尔北境、波斯汉时怕提亚地,在吐火罗西,今波斯国东北境等十六国,置府州八十有余,并隶安西府。又徙燕然都护府于回纥,后改名安北,统碛北诸府州,与单于都护以碛为界。又灭百济,以其地置五都督府。遂平高丽,以其地为九府四十二州,置安东都护府于平壤以统之。寻以高丽余众复起,徙治辽东。又改交州都督府曰安南都护府。至则天武氏时,置北庭都护府于庭州。

夷狄之为中国患也,固由野性难驯,不知礼教。而历代绥御乖方,亦有以召戎而启侮。惟太宗既长武略,复善抚绥,故四夷皆畏而爱之。贞观初,中国三百余州分为十道,曰:关内今陕西终南山以北及甘肃东境、河南今河南、山东二省及江南淮水以北、河东今山西省、河北今直隶省及河南北境三府、山东西北隅、山南今陕西终南山以南及河南南阳府、湖北大半、四川东北境、陇右今甘肃省及四川西北隅、淮南今江南、江淮之间及河南光州、湖北东境、江南今江南、湖北之大江以南及浙江、福建、江西、湖南、贵州五省,四川酉阳州、剑南今四川之大半、岭南今两广及安南国,犹古九州也。其后蛮夷内属者,即其部落为羁縻府州,多至八百,统于都护及边州都督。安东都护府,属河北道，镇东夷；安北、单于二府，属关内道，镇北狄；安西、北庭二府，属陇右道，镇西域及北狄；安南府，属岭南道，镇南海。威令所及，纵横千余里，东逾鸭绿江，西跨温都固斯山在阿富汗国北境，南尽林邑，北至骨利干敕勒一部，于诸部为最远，今俄国也尼塞斯科之地。自古帝王声教之广，未有如唐代者也。

第四章　武韦之祸附玄宗再定内难

太宗有疾，谓太子治曰："李世勣才知有余，然汝与之无恩。我今黜之，我死，用为仆射，亲任之。若徘徊顾望，则当杀之耳。"乃左迁疊州属陇右道，故城在甘肃洮州厅南都督，世勣受诏，不至家而去。帝尝作《帝范》十二篇以赐太子，曰："修身、治国尽在其中。一旦不讳，更无所言矣。"帝在位二十三年，崩。太子即位，是为高宗天皇大帝。舅长孙无忌与褚遂良受遗诏辅政，召李勣为左仆射，寻为司空。勣即世勣，避太宗讳，去世字。

太宗才人武氏，故荆州都督士彟之女也。年十四，太宗闻其美，召入后宫。太宗崩，才人年二十六，与群妾为尼。会高宗皇后王氏与萧淑妃争宠，密令武氏蓄发，劝高宗纳之。既入，后与淑妃皆失宠。永徽六年，高宗欲废后而以武氏代之。佞臣许敬宗、李义府赞之，褚遂良不可。帝以问李勣，勣曰："此陛下家事，何必更问外人？"遂立武氏为皇后。王、萧皆遇害，遂良贬而死。武后以长孙无忌不助己，深怨之，令敬宗诬以谋反，削官窜黔州属江南道，今四川酉阳州彭水县，寻杀之，籍没其家。

高宗苦风眩，不能视百司奏事，或使武后决之。后性明敏，涉猎文史，处事皆称旨，由是委以政事，权与人主侔。上元元年高宗二十五年，帝称天皇，后称天后，时人谓之"二圣"。帝在位三十四年，政在中宫者二十五年矣。自褚遂良等死后，群臣无敢谏者，李善感因事一谏，人以为凤鸣朝阳。

初，高宗以贱妾子忠为太子，武后废之，立所生子弘。弘仁孝，中外属心，忤后意，后鸩之。立其次曰贤，又以事废之，而立其次哲。高宗崩，哲即位，是为中宗皇帝。尊天后为皇太后，立妃韦氏为皇后。中宗即位二月，太后废为卢陵王，而立其弟豫王旦，是为睿宗皇帝。太后临朝称制，杀故太子贤，迁中宗于房州属山南道，今湖北郧阳府南境，追王武氏祖考。英公李敬业故勣之孙起兵扬州，令文士骆宾王作檄，排击武氏，极其丑诋，太后遣将击平之。高宗弟越王贞又举兵匡复，不克而死。太后遂杀唐宗室、贵戚数百人。自名曌，号圣神皇帝，改国号曰周,以睿宗为皇嗣,赐姓武氏,立武氏七庙,追尊周文王为始祖,时曌年六十七矣。

曌素知人心不服,欲立威以钳制国人,盛开告密之门,纵酷吏周兴、来俊臣、邱神勣等起大狱,锻炼罗织,率以反逆诬人,大臣诛灭者数百家。其残忍好杀,古今希见其比。然有权略,善用人,贤才亦竞为之用。徐有功仁恕执法,曌敬惮之。将相多得人,魏元忠、娄师德、狄仁杰、姚崇皆名相,宋璟亦显于朝。师德沉厚宽恕,仁杰之入相,师德实荐之,而仁杰不知,每毁师德。曌语仁杰曰:"朕之用卿,师德所荐也。"仁杰退而叹曰:"娄公盛德,我为所容久矣。"

曌侄武承嗣、武三思营求为太子。仁杰从容言于曌曰:"文皇帝栉风沐雨,亲冒锋镝以定天下。传之子孙,大帝以二子托陛下。今乃欲移之他族,无乃非天意乎?且姑侄与母子孰亲?陛下立子,则千秋万岁后,配食太庙;立侄,则未闻侄为天子,而袝姑于庙者也。"曌稍悟,仁杰又劝召还卢陵王,曌遂召中宗于房州,立为太子,以睿宗为相王。

曌信重仁杰,称为国老而不名。仁杰好面折廷争,曌每屈意从之。仁杰卒,曌泣叹。姚崇、桓玄范、敬晖等数十人皆仁杰所荐,或曰:"天下桃李,悉在公门矣。"仁杰曰:"荐贤为国,非为私也。"曌尝问仁杰曰:"欲得一佳士用之,谁可者?"仁杰曰:"有张柬之者,虽老,宰相才也。"后竟用为相。

曌初嬖僧怀义,已而恶其骄恣,杀之。后嬖张易之、昌宗兄弟。曌年老,政事多委之,二张势倾朝野。神龙元年武曌纂位十六年、中宗复位元年,曌疾甚,张柬之与崔玄韦、敬晖、桓玄范、袁恕已率羽林将军李多祚等举兵讨内乱,迎中宗于东宫,斩关入,斩易之、昌宗于庑下。中宗即位,上曌尊号曰"则天大圣皇帝",是岁崩,年八十二。则天立睿宗而称制者七年,易唐为周者十五年。

中宗在房州,欲自杀,韦妃每止之。中宗与私誓曰:"异时幸复见天日,当惟卿所欲,不相禁御。"及复位,妃复为皇后。帝每临朝,后必施帷幔,坐殿上,预闻政事,如武后在高宗之世。帝爱女安乐公主适武三思之子,三思以是得入宫禁,帝遂与之图议政事,张柬之等五人皆受制。三思与韦后通,共谮五人,皆赐王爵而罢政,已而远窜杀之。安乐公主负势骄横,卖官鬻狱,宰相以下多出其门。太子重俊非后所生,后及三思等恶之。重俊与李多祚等发羽林兵杀三思父子,入犯宫,败死。景龙四年中宗复位六年七月以后、睿宗景云元年,人有上言皇后淫乱,帝面诘之,其人不屈,中书令宗楚客矫制扑杀之。帝意怏怏,后及其党始惧焉。秦客、杨均皆幸于后,恐事泄,安乐亦欲后临朝,以己为皇太女,乃相与谋,于饼啖中进毒,帝在位六年而遇弑。帝妹太平公主草遗制,立皇子重茂,是为殇帝。韦后为太后,摄政。睿宗之子隆基密谋匡复,厚结羽林、豪杰,起兵讨乱,斩韦后及安乐,并其党皆杀之。废殇帝,奉睿宗立之。睿宗重祚,立隆基为太子。

睿宗以姚崇、宋璟为相,二人协心革弊政,进忠良,退不肖,赏罚尽公,纪纲修举。太平公主于诛二张、诛韦氏时,皆有力焉,势甚尊重。帝常与议政,权倾人主,其门如市。惮太子英武,欲易之。赖姚、宋等感悟帝意,太子得无变。然姚、宋由是被贬。帝在位二年,传位太子,仍总大政。太子立,是为玄宗皇帝,世谓之明皇。太平依上皇之势,擅权用事,文武大半附之。开元元年玄宗即位二年,阴谋废立,玄宗与近臣定计,收太平之党,尽斩之。太平母子皆赐死,上皇自是不预政,后三年崩。

第五章　开元之政

玄宗亲政,励精图治。召姚崇为紫微令,崇吏事明敏,裁决如流,帝专任之。崇由事辞相,荐宋璟自代。璟为黄门监,务在择人,随材授任,刑赏无私,敢犯颜直谏,帝甚敬惮之。崇、璟相继为政,崇善应变成务,璟善守法持正,二人志操不同,然协心辅佐,使赋役宽平,刑罚清省,百姓富庶,开元之政比隆于贞观。故唐世贤相,前称"房杜",后称"姚宋",他人莫得比焉。二人每进见,帝辄为之起,去则临轩送之。

开元八年玄宗九年,宋璟由微过而罢,盖帝外虽重璟,心实厌之也。是后,在相位者,率皆常才。宇文融善言财利,然徒劳扰百姓,事多不就。惟韩休、张九龄俱以直著焉。休同平章事,帝或宴游小过,辄谓左右曰:"韩休知否?"言终,谏疏已至。左右曰:"休为相,陛下殊瘦于旧。"帝叹曰:"吾虽瘦,天下肥矣。"为相数月而罢,九龄为中书令。

玄宗所用之相,姚崇尚通,宋璟尚法,张嘉贞尚吏,张说尚文,李元纮、杜暹尚俭,韩休、张九龄尚直,各其所长也。九龄既去,自是朝廷之士,容身保位,无复直言。

帝即位初,患风俗奢靡,焚珠玉锦绣于殿前,禁后妃以下皆不得服之。在位已久,渐肆奢欲,九龄每事争之。二十四年,帝听武惠妃则天后之从孙之谗,欲废太子瑛及二皇子鄂王瑶、光王琚,九龄力谏,帝不悦。九龄坐事罢,李林甫代之。

明年,帝遂杀三子。

林甫柔佞多狡数,深结宦官及妃嫔家,迎合上意,以固宠。杜绝言路,掩蔽聪明,尝语诸谏官曰:“不见立仗马乎?一鸣辄斥去。”性阴险,妒贤嫉能,人以为“口有蜜、腹有剑”。屡起大狱,诬陷异己。在相位十九年,养成国乱,而帝不悟也。

第六章　安史之乱附吐蕃、回纥之寇

玄宗天宝元年即位三十一年,以安禄山为平卢节度使治营州。禄山,本营州属河北道,今内蒙古土默特地杂胡,与同里史思明相爱,俱以骁勇闻。禄山倾巧,善事人。帝左右至营州,禄山皆厚赂,左右誉之。帝以为贤,故授以节镇。三年,兼范阳节度使治幽州。初,武惠妃卒,帝悼念不已。后宫数千无当意者,或言寿王妃杨氏之美。寿王者,帝子瑁也。帝为瑁别娶,而纳杨氏,嬖之,号太真。四年,册为贵妃,宠遇无比,举族皆贵盛。从祖兄钊以善樗蒲得幸,判度支事,务聚敛,屡奏帑藏充牣,古今罕俦,帝帅群臣观之,由是视金帛如粪土,赏赐无限,赐钊名国忠。

九年,赐禄山爵东平郡王,兼河北道采访处置使。禄山入朝,帝为之起第,穷极壮丽,日遣诸杨与之游宴。禄山体肥大,帝尝指其腹曰:“此胡腹中何所有?”对曰:“有赤心耳!”禄山请为贵妃儿,帝与妃坐。禄山先拜妃,帝问其故,对曰:“胡人先母而后父。”帝悦。禄山生日,赐与甚厚,后三日召入,妃以锦绣为大襁褓,裹禄山,使宫人以采舆舁之。帝闻欢笑声,问故,左右以贵妃洗禄儿对。帝赐妃洗儿金银钱,尽欢而罢。自是出入宫掖,颇有丑声,帝不疑。

禄山求兼河东节度使治太原府,帝从之。是时,李林甫专政,武备堕弛,禄山既兼领三镇,有轻唐之志。归范阳郡名,即幽州,养壮士,聚兵仗,为自强之计。十一年,林甫卒,杨国忠为相。禄山素蔑视国忠,由是有隙。国忠言禄山必反,且曰:“试召之,必不来。”十三年,禄山闻召即至,帝加左仆射,使归。十四年,禄山请以蕃将代汉将,帝犹不疑。又表请献马三千匹,每匹二人执鞚,二十二将部送,帝始疑之,遣使止其献。禄山踞床不拜曰:“马不献亦可。十月,当诣京师。”使还,亦无表。是冬,遂反。发所部兵及奚、契丹等凡十五万,自范阳引而南。步骑精锐,烟尘百里。时承平久,民不识兵革,郡县望风瓦解,禄山渡河,进陷东京。

帝闻河北皆从贼，叹曰："二十四郡，曾无一人义士邪？"已而闻平原郡名，即德州，属河北道，今山东济南府陵县太守颜真卿起兵讨贼，大喜曰："朕不识真卿作何状，乃能如此。"常山郡名，即恒州，属河北道，今直隶正定府太守颜杲卿亦起兵讨贼，河北诸郡应之。杲卿，真卿之从兄也。十五年七月以后，肃宗至德元年，禄山自称燕帝，其将史思明攻陷常山，执杲卿送洛阳，禄山数其反己。杲卿曰："我为国讨贼，恨不斩汝，何谓反也？臊羯狗，何不速杀我！"禄山大怒，缚而剐之，比死，骂不绝口。

朔方节度使治灵州郭子仪、河北节度使治所不详李光弼与史思明战，大破之，复河北十余郡。帝促兵马副元帅哥舒翰击贼，战于灵宝县名，属陕州，今同，大败，麾下执翰降贼，贼入潼关在陕西同州府华阴县东，今置厅。帝仓皇出奔，次于马嵬驿名，在陕西西安府兴平县西，将士饥疲，皆愤怒，杀杨国忠等，逼帝缢杀杨贵妃，然后发。父老遮道请留，帝命太子亨慰抚之。父老拥太子马，不得行，太子乃使子广平王俶驰白帝，帝使喻太子曰："汝勉之。西北诸胡，吾抚之素厚，汝必得其力。"且宣旨，欲传位，太子不受。

太子至平凉郡名，即原州，属关内道，今甘肃平凉府，朔方留后杜鸿渐等迎入灵武郡名，即灵州，请遵马嵬之命，笺五上，太子乃即位，是为肃宗皇帝。遥尊玄宗为上皇天帝。郭子仪将兵自河北至，军威稍振。玄宗至成都，命宰相奉传国宝、玉册诣灵武，在位四十四年。

京兆李泌，幼以才敏闻，肃宗在东宫，尝与泌为布衣交。至是，遣使召之。事无大小，皆与之议。以广平王为天下兵马元帅，请泌为侍谋长史，遣使借兵于回纥。禄山自起兵以来，目昏，又病疽，躁暴。爱嬖妾子，欲代长子庆绪为嗣。至德二年，庆绪杀禄山而自立，使史思明镇范阳。肃宗至凤翔郡名，即岐州，属京畿道，今陕西凤翔府，回纥葛勒可汗遣其子叶护将精兵来援。广平王与副元帅郭子仪帅朔方等军及回纥、西域之众进击破贼，收复西京。广平王留镇抚，三日，引军东出，与回纥夹击贼，大败之，遂复东京。庆绪走保邺郡即相州，属河北道，今河南彰德府，帝入西京，上皇亦自蜀还。广平王后为太子，更名豫。

禄山之入河南也，真源县名，属亳州，今河南归德府鹿邑县令张巡起兵雍邱县名，属汴州，今河南开封府杞县，屡破贼。既而入睢阳郡名，即宋州，属河南道，今归德府，与太守许远共守。贼将尹子奇攻之，巡屡却之。城中食尽，或欲弃城，巡、远谋曰："睢阳，江淮之保障。若弃之，贼必长驱，是无江淮也。不如坚守，以待救。"食马,马尽。罗雀、掘鼠,雀鼠又尽。至括城中妇人、老弱食之。城兵一万,仅余四百,终无叛者。贼登城,将士病不能战。城遂陷,巡、远等被杀。及庆绪北走,陈留郡名,即汴州,今开封府人杀尹子奇以降。江淮之免寇,巡、远之力也。

乾元元年肃宗三年,命郭子仪、李光弼等九节度使讨安庆绪,以宦者鱼朝恩为观军容使。二年,史思明引精兵救庆绪,官军无统帅,进退不一,步骑六十万溃于相州即邺郡。思明杀庆绪,还范阳,称燕帝。帝使子仪总诸道兵,朝恩恶而短之。帝召还子仪,以光弼代之。光弼治军严整,始至,令一施,士卒、壁垒、旗帜、精明皆变。思明进军,复取东京。光弼与战于河阳县名,属洛州,今河南怀庆府孟县,大败之。思明爱少子而欲杀长子朝义。上元二年肃宗六年,朝义使人杀思明而自立。

初,肃宗在灵武,张良娣有宠,与宦者李辅国谮杀皇子倓。李泌知肃宗不足与有为,及复两京,固请归衡山。其后,良娣为皇后,辅国掌禁兵,与相表里,专权用事,晚更有隙。宝应元年肃宗七年,玄宗崩。时肃宗寝疾,闻之转剧,后召太子豫,令诛辅国。太子恐震惊上体,不可。辅国闻其谋,夜勒兵幽后,捕其党,明日,肃宗崩。辅国弑后,然后,引太子立之,是为代宗皇帝。代宗畏辅国,尊为尚父。宦者程元振劝代宗裁抑之,乃授王爵而罢其政,寻为盗所杀,或曰代宗使之也。代宗求援于回纥,回纥牟羽可汗葛勒可汗之子,叶护之弟自将兵来。帝以皇子雍王适为元帅,仆固怀恩副之,总诸道兵与回纥共讨史朝义,大破之。取东京,朝义北走。广德元年,贼将李怀仙杀朝义以降,伪燕平。雍王后为储君,德宗皇帝是也。

吐蕃在高宗世,既灭吐谷浑,尽臣羊同、党项诸羌,国势益盛,屡与唐相攻。及安史之乱起,西边精兵皆入援,留者单弱。吐蕃乘间蚕食,尽取河西、陇右,遂自泾州属关内道,今属甘肃省进入长安。代宗仓猝出奔陕州属都畿道,今属河南省,急命郭子仪御之,子仪张疑兵逼长安,吐蕃引去。

是时,程元振专恣,忌嫉功臣,皆欲害之。吐蕃入,元振掩蔽,不以时奏,致帝狼狈。帝发诏征诸道兵,李光弼等皆恶元振,莫有至者。中外切齿,帝不得已削其官爵,放之。光弼素与郭子仪齐名,以太尉、河南副元帅镇临淮郡名,即泗州属河南道,今属安徽省,赐爵临淮王。寻迁徐州属河南道,今江苏徐州府,拥兵不朝,麾下诸将不复禀畏,光弼愧恨成疾而卒。

仆固怀恩负功偃蹇,又为中官所忌,惧而反。永泰元年代宗三年,诱回纥、吐蕃侵唐。代宗使郭子仪屯泾阳县名，属京兆府，今属陕西西安府，怀恩道死，二国争长不睦。子仪遣人说回纥，欲共击吐蕃。先是，怀恩绐言子仪已死，子仪使至，回纥不信，曰："郭公果在，可得见乎？"使还报。子仪与数骑出，使人传呼曰："令公来！"大帅药葛罗执弓矢立陈前，子仪免胄，投枪而进，诸酋长相顾曰："是也！"皆下马罗拜。子仪亦下马，执药葛罗手与语，取酒誓约而还。吐蕃闻之，夜遁。回纥与唐兵共追，大破之。子仪勋德并高，为司徒、中书令、汾阳王，以关内河东副元帅镇河中今山西蒲州府，或邠州。代宗礼重之，谗间不行，虽不豫朝政，夷夏皆服其威名。唐室以其身为安危，殆三十年。德宗尊为尚父。建中二年卒，八子、七婿皆显，将佐为名臣者甚众。

第六篇 唐(下)

第一章 藩镇跋扈附德宗失政

初,西魏宇文泰为府兵法,置百府,府有郎将,分属二十四军。籍民为府兵,以农隙教战,马蓄粮备,六家供之。太宗本其制,置折冲府六百有余,皆隶诸卫及东宫六率。十人为火,火有长。五火为队,队有正。六队有团,团有校尉。每府三四团,折冲都尉领之。民年二十为兵,六十而免。当宿卫者番上,兵部以远近给番。远疏近数皆一月而更,有征行,则命将将之,事解辄罢,兵散于府,将归于朝。其后,法制渐坏,卫士逃匿日众。开元中,张说建议募壮士充宿卫,寻定长从宿卫之士,名曰彍骑,总十二万人,分隶十二卫,州县毋得杂役使。自此,府兵死亡者,有司不复点补,宿卫、边戍皆召募而足,兵农始分。

唐承周隋之制,于诸州要重地设总管府,以总镇兵,后改曰都督府。而州县之政,则朝廷时时遣使巡察。睿宗置二十四都督,以纠刺史以下善恶。已而以其权太重,罢之,更置十道按察使。玄宗改十道为十五道,分关内,置京畿今陕西西安、凤翔、同州、兴安四府及邠、乾、商三州,分河南,置都畿今河南河南、怀庆二府,开封府西境及陕、汝二州,分山南为东、西二道山南东道,今湖北大半及河南南阳府,四川夔州府;山南西道,今陕西汉中府及四川东北境,分江南为江南东、西、黔中三道江南东道,今江苏大江以南及闽浙;江南西道,今江西省及安徽大江以南,湖北武昌府,湖南东境;黔中道,今四川酉阳州,湖北施南府,湖南西境及贵州大半。道置采访处置使,以检察非法,如汉刺史之职。

高宗以来,边州都督带使持节者,有节度使之号。玄宗于四边皆置节度使,每以数州为一镇。迨天宝初,有十大镇:安西节度治安西都护府,统龟兹、焉耆、于阗、疏勒四镇抚宁西域;北庭节度治北庭都护府防制突骑施西突厥别种,在北庭府西北,今新疆塔尔巴哈台地、坚昆敕勒别种，在北庭府北，今俄国，多木斯科地；河西节度治凉州，今甘肃凉州府断割吐蕃、突厥；朔方节度治灵州，安北、单于二都护府属之捍御突厥；河东节度治太原府与朔方犄角以御突厥；范阳节度治幽州临制奚、契丹；平卢节度治营州，安东都护府属之镇抚室韦、靺鞨；陇右节度治鄯州，今甘肃西宁府备御吐蕃；剑南节度治益州，今四川成都府西抗吐蕃、南抚蛮獠；岭南节度治广州，今广东广州府，安南都护府属之绥静南海诸国。镇兵几五十万人。节度使各统数州，州吏尽为其属，故多兼按察、采访、安抚、度支等使。既握兵甲，又掌土地、人民、财赋，于是方镇日强，国势偏重，竟致天宝之乱。及安、史据洛阳、河南、山南、江淮诸道，亦皆列置镇，府州县之政多归于武臣之手矣。

禄山之反也，平卢诸将刘客奴、董秦、王玄志等举镇归朝，玄宗以客奴为节度使，赐名正臣。已而玄志酖正臣代之。玄志卒，肃宗遣中使往抚将士，察军中所欲立者，以旌节授侯希逸。自是诸军骄横，动辄杀逐主帅，朝廷亦不治其罪也。董秦入朝，赐姓名李忠臣，后为淮西节度使领蔡、申、光、安等州，治蔡州，今河南汝宁府。希逸移镇淄青领淄、沂、青、徐、密、海六州，治青州，今山东青州府，仍兼平卢之称。

仆固怀恩败史朝义，贼将薛嵩、张忠志、田承嗣、李怀仙皆降。怀恩恐贼平宠衰，奏留嵩等分帅河北，自为党援。朝廷亦厌苦兵革，苟冀无事，即以忠志镇成德军领恒、赵、深、定、易五州，治恒州，今直隶正定府，赐姓名李宝臣，嵩镇相卫领相、卫、邢、洺、贝、磁六州，治相州，今河南彰德府，承嗣镇魏博领魏、博、德、沧、瀛五州，治魏州，今直隶大名府，怀仙镇卢龙领幽、蓟、妫、檀、平、营六州，治幽州，故范阳郡。永泰元年代宗三年，平卢将李怀玉逐侯希逸，代宗因以怀玉知留后，赐名正己。正己与河北诸镇皆结为婚姻，互相表里，收安史余党，治兵完城，不供贡赋，代宗不能制。

大历三年代宗六年，幽州将朱希彩杀李怀仙，自称留后。七年，将吏又杀希彩，推朱泚为帅。八年，相卫薛嵩卒，叔父崿代之，朝廷皆因授旌节。九年，朱泚入朝，使弟滔领镇。十年，魏博田承嗣袭取相卫。十四年，承嗣卒，侄悦代之。淮西将李希烈逐李忠臣，诏以希烈为留后。是岁，代宗崩，在位十七年，太子适立，是为德宗。

德宗初立，励精求治，革弊政，去奢靡。李正己畏帝威名，表献钱三十万。同平章事崔祐甫请遣使慰劳淄青将士，因以其钱赐之，正己惭服，时人以为太平庶几可望。帝卜相于祐甫，祐甫荐杨炎，擢同平章事，既而祐甫病，不视事。建中元年,炎建议作两税法,事详第九篇。

当玄宗时,中国富庶,民口至五千余万。安史之乱,什亡七八,州县多为藩镇所据,贡赋不入,国库耗竭。中原多故,戎狄连岁犯边,所在宿重兵,给费不赀,皆倚办于刘晏。晏善治财计,自肃宗以来,领度支、铸钱、盐铁、转运等使,干盐利、通漕运,制百货之低昂,军国之用,赖以充足,而民不困弊。至是,杨炎忌晏,谮贬之人希炎旨,告晏怨望,德宗遣中使缢之。二年,擢卢杞,与炎并相。杞貌丑,色如蓝,性阴狡,有口辨,逐炎,杀之而专权,朝政自此乱矣。

成德李宝臣卒,子惟岳代之。平卢李正己亦卒,子纳代之。魏博田悦与纳、惟岳连兵拒朝命。德宗遣马燧等讨之。三年,燧大破悦等。成德将王武臣杀惟岳代之,与幽州朱滔共发兵救悦。悦等推滔为盟主,滔乃自称冀王,悦称魏王,武俊称赵王,纳称齐王。各置百官,仍用唐年号,如古诸侯奉周正朔。淮西李希烈亦举兵应四镇。卢杞恶颜真卿,欲陷之。四年,遣宣尉希烈,人言:“失一元老,为国家羞。”真卿至,希烈胁之,不屈,留二岁竟被杀。

德宗用兵两河谓河南、河北,府库不支,先括富商钱,又增诸道税。竟行税间架、除陌钱法。税间架者,计民屋广狭课税。除陌钱者,公私给与及买卖,每百,官留五钱,敢隐匿有罚,告者赏钱,使坐者出之,于是愁怨之声盈于远近。

帝发泾原镇名,领二州,治泾州等道兵讨李希烈。泾原兵过京师,诏犒师,惟粝食菜啖。众怒,作乱,入城。帝出奔奉天县名,属京兆府,今陕西乾州,乱兵奉太尉朱泚为主,司农卿段秀实谋诛泚,不克而死。泚称秦帝,急攻奉天,浑瑊力拒。李怀光、李晟帅众赴援,泚败归长安。怀光至奉天,欲入白卢杞之奸,杞隔之,不得入见,而行,意殊怏怏,上表暴杞罪恶,众论亦喧腾咎杞。帝不得已贬之。帝使人说田悦、王武俊、李纳,赦其罪,赂以官爵,悦等皆密归款。陆贽劝帝罪己以谢国人,故奉天所下书诏,虽骄将悍卒,闻之感泣。兴元元年德宗五年,大赦,罢间架、除陌等税,武俊、悦、纳皆去王号,上表谢罪。惟李希烈恃富强,遂僭号楚帝。

李怀光反于咸阳,与朱泚连兵。帝奔梁州今陕西汉中府,怀光东据河中,李晟督诸军克复长安,泚西走。其将斩之以降,帝还长安。贞元元年德宗六年,马燧等平河中,怀光缢死。二年,淮西将陈仙奇杀希烈以降,吴少诚又杀仙奇,帝因以少诚领镇。

代宗尝征李泌于衡山,与议国事,欲授以相位,泌固辞而止。德宗又征之,遂以同平章事。泌有谋略，尽心辅导，帝颇任之，为相二岁而卒。八年，陆贽同平章事。十年，以论裴延龄奸邪罢相。贽自奉天以来，宣力最多，随事论谏，剀切白奏，帝追仇尽言，延龄又谮之。十一年，贬忠州今属四川省别驾。初，泌荐处士阳城为谏议大夫，人皆想望风采。在职七年而不谏。韩愈作《争臣论》讥之，至是，城率诸谏官守阙，论延龄奸佞，贽无罪。时且相延龄，城曰："脱以延龄为相，当取白麻坏之。"恸器于庭，遂沮不相，城坐贬。白麻者，任将相制书也。

是时，藩镇布列四方，凡四十余道，兵强则逐帅，帅强则叛君。两河诸镇幽州、成德、魏博、平卢、淮西等骄傲最甚，殆同化外。吴少诚侵掠邻州，十六年，命韩全义统十七道兵讨之，官军不战而溃。明年，诏赦少诚。德宗性多猜忌，用贤不终，宠任阉宦及贪吏。末年，秕政益多，其处藩镇也，姑息而已。在位二十六年，崩。太子诵立，是为顺宗。

第二章　宪宗英武

顺宗有风疾，失音，即位仅八月，传位太子纯，是为宪宗。宪宗初立，与同平章事杜黄裳论及藩镇，黄裳陈姑息之弊，欲以法度裁制诸镇，帝深然之。元和元年，西川节度使领益、彭、蜀、汉、眉、嘉、邛、简、资、茂、黎、雅等州，治成都刘辟侵东川镇名，领梓、遂、绵、剑、普、荣、陵、合、渝、泸十州，治梓川，今四川潼川府，黄裳荐高崇文讨之。崇文克成都，擒辟送京师，斩之。夏绥镇名，领夏、绥、银、宥四川，治夏州留后杨惠琳拒命，诏讨之，惠琳为兵马使所斩。二年，镇海节度使领润、苏、常、湖、杭、睦六州，治润州，今江苏江宁府李锜反，亦讨之，兵马使执锜送京师，斩之。

自杜黄裳以后，相继为相者，武元衡、裴垍、李藩、李绛皆贤相，惟李吉甫颇佞媚。垍器局峻整，人不敢干以私。藩、绛皆好直谏，知无不言，帝重之。绛数与吉甫争论于帝前，帝多从绛言。时朝士如崔群、白居易等，皆谠直。元和之世，朝廷清明以此。七年，魏博节度使田季安田承嗣之孙卒，将士推兵马使田兴为留后，兴请吏于朝，输贡赋。诏以为节度使，遣裴度宣尉，赐钱百五十万缗，犒其军，六州魏、博、相、卫、贝、瀛百姓皆给复一年。军士受赐，欢声如雷。诸镇使者见之，相顾失色。平卢、淮西、成德皆遣游客间说多方，兴终不听，赐兴名弘正。

初，淮西节度使吴少诚卒，其将吴少阳自领军府，阴聚亡命。少阳卒，子元济代之，纵兵侵掠，及东畿。十年，诏发十六道兵讨之。平卢节度使李师道李纳之子、成德节度使王承宗王武俊之孙皆请赦元济，不许。裴度宣慰淮西行营，还言淮西可决取,帝悉以兵事委武元衡。师道素养刺客、奸人,客请曰:“密往刺元衡,则佗相必争劝天子罢兵矣。”师道遣之。元衡入朝,贼暗射杀之。又击裴度,伤首。帝怒,讨贼愈急,曰:“吾倚度一人,足破二贼。”以度同平章事,委以兵事,诸军久不克。十二年,度兼淮西宣慰招讨使,督诸将进讨。唐邓节度使领唐、随、邓三州,治邓州,今河南南阳府属州李愬李晟之子先擒贼将李祐,释而用其计,雪夜引兵袭蔡州城,擒元济,槛送京师,斩之。

淮西已平,诸镇皆惧。十三年,王承宗纳质请吏,且献二州。幽州节度使刘总亦专意归朝,惟李师道依违不服。诏诸道讨之。十四年,田弘正、李愬败平卢兵,平卢将执师道,斩之。代宗以来,两河跋扈,垂六十年,至是尽遵朝命矣。

自淮西平,帝浸骄侈。度支使皇甫镈、盐铁使程异以聚敛有宠,并同平章事,朝野骇笑,元和之政非矣。镈党挤裴度,罢其政,出为节度使。度自此无意世事,治园池,与诗人觞咏自娱。穆宗、敬宗时,皆一人辅政。至文宗世,亦平章军国重事,与时浮沉而已。然四朝将相,威望远达四夷,四夷见唐使,辄问度安否,以身系国家轻重如郭汾阳者,二十余年。

第三章　宦官之祸

太宗定制,内侍省不置三品官。黄衣廪食、守门、传命而已。中宗时,嬖幸猥多,宦官渐盛。玄宗诛太平公主,以内给事高力士有功,擢为右监门将军,知内侍省事。是后,宦官除三品将军者浸多。玄宗豪奢,宫嫔至四万,阉宦随增员,衣朱紫千余人,黄衣以上三千余人,力士与杨思勖最贵幸。思勖数将兵出平叛蛮,以功为辅国大将军。力士常居中侍卫,表奏皆先呈力士,然后奏御,小事即决之。势倾内外,加骠骑大将军。肃宗在东宫,以兄事之。诸王、公主呼为翁。自李林甫、安禄山辈,皆由之以取将相。然性和谨,不敢骄横,故玄宗终亲任之,士大夫亦不甚疾也。

肃宗、代宗皆庸弱,倚宦官为捍卫,于是有李辅国、程元振之专横。李、程既黜,鱼朝恩为天下观军容宣慰处置使,专典禁兵,权宠无比。大历初,判国子监事,宦者管国学,旷古之大异也。时元载、王缙为相,纪纲不修。朝恩执《易》,升高座,讲“鼎覆餗”以讥之。缙怒,载怡然。朝恩曰:“怒者,常情。笑者,不可测也。”朝政有不预者,辄怒曰:“天下事,有不由我者邪?”代宗闻之,不怿。载乘间奏其专恣不轨,遂诛之。

德宗惩泾卒之变，且猜忌宿将。以左右神策、神威等军委内官主之。置护军中尉，自是禁军常属阉寺，又有枢密之职，机务之重，亦为所参预。揽权树威，挟制中外，主势下移，积重难返。宪宗自恃英武，祸生于所忽。尝宠吐突承璀以为神策中尉，承璀欲立丰王恽为太子，太子恒忧之。元和十五年，内常侍陈弘志弑帝，其党共杀承璀及恽，引太子立之，是为穆宗。穆宗在位四年，崩。太子湛立，是为敬宗。穆、敬荒淫无度，枢密使王守澄专制国事。是时，河朔三镇魏博、成德、幽州皆叛，迄于唐亡，不能复取。敬宗性褊急，动捶左右，皆怨惧，在位二年，为宦官所弑。守澄等发禁兵讨贼，斩之。迎皇弟江王涵立之，更名昂，是为文宗。

文宗太和二年，亲策制举人，时宦官益横，权出人主之右，人无敢言。贤良方正刘蕡对策，极言其祸，考官皆叹服而不敢取。裴休、李郃、杜牧等二十二人中第，皆除官。物论嚣然称屈。谏官、御史欲论奏，执政抑之。李郃曰："刘蕡下第，我辈登科，能无厚颜?"上疏乞回所授官，以旌蕡直，不报。

文宗素患宦官强盛，擢宋申锡同平章事，与谋诛之。五年，中尉王守澄等使人诬告申锡谋废立，帝信之，贬申锡，坐死徙者数十百人。帝恶郑注媚附守澄，欲诛之，然畏守澄，释之，后卒宠之。注引李训见守澄，守澄以荐于帝，训倜傥尚气，多权数，帝悦之。训、注揣知帝意，数以微言动之，帝告以诚，二人遂以诛宦官为己任。九年，进擢宦者仇士良，以分守澄之权。训颇忌注，托以中外协势，出注镇凤翔镇名，治凤翔府，兼领陇州。训同平章事，先遣中使酖杀守澄，寻，令人奏："金吾听事后石榴有甘露。"时人皆以甘露为祥瑞，宰相帅百官称贺。训劝帝往观，帝先命宰相视之，训还奏非真。帝顾仇士良，令帅诸宦者往视，士良等至，俄，风吹幕起，见执兵者无数，惊走告变。训呼金吾卫士等上殿纵击，仅杀伤十余人。训知事不济而走，士良等命神策兵出战，杀吏卒二千余人。执宰相王涯、贾悚、舒元舆等，诬以谋叛，腰斩之。训被捕死，注亦为凤翔监军所斩，皆灭其族，孩稚无遗。世谓之"甘露之变"。自是，宦官气焰益炽，迫胁君主，陵暴朝士，国事皆决于北司，宰相行文书而已。

文宗即位初，励精求治，去奢从俭，中外翕然，谓太平可冀。然制于宦寺，竟不能有为。末年，问学士周墀，曰："朕何如周赧、汉献?"墀惊曰："彼亡国之主，岂可比圣德?"帝曰："赧、献受制强诸侯，今朕受制家奴，殆不如也。"泣下沾襟。在位十四年，立敬宗子陈王成美为太子。临崩，欲以成美监国，仇士良等以成美立不由己,矫诏废之,立皇弟颍王瀍为太弟。帝崩,太弟杀成美而即位,后改名炎,是为武宗。

武宗时,士良以老病致仕,其党送归。士良教之曰:"天子不可令闲,常宜以奢靡娱之,使无暇及他事。慎勿使之读书,亲近儒生,彼见前代兴亡,心知忧惧,则吾辈疏斥矣。"其党拜谢而去。

是后,宣宗、懿宗、僖宗、昭宗亦皆宦官所立,宰相不得预知。居肘腋之地,为腹心之患。其势既成,虽有英君,亦无如之何。公卿大臣,俯伏受制,雄藩巨镇,多出其门,至自称定策、国老,目其主为门生。祸始于玄宗,盛于肃、代,成于德宗,至昭宗而极。其间伤贤害能,召乱致祸,卖官鬻狱,沮败师徒,蠹害烝民者,不暇遍举也。

第四章 牛李之党

李吉甫相宪宗时,牛僧孺、李宗闵对制策,讥切时政,吉甫恶之。穆宗初,吉甫子德裕为翰林学士,构贬宗闵。自是各分朋党,更相倾轧。穆宗以僧孺为相,德裕出外。敬宗初,僧孺亦出。文宗征德裕为兵部侍郎,裴度荐其可为相,宗闵有宦官之助,遂相。因出德裕,且引僧孺并相,相共摈逐德裕之党。

德裕镇西川,日召老于边事者,访以地势,皆若身历,练士卒,葺堡障,以备边,蜀人安之。太和五年,吐蕃将悉怛谋以维州今四川茂州保县叛,请降于唐,德裕受之。时,吐蕃方与唐和,僧孺恐失信于邻国,诏归城及叛将,吐蕃诛之境上。德裕由是怒僧孺益深。

僧孺罢,德裕入相,宗闵亦罢。宗闵再相,德裕又罢。二党互相挤援。文宗每叹曰:"去河北贼易,去朝中朋党难。"宗闵寻罢。及武宗立,召德裕相之。会昌三年,德裕追论维州事,加悉怛谋褒赠。

昭义节度使领泽、潞、磁、邢、洺五州,治潞州,今山西潞安府刘从谏卒,侄稹自领军府。德裕曰:"泽、潞二州名,谓昭义军事体,与河朔三镇不同。河朔习乱已久,累朝置之度外,泽、潞近处心腹,若又因而授之,则威令不复行于诸镇矣。"武宗问何以制之,对曰:"稹所恃者,三镇。但得镇州名,即故恒州,谓成德军、魏即魏博不与之同,稹无能为也。"遣重臣谕镇、魏讨之,乃赐诏曰:"泽潞一镇,与卿事体不同,勿为子孙之计,使存辅车之势。"镇、魏悚息听命,官军与二镇兵各进讨。

四年,河东都将杨弁作乱,逐节度使。武宗遣中使晓谕,且觇之。中使受赂,还,言其强盛难取。德裕奏:"微贼决不可恕,如国力不支,宁舍刘稹。"河东兵出戍者,闻朝廷令客军取太原,恐妻孥被屠,乃归,擒弁,送京师斩之。未几,刘稹势穷蹙,潞人杀稹以降,泽、潞平。德裕秉政日久,好徇爱憎,诬僧孺、宗闵与刘从谏交通,远窜之。六年,武宗崩,宣宗立,宣宗恶德裕之专,罢其政,三贬至崖州今广东琼州府司户以死。

第五章　宣宗明察

宣宗名忱,宪宗庶孽子也。于敬、文、武为叔父,初封光王,幼号不慧。太和以后,益自韬匿。文宗好诱其言,以为戏笑。武宗豪迈,尤不礼之。武宗疾笃,中尉马元贽等定策禁中,立为皇太叔。权勾当军国事,裁决咸当理,人始知有隐德,遂承武宗后。肃宗时,吐蕃强大,党项诸部畏逼,请内徙,散处灵今甘肃宁夏府属州、庆今甘肃庆阳府等州。后浸繁盛,数寇掠,其留者,皆役属于吐蕃。会昌以来,吐蕃衰乱。宣宗大中三年,陇右诸州归唐。五年,沙州今甘肃安西州敦煌县人张义潮亦以河西降,于是河湟故地尽复。宣宗欲遂平党项,从容与学士毕诚论边事,诚具陈方略。帝悦,曰:"不意颇、牧,近在禁廷。"即用为邠宁帅领邠、宁、庆、衍四州,治邠州。诚招降党项,北边始安。

宣宗聪察强记,有司奏全国狱吏卒姓名,一览皆记之。尝密令学士韦澳纂次州县境土风物及诸利害为一书,号曰《处分语》。刺史有入谢而出者,曰:"上处分本州事惊人。"澳问之,皆《处分语》中事也。好抉摘隐微,以惊服群下,小过必罚,而大纲不举,外则藩方数逐其帅,内则宦者握兵柄自如也。然听纳规谏,重惜爵赏,恭谨节俭,惠爱民物,故大中之政,讫于唐亡,人思咏之,谓之"小太宗"。

宣宗尝召韦澳,屏左右问之曰:"近日内侍权势何如?"对曰:"陛下威断,非前朝比。"帝闭目摇首曰:"全未,全未,尚畏之耳。"又尝与宰相令狐绹谋尽诛宦官。绹恐滥及无辜,密奏曰:"但有罪勿舍,有阙勿补,自然渐耗至尽。"宦者窃见其奏,由是益与朝士相恶,南、北司如水火矣。帝长子郓王漼无宠。十三年,帝疾笃,密以第三子夔王滋属枢密使王归长等,使立之。帝崩,中尉王宗实杀归长等,迎郓王立之,是为懿宗。

第六章　唐末大乱

姚州今云南楚雄府属州之西有六诏。诏者,蛮语,谓王也。蒙舍诏最在南今云南蒙化厅,谓之南诏。开元末,南诏皮逻阁兼五诏,胁服群蛮,其后悉取云南地。至酋龙皮逻阁六世孙称帝,国号大理。出兵陷播州名,今贵州遵义府、邕州名,今广西南宁府、安南,懿宗遣将击之,发徐、泗兵戍桂州今广西桂林府,过期不得代。咸通九年,戍卒怒,作乱北还,所过剽掠,至徐州,囚观察使,陷诸州县,招讨使康成训以沙陀朱邪赤心为前锋,击平之。沙陀出自西突厥,劲勇冠诸胡,初属唐,后附回纥及吐蕃。元和中,举部归唐。唐置之北边,用以征讨,所向皆捷。至是,赐赤心姓名李国昌,为大同军节度使领云、朔、蔚三州,治云州,今山西大同府,寻迁振武军领绥、银、麟、胜等州,治单于都护府。

懿宗好奢侈,每游幸,扈从十余万人。用兵不息,赋敛愈急。在位十四年,崩。宦官立帝少子普王俨,时年十二,是为僖宗。僖宗专事游戏,政事一委中尉田令孜,呼为阿父。籍两市商货,悉输内库。有陈诉者,杖杀之。关东水旱,州县不以实闻,百姓流殍,无所告,所在相聚为盗。

乾符二年,王仙芝倡乱于曹州名,今山东曹州府曹县、濮州名,今属曹州府,冤句县名,属曹州,故城在曹州府城西南人黄巢聚众应之。仙芝横行河南、山南、江淮诸州,侵掠累年,败于申州今河南汝宁府信阳州,殪于黄梅县名,属蕲州,今属湖北黄州府。黄巢陷郓州名,今山东泰安府东平州、沂州名,今山东沂州府、濮,南渡陷江西即江南西道诸州,攻剽福州名,今福建福州府、建州名,今福建建宁府,西寇岭南,北居潭州今湖南长沙府,败于荆门县名,属荆州,今湖北安陆府荆门州,东走转掠江南。广明元年僖宗七年,渡江,渡淮,进陷东都,鼓行而西,破潼关,入长安。僖宗奔蜀,巢杀唐宗室,自称齐帝。

李国昌之子克用为兵马使,戍蔚州隶大同军,今属直隶宣化府。大同军诸将谋曰:“今天下大乱,朝命不行,此乃英雄功名、富贵之秋也。李振武名闻天下,其子勇冠诸军,若辅以举事,代北不足平也。”遣人潜往说克用。克用乃趋云州大同军治所,取之。已而为卢龙兵所破,国昌亦战败,部众溃,父子亡入鞑靼本靺鞨之别部,居阴山之北,后为汉北诸部之总称,朝廷赦其罪,召使讨贼。中和二年僖宗九年,克用将沙陀来兵,皆衣黑,贼惮之,曰:“鸦军至矣,当避其锋。”三年,与诸道兵大破贼,复长安。黄巢焚宫室,遁去。官军入城,焚掠坊市,无异于贼。诏以克用为河东节度使。四年，巢趋汴州宣武军治所，今河南开封府，克用等追击破之，贼党斩巢以降。

砀山县名，属宋州，今属江苏徐州府人朱温为巢将，从入关。见巢势蹙，降于唐，赐名全忠，为宣武节度使领汴、宋、亳、颍等州，治汴州。克用之至汴也，全忠馆之甚恭。克用乘醉颇侵之，全忠不平，发兵围攻，克用遁归晋阳，治甲兵，表请讨全忠，诏和解之，不听。

光启元年僖宗十二年，帝还长安，田令孜忌河中帅王重荣，欲徙之，重荣不肯。令孜遣邠宁帅朱玫等攻河中，克用救之，进逼京城，令孜劫帝奔兴元府名，故梁州，今陕西汉中府，长安复为乱兵焚掠。二年，玫立襄王煴肃宗玄孙称帝，玫将王行瑜斩玫，煴奔河中，重荣杀之，传首行在。三年，帝始逐令孜，寻还长安。

僖宗在位十五年，日与宦官相处而已。国内大乱，盗贼蜂起，豪杰因起其间，互相吞噬，朝廷不能制。帝疾，大渐。观军容使杨复恭立皇弟寿王杰为太弟。帝崩，太弟即位，是为昭宗。昭宗有英气，抱恢复之志，尊礼大臣，梦想贤豪。践祚之初，中外忻忻焉。然而，内制于阉寺，外有强镇，初志遂空。

乾宁二年昭宗七年，静难军号，即邠宁节度王行瑜、凤翔李茂贞、镇国军号，治华州，今陕西同州府属州韩建三帅举兵犯阙，杀宰相，谋废立。闻李克用来讨，乃去。克用克邠州，行瑜走死。将移兵凤翔，贵近恐沙陀太盛，沮之。克用进爵晋王，还晋阳。三年，茂贞复犯阙，昭宗奔华州，长安宫室、市肆燔烧俱尽。茂贞、韩建闻朱全忠营洛阳宫，将迎驾，皆惧。光化元年昭宗十年，奉帝归长安。

三年，帝与宰相崔胤谋杀两枢密使，宦官皆惧。中尉刘季述勒兵幽帝，迎太子裕，立之。胤说神策将讨季述。天复元年昭宗十三年，季述等伏诛，帝复位，黜裕为德王。

崔胤欲尽诛宦官，知谋泄，事急，遗朱全忠书，令以兵迎驾。是时，全忠既并两河诸镇，取河中晋州名，今山西平阳府、绛州名，今属山东，有挟天子令诸侯之意。得胤书，速举兵来。中尉韩全诲等劫帝如凤翔。二年，全忠围之。三年，李茂贞杀全诲等，与全忠和解。奉帝还长安。全忠以兵驱宦官，杀数百人。其出使外方者，诏所在诛之。存黄衣幼弱者数十人，以备洒扫。全忠进爵梁王，还汴。自开元以来，宦官擅威福者，垂二百年，至是始歼灭，而国亦随亡矣。史家譬诸木之有蠹，曰："灼木攻蠹，蠹尽木焚。"信哉！

全忠威振四方，遂谋篡夺。崔胤惧，修兵备。天祐元年昭宗十六年，全忠密令其党杀胤,请帝迁都洛阳。促百官东行,驱徙士民。秦中自古为帝王州,周、秦、西汉递都于此,刘赵、苻秦、姚秦、西魏、后周相间据之。隋文帝营大兴城在旧长安城东南二里,今西安府城是也。唐初因之,后又增筑,当玄宗世,长安之雄丽繁盛,轶于前古。黄巢乱后,景象衰耗,至是夷为郡县矣。

帝至洛阳,岐王李茂贞、蜀王王建移檄讨全忠,皆以兴复为辞。全忠恐变生于中,遣人弑帝,在位十六年。时,德王裕已壮,全忠恶之,以辉王祚幼,立之,更名柷,是为哀帝。杀裕等九王,皆昭宗子。全忠急于传禅,朝议先加九锡,全忠怒,不受。天祐四年哀帝三年,哀帝禅位于梁,寻被杀。唐自高祖及是二十世,凡二百九十年。

第七篇 外国事略

第一章 突厥

后魏太武帝连败柔然，几覆其巢窟，自是柔然稍衰。宣武帝时梁武帝天监中，伏跋可汗丑奴可汗吐贺真之曾孙立，壮健，善用兵，击平诸叛部，柔然复强。伏跋为其母所杀，国乱。弟阿那瑰奔魏，已而得归，尽复故土，称头兵可汗。乘魏衰乱，数为边患。两魏相争，各欲结柔然。东魏以宗女妻头兵，西魏以宗女妻头兵弟。宇文泰又白文帝，废乙弗后，迎头兵长女为后，高欢亦娶头兵女娄妃，避正室以处之。

突厥者，匈奴别种也，姓阿史那氏，世居金山在甘肃镇西府北境之阳，为柔然铁工。至其酋土门，始强大，求婚于柔然。头兵骂辱之，土门怒，袭破柔然，杀头兵，自号伊利可汗，号其妻为可敦。其子木杆可汗，刚勇多智略，击柔然，灭之，余众奔西魏。木杆建牙都斤山在外蒙古赛因诺颜部南境，西破嚈哒见前篇，东走契丹见前，北并结骨敕勒诸部之一，汉之坚昆，今吉利吉思族之先也，威行诸国。逼西魏，取柔然三千余人，尽杀之。周代魏，与突厥连兵击齐，武帝因娶木杆女为后，行亲迎之礼。

木杆卒，弟佗钵可汗立，周人与之和亲，岁给缯絮锦彩十万段。突厥在长安者，锦衣玉食，常数千人。齐人亦畏其强，厚赂之。佗钵骄，谓其下曰："但使我在，南两儿常孝，何忧于贫？"两儿者，指周、齐二国也。突厥之俗，遇丧，剺面而哭。周、齐使者吊突厥丧，亦剺面如其国臣。周灭齐，佗钵助齐宗室高绍义文宣帝子击周。周宣帝以太祖之孙千金公主妻之，以求绍义，佗钵乃执送之。

隋初，佗钵卒，兄子摄图立，号沙钵略可汗，分立族人为小可汗，各统部众，以弟处罗侯为叶护。叶护者，突厥达官也。千金公主从胡俗，复配沙钵略。伤其宗祀覆灭,日夜请为周复仇。沙钵略从之,数击隋,不克。隋人行反间,诸可汗相猜贰,木杆子阿波可汗与沙钵略相攻,据乌孙故地,西域诸胡附之,于是突厥分为东、西二国。沙钵略求和于隋,千金改姓杨氏,为隋帝女,隋更封为大义公主,自是称藩贡献。沙钵略卒,处罗侯立,号莫何可汗,西击阿波,生擒之。莫何卒,沙钵略子都蓝可汗立,大义公主谋叛隋,隋废之,寻为都蓝所杀。

莫何之子染于求婚于隋,文帝欲离间突厥,以宗女安义公主妻之,礼赐特厚。都蓝怒,举兵袭染于。染于败走,归隋,帝拜为启民可汗,置夏见前、胜故城在内蒙古鄂尔多斯左翼后旗界内二州之间。以安义已卒,妻以义成公主。未几,都蓝为部下所杀,国大乱,启民北归,尽并其众。炀帝耀兵塞北,厚赐突厥,以夸富盛。于是启民事隋益恭。

启民卒,子始毕可汗立,复以义成公主为可敦。隋人诱杀其谋臣,始毕怨之。及炀帝再北巡,始毕率数十万骑,围帝于雁门,急攻之,矢及御前。帝遣间使求救于义成,始毕解围去。隋乱,汉人归之者无数,遂大强盛,控弦百万,势陵华夏。隋末,割据之群雄,如薛举、李轨、窦建德、王世充、刘武周、梁师都之徒,虽称尊号,俱北面称臣,或受其可汗号。东自契丹、室韦,西尽吐谷浑、高昌,皆臣属焉。

是时,西突厥亦强大,射匮可汗木杆弟、步迦可汗之孙拓地,东至金山,西临里海。射匮卒,子统叶护立,北并敕勒,西破波斯,移庭于千泉今俄国七川州特穆尔图泊旁地,统中亚细亚诸国,悉授其王以颉利发官,每国遣吐屯监之,督其征赋,疆域之广,逾于东突厥。

唐高祖叛隋,称臣于东突厥以借援,约曰:“若入长安,民众土地入唐公,金帛缯玉归突厥。”及为帝,赠遗甚厚。始毕卒,高祖为之举哀,辍朝三日。弟处罗可汗立,义成复配之。时,隋炀帝后萧氏及皇孙政道,在夏王窦建德所,处罗迎之,立政道为隋王,置百官,居于定襄见前。处罗卒,义成立其弟颉利可汗,又为其可敦。颉利承父兄之资,士马雄盛,有陵唐之志,高祖每优容之。颉利益骄,侵伐频急。高祖欲迁都以避之,因太宗固谏,乃止。太宗初立,颉利大举深入,逼京郊,与太宗盟于渭桥而还。

初,突厥性淳厚,政令质略。颉利委用汉人,多变旧俗,国人始不悦。会大雪,羊马多死,兵革岁动,赋敛愈重,由是内外离怨,兵浸弱。敕勒诸部相率叛之。敕勒又作铁勒,匈奴之苗裔也,族类甚多,有薛延陀、回纥、拔野古、仆骨、同罗等数十部,散处碛北,几达于冰海,其酋长皆号俟斤,分属两突厥。至是,薛延陀、回纥大破颉利兵,突厥北边诸姓多归薛延陀,共推其俟斤夷男为主。太宗遣间使册为真珠昆伽可汗,寻遣诸将击破突厥,降隋萧后及杨政道,杀义成公主,追擒颉利。其部落或降唐,或附薛延陀,或奔西域。真珠可汗建牙于郁督军山在外蒙古赛因诺颜部界内,统敕勒诸部。及卒,国乱。回纥部长吐迷度与仆骨、同罗共击败之,唐军乘之,诸部溃散。回纥遂据其地,与诸部皆附唐。

颉利之败,其族斛勃归薛延陀。薛延陀欲杀之,斛勃逃去,建牙于金山之北,自称乙注车鼻可汗。及薛延陀败,车鼻势益张,太宗遣使征之,不至,乃命将击之,车鼻就擒,其众皆降。

是时,西突厥亦乱,竟中分为二。始毕可汗之子欲谷设亡在其地西部,立为乙毗咄陆可汗,以其族贺鲁为叶护。东部乙毗射匮可汗攻咄陆,逐之。贺鲁降唐,居庭州,招集散亡。及太宗崩,拥众西走,击灭射匮,自号沙钵罗可汗,十姓部落左厢五咄陆部、右厢五弩失毕部皆归之。高宗遣将击擒之,更立部长,自是部众离贰,后竟为别部突骑施所并。

第二章　回纥

高宗末年,突厥余类骨咄禄起于黑沙城在山西大同府城西北,自立为可汗。武后时,屡侵边郡,骨咄禄卒,弟默啜代立,雄据漠北,有胜兵四十万。开元初,击并突骑施,虏其可汗莎葛。默啜昏虐,不能抚有十姓,诸部多诣北庭降。突骑施部将苏禄集余众复据其地,玄宗拜为忠顺可汗。

默啜击拔野古,被杀。骨咄禄子孙继之。开元末,国乱,骨咄叶护自称可汗。天宝初,拔悉密、回纥、葛逻禄三部共攻,杀之,推拔悉密部长为可汗,回纥、葛逻禄自为左右叶护。突厥余众立乌苏米施可汗,拔悉密复攻,杀之。国人立其弟为白眉可汗,突厥益乱。回纥叶护骨力裴逻攻杀拔悉密可汗,自称可汗,建牙于乌德犍山。乌德犍,即郁督军也,玄宗册为怀仁可汗。旧统九姓,后又并拔悉密、葛逻禄。凡十一部,各置都督,每战则以二客部为先。四年,击杀白眉,突厥遂灭。于是回纥斥地愈广,东际室韦,西抵金山,南跨大漠,尽有突厥故地。怀仁卒,子葛勒可汗立。

是时,突骑施又乱,碛西节度使盖嘉运袭擒吐火仙可汗忠顺可汗之子,别部莫贺达干据其地,河西军复击斩之,更立可汗。肃宗时,其国衰乱,葛逻禄在北庭者浸盛,与回纥争强。代宗时,徙居碎叶川在俄国中亚细亚,今名吹河,有突骑施故地。

安禄山之乱,肃宗求援于回纥,约曰:"克长安之日,土地士庶归唐,金帛子女归回纥。"葛勒遣其子叶护将精兵赴援。时代宗为广平王、总师,与叶护约为兄弟。既入长安,叶护欲俘掠,广平王拜于马前,愿至东京乃如约,叶护许之。诸军进,攻陕,初不利。回纥袭其背,贼惊顾曰:"回纥至矣!"遂溃。回纥入东京,大掠,广平王不能止。肃宗赏叶护功,赐爵"忠义王",岁遗回纥绢二万匹。册葛勒为英武威远可汗,以皇女宁国公主妻之。葛勒卒,子牟羽可汗立。代宗又请援,牟羽自将赴之。贼既平,代宗册牟羽为英义建功可汗,封其大臣十余人为王公。

初,回纥风俗朴厚,君臣之等不甚异,故众志专一,劲健无敌。及有功于唐,赂遗极厚,牟羽自尊大,始筑宫殿,妇人有粉黛文绣之饰。唐为之虚耗,而北俗亦坏。及代宗崩,牟羽欲乘丧伐之,国人不欲。宰相顿莫贺弑之而自立,是为天亲可汗。天亲求婚于唐,德宗方病吐蕃之寇,以皇女咸安公主妻之,册为孝顺可敦。天亲大喜曰:"若吐蕃为患,子当为父除之。"仍改"纥"字为"鹘",义取捷鸷如鹘也。咸安历配四可汗而卒,保义可汗复求婚,宪宗不许。穆宗立,以皇妹太和公主妻崇德可汗。

汉人摈夷狄,比诸禽兽,不相嫁娶。自刘、石至后周,中原帝王,本皆戎狄,故不耻与外蕃君长相婚。惟汉唐诸帝,以公主妻胡君,冀弭边患,最为失策。盖国势盛,则夷狄自詟而来宾。国势衰,虽婚姻亦基而启衅。汉唐所以能制西域,初不在和亲也。然汉犹不肯降公主,名宗女为公主,谓之和蕃公主。及唐借回纥援,宠待大异诸蕃,帝女始降于沙漠,自是回纥与唐为甥舅之国。虽唐亡之后,犹与中国沿甥舅之称焉。

自怀仁以来十二君,皆受唐册封。其世次名号如下:

怀仁可汗骨力裴逻,玄宗天宝二年立,四年卒,英武威远可汗怀仁之子磨延啜,天宝四年立,肃宗乾元二年卒,英义建功可汗英武之子移地健,乾元二年立,德宗建中元年被弑,长寿天亲可汗英义从兄顿莫贺,建中元年立,贞元五年卒,忠贞可汗天亲之子多逻斯,贞元五年立,六年为其弟所弑,奉诚可汗忠贞之子阿啜,贞元六年立,十一年卒,怀信可汗骨咄禄,贞元十一年立,顺宗永贞元年卒,腾里可汗怀信之子,永贞元年立,宪宗元和三年卒,保义可汗元和三年立,穆宗长庆元年卒,崇德可汗长庆元年立,四年卒,昭礼可汗崇德之弟曷萨特勒,长庆四年立,文宗太和六年为其下所弑,**彰信可汗**昭礼之侄胡特勒,太和六年立,开成四年被杀。

文宗时,回鹘衰,黠戛斯部长自称可汗,数击回鹘,破之。黠戛斯,即结骨,又名坚昆,今吉利吉思族之先也。开成四年文宗十三年,回鹘相掘罗勿借沙陀兵,攻杀彰信可汗,国人立㕎馺特勒。明年,黠戛斯大破回鹘,杀㕎馺及掘罗勿,诸部逃散。武宗时,回鹘遗众立乌介可汗昭礼可汗之弟,南逼唐边疆。唐将击走之,迎太和公主以归。乌介往依黑车子室韦之一种,被杀。宣宗遣使册黠戛斯为英武诚明可汗,回鹘余种散亡殆尽。别部庞特勒居甘州,有碛西诸城,宣宗册为怀建可汗。其国卒不振,然黠戛斯亦不能取。唐末,契丹浸强,至五代时,黠戛斯为其所并。

第三章　朝鲜附渤海国

国于亚洲最东者,曰朝鲜。其国三面界海,惟西北与我盛京、吉林二省相接,中分八道,曰京畿、忠清、全罗、庆尚、江原、黄海、平安、咸镜。王京在京畿道之北,南带汉江,名曰汉阳。自上古至唐,全国屡经分割,大抵以汉江为区划。汉江以北,古朝鲜、高丽所国也。汉江以南,古三韩、新罗、百济所国也。新罗尝统一朝鲜之地,后悉归后高丽。兹举诸国之盛衰分合,与中国相系属者,而以今名统之焉。

古朝鲜国,当今江原、黄海、平安、咸镜四道及盛京东境。箕氏、卫氏见前卷二皆都王俭城,今平安之平壤府也。汉武帝灭卫氏,以其地为四郡,曰乐浪今平安道南境及黄海道、临屯今江原道、元菟今咸镜道及平安道北境、真蕃今奉天府东境。昭帝罢临屯、真蕃,并之乐浪、元菟。乐浪郡治王俭,名朝鲜县。元菟郡初治东沃沮,今咸镜之咸兴府也,后为夷貊所侵,徙治西北,在今兴京界内。后汉末,公孙度据辽东,分乐浪南界,置带方郡,盖今黄海之地也。魏明帝平公孙氏,乐浪、带方皆入于魏,而其北境为高丽所据。

三韩者,马韩、辰韩、弁韩也。西北诸国皆称君曰汗。韩,即汗之转音。三韩犹云三君,而史误以为部落之号。马韩所属五十余国,今忠清、全罗二道及京畿道之南部也。辰韩所属十二国,在庆尚道东境。弁韩亦十二国,在其西南。辰韩相传为秦遗民亡入其国,故亦称秦韩。朝鲜王箕准为卫满所逐,浮海南奔,攻破马韩,自立为韩王,居金马渚今全罗道益山郡。辰韩、弁韩皆属之,史称箕氏,有韩二百余年,然其王统事迹,皆不传。

箕氏既衰,新罗、百济并兴。新罗始祖曰赫居世,姓朴氏。辰韩遗众推立为君,国号徐罗伐,筑金城今庆尚道庆州府都之,弁韩附焉。赫居世卒,子南解立。南解遗命子儒理及女婿昔脱解曰:“我死后,朴、昔二姓,以年长嗣位。”由是二姓代主新罗。后有金味邹者,以朴氏之婿得嗣立,王统遂归金氏。

百济与高丽同出于扶余国名,在盛京东北境。高丽始祖曰高朱蒙,避难,自扶余,南走至沸流水上,建国今平安道成川府,或曰在鸭绿江之上流,号高句丽。后省曰高丽。或曰,古有高句骊国。汉开其地置县,为元菟郡治或曰在咸兴府东北,或曰在兴京之北。扶余别种居其境内,其后部落渐盛,遂建国,仍号高句骊。据此说,则朱蒙似为高句骊再兴之君。朱蒙少子温祚,南渡汉江,居慰礼城今忠清道稷山县,韩王箕氏割地与之。温祚建国,以扶余为氏,筑汉山今京畿道广州府都之,潜师袭马韩,悉取其地,是为百济始祖。

东汉之世,高丽屡侵元菟。魏帝曹芳时,幽州刺史毌丘俭击破之,屠丸都高丽国都,故址在平安道宁远郡南剑山,寻复据其地。晋成帝时,燕王慕容皝复大破之,其王高钊请降,徙都国内城在盛京省兴京厅怀仁县之东,后与百济构衅。百济王近肖古帅精兵攻之,钊中矢死。近肖古既捷,迁都北汉山今名三角山,在京城北,号汉城。是时,三韩故地,概属新罗、百济。朝鲜故地,概属高丽。长白山以南,分为三国,高丽稍大,百济次之,新罗最小,世又谓之“三韩”。

新罗距日本最近,日本数遣兵攻之,割弁韩故地驾洛今庆尚道金海府、阿罗今咸安府、古宁今咸昌县、星山今星州、大加倻今高灵县、小加倻今固城县等国,置任那府,由是新罗及百济皆臣于日本。至秦苻坚盛时,新罗与高丽复臣于秦,坚遗胡僧及佛像、佛经于高丽。高丽王邱夫以其书教子弟,创建佛寺。又兴大学,颁律令,高丽儒佛之教,实始于此。百济前未有文字,至近肖古置博士官,始有书记。晋孝武帝时,有胡僧自晋至百济,其王枕流迎而礼之,创寺度僧,佛法遂兴。

晋、宋之际,百济、新罗内乱,诸王争相篡杀,屡为日本所侵,而高丽浸强。高钊之孙谈德与新罗同盟,以抗日本。已而新罗背盟,降于日本。谈德卒,子琏立,兴兵攻新罗,日本救之,击破高丽兵。宋帝昱时,琏大举攻百济,克汉城,杀其王余庆,虏男女八千而还。于是高丽之地,西至辽河,南逾汉江。琏又自国内城徙都平壤,以图南伐。琏在位七十九年卒,寿九十八,号“长寿王”。生平兼事南北朝,恭顺守臣节,宋孝武帝尝策为车骑大将军,齐高帝亦策为骠骑大将军,魏孝文帝置诸国使邸,齐为第一,高丽次之。

梁简文帝时,百济、新罗共击高丽。百济拔汉城,复其故地,进破平壤。新罗乘胜取高岘山名,在黄海道东北境以内十郡,高丽大困。既而新罗与高丽连和,欲攻百济,百济弃汉城,新罗因取之。梁元帝时,百济王明乞师日本,以攻新罗,拔管山城今庆尚道闻庆县。新罗击破其兵,杀百济王。陈文帝时,日本屡攻新罗、高丽,新罗亦取日本任那地。二国兵争,互有胜败,惟百济以臣日本,故无兵事。

隋文帝立,高丽、新罗、百济皆遣使朝贡,隋册其王,并为上开府仪同三司。开皇十八年,高丽王高元率靺鞨侵辽西郡名,今盛京锦州府及直隶承德府东境。文帝怒,使汉王谅等将水陆三十万伐高丽,不克,师还,死者什八九。元亦惧,遣使谢罪,帝乃罢兵。炀帝恃其富强,欲耀武海东,悉发四方兵丁二百万,进攻辽东城。城将坚守不下,元遣大臣乙支文德御隋师,文德佯败走,以诱敌,乘其疲弊,四面钞击,隋师大败而还。明年,帝复征高丽,又明年,复征之,皆不能克。

唐太宗既灭突厥、高昌,又欲取高丽。会高丽东部大人泉盖苏文弑其王建武,立王侄藏,自为莫离支高丽官名,盖如中国吏部兼兵部尚书也,专擅国事,与百济和亲,共攻新罗,欲塞其入唐之路。新罗请救于唐,太宗自将伐高丽,拔辽东数城。及攻安市城,城主材勇善拒,太宗亲临督战,竟不能拔而还。自是屡遣兵侵轶高丽,高丽始病焉。

新罗、百济世为仇雠,互相侵伐。百济素附日本,而新罗特睦于唐。新罗女王胜曼遣王族金春秋如唐,请伐百济。春秋姿表英伟,善谈论,太宗厚赐之,优礼甚备。高宗时,胜曼卒,国人奉春秋嗣位。百济与高丽、靺鞨连兵侵新罗北境,取三十三城,春秋诉之唐。显庆五年高宗十一年,唐遣苏定方帅水陆十万以征百济,命新罗夹击。唐军自成山山东最东角,在登州府文登县东北济海,与新罗兵围泗沘百济都城名,今忠清道扶余县,拔之。百济王义慈及其子隆泰乞降,定方执之以归,以其地置熊津今忠清道公州等五都督府。

先是义慈弟丰为质于日本,及唐破百济,义慈从弟鬼室福信等纠合余众迎丰为王,乞援于日本,且结高丽,图恢复。唐遣刘仁轨发新罗兵击之,屡败其众。丰疑福信有异图,杀之。龙朔三年高宗十四年,日本遣兵三万人救丰,遇唐军于白江口盖今锦江入海之口也,四战皆败。丰脱身奔高丽,百济亡,仁轨留镇其地,以百济故太子隆为熊津都尉。高宗命隆与新罗释旧怨,及仁轨西还,隆畏众携散,亦归唐。

唐已平百济,遂图高丽。乾封元年高宗十七年,泉盖苏文死,子男生代为莫离支,出巡国,其弟男建、男产拒而不纳。男生乞救于唐,唐遣李勣督诸军伐高丽,取辽东诸城。总章元年高宗十九年,进围平壤,高藏令男产请降,高丽亡。高宗以藏政非己出,赦之,流男建于黔州今四川酉阳州彭水县、扶余丰于岭南。于是新罗以外之朝鲜地悉入唐,唐置安东都护府于平壤以统之。

新罗王春秋以龙朔元年卒,谥曰武烈,其子法敏立,是为文武王。法敏尝助唐灭百济,以报世仇。及高丽亡,法敏嗾其遗众倡乱,略取百济故地。高宗怒,遣兵讨新罗,破之。法敏遣使谢罪,高宗赦之。然法敏犹不敛兵,击走唐军,取高丽南境,安东都护府遂移于辽东,新罗殆并朝鲜全境。

自法敏历五世至乾运,淫昏失政,大臣金良相乘乱,弑乾运而自立。良相之后,复多篡弑。值唐室衰,无意攘外,新罗得延其祚。唐昭宗时,新罗女王曼委政佞倖,政刑紊弛,由是盗贼蜂起,疆宇日蹙。弓裔叛于北原今江原道原州,取西北诸州,甄萱据完山今全罗道全州称王,国号后百济,朝鲜全境复三分。弓裔残虐,其下不服。五代时,众推王建为王,国号高丽。弓裔走而死,建定都松岳今京畿道开城府,以平壤为西京,国势日强。新罗、后百济皆降,三国复归于一。

靺鞨之粟末部,初属高丽,高丽亡,部人大祚荣帅众保东牟山在盛京城东,高丽、靺鞨稍归之,自称震国王,略有高丽故地。唐玄宗封为渤海郡王,自是以"渤海"为国号,祚荣卒,子武艺立,益斥疆土,东北诸夷畏服。其子钦茂迁居肃慎故地,号上京,盖今宁古塔地也。数传至仁秀,文化颇进,置五京、十五府、六十三州,为海东盛国。迨五代时,为契丹所灭。

第四章　日本

日本又在朝鲜之东,其地环海,群岛罗列,中岛最大,曰日本,北一岛曰虾夷,西南二岛曰四国、九州。其外,小岛甚多。王京在日本岛之中央,京畿之外,分为八道,曰东海、东山、北陆、山阴、山阳、南海、西海、北海。全国又分八十四国。今其王迁都东海道之江户,称为东京,以旧都为西京。分诸国为三府、四十二县、一厅,又得琉球国,改为冲绳县,得我台湾省,置台北、台南二县。

日本开国当我东周时,其太祖曰若御毛沼,以周惠王十七年即位,号神武天皇,即以是年为纪元元年,纪元以前统曰神代。彼史所述,词多荒诞,其种族之所由来不可得详也。神武都亩傍山之橿原在今奈良县境,国号大和,一称倭奴。

后汉中元二年,神武十世孙活目八彦五十狭茅遣使奉贡朝贺,光武赐以倭奴国王金印,是为倭通中国之始。

东汉末,倭之藩部熊袭今西海道大隅国地叛乱,倭王足仲彦征之,不克而死,其后息长足姬摄政,率兵攻新罗,以绝熊袭之援。新罗降倭,熊袭乃不复叛。高丽、百济亦相率附倭。魏景初二年,司马氏平辽东,息长足姬詟其威,遣大夫难升米等诣郡,求诣天子朝献。明帝封息长足姬为亲魏倭王,假金印紫绶,赐赉甚厚。晋武帝太始初,又遣使入贡,求工、女归,教其国人。息长足姬死,子誉田别立。百济遣其臣王仁至倭,遗以《论语》十卷,《千字文》一卷。誉田别令其子菟道秩稚郎子从王仁学,由是倭之文教始兴。

倭当六朝时,国势未强,世臣中国。誉田别子大鷦鷯嗣为王,一贡于晋,两贡于宋。其后瑞齿别、雄朝津间稚子宿祢、穴穗、大泊濑四王皆受宋、齐官爵,称使持节,都督倭、新罗、任那、加罗、秦韩、慕韩六国秦韩即辰韩,慕韩即马韩,或除加罗而加百济为七国诸军事、安东大将军、倭国王。梁、陈之世,朝贡不绝。

隋时,女主炊屋姬临朝,委政于太子厩户。高丽僧俗至倭者甚众。倭人因得遍通五经、历算、天文、地理及遁甲、方位等书,定朝官之冠位,分大德、小德、大仁、小仁、大礼、小礼、大信、小信、大义、小义、大智、小智十二阶,皆赐之冠,以别尊卑,又定朝仪及宪法十七条。大业三年,炊屋姬遣其臣小野妹子来求佛经,不用中国官号,其书称:"日出处天子,致书日没处天子,无恙。"炀帝恶其无礼,不畀佛经。明年,遣文林郎裴清使倭,厩户答书,改称"东天皇敬白西皇帝"云云。复遣妹子携生徒、僧众来学,学生卒业,归皆为其国博士。国人通汉文者日众,恶倭名,改号日本。盖以其国居东方,近日所出也。

唐太宗贞观三年,炊屋姬死,子田村立,遣犬上御田锹来朝。太宗遣新州刺史高仁表持节抚之,浮海数月方至。仁表无绥抚之才,与田村争礼,不宣朝命而还。后新罗与高丽、百济相攻,高宗诏日本出兵援新罗,日本不应命。及唐灭百济,日本王中大兄遣阿昙比罗夫、阿部比罗夫等助扶余丰攻唐军,唐军败之,日本戒严,沿海置防烽,唐实无意攻日本。麟德二年高宗十六年,特遣刘德高与之议和,通使如故。

中大兄之后,伊贺、大海人、鸬野瓒良、轻四王皆贤,制律令,定服色,分臣民氏族为八等一真人、二朝臣、三宿祢、四忌寸、五道师、六臣、七连、八稻置。更爵位号,增加阶级诸王以下之位为十二阶,诸臣之位为四十八阶,崇尚儒术,置大学寮,春秋释奠于孔子,典章制度悉仿唐朝。其后首阿闭、大炊诸王崇信佛教,宠奸僧元昉、行基、道镜等,屡致叛乱。先代丰富之业渐衰,然文学、技艺之进,日胜于前。朝聘于唐,礼意倍渥。

日本凡遣使朝聘,必先置造船使,造舶四艘。未造之前,先遣大臣奉币祭木灵山神,舶各立名,使人皆进位赐物,奉币帛祀天神地祇,祈途次平安。发遣之日,使人辞王,王特下诏旨,授以节刀,设宴王宫,赐饯五位以上,酬赠诗歌。及归,进节刀见王,又进位赐物各有差。所乘之舶,并授位赐冠,以彰其往来上国之荣。

其使臣至唐者,粟田真人、多治比县守、藤原清河最著。武后长安二年,真人奉其王轻之命来朝。真人好学能文,进止有仪容,武后厚飨之,授司膳卿。县守、清河朝唐,皆在玄宗时。县守尝请从诸儒受经,玄宗命四门助教赵元默即鸿胪寺为师,县守还国,每朝必著唐所赐朝服。清河来朝将还,玄宗亲赋诗送之。遭风飘泊安南,复至长安,留仕为特进秘书监,更名河清,卒于唐。

学生之留学者,阿部仲麻吕、吉备真备为最。仲麻吕年十六,入唐,改名朝衡,玄宗爱其才,授左补阙,与王维、李白、包佶诸文士友善。真备在唐十九年。天宝初,日本王首遣多治比广成来朝,真备悉唐赏物贸书,与广成共还。复奉其王阿闭之命来朝,玄宗命朝衡接伴,真备归,而衡留。衡在唐五十余年,官至左散骑常侍、镇南都护,卒,赠潞州大都督。

日本自轻至白壁七王,皆都奈良今畿内奈良县,后世称为奈良朝廷。开国以来,以此为极盛之时。白壁尝遣小野石根朝于唐,代宗优待之。白壁卒,子山部立,迁都山背国之长冈在畿内,已又迁于山背国葛野郡之宇多村,号曰平安京,即今西京也。山部在位,当唐德宗时,尝遣滕原葛野来朝。山部之后,安殿、神野、大伴三王继立,朝聘中绝。唐文宗时,神野子正良继大伴为王,又遣葛野麻吕子常嗣来朝,是后不朝聘者五十余年。至唐昭宗时,其王定省议遣菅原道真等来,会在唐之僧宗璀,报唐内乱,乞停邦人来朝,于是寝遣使之命。五代时,滨海商贾间相往来,而国使罕至,惟吴越与日本大臣以书物酬赠,至数四焉。

第八篇　学艺宗教

第一章　学制

周道既衰，学校废绝，儒术摈不用，诸子横议放论，而刑名之说尤盛。秦始皇焚诗书、坑诸生，视法令为经典，使欲学之者，以吏为师。于是百家箝口，莫敢讲学，六经群籍，多藏于山岩屋壁。初，七国时，往往有博士官，秦亦置之，管守典籍，掌通古今，以备顾问。汉承秦制，以叔孙通为博士，制定汉礼，诸儒颇复征用。然高帝素轻儒学，未议及庠序之事也。

惠帝除挟书之禁，文帝进用游学之士，文事寖兴。然文帝、窦后皆好黄老之术，景帝喜刑名，不任儒者，故诸博士虽具官待问，其任犹轻。及武帝好儒，公孙弘以治《春秋》，白衣为三公，国内学士靡然向风。乃置五经博士，择少年五十人，补弟子员，设科考察，劝以官禄，郡国皆立学校官，以广教导。昭帝增博士弟子，满百人，宣帝又增倍之。宣帝为治，虽不专本儒道，亦留心经艺，尝诏诸儒会石渠阁，讲五经同异。萧望之等平奏其议，帝亲临决焉。是后儒业益盛，枝叶繁滋，一经说至百余万言，大师众至千余人。

光武中兴，先访儒雅，四方学士，云会京师，营起大学，置博士十四人，各以家法教授，而聪明有威重者一人为之长，号博士祭酒。明章之世，儒学极盛。明帝临辟雍，飨射礼毕，执经自讲，为功臣、子孙、外戚、四姓樊、郭、阴、马末属别立校舍，搜选高能，以授其业。自期门、羽林之士，悉令通《孝经》。匈奴亦遣子入学。章帝大会群儒于白虎观，考定五经同异，如石渠故事，命史臣著为《通议》。和帝亦数幸东观，览阅书籍，有明、章之遗风。

邓太后称制，以儒职多非其人，诏公卿察举明经，务取高行，后旋复故。安帝薄于文学，博士倚席不讲，朋徒相视怠散，学舍颓弊。顺帝缮修之，造房室二千。梁太后称制,令郡国举明经诣太学,大将军以下,皆遣子受业,自是游学增盛,至三万余生。然讲义渐疏,多以浮华相尚,儒者之风盖衰矣。至桓帝时,太学诸生,好危言核论,竞为臧否,竟罹党锢之祸。灵帝昏弱,耽于词艺,设鸿都门学,引诸生能为辞赋或工书者,以充文学,无行趋势之徒竞进,士君子耻与为列焉。

魏文帝依汉制,立太学,设五经课试之法,然博士选轻,生徒少成业者。晋武帝兴学,名曰国子学,以教国之贵游子弟,置国子祭酒、博士、助教。是时,士大夫多习尚老庄,及五胡之乱,佛教又盛,儒术终不振。江左多难,日不暇给,以迄宋齐。祭酒、博士空存其官,而无其职,国学时或开置,而劝课未博,建之不能十年,取文具而已。宋文帝立四学,曰玄、儒、文、史。玄者,老庄之道也。明帝置总明观祭酒,以总玄、儒、文、史四科,科置学士各十人,于是儒道仅得与老庄骈立。至齐武帝时,省总明观。梁武帝置五经博士,广开馆宇,养士逾千人,南朝文学之最盛也。然崇佛甚深,士民风靡,儒生学士,不过玩辞章之末。

后魏道武帝始定中原,立太学于平城,置五经博士,生员三千人,命郡县大索群籍。献文立乡学,每郡置博士、助教。孝文好儒,开皇子之学,及迁洛阳,立国子、太学、四门小学,自是学业大盛。燕、齐、赵、魏之间,横经著录,不可胜数。北齐置国子寺,以祭酒总之,其博士、助教,有国子及太学、四门之别。后周无国子、四门,唯置太学。汉魏以来,国学皆属太常,后周属大宗伯。隋文帝始革之,令国子寺自为一官,寻改寺为学。炀帝又改学为监,唐因之。晋置律学博士,属廷尉,历代因之,唐移属国子监。

唐制,国子祭酒总判监事,司业副之,领学馆六。国子学生三百人,以三品以上子孙为之。太学生五百人,以四品、五品子孙为之。四门学生千三百人,以六品、七品子及庶人之俊异者为之。律学生五十人,书学生、算学生,各三十人,以八品以下子及庶人之通其事者为之。六馆合二千二百十人。每学置博士、助教,唯书、算二馆,不置助教,别于门下省置弘文馆,生三十人。于东宫置崇文馆,生二十人,以皇亲外戚及贵近之子为之。京都、都督府、州、县亦皆立学,学生随其大小有差,自八十人至二十人。是皆高祖、太宗之遗制,而玄宗所重定也。

太宗雄武,兼喜文学。召惇师耆德,尽授学职,雠正五经,创立《正义》,都鄙皆向学,文治郁兴。求梁、陈、周、隋通儒之子孙,并加引擢,以先儒左丘明等二十二人左丘明、卜商、公羊高、穀梁赤、伏胜、高堂生、毛苌、孔安国、戴圣、刘向、杜子春、郑众、贾逵、马融、卢植、郑玄、服虔、何休、王肃、王弼、杜预、范宁配享孔子庙庭。高宗时，东都亦置国子监，数年而废。玄宗重艺文，诏府郡举通经士，而褚无量、马怀素等侍讲禁中，恩礼优渥。又命二人修整群籍，业未毕，相次物故，诏元行冲续成之。置集贤书院于两京，各列经、史、子、集四库。及禄山之乱，两院图书丧脱几尽。其后学校衰废，生徒流散，嗣帝区区急于救乱，不暇语教育事。代宗尝兴国子监，以阉竖判监事，贻讥后世。是时，生徒无常员，至宪宗，定为五百五十人，东都亦新置监生百人。文宗校定五经，镵之石、张参等是正讹文。懿宗诏群臣输光学钱，以治庠序，然儒学不复振兴，以至唐亡。

第二章　儒学

战国时，儒学既分数家，专攻一经，皆自称得孔子遗意，师徒相授受，而其道未大明。汉兴，诸儒传其所得，各守家法，言《易》自菑川国名，今山东济南府东北境及青州府西北境田何，言《尚书》自济南郡名，今济南府伏胜，言《礼》自鲁国名，今山东兖州府高堂生，言《诗》于鲁则申培公，于齐国名，今青州府则辕固生，于燕国名，今顺天府则韩婴，于赵国名，今直隶广平府及顺德府西境则毛亨。故《诗》有鲁、齐、韩、毛四家。田氏之《易》，分为施、孟、梁丘氏，又有京房及费直、高相之《易》。伏生《尚书》分为欧阳、大小夏侯氏。孔安国初受《书》于伏生，后得古文蝌蚪《尚书》，训传其义，世因称伏《书》为今文。高堂生之后有后氏，后氏分为庆氏、大小戴氏。《春秋》有《公羊》《穀梁》《左氏》之传，言《公羊》则齐胡毋生、赵董仲舒，言《左氏》则河南郡名，今河南河南府及开封府西境贾生。胡毋之后，又分为严、颜二家。

武帝置五经博士，齐、鲁、韩《诗》，欧阳《尚书》，田氏《易》，后氏《礼》，《公羊春秋》，并立于学官。宣帝复立大、小夏侯《尚书》，施、孟、梁丘《易》，大、小戴《礼》，《穀梁春秋》。元帝复立京氏《易》。光武立博士十四家，《诗》《书》各三家，《易》四家及二戴《礼》，皆因宣、元之旧，罢《穀梁春秋》，立《公羊》严、颜二氏。明帝诏诸儒，选高才生，受古文《尚书》《毛诗》《穀梁》《左氏春秋》，虽不立学官，然皆擢高第。

西汉名儒贾谊、董仲舒为称首，论著虽不多传，后人服其深识。其后有刘向，经明行修，仕宣、元、成三朝，以忠直显。成帝命向校典籍，条其篇目，撮录指意。向卒,哀帝使向子歆卒父业。歆乃集经子群书,别为《七略》辑略、六艺略、诸子略、诗赋略、兵书略、数术略、方伎略。王莽篡立,以歆为国师。歆校书时,得《周官》于秘府,著于录略,采摘其说,以佐莽政,其学遂行。扬雄与歆同仕莽,好古乐道,不慕荣利,故以文章垂名,作《太玄》以拟《易》,作《法言》以拟《论语》,然《法言》卒章,盛称莽功德,君子病焉。

东汉名儒甚众,河南郑众、扶风三辅之一,属司隶,今陕西西安府西境及凤翔府贾逵皆受其父业,治古学,尤明《毛诗》《周官》《左氏春秋》等,逵论著百余万言。伏湛、伏黯兄弟,伏胜之裔也,明《齐诗》,子孙数世皆传家学。桓荣以宿学授明帝经,其子郁教章帝、和帝,郁子焉亦教安帝、顺帝。一家三世,为五帝师。顺、桓之世,扶风马融以博洽称,《诗》、《书》、《易》、三《礼》、《论语》、《孝经》等,皆有注解,徒众甚盛。涿郡属幽州,今顺天府西南境卢植事融,通古今学,性刚毅,有大节。灵帝末,为尚书,以忤董卓免。北海国名,属青州,今山东青州府东境郑玄,笃学究诸经,以山东无足问者,西入关,从融,质疑义。及辞归,融曰:"郑生今去,吾道东矣。"玄兼众家之学,注释详明,两汉儒学,至玄而大成。然融、玄皆信谶纬,间采其说,以附会经义,后儒疵之。任城国名,属兖州,今山东济宁州何休好公羊学,作《公羊墨守》《左氏膏肓》《穀梁废疾》,以难二传。玄乃发《墨守》、针《膏肓》、起《废疾》。休见而叹曰:"玄入吾室,操吾矛,以伐我乎?"同时有河南服虔,亦驳休说,作《左氏传解》。

魏时,王肃、王弼、何晏有名。肃善为贾、马之学,而不好郑说,采会异同,尽注诸经,著《圣证论》,以讥短郑玄。玄门人孙叔然又驳之。世以"郑王"并称。弼作《易注》、晏作《论语集解》,二人皆好老庄,解经颇杂其意。两汉言《易》者,多主象占之说,弼悉扫去,畅以玄理,易学于是一变。晋时,杜预明史学,身膺将帅之任,武功盖世,既平吴,耽思经籍,作《左传集解》。至南渡后,范宁作《穀梁集解》。

汉初,《易》凡六家,费、高但行民间。东汉陈元、郑众主费氏,马、郑、二王皆为之注。《诗》凡四家,毛氏初微,亦贾、马、郑、王注之。于是毛氏、费氏《易》大兴,高氏《易》亡于汉末,《齐诗》亡于魏,《鲁诗》、施、梁丘《易》亡于西晋,《韩诗》、孟京《易》虽存,无传之者。伏《书》三家,相传至西晋而亡。贾、马、郑、王皆注《古文》,然已非孔安国全本。晋豫章郡名,属江州,今江西南昌府内史梅颐称得《古文孔传》,奏上之,盖晋人所拟作也。《礼》凡三家,东汉虽存,并微,马融传小戴之学，且采《周官》，通《仪礼》《礼记》为三礼。卢、郑受之，并作注解。郑更名《周官》曰《周礼》。及王肃驳郑，《礼》分为二家。肃为晋武帝外祖，故晋人议《礼》，舍郑从王。《春秋》三传，《公羊》二家独盛，《穀梁》常微，《左氏》初不著。郑、贾、服、杜，作训解，遂大行于世。

东晋南朝尚词藻，耽玄言，经学不盛，而北朝名儒稍多。元魏世，徐遵明为儒宗，博通诸经，教授山东。孝庄帝时，死于乱。高弟李铉为北齐博士，经生多出其门。熊安生最明礼，周武帝闻其名，重之。及灭齐，安生遽令扫门，家人怪之。安生曰："周帝崇儒，必来见我。"已而果至，遂携归，命议"五礼"。隋时，有刘焯、刘炫称二刘。焯啬于财，不行束脩者，未尝教诲。炫亦贪鄙，文帝购求遗书，炫伪造书百余卷，取赏而去。然二人聪明博览，著述富赡，为一代大儒。

文帝末年，龙门县名，属蒲州，今山西绛州河津县王通诣阙，献《太平十二策》，帝不能用，罢归。通遂教授于河汾之间，弟子自远至者甚众，累征不起。大业末，卒于家，门人谥曰"文中子"。通诲人不仿世儒，事训诂，谈道讲术，成一家言，世推为大儒。

东晋以来，儒者好尚，有南北之异。江左，《书》则孔传，《易》则王弼注，三《礼》则郑注若王肃注，《春秋》则《左传》杜注，《论语》则何晏注。《河》、《洛》、《书》、《易》、"三礼"、《论语》，皆主于郑氏。《春秋》三传，则用服虔、何休、范宁。唯《诗》则南北俱遵郑笺。南学简而华，北学深而芜。隋人并采南北之学，《书》《易》《春秋》则用孔、王、杜氏，《诗》、"三礼"、《论语》则皆用郑氏，自是《书》《易》郑注，及王肃、二何、服、范氏皆微。

唐以九经课学生。《礼记》《左传》为大经，《诗》《周礼》《仪礼》为中经，《书》《易》《公羊》《穀梁》为小经，通二经以上者，得应举，《孝经》《论语》皆兼通之。太宗命孔颖达、颜师古等，选《五经正义》，以郑、孔、王、杜为本，采众家义疏，增损而广之。《诗》《书》《左传》，多据二刘疏。《礼记》据梁皇侃及熊安生疏，贾公彦又作《周礼》《仪礼》疏，发挥郑学。《孝经》旧有孔、郑二注，玄宗更自作注，命元行冲疏之。有唐一代，文儒如林，其于经义，无大异说。唯李鼎祚作《易集解》，宗郑排王；啖助说《春秋》，不宗三传，考其得失，断以己意，然大旨阴主《公》《穀》，赵匡、陆质传其学，质遂纂啖、赵之说，作《春秋集传》。唐学出正义之范围者，唯此二书，亦不甚行。

自唐以前，孟轲列于诸子，儒者不甚推重之。东汉唯赵岐注之，唐朝亦不立学官。至韩愈深赞其辟杨墨、明孔道,以为功不在禹下,学者自是知尊孟子矣。愈慕孟子之风,排击老释,唱群圣传统之说,以捍卫儒道。事德宗,为监察御史,以谏宫市贬阳山属连州,今广东连州属县令。宪宗朝,迁刑部侍郎。帝迎凤翔法门寺塔佛骨入禁中,留三日,历送诸寺,王公士民瞻奉舍施,惟恐不及。愈上表极谏,乞投之水火,帝大怒,贬潮州属岭南,今广东潮州府刺史。后复还朝,会成德王庭凑杀其帅田弘正自立,穆宗诏愈宣抚,众皆为愈危。愈至,庭凑严兵迓之,愈以大义责庭凑,庭凑不敢犯,礼而归之。愈通经传百家,最长文章,世推其排佛之功,比于孟子。

第三章　文艺

唐虞、夏、商世风简质,诗歌、典诰甫创,文格未极其变。周末文学大盛,《论语》之简约,《孟子》之雄快,《老子》之深奥,《庄子》之变幻,《左氏》之典丽,《国策》之雄劲,《孙子》之精奇,《韩非》之刻峭,屈原之悽惋,皆擅绝古今,各不相袭。

秦时,李斯文甚伟丽,其他则无闻焉。西汉作者甚众,贾谊之于论策,司马迁之于《史记》,司马相如之于词赋,尤极超妙。当二马之时,武帝方劝奖文学,宠用材俊,又立乐府,采歌谣,于是辞人奋兴,扬葩振藻,闳衍雄浑,成一代之风。其后文气浸弱,竞以侈丽相尚。如王褒、刘向、扬雄之属,文虽深厚,矫健之气稍替矣。雄自云悔其少作,欲矫其弊,作《太玄》《法言》,摹拟经籍,然措辞务为艰奥,转失文之真意。

东汉而下,文多排偶,散文可观者甚寡。惟班固之《汉书》,体大思精,足称司马迁之亚。晋陈寿《三国志》,叙事简核,亦良史也。诸葛亮非致力于文者,然其《出师表》,简严精切,千古不磨,允推至文。

魏晋之诗赋,颇多名家。魏武帝、文帝才兼文武,均工诗赋。文帝弟陈思王植,才藻英发,落笔成章。晋末,陶潜少有高趣,著《五柳先生传》以自况。尝为彭泽县名,属江州,今江西九江府湖口县令。郡遣督邮至,吏白应束带见之,潜叹曰:“我岂能为五斗米,折腰向乡里小人。”即日解印绶去,赋《归去来辞》,以遂其志。自以曾祖侃为晋宰辅,耻屈身后代。自刘裕擅国,绝意仕进,与其妻共耕,觞咏自娱。至宋文帝时没,世号“靖节先生”。潜妙于诗,冲澹深邃,出于自然。同时,谢灵运亦有逸才,世以“陶谢”并称,然其诗极工丽,而气格逊于陶。

世称晋、宋、齐、梁、陈、隋，统曰六朝。六朝文格，较汉魏益加浮靡，然其善者往往有简质清刚之致。如晋陆机、潘安，宋傅亮、鲍照，齐任昉、江淹，其尤著者也。梁武帝博学能文，著述数百卷。昭明太子及简文帝、元帝，皆好学，富于词藻。历代帝王父子以才学称者，曹魏、萧梁而已。梁朝多文士，沈约、庾信最著。约历事宋、齐，劝梁武帝移齐祚，位至宰辅。约尝悟语音有平、上、去、入之别，撰《四声谱》以发其旨。音韵之学，至此而兴。信有盛才，与徐陵同官，文并绮艳，务以声调相婉附，句用四六，隔句作对，后进竞相模仿，号徐庾体。时西魏宇文泰好古，欲革文弊，命苏绰仿《尚书》作《大诰》，宣示群臣，自后诏诰皆依此体，然亦未能久行。梁元帝遣庾信聘西魏，信遂留长安，仕魏及后周，周明帝、武帝皆嗜文艺，遇信特优，由是信之文体又行于北方。

唐承六朝之后，诗赋、散文皆不脱纤弱之习。高宗时，王勃、杨炯、卢照邻、骆宾王擅文名，世称四杰，俱工于骈俪。则天时，沈佺期、宋之问，以附二张进，之问尤无行。二人善诗，带沈、庾余风，益加雕镂，音律谐协，属对精练，号为律诗，又谓之近体，学者宗之，称沈宋。陈子昂亦媚事则天，然其诗不染时俗，高雅冲澹，超于建安，散文亦疏朴近古。

玄宗之世，张说、苏颋以文章显，皆升相位。说封燕公，颋许公，时号燕许。其文稍近雅正，而骈俪之习未去。元结性耿介，为文奇古，不谐俗，故名亦不高。然唐人力变骈俪者，实自结始。是时，宇内升平，文艺昌炽，诗人名家者，不可胜数，而杜甫为其冠，李白、王维、孟浩然等次之。杜甫少贫，举进士，不第，困于长安。玄宗见其赋，奇之，待制集贤院。会禄山乱，为贼所得，逃谒肃宗，拜右拾遗，寻弃官寓秦州属陇右道，今甘肃直隶州，樵采自给，流落剑南，为其帅严武参谋。武卒，客游江湖，死于衡山之阳。甫旷放不自检，好为大言，高而不切，数当寇乱，挺节无污。为歌诗，伤时桡弱，情不忘君，人怜其忠。李白有逸才，豪放嗜饮，飘然有超世之心。尝至长安，学士贺知章见其文，叹曰："子，谪仙人也。"荐之玄宗，供奉翰林。白犹与饮徒日醉于市，顷之辞去，浮游四方。肃宗时，得罪，流于夜郎郡名，属黔中道，今贵州遵义府桐梓县，会赦得释，客死江南。李杜之诗，俊伟佚宕，不假雕琢之工，古风、近体皆妙其用，于是唐诗蔚然大兴，遂为世之模范。

陆贽勋业显于朝，固非翰墨之徒，其文多用骈句，而真意笃挚，反复曲畅，不见排偶之迹。为德宗作诏诰，至武夫悍卒皆感泣。其论谏切中时病，皆本仁义，洵经世之文,不可以四六卑视。

韩愈以宏才卓识,用力古文,综核百家,镕而化之,刊陈划伪,粹然一出于正。而滉洋自肆,无所拘束,遂一洗八代之陋习,使唐之文章,追踪于周汉。当时名亚于愈者,唯柳宗元。宗元与顺宗幸臣王叔文友善,及叔文用事,引陆质、刘禹锡等参计议,宗元亦预焉。宦官嫉之,谗毁沸腾。宪宗立,悉贬窜其党,赐叔文死,宗元由是废黜,自放于山水间,湮厄感郁,一寓诸文。愈尝评之曰:"雄深雅健,似司马迁。"李翱、皇甫湜从愈学,翱得其谨严,湜得其奇崛。孙樵又传湜法,刻意求奇,皆不逮韩、柳。韩、柳又喜诗,俱如其文。同时工诗者,韦应物、刘禹锡、张籍、白居易。居易长乐府,用语平易,以曲折尽情自成一家。稍后而有杜牧、李商隐。牧诗豪而艳,有气概,人号小杜,以别杜甫。商隐学甫,寄托深远,但语伤缛丽。

大抵先秦诸子著书,各欲立言传道,无意于为文,而文自美。西汉尚文辞,极其雄丽,文遂为学者之一艺。自是以来,名贤不必皆能文,文士不必皆达于道。道与文,歧而为二。东汉而降,曹、陶最为词宗,至徐、庾而绮靡极矣。唐兴,王、杨、沈、宋鸣于时,虽盛且美,而不雅正。陈子昂唱古诗,而李、杜成之。元结唱古文,而韩、柳成之。韩、柳没后,少能继其高风者,诗则作者接踵,至唐亡不绝,故后世论诗,以唐为最盛,而杜诗、韩文巍然冠绝一代矣。

第四章　佛教

佛教入中国,始于汉明帝时,前卷记之矣。然西汉已有其征,霍去病击匈奴,降浑邪王,获金人还,武帝列之甘泉宫。金人本休屠匈奴西边属部,盖唐时揭盘陀国,在葱岭中王所祭,盖佛像也。哀帝时,月氏使者口授佛经于博士弟子秦景,汉人未之信。明帝遣景等之印度,访求佛道,携沙门迦叶摩腾、竺法兰东还。摩腾译《四十二章经》,法兰译《佛本行》等经,自是西域沙门往往入汉,译经传道,人浸奉之。

三国时,曹植好读佛经,吴大帝亦甚敬沙门,于是佛教行于吴、魏。印度僧法时至洛,译《戒律》,魏人始受戒剃发。晋初,敦煌郡名,属凉州,今甘肃安西州僧法护周游西域,大得梵经。佛教东流,自是而盛。怀帝时,印度佛图澄入洛,值晋乱,去投石勒。澄善诵神咒,听铃声言吉凶,勒敬事之,号为大和尚,询军国事。石虎立,奉之尤谨。赵人承风,争造寺庙,出家学佛。

常山郡名，属冀州，今直隶正定府道安，性聪敏，日诵经万余言，尝至邺县名，晋司州魏郡治，石虎都之，今河南彰德府临漳县，事佛图澄，甚见重。石虎死，中原纷扰。安避乱，南之襄阳郡名，属荆州，今湖北襄阳府，布教晋境。以旧译诸经文义难通，精思十余年，悉究其旨，析疑甄解，正其讹舛。秦王苻坚克襄阳，获安，大喜，崇以师礼，敕学士有疑皆咨焉。坚方崇佛教，西僧众天、法喜、众现等相继入长安，与秦僧佛念共译众经。时龟兹西域国名，今回疆库车地僧鸠摩罗什博涉经典，名播西域。道安钦其名，每劝坚致之。鸠亦闻安风，遥拜致敬，谓之东方圣人。安弟子慧远自襄阳东至庐山在江西南康府城西北，与僧俗百余人结莲社念佛。儒生厌世者，颇入其社，陶潜、谢灵运亦与之游。

苻坚遣吕光西征，破龟兹城，获鸠摩罗什，俱还。会秦乱，鸠留凉州今甘肃凉州府。后秦主姚兴灭秦，降凉，迎鸠入长安，尊宠特甚。鸠通秦言，览旧经多谬，不与梵本相应，与群僧共译经论数百卷。兴大营塔寺，公卿以下皆奉佛，僧徒集秦京者五千余人，自西域至者，又数十辈。州郡化之，事佛者十室而九，兴以僧尼多衍滥，令僧䂮为国僧正统之，僧之有官，自䂮始。

后秦僧法显、智猛，凉州智严、宝云，北燕昙摩竭等，前后西游，渡流沙，逾葱岭，适印度，访道，航海东还，多居江左。晋、宋之间，禅学大兴，当世名士如谢灵运、颜延之、何尚之等，皆为文赞扬佛理。诸帝奉佛，遂无艺极。宋明帝以故第为湘宫寺，备极壮丽，尝谓新安今安徽徽州府太守巢尚之曰："此是我大功德。"散骑侍朗虞愿侍侧曰："此皆百姓卖儿贴妇所为，佛若有知，当慈悲嗟悯，罪高浮图，何功德之有?"帝亦不悟。后魏袭两秦之迹，历世奉佛。惟太武帝崇道教而抑释氏。司徒崔浩常言："佛法虚诞，为世费害，宜悉除之。"会帝幸长安，见寺僧犯法，命案诛一寺。浩因说帝，下诏焚毁寺塔、佛像、胡经，沙门无少长，悉坑之。自后敢有事胡神及造泥像、铜像者，门诛。太子晃素好佛法，乃缓宣诏书，使远近豫闻，得各为计，僧徒多亡匿，或秘藏经像，惟塔庙无复孑遗。及浩诛死，佛禁复弛。文成嗣位，诏郡县各建寺一区，良民欲为沙门者听。帝至，亲为西僧五人下发。

献文好览释典，少逊位，建寺于北苑，与僧徒数百人共习禅定。孝文虽崇儒，未尝辟佛。至宣武帝，信佛尤甚，胡僧至者三千人。孝明时，胡太后建永宁寺，多作金像，僧房千间，塔高六十余丈，又遣宋云及僧慧生如印度求经，得百七十部。其后国乱，民避赋役，多为僧尼，至二百万人，寺有三万余区。

南朝梁武帝与宣武、孝明同时，奉佛。三次舍身同泰寺，设大会，释御服，持法衣，行清净大舍，素床瓦器，乘小车，役私人，亲为四众讲《涅槃经》。群臣以钱一亿万奉赎，表请还宫，三请乃许。又以慧约为师，受具足戒，太子、王公以下受戒者五万人。中大同元年武帝即位四十五年、魏孝静帝武定四年，又幸同泰寺，讲《三慧经》。寺中浮图灾，帝曰："此魔也，更宜广为法事。"遂起十二层浮图，工未竣而侯景乱作。陈高祖代梁，未逾年，复踵梁武故事，舍身于大庄严寺。

当梁武帝时，南印度菩提达磨航海至中国，彼教所谓初祖也。武帝召见，问曰："朕多造寺、写经、度僧，有何功德？"达磨曰："并无功德，净智妙明，体自空寂，如是功德，非可于世求。"帝不悟，达磨渡江适魏，止于嵩山，壁观九年而没。达磨之教，不依经论，直指人心，云见性可以成佛。弟子慧可传其道，达磨授袈裟，以为法信。

周武帝好儒，诏禁道、释二教，悉毁经像，令沙门、道士并还俗。隋文帝秉周政，复行二教。及受禅，诏听民出家，仍令计口出钱，营造经像，于是时俗风靡，民间佛书，多于儒经数十倍。初，东魏慧文唱"一心三观"之说，以授慧思。思授之智𫖮，𫖮广其义，立五时四教，往居天台山在浙江台州府天台县北。陈宣帝割始丰县属扬州临海郡，今天台县是也，以供其费，仆射徐陵等师事之。陈亡后，炀帝重𫖮，赐号智者大师，为建国清寺，自是国清为江南巨刹。

唐初，太史令傅奕深恶佛教，上疏请除之，略谓佛在西域，言妖路远，汉译胡书，恣其假托，使人不忠不孝，游手游食，伪启三途，谬张六道，其为害政，良可悲矣。高祖诏百官杂议，仆射萧瑀以为奕非圣人，当治其罪。高祖以僧道多不守戒律，诏有司沙汰之。太宗停其命，但禁私度，定应度之数。奕后集魏晋以来驳佛教者，为《高识传》十卷。

贞观初，陈留县名，属宋州，今河南开封府陈留县玄奘聪睿笃学，历游五印度，得经论六百余部而还。太宗重之，尝留居禁中，昼则陪御谈论，夜分就院翻译。太宗亲作《三藏圣教序》。高宗为撰《述圣记》，又创大慈恩寺，置新获梵经及瑞像、舍利等，令奘等居之。奘没，敕敛以金棺银椁。奘译经论，凡千三百余卷，又撰《西域记》以述地理、风俗，颇有裨于考证。

武后好营大佛像，中宗亦好造寺、度僧，耗蠹无限。玄宗敕僧尼三岁一造籍，寻令祠部给度牒。至文宗时，寺凡四万余所，僧尼数十万人。武宗好道而恶释，敕两都各留二寺，节镇一寺，余皆毁撤，勒僧尼归俗，凡二十七万。宣宗敕复废寺,僧尼之弊,皆复其旧。

魏晋间,讲释教者,无宗派之称。鸠摩罗什入关,三论之学初盛,其后诸宗踵兴,至唐有十余家,其大者八。一曰三论宗,以《中论》《百论》《十二门论》为据,著《三论疏》者,隋僧吉藏也。二曰法相宗,又名唯识宗,玄奘受之印度者也。三曰律宗,以法时所译《戒律》为据,唐僧法砺、道宣等所传也。四曰华严宗,以《华严经》为据,觉贤初译《华严》,隋时法顺发挥其学,至唐益盛。五曰天台宗,慧文唱之,智𫖮广之,自𫖮六传至湛然,复为详制疏释焉。六曰真言宗,又名密教,开元中印度善无畏、金刚智至唐传之。七曰禅宗,达磨所唱,五传至慧能,徒众滋繁,分为青原、南岳二派,唐末南岳复分为沩仰、临济二派,青原分为曹洞、法眼、云门三派。八曰净土宗,庐山莲社初开其绪,道希译《净土论》,昙鸾为之注,唐道绰、善导等复修之,号为寓宗。

佛教之入中国也,值儒教中衰之时。魏晋名流,荡佚成俗,释氏以空虚、寂灭鼓之,遂混合而不觉。然犹制于老庄,未能盛行。其后胡汉纷扰,中原大乱,诸帝崛兴,杀人如刈草芥。嬗代之际,尤多内疚,念非释氏解脱修报之说,无以自免。于是戎马未解,塔寺繁兴,武功愈伟者,奉佛愈虔。石勒、姚兴、苻坚、梁武、隋唐二祖,皆职此故。然梁武长斋布素,累讲佛经,太庙牲牢至以饼脯蔬果代之,其奉佛教至矣,卒无解于台城之祸。后之人君,犹迷而不悟,如唐太宗、宪宗,虽闻傅奕、韩愈之正论,终不能一祛其惑。武宗排佛,虽较胜诸帝之愚,然崇道抑释,非真知彼教之非,故不久而即复。至宋崇道学,诸派始衰。元明以来,惟律、禅、净土三宗传于世云。

第五章 道教

神仙之谈,创于战国。秦皇、汉武深信之,事详前卷。自此以来,方士群出,争言导引、服饵、飞升、变化之术,其说本与道家无涉。老子主虚静,惟以治其心而已。庄、列颇说神人,亦属寓言。方士之徒乃强解,以为仙道之书,稍稍自附之,更称道士,遂推老君为天仙之长,位次元始天尊。

汉顺帝时,沛国名,今安徽凤阳府宿州人张道陵客蜀,登鹤鸣山在四川成都府崇庆州西北修炼,自言受秘录于老君,以惑愚民,行符水、禁咒之法。从学者出五斗米,时人谓之米道,其徒号陵为天师。张修、张角效之,世称三张。角遂为黄巾贼渠魁。陵玄孙居龙虎山在江西广信府贵溪县西南,世传其道,历代重之。魏晋南朝崇尚老庄，其君子事清谈，其小人喜符祝祷祠，于是道教浸盛，与佛教并驱。东晋初，葛洪止罗浮山在广东惠州府博罗县西北，称得仙术，著书推明其理，号《抱朴子》。齐时，陶弘景隐于句容县名，属扬州丹阳郡，今属江苏江宁府，修道业，作《真诰》，梁武帝厚遇之，士民受道者众。

后魏太祖好佛老，置仙人博士，立仙房，煮炼仙药，遂服其药得疾。明元时，嵩山道士寇谦之自言，尝遇老君降，命已继张道陵为天师，授以服气轻身之术及科诫书，使之清整道教。又遇神人李谱文，老君玄孙也，授以《录图真经》，使劾召百神，辅北方太平真君。太武即位，谦之诣阙，献其书，人多未信。崔浩独师受其术，上书赞之。太武乃起天师道场，显扬新法，后改元曰太平真君，亲备法驾而受符箓。谦之奏造静轮宫，令其高不闻鸡犬，欲以上接天神。功役万计，经年不成。谦之死，人以为尸解而去。自是道教大行，斋醮、符咒、金丹、玉浆之法，纷纭竞起。每帝即位，必受符箓，以为故事，刻天尊及诸天仙之像而供养焉。周武帝信道士卫元嵩，欲废释教，僧徒争之，帝遂并罢二教。

唐高祖时，晋州今山西平阳府妖人自言于羊角山在平阳府浮山县南见老君，曰："为吾语唐天子，吾而祖也。"诏就其地立庙，盖李唐与老子同氏，故谀者附会之也。高祖幸亳州属河南道，今属安徽颍州府，谒老子庙，上尊号曰"太上玄元皇帝"。以皇绪出玄元，诏王公以下皆习《道德经》，令明经举人策试，以道士隶宗正寺，班在诸王之次。

东晋道士王符作《老子化胡经》，谓西土亦被老子教化。佛徒怒之，历世论争。高宗集僧、道论其真伪，僧法明折之，道流无能应者，敕搜聚《化胡经》焚之。则天时，僧慧澄又请毁《化胡经》，八学士议状，以为非伪。中宗复位，以僧、道互谤，徒辱祖教，诏除此伪经。

中宗诏诸州各治观一所。观者，道教之寺也。睿宗以二公主为女冠，自是皇女有入道者。玄宗最重道教，制令士庶家藏《道德经》一本，帝亲作注疏。两京、诸州各置玄元庙，依道法斋醮，兼置崇玄学生，令习《道德经》及《庄》《文》《列子》，以应贡举。两京崇玄馆，置学士、大学士，追号庄、文、列、庚、桑子，皆为真人，尊其书为真经，以《道德经》为群经首。诸郡开元观，以金铜铸等身天尊像。五岳及灵山仙迹并禁樵采，立祠宇，多度道士，以修祭祀。尊玄元为大圣祖，圣祖前立文宣王像，与四真人列侍左右。是时，公卿吏民，争奏符瑞神异之事，宰相李林甫等皆舍宅为观，以祝圣寿，帝悦。肃、代、德、宪之际，道教之盛，稍逊于佛。然以其为皇家正教,名位常在佛上。武宗宠道士赵归真,亲受法箓,归真与其徒同毁释氏,于是斥佛之议行焉。

长生之说,本由人情恶死而起。帝王身极富贵,无所欲而不获,所难得者,则寿而已。故苟可以补寿者,虽耗财妨民不顾也。宪宗广求方士,或荐山人柳泌。泌以天台多灵草,求为州长吏,帝从之,驱吏民采药。谏官争之,帝曰:"烦一州之力,能为人主致长生,臣子亦何爱焉?"人主贪生,不惮民害,有如是者。

秦汉以来,帝王求仙药,史不绝书,而服饵贾祸,莫甚于唐。太宗时,王玄策使印度,得一方士还,帝命造延年药,历年而成。帝服之,致暴疾以崩,群医束手,议者欲诛方士,恐取笑外国,不果。高宗时,有婆罗门自言,能合不死药,帝将服之,赖郝处俊谏乃止。又使嵩山刘道合作金丹,丹成而死。帝闻,恨曰:"为我合丹,而自服仙去。"宪宗服柳泌药,日加燥渴,数暴怒,责左右,竟以遇弑。穆宗以泌付京兆府杖死。未几,听赵归真之说,亦饵其药,疾作而崩。敬宗逐归真,而宠刘从政,发使采药江南。武宗召归真等八十一人,于禁中炼丹,饵之得疾,崩。宣宗立,诛归真,既而饵太医所治丹剂,病燥,疽发背,崩。

穆、敬昏愚,其被惑,固无足怪。太、宪、武、宣皆英主,乃甘以身试剧药,盖贪欲之心太甚也。宣宗尝迎罗浮山轩辕集,问长生道。集曰:"王者屏欲而崇德,则自然受天遐福,何更求长生。"使宣宗从集言,则纵令不得登仙,何至速其死哉。

第六章　西域诸教

秦汉以后,西域诸教并兴,佛教最先输入中国。袄教、摩尼教、景教三派亦次第东来。袄教即今所谓天主教,创于波斯之苏鲁支。其教专事天神,建堂膜拜,或以火表天神,相率拜之,故亦名拜火教,其僧曰"穆护"。西晋初,陈留、梁、谯、沛、彭城等郡县往往有袄神祠,疑其时袄教穆护已自西域入居中国。

摩尼教者,魏晋之际西历第三世纪波斯人摩尼所创也。先是中亚细亚犹太国今土耳其国、叙利亚南部巴列斯丁有耶稣者,自称救世主,创为宗教,宣道逐魔。罗马镇将钉之于十字架,磔之,而其徒传教者,遍于四方。摩尼自言受神命,绍耶稣之业,然其教实原本袄教,而参以耶稣及佛教,故别成一派。或云摩尼尝避难,由印度至中国,因传其教,然其事亦不详。

后魏太武帝时宋文帝时,西历四百三十年前后,耶稣教徒涅士脱流斯唱景教于罗马,为众僧所责,远谪而死。其徒坚守师说,号涅士脱良派,波斯人多信奉之。波斯王斐鲁日斯遂建为国教,置教主于色流斯亚波斯名都,故址在古巴比伦城东北十六里、底额里河西岸,敷化东方。宣武帝时梁武帝时,西历第六世纪之初,教主尝遣其僧正至中国。

北齐后主好亵鬼神,躬自鼓舞,以事胡天。后周欲招徕西域,亦有拜胡天之制,其仪悉遵胡俗。胡天,即祆神也。唐初,立祆祠于长安,置萨宝府,以主其祭,有祆正、祓祝等官,皆以胡人为之。其后平西域,祠部岁再祀碛西诸州火祆,而禁民祈祭。

贞观中西历六百三四十年,涅士脱良、僧阿罗本赍经至长安,太宗使房玄龄宾迎,留禁中翻经,命有司造波斯寺,度僧二十一人。高宗更于诸州置景寺,号阿罗本为"镇国大法主",于是景教大行。则天延载元年西历六百九十四年,波斯人佛多诞持《二宗经》入唐。相传,其徒不嫁娶,互持不语,病不服药,死则裸葬,殆即摩尼戒法。开元二十年西历七百三十二年,敕以摩尼法假冒佛教,邪说惑民,严加禁断,惟西胡等自行乡法,不科罪。玄宗虽斥摩尼,颇奖景教,尝令宁王等临波斯寺,建坛场,赐五圣高祖、太宗、高宗、中宗、睿宗写真,奉安寺壁,又召众僧入宫,修功德。天宝四年西历七百四十五年改两京、诸州波斯寺为大秦寺,盖以当时波斯已为谟罕默德教国,而景教之源发于大秦故也。肃宗于灵武等五郡重兴景寺,朔方节度使郭子仪与印度僧伊斯修饰堂宇,每岁集四寺僧徒,施以衣食。德宗建中二年西历七百八十一年,长安大秦寺僧景净立景教碑,碑至今犹存,由是得以知当时景教流行之状。

回纥素崇摩尼教,自肃宗借援回纥,其徒多入居内地。代宗命回纥在京者,建摩尼寺,赐额为大云光明。回纥请于荆荆南节度治,今湖北荆州府、扬淮南节度治,今江苏扬州府、洪江南西道治所,今江西南昌府、越属江南东道,今浙江绍兴府等州,皆置大云光明寺。宪宗时西历第九世纪之初,河南府名,东京所在、太原府名,河东节度治,今山西首府亦置摩尼寺。武宗之排佛也,大秦寺、摩尼寺皆废罢,京城女摩尼七十人皆死,流回纥于诸道,死者大半。景僧、祆僧二千余人,并放还俗。自是三教俱微,唐史无述焉。唯摩尼犹盛行于回纥,至宋代不衰。

第九篇　制度之沿革

第一章　职官

秦汉以丞相总百揆，御史大夫贰之，九卿奉常(后改太常)、郎中令(后改光禄勋)、卫尉、太仆、廷尉、典客(后改大鸿胪)、宗正、治粟内史(后改大司农)、少府分理国事。东汉置三司太尉、司徒、司空，分部九卿，而众务转归尚书，公卿稍以失职。魏置中书监、令，委以机衡之任，而尚书亦疏外。侍中，汉代为亲近之职，晋宋选用，渐增华重。人主以其常在左右，多与之议政事，不专任中书，于是又有门下省，而中书之权始分。南朝、后魏皆有尚书、中书、门下、秘书、集书或曰散骑省五省，而九卿犹沿秦汉。北齐加中侍中省为六省，尚书管六部吏部、殿中、祠部、五兵、度支、都官事，门下掌献纳谏正，中书管司王言，秘书典司经籍，集书掌从容讽议，中侍中掌出入门阁。南北皆以侍中、中书令总机要，而尚书唯听命受事而已。

后周依《周礼》，建天地四时之官。太师、太傅、太保，谓之三公；少师、少傅、少保，谓之三孤，皆为论道之官，不亲政务。天官大冢宰掌理邦国，以一官之长兼统五官。地官大司徒掌民事，春官大宗伯掌礼事，夏官大司马掌兵事，秋官大司寇掌刑事，冬官大司空掌工事。谓之六卿。小冢宰、小司徒等为之贰，皆上大夫也。其下有中、下大夫，上、中、下士，分属六官。武官及州县官，参用秦汉。

魏晋以来，职制日增，尚书五六人，分领诸曹。令为之长，左、右仆射贰之，设曹多至三千有余，其职多与九卿重复，庶务烦滞。后周六官，似无其弊，然官名奇古，而国祚短促，人情相习已久，不能革其视听。隋复废六官，多依北齐之旧，改侍中、中书令为纳言、内史令，是为宰相。以六部吏部、礼部、兵部、刑部、民部、工部尚书领二十四司吏部、主爵、司勋、考功，礼部、祠部、主客、膳部，兵部、职方、驾部、库部，刑部、都官、比部、司门，民部、度支、金部、库部，工部、屯田、虞部、水部。炀帝行新令，有五省尚书、门下、内史、秘书、殿内、三台御史、谒者、司隶、九寺太常、光禄、卫尉、宗正、太仆、大理、鸿胪、司农、太府、五监少府、长秋、国子、将作、都水、十二卫左右卫、左右骁卫、左右武卫、左右屯卫、左右御卫、左右候卫,较之周制,如六尚书,似其六卿,而别有寺监,则民部与司农、太府分司徒职事,礼部与太常分宗伯职事,刑部与大理分司寇职事,工部与将作分司空职事。卫尉掌军器、仪仗,太仆掌乘舆、厩牧,而兵部又置驾部、库部司,与之分职。鸿胪有典客署,而礼部又有主客司。都水领舟楫、河渠署,而工部又有水部司。自余官司重设,多类于斯。

丞相之官,历代或置、或省、或为赠官。汉末曹操自居之,遂建魏国,自是丞相、相国,多为非常之任。丞相完臣节者,唯诸葛亮、王导、王猛等数人而已。司马昭、司马伦、桓玄、刘裕、萧道成、萧衍、陈霸先,皆为相国,尔朱荣、高欢、宇文泰、侯景、杨坚、李渊,皆为丞相,莫非为篡夺之阶。三公位尊而职旷,宰辅任专而品卑。故奸雄谋嬗代者,不屑居之,必先假上相之位,以自异于诸臣也。

唐职官多因隋制,虽小有变革,而大较不异。令三省之长中书令、侍中、尚书令参议国事,不复置丞相。其后以太宗尝为尚书令,臣下避不敢居其职,由是仆射为尚书省长官,与侍中、中书令共称宰相。其位号既崇,不欲轻以授人,故以他官居宰相职,而假以他名,参预朝政。参知政事、参知机务之类,其名非一。三省长官,既各有分掌,然宰相之职无所不统,则不容局于一省。故合中书、门下之职,设政事堂于门下,以为宰相议事所,后徙之于中书。贞观中,李世勣以太子詹事同中书门下三品,谓同中书令、侍中也。高宗时,为宰相者,皆加同中书门下三品,虽侍中、仆射亦然,唯中书令则否。其后高宗欲用侍郎郭待举等为相,以其资任尚浅,止令与中书门下同承受进止,平章事、同平章事之名,盖起于此。则天改中书、门下为凤阁、鸾台,其同三品同平章事,亦曰同凤阁鸾台三品、同凤阁鸾台平章事。同平章事初在同三品之下,中世以后,独为真宰相之官。宰相本无定员,玄宗常以二人为限,多或三人。肃宗以后,功臣如郭、李,以节度使同平章事,谓之使相,故备相位者众,然其执朝政者,亦一二人而已。自后强藩田承嗣、李希烈之徒,相继皆为使相,于是同平章事有真假之别。

官人之数,逐世增多。后汉国大,内外官七千五百余人内官千余人,外官六千五百余人。西晋稍小,六千八百余人内官九百人,外官五千九百余人。宋、后魏,地半于汉、晋,而官吏不减。宋几于西晋之数内官八百余人,外官五千三百余人,合六千一百余人,后魏则逾于后汉太和中,内官二千三百余人,外官五千四百人,合七千七百余人。

隋开皇中,官员一万二千五百余人内官二千五百余人,外官一万人,三分后汉,而加其二。唐贞观六年,大省文武官,内官定员仅六百四十二人,其后稍置员外官。则天务收人心,凡举人,无贤不肖,咸加擢拜,大置试官以处之。中宗大增员外官,凡三千余人。于是有员外、检校、试、摄、判、知之官。景龙中,太平、安乐诸公主及上官昭容等,树党鬻官,擅降墨敕、斜封以授,号为"斜封官"。时朝纲既紊,政出多门,迁除猥众,宰相至十余人,左右台御史及内外员外官,多者则数逾十倍,皆无厅事可以处之。时人谓之三无座处谓宰相、御史及员外官也。

玄宗惩其弊,大革奸滥,至开元二十五年,增删祖宗之旧制,著为格令,定省尚书、中书、门下、秘书、殿中、内侍,凡六、台御史、寺同隋、监少府、将作、国子、军器、都水,凡五、军左右羽林、卫卫、骁卫、武卫、威卫、领军、金吾、监门、千牛,各有左右,凡十六、东宫詹事府、左右春坊、(家令、率更、仆)三寺、(左右卫、司御、清道、监门、内率)十率府、府京兆、河南、太原,凡三、州凡三百十六、督上中下都督府、护安东、安北、单于、安西、北庭、安南六都护府之职掌,内官凡二千六百二十员,外官凡一万六千百八十五员。然法属具文,不能事事遵用,且本制之外,有因事置使者,采访处置使,以察访十五道京畿、都畿、关内、陇右、河东、河北、河南、淮南、山南东、山南西、剑南、江南东、江南西、黔中、岭南;节度、团练等使,以督府军事;租庸、转运、监铁、青苗、营田等使,以毓财货。其余细务,便宜设官,名类繁多,莫能遍举。杨国忠为相,至一人领四十余使,其转运以下诸使,无适所治,废置不常。

天宝末,盗起兵兴,府库无蓄积,朝廷专以官爵赏功,诸将出征,皆给空名告身,自开府、特进、列卿、大将军,下至中郎将,听临事注名。其后又听以信牒授人官爵,有至郡王者。诸军但以职任相统摄,不复计官资高下。至德二年,郭子仪败于清沟在陕西乾州武功县东,复以官爵收散卒,由是官爵轻而货重。大将军告身一通,才易一醉。凡应募入军者,一切衣金紫,至有朝士僮仆衣金紫称大官而执贱役者,名器之滥,极焉。代宗宠任宦官,置内枢密使,使之掌机密文书。德宗以禁军尽委宦官,自是庶柄归内侍,号曰"北司",谓政府为"南司"。穆、敬以后,北司益横,南司常受劫制,台、省、寺、监不能举其职,贞观、开元之法度,至是悉坏矣历代官名沿革表、历代命品表、唐百官表,并见附录。

第二章　州郡

晋兼三国之地,置州十九,曰司今河南西北境及陕西商州、山西西南隅、雍今陕西中部及甘肃东境、凉今甘肃西境、秦今甘肃南境、并今山西西南隅、冀今直隶保定府以南、幽今直隶北境、平今盛京省、兖今山东西境及河南东境、青今山东东北境、徐今江苏江北及山东沂州府、安徽泗州、豫今河南东南境及安徽淮北、扬今江苏江南、安徽淮南及江西、闽浙、荆今湖广及河南南阳府、梁今陕西南境及四川东北境、益今四川西南境及贵州大半、宁今云南、广今两广大半、交今安南国及广东西南隅，后割荆扬置江州今湖北武昌府及江西福建，割荆广置湘州今湖南大半及两广北境。东晋偏安，河北、关洛没于胡羯，诸州多侨置于南境，迁徙无常。秦寄治梁州，青、兖寄治徐州，司、豫寄治荆扬之地，幽、平、并、凉则不置。孝武大破苻秦，复青、兖故土，侨置冀州于青境，又以广陵徐州属郡，今江苏扬州府为南兖州领今扬州、淮安二府，京口城名，扬州晋陵郡治，今江苏镇江府治为南徐州领今镇江、常州二府，姑熟城名，属扬州丹阳郡，今安徽太平府治为南豫州领今安徽中部。宋割荆、江置郢州今湖北东境及湖南北境，割交、广置越州今两广南境。齐割荆、益置巴州今四川东境，青、冀、北兖寄治徐东，凡二十三州扬、南北徐、南北兖、青、冀、豫、南豫、司、雍、秦、梁、荆、巴、益、宁、江、郢、湘、广、越、交。苻秦盛时，有二十一州。关西之雍、凉、秦、梁、益、宁置于梁州巴郡，今四川重庆府合州，河南之豫置于洛阳、荆、雍、青、徐、扬置于徐州下邳，今江苏徐州府邳州，河北之并、冀、幽、平，并依晋旧名。以司州地置晋今山西南境、洛今河南西境二州，分雍置司隶治长安，分秦置南秦州今甘肃階州，分凉置河州今甘肃兰州府。元魏置州益多，孝文定为三十八州在河北者十三，曰：司、肆、并、汾、怀、相、定、冀、瀛、幽、安、平、营；在河南者十三，曰：光、青、南青、齐、济、兖、徐、东徐、豫、洛、陕、荆、郢；在关西者十二，曰：夏、华、雍、岐、邠、秦、南秦、梁、益、河、凉、沙。其后南北相高，互增州郡，梁、魏各有州一百余。

晋承汉魏，以州统郡，郡统县。县有令、长，郡有太守。河南则曰尹，以帝都所在，异于列郡。郡为诸侯王国，则有国相、内史，内史职同太守。州有刺史，检察诸郡。京畿之地则以司隶校尉领之，称为司州。东晋都建康今江苏江宁府治，扬州为京畿。司州常在边疆，皆刺史领之。罢司隶校尉官，唯改丹阳今江宁府太守为尹。后魏、北齐皆于其所都建司州，以牧领之，其郡置尹后魏都平城，置司州牧及代尹，后迁洛阳，改洛州曰司州，置牧及河南尹。东魏迁邺，改相州曰司州，置牧及魏尹。北齐改魏尹为清都尹。后周都长安，置雍州牧及京兆尹。隋因之，自是无司州之称。

两汉之世，州唯十三，郡国一百。迨周并北齐，州逾二百，郡逾五百。而陈犹有四十余州，一百余郡。隋初，杨尚希上表曰："当今郡县，倍多于古，民少官多，十羊九牧，请存要去闲，并小为大。”文帝嘉之，悉罢诸郡，以州统县，自是刺史为治民之官，而非举刺之职。炀帝分遣十使，并省州县，改州为郡，置太守。唐高祖改郡为州，玄宗复改为郡，肃宗又复，故州曰刺史，郡曰太守，更相为名，其实一也。唐都长安，置雍州牧，后建东都，置洛州牧，并令亲王居其任，多以长史治民。玄宗改雍州为京兆府，洛州为河南府，亲王领牧如故。更长史为尹，又以并州属河东道，今山西太原府为唐起兵之地，升为太原府，置北京，其牧尹之制同两京。

魏晋以来，刺史往往加都督诸军事。周改都督为总管。唐初，复置总管于诸州，寻改为都督。睿宗置二十四都督，以并、益属剑南道，今四川成都府、荆属山南道，今湖北荆州府、扬属淮南道，今江苏扬州府为四大都督府。玄宗加潞州属河东道，今山西潞州府为五，其中、下都督，亦增其员。又自京都谓京兆、河南、太原及大都督府之外，以近畿之州为四辅同、华、岐、蒲，余为六雄郑、陕、汴、绛、怀、魏、十望宋、亳、滑、许、汝、晋、洛、虢、卫、相、十紧后入紧州者甚多，不复具列，及上、中、下之差。又于边疆列置节度使，即都督加旌节者也，权任甚重，守令皆属之，牧民之政，浸移于藩镇。

禹定九州，汉增为十三，晋又增为十九，是皆域内之大区划也。唐统州三百余，细于汉郡三倍，而莫有大区划。太宗因山川形便分为十道，遣使以六条诏，巡按诸州，盖汉代举刺之职也。其后屡发使者，有存抚、巡察、按察等之名。玄宗复分为十五道，置采访处置使，察访政迹，治于所部之大郡。肃宗改为观察处置使，诸镇之地则不置，多以节度兼之。德宗末年，节度使三十，观察使十，防御使四，经略使三，大者连州十余，小者犹兼三四，全国析为四十七道。自后纷纭变更，乍合乍离，无复常制。始时为唐患者，号河朔三镇，及其末也，国门以外，皆为强敌，唐以亡矣。

第三章　选举

秦自孝公以富国强兵为务，仕进之途，唯辟田与胜敌而已。汉初，公卿多自武夫出。及国内既平，取士渐广，或郡国荐举，或公府辟召，或自州郡曹掾积累而升，或自军士进为将校，或以世胄为郎吏，谓之“任子”。其由郡国之荐者，士人出身之常途也。其目大约有三，曰贤良方正，曰孝廉秀才，曰博士弟子。

文帝重治，诏诸侯、王公、卿、郡守举贤良方正能直言极谏者，帝亲策之，以为常侍、诸吏,贤良对策始于斯。武帝即位初,董仲舒对贤良策,劝以兴太学及使郡国贡吏民之贤者,帝从之,始诏举孝廉、秀才。县次续食,令与计偕。又令太常择关中民,补博士弟子。郡国亦察好学者,诣太常,得受业如弟子,皆考试选用。是后,秀才、廉吏与公卿二千石子弟,多拜为郎。更直宿卫,无常员,或至千人。光禄勋考其德行而铨第之,他官有阙,即以补之。凡日蚀、地震,天地灾变,诸帝皆诏举贤良,率以为常。又有特需任使,辄标材艺之目,而令贡之,或遣使者搜举。

东京公府辟召,最为儒者之荣。其郡国之常贡,则孝廉为盛,名士多出其中。章帝时,茂材孝廉,岁以百数,郡县不加简择,士或矫饰窃名,乃诏凡举士,先试之以职,乃得充选。然守相怠于奉法,滥窃渐甚,请谒繁兴。旧制,贡士无黜落法,皆得入官。然贤良文学,则有对策,足以见其才识。若孝廉,则取其履行,无须策试。顺帝时,尚书令左雄改察举之制,郡国举孝廉,限年四十以上,儒生试经学,文吏试笺奏。缪举者正其罪,察选清平,多得其人。后黄琼为尚书令,以孝廉专选儒学、文吏,于取士犹有所遗,奏增孝悌及能从政者为四科。

曹丕为魏王时,吏部尚书陈群奏立九品官人之法,州郡皆置中正,择本处之贤有识鉴者为之,区别所管人物,第为九等,上之尚书,据状选用。其武官之选,俾护军主之。晋因魏制,州有大中正,郡国有小中正,皆掌选举。自是州郡无计偕之事,公府无辟召之事。士之入仕者,中正铨其高下,吏部司其升沉而已。中正之设,本欲归重于乡评,以核其素行。当时,虽风教颓失,然尚有清议,足以劝惩。其后中正任久,爱憎由己,而九品之法渐弊,遂计官资以定品格,惟以阀阅为重,非复辨其贤愚。上品无寒门,下品无世族。南北朝选举之法,无大更变,虽有秀、孝之目、策试之事,多属具文,而九品及中正至隋初始罢。

汉法,刺史以六条察二千石,岁终奏之,三公定其殿最而行赏罚。魏明帝时,以士人毁誉难辨,作都官考课之法,欲以考核百官,后竟不行。后魏孝文励精求治,内官五品以上,皆亲考核,六品以下,辄委尚书。三载一考,量其优劣,为三等。上者迁之,下者黜之,中者守其本任,赏罚大行。然时俗专贵门第,吏部铨选,罕有才举。孝明时,有羽林之乱,胡太后乃命武人得依资入选。既而官员少,应调者多,吏部无以处之。侍郎崔亮奏立停年格,官不问贤愚,停罢年久者,则先擢用。自是选曹唯取年劳,勘簿呼名,无所鉴别。北齐革年劳之制,后周罢门资之例,皆颇谨察举,然国祚短促,法度不备。

自古州郡僚属，皆长吏得自辟置。北齐后主多佞幸，屡降中旨，以州郡官与之。由是刺史、太守辟士之权，浸移于中朝。至隋，内外六品以下官，咸吏部所掌，州郡无复辟署矣。隋时，诸州常贡之士，随例铨注，不分优劣，唯举秀才者有策试。炀帝始建进士科，试诗赋及策。唐举人由学馆者，曰生徒，博士课试，举其成者；不由学馆者，曰乡贡，投牒自举，州县试而送之，皆到尚书省应试。其科有秀才、明经、进士、明法、书算之目，皆岁举之常科也。秀才等最高，试以方略策五道，其后废绝。进士试杂文二篇，时务策五道。明经，每经十帖，经策十条，帖者，掩经之两端，中间开，唯一行，裁纸为帖，凡帖三字，而令读之。唐人尚文辞，进士为士林华选，俊乂多由是而出，或扬文名，或登显列。又岁举之外有制举，如汉之贤良，数年一行之，所以待非常之才。试之日，天子亲临观之。文策高者，特授美官。开元以后，艺文甚盛，士竞举业。举人每岁二三千，得第者大抵二十而一，至制举，则百才收一。时，进士以声韵为学，多昧经史；明经但务帖诵，罕穷旨趣。玄宗敕改试目：进士，文策之外，试大经十帖；明经，帖经之外，每经问大义十条，罢经策，代以时务策三道。玄宗方弘道教，遂设道举。代宗时，杨绾患举人之奔竞，奏设孝廉科，皆不久而罢。德宗以《开元礼》准经，建为一科。宪宗以史学多废，立史科及三传科。

唐授官之制，多循前代，五品以上有册授、有制授，六品以下皆旨授。凡旨授官，悉由于铨选。选有文武，文选属吏部，武选属兵部，皆尚书、侍郎主之。兵部课试，如举人之制，取其躯干雄伟，应对详明，有骁勇才艺及可为统帅者。吏部择人以四事：一曰身，取其体貌丰伟；二曰言，取其言词辨正；三曰书，取其楷法遒美；四曰判，取其文理优长。白身求官者，则应贡举。有出身、有前资者，则应文选。吏部之属，有考功司。考功郎中掌考课，考官吏之功过，定其殿最而升降之。考功员外郎掌贡举，举人及落，一在其手。玄宗以员外郎望轻，移贡举于礼部，以侍郎主之。于是举士之与举官，分为二途。策试之法、铨选之法，日新月异，不相为谋。士之欲以文章达者，举于礼部，而不举于吏部，则不得官。登录既难，请托愈盛，考官又多偏私，衡鉴不明。以韩愈之才，四试于礼部，始得出身，三试于吏部无成，十年犹布衣，寒士之难进如此。

高宗以来，选人猥众，内外盈溢，门荫、武功、艺术、胥吏之类，众名杂目，不可胜纪。开元中，诸色出身，每岁二千余人，方于明经、进士，多十余倍。是时，内外官万八千余员，而合入官者，凡十二万余人，率十人争一官，有出身二十年不获禄者。吏部尚书裴光庭奏用循资格,限年蹑级,毋得逾越。非负谴者,皆有升无降,盖本于崔亮停年之制也。自是有司但勘资例,考课遂为死法。肃、代以后,兵乱官弊,铨法无可道者。德宗时,国境既蹙,吏员减天宝三之一,而入流者加一。士人二年居官,十年待选,而考限迁除之法亦坏矣。

第四章　赋税

禹平洪水,制九州之贡赋,分为九等,国民受田,皆有定制:一夫耕五十亩或曰夏五十亩,当周百亩,盖夏尺大于周也,殷制亦然,每夫计其五亩之入以为贡。殷制:井田,一井九区,区七十亩。八家各受一区,不取其税,其中一区为公田,八家共耕之,以供国赋,所谓助法也。周代田制,兼采夏殷。夫受百亩,或贡,或助。国中之田,九夫为井,通计九夫之入,取其一分。郊外之田,十夫有沟,通计十夫之入,取其一分。民年二十受田,六十归田。班田均平,收授在上,故民无甚贫甚富之差。春秋以降,其法渐坏,国赋日重,而田不增。归授之际,复多烦扰、欺隐之弊。至商鞅柄秦政,遂废井田,广开阡陌,计民田之多寡,以制赋税,皆为永业,任其买卖,令民力农相竞,以尽地利。于是田野大辟,国以富强。

两汉取于民,有田租,有口赋,有更赋。田租,初十五而税一。文帝节俭,以蓄积岁增,除租者十余年。景帝继之,收半租,自是为三十之一。民年十五以上,至五十六,出钱,人百二十为一算,谓之口算。自三岁至十四,出钱二十三,谓之口钱,皆口赋也。元帝以后,令七岁始出口钱,二十乃算。汉时,民皆为更卒,一月戍边三日。次直者,不欲为卒,出钱二千;不愿戍者,出三百,是为更赋。自井田废绝,豪民兼并渐盛,汉田租极轻,田主得擅其利,货殖盛兴,或富比王侯。贫人耕其田,十分输五,而口赋、更赋则不别贫富,均课之。穷饿无告者,多为奴婢。成、哀之世,奴婢逾众,置市买卖,至与牛马同栏。王莽欲矫其弊,禁卖买田及奴婢,田有盈者,分以与不足者。犯令,法至死。莽以此招民怨,遂取败亡。

晋武帝分民为正丁男女年十六以上至六十、次丁十五以下至十三,六十一以上至六十五、老六十六以上、小十二以下,定户调丁男之户岁输绢三匹、绵三斤,女及次丁男为户者半输、占地男子一人七十亩,女子三十亩、课田丁男五十亩,丁女二十亩,次丁男半之,女则不课之数,此似实行均田,然史不言其收授之法。至后魏,而均田始大行焉。盖魏晋以来,世久乱离,民户耗减,豪户亦失产,田多旷废,皆收在官。孝文帝好古道，遂效井田之意，立均给之制。太和九年齐武帝永明三年，下诏给田，男夫十五以上，受露田四十亩，妇人二十亩，奴婢依良。牛一头受三十亩，限止四牛。正田之外，皆给倍田，以供耕休及还受之盈缩。老及身没，或卖奴婢、牛，则还田。男夫桑田二十亩，为永业，身终不还。有盈者，得卖其盈，不得卖其分。不足者，得买所不足，不得买所过足。麻布之土，别给麻田，男夫十亩，妇人五亩，皆从还受之例。其租调之率，史无明文，大约户粟三石，帛五匹。

北齐给授田令，仍依魏朝。武成帝定制，男子十五以下为小，十六、十七为中丁，十八以上为丁。丁受田，二十充兵，六十免力役。六十六以上为老，退田。一夫一妇为一床，租二石五斗，调绢一匹、绵八两。未娶者及奴婢半之。后周有室者，受田百四十亩，赋绢一匹，绵八两，粟五斛。单丁百亩，赋半。有室者，丰年全赋，役三旬；中年半赋，役二旬；下年赋一，役一旬；若凶札，无赋役。隋制，男女始生为黄，四岁以上为小，十六为中，二十为丁，从课役，六十为老，乃免其永业、露田，皆遵北齐。一床租粟三石，桑土调绢、絁、绵，麻土调布、麻。文帝既平陈，益宽徭赋。民年五十者，免役收庸。

唐高祖沿齐、隋之制，定均田、租庸调法。丁中之民，给田百亩，以二十亩为永业，其余为口分，死则收之，皆不得贴赁及质。田多可以足人者，为宽乡，少者为狭乡，狭乡授田减半。徙乡及贫无以葬者，得卖永业田，自狭乡而徙宽乡者，得并卖口分田，已卖者不复授。每丁租粟二石，调随乡土所宜，输绢、绫、絁、绵、布、麻。岁役二旬，不役则收庸，日绢三尺。有事而加役，旬有五日免其调，三旬租调俱免。水、旱、虫、霜，十损四，免租；损六，免租调；损七，课役皆免。岁造计帐，三年造户籍。

则天以来，民避徭役，逃亡渐多，田移于豪户，官不收授。开元后，久不为户籍，法令废弛，兼并之弊，有逾汉代。玄宗事夷狄，戍者多死，边将讳不以闻，故贯籍不除。天宝中，户口使王铁按旧籍，责三十年租庸，民苦无告，法遂大弊。安史之乱，国用不给，科敛凡数百名，百姓残瘁，荡为浮客。德宗时，杨炎为相，作两税法，夏输限六月，秋输限十一月，先度经费，而赋于民。量出制入，户无主客，以见居为簿。人无丁中，以贫富为差。行商者，在所州县，税三十之一。度所取与居者均，使无侥利，其租庸、杂徭悉省，而丁额不废。按诸道丁产等级，以前年垦田之数为定，而均收亩税，免鳏寡孤独不济者。于是民皆地著，得其虚实，吏奸无所容，轻重之权，始归朝廷矣。

德宗用兵两河，府库不支，横征苛敛，以济时急，民心由是离怨。自初定两税，货重钱轻，乃计钱立税率，而输绫绢。既而物价愈下，所纳愈多，至输一者过二。有司又折估以增征，重为民困。议者多归咎两税，然此乃掊克之吏所为，非法之不善也。自后魏以来，班田之权在官者，殆三百年。田之授受不常，簿籍烦杂，而租税不与贫富相应。及两税行，其弊始革，田皆为永业。是后历五代，以至宋明，租税之法时有得失，而随产制赋之原则，则不得复改也。

卷四　近世史(上)

第一篇　五代

第一章　后梁附列国及契丹

李唐失政，国内大乱，豪杰割据诸州，互相攻伐，虽号为藩镇，势与列国无异。李克用据河东节镇名，领今山西汾州府以北为晋王，李茂贞据凤翔节镇名，今陕西凤翔府为岐王，朱全忠据河南今河南、山东二省为梁王，王建据两川西川、东川二镇，今四川省为蜀王，杨行密据淮南节镇名，今江南、江淮之间为吴王，行密卒，子渥代之。钱镠据两浙浙西、浙东二镇，今浙江省为越王，刘仁恭据幽州今直隶顺天府，王潮据福建本二州名，为闽地总称，潮卒，弟审知代之。马殷据湖南今湖南省，刘隐据岭南今两广。晋、梁最大，相仇甚深。梁王全忠遂移唐祚，称皇帝，更名晃，是为后梁太祖。

诸镇畏梁之强，皆禀其正朔，惟晋、岐、吴、蜀犹称唐年号。吴、蜀移檄，欲兴复唐室，卒无应者。蜀王建乃遗书于晋，请各帝一方。晋王克用复书曰："誓于此生，靡敢失节。"建遂自称蜀帝。

梁太祖以马殷为楚王，以钱镠为吴越王，以高季兴为荆南节度使领荆、归、峡等州，治荆州，今湖北荆州府，以王审知为闽王，幽州刘仁恭为其子守光所囚，太祖以守光为燕王，寻自称帝。岭南刘隐卒，弟龑代之，后称汉帝，是为南汉。吴将张颢、徐温弑杨渥。渥弟隆演立，温又杀颢，自领升州今江苏江宁府，后使养子知诰入辅吴政。

初，晋王克用有养子，曰存孝，骁勇善战。养子存信疾而谮之，存孝惧祸而叛。克用讨擒之，惜其才，意临刑必有为之请者。诸将疾其能，竟无一人言，遂杀之。又有薛阿檀者，亦勇，密与存孝通，恐事泄，自杀。自是晋兵势浸弱，唐末数为梁人所攻，失数州。梁军围晋阳县名，太原府治，今山西太原府太原县，克用几欲走,会梁兵以疫还而止。克用不能与梁争者累年,忧形于色。子存勖幼警敏,有勇略,进言曰:“朱氏穷凶极暴,人怨神怒,殆将毙矣!吾家世袭忠贞,大人当遵养时晦,以待其衰。奈何轻为沮丧,使群下失望乎?”克用悦,临终立为嗣,谓群臣曰:“此子志气远大,必能成吾事。”克用以唐亡之明年梁太祖开平二年卒,存勖袭位,年十七。

是时,梁兵围晋潞州今山西潞安府,晋将固守逾年,梁筑夹寨窘之。存勖与诸将谋曰:“朱温所惮者,先王耳。闻吾新立,以为童子,必有骄怠之心。若简精兵,倍道趋之,出其不意,破之必矣!取威定霸,在此一举,不可失也!”帅师发晋阳,伏三垂冈在潞安府潞城县西南下,旦乘大雾,直抵夹寨,填堑鼓噪而入。梁兵大溃,南走,潞围遂解。晋自是连胜,太祖叹曰:“生子当如李亚子,吾儿豚犬耳。”亚子者,存勖小名也。

太祖欲除移镇州名,成德军治,本恒州,今直隶正定府、定州名,义武军治,今直隶定州,镇、定叛梁,共推晋王存勖为盟主。梁攻镇州,晋王击其军于柏乡县名,属赵州,今属直隶赵州,大破之。晋与二镇兵伐燕,太祖自将救之,大败走还,疾剧,惭愤曰:“我经营天下三十年,不意太原府名,河东节度治,此谓晋国也遗孽更昌炽如此!吾观其志不小,我死,诸儿非彼敌,吾无葬地矣!”太祖素荒淫,常征诸子妇入侍。宠假子友文之妻,将立友文为嗣。次子友珪弑之而自立,命弟友贞杀友文。太祖初居汴州,号东都开封府,以洛阳为西都,后迁都洛阳,在位六年。友贞为东都指挥使,起兵诛友珪,即位于汴,改名瑱。晋王伐燕,入幽州,执刘守光及仁恭以归,斩之。与梁连岁交兵,取其数州。梁帝闻诸将败,叹曰:“吾事去矣。”

契丹者,古东胡遗种也。其国在潢河在直隶省北境,内蒙古部内,今名西喇木伦河之北,本鲜卑旧地。后魏初,众稍滋蔓。唐时,叛服不一,分为八部,各有大人,常推一大人建旗鼓以统之。唐末,约尼旧作遥辇,今遵钦定诸书改正,下仿此氏当国,为刘仁恭所攻,兵衰民困,众选耶律安巴坚旧作阿保机以代之。耶律氏世为约尼之额尔奇木旧作夷离堇,掌部族军民之政。安巴坚勇智,善骑射,诱八部大人,尽杀之,击并奚、霫、室韦、女真古靺鞨一种,居室韦之东南,今吉林省诸部,以梁贞明二年朱瑱即位四年,契丹太祖神册元年称帝,建元,号曰“天皇王”,是为太祖,号其妻舒噜旧作述律氏曰“地皇后”。后简重勇果,有权略。太祖行兵,后常预其谋。晋王克用尝与太祖约为兄弟,及存勖立,以叔父事太祖,以叔母事后。是时,中原丧乱,人多北迁,太祖筑城邑、立市里以处之,垦艺荒田。由是,氓庶安业,国势日盛,遂城临潢在西喇木伦河之北,内蒙古巴林旗东北,以为皇都。作孔子庙,亲谒之,始制契丹字,颁行之。又南略晋地,取代北代,州名,今山西直隶州;代北,谓朔、蔚、新、武、妫、儒等州,今山西大同、朔平二府及直隶宣化府地及平州今直隶永平府,自此,晋之北境残弊矣。

晋王存勖与梁夹河百战,互有胜负。时蜀主王建已殂,子衍立。吴王杨隆演亦卒,弟溥立。衍、溥以书劝晋王称帝,晋王不许,曰:"先王有遗言,当务复唐社稷。"既而得传国宝于魏州今直隶大名府,将佐皆贺,劝进不已。初,河东监军张承业,故唐宦者也,为晋王劝课农桑、畜积金谷、收市兵马。晋王攻战连年,接应不乏,皆承业力。承业志在复唐室,闻王将称帝,力谏,知不可止,恸哭曰:"诸侯血战,本为唐家。今王自取之,误老奴矣!"悒悒成疾而卒。王即帝位于魏州,改晋为唐,奉唐祀,是为后唐庄宗,追尊父克用曰太祖武帝。

太祖养子嗣源,勇而有谋。庄宗命袭梁郓州今山东泰安府东平州,取之。梁骁将王彦章攻拔唐诸寨,至杨刘城名,今泰安府东阿县杨刘镇,力战不克而还。梁军将攻郓州,庄宗自救之,以嗣源为前锋,击破梁军,擒彦章,斩之,进逼大梁战国魏都旧名,即梁东都,今河南开封府治。梁帝朱瑱不知所为,聚众而哭,犹虑诸兄弟乘危谋乱,尽杀之。左右窃传国宝以迎唐军。瑱命其下杀己,在位十一年,后梁称帝二世太祖、末帝瑱,十有七年而亡。

第二章 后唐附契丹及列国

唐庄宗入大梁,寻迁都洛阳,梁诸藩镇入朝者,皆复其任。楚王马殷、吴王杨溥、吴越王钱镠、汉主刘䶮并遣使朝贡。荆南帅高季兴自入朝,封为南平王。岐王李茂贞以地入于唐。蜀主王衍昏骙荒纵,国乱盗起,庄宗遣皇子继岌与郭崇韬伐之,蜀人争先款附。衍率百官出降,蜀亡。崇韬荐孟知祥为西川节度使治成都府,今四川首府以镇之。崇韬有智略,佐庄宗成业,宦官疾之,谮其专权,皇后密教继岌杀之。

庄宗幼善音律,或时传粉墨与优人共戏。自克梁后,骄恣耽声色,诸伶出入宫掖,侮弄缙绅。群臣愤嫉,莫敢出气。亦有反相附托,以希恩泽者。蠹政害人,恣为谗慝。帝疏忌宿将,不恤军士,又荒于游畋,蹂践民稼,上下咨怨。魏博节镇名,治魏州,今直隶大名府兵戍瓦桥关名,故址在直隶保定府雄县南易水上,代归,敕留屯贝州今直隶广平府清河县。众怒,作乱,奉赵在礼入据邺都即魏州城,今大名府治。帝遣李嗣源讨之,至城下,军士大噪,焚营。嗣源叱而问之,对曰:"将士从主上十年,百战以得天下,而主上不恤我辈,初无叛心,但畏死耳!今欲与城中合势。"拔白刃,拥嗣源入城。城中不受外兵,逆击之,皆溃。嗣源诡辞得出,欲归藩待罪。安重诲曰:"公为元帅,不幸为凶人所劫,不若星行诣阙,见天子,庶可自明。"嗣源乃趋相州今河南彰德府,谮者奏嗣源已叛,嗣源由是疑惧,其婿石敬瑭曰:"安有上将与叛卒入贼城,而佗日得保无恙者乎?大梁,天下要会,愿先往取之,则始可自全。"康义诚曰:"主上无道,军民怨望。公从众则生,守节必死。"嗣源乃以敬瑭为前锋,养子从珂为殿,引兵而南。帝如关东谓虎牢关东,关在河南开封府汜水县西,欲自招抚。闻嗣源已据大梁,叹曰:"吾不济矣!"即命班师。有优人为亲军将者,帅兵攻而弑之,在位仅三岁。鹰坊人敛乐器覆尸而焚之,嗣源闻之痛哭,乃入洛阳。百官上笺劝进,不许,又三请嗣源监国,乃许之。继岌自蜀归,途闻内难,自杀。嗣源即位,更名亶,是为明宗。

契丹太祖征略托欢旧作吐谷浑,时遗种移居内蒙古西部、党项、准布旧作阻卜,夷种名等部,逾流沙,取碛西诸城。又伐渤海,拔扶余城故城在盛京奉天府开原县东北,进围辉罕旧作忽汗城渤海上京,在今吉林省内,其王大諲撰乞降。太祖改渤海为东丹国,册太子贝旧作倍为"人皇王"以主之,还至扶余而崩。舒噜后集诸将难制者,谓曰:"汝思先帝,宜往从之。"因杀之。左右有桀黠者,皆送墓所杀之。有一人不肯行,曰:"亲近先帝莫如后,后往,臣请继之。"后曰:"吾非不欲从先帝,顾嗣子幼弱,不得往耳。"乃断一腕,令置墓中。后舍人皇王而立次子德光,号嗣圣帝,是为太宗。人皇王失职怏怏,遂自东丹浮海奔唐,明宗赐姓名李赞华,以为节度使。太宗初立,太后决国事,立其侄为皇后。其后,后族皆赐姓萧氏。萧氏之盛比于宗室,世预北府宰相之选,而宗室为南府宰相,统契丹一代,任国政者,惟耶律与萧二族而已。

唐明宗性不猜忌,与物无竞,即位之岁,年已六旬,内无声色,外无游畋,不任宦官,废内藏库,赏廉吏,治赃蠹。帝本胡人,不知书,然所行暗合儒道,过举不至甚,兵革罕用,较于五代,粗为小康。在位八年,崩。子宋王从厚立,是为闵帝。

潞王从珂与石敬瑭少从明宗,征伐有功,各得众心。从珂镇凤翔,敬瑭镇河东,及闵帝立,执政忌二人,欲移其镇。从珂将佐皆谓离镇必无全理,乃拒命,移檄邻道,言将入清君侧。帅兵至陕州名,今河南直隶州,诸军迎降。闵帝出奔,从珂入洛阳。宰相冯道帅百官班迎,上笺劝进,遂即位。遣人弑闵帝于卫州今河南卫辉府。

敬瑭与从珂素不相悦,至是不得已入朝。凤翔旧将皆劝留之。时久病骨立,从珂不以为虞,因得还镇,阴为自全之计。敬瑭妻,明宗之女也,亦辞归。从珂醉曰:"何不且留,欲与石郎反邪?"敬瑭闻之益惧,寻敕移镇郓州。刘知远劝敬瑭拒命,唐发兵讨之。敬瑭求救于契丹,令桑维翰草表称臣,且请父事之,约事捷割地。知远以为太过,厚赂金帛足致其兵,不必许以土田,恐异日大为中国患。敬瑭不从。契丹太宗得表大喜,自将骑五万赴之,败唐兵于汾曲汾水,在山西太原府城西,又西南至太原县城东,皆曰汾曲,策命敬瑭为晋帝,亲解衣冠授之,是为后晋高祖。太宗以高祖南下,又破唐兵,至潞州而还。高祖引兵向洛阳,唐将校皆飞状以迎。从珂杀李赞华,携传国宝自焚死,在位三年。后唐四帝庄宗、明宗、闵帝、从珂,实三姓庄宗本姓朱邪氏,明宗本无姓氏,从珂本王氏,凡十四年而亡。晋帝入洛阳,寻迁都汴州,上契丹帝尊号二十字,割燕云十六州幽、蓟、瀛、莫、涿、檀、顺、新、妫、儒、武、云、寰、应、朔、蔚,今直隶顺天、宣化二府、河间府北境及山西大同、朔平二府地献之,岁输帛三十万匹。契丹以临潢为上京,幽州为南京,辽阳府名,今盛京奉天府属州为东京。

唐明宗之世,吴王杨溥、闽王王鏻皆称帝。鏻,审知之子也。荆南高季兴卒,子从诲代之。楚王马殷卒,子希声立,希声卒,弟希范立。吴越王钱镠卒,子元瓘立。西川帅孟知祥并东川节镇名,治梓州,今四川潼川府,唐以知祥为蜀王。闵帝时,知祥自称帝,是为后蜀。其岁殂,子昶立。从珂时,闽主鏻为其下所弑,子昶立。初,吴丞相徐温卒,养子知诰专吴政,以中书令出镇升州,广金陵城,留其子江都县名,扬州治,为吴国都,今江苏扬州府治辅政。知诰自为大元帅、齐王。至后晋初,遂受禅,奉吴主溥为让皇。知诰本李氏子,自谓唐后,国号唐,是为南唐,寻复姓李,更名昪。

第三章　后晋附辽及闽

晋高祖赖契丹得国,事之甚谨,奉表称臣,谓契丹帝为父皇帝。每北使至,即于别殿拜受诏敕,岁贡之外,庆吊赠献,相继于道。乃至太后、太弟、诸王大臣皆有赂遗。契丹有所责让,高祖常卑辞谢之,朝野咸以为耻。成德节镇名,治镇州,今直隶正定府帅安重荣恃勇骄暴,每曰:“今世天子,兵强马壮则为之耳!”执契丹使者,上表请伐契丹,遂发兵反。高祖遣将讨斩之,函其首以献契丹。

高祖在位六年,崩。兄子齐王重贵立。景延广用事,致书契丹称孙而不称臣。太宗遣使让之。延广说重贵囚使者,既而遣归,大言曰:“归语尔主,先帝为北朝所立,故称臣奉表。今上乃中国所立,为邻称孙足矣。翁怒则来战,孙有十万横磨剑,足以相待。”太宗大怒,始有南伐之意。桑维翰屡请逊辞以谢契丹,每为延广所沮。刘知远镇河东,高祖遗命召入辅政,重贵寝之,知远由是怨。晋朝知延广必致寇而不敢言,但益募兵以备契丹。

晋开运元年重贵即位二年,契丹太宗会同七年,太宗伐晋,至澶州今直隶大名府开州,不克,引还,所过焚掠。晋以刘知远为行营都统,命会兵山东谓太行山以东,知远不行。二年,太宗与晋军战于定州,败走。重贵既捷,心益骄。三年,下敕北征,以杜重威为都招讨使。太宗引兵围晋营,重威以二十万众降,遂遣兵取大梁。重贵请降,桑维翰被杀。太宗获景延广,诘之曰:“两主失欢,皆汝所为,十万横磨剑安在?”延广伏地请死,后自杀。

明年辽太宗大同元年,太宗入大梁,晋百官素服迎之,降封重贵为负义侯,徙之黄龙府。府,渤海扶余城也。晋诸藩镇皆附契丹,太宗行入阁礼,建国号曰辽,改元大同,以恒州即镇州为中京,广受四方贡献,纵酒作乐,纵胡骑四出剽掠,谓之“打草谷”,郊畿数十里间,财畜殆尽。太宗谓判三司刘昫曰:“契丹兵应有优赐,速宜营办。”时府库空竭,昫括借都城士民钱帛,又分遣使者诣诸州括借,皆迫以严诛,人不聊生。其实无所颁给,皆欲辇归。由是内外怨愤,皆思逐之,所在盗起。太宗曰:“不知中国难制如此!”居汴仅三月,置镇而还,途得疾,崩于栾城县名,属恒州,今属直隶正定府。时,舒噜太后及太弟鲁呼旧作李胡、皇子璟皆留临潢,唯人皇王之子阮在军中,大臣奉立之,是为世宗。太后怒,遣鲁呼帅师拒之,败还。世宗入上京,幽太后及鲁呼于祖州在临潢西南,今内蒙古巴林旗之北,追尊父贝为帝。

晋高祖时,闽主王昶昏虐,叔父曦弑之而自立。曦亦虐,与弟延政相攻。重贵之世,延政称殷帝于建州今福建建宁府。闽将朱文进弑曦而自立,延政讨之,闽人诛文进,传首于殷,殷改号闽。南唐主李璟遣将攻拔建州,延政出降,闽亡。唐兵攻福州今福建福州府,吴越王钱弘佐遣兵救之,败唐兵,遂取福州。璟,昪之子。弘佐,元瓘之子也。

第四章　后汉附辽及楚

辽太宗之在汴也，河东节度使刘知远遣使奉表称臣。或劝举兵进取，知远曰："契丹所利，止于财货，财货既足，必将北去。宜待其去，然后取之。"郭威、杨邠等劝称尊号，知远从之。及太宗崩，乃发太原入洛。辽将多弃城遁，遂入汴。知远本沙陀突厥别种人，自以姓刘，称汉家之裔，国号曰汉，后更名暠，是为后汉高祖。即位之明年汉乾祐元年，辽世宗天禄二年，崩。皇子承祐立，是为隐帝。杨邠、郭威、史弘肇受顾命辅政。威专主征伐，出平叛藩，务施威惠，士众归心。寻镇邺都，以备辽。初，高祖留弟崇镇河东。崇与威有隙，及威执政，阴为自全之计，选募勇士，缮修甲兵，罢上供财赋，诏令多不禀承。

隐帝左右嬖倖浸用事，杨邠等屡裁抑之。尝议事于前曰："陛下但禁声，有臣等在。"帝益壮，积不能平，左右因谮之，帝遂杀邠、弘肇等，遣密诏欲杀郭威于邺。将佐劝威入朝自诉，威引大军至，帝遣兵拒之，或降、或不战而还。帝为乱兵所杀，在位三年。威白太后，迎武宁节度使治徐州，今江苏徐州府赟，欲立之。赟，崇之子也。会辽世宗伐汉，太后遣威将兵御之。威至澶州，将士大噪，裂黄旗被威体，以拟天子袍，共扶抱之，呼万岁震地，拥威南还。威以太后诏，废赟为湘阴公，自为监国，遂代汉为帝，自谓周文王弟虢叔之后，建国号曰周，是为后周太祖。汉主中原仅二世高祖、隐帝，不满四年。

刘崇初闻隐帝遇害，欲起兵南向。闻迎立赟，则曰："吾儿为帝，吾又何求?"赟废死，崇乃称汉帝，是为世祖，史谓之北汉。所有者，山西十州并、汾、岚、石、辽、沁、忻、代、麟、宪，即今山西省中部而已。崇尝谓诸将曰："我是何天子? 汝曹是何节度使邪?"遣皇子钧伐周，不克。遣使于辽，称侄乞师，辽世宗册世祖为神武皇帝，自将救汉。诸部不欲，世宗强之。行至归化州本唐妫州，今直隶宣化府，太祖之侄察割作乱，弑世宗自立。太宗子寿安王璟诛察割而即位，是为穆宗。世祖以叔父事之，请兵以伐周，复不克。

汉初，楚王马希范卒，将佐舍长弟希萼而立少弟希广，自是兄弟相攻阋。隐帝末年，希萼杀希广而立，称臣于南唐。周初，其下又逐希萼而立其弟希崇。唐主李璟遣将击之，希崇迎降，楚亡后，楚旧将刘言等逐唐人，复取湖南而附于周。

第五章　后周

周太祖恭俭,增修国政,在位三年崩,无子,尝养妻兄子柴荣为子,封晋王,至是即位,是为世宗。汉世祖闻周祖死,甚喜,乞师于辽。辽穆宗遣从弟达鲁旧作敌禄将万骑,世祖自将兵三万,共伐周。世宗自将御之。世祖军于高平县名,属泽州,今属山西泽州府,世宗趣诸将亟进。合战未几,右军将遁走,步兵千余解甲降汉。世宗见军势危,亲犯矢石督战。宿卫将赵匡胤曰:"主危如此,吾属何得不致死?"与赵永德各将二千人进战。匡胤身先士卒,驰犯敌锋,士卒死战,无不一当百,汉军大败。达鲁不敢救,世祖昼夜北走,仅得入晋阳。世宗收将吏先遁者七十余人,责之曰:"汝辈非不能战,正欲以朕为奇货卖与刘崇耳!"悉斩之。自是骄将惰卒始知所惧。永德盛称匡胤智勇,擢为殿前都虞侯。世宗复攻汉,抵晋阳而还。世祖忧愤成疾而崩。子钧监国,告哀于辽,穆宗册钧为汉帝,是为孝和帝。

初,周宿卫之士,承累朝姑息之后,骄蹇不用命,且羸老居多。世宗曰:"兵务精不务多,今以农夫百未能养甲士一。奈何浚民之膏血,养此无用之物乎?"乃命大简诸军,又诏募诸道壮士,命赵匡胤选其尤者为殿前诸班,其骑步诸军,各命将帅选之。由是士卒精强,所向克捷。

周显德二年辽穆宗应历五年,遣将伐蜀,取秦、阶二州皆今甘肃直隶州、成今阶州属县、凤今陕西汉中府属县四州。三年,世宗自将伐南唐,大败其兵于正阳淮津名,在安徽凤阳府寿州城西,命赵匡胤袭滁州今安徽直隶州,克之。帝还大梁,留兵围寿州今凤阳府属州。四年,帝自将攻寿,破唐援兵于紫金山在寿州城东北,寿州人以城降。又攻濠州名,今凤阳府、泗州名,今安徽直隶州,降之,遣兵取扬州名,今江苏扬州府、泰州名,今扬州府属州。五年,帝克楚州今江苏淮安府,临江遣水军击破唐兵。唐主李璟奉表献江北地谓庐、舒、蕲、黄等州,今安徽庐州、安庆二府及湖北黄州府地,帝乃引还。璟避周讳,更名景,去帝号,奉周正朔。六年,帝自将伐辽,取瀛今直隶河间府治、莫今河间府任邱县、易州今直隶省直隶州,关南谓瓦桥关南悉入于周,遂趋幽州,会不豫而止。以瓦桥关为雄州,益津关为霸州今直隶顺天府属州,置戍而还,往还仅两月。

初,世宗在藩,多务韬晦。及即位,破高平之寇,人始服其英武。号令严明,将士莫敢犯。应机决策,出人意表。又勤于政事,发奸摘伏,用法甚严。性不好丝竹珍玩之物，常曰："朕必不因喜赏人，因怒刑人。"文武参用，各尽其能。人畏其明而怀其惠，故能破敌广地，所向无前。在位六年，崩。崩之日，远迩哀慕。子梁王宗训立，年七岁，是为恭帝。

赵匡胤从世宗征伐，洊立大功，士卒服其恩威，迁殿前都点检。及恭帝立，加检校太尉，领归德军节度使治宋州，今河南归德府。会汉、辽会师伐周，诏匡胤率兵御之，夕次陈桥驿在河南开封府城东北。时主少国疑，军士聚谋曰："先立点检为天子，然后北征。"匡胤弟光义及归德掌书记赵普部分都将，环列待旦，驰使入京，报宿卫将石守信、王审琦，二人素归心匡胤者。黎明，将士逼匡胤寝所，露刃列庭曰："诸将无主，愿册太尉为皇帝。"即被以黄袍，罗拜呼万岁，拥上马南行。匡胤揽辔誓诸将，肃队入汴。周将相皆降，独侍卫副将韩通死节。恭帝禅位，时周显德七年也。匡胤称帝，奉恭帝为郑王，以所领归德军在宋州，建国号曰宋，是为宋太祖，或称艺祖。周三帝太祖、世宗、恭帝，九年而亡。

自唐亡以来，仅五十三年，而更十有三君，五易国而八姓唐庄宗、明宗、从珂，周太祖、世宗各为一姓，与朱梁、石晋、刘汉而八。梁起于盗贼，后唐、晋、汉出于胡族，契丹以夷裔陵诸夏。群雄窃据方隅者，前后十二国燕、岐、前蜀、后蜀、楚、荆南、吴、南唐、吴越、闽、南汉、北汉。四海浊乱，人不复知节义为何物。观冯道一传，则可以概见当时士风也。道初事刘守光，去仕唐庄宗始贵显，至周世宗世卒，历事五朝后唐、晋、辽、汉、周八姓十一君后唐四帝，晋二帝，辽一帝，汉、周各二帝，常不离将相公师之位。国存则依违保禄位，国亡则图全苟免。虽兴亡接踵，富贵自如。尝著《长乐老叙》，自述累朝荣遇之状，时人皆以为宽弘长者。盖五季之乱，民命倒悬，而道颇以救济为念，公正处事，以故遐迩倾服。若夫反面事敌，则既为士夫常事，世莫复讶之者，甚至以此无耻之人，而以德量见推，名教之废，至是而极矣！

第二篇　宋(上)

第一章　太祖削平诸国附辽穆宗遇弑

宋太祖移周祚,改元建隆,周诸藩镇皆服属,独昭义节度使治潞州,今山西潞安府李筠不从,起兵会北汉伐宋。太祖遣石守信等击之,寻自将围筠于泽州属昭义军,今山西泽州府,筠自焚死。淮南节度使李重进,周祖之甥也,谋起兵拒宋。太祖自将击之,重进亦自焚死。南唐、吴越皆遣使贺即位,太祖授吴越王钱俶大元帅。建隆三年辽穆宗应历十一年,唐主李璟惧宋逼,迁都南昌府名,南唐南都,今江西首府,以太子煜守金陵南唐国都,南朝建康,唐昇州治,今江苏江宁府治。璟殂,煜立于金陵,奉父遗表,愿追尊帝号,太祖许之。

周初,刘言、王逵等据湖南,周祖使言镇朗州今湖南常德府、逵镇潭州今湖南长沙府。即而,逵袭杀言而取朗,令周行逢镇潭。世宗时,逵为其下所杀,将吏迎行逢入于朗。至是行逢卒,子保权嗣。其将张文表作乱,袭潭据之。保权表请援于宋。乾德元年太祖即位四年,太祖遣慕容延钊等击文表,假道荆南,因袭江陵府名,荆南节度治,今湖北荆州府,节度使高继冲出降,荆南亡。时文表已败死,而宋师继进不止,取潭州,将趋于朗,保权惧而拒守。延钊击破之,获保权,湖南亡。二年,遣王全斌等击蜀。明年,克之,蜀主孟昶出降,后蜀亡,赐昶爵秦公。

开宝元年太祖九年,汉孝和帝崩,养子继恩立。司空郭无为弑之,而立其弟继元,皆孝和之甥也。太祖遣李继勋击之,继元乞师于辽。辽穆宗遣将救之,继勋引还。穆宗耽酒,荒于畋猎,嗜杀不已,刑政紊乱,上下怨之。二年辽应历十九年,畋于怀州在临潢西南,今内蒙古巴林旗界内,为近臣所弑。世宗之子贤驰赴怀州即位,是为景宗。太祖自将击汉,围太原。景宗复遣援,太祖不能克。会暑雨,军士多疾,尽弃粮储而还。三年辽景宗保宁二年,遣潘美击南汉,明年,克广州南汉国都,今广东广州府,汉主刘𬮤降。

唐末以来,安南不从朝命,部人割据。宋初,驩州故城在安南国乂安府西南刺史丁部领击并诸州自立,号大胜王,寻逊位其子琏。及南汉亡,琏入贡于宋,封交阯郡王,自是交阯即安南遂为外国。唐主李煜闻南汉亡,惧甚,自贬国号曰江南。太祖欲伐之而无名,乃遣使谕其入朝。煜称疾不至。七年,命曹彬、潘美等击之,诫曰:"切勿暴掠生民,务广威信,使自归顺,不须急击。"以剑授彬曰:"副将而下,不用命者斩之。"美以下皆失色。自王全斌平蜀,多杀降人,帝每恨之。彬性仁厚,故专任之。

八年,彬进围金陵。李煜遣徐铉求缓师,言于帝曰:"煜以小事大,如子事父。未有罪过,奈何见伐?"帝曰:"尔谓父子为两家,可乎?"铉不能对而还。寻复至,见帝,论辩不已。帝怒,按剑曰:"不须多言,江南亦有何罪,但天下一家,卧榻之侧,岂容他人鼾睡乎?"铉惶恐辞归。

金陵受围十月,势愈危迫。彬终欲降之,遣人告煜曰:"某日城必破,宜早为之所。"煜不听。一日,彬忽称疾,诸将来问,彬曰:"余疾非药能愈,惟须诸君诚心自誓,破城不妄杀一人,则自愈矣。"诸将许诺,共焚香为誓。翌日,城陷,煜出降,江南平。捷书至,帝泣曰:"宇县分割,民受其祸,攻城之际,必有横罹锋刃者,可哀也。"出米十万斛赈恤之。

第二章　太祖诸政

太祖受禅,将相群司皆用周朝人,惟赵普以军府旧僚专预密议。石守信、王审琦等皆帝故人,有功,典禁卫兵。普数以为言,帝曰:"彼等必不吾叛。"普曰:"然数人者,皆非统御才,恐不能制伏其下。"帝悟。一日,因宴,谕守信等释去兵权,皆以为节度使。

帝尝问普曰:"吾欲息天下兵,为国家长久计,其道何如?"对曰:"唐季以来,帝王数易,由方镇太重,君弱臣强而已。今欲治之,宜稍夺其权,制其钱谷,收其精兵,则天下自安矣。"帝从其谋,以渐削诸镇之权。或因其卒,或因迁徙、致仕,以文臣代之,知州军事。又令镇府所领支郡,皆直隶京师。设通判,倅贰郡政,凡兵民之政,皆与郡守通签。别置转运使,掌各路之财赋。又选诸州骁勇入补禁旅,立更戍法,分遣禁旅,戍守边城。自是五代武断之弊始革,生民苏息,而兵势之弱亦胚胎于此云。

帝一夕冒大雪微行至普第,计下太原。普曰:“太原当西北二边,太原既下,则边患我独当之,不如姑俟削平诸国。”帝曰:“吾意正如此,特试卿耳。”又尝以幽燕地图示普,问进取之策。普曰:“图必出曹翰,翰能取之,孰可守?”帝曰:“以翰守之。”普曰:“翰死,孰可代?”帝默然良久,曰:“卿可谓深虑矣。”于是,专用力于南方,不复言伐燕。

普沉毅有谋略,帝甚任之。旧相范质等三人皆求避位,帝从之,以普同平章事。普尝荐某人为某官,帝不许,再三奏之。帝怒,裂其奏,普徐拾以归,补缀以进,帝悟,卒用其人。又有朝臣当迁官,帝素嫌其人,不与。普力请,帝怒曰:“朕固不与,奈何?”普曰:“刑赏,天下之刑赏,安得以喜怒专之。”帝怒甚,起入宫。普随之,立宫门不去,竟得俞允。其刚直如此,然性多忌克,尝以私怨诬人论死。独相九年,为政颇专,又好货利,有不法事,为人告讦。帝始疑普,诏参知政事与普更奏事,以分其权。普不自安,乞罢政,出为节度使。

帝注意刑辟,命判大理寺窦仪重定《刑统》,颁行之。尝叹近世法网之密,定“折杖法”,以减流、徒、杖、笞之刑。犯大辟者,令诸州录案闻奏,付刑部详覆之。非情理深害者,多从宽恤。惟重贪墨之罪,赃吏必诛,未尝少贳。盖帝亲见五代时贪吏恣横,民不聊生,故以严法治之,欲塞浊乱之源也。

帝削平诸国,君长降者,皆不加戮,礼而存之,其族党皆见录用。尝幸武成王庙,观从祀,有白起像,指曰:“起杀已降,不武之甚。”命去之。江南已平,吴越王钱俶自入朝,赏赉极厚。俶还,赐以黄袱,封缄甚固,戒曰:“途中宜密观。”启之,则群臣乞留俶章疏也,俶愈感惧。至太宗世,俶上表献其地,封为淮海王,于是五代列国皆入于宋。未服者,惟北汉而已。太宗自将击之,围太原,刘继元出降,赐爵彭城公。当是时,诸降王皆赐第京师,得保富贵,子弟旧臣分职州郡,掌兵民之权,而朝廷无所猜防。太祖、太宗度量之大,可以观也。刘宋以来,受禅之君无能存前代之后者,独周世宗之裔,世受尊爵,延至宋末,亦宋人之厚也。

第三章　太宗继述附辽耶律休格三败宋军

太祖母昭宪杜太后临崩,召赵普入受遗命,且问太祖曰:“汝知所以得天下乎?”太祖曰:“皆祖考及太后之余庆。”后曰:“不然,正由周世宗使幼儿主天下尔。汝百岁后,当传位光义,光义传光美,光美传德昭。国有长君,社稷之福也。”太祖泣曰:“敢不如教。”后命普为誓书,普署纸尾曰:“臣普记。”藏之金匮。

光义、光美皆太祖母弟，德昭，太祖长子也。

太祖友爱光义，数幸其第，恩礼甚厚，为开封尹，封晋王。每言光义龙行虎步，他日必为太平天子，福德非吾所及也。尝幸洛阳，有布衣张齐贤献十策，太祖善其四策，齐贤坚称余策皆善，太祖怒斥之。还语晋王曰："吾幸西都，得一张齐贤，吾不欲用之，异日可使辅汝为相也。"据此言，则传位之约已定也。太祖在位十七年，崩。晋王立，更名炅，是为太宗。或曰："上不豫，夜召晋王，嘱以后事，左右皆不得闻。但遥见烛影下，王时离席，有逊避之状。既而上引柱斧戳地，大声言：'好为之。'遂崩。"然实录、正史皆不记，如有所讳，故世或疑太祖不令终也。

太祖末年，辽景宗遣使通好，太祖遣使报之。太宗既灭汉，欲乘胜取幽蓟蓟州，今直隶顺天府属州，自太原直东击辽，进围南京。景宗遣耶律休格旧作耶律休哥救之，大败宋军于高梁河在今京城西。太宗走还，自是辽宋之好绝。明年太宗太平兴国五年，辽景宗乾亨二年，景宗自将击宋，围瓦桥关，休格渡水击走宋兵。太宗自将至大名府名，唐魏州，今直隶大名府，闻辽军引去，乃还。议者皆言宜速取幽蓟。张齐贤上疏曰："自古疆场之难，非尽由戎狄，亦多边吏扰而致之。若缘边诸军抚御得人，畜力养锐，以逸自处，则边鄙宁，而河北之民获休息矣。"

太宗围燕之役，武功王德昭从行，军中尝夜惊，不知帝所在，有谋立德昭者，帝闻不悦。及归，以北伐不利，久不行平汉之赏。德昭言之，帝大怒曰："待汝自为之，赏未晚也！"德昭退而自刎。后二年，德昭弟德芳卒。秦王廷美即光美自二侄相继没，始不自安。或告其有阴谋，帝疑，以问赵普。普因言"愿备枢轴，以察奸变"，由此复相。既而，帝以太后遗旨访之。普曰："太祖已误，陛下岂容再误？"廷美遂得罪，勒归私第。普又讽知开封府李符，告其怨望，贬为县公，安置房州今湖北郧阳府，以忧卒。普开国元勋，群臣莫与比肩，然其佐太宗，无相业可观。

辽景宗在位十四年崩，长子梁王隆绪立，是为圣宗，年甫十二，承天太后奉遗诏摄政，以耶律休格总南面军务。后明达治道，闻善必从，又习知军政，赏罚信明，将士用命。圣宗称辽盛主，后教训为多。雍熙三年太宗即位十一年，辽圣宗统和四年，太宗遣曹彬等分道伐辽，取数州。休格出御之，承天太后与圣宗将大军应援。彬兵引退，休格追战于岐沟关在直隶顺天府涿州西南，大败之。休格智略宏远，料敌如神，每战胜，让功诸将。镇燕十七年，劝农桑，省赋役，恤孤寡。平时戒戍兵无犯宋境，虽马牛来逸者悉还之。军民怀之，边疆大治。太宗之不得志于燕，以有休格也。

第四章　澶渊之盟及天书附李沆之明、王旦之悔、丁谓之奸

太宗在位二十一年崩，太子恒立，是为真宗。景德元年真宗七年，辽统和二十二年，辽圣宗奉承天太后伐宋，深入内地，宋人震骇。参政王钦若江南人，请幸金陵；陈尧叟蜀人，请幸成都。真宗以问宰相寇准，准曰："谁画此策？"帝曰："卿姑断可否？勿问其人。"准曰："臣欲得献策之臣，斩以衅鼓，然后北伐耳。"遂定亲征之议。恐钦若沮议，出判天雄军即大名府，属河北路，今直隶大名府。命朝士出知诸州，皆于殿前受敕。准戒曰："百姓皆兵，府库皆财，不责汝浪战，但失一城一壁，当以军法从事。"辽军进围澶州今大名府开州，太后亲御戎车督战，李继隆出御之。辽统军萧达兰旧作萧挞凛中弩死。钦若在大名闭门，束手无策，修斋诵经而已。真宗至澶州南城在开州城南，众请驻跸，准力劝渡河，殿前帅高琼亦固请，即麾卫士进辇，遂渡河，御北城今开州城门楼。宋军望见御盖，踊跃呼万岁，声闻数里，辽人骇怖。

先是，宋将王继忠降，在辽遗书于宋劝和。真宗因遣曹利用诣辽军议和。太后欲得周世宗所取关南地，遣使持书与利用偕来。真宗曰："地不可许，宁与金帛。"准欲邀其称臣及献幽蓟之地，因画策以进曰："如此，则可保百年无事。不然，数十年后，戎且生心矣。"帝曰："数十年后，当有能御之者，吾不忍生灵重困，姑听其和可也。"乃复遣利用往。利用请岁币之数，帝曰："必不得已，虽百万亦可。"准召语之曰："虽有敕旨，汝所许过三十万，吾斩汝矣。"利用竟以银十万两、绢二十万匹定和议，南朝为兄，北朝为弟，交誓约，各解兵归。寇准自澶州还，颇矜其功，真宗待之甚厚，王钦若深嫉之。一日会朝，准先退，帝目送之。钦若进曰："陛下敬准，为其有社稷功耶？城下之盟，春秋小国所耻也。"帝愀然不悦，钦若曰："陛下闻博乎？博者，输钱欲尽，乃罄所有出之，谓之孤注。澶渊唐故郡名，即澶州之役，准以陛下为孤注。"帝顾准浸衰，竟罢相，王旦代之。旦深沉有德望，帝深属心。

帝自闻王钦若言，深以澶渊之盟为辱。钦若知帝厌兵，谬曰："以兵取幽蓟，可涤此耻。"帝令思其次。钦若曰："惟封禅可以镇服四海，夸示外国。然封禅者，得天瑞然后可行。前代盖有以人力为之，《河图》《洛书》果有此耶？圣人以

神道设教耳。"帝患王旦不可,钦若乘间为旦言之。帝赐旦樽酒,归发封,则皆美珠也。旦悟帝旨,自是不敢有异议。帝密作帛书,置之屋上,称天书降,百官拜贺,作玉清昭应宫以奉天书,遂封泰山,禅社首山名,在山东泰安府城西南,祭后土于汾阴故城在山西蒲州府荥河县北,群臣争言祥瑞,颂功德,上帝尊号。帝又言赵氏祖司命天尊,受玉皇命,自天降临,作景灵宫,以奉圣祖。诸州天庆观,并增建圣祖殿。

真宗在位二十六年,在相位者前后十余人,李沆最贤。当沆为相时,王旦甫参政。沆日取四方水旱盗贼奏之。旦谓:"细事不足烦上听。"沆曰:"人主少年,当使知人间疾苦。不然,血气方刚,不留意声色犬马,则土木、甲兵、祷祠之事作矣。吾老,不及见,此参政他日之忧也。"丁谓机敏有智谋,寇准屡荐之,沆不用,曰:"顾其为人,可使之在人上乎?"准曰:"如谓者,相公终能抑之使在人下乎?"沆笑曰:"他日当思吾言。"沆卒后数年,封禅、祠祀、营建并兴。旦乃叹曰:"李文靖真圣人也。"每有大礼,旦辄以首相奉天书以行,常悒悒不乐,欲去,则帝遇之厚。及卒,遗令削发披缁以敛,盖悔其不谏天书也。

旦罢,王钦若相。钦若罢,寇准再相,以丁谓参政。谓事准甚谨,尝会食,羹污准须,谓起拂之。准笑曰:"参政,国之大臣,乃为官长拂须耶?"谓大惭恨,遂谮准,罢其政。李迪与谓并相。时,帝有疾,昏眩,谓白中宫,窜准远州。迪罢,谓独相,弄权专恣,众莫敢抗,独参政王曾正色立朝,时倚为重。帝崩,太子祯立,是为仁宗,年十三。章献明肃刘太后垂帘听政,谓以营山陵不谨免,王曾代之,窜谓远州。曾为相,所进退士,莫有知者。范仲淹谓之曰:"明扬士类,宰相任也。公之盛德,独少此尔。"曾曰:"恩欲归已,怨使谁当?"仲淹服其言。

第五章　西夏建国

唐末,党项拓跋思恭起兵讨黄巢,以功授定难军节度使,治夏州故城在陕西榆林府怀远县西,内蒙古鄂尔多斯界内,赐姓李氏。子孙世袭其职,臣事五代,数传至继捧,率其族朝宋,献境内四州银、夏、绥、宥。继捧族弟继迁,走入地斤泽在夏州故城东北,聚众袭银州今陕西绥德州米脂县,据之,降于辽。圣宗以为定难节度使,以宗女妻之,寻封夏王。继迁数侵宋边。赵普白太宗,复以继捧镇夏州,赐姓名赵保忠,使图继迁。继迁奉表谢罪,已而复叛。太宗命李继隆讨之。时,保忠亦已附辽。继隆入夏州,执保忠送汴。继迁叛服不常,继隆等击之,不克。真宗初立,拜继迁节度使,以五州夏、绥、银、宥、静与之。后复叛,攻陷灵州唐灵武郡,今甘肃宁夏府属州,又攻西蕃,取西凉府名,今甘肃凉州府。六谷地名,在凉州府境内酋长潘罗支伪降,袭败之,继迁中流矢,走死,其子德明嗣。

德明归款于宋,真宗厚赐以羁縻之,辽又册为夏王。德明臣事两朝,然于本国则称帝,立其子元昊为太子。元昊雄毅,多大略,数谏其父勿臣宋。德明曰:"吾族三十年衣锦绮,此宋恩也,不可负。"元昊曰:"衣皮毛,事畜牧,国俗所便,英雄之生,当霸王耳,何锦绮为?"

德明卒于仁宗明道元年仁宗即位十年,辽兴宗重熙元年。元昊嗣立,修明号令,以兵法勒诸部,置文武官,立蕃汉学,自制蕃书以教国人,击回鹘,尽取河西地,据有十八州夏、银、绥、宥、静、灵、盐、会、胜、甘、凉、瓜、沙、肃、洪、定、威、龙,今陕甘北境及内蒙古西南部,都兴庆府名,今甘肃宁夏府,阻河,依贺兰山为固,自号大夏皇帝,遗书于宋,邀其册命,且请续邻好。仁宗诏削其官爵,绝互市。自是连年侵寇,西边骚然。

第六章　仁宗守文附英宗入嗣

章献太后称制十一年崩,仁宗始亲政。时,王曾已罢相,李迪、吕夷简并相。仁宗宠尚美人,因废郭后。夷简有憾于后,赞其议。台谏孔道辅、范仲淹等争之,夷简奏谪之。李迪罢,王曾复相,而权在夷简。仲淹迁知开封府,言事愈急,数议时政,夷简诉其越权,复贬谪馆阁。余靖、尹洙争之,皆坐贬。欧阳修责司谏高若讷不谏,言不知人间有羞耻事。若讷怒,上其书,修亦贬。蔡襄作《四贤一不肖》诗,以誉仲淹、靖、洙、修而毁若讷。都人传诵,鬻书者得厚利。王曾求罢,帝问其故,曾因斥夷简纳赂,二人俱罢。

李元昊攻延州属陕西路,今陕西延安府,边将刘平、石元孙战没,知延州范雍闭门不救,坐贬。时军兴多事,首相张士逊无所补。谏官以为言,士逊致仕。吕夷简复相,以夏竦经略陕西路名,今陕甘之大半及河南陕州,山西解州、蒲州府,韩琦、范仲淹副之,仲淹兼知延州。夏人相戒曰:"毋以延州为意,小范老子胸中自有数万甲兵,不比大范老子可欺也。"大范,指雍也。竦无功而免,琦、仲淹专膺边任,推诚抚绥,诸羌服其恩威。边人为之谣曰:"军中有一韩,西贼闻之心胆寒;军中有一范,西贼闻之惊破胆。"元昊之不得大逞,藉二人宣力居多。

宋朝民殷国富,数倍契丹,而武力或不及之。辽兴宗乘宋有西夏之挠,欲取关南地，庆历二年仁宗二十年，辽重熙十一年，遣使求之，且责宋修边备，聚兵于燕，声言南下。仁宗不欲与地，欲增岁赂，或结婚以和。择报聘者，吕夷简不悦富弼，因荐之。夷简奏建大名为北京，示将亲征。弼至辽，反复论难，力拒其割地，且辨和战之利害。弼还，复持国书往，且受口传之辞于政府。途谓副使曰："吾不见国书，脱书辞与口传异，吾事败矣。"启视，果不同。驰还白之，易书而行，增岁币银、绢各十万，互致誓书，自是通好如故。

宋夏用兵日久，仁宗心厌之。元昊上书请和，呼帝为父，更名曩霄，而不称臣。寻上誓表，乞岁赐银、绮、绢、茶二十五万，仁宗许之。会辽、夏衅起，兴宗遣使请无与夏和。及闻辽夏平，乃册元昊为夏国主，约称臣，奉正朔，而元昊帝其国自若。宋致岁币二国，于夏则曰"赐"，于辽则曰"纳"。

仁宗增置谏官，以欧阳修、王素、蔡襄、余靖为之。修等论事切直，小人不便。帝召夏竦为枢密使，韩琦、范仲淹为副使。谏官论竦，罢之，以杜衍代之。国子直讲石介喜曰："此盛事也！"乃作《庆历盛德诗》。有曰："众贤之进，如茅斯拔。大奸之去，如距斯脱。"大奸，盖指竦也。仲淹得诗，拊股谓琦曰："为此鬼怪辈坏事。"群邪造论，目衍等为党人。修乃作《朋党论》上之，以为人君当退小人之伪朋，而进君子之真朋也。

时吕夷简已罢，章得象、晏殊并相，范仲淹迁参政，富弼为枢副。帝方锐意求治，数召辅臣条封。仲淹才兼文武，有大节，常曰："士当先天下之忧而忧，后天下之乐而乐。"于是与弼日夜谋虑，欲革弊政，而谤毁愈盛，不自安于朝，皆请出按西北边。晏殊罢，杜衍代之。衍务裁侥幸，每有内降，率寝格不行。积诏旨至十数，辄纳帝前。帝尝语欧阳修曰："外人知杜衍封还内降邪？凡有求于朕，每以不可告而止者，多于所封还也。"会衍婿苏舜钦有过失，御史中丞王拱辰欲倾衍等，因劾舜钦，得罪者十余人。拱辰喜曰："吾一网打尽矣！"衍与仲淹、弼并罢，韩琦亦请外，皆出知州。

衍去后，相继为相者率无伟绩。帝尝问相于王素，素曰："惟宦官、宫妾不知姓名者，可充其选。"帝曰："如是，则富弼尔。"遂召弼，与文彦博并相，士大夫相庆于朝。帝语欧阳修曰："古之命相，或得诸梦卜。今朕用二相，岂不贤于梦卜哉？"其后，彦博以老求罢，韩琦为相。富弼以母丧去位，曾公亮相，欧阳修参政。琦位首相，法令典故问公亮，文学之事问修，三人同心辅政，百官奉法循理，朝廷称治。仁宗在位四十二年，恭俭爱民，终始不变。庆历以后，贤者满朝，国内承平少事。进士诸科,得名臣之多,超绝古今。然吏治偷惰,兵备不振。宋之威德,卒不能及汉唐盛时。

仁宗无子,养太宗曾孙宗实为皇子,赐名曙。仁宗崩,慈圣光献曹后召曙入,立之。曙固避数四而后嗣位,是为英宗。英宗有疾,皇太后权同听政。英宗举措或改常度,遇宦官尤少恩,左右多不悦。内侍任守忠等共为谗间,两宫遂成隙。韩琦、欧阳修等委曲调护,及英宗疾瘳,始亲政,太后撤帘。谏官司马光、吕诲论守忠罪。韩琦坐政事堂,召守忠立庭下,曰:"汝罪当死。"责窜之。

英宗父允让卒于仁宗时,追封濮王。及英宗立,韩琦请议崇奉典礼。司马光立议曰:"为人后者为之子,不得顾私亲。"翰林学士王珪等又议曰:"濮王宜称皇伯。"欧阳修驳之曰:"《丧服大记》曰:'为人后者,为其父母降服,而不没父母之名。'以见服可降,而名不可没也。"议久不定。侍御史吕诲、范纯仁,监察御史吕大防等固执珪议,遂劾执政,至乞皆贬黜。执政以太后诏,令帝称濮王为亲。诲等皆辞台职,光亦请与俱贬,不许。英宗在位四年崩,太子顼立,是为神宗。自濮议以来,论者妄诋琦、修等,修遂请罢。

第三篇 宋(中)

第一章 神宗行新法

神宗少有雄心,欲大攘四夷,恢张先烈。以为养兵奋武,不可不先聚财。而环顾朝臣,皆习故守常,莫有能任其事者。素闻王安石之名,以问辅臣。曾公亮曰:“真辅相才。”参政吴奎曰:“安石护非自用,所为迂阔,万一用之,必紊纲纪。”公亮力荐之,韩琦求去。帝曰:“卿去,谁可属国者?王安石何如?”琦曰:“安石居翰林则有余,处辅弼之地则不可。”

安石博学,善属文,欧阳修尝为之延誉,擢进士上第,仁宗召为度支判官。安石议论高奇,能以辨博济其说,慨然有矫世变俗之志。尝上万言书,痛论时政。每迁官,逊避不已。及除知制诰,则不复辞。尝侍钓鱼宴,误食钩饵,已悟而食之,仁宗以其不情,恶之。安石有重名,士争纳交。惟苏洵不见,著《辨奸论》以毁之。英宗之世,退居不出。至是,召为翰林学士。熙宁元年辽道宗咸雍四年入对,首以择术为言,言必称尧、舜。神宗语之曰:“魏征、诸葛亮诚不世出之人也。”安石曰:“陛下诚能为尧、舜,则必有皋、夔、稷、契。彼二子者,何足道哉?”富弼自汝州属京西路,今河南直隶州入觐,帝问以边事。弼窥见帝喜事功,对曰:“陛下临御未久,当布德惠,愿二十年口不言兵。”帝默然,然以弼有德望,召为相,以安石参政。

安石既入政府,士大夫多以为得人。时吕诲为御史中丞,将入对,学士司马光亦将诣经筵,相遇并行。光密问:“今日所言何事?”诲曰:“袖中弹文,乃新参也。”光愕然曰:“众喜得人,奈何弹之?”诲曰:“君实亦为此言邪?安石执偏见,喜人佞己,天下必受其弊!”上疏言:“大奸似忠,大诈似信。安石外示朴野,中藏巧诈,骄蹇慢上,阴贼害物。”帝还其章疏,诲乃辞职。安石视时人所为,斥为流俗,别思创建非常,超轶前代。神宗适如所愿,倾心纳之。安石论事,多引《周官》为据,建议言:“周置泉府之官,以变通天下之财,后世惟桑弘羊、刘晏粗合此意。今当修泉府之法,以收利权。”乃立制置三司条例司,掌经画邦计,议行新法。安石实不晓世务,每事与吕惠卿谋,凡所建请章奏,多惠卿笔也。人号安石为孔子,惠卿为颜子。于是,遣八使察农田、水利、赋役,以求遗利,置卖盐场于永兴军即京兆府,陕西路治,今陕西西安府,行均输法于淮、浙、江、湖六路淮南,两浙,江南东、西,荆湖南、北。

初,陕西转运使李参以部内多戍兵而粮储不足,贷民以钱,令出息二分,春散秋敛,号“青苗钱”。安石欲行之诸路,以为周官国服为息法也。条例司官属苏辙苏洵次子谓安石曰:“以钱贷民,吏缘为奸。钱入民手,虽良民不免妄用,及其纳钱,虽富民不免违限。如此则鞭箠必用,州县不胜烦矣。”安石不从,遂行青苗法,以广惠仓钱谷充其本钱,置各路提举官以掌之。诸路往往以多散为功,随户等高下品配。又恐其逋负,必令贫富相保,抑配揞克,至与诏旨相违。

苏辙及谏官范纯仁范仲淹子、侍御史刘述等皆以论事忤安石,罢参政。唐介与安石争辨,不胜其愤,疽发背卒。时人有生老病死苦之喻,谓安石为生,曾公亮为老,唐介死,富弼议论不合称病,参政赵抃无如安石何,惟称苦苦而已。安石折抃曰:“君辈坐不读书耳!”抃曰:“皋、夔、稷、契,何书可读?”安石亦不能对。弼遂去位,陈升之相。公亮罢,升之亦罢,安石相。

凡安石所行新法,青苗最为深害,其他保甲、募役、市易、保马、方田、均税、免行钱诸役相继并兴。其法虽未必皆恶,行之不得其人,且以违祖法、乖民情,故上下不便,怨议纷起。安石尝谓:“天变不足畏,人言不足恤。”时人皆以为慢天悖经。帝尝亲策试进士,叶祖洽等三百人及第。祖洽诋祖宗而美新政,故得擢第一。直史馆苏轼苏洵长子慨之,拟对策论新法,献之。又上万言书,极论其害,因贬。帝又亲策贤良,吕陶、孔文仲力诋新法,皆报罢。翰林学士范镇尝荐苏轼、孔文仲,且数忤安石,致仕。是时,在朝名士如文彦博、吕公弼、吕公著二人皆吕夷简子、张方平、孙觉、程颢、韩维、李常、苏颂、刘挚等以议新法贬黜,或自求去者,前后相继。外官亦多以沮格新法得罪者,京城置逻卒,以察谤时政者。

帝尝问司马光曰:“安石何如?”光曰:“人言安石奸邪,则毁之太过,但不晓事,又执拗耳。”光数贻书谏安石,安石忌之。帝以光为枢密副使,力辞不拜,反覆论新法之害,遂请外知永兴军。上言:“臣之不才,最出群臣之下。先见不如吕诲,公直不如范纯仁、程颢,敢言不如苏轼、孔文仲,勇决不如范镇。今陛下唯安石是信,附之者谓之忠良,攻之者谓之谗慝。若臣罪与范镇同,即乞依镇例致仕。"久之,得请,判西京即洛阳留台,自是绝口不复论新法。欧阳修文名高于世,以风节自持,年已六十,连被污蔑。尝守青州属京东路,今山东青州府,上疏请止散青苗钱,徙知蔡州属京西路,今河南汝宁府。富弼判亳州属淮南路,今安徽颍州府属州,亦坐格青苗法,徙判汝州,寻皆致仕。

安石执政六年,老成正士废黜殆尽,儇慧少年超进用事,举国怨之,而帝委任益专。慈圣太皇太后尝语帝曰:"祖宗之法不宜轻改,吾闻民间甚苦青苗、助役,宜罢之。"后又流涕曰:"安石乱天下,奈何?"帝始疑之。会大旱,岁饥,东北穷民流入京城,累累不绝。监安上门郑侠绘所见为图,上疏曰:"陛下南征北伐,皆以战胜之势作图上来。无一人以天下忧苦、妻子不相保、流离困顿之状为图而献者。安上门逐日所见,百不及一,亦可流涕,况千万里外哉?"时帝以天灾忧形于色,诏求直言。言者皆咎新法,安石不自安,求去位,乃知江宁府江南东路治,即昇州,今两江总督治。安石荐韩绛代己,吕惠卿参政。二人守其成规,不少失。时号绛为传法沙门,惠卿为护法善神。惠卿既得势,忌安石复用,又数与绛忤,绛白帝,复相安石。安石罢不一年,再入。闻命不辞,疾走至京。后数月,绛与惠卿相继罢。安石再相二年,屡谢病请罢。帝亦厌其所为,出判江宁府,遂不复召。

第二章　神宗用兵附苏轼诗案

神宗之方用王安石也,锐意进取,自期立盖世之功,更法度,事聚敛,四方骚然而国未尝富;边疆生事,徒耗财帑而国未尝强。自西夏请和后,西边无警者二十余年。李元昊卒于庆历末,子谅祚立。帝即位初,边将种谔袭夏,取绥州今陕西绥德州,边衅复起。谅祚卒,子秉常立,大举入环庆路名,今陕西庆阳府地。王韶者,诣阙上《平戎策》谓:"欲取西夏,当先复河湟谓黄河、湟水之间,今甘肃兰州、西宁二府地。武威汉郡名,即西凉府,今甘肃凉州府之南,洮、河、兰、鄯四州名,皆属西蕃,今皆属甘肃。洮,洮州厅;河,兰州府属州;兰,兰州府治;鄯,西宁府皆故汉郡。幸今诸羌瓜分,无能统一,宜并有之,使夏人无所连结。"安石以为奇谋,始开河湟之役,取武胜吐蕃地名,今兰州府狄道州,城之,置熙河路治熙州,即武胜地,统熙、河、洮、岷等州,以韶为经略安抚使。韶取河、洮、岷今甘肃巩昌府属州等州,边堠益斥,而役兵死亡甚多,构怨吐蕃,致鬼章等屡为寇患。

帝以章惇为湖北路名,今湖北大半及湖南西北境察访使,经制南北江事。南北江,古武陵汉郡名,今湖南西部之地,蛮猺据之。惇招降梅山在湖南长沙府安化县西南,接宝庆府新化县界峒蛮,遂平南江,降五溪雄溪、明溪、酉溪、武溪、辰溪也,皆在湖南辰州府蛮。又命熊本察访梓、夔路名,梓州路,今四川中部;夔州路,今四川东境、贵州北境及湖北施南府,击泸州名,属梓州路,今四川直隶州夷,降之。复降渝州属夔州路,今四川重庆府獠,然西南竟不靖。又以沈起知桂州广西路治,今广西桂林府,生衅交阯。刘彝继之,大治戈船,禁遏交人来互市。交阯王李乾德大举击宋,取钦、廉、邕州三州属广西路。钦,今广东廉州府属州;廉,今廉州府治;邕,今广西南宁府,声言中国作青苗、助役法以困民,今出兵相救。安石怒,遣郭逵等击败之,宋军死者过半。

河东路沿边增修戍垒,起铺舍,侵入辽蔚今直隶宣化府属州、应今山西大同府属州、朔今山西朔平府属州三州界内。辽道宗遣使如宋,乞行毁撤,别立界至。帝遣官即境上,议不能决。安石曰:"将欲取之,必姑与之。"遣韩缜定新界,东西失地数百里。帝事太皇太后极孝,后亦慈爱天至。帝与大臣议取燕,诣后白其事,后曰:"事体极大,吉凶悔吝生乎动,得之不过南面受贺而已。万一不谐,则生灵所系,未易以言。苟可取,则太祖、太宗已取之矣,何俟今日?"帝乃止。

安石已罢,王珪、蔡确用事。时苏轼知湖州属两浙路,今浙江湖州府,数以诗讽刺时事。台官言轼怨谤君父,逮系台狱。太皇太后谓帝曰:"尝忆仁宗以制科得轼兄弟,喜曰:'吾为子孙得两宰相。'今闻轼系狱,得非仇人中伤之乎?宜熟察之。"帝曰:"谨受教。"王珪摘轼诗句,言有不臣意,遂贬轼,安置黄州属淮南西路,今湖北黄州府。弟辙亦坐救轼而贬。坐轼诗案黜罚者,司马光、张方平、范镇等二十余人。神宗实怜轼,寻移汝州,且复用矣,为蔡确等所沮。

元丰三年神宗即位十三年,辽道宗太康六年,诏改官制。帝欲取新旧人两用之,曰:"御史大夫非司马光不可。"王珪、蔡确相顾失色,确曰:"国是方定,愿少迟之。"珪忧甚,确谓珪曰:"上久欲收灵武唐郡名,即灵州,公能任责,则相位可保也。"珪喜,如其言,遣内侍李宪等分道伐夏,攻灵州,不克,士卒冻馁,死者十五六。帝中夜得报,起环榻而行,彻旦不寐。

五年,官制成,以珪为尚书左仆射兼门下侍郎,确为右仆射兼中书侍郎。帝虽以次叙相珪、确,不加礼重,尝语辅臣,有无人才之叹。尚书左丞蒲宗孟曰:"人才半为司马光邪说所坏。"帝不语,直视久之,曰:"蒲宗孟乃不取司马光邪!"

李宪上再举之议,珪赞之。帝命给事中徐禧护诸将往城永乐故城在陕西绥德州米脂县西。夏人大举攻拔之,将校死者数百人,丧士卒役夫数十万。帝闻奏,痛悼不食。

神宗在位十八年,平生不御宴游,劳心政务,日昃不暇食,然求治太急,进人太锐,误用安石,变坏法度,竟遗国之大患。常愤国威不伸,慨然有攘斥契丹之志,欲先取灵夏,灭西羌,乃图北伐。及安南失律,喟然叹赤子无罪而死。永乐之败,益知用兵之难,始息念征伐,卒无一事遂意而崩,年三十八。

第三章　正邪分党相挤

神宗崩,太子煦即位,是为哲宗,生十年矣。神宗母宣仁圣烈高后为太皇太后,临朝同听政。后知国民厌苦日久,首散遣修京城役夫,止造军器及禁庭工技,戒中外无苛敛,宽民间保户马。事由中旨,王珪等弗预知也。又罢京城逻卒及免行钱,废浚河司,蠲逋赋。

仁宗诸臣韩琦、富弼、欧阳修等已没于神宗世,文彦博、司马光犹存。光居洛十五年,人皆以为真宰相。至是入临,民争拥马首,呼曰:“公毋归洛,留相天子,活百姓。”所在数千人聚观之,光惧,亟还。未几,王珪卒,蔡确、韩缜为左、右仆射,章惇知枢密院事,起光为门下侍郎。是时,国民拭目以观新政,而议者谓:“三年无改于父之道。”光曰:“先帝之法,其善者虽百世不可变也。若安石、惠卿所建,为天下害者,当如救焚拯溺。况太皇太后以母改子,非子改父。”众议少止,乃罢保甲、方田、市易、保马法。

元祐元年辽道宗太安二年,谏官王觌极言蔡确、韩缜、章惇等朋邪,章数十上。台谏刘挚、吕陶、孙觉、苏辙、王岩叟、朱光庭等连章论劾。太后先黜确,以光为左仆射,寻罢缜,以吕公著代之。光言文彦博宿德元老,起平章军国重事,班宰相上,时年八十余矣。章惇、吕惠卿等皆贬窜。

光执政,两宫虚己以听。时已得疾,然自见言行计从,欲以身殉社稷,力疾视事,躬亲庶务,不舍昼夜,开言路,进贤才。凡王、吕所建新法,青苗、助役之类,刬革略尽。或曰:“熙丰旧臣多憸巧小人,他日有以父子之义间上,则祸作矣。”光正色曰:“天若祚宋,必无此事。”遂改之不疑。安石每闻朝廷变其法,夷然不以为意,及闻罢助役,复差役,愕然失声曰:“亦罢至是乎?”良久曰:“此法终不可罢。”盖差役之复,识者亦议其不便也。安石寻卒,光为相八阅月而卒。太皇太后哭之恸,与哲宗临其丧,赠太师、温国公,谥文正。京师民罢市往吊,哭之如丧私亲,四方皆画像以祀。

程颐为崇政殿说书,苏轼为翰林学士。轼喜谐谑,而颐以礼法自持。轼谓其不近人情,每嘲侮之,二人遂成隙。颐门人贾易、朱光庭等为言官,力攻轼。吕陶言易等徇私,胡宗愈、孔文仲又连章诋颐。是时,熙丰用事之臣,退休散地,皆衔怨入骨,阴伺间隙。而诸贤不悟,方自分党相攻,有洛党、蜀党、朔党之目。洛党以颐为首,易、光庭为辅;蜀党以轼为首,陶等为辅;朔党以刘挚、梁焘、王岩叟、刘安世为首,而辅之者尤众。颐罢,不复召。久之,轼亦罢,后再入、三入,皆不久而出。

吕公著以老辞位,乃拜司空、同平章军国事,寻卒。吕大防、范纯仁为左、右仆射,蔡确失势怨望。台谏言确讥讪朝廷,乞正其罪,论之不已,遂安置新州属广东路,今广东肇庆府新兴县。纯仁曰:"圣朝宜务宽厚,不可以语言文字之间,窜诛大臣。且以重刑除恶,如以猛药治病,其过也,不能无损焉。"争之不得。台谏交章,攻纯仁党确,纯仁辞位,确至新州,未几卒。自司马光卒,王、吕之党多为蜚语,以摇在位。大防等畏之,欲用其徒,以平旧怨,谓之调停。苏辙等力陈其不可,乃止。刘挚、苏颂相继为右仆射,颂罢,纯仁又代之。

宣仁太后听政九年,以至公治国,不加恩外家,以拥佑幼孙之故,二子一女皆疏。当世贤者毕集于朝,后世以庆历、元祐并称。人以为女中尧舜,承神宗厌兵之后,与民休息。吐蕃鬼章为边将擒献,释不杀,以招其部属。夏主秉常卒,子乾顺立,已与宋和,受其册命而屡侵扰边境,亦不加讨伐,诏诸路严兵自备而已。辽道宗戒群臣曰:"南朝尽行仁宗之政矣,谨勿生事于疆场。"临崩,谓吕大防、范纯仁等曰:"老身没后,必多有调戏官家者,宜勿听之。公等亦宜早退,令官家别用一番人。"后崩,哲宗始亲政,群小力排垂帘时事。礼部侍郎杨畏首叛大防,上疏乞绍述神宗之政,且劝相章惇。绍圣元年哲宗九年,辽太安十年,大防、纯仁皆罢,召章惇为左仆射。惇既至,引其党蔡京、京弟卞等居要地,以渐尽复熙丰之政,治元祐诸臣之罪无虚日。司马光、吕公著、王岩叟、傅尧俞等已死者,皆夺其赠谥,追贬。大防、纯仁、刘挚、梁焘、范祖禹、刘安世、韩维、苏轼、苏辙、王觌、吕陶、孔文仲、程颐、贾易、朱光庭、孙觉等三十余人皆连贬窜。文彦博已以太师致仕,亦降为太子太保,寻卒。

哲宗皇后孟氏,宣仁后所选聘也,在中宫五年,遭谗而废。章惇、蔡卞遂诬宣仁尝有废立计,请追废之。赖向太后泣谏,事得寝。惇、卞坚请施行,哲宗怒曰:"卿等不欲朕入英宗庙庭乎?"抵其奏于地。

第四章　徽宗昏德

哲宗在位十五年,崩,无子。弟端王佶立,是为徽宗。钦圣宪肃向太后权同听政,擢韩忠彦韩琦子为右仆射,收叙范纯仁、苏轼,追复司马光、文彦博、吕公著等三十三人官。太后垂帘半年而还政,未几,崩。章惇、蔡京、蔡卞等为台谏所攻,相继贬窜。韩忠彦、曾布为左、右仆射。布初附惇,已而叛之。然知帝意在绍述熙丰,渐排元祐诸臣,正议之士不容于朝。遂罢忠彦职,再追夺司马光等官,籍记元祐党人。蔡京复入,代布为相,又贬窜忠彦等,令州县立奸党碑,图熙丰功臣于显谟阁,以王安石配享孔子。

蔡京执政二十年,其间暂罢者三。赵挺之、张商英、郑居中等为相,稍与京立异,然于京之权宠无损也。京子攸亦嬖于徽宗,至权势与父相轧,满朝皆其父子之党。内侍童贯以佞媚得幸,专务应奉,以蛊上心。京使贯领兵击吐蕃,复所尝失三州湟、鄯、廓皆在甘肃西宁府境内。贯遂建节为三路熙河、兰湟、秦凤,今甘肃兰州、西宁、巩昌三府,秦、阶二州安抚使,恃功骄恣,选置将吏,皆取中旨,不复关朝廷。

是时,宋朝升平,府库盈溢。蔡京托绍述之名,益修财利之政,以为当丰亨豫大之运。专以奢侈劝徽宗,穷极土木之功。命朱勔搜集东南珍奇,舳舻相衔于淮汴,号"花石纲"。嘉花、名木、怪石、珍禽、奇兽无远不致,民间有一花一木之妙,辄令上供。作延福宫六位,殿阁亭台相望,岩壑幽胜,宛如天成。又作万岁山,山高林深,禽兽成群,园池台观,备极巧妙。徽宗崇道教,自言见天帝降临,建迎真宫,作《天真示现记》,置道阶、道官,立道学,编道史,作玉清神霄宫,以奉安道像。自号曰"教主道君皇帝",宠信方士林灵素等,其徒美衣玉食者,几二万人。

第五章　辽末诸帝

契丹建国百年,至圣宗尤盛,一举而攘却宋师,再举而蹂躏河朔。宋人长绝北伐之念,然狃胜穷兵,辄不免挫衄。高丽自太祖王建开国,世朝贡南朝,五传至成宗治,始受制于辽,圣宗以鸭绿江东地赐之。治卒,穆宗诵立,大臣康肇弑诵而立显宗询。圣宗自将讨破之,获康肇,进围开京高丽国都,今京畿道开城府。

询弃城走,师还,诸降城复归高丽。询遣使乞称臣如故,诏取江东六州兴、铁、通、龙、龟、郭,皆在平安道西境,询不从,乃连发兵讨之,战于茶、陀二河俱在平安道龟城府界内,大败而还。询寻请降,后不复叛。帝又遣将击回鹘,围甘州今甘肃甘州府,亦败还。自是,党项、准布诸部多叛。圣宗能勤于政,举才行,察贪残,理冤滞,抑奢僭,赈穷乏,城辽西秦汉故郡名,建为中京大定府本奚王牙帐,在内蒙喀喇沁右翼南,自上京移都之。在位四十九年,辽国治强。齐天皇后无子,养庶子宗真,立为太子。宋仁宗天圣九年辽太平十一年,帝崩,太子即位,是为兴宗。生母萧元妃自立为太后,摄政,迁齐天后于上京,杀之,又阴谋立少子重元。重元告之兴宗,兴宗嘉之,立为太弟,收太后符玺,迁之庆州属上京道,在临潢府西,今内蒙古巴林旗西北,后迎归,侍养益谨。初,夏人叛宋建国,故事辽甚恭。兴宗时,党项诸部叛去,夏主元昊助之。帝自将讨夏,不克,许之和而还。建云州为西京大同府古平城地,今山西大同府,以镇西边。于是,北朝所统京五上京临潢府、中京大定府、南京析津府、东京辽阳府、西京大同府、府六定理、率宾、铁利、安定、长领、镇海皆在盛京、吉林二省界内、州军城百五十六、属国六十。帝尝欲南伐,感宋使富弼之言,增其岁币而申和好,两国得免兵祸。在位二十四年,虽无善政可称,国之强盛自若也。

兴宗以宋至和二年仁宗三十三年,兴宗重熙二十四年崩,长子燕赵王洪基立,是为道宗,以太弟重元为太叔。重元负宠骄恣,与其子楚王尼噜固旧作涅鲁古谋反,枢密使耶律仁先、耶律伊逊旧作耶律乙辛讨平之。道宗劝农兴学,诏求直言,初政颇可观。既而伊逊专权,势倾中外,忌懿德皇后明敏,谗而杀之。太子濬,后所生也,亦为伊逊所构诬。帝废濬,徙于上京。伊逊窃令人杀之,又欲害濬子延禧。帝始恶其专恣,出之兴中府属中京道,唐营州都督府治,今直隶承德府朝阳县地,故城在内蒙古土默特右翼西。后谋亡入宋,事觉伏诛。帝在位四十六年,自伊逊用事,群邪竞进,忠士斥逐,诸部反侧,兵革岁动,以宋哲宗崩之明年徽宗建中靖国元年,道宗寿隆七年崩。燕王延禧立,号天祚帝,追尊父濬曰顺宗,戮伊逊尸,诛其党羽。时国势已衰,武备颓弊,天祚暗弱,不能振作。在位二十四年,正与徽宗同世。南北俱当末运,东夷乃起而乘之,辽先亡而宋亦继坏矣。

第四篇　宋(下)

第一章　金灭辽

辽之东边有女真族，盖东胡别种也。其地南接高丽，东至日本海，汉魏谓之挹娄，后魏谓之勿吉，三韩、隋唐谓之靺鞨。唐初，有黑水、粟末二大部，后粟末盛强，建渤海国，黑水靺鞨役属之。渤海既灭，靺鞨之民居混同江今名松花江，在吉林省界内西南者，系籍于辽，号“熟女真”；居江东者，不籍于辽，号“生女真”，然亦臣属焉。后避兴宗讳，改“真”为“直”。生女直僻处东北，风俗极朴陋，其民鸷悍，善骑射。有完颜部者，世居按春旧作按出虎水按出虎，土言金也，今云阿勒楚喀河，发源小白山之北，北流入松花江之源，初甚微。道宗时，完颜乌古鼐旧作乌古迺袭辽叛臣，擒而献之，始为节度使。乌古鼐有九子，合理博旧作劾里钵、蒲拉舒旧作颇剌淑、盈格旧作盈哥相继袭职，兄弟叔侄同心协力，务开疆土，兵势渐强，遂雄诸部。

合理博有十一子，第二子曰阿古达旧作阿骨打，沉毅有大志。合理博临终谓盈格曰：“长子乌雅舒旧作乌雅束柔善，若办集契丹事，阿古达能之。”故盈格传位乌雅舒以及阿古达。时辽天祚帝荒于禽色，不恤国政，每岁遣使索名鹰海东青于女直。女直发甲马侵其东北邻五国国名，今吉林省三姓地，获此禽以献，不胜其扰，诸边帅又征求无艺。阿古达遂叛辽，举诸部兵，得二千五百人，攻克宁江州属东京道，在今吉林省打牲城北，松花江东岸，迎击辽军于珠赫旧作出河店地名，在吉林省伯都讷城南，内蒙古科尔沁右翼前旗界内，大败之。宋政和五年徽宗十五年，辽天庆五年，诸酋劝阿古达称帝，国号大金，是为太祖武元帝。以弟乌奇迈旧作吴乞买为阿木班贝勒旧作谙班勃极烈，从兄萨拉噶旧作撒改，合理博兄劾者之子、弟舍音旧作斜也为固伦贝勒旧作国论勃极烈。天祚帝遣使赍诏书谕太祖降，太祖报书亦谕天祚降。攻黄龙府取之。天祚下诏亲征，兵号七十万，进渡混同江。会有一大帅亡归,反于上京,天祚乃引还。太祖追及,于和斯布达旧作护步答冈在混同江西大败之,又遣萨拉噶弟斡鲁袭破辽叛将于辽阳。于是,东京州县及熟女直皆降于金。天祚以族父秦晋王淳为都元帅,会四路上京、中京、黄龙府、兴中府兵于徽州属上京道,在内蒙古奈曼部界内,金将斡鲁古击走之,取辽八州显、乾、懿、壕、徽、成、川、惠。

辽人既屡败,请成于金。或言于太祖曰:"自古英雄开国,必先求大国封册。"太祖从之,求封册于辽,且曰:"必以兄事我,岁贡方物。"辽七遣使议册礼,遂册为东怀国皇帝,文无兄事之语,又不称大金,而云东怀,即小邦怀其德之义。太祖怒却之,辽复遣萧锡里旧作习泥烈往议,太祖不许,和议遂绝。初,宋童贯既得志于西羌,遂谓契丹亦可图,乃自请使辽以觇之。燕人马植见贯,陈取燕之策,贯挟以归,易姓名曰李良嗣。良嗣见徽宗,说与女直夹攻辽。徽宗嘉之,赐姓赵氏。其后,闻女直建国,屡破辽师,遣马政由海道如金通好,太祖遣使报聘。宋人谕以夹攻之意,差呼庆送其使。太祖语庆曰:"归见皇帝,果欲结好,早示国书。若仍用诏,决难行也。"庆归,宋更遣赵良嗣往。

太祖自将伐辽,以萧锡里、赵良嗣从行,谓之曰:"汝可观吾用兵,以卜去就。"进攻上京,克其外城,守将以城降,太祖乃还。良嗣谓太祖曰:"两国夹攻,金取中京。燕云本汉地,宋取之。"太祖许之,因邀岁币,以手札付良嗣使还。期以金兵自平地松林蒙古名阿它尼喀喇莫多,在内蒙古克什克腾部西潢河之源趋古北口关名,在顺天府密云县东北,宋兵自白沟河名,在直隶保定府定兴县南夹攻。徽宗遣马政持国书往,订彼此兵不得过关,岁币如与辽之数。

天祚畋游不悛,忠臣多被疏斥。长子晋王阿咤罕旧作敖庐干仁孝有人望,枢密使萧奉先讽人诬晋王母文妃与都统耶律伊都旧作耶律余睹等谋立晋王。天祚遂赐文妃死,伊都大惧,叛降于金。萨拉噶子尼玛哈旧作黏没喝曰:"辽主失德,中外离心。今乘其衅,中京可取。"太祖然之,以舍音都统内外诸军,从弟普嘉努旧作蒲家奴,合理博弟劾孙之子及尼玛哈,皇子斡布旧作斡本、斡喇布旧作斡离不,乌奇迈子博勒郭旧作蒲庐虎等副之,伊都为向导以趋中京,攻克之。天祚时猎于鸳鸯泺湖名,蒙古名昂吉尔图,在内蒙古阿巴噶右翼西南,伊都引敌奄至,天祚忧甚。奉先曰:"伊都来,欲立晋王耳。若为社稷计,不惜一子,诛之,可不战而退。"天祚乃使人缢阿咤罕。诸军闻之流涕,人心解体。金兵逼行宫,天祚率卫士五千余走西京,尼玛哈率金兵追之。天祚计不知所出,乘轻骑入夹山在山西朔平府城东北边墙外,始悟奉先之不忠,挥之勿从,寻被诛。金兵进克西京。

时，秦晋王淳守燕京，参政李处温等立淳为主，号天锡帝，以军事委耶律达什旧作耶律大石。宋童贯、蔡攸帅师伐燕，达什与都统萧干击却之。已而，淳病死，干等立淳妃萧氏为太后，主国事，以李处温谋反，赐死。童贯、蔡攸再举兵，辽将郭药师以涿、易二州属南京道。涿，今顺天府属州；易，直隶直隶州降于宋。宋军进驻卢沟河名，在今京城西南，萧干出拒。药师间道袭燕，干还救，死斗，药师败走，卢沟之师遂溃。贯不克成功，惧得罪，密遣客祷金图之。太祖由居庸关在顺天府昌平州西北入燕，辽群臣奉表降。太祖命守旧职，抚定州县而还。萧妃、萧干西走。天祚杀萧妃，追废淳为庶人，干奔奚。

初，宋与金约，但求石晋赂契丹故地，而不思营、平、泺，三州属南京道。营，今直隶永平府昌黎县；平，永平府治；泺，永平府属州乃刘守光所与者。既宋相王黼悔之，欲并得三州，屡遣赵良嗣求之。太祖不许，且责宋出兵失期，止许与燕京及山前六州蓟、景、檀、顺、涿、易，今顺天府及直隶遵化州、易州。及既克燕，赠书曰："燕京用本朝兵力攻下，其租税当输本朝。"宋遂约岁币四十万之外，加代税钱百万缗，且许更与粮二十万石，以得燕京六州。金人驱燕之职官、富民东徙，贯收入燕，所得空城而已。

斡鲁、斡剌布等复西伐至居庸关，擒耶律达什，强使为向导，追袭天祚于青冢寨名，在大同府城西北塞外，获其子女、族属、辎重、牧马。天祚奔云内州名，属西京道，在内蒙古乌喇特布西北，夏主李乾顺遣使唤请天祚临其国，天祚乃南渡河。都统萧迪里旧作特烈等立天祚子梁王雅里为帝。雅里寻死，迪里亦为乱兵所杀。萧干自立为奚帝，引兵攻燕，与郭药师战，败走死。

女直初无文字，及获契丹汉人，始通契丹汉字。太祖颇留心于文事，使诸子皆学，命完颜希尹制女直字，颁行之。又令所在访求文学之士，敦遣赴阙。金人命名，皆本其国语，及通汉文义，又用汉字制名。太祖名旻，乌奇迈名晟，舍音名杲，尼玛哈名宗翰，斡布名宗干，斡喇布名宗望，博勒郭名宗磐，盖国语之名，便于彼此相呼，而诏令章奏则用汉名也。宋宣和五年徽宗二十三年，辽保大三年，金太祖天辅七年，太祖崩，在位九年。弟晟立，是为太宗文烈帝，以杲为阿木班贝勒，宗干为固伦贝勒。

六年金太宗天会二年，夏国奉表称藩于金，耶律达什自金逃归天祚。天祚复渡河东迁，谋出兵收复燕云。达什谏曰："当养兵待时而动。"不听，与金人战，败走山阴谓夹山之北。七年，遂趋党项，为完颜洛索旧作娄室所追擒，太宗封为海滨王。辽称帝九世太祖、太宗、世宗、穆宗、景宗、圣宗、兴宗、道宗、天祚帝，二百十年而亡。达什者，辽太祖八世孙也，率众西走，谋兴复。巴什伯里旧作别失八里，今乌鲁木齐之回鹘迎降，愿为附庸，征行千余里，军势益盛。至别喇萨军城名，在吹河上，今俄国中亚细亚七川州界内，其王弃国而遁，达什因建都，城名呼逊鄂尔多旧作虎思斡耳朵，自立为阔儿汗，号天祐帝，是为西辽德宗，遂出兵征略都儿格诸部。时，塞而桂克见后王桑察儿霸有西亚细亚，自将诸国兵攻西辽，进渡亚母河，德宗击走之，悉平河东地，货勒自弥见后亦降为属国。

第二章　金克宋京

辽帝之西走也，平州军乱，杀节度使，州民推副使张瑴领州事。金人入燕，瑴降之，金以为留守，已而瑴以州叛，请降于宋。王黼劝徽宗纳之，赵良嗣谏曰："国家新与金盟，如此必失其欢，后不可悔。"不听。金太宗使弟阇母及宗望袭平州，瑴奔燕。金人责宋纳叛，宋不得已命边帅缢杀瑴，函送其首。

宋内侍谭稹宣抚两河、燕山路两河谓河东路、河北东西路，燕山即燕京六州地，招纳金叛亡。金索宋所许粮，稹不与，曰："良嗣口许，岂足凭也?"金人大怒。辽帝在山阴，宋密遣人诱降，命童贯代稹宣抚，将迎辽帝。辽帝畏宋不可仗，不来。宗望遣人如宋，索叛亡户口，宋不遣，且闻燕山治兵，请于太宗曰："苟不先举伐，宋恐为后患。"耶律伊都、刘彦宗亦言南朝可图，师不必众，因粮就兵可也。及既获辽帝，即决意南伐。以阿木班贝勒杲领都元帅，居京师。宗翰为左副元帅，自西京趋太原府名，河东路治，今山西首府，宗望自平州入燕山。童贯自太原逃归汴，知府张孝纯叹曰："平时童太师作几许威望，今乃畏怯如此，何面目复见天子乎?"宗翰围太原，孝纯悉力固守。宗望取燕，郭药师降之，以为向导，长驱而进，宋人奔窜，莫敢撄锋。金军既深入，宋相白时中等唯建出奔之策而已。徽宗急下诏罪己，征兵四方，传位太子桓，是为钦宗。太学生陈东等伏阙上书，乞诛戮蔡京、童贯、王黼、梁师成、李彦、朱勔六贼以谢天下。黼以邪佞致位首相，误国事者也；师成以宦者用事，窃弄威福者也；彦以根括农田，破荡民产，结怨于西北者也；勔以花石纲扰害州县，聚怨于东南者也。钦宗诛彦，窜黼、勔，寻杀之。师成、童贯、蔡京父子前后皆诛窜。钦宗遣使至金军请和，宗望不许。靖康元年金天会四年，宗望进渡河。钦宗欲奔，兵部侍郎李纲泣谏，愿以死守宗社。钦宗乃以纲为亲征行营使，治守战之具。金军围汴京，纲力战御之。太宰李邦彦等皆欲割地求和,遣使诣金营。宗望谓之曰:“宋京破在顷刻,若欲议和,当输犒师金五百万两、银五千万两,牛马万头,表段百万匹,割中山府名,属河北西路,今直隶定州、太原见上、河间府名,属河北东路,今属直隶三镇地,尊金帝为伯父,以宰相、亲王为质。”使归,钦宗一依其言,使弟康王构与少宰张邦昌往质,括借京城民财,仅得金二十万、银四百万,而藏蓄已空。

既而四方之师渐至,钦宗又欲战,都统制姚平仲夜袭金营,不克遁去。钦宗大惧,废行营,罢李纲以谢金人。陈东及都人数万诣阙,乞复用纲,钦宗勉从之,充纲防御使,众始退。金人疑康王非亲王,请以他王代之。钦宗命弟肃王枢往,康王、张邦昌还,遂遣使与割三镇御笔书。宗望得书,不俟金币数足而引还。宋又密诏三镇固守不割。宗翰亦还西京,留军围太原,金以宗望为右副元帅。是岁,高丽王王楷奉表称藩,以事辽之礼事金,太宗赐以保州地今朝鲜平安道安州。

宋以耶律伊都本辽贵戚,当有亡国之戚,密遗蜡书,使为内应,为宗望所得。又闻耶律雅里在西夏之北,欲致书招之,亦为宗翰所得。太宗闻之,甚怒,复命两帅分道伐宋。宗望克真定府名,河北西路治,今直隶正定府,长驱抵汴。宗翰克太原,执张孝纯,克河东诸郡,克洛阳,抵汴。二帅所向无敌,官吏弃城走者,远近相望。宋累遣使请和,二帅要尽割河东、河北地。宋相唐恪、耿南仲等恃和议,不设战备。有卒郭京者,言能用六甲法生擒金两将。钦宗赐金帛数万,使自募兵。京尽令守御人下城,自坐城楼上,出兵挑战。金人鼓噪而进,京兵败死。京曰:“须自下作法。”因引余兵遁去。金兵登城,城兵披靡大溃。钦宗率大臣诣金营,奉表请降,献两河地。金人更索金一千万锭,银二千万锭,帛一千万匹。钦宗还,大括民财,不能盈数。靖康二年,金人再邀钦宗至营,命宋有司行根括甚急。续逼徽宗出宫,后妃、太子、宗戚男女三千余人悉赴军前,城中子女、金帛、宝玩、车服、器用、图书无不邀索,公私上下俱空。二帅令宋百官议立异姓,百官希金旨,连署推张邦昌。金人册邦昌为楚帝,以二帝以下北还。徽宗在位二十五年,内禅钦宗,仅一年余而失位。太宗召二帝至会宁府名,金之旧土,为京师,即按春水源之地,在吉林省宁古塔城西,封徽宗为昏德公,钦宗为重昏侯,后迁于五国城又曰五国头城,今吉林省三姓城以卒。

第三章　高宗南渡附金立刘豫又废之

汴京受围时,康王构出在相州属河北西路,今河南彰德府,钦宗遣使拜王为大元帅,汪伯彦、宗泽为副。王领兵渡河,将入卫,闻京城陷,移军东平府名,属京东西路,今山东泰安府东平州,进次济州属京东西路,今山东济宁州。及金人去,张邦昌恐宋人不服己,迎哲宗废后孟氏入宫听政,以后手书俾康王嗣统。宗泽等劝王趋南京本宋人归德军治,今河南归德府治即位,是为高宗。尊孟后为太后,召李纲为右仆射兼御营使,贬窜主和误国者李邦彦、耿南仲等及张邦昌党与,邦昌后伏诛。

纲整军政,讲边防,以宗泽守汴,金人惮之,而黄潜善、汪伯彦复主和。高宗怯懦,日与潜善等为避敌之计。纲相七十余日而罢。诛上书论事者陈东、欧阳彻。决策南幸至扬州淮南东路治,今江苏扬州府。时金宗望已卒,宗翰与宗望之弟宗辅、宗弼、完颜洛索等分道伐宋,连克诸郡。建炎二年金天会六年,宗弼至汴,为宗泽所败。泽招抚群盗,募四方义士,合百余万,粮支半岁,表疏连数十,请车驾还汴。潜善等从中沮之,泽忧愤而没。

三年,宗翰渡淮,将至扬州,高宗得报,亟出奔镇江府名,属两浙路,今属江苏。潜善、伯彦等方听僧说法罢,会食,吏呼曰:“驾已行矣。”二相仓皇,乃戎服南驰。高宗遂如杭州两浙路治,今浙江首府,罢潜善、伯彦。御营将苗傅、刘正彦作乱,逼高宗传位于皇子旉,请孟太后听政。吕颐浩、张浚、韩世忠会兵讨乱者,高宗复位。傅、正彦走,世忠追获,诛之。高宗以浚为川谓成都、梓州、利州、夔州四路,大抵今四川、陕谓永兴、鄜延、环庆、泾原、秦凤、熙河六路,大抵今陕甘、京谓京西南、北路,今河南之大半及湖北北境、湖谓荆湖南、北路,大抵今湖广宣抚使,治兵兴元府名,利州路治,今陕西汉中府。宗翰还西京,宗辅还燕京。宗弼复请于太宗,大起燕、云、河、朔兵伐宋。下令禁民汉服,又令髡发遵金俗,不如式者杀之。遂自两道渡江,破江东又曰江南东路,今江苏江宁府及安徽南境、江西又曰江南西路,今仍曰江西诸郡。高宗奔明州属两浙路,今浙江宁波府,乘船避敌。四年,次于温州属两浙路,今浙江温州府。宗弼焚临安府名,即杭州,饱掠北还。高宗回驻越州属两浙路,今浙江绍兴府,两江复为宋,然四京东京开封府、西京河南府、南京应天府、北京大名府竟皆属于金。洛索攻陕西,张浚出兵拒之。太宗遣宗辅往督师,宗弼自淮上引兵西驰,与洛索合。浚合五路熙河、秦凤、泾原、环庆、利州兵四十万至富平县名,属永兴路耀州,今陕西西安府属县,洛索力战,败之,宋军皆溃。浚退保兴州属利州路,今陕西汉中府略阳县,遣吴玠守凤翔府名,属秦凤路,今属陕西之和尚原在宝鸡县西南。

宗翰之南下也,太宗谕之曰:“俟宋平,当援立藩辅,如张邦昌者。”及取京东西京东东、西路及京西北路,大抵今山东、河南,宗翰建议,册刘豫为齐帝。豫本宋臣,知济南府属京东东路，今山东首府，以地降金，为京东安抚使，节制河外诸军。至是为金子皇帝，以张孝纯为丞相，都大名，寻徙居汴。

绍兴元年金天会九年，宗弼攻吴玠于和尚原。玠与弟璘力战，大破之。金已得陕西地，悉以赐齐。宗辅东还，使萨里干旧作撒离喝守冲要。三年，萨里干克金州属利州路，今陕西兴安府，长驱趋洋州名，属利州路，今汉中府洋县、汉古汉中郡，即兴元府。玠引兵疾驰，扼饶风关在汉中府西乡县东北，金人击破之，入兴元，食尽引还。四年，宗弼与萨里干破和尚原，进攻仙人关在汉中府凤县西南，玠、璘击却之。金人还屯凤翔，为持久计。张浚本欲由关陕取中原，乃尽丧关陕，赖得玠、璘保蜀而已，以无功召还。

齐主刘豫遣将攻宋，取襄京西南路，治今湖北襄阳府、邓属京西南路，今河南南阳府属州等州。宋使岳飞击之，克复诸郡。豫乞师于金，太宗命宗辅、宗弼、从弟达赉旧作挞懒，盈哥子援之。豫遣其子麟、侄猊将兵会金军南下。宋相赵鼎劝高宗亲征，御舟次平江府名，属两浙路，今江苏苏州府。韩世忠屯扬州，大败金军于大仪镇名，在扬州城西，今属江苏扬州府甘泉县。宗弼等不得志，又闻太宗疾笃，引兵还。麟、猊弃辎重遁。五年金天会十三年，高宗还临安，遂定都焉。

金以阿木班贝勒为最尊官，即储副也，自皇弟杲卒，其位久虚。宗干、宗翰等以太祖之孙亶嫡统当立，定议入奏。太宗以义不可夺，舍己子宗磐而立亶为阿木班贝勒，宗磐、宗干、宗翰并为固伦贝勒，宗翰兼都元帅。太宗在位十二年崩，亶即位，是为熙宗。尊考宗峻为景宣帝，追帝始祖函普以下十君，以宗磐、宗干、宗翰为三师，并领三省事。绍兴七年金熙宗天会十五年，宗翰所善高庆裔以赃诛。宗磐素忌宗翰，欲因挫之，多治其党，宗翰以忧死。达赉为左副元帅，宗弼为右副元帅。

宋自徽宗末年，群盗蜂起，至南渡后益剧，大者数十万，小者数万人，江江南东、西路、淮淮南东、西路、楚荆湖南、北路、粤广南东、西路率为盗薮。诸将分讨，随剿随起。韩世忠、岳飞等剿抚，数立奇功。洞庭贼杨太最盛。飞招降其骁将，急攻水寨，太穷蹙赴水死，湖湘谓洞庭湖及湘水之滨，即今湖南也平。飞又数破齐兵，请进取中原，高宗不许。

初，刘豫因宗翰得立，奉之特厚，诸将多憾之。豫欲击宋，请援于金，宋王宗磐沮之。熙宗遣宗弼提兵黎阳县名，河北西路，濬州治，今河南卫辉府濬县以观衅。豫使麟、猊分道入淮西即淮南西路，今安徽江淮之间及河南光州、湖北黄州府，败还。金人诘其状,始有废豫之意。及宗翰卒,豫又乞师。熙宗令达赉、宗弼伪称南征,驰入汴,宣诏废之,与家属徙临潢,齐建国八年而亡。

第四章　金宋讲和

宋自二帝北迁,中原沦陷,举国怨金人彻骨,思有以报之。而完颜氏国势方盛,群臣辑睦,士马精强。宋承累世积弱之余,兵气自馁。每与金人遇,十战九败。高宗乏统御之才,朝论数动,国是不定。勇者浪战以挑强寇,弱者假和议以图偷安。是以封疆日蹙,敌人益张。高宗数募人使金,名祈请使,称臣奉表,以求缓师,且请还二帝。金人不许,使者多被拘囚。王伦尝奉使问二帝起居,时宗翰等方大举南下,伦邀说百端,欲使其还二帝,归故地。宗翰不答,拘于云中唐故郡名,即西京大同府。其后,宗翰有许和意,纵伦归报。值宋齐交兵,议遂中格。

初,秦桧在汴京争立异姓之议,为金人所执,从二帝至燕。太宗以桧赐达赉,为其任用。达赉素持和议,纵桧使还。桧见宰执曰:"欲天下无事,须是南自南,北自北。"张浚荐之,渐用事。及闻徽宗及郑太后崩于五国城,高宗复以伦充使,奉迎梓宫及生母韦后,并乞河南地。刘豫既废,达赉自河南还,请以齐旧地与宋。熙宗会群臣议,宗干力言其不可,宗磐赞达赉议,遂遣使偕伦如宋。时桧已专朝政,请使伦再如金定议。金以张通古为江南诏论使,与伦偕至,言先归河南、陕西地,徐议余事。高宗闻金使以诏谕为名,心不自安,诏群臣议和好得失。直学士院孙开等二十余人,皆极言不可和。枢密院编辑胡铨抗疏请斩伦、桧及参政孙近,羁留虏使,责以无礼。桧怒,谪铨广州。李纲、张浚、韩世宗、岳飞皆自外上疏论谏。桧惧生变,力排言者,谋夺诸将兵权。士论藉藉,皆咎桧。及通古还,世忠欲要杀之,以坏和议,不克而罢,时绍兴八年金熙宗天眷元年也。九年,王伦受命至汴,受地于金。

金宋王宗磐自以太宗长子,跋扈甚。太祖子陈王宗隽为左丞相,达赉方持兵柄,俱附宗磐。达赉尝与秦桧善,故力成和议。宗弼以割地与宋为非计,言于熙宗曰:"达赉、宗磐主割地,必有阴谋。今宋使在汴,勿令逾境。"宗磐、宗隽、达赉遂谋反,相继伏诛。宗弼为都元帅,王伦将赴金都议事,途被执。时,岁贡、正朔、誓表、册命等事,议久不决。十年,熙宗遂变约,使宗弼取河南,萨里干取陕西。宋刘琦败宗弼于顺昌府名,属京西北路,今安徽颍州府,岳飞败之于郾城县名,属京西北路颍昌府,今河南许州属县,进至朱仙镇在河南开封府城南。两河豪杰,往往应飞。秦桧奏急谕飞班师,诸将皆还镇。十一年金皇统元年,宗弼渡淮,入庐州属淮南西路,今安徽庐州府,刘琦、杨沂中败之于橐皋镇名,在庐州府巢县西北。高宗复召还诸将,遣使乞罢兵。宗弼遗桧书曰:"尔朝夕以和请,而岳飞方为河北图。必杀飞,始可和。"枢密使张浚素忌飞,构成其罪。桧逮飞父子下狱,杀之。飞有神力,能挽弩三石,忠义出于天性,御军严而有恩,善以少摧众,金人所畏者惟飞。及闻其死,诸将酌酒相贺。韩世忠见事不可为,辞官去。

宗弼许和,划淮水为界,唐、邓二州俱属京西南路,入金属汴京路。唐,今河南南阳府唐县;邓,今南阳府属州入金,陕西以大散关在陕西凤翔府宝鸡县西南,和尚原之西为界,岁贡银绢二十五万两匹。高宗先已称臣,金人不以帝称之,而言康王。十二年,熙宗遣使以衮冕圭册,册康王为宋帝,归梓宫及韦太后。自是,信使往来不绝。

和议已成,秦桧自以为功。惟恐人议己,起文字之狱,以倾陷善类。附势干进之徒,承望风旨,有一言一句稍涉忌讳者,无不争先告讦。异议之人如赵鼎、张浚等,贬窜殆尽。揽权十有八年,高宗仰成而已。尝书赵鼎、李光、胡铨三人姓名于阁,必欲杀之。鼎已窜死于海南,而憾不已。下鼎子汾狱,使汾自诬与张浚及光、铨等五十三人谋大逆。会桧病死,始得免。

第五章　金亮淫虐附高宗内禅

金熙宗委政于从父宗干、宗弼,虽国家多故,而吏清政简,百姓乐业。既而裴满后干政,熙宗为其所制。因纵酒自遣,屡酗怒杀从臣。时宗干、宗弼已卒,宗干子平章政事亮密谋篡位。绍兴十九年金皇统九年,亮谗杀二皇弟胙王元及查刺。帝积怒于后,亦杀之。亮因乱弑帝而自立。熙宗在位十四年。

帝亮残忍肆虐,大忌骨肉。杀太宗子孙七十余人,宗翰子孙三十余人,杲子孙百余人,诸内族数十人,草薙株连,几无噍类。又杀宋、辽皇族百三十余人,勋旧大臣亦多诛夷。宗室被杀者,选其妇女为妃妾,宗妇诸从姊妹满后宫。荒淫秽乱,无复人理。

初,金取辽五京,袭其旧称,仍居金源即按春水之源之地,名会宁府。熙宗升会宁为上京,改辽上京为北京。亮慕中国侈靡之俗,以上京僻在一隅,迁都于燕。大营宫殿,务极华丽。尽毁上京宫庙,削上京、北京之号。改燕京为中都大兴府,以中京为北京,汴京为南京,而东京、西京如旧。

亮欲灭宋,开一统之业。尝因遣使密隐画工,俾写临安湖山以归。题诗其上,有"立马吴山第一峰"之句。籍诸路兵,虽亲老丁单,亦不许留侍。大括民马,令户自养以俟,营汴宫徙居之。绍兴三十一年金正隆六年,遂渝盟南伐。嫡母图克坦旧作徒单太后谏,亮杀之以威众。兵六十万,由五道进,亮自将,克淮西诸郡,欲由采石江津名,在安徽太平府城西北济江,为宋兵所破。会闻从弟乌噜旧作乌禄已自立于辽阳,大愕,乃回扬州。召诸将约三日必济,过期尽杀。诸将遂弑亮,举军北还,亮在位十二年而亡。

方亮之发汴,辽阳一军亡归,公言于路曰:"我辈往东京立新天子矣。"入东京,奉留守乌噜即位。乌噜汉名雍,许王宗辅之子也,是为世宗,追尊宗辅曰睿宗,遂入燕。追废亮为海陵王,后又降为庶人。世宗诏散南征之众,遣使谕宋,宋报聘书用敌国之礼。

初,宋太祖以国授太宗,约兄弟相传,仍及于其子。太宗背之,而自传其子孙。至徽宗朝,独推濮王胄裔以为近属。太祖之后皆零落,仅同民庶。汴京之亡,太宗子孙多遭金人之虐。徽宗之子九人,唯存高宗。高宗早丧太子旉,后竟无子。于是选太祖后,得秦王德芳六世孙伯琮,鞠于宫中,为皇子,遂立为太子,赐名昚。高宗在位三十六年而内禅,太子即位,是为孝宗。

第六章　两国贤主同世

金亮之开衅也,宋兵取唐、邓二州见上、海属金山东东路,今江苏直隶州、泗属金山东西路,今安徽直隶州诸州。吴璘自蜀出兵,取陕西十三州秦、陇、洮、环、巩、熙、河、兰、会、商、虢、陕、华。孝宗诏璘班师,十三州复入金。世宗以宋不称臣,命都元帅仆散忠义往南京节制诸军,副元帅纥石烈志宁驻军淮阳故郡名,即陈州,属南京路,今河南陈州府,谕曰:"宋若归侵疆,贡礼如故,则可罢兵。"孝宗以张浚为枢密使,督师江淮。志宁以书抵浚,欲凡事一依熙宗以来故约,不然,请会兵相见。浚遣将袭金军,破之,既而兵溃,金人不追。孝宗锐意恢复,以是役不利,乃议讲和。浚为右仆射,仍以都督视师,数月而罢。

先是两国遗书,用君臣之礼。金曰"下诏",宋曰"奉表"。大宋去"大"字,皇帝去"皇"字。金使至宋,则宋帝起立,问金帝起居,降坐受诏。馆伴之属,皆拜金使。宋使至金,自同陪臣。孝宗三遣使议和,始为叔侄之国,得称皇帝。改"诏表"为"国书",易"岁贡"为"岁币"。岁币减银绢各五万,地界如熙宗之时,而余礼竟不能尽改。孝宗屡请改受书仪,且还河南陵寝地,世宗不许。

世宗贤明仁恕,金人号为“小尧舜”。龙潜时,夫人乌凌噶旧作乌林答氏逼于海陵,守节而死,世宗追册曰“昭德皇后”,终身不立后。雅尚俭素,宫中之饰,不用黄金。或有兴造,即损宫中岁费以充之。诫宗戚当务俭约,无忘祖宗艰难。尝谓从官曰:“女直旧风最为纯直。汝等当习学之,不可忘也。”遂禁女直人学南人衣饰。命学士以女直字译经史,令京府设学养士。又建女直太学。

世宗尝谓太子曰:“天下当无复有经营之事,汝惟无忘祖宗纯厚之风,勤修道德,明信赏罚。昔唐太宗谓高宗曰:‘吾伐高丽不克终,汝可继之。’如此之事,朕不以遗汝。太宗又黜李勣,以遗高宗。君人者,焉用伪为?受恩于父,安有忘报于子者乎?”举贤求言,待臣下以诚。辑睦宗族,以受海陵屠戮之后,太祖子孙无几,曲为保全。从弟寿王京宋王宗望之子谋逆当诛,犹贷其死。宋钦宗卒于海陵末年,帝葬以一品礼。宋、辽宗室死者,皆葬之巩洛巩,河南府属县,县西南洛水上,宋诸陵在焉、广宁府名,属北京路,辽诸陵所在,今盛京锦州府广宁县旧陵。最用心民治,慎守令之选,严廉察之责,罢诸关征,去金银坑冶之税,不禁民采。群臣守职,上下相安。刑部断死罪,至岁或十七人。在位二十八年,民富国强,夷蕃宾服。《金史》所载《嘉谟懿训》甚详,较《贞观政要》更多数倍。

西夏、高丽自辽亡皆臣附于金。夏崇宗乾顺卒于熙宗时,子仁宗仁孝立。国乱,其臣任得敬抗御有功,专政二十余年,阴蓄异志,诬杀宗亲、大臣。仁孝不能制,分其国与之,上表于金,为得敬求封。世宗曰:“此必权臣逼夺,非夏王本意。朕为四海主,宁容此邪?彼若不能自正,则当以兵诛之。”不许其请,得敬始有惧心,仁孝乃诛之。高丽仁宗楷卒,子毅宗晛立。世宗时,武臣作乱,废晛以立弟明宗晧,以让国奏告。帝却其使,而命有司详问。晧取晛表,言父楷遗训传位于晧。帝乃授封册。其后,高丽西京今平安道平壤府留守赵位宠以慈悲岭在平壤府东南北四十余城叛附于金。帝曰:“朕怀绥万邦,岂助叛臣为虐。”执其使付高丽。晧诛位宠,奉贡谢恩。太子允恭先卒,以允恭子原王璟为右丞相,使习知朝政。宋淳熙十六年金大定二十九年崩,璟即位,是为章宗,追尊允恭曰显宗。

是岁,宋孝宗传位太子,在位二十七年。孝宗亦南宋贤主,宋人称其英明。虽有报金之志,值北方隆盛之运,无衅可乘而止。然金人易宋之心,浸异前时,南北讲和,各治其国,生民由此暂得休息。孝宗以远族入继大统,事高宗孝养备至。及高宗崩,哀慕尤切。欲退终丧制,乃内禅。太子惇即位,是为光宗,尊孝宗为寿皇圣帝。

第七章　宋韩侂胄擅国

光宗皇后李氏骄悍,与寿皇忤,谓寿皇有废立意。光宗惑之,不复朝寿皇。又有心疾,多不视朝。在位五年,遭寿皇崩,不能执丧。知枢密院事赵汝愚密建内禅之议,令知阁门事韩侂胄入白太皇太后吴氏。侂胄,韩琦五世孙,而吴后女弟之子也。后垂帘,引光宗子嘉王扩入,即位,代执孝宗之丧,是为宁宗。汝愚荐大儒朱熹,召入经筵。时,侂胄自负有定策功,窃弄威柄。熹上疏忤侂胄,立朝二月而罢。侂胄又窜逐汝愚,引群小为鹰犬,搏击善类无遗。籍记汝愚、熹等数十人,目曰"伪学"。在籍者,严禁进用。侂胄专政十四年,以太师、平原郡王、平章军国事,权倾人主,威制上下。服御拟于乘舆,土木侈于禁苑,其嬖妾皆封郡国夫人。谀者至称为恩王、圣相。

金章宗初,政清明,众贤在朝。既而佞臣、嬖妾用事,纪纲不修,北边为卓木布旧作阻轐等部所扰。连年讨伐,民困财匮,国势日弱。韩侂胄闻之,以为中原可图,聚财募卒,命吴璘之孙曦练兵西蜀。开禧二年金泰和六年,蒙古太祖元年,遂叛盟伐金。吴曦首叛,附于金,封为蜀王。赖安丙招义徒诛曦,仅得保蜀。宋军北伐,皆溃败而退。章宗大发兵,连克荆唐州名,即江陵府,属湖北路,今湖北荆州府、襄、两淮诸郡,江南大震。三年,侂胄悔其前谋,遣使通谢求和。金人欲罪首祸之臣,侂胄闻之怒,复锐意用兵。宋人忧惧,皇后杨氏密令礼部侍郎史弥远图侂胄。一日,侂胄入朝,弥远使殿前帅夏震以兵邀途,拥去杀之。诏流窜侂胄党与。嘉定元年金泰和八年,和议复成,改叔侄为伯侄,增岁币为三十万两、匹,犒军银三百万两。函侂胄首献之,以赎淮南侵地。弥远以功累迁,遂为丞相。

第八章　金宋之灭

金章宗无子,疏忌宗室。以叔父卫王永济柔弱,爱之,欲传位焉。在位十九年,与宋和之岁崩。永济嗣位,时蒙古兴于漠北,连侵金边。西京留守纥石烈执中弃城遁,西北诸州皆降蒙古。辽遗族耶律留格旧作耶律留哥叛附于蒙古,取辽东州郡。山东又盗贼群起,永济几不能支,且失将士心。嘉定六年金至宁元年,执中作乱,弑永济,迎章宗庶兄昇王珣,立之,是为宣宗。追废永济为东海郡侯,后追复卫王,执中为术虎高琪所杀。

蒙古分兵破两河、山东诸郡，所过无不残灭，人民屠戮几尽。金帛、子女、兽畜皆席卷而去。七年金宣宗真祐二年，蒙古太祖还自山东，屯燕城北。宣宗乞和，太祖欲得其公主。宣宗以永济之女及金帛、童男女各五百、马三千与之。太祖许和而归。宣宗以兵弱财匮不能守中都，迁都于汴。留平章完颜承晖奉太子守忠守中都。太祖闻之，怒曰："既和而迁，是疑我而不释憾也。"遣兵围燕，守忠走汴，寻卒。八年，燕城陷，承晖自杀。蒙古别军自河东渡河，经京兆趋汝州，距汴二里而还。自是，金地势日蹙，西夏叛之，山东群盗益盛。金人北保真定，东阻河，西阻潼关今陕西潼关厅所在而已，欲窥宋淮、汉、川、蜀以自广。宋人自金有外难，不输岁币。宣宗屡督责之，不从，于是分道南侵。宋边帅赵方等饰兵御之，互有胜败。山东大盗李全率众降宋，号"忠义军"。宣宗在位十年崩，太子守绪立，是为哀宗。

宋宁宗无子，遵高宗故事，养太祖十世孙贵和为皇子，赐名竑。竑慧而轻，疾史弥远专政，尝书几上曰："弥远当决配八千里。"弥远闻而恶之，日媒蘖其失。嘉定十七年金哀宗正大元年，蒙古太祖十九年，宁宗崩，在位三十年。弥远矫诏，迎沂靖惠王宁宗从弟嗣子昀，立之。昀亦太祖十世孙也，是为理宗。封竑为济王，出居湖州属浙西路，今浙江湖州府。州人作乱，欲拥立竑，竑讨平之。弥远遣人逼竑，缢之。李全叛于淮安军名，即楚州，属淮东路，今江苏淮安府，南向围扬州，几陷。绍定四年金正大八年，蒙古太宗三年，赵范、赵葵兄弟赵方之子大败之，全走死，遂收复淮安。

蒙古太宗与太弟图类旧作拖雷入陕西，攻取凤翔。遣使假道于宋，以趋河南，且请以兵会之。宋人杀之。图类进入宋境，屠洋州，取兴元。太宗东破河中府名，属京兆路，今山西蒲州府。五年金天兴元年，由白坡镇名，在河南怀庆府孟县西南渡河，次郑州属南京路，今河南开封府属州，使其将苏布特旧作速不台围汴。图类自金州东驰，破金军于禹山在河南南阳府邓州西南，又破之于三峰山名，在开封府禹州西南，进克钧州属南京路，今禹州，潼、蓝二关名，潼关见上，蓝田关在陕西西安府蓝田县东南之戍皆溃。哀宗遣侄曹王鄂和旧作讹可为质，以请和。苏布特退兵河洛之间，太宗北还。既而金人杀蒙古行人，和议遂绝。蒙古遣王檝如宋，议夹攻金。京湖制置使史嵩之弥远之侄以闻，宋人皆以为可遂复仇之举，独赵范不喜，曰："宣和海上之盟，厥初甚坚，迄以取祸，不可不鉴。"理宗不从，诏嵩之遣使报谢。蒙古许俟成功，以河南地归宋。

汴京粮尽援绝,哀宗出奔河北。苏布特复围汴。六年,哀宗走归德府名,本宋应天府,金改之,属南京路,今属河南,寻走蔡州属南京路,今河南汝宁府。金将崔立作乱,以汴城降蒙古。执后妃、诸王、宗室男女五百余人,送军前。苏布特杀梁王从恪卫绍王之子等,以后妃等北还。在道艰楚万状,尤甚于徽、钦之时。哀宗遣使乞粮于宋,谕之曰:"宋人为谋亦浅矣,蒙古灭国四十以及西夏,夏亡及于我,我亡必及于宋。唇亡齿寒,自然之理。若与我连和,所以为我者,亦为彼也。卿其以此意晓之。"使至,宋人不许。蒙古兵围蔡州,史嵩之使孟珙等帅师会之。

是岁,史弥远以疾求解政。诏褒其勤,封会稽郡王,越八日而卒。弥远为相二十六年,初欲反韩侂胄所为,故收召贤才老成,布于朝廷。及济王不得其死,论者纷起,遂专任俭壬,以居台谏,一时君子贬斥殆尽。理宗德其立己,惟言是从,故恩宠终其身。理宗始亲政,励精求治。丞相郑清之亦慨然以国家为己任,任贤使能,擢用真德秀、魏了翁等。然蒙古已跨中原,势烈于辽、金之初。宋人谋与之并立,既属难事,清之等乃遽欲斥攘之,安可望其成功哉?

端平元年金天兴三年,金哀宗传位于宗室承麟。孟珙与蒙古兵入蔡州城,哀宗自经死,承麟为乱兵所杀。金凡九帝太祖、太宗、熙宗、废帝亮、世宗、章宗、废帝永济、宣宗、哀宗,百二十年而亡。赵范、赵葵欲乘时抚定中原,建收复三京之议。朝臣多以为未可,独郑清之力主其说。时范为两淮制置使,乃命移司黄州属淮西路,今湖北黄州府,刻日进兵。范参议官邱岳曰:"方兴之敌,新盟而退,气盛锋锐,宁肯捐所得以与人邪?开衅致兵,必自此始。"范不从。知枢密院事乔行简上疏谏轻举。史嵩之亦言荆襄方饥,未可兴师。杜杲复陈出师之害。理宗皆不听。赵葵、全子才率淮西兵趋汴,汴人以城降。葵遣将取洛阳,蒙古戍者无几,姑避去,宋军入洛。明日,食竭,闻蒙古且大至,皆溃而归。蒙古遣王檝责宋败盟,自是淮汉之间无宁日矣。

理宗无子,养弟荣王与芮之子禥,立为太子,在位四十年崩。太子立,是为度宗。度宗时,蒙古建国,号曰元。度宗在位十年,崩,皇子㬎立。元世祖命左丞相巴延旧作伯颜帅诸军伐宋,进入临安。宋人以帝㬎降,在位二年。㬎兄益王昰逃至福州福建路治,今福建福州府,为众所立,是为端宗。元军追之,端宗航海西走,在位三年,崩于硐洲岛名,在广东高州府吴川县南。宋遗臣立端宗弟卫王昺,迁于崖山岛名,在广东广州府新会县南。明年宋帝昺祥兴二年,元世祖至元十六年,元将张宏范袭之,宋兵败溃。帝昺崩于海。宋凡十八帝太祖、太宗、真宗、仁宗、英宗、神宗、哲宗、徽宗、钦宗、高宗、孝宗、光宗、宁宗、理宗、度宗、帝㬎、端宗、帝昺，三百二十年而亡。

宋自开国以来，常以契丹为至忧。徽宗幸契丹之衰，助金灭之，而不虑金之可忧更大于契丹。及已与金接壤，始悔招强敌。自开争衅，以速祸变。其后，称臣、称侄，受屈辱殆百年。宋之君臣，唯念世仇之必报，而不暇虑后事。且若蒙古之实力，则南人所未详悉，于是理宗助蒙古灭金，取快一时。既而轻举败盟，挑怒强邻，正与徽宗之失计归于一辙。欲以保邦图全，难矣。虽然，艺祖本以忠厚建国，重以仁宗恭俭爱民，自余诸帝亦莫有嗜杀人者。至后妃之贤，尤汉唐诸朝之所不及也。是以国势虽衰，民讴歌赵氏，不忍舍，忠臣义士殉国难者甚众。及蒙古代金，则废兴之数已定，犹能以至弱抗至强，支持宗社者四十余年，不似辽、金忽焉而亡，此乃赖祖宗仁厚之余泽也。

第五篇 学艺

第一章 北宋儒学

孔门之学主道德,始于修己,终于治人,而文学唯居四科德行、言语、政事、文学之一,学者未专以读书为儒业也。秦汉以后,距圣已远,诸儒依遗文求道,世相师承。五经既各有专门,一经又分为数家,儒道遂为章句训诂之学矣。申培、毛亨、伏胜之徒,传授旧经。贾、马、郑、王训解古言。后人得因以窥先哲之遗意,其功诚伟。然此皆经师而已,以为道师则未也。自秦汉至宋初,千二百余年,举其能论道者,仅得四人,汉有董仲舒、扬雄,隋有王通,唐有韩愈。董醇而拘,扬深而僻,王博而迂,韩正而粗,皆不能及宋儒之大且高也。

魏晋以来,道、释之教流布已久。至唐,禅学又盛行,其说高远,超出尘俗之外。学士文人往往信而好之,顾蔑儒者日用彝伦之谈,以为浅近。韩愈愤而极力排之,然愈之言类怒骂,未能打破彼之宗旨,且于道造诣未深,故文章虽雄,不足以大振起儒风。宋儒盖有察于此,因先哲之微言,凿而深之,高谈性命,详析理气,以敌佛家奥妙之说。于是儒学始为穷理之学,汉儒训诂之习一变。虽有异于孔孟切实之言,而至其精博深远、包括天人,则多古人所未论到。宋代儒学之盛,始于仁宗时,胡瑗、周敦颐实为先河。胡瑗,泰州属淮南路,今江苏扬州府属州人,七岁善属文,十三通五经,即以圣贤自期许。家贫无以自给,往泰山与孙复同学,攻苦食淡,一坐十年不归。后以经术教吴中,范仲淹聘为苏州属两浙路,今江苏苏州府教授,令诸子从学。滕宗谅知湖州,亦聘为教授。训人有法,科条纤悉备具,以身率先。时方尚诗赋,湖学独立经义、治事斋,以敦实学。庆历中,仁宗兴太学,诏下湖州取其法,著为令。后被召为国子监直讲,学者争归之,至黉舍不能容。礼部所得士,瑗弟子十常居四五。尝以颜子所好何学试诸生,得程颐作,大奇之,即请相见,处以学职,知契独深。颐之言曰:“凡从安定先生学者,其醇厚和易之气,一望可知。”

周敦颐,道州属荆湖南路,今湖南永州府属州濂溪在道州城西人。以舅任为分宁江南西路隆兴府属县,今江西南昌府宁州主簿,决疑狱有声。调南安军名,属江南西路,今江西南安府司理,持法不阿。历任县令、州佐,所至有治绩。熙宁中,迁知南康军属江南东路,今江西南康府而卒。敦颐博学力行,为政精密严恕,务尽道理。掾南安时,通判程珦知其深于道,使二子颢、颐师之。敦颐每令寻孔颜乐处,所乐何事。尝著《通书》及《太极图说》,以探天理之根源,究万物之终始。邵雍,共城县名,属河北路卫州,今河南卫辉府属县人。少时自雄其才,慷慨欲树功名。始为学,坚苦刻励,寒不炉,暑不扇,夜不就枕者数年。既而逾河汾,涉淮汉,周流于齐、鲁、宋、郑。久之,翻然来归,曰:“道在是矣。”遂不复出。后迁河南府名,即西京。富弼、司马光诸贤敬之,恒相从游。仁、神两朝,诏求逸士,雍皆中选,称疾不就官。安贫乐道,未尝皱眉,自号安乐先生。德气粹然,望之可知其贤。群居燕笑,不为甚异。人无贵贱少长,一接以诚。士之道洛者,莫不慕其风而造其庐。著书曰《皇极经世》,晚喜作诗,有《击壤集》。

周、邵之学,本出于道家。五代时,有道士陈抟隐于华山,聪悟博览,道业甚高。得《太极》及《先天图》以授种放,放授之穆修,修以《太极图》授敦颐,以《先天图》授李之才,之才授之雍。敦颐由是演“无极太极”之说。雍由是探赜索隐,推论天地之消长。雍精象数,知虑绝人,遇事能前知。然二程、张载皆重其德,而不贵其术,故其传不广。至“太极说”则朱熹特为之注解,极其推崇,谓“得千圣不传之秘,孔子后一人而已”。陆九渊不以为然,朱、陆之同异,由是而起。

张载,郿县属陕西凤翔府,今同横渠镇名,在郿县东人。少喜谈兵,至欲结客取洮西。谒范仲淹,仲淹警之,因劝读《中庸》。载犹以为未足,搜究释老之说,知无所得,反而求之六经。与二程语道学之要,涣然自信曰:“吾道自足,何事旁求?”尽弃异学,纯如也。第进士,为州掾、县令,以敦本善俗为务。熙宁中,以吕公著荐,召为崇文院校书。王安石问新政,载直规之,不合。移疾屏居南山在陕西西安府城南下,志道精思,未尝须臾息。著《正蒙》《西铭》及《易说》。每告诸生以知礼成性、变化气质,学必如圣人而后已。吕大防复荐之,召同知太常礼院,以疾归,道卒。

程颢、程颐兄弟,河南人。初同学于周敦颐,游太学,师事胡瑗。颢第进士,调鄠县名,属陕西路永兴军,今属陕西西安府、上元县名,与江宁县共为江南东路江宁府治,今隶江苏,为两江总督治主簿,为晋城县名,河东路泽州治,今山西泽州府治令。皆有异政,敦教化,为民所怀。以吕公著荐,权监察御史里行。神宗敬之,数咨治道。颢进说甚多,大要以正心窒欲、求贤育才为先。王安石更法令,颢指其不便,而每从容平议,安石亦愧屈。寻乞罢,改州县官。哲宗立,召为宗正丞。未赴而卒。颢资性过人,充养有道,和粹之气,溢于面背。门人交友,从之岁久,未尝见忿厉之容。遇事优为,虽当仓卒,不动声色。其为学,泛滥于诸家,出入于老释者几十年,而竟归宿于孔孟。所著有《定性书》,学者咸传诵之。文彦博采众论,题其墓曰“明道先生”。

颐尝应进士举,值廷试,报罢,遂不复试。治平、元丰间,大臣屡荐,皆不起。元祐初,司马光、吕公著疏荐颐力学好古,真儒者之高蹈,召入经筵。每进讲,色甚庄,继以讽谏。既因与苏轼不相能,又更张国子条制及请经筵坐讲,廷议多难之,遂出句管西京国子监。绍圣中,罹党祸,窜涪州属夔州路,今四川重庆府属州。后得还洛,复宣义郎,致仕,卒于家,世称“伊川先生”。颐诲人不倦,学者多出其门。其学本于诚,以《四书》为标指,而达于六经。著《易》《春秋传》《孟子解》。张载谓其兄弟得孔孟不传之学,为诸儒倡。颢尝言:“异日能尊严师道者,吾弟也。若接引后学,随人才而成就之,则予不得让焉!”盖颢之和、颐之严,风指自不同也。

当邵、张、二程讲学之时,诸儒崛起者甚众。如司马光、吕公著、王安石、范镇、韩维、吕大防,虽不专以儒著,皆深于经术。刘安世、范祖禹师事光,皆为名儒。二程之门,游学尤盛。谢良佐、杨时、游酢、吕大临大防弟号“程门四先生”。谢、杨颇夹杂禅旨,故其徒多陷于异学。尹焞在程门为晚出,而守师说最醇。胡安国与谢、游、杨三子交,以讲程学,尤深于《春秋》,至高宗时,作《春秋传》上之。

第二章　南宋儒学

南渡诸儒,以杨时为魁,尹焞、胡安国亚之。时,南剑州名,属福建路,今福建延平府人,倡道东南,闽人宗程学,由时之传。安国二子寅、宏皆学于时,有重名。宏作《知言》,吕祖谦以为过于《正蒙》。宏高弟张栻,魏公浚之子也,颖悟夙成。宏一见即以孔门论仁之旨告之曰:“圣门有人矣。”栻益自奋励,以学行政事名显于孝宗朝。所著有《易》《论语》《孟子说》等。

宋人世传家学者,吕氏为最。初,吕蒙正事太宗,为时名相。其侄夷简三相仁宗。夷简子公著相哲宗,德望勋猷,亚司马光。世家之盛,古今所稀。而公著不以门阀自高,益能守正不挠。其子希哲,初学于焦千之欧阳修门人,又学于胡瑗、孙复、邵雍、王安石,后从程颢游。以儒行著,故其家有中原文献之传。希哲孙本中,亦从刘安世、游酢、杨时、尹焞等,博学以畜其德。其不名一师,盖家风也。然公著家学未醇,希哲、本中皆参禅说。本中从孙祖谦,师林之奇、汪应辰皆本中门人,汪又师胡安国及杨门张九成、胡宪安国族子,学《易》于程门谯定。讲索益精纯,以张、程为宗,心平气和,不立崖异。事孝宗为太学博士、国史编辑。所著有《读诗记》《大事记》《书说》《左氏说》《阃范》等。祖谦与朱熹、张栻为讲友,其学亦相伯仲。然栻、祖谦皆早死,故其传不甚广。熹独老而益勉,竟为道学大宗。

朱熹,婺源县名,属江东路徽州,今属安徽徽州府人。少有求道之志。受父遗命适崇安福建路建宁府属县,今同,从胡宪、刘勉之谯定、刘安世、杨时门人、刘子翚所师不详禀学,第进士。主同安福建路平海军属县,今属福建泉州府簿,罢归。闻延平津名,在福建延平府城西李侗受业杨时门人罗从彦,隐居乐道,徒步往从之,卒得其传。孝宗求言,熹上封事,陈修攘之大计。其后屡起,旋罢,大抵持正不合。其知南康军,值岁歉,讲求荒政,多所全活。丞相王淮荐提举浙东路名,今浙江钱塘江以南常平茶盐,所部肃然。既而淮怨其切直,阴导言者排击道学。及淮罢,入对。或要于路,曰:“诚意正心之论,上所厌闻。”熹曰:“吾平生所学,惟此四字,岂可隐默以欺吾君乎?”侃侃如初。宁宗立,召为侍讲。以上疏忤韩侂胄罢,寻遭诬劾,落职罢祠。熹登第五十年,仕于外者九考,立朝才四十日,卒年七十二。著述甚富,如《易本义》《诗集传》《四书集注》《小学》《近思录》《家礼》《通鉴纲目》,其最著者。其学大要格物以致其知,反躬以养其性,而以居敬为主。盖本于周、张、二程之说,而发明光大之。周出于濂溪,二程居洛,张居关中,而熹学于闽,故世称濂、洛、关、闽云。

陆九渊,金溪江西路抚州属县,今属抚州府人。小时举止异凡儿,谓伊川之言与孔孟不类。登乾道进士,历国子正,慨然陈恢复大略。除将作监丞,不果,罢祠,还乡。学者辐辏,或劝著书。九渊曰:“学苟知道,六经皆我注脚。”光宗初,差知荆门军属荆湖北路,今湖北直隶州,有异政,郡以为神。时相周必大称为躬行之效。初,九渊与兄九龄讲贯理学,务穷本原,以顿悟为宗,稍近于禅,人号“江西二陆”。其学无所师承,然程门如谢良佐、王苹已发其萌芽,二陆因遂成一派矣。吕祖谦尝约二陆,会朱熹于鹅湖山名,在江西广信府铅山县,论辨多牴牾。盖熹之教人,以穷理为始事,谓此理已明,则可以诚意正心。二陆欲先发人之本心,而后使之博览,以应万物之变。后九渊访熹于南康,熹与至白鹿洞在南康府城西北,庐山五老峰下,请九渊讲“君子小人喻义利章”,听者至有泣下,熹以为深中学者隐微深痼之病。至于无极太极之辨,则贻书往来,论难不置焉。熹弟子甚盛,蔡元定、蔡沈元定子、黄干、辅广、陈淳辈,皆能传其道。真德秀受业朱门詹体仁,魏了翁私淑朱、张之学,并著于理宗朝。九渊门人稍逊于朱,杨简、袁燮最知名。

宋室南渡,学统与之俱迁。金据中原百年,文士不乏,而无有一名儒。垂晚有赵秉文,本学佛而袭以儒。若李纯甫,雄文名世,而溺于佛老。凡宋儒之辟佛者,大肆掊击。司马、邵、张、程、朱之徒,皆不免焉。及蒙古兴,程朱之道始入河北。宋既灭矣,而宋学益炽。上虽贱之,下自趋之。是则洛、闽之沾溉者,宏也诸儒传授图见附录。

第三章　学制科举及党禁

唐末之乱,文学废坠极焉。唯印书之术则创于唐,而扩于五代。抄录省功,卷轴变为书册。冯道相后唐,奏令国子监校正九经《诗》、《书》、《易》、“三礼”、《春秋》三传,雕印卖之。由是,经籍传布渐广。

周世宗以史馆乏书,锐意求访。凡献书者,悉加优赐。宋太祖数临国子监,诏修饰学舍,塑绘圣哲群贤像。自为先圣、亚圣赞,命文臣分撰余赞。自是臣庶始贵儒学。太宗好学,诏中外购募亡书。立崇文院,贮书八万卷。又命有司摹印《史记》、两《汉书》。是后,书籍刊镂者益多。真宗幸曲阜京东路兖州属县,今属山东兖州府,谒孔子庙,追谥曰“玄圣文宣王”,封七十二弟子、二十一先儒为公侯伯。然所崇在道教,天书封祀,制作纷纷。奖学之政,殆属空文。仁宗广太学,置生员二百,召名儒胡瑗为讲师,且诏诸州皆立学校。于是儒风大兴,文教之盛,遂出于汉唐之上矣。唐朝取士,皆由科举。五代虽乱离,贡举不废,有进士科、有明经诸科。周世宗又置制举三科贤良方正科、经学优深科、详闲吏理科,令朝野之士,并得应举,试以策论。宋亦沿之,有制举、常贡之别。制举不常,或行或罢。真宗增科为六贤良方正、博通坟典、才识兼茂、详明吏理、识洞韬略、材任边寄,未几,废之。仁宗复六科，以待京朝官。别增三科高蹈邱园、沈沦草泽、茂才异等，以待布衣。置书判拔萃科，以待选人之应书者。皆先试秘阁，中格，然后帝亲策之。

其常贡，则诸州每秋发解，冬集礼部，春考试。凡进士试诗、赋、论及帖经、墨义，诸科九经、五经、通礼、三礼、三传、三史、学究一经等专试帖经、墨义。开宝中，有进士诉知举官用情取舍，太祖乃择下第并中选者，亲御讲武殿别试。自是殿试遂为永制，虽非制科，亦得封御试。太宗以来，贡举每间一二年行之。举人集京者，率逾一万。赐第甚广，岁或至千余人。恩礼优厚，皆直授官秩。年老屡举者，虽试文不中格，亦免黜落。而进士得人最盛，英俊名贤多由是而出。其高第者，不数年，辄赫然显贵，或至公辅。仁宗切于求士，庆历中，命范仲淹等更张贡举。先策论而后诗赋，欲使文士留心于治乱也；罢帖墨而问大义，欲使执经者不专于记诵也。然人情沿习已久，不喜变更。明年，仲淹等去朝，此制遂不行。

神宗笃意儒学，悯举人奔竞之弊，诏议矫正之。王安石言，士少壮时，正当讲求天下正理，乃闭门学作诗赋，及其入官，世事皆所未习，此科法败坏人材也。于是，罢诗赋及帖墨，专以经义论策试士。帝又以学者多不通法律，立明法科，令进士、选人、任子悉试律义。时制举人吕陶、孔文仲对策切直，忤安石，后吕惠卿奏罢制科。

安石欲取士本于学，增修太学。生徒厘为三舍。始入为外舍生，定额七百人，后增为二千。内舍三百人，上舍百人。月考试其业，优等以次升舍。元丰颁《学令》，上舍试分三等。上等不须殿试而命以官，中等免礼部试，下等免解试。安石与其子雱、吕惠卿训释《诗》《书》《周礼》，诏颁于学官，号曰《三经新义》，主司纯用以取士。先儒传注一切废弃。又罢《春秋》，不列学官。安石又以字学久不讲，作《字说》以进，多穿凿附会，糅杂佛老。

元祐除新法，立十科师表、献纳、将帅、监司、讲读、顾问、著述、听讼、治财、能谳举士法。令侍从以上，每岁保举三人。复制科，置春秋博士。禁科举引用《字说》及佛老之书，解经参用诸儒说，毋得专取王氏。又复诗赋，与经义兼行，立为两科，罢明法科。时程颐看详学制，以为学校礼义相先之地，而月试使争，殊非教养之道，请改试为课，不考定高下。置尊贤堂，以延道德之士，设使宾、吏师斋，立观光法。若是者数十条，皆不果行。

绍述之论起，罢十科举士法。诏进士罢诗赋，专习经义，除《字说》之禁，罢制举，设宏词科。复废春秋科，置律学博士。国子监请以安石所撰《字说》《洪范传》及王雱《论语》《孟子义》刊板传学者。学校举子之文,靡然从之。

崇宁再倡绍述,作辟雍于京城南,以处外舍生。而太学专处上舍、内舍。增上舍至二百人,内舍六百人,外舍三千人。令州县皆兴学,推行三舍法。自县选考升诸州,自州贡入辟雍,州发解及省试并罢,岁差知举试太学上舍。意若尊经重学,而其实驱学者专宗王氏。后又以八行孝、友、睦、姻、任、恤、忠、和举士,不试而补三舍,其弊滋出。罪状元祐诸贤,谓之奸党,禁其学术,毁范祖禹《唐鉴》及三苏、黄庭坚、秦观文集。以程颐邪说诐行,惑乱众听,诏河南府悉逐学徒,其所著书,令监司严加觉察。以安石配享文宣王,位次孟子,其后王雱亦从祀焉。宣和中,罢州县三舍法,复行科举,再禁元祐学术,举人传习者,以违制论。闽人印造司马光等文集,诏毁其板。有收藏习用苏、黄之文者,并令焚毁,犯者以大不恭论。

靖康难起,始除元祐党籍、学术之禁。复置春秋博士,禁用王氏《字说》。国子祭酒杨时请毁安石配享之像,诏罢其配享,降居从祀之列。是时,诸生习用王学以取科第者已数十年,忽闻杨时目为邪说,群论藉藉,时力请致仕。

高宗中兴,科举兼用经义、诗赋,复贤良方正科,复十科举士法。是时,王学与程学并行于朝野,而程门杨时、尹焞等为世所重。陈公辅不喜专门之学,上疏论安石学术坏人心,高宗然之。公辅又力诋程学,乞禁止之。时方召尹焞、胡安国,安国疏请裒邵、张、二程遗书,羽翼六经,以遏邪说。公辅等论安国学术颇僻,沮之。焞以师程颐之久,辞经筵。

和议始定,诏诸州修学宫。又建太学,养士七百人,重修三舍旧法。别立宗学,以教诸宗子。盖秦桧以之文太平而恶士论不服己,力摈正人。言官何若指张、程遗书为专门曲学,请加禁绝,桧从之。自是,程学为世大禁者十余年,及桧死,始解。

孝宗喜苏轼之文,刻其集,赐序。策进士,多自升黜。于是苏氏文学大重于世,科场奉为程式。淳熙中,谢廓然请毋以程、王之说取士,赵彦中又疏排洛学,孝宗纳其言。后郑丙、陈贾承时相王淮之意,痛陈道学之弊,请摈斥其人,盖指朱熹也。由是道学之名,贻祸于世。淮罢,周必大欲用熹。林栗劾熹,以为乱人之首。光宗时,刘光祖请禁讥道学者,进士王介策亦极赞道学,由是谤讥少阻。

宁宗庆元初,韩侂胄用事,群邪辅之。疏道学姓名,以次斥逐。京镗、何澹等以为道学名美,更目为伪学,诏榜于朝堂。二年,叶翥、刘德秀知贡举,文稍涉性理者，悉皆黜落，奏毁近世语录之类。胡纮论伪学之祸，请锢其党，自是学禁愈急。纮又教人诬论熹十罪，褫其职。三年，置伪学之籍，号为“逆党”，著籍者五十九人。六年，熹卒。言官以伪徒会送伪师之葬，乞令守臣严行约束。嘉泰中，侂胄稍悔前事，学禁始弛。

侂胄已诛，宁宗赐熹谥文公，以《语孟集注》列于学官。理宗深崇理学，以周、张、二程与熹并从祀孔庙。先是，从祀有安石父子，淳熙始罢王雱，至是，安石亦黜。度宗为太子，奏增祀张栻、吕祖谦。既即位，又增邵雍、司马光，进曾参、孔伋配享，与颜、孟为四配详见卷末历代文庙从配表。

宋世朋党之论，起于景祐间，君子、小人迭为消长。元祐贤者满朝，亦有洛、蜀，自分党相攻。自绍圣以来，权奸屡当国，党禁迭出，而道学唯行于草泽，未能有大施于朝政。及理宗表章程朱，则宋祚既倾矣。然元明相承，以至于今。虽文教时有隆替，洛闽之说常为儒学之正嫡，贡举、学校皆由是取士。盖贤哲之言，诎于当时，而信于后代者，自孔孟皆然也。

第四章　诗文

宋承五季之弊，文章卑弱不振。太宗时，柳开、王禹偁始为古文。开力涤排偶，转成艰涩。禹偁之文简雅务实，去浮靡之习，而世未知崇尚。真宗时，杨亿、刘筠等名耸于翰苑。文虽属骈体，典雅赡丽，尚有燕许遗轨。然至为诗，专宗李商隐，精致华巧，而气骨不存，号为“西昆体”，后进竞摹仿之。其后，士子益尚险怪奇涩之文，各出新意，相胜为奇。仁宗患其弊，屡下诏书戒敕，而士习不改。

是时，东平府名，属京东路，今山东泰安府属州穆修表章韩、柳，尹洙从之，相共振起古文。又有苏舜钦、梅尧臣等，矫正诗风。庐陵县名，江南西路吉州治，今江西吉安府治欧阳修少工偶俪之文，擅名科场。及于河南见洙，乃出所尝获韩文遗稿学之，苦心探赜，至忘寝食，遂以文章名冠一代。修盖得法于洙，然洙之文简直谨严，与修之浑厚丰腴而多曲折抑扬，结体迥异，则各得其性之所近也。修又与尧臣等锐意作诗，力排昆体，专以气格为主，时称“欧梅”。苏轼曰：“欧阳子论道似韩愈，论事似陆贽，记事似司马迁，诗赋似李白。”世以为确评。

嘉祐中，修知贡举，痛抑时文，凡为当世所推誉者，皆被黜。榜出，浇薄之士，俟修晨朝，聚噪于马首，逻卒不能禁。是科得士八百余人，大儒如程颢、张载，文才如苏轼、苏辙、曾巩，俱在其中。自是场屋之习一变，雕章绘句始熄，而宋之文章,炳然复古。

曾巩,南丰县名,属江南西路建昌军,今属江西建昌府人。师事修,能传其学。文章温雅,近于刘向,而乏精彩。少与临川县名,江南西路抚州治,今江西抚州府治王安石游。安石声誉未振,导之于修,修以荐于朝。及安石得志,巩不与之合,屡规讽之,亦莫能回焉。安石明经,兼工诗文。然如其经术,则用以坏人,国家无足称者。唯其文,奇峭可喜处,自不可废也。

苏洵,眉山县名,成都路眉州治,今四川眉州人。少不喜学,年二十七,始发愤读书。三应科举,皆不中。归焚所为文数百篇,勤学五六年,文气大进。至和中,携二子轼、辙至京师。修见其文而爱之,以为贾谊不过也。荐除校书郎,编礼书,书方成而卒。其文峭劲雄伟,多权数机变之言,盖自《国策》《韩非子》得之。轼、辙皆能文,得于天成。举进士,俱在高第。世谓之"大小苏",号洵为"老苏",并称"三苏"。

轼平生笃孝友,轻财好施,勇于为义。自为举子,至出入侍从,必以爱君为本。忠规谠论,挺挺大节。数以小人忌害,不得久居朝。为文如行云流水,初无定质。虽嬉笑怒骂之语,皆可书而诵。位益黜而名益高,才落笔,四方已皆传诵。辙性安详高洁,文如其为人,而秀杰之气,殆与兄相迫。进退出处,无异于兄。二人所交,皆一世英豪,门下客如黄庭坚、秦观、晁补之、张耒。元祐中,尝同入阁,世号"四学士"。又加陈师道、李廌,称"苏门六子"。晁、张长于文,黄、陈长于诗,而黄诗尤高奇。世以配大苏,谓之"苏黄"。

后世论宋词艺,于文推欧阳、三苏、曾、王,于诗推欧、梅、苏、黄。欧与大苏,则在两科,均称大家。二氏之门,实为一代文学之总汇。盖自韩愈以来,未之有也。是时,文运极盛,学者皆善词章。贤相如范仲淹、司马光,经学如孙复、李觏、刘敞、刘攽皆有名文,脍炙人口者。

崇观间,尚王氏经学,风雅殆废。又洛学诸儒作语录,多用俗语,延及于高文典策,不免鄙俚拙陋。由是,南渡文章与国运俱衰。然仍有李纲之雅健,胡铨之严正。铨争和议一疏,发于忠愤,剀切动人,古今弹劾之文,莫出其右。乾道、淳熙苏文盛行,举子翕然效之,号"乾淳体"。虽不及元祐之盛,出文士颇多,如王十朋、叶适、陈亮,皆笔力纵横。朱熹、吕祖谦道学大家,不专事词章,而其文平正明畅,无语录粗鄙之熊。诗人则有尤袤、杨万里、范成大、陆游,称"南宋四家"。及宋之亡,文天祥、谢枋得并以节义显,而文辞伟丽,亦足为一代之殿。

金起于夷狄，文艺非其所长。然太祖以来，留心于汉文，宗室诸王颇与文事相亲。是以朝野习尚，文物之盛，遥胜辽代。其能文之士则有王寂、赵秉文、李纯甫、元好问等，皆生长中土，诗文不染宋季冗沓猥琐之习，故格力遒劲，近于北宋。好问才雄而学赡，金元两代，谈艺者奉为大宗。

第六篇　制度

第一章　宋官制

唐自中叶以后，专以同中书门下平章事为宰相。虽三省长官尚书左右仆射、侍中、中书令不加平章，则非宰相。武臣以节度使兼平章，或兼侍中、中书令，皆称使相，有相名而无相职。五代重武夫，带使相者益多。宋太祖收藩镇威柄，节度使皆失职任，仍存其官，以待勋贤故老。宰相久次罢政者，亦系此衔以宠之，谓之使相，与唐之使相，事体微异。唐则宠将以相之名，而宋则宠相以将之名也。三师太师、太傅、太保、三公太尉、司徒、司空不常置，为亲王、宰相、使相加官。唐宰相无贰，太祖虑相臣之专，置参知政事以副之，参预庶务，谓之参政。

唐代宗置枢密使，以内侍为之，掌表奏宣传之事，如汉中书谒者之职。其后权任渐重，与神策中尉专擅朝政。后梁革宦官之弊，改枢密院为崇政院，始用士人为使，参谋议于中。后唐以来，复为枢密，常以腹心大臣领之，权重于宰相。宋以枢密院专掌兵事，犹秦之太尉，与中书对持文武二柄，号为"二府"。其长官或称使，或称知院事，置使则副使为之贰，置知院则同知院为之贰。

唐季五代，官职繁冗，名器紊乱。宋承其弊，百官无定员，三省、寺、监无专职，互以他官主判。六部不厘本务，给舍不领本职。谏议无言责，起居不记注。司谏正言，非特旨供职，亦不任谏诤。凡仕者，有官、有差遣，官以寓禄秩、叙位著，差遣以定其职事。如以中书舍人判吏部事，吏部郎中知审刑院，大理寺丞知某州。舍人、郎、丞为官，而判、知之职则差遣也。故士人以登台阁、升禁从为显宦，而不以官之迟速为荣滞。以差遣要剧为贵途，而不以阶、勋、爵邑高卑为轻重。

真、仁以来，议者多以正名为请。神宗慨然欲更其制，置局中书，详定官制。

凡领空名者，一切罢去，而易之以阶，因以寄禄。省、台、寺、监之官，各还所职。议者又欲罢枢密院，归兵部。帝恶兵柄归有司，不从。元丰五年，官制成。仿唐六典，分三省之职。中书取旨，门下审复，尚书受而行之。三省分班奏事，并归中书。时王珪、蔡确并相。确言于帝曰："三省长官尚书令、侍中、中书令位高，不须设，但令左右仆射分兼两省侍郎足矣。"帝然之。以珪为尚书左仆射兼门下侍郎，以行侍中之职。确为右仆射兼中书侍郎，以行中书令之职。于是确名为次相，实颛大政。珪虽为首相，拱手而已。别置两省侍郎、尚书左右丞，以代参知政事，与知枢密院、同知院皆为执政官。厘正枢密之职事，细务分隶六部，专以军机、边防为职。事干体要，则与三省合奏。元祐初，司马光上言："三省分职，徒启争论，事致留滞。"吕公著又请令三省长贰，集议政事堂，同进呈取旨，从之。

蔡京当国，率意自用。政和二年，诏更官名，以三师古三公之官，合为真相之任。司徒、司空本周卿，太尉，秦主兵之任并非三公，宜罢。又依周制，置三少少师、少傅、少保为次相。改左右仆射为太宰、少宰，仍兼两省侍郎。罢勋官，以太尉冠武阶。京以太师总治三省事。是时群小满朝，员冗名紊。甚者走马承受，升拥使华；黄冠道流，亦滥朝品。元丰之制，至是大坏。及宣和末，三公至十八人，三少不计也。靖康复改宰臣，依旧为仆射。建炎三年，两仆射并加同平章事，改两省侍郎为参知政事，废尚书左右丞。乾道八年，仆射依汉制改为左右丞相，除去三省长官。仆射旧为从一品，以丞相为百僚师长，升为正一品。

平章之官，有加军国字者，吕夷简、吕公著同平章军国事，文彦博平章军国重事，皆班宰相上，所以处硕德老臣也。宁宗时，韩侂胄专政，以太师平章军国事。说者谓："省'同'字则所任者专，省'重'字则所预者广。"度宗时，贾似道专政，亦以太师平章军国重事。丞相既为极贵之官，而平章又踞其上，盖韩、贾揽权已久，卑宰相而不屑为，而欲加于相，以自比于文、吕也。

唐玄宗设翰林院以居技能之士，既而中书务剧，文书多壅滞，乃置翰林学士，掌制诏书命，多以他官兼之。其后选用渐重，至号为"内相"。入院一岁，迁知制诰。宋以知制诰掌外制，翰林学士掌内制，谓之"两制"。侍讲、侍读之官，亦玄宗置之，隶集贤殿。宋移隶翰林，资浅者为崇政殿说书。元丰罢知制诰，以其职还中书舍人，而翰林之职仍旧。讲读去翰林之名，与说书自为经筵之官。宋朝重文士，待遇甚优，而翰苑、经筵，最为清要。

修史之职，历代多属秘书。唐太宗始移史馆于门下，令宰相监修。玄宗复移之中书。又门下有弘文馆,太宗所建;中书有集贤殿书院,玄宗所置,皆贮图籍,多大臣兼领。宋改弘文为昭文,与史馆、集贤院谓之“三馆”,皆寓崇文院,无所隶。上相充昭文馆大学士,监修国史;次相充集贤院大学士。或置三相,则分领三馆。三馆及秘阁号为“储才之地”,置修撰、直馆、校理等职。高者备顾问,其次任纂修、典校雠,均谓之“馆职”,必试而后命。一经此职,遂为名流。其以他官兼者,谓之“贴职”。又有殿学士,观文殿、资政殿、保和殿各置大学士、学士。端明殿置学士,以宠宰执之去位者。真宗建龙图阁,以藏太宗御制文集,置学士、直学士、待制掌之。自后,诸帝御集皆仿例仁宗建天章阁藏真宗御集,英宗建宝文阁藏仁宗御集,神宗以英宗御书亦附宝文,哲宗建显谟阁藏神宗御集,徽宗建徽猷阁藏哲宗御集,高宗建敷文阁藏徽宗御集,孝宗建焕章阁藏高宗御集,宁宗建华文阁藏孝宗御集,又建宝谟阁藏光宗御集,理宗建宝章阁藏宁宗御集,度宗建显文阁藏理宗御集。元丰以崇文院为秘书省,罢三馆之职。自是,诸阁学士、待制为朝臣补外加恩之官。直龙图阁、直秘阁为藩阃、监司之贴职,皆不试而除。政和增贴职,置修撰三等集英殿、右文殿、秘阁,直阁六等龙图、天章、宝文、显谟、徽猷、秘阁。于是带职者甚众,滥及俗吏童骙,其名始轻。其后,设阁益多,职亦随增,而学士、待制、直阁之官,不可胜计矣。

第二章　辽金官制

辽本夷裔,官制简朴。裕悦旧作于越极崇,无职掌,坐而论议,非有大功德者不授。太祖以遥辇氏裕悦受禅,终辽之世,居其位者,不过数人。其次曰“宰相”,太祖以皇后兄为北府宰相,以皇弟为南府宰相。其后,两府各置左右宰相。皇族四帐,世预南府之选。国舅五帐,世预北府之选。额尔奇木掌部族、军民之政。太祖在约尼之世,尝为此官。太宗改额尔奇木为北、南院大王,分管北、南部族。伊勒希巴旧作夷离毕掌刑狱,林牙掌文翰,多啰伦穆腾旧作敌烈麻都掌礼仪,皆总于两府宰相。

又有御帐官,贵戚为侍卫,北、南部族为护卫,武臣为宿卫,亲军为禁卫,俱掌防卫御帐。有皇族帐官,皇族之疏远者,隶于北、南二王。近属四帐,以大内特哩衮旧作惕隐及四详衮旧作详稳治之,而大特哩衮总诸皇族之政教。太祖尊约尼九帐,居皇族之上。又重国舅以耦皇族,皆置详衮治之。

初,契丹为唐属国,习闻河北藩镇受唐官爵,乃置太师、太保、司徒、司空,施于部族。辽兴，因之。北、南院及御帐诸帐僚属，多有师、保等官，其名益轻，与唐公、师夐异。太宗得燕代十六州，始效唐制，设公、师、省、台、寺、监之官，谓之南面，以治汉地租赋、军民之事。号契丹官为北面，依旧掌宫帐、部族、属国之政。南北各因俗而治。及入汴，复设枢密之职，北面有北、南院枢密使。北院掌兵机、武铨、群牧之政，南院掌文铨、部族、丁赋之政。南面置汉人枢密使，掌汉人兵马之政。中叶弥文，有给谏，有郎官，有诸卫，有东宫官，翰林掌内制，中书舍人掌外制。国史有院，起居有注。京府、方州、兵刑、财赋之官，亦皆用汉名。于是南面之官，殆遍于国内矣。

金初，设官最简，官长皆名贝勒。太祖以达贝勒旧作都勃极烈嗣位。太宗、熙宗居储位，号阿木班贝勒。阿木班者，尊大之称也。其次，固伦贝勒，有忽鲁及左右之别，皆国相也。其下有诸贝勒，概以宗室任之。部族之长曰“贝勒”旧作孛堇，统数部者曰“乌赫哩”旧作忽鲁。

太宗兼制中国，始置枢密院、尚书省。熙宗改定官制，废女直旧官，置尚书左右丞相、平章政事，并为宰相，尚书左右丞、参知政事贰之，而三师领三省事者为元辅。侍中、中书令，虽有其官，常以左右丞相兼之。至正隆初废帝亮八年，宋高宗绍兴二十六年，遂罢两省，以尚书令代领三省事之职。尚书、六部之外，有院枢密、宣徽、翰林、谏院、台御史、寺太常、大理、监秘书、国子、太府、少府、都水、府大宗正、司殿前都点检司、武卫军司、卫尉司之官。大率循辽、宋之旧，而加精整，官有常职，员不甚繁。世宗时，文武官不满二万，女直什四，汉人什六。章宗末年，乃增至四万七千余员，而冗官之弊与宋不异也。

第三章　宋滥费暴敛

宋朝待士甚优，俸禄之制较前代为厚。文武阶官，月给料钱，春冬给绫绢及锦。在京职事官，别有职钱。如大夫为郎官者，既请大夫俸，又给郎官职钱。公、孤、宰执及诸武官，俸钱之外，有禄粟，有随身衣粮及餐钱。京朝官及诸司使副等，有傔人餐钱。其官于外者，有公用钱，有职田。选人、使臣无职田者，有茶汤钱。

禄秩之外，又时有赐与，以施恩泽、酹功劳。仁宗崩，遗赐大臣各百余万钱。谏官司马光率同列上疏乞罢之，不许。宋制，三岁一亲郊，每次赏赉数百千万。转运使于常赋外，进羡余以助其费。无名科敛，由是而起。神宗时，光又请听百官辞南郊赏赉,亦不许。

又有祠禄之制,以佚老优贤。初,真宗建玉清昭应宫,以宰相王旦充使。后旦以病致仕,乃命以太尉领宫使,给宰相半俸。又有景灵宫、会灵观、祥源观等,皆以宰执充使,丞、郎、学士以上充副使,庶僚充判官、都监等。初设时,员犹少,后以优礼大臣之老而罢职者,日渐增多。熙宁中,王安石欲以此处异议者,遂著令宫观毋限员数。又诏诸州宫观、五岳庙,并置管勾、提举等官,以此食禄,仍听从便居住。自是,朝官请罢者及责降者,率皆奉祠。

恩荫之制,历代皆有之,而至宋滥甚。文臣中,散大夫以上,得荫小功以上亲;保和殿大学士以上,荫至异姓亲;公、孤、宰相仪同三司,荫至门客。武臣亦准之。郊祀之岁,宰执荫本宗、异姓及门客、医士各一人。大小各官,皆得荫子,约四千人。又有致仕荫补、遗表荫补。由是一人显仕,则子孙、亲族俱可得官。如奏荫异姓者,至得高资为市。然此犹属定例,非出于特恩也。天圣中,诏五代时三品以上告身存者,子孙听用荫,则并及于前代矣。明道中,录故宰臣及员外郎以上致仕者,子孙授官有差,则并及于故臣矣。甚至新帝即位,监、司、郡守遣亲属入贺,亦命以官,则更出于常荫之外矣。此外,因优眷、赏恤、加荫者亦多,不拘定例也。

太祖开国时,设官分职,尚有定数。其后贡举之盛,荐辟之广,杂流之猥,恩荫之滥,日增月益,至不可纪极。真宗之世,郎官四百余人,太常、国子博士等数百人,率为常参,不知职守,只以恩泽而序迁。内外官,通一万三千余员,而吏胥不与焉。咸平中,尝减冗吏十九万人。所减如此,未减者可知也。英宗时,诸官至三万四千员。大臣罢退者,多优以藩镇空名。待制以下,亦或带留后、观察等衔。于是节度使至八十余人,刺史以上数千人。禄、赐例与现任者同,皆坐糜国用。南渡以后,封疆既蹙,而冗员更多,内外官逾四万。如川陕一军,兵数不满七万,内有军官万余人,其俸禄比兵士之给过于十倍。冗员糜费,至此而极矣。

宋初,国用虽滥,然主皆宽厚,吏治亦纯,尚无病民之事。自神宗行青苗等法,而民始受害,然犹为富国强兵起见也。及蔡京当国,专以奢侈惑暗主,动引《周官》“惟王不会”为辞,遂至牟取无艺。是时,赋税之外,有御前钱物、朝廷钱物、户部钱物。裒敛各不相知,肆行催索。又有大礼进奉银绢,有赡学粜本钱。陕西、河东最遭根括之害。富民多弃产而迁京师,或入川蜀。甚至花石纲之扰,运一石,民间用三十万缗,而东南又大困。南渡后,因军需紧急,取民益无纪极。

高宗在扬州，四方贡赋不至。吕颐浩、叶梦得奏增添酒钱、卖糟钱，典卖田宅增印契钱，官吏请给除头子钱，楼店务增收房钱，令各路宪臣领之，号为经制钱。绍兴五年，孟庾总领财用，增经制之额，析为总制钱。州县所收头子钱，贯收二十三文，以十文作经制上供，余十三文充本路用。他杂税亦一切仿此。其常平钱物，旧法贯收头子钱五文，亦增作二十三文，以十八文入总制司。乾道中，又诏诸路出纳，每贯收五十六文，以充经总制钱。

又有月桩钱，绍兴二年，韩世忠军驻建康，吕颐浩等议，令江东漕臣每月桩发大军钱十万缗。漕司不量州军之力，一例均科。于是州县横征，江东、西之害尤甚。两浙、福建则有板帐钱，亦军兴后所创。其额太重，州县苦于趁办。于是输米则增收耗利，交钱帛则多收縻费。幸富人之犯法而重其罚，恣胥吏之受赃而课其入，索盗赃则不偿失主，检财产则不及卑幼，亡僧、绝户不待核实而入官，逃产、废田不为消除而勒纳。有司固知其违法，而非此则无以办板帐之额也。淳熙五年，诸州上供，比绍兴额增至七倍，此在孝宗有道之世，已极朘削之害也。至贾似道创议买田三百五十余万亩，令民以私家之租，为输官之额。民力既竭，国亦随亡。统观南宋之取民，盖不减于五代武人之暴敛。

第四章　路、府、州军

五代初，唐土分为十一国。北有燕、晋，西有岐、蜀，南有荆、楚、吴越、闽、南汉。梁虽代唐祚，其地不过七十八州，四分唐而得其一。晋平燕、灭梁，岐王称臣，是为后唐，地较五代为稍大。蜀为后唐所灭，后蜀踵起。南唐代吴，戡闽破楚，而不能有。周篡汉，而北汉分。列国纷争，得失不常。大约前后蜀今四川、南汉今两广各有四十余州，吴、南唐共今江南三省三十余州，湖南今湖南、吴越今浙江及江苏太湖以东、北汉今山西中部十余州，荆南今湖北荆州、宜昌二府最小，仅有三州。而唐、晋、汉、周相继，皆统百余州。

宋太祖代周，平荆、湖、蜀、南汉、南唐。太宗受之，平北汉，吴越献地。于是，唐之旧域始归于一。然唐中叶以后，辽东今盛京省悉属渤海；陇右大半今甘肃巩昌府以西陷于吐蕃；剑南之姚州今云南楚雄府属州没于南诏；安南亦拒唐命，至宋初，自立为王国；燕云之地今直隶、山西北境，自石晋献于契丹，历汉、周迄宋，不能复取；及西夏叛去，陕西北境今陕西北境及甘肃宁夏府又失。故宋之建国，虽文治轶于汉、唐，而版图之大，则不及远矣。

太宗置十五路，曰：京东、京西、河北、河东、山西、淮南、江南、荆湖南北、陕西、西川河东，今山西代州以南。荆湖北路，今湖北南境及湖南西北境。荆湖南路，今湖南长沙府以南。余八路，见下文分路之注、两浙今浙江及江苏镇江府以东、福建今福建、广南东西东路，今广东大半。西路，今广西及广东高州府以南。真宗分陕西为利州、夔州路利州路，今陕西汉中、兴安二府及四川保宁、龙安二府。夔州路，今四川夔州、绥定、重庆三府，忠、酉阳二州，分西川为梓州、成都路梓州路，今四川潼川、顺庆、叙州三府，资、泸二州。成都路，今四川成都、雅州、嘉定三府，绵、茂、邛、眉四州，分江南为东西二路东路，今江苏江宁府、安徽大江以南及江西饶州、广信二府。西路，今江西。仁宗分京东置京畿路今河南开封府，神宗分河北、京东、淮南各为东、西路河北东路，今直隶天津、河间、大名三府，冀州及山东东昌、武定二府，临清州。河北西路，今直隶保定府以南及河南怀庆府以北。京东东路，今山东东境。京东西路，今山东西南境及河南归德府、江苏徐州府。淮南东路，今江苏大江以北及安徽滁、泗二州。淮南西路，今安徽大江以北及河南光州、湖北黄州府，分京西为南、北路北路，今河南中部及安徽颍州府。南路，今河南南阳府及湖北北境，分陕西为永兴、秦凤路永兴路，今陕西大半及河南陕州，山西解州、蒲州府，甘肃庆阳府。秦凤路，今陕西凤翔府及甘肃东南境。凡二十四路，府、州、军、监三百五十余，县千二百余。

神宗务辟国，北复绥、银二州名，属永兴路。绥，今陕西绥德州。银，今陕西榆林府，西取熙、河二州名，属秦凤路，今甘肃兰州府属州。熙，今名狄道州，南剿苗猺，攘交阯，征役骚然。绍圣、崇宁频用兵西边，虽夏人浸衰，而宋民力亦弊。是时，边将邀功，梓、夔、广西、荆湖迭相视效，斥大土宇，鲜有宁岁。徽宗与金约夹攻辽，欲收塞内旧境，而宋兵不利，燕云皆为金有。宋人请于金，得燕京六州及云中之朔、武二州朔，今山西朔平府属州。武，今山西宁武府，因建燕山、云中二路。甫阅二岁而祸衅起，京师失守，二帝为虏，京东、河南、陕西皆没。自是，宋所有淮汉以南十六路淮南东、西，江南东、西，浙东、西，福建，广南东、西，荆湖南、北，京西，利州，夔州，潼川，成都而已。

唐时，节度使为阃帅，观察团练使为监司，防御使为边将，刺史为郡宰。至宋皆有其官，而无职任，特以为武臣转迁之次序。置知府、知军州事及通判，以掌郡政；转运使总各路漕运、财赋、刑狱，兼按察所部官吏。马步军都总管、兵马钤辖、经略安抚使，膺阃帅边将之任。真宗置诸路提点刑狱，掌狱讼及按察之事，于是漕、司之权始分。神宗重财政，差官提举各路常平仓，掌常平敛散之法，亦兼按察之职。徽宗加置茶盐提举，高宗合为一司，名提举常平茶盐公事。阃帅、转运、提刑、提举谓之帅、漕、宪、仓，俱为监司，郡县皆受制焉。四司各自建台，专有掾佐，而号令之行于统属者极烦矣。

辽起临潢，降奚、霫、室韦，略营、平，灭渤海，援立石晋，得燕云十六州，自是国力强大，动陵南夏。举全宋之力，不能有以加焉。当其盛时，府、州、军、城一百六十余。因五京上京临潢府，中京大定府，东京辽阳府，南京析津府，西京大同府之名分为五道上京道，今内蒙古克什克腾以东诸部之地。中京道，今直隶承德府及盛京锦州府。东京道，今盛京奉天府、吉林省及朝鲜北境。南京道，今直隶顺天、永平二府，易、遵化二州。西京道，今直隶宣化府，山西大同、朔平、宁武三府。五道内外，部族、属国甚众。东至海，西至金山阿尔泰山南支，在外蒙古科布多西南，北至胪朐河今名克鲁伦河，在外蒙古车臣汗部，南与宋、夏、高丽相接。

金据渤海之旧壤，西向翦辽，数年之间，悉平五道，继取宋四京东京开封府、西京河南府、南京应天府、北京大名府，割地至淮汉。辽之藩属，自夏、高丽以下，前后降附。升辽南京为中都大兴府，以府尹兼中都路兵马都总管。改中京为北京，宋东京为南京。东京、西京仍辽之旧号。金源旧都曰上京会宁府海陵尝削上京之号，世宗复之。五京皆置留守，带府尹兼本路都总管。京府之外，有诸府，府尹带总管者曰“总管府”，不带总管者曰“散府”。州有节度使曰“节镇”，有防御使曰“防御郡”，有刺史曰“刺史郡”。总管府凡十五，曰海兰旧作曷懒，今吉林省南郡、咸平今盛京奉天府东北境、博索旧作婆速，今奉天府东南境、山东东、西东路，今山东东境。西路，山东西境及江苏徐州府、河北东、西东路，今直隶天津、河间二府，深、冀二州。西路，直隶定州以南及河南彰德、卫辉二州、大名今直隶大名府、河东南、北北路，今山西中部。南路，山西南境及河南怀庆府、京兆今陕西西安、同州二府，乾、商二州、鄜延今陕西鄜州以北、庆原今甘肃泾州庆阳府及陕西邠州、凤翔今陕西凤翔府及甘肃秦州、临洮今甘肃兰州、巩昌二府与中都、五京为二十一路。率宾旧作速频，今吉林省东南境、呼尔哈旧作胡里改，今吉林省东境、扶余旧作蒲舆，今黑龙江省南境三路不置总管，以节度使统之。散府凡十一广宁、兴中、临潢、德兴、中山、彰德、济南、归德、河南、河中、平凉，州一百四十七内节镇三十六，防御郡二十二，刺史郡八十九，又置转运司十三上京、大名及东边诸路不置，合咸平、东京为一路，曰辽东。京兆、鄜延曰陕西东路。庆原、凤翔、临洮曰陕西西路、提刑司九五京及河北、河东、山东、陕西分掌各路财赋、刑狱之政，与总管各自为监司。

女直旧制,管军民者有穆昆旧作谋克,百夫长也;有明安旧作猛安,千夫长也。平时课其所属耕牧,有事则率之出战。及得中原后,虑汉民怀贰,移种人散处中原,给地屯种,以功臣为明安、穆昆总之,世袭其职,不隶州县。世宗患种人为民害,令其众自为保聚,土田与民犬牙相入者,互易之,各有界址。章宗时,主兵者谓种人田少,请括民田之冒占者给之。于是,种人倚国威侵夺民田,民怨之彻骨。及宣宗南迁,乱民争屠种人,虽赤子亦不免。故金之亡也,女直之民不留踪。

第五章　货币之制

设市昉于太古,用龟贝为货,以计粟帛之价,故货财、卖买、贵贱等字皆从贝。又币者,本礼物也。古人多用帛,故其字从巾。然珠玉、金银、皮马皆可以为币,古者珠玉甚多,朝覲、聘享皆用之。故古之言货、言币者,非今所谓钱币,然其用则已与钱币同。周人始铸铜为钱,于是有刀、布、泉、货之称。刀者,言其利于民;布者,言其分布;货者,言其化易;泉者,言其流行。后世制钱字以代泉,而刀布之名废。

秦铜钱重二十铢,文曰半两。汉初以其重,难用,更行荚钱,薄如榆荚。文帝时,钱益多而轻,乃更造四铢钱,除盗铸钱令,使民放铸。是时,吴王濞有豫章铜山,倖臣邓通亦赐蜀山冶铸,吴、邓钱布全国。其后,复禁民铸钱。景帝严其律,犯者弃市,然奸铸益盛,或磨钱取鋊。武帝令郡国铸五铢钱。寻以钱多,禁郡国勿铸,专令上林三官掌之。敕非三官钱不得行郡国。前所铸钱,皆废销之,由是,盗铸始少。

王莽造契刀、错刀,形如刀,与五铢钱并行。寻又罢之,作金、银、龟、贝、钱、布之品,名曰"宝货",凡二十八品金货一品、银货二品、龟宝四品、贝货五品、钱货六品、布货十品。钱、布皆铜货也,十二铢以下为钱,十五铢以上为布。时百姓不便,私以五铢市买,坐盗铸及沮宝货抵罪者不可胜数。光武中兴,复行五铢。

战国以来,各地产金银极饶,献遗、赐赉率皆以金。秦以二十两为镒,汉以十六两为斤,唯衡其轻重而用之,未尝以铸钱。王莽时,金一斤若银五斤直,小钱重一铢者万,万铢者二十六斤有奇也。然则铜之二十六,可以易金之一,可以易银之五。当时,铜贵而金银贱如此。

降及南北朝,钱法屡有变更。梁武帝尝行铁钱,魏之河西或用西域金银钱,而五铢流通最盛，然民多私铸，益以薄小。有名为五铢而无二铢之实者，或铸大钱以当五铢之十，而重不及六铢。唐初，旧钱滥恶不可用，乃铸新货，名开元通宝，重二铢四絫。唐大秤三倍古秤，故唐钱实重于汉钱。终唐之世，率依其式，置监于产铜之地，以掌鼓铸。肃宗时，铸乾元重宝，以一当十。又铸重轮钱，一当五十，皆重仅倍开元。于是物价腾踊，死者满道。既而递减其值。至代宗时，皆以一当一。自是，民间乾元、重轮二钱铸为器，不复出矣。

五代时，闽、楚、蜀皆用铁钱，与铜钱兼行。宋太祖铸宋元通宝，重准开元，禁诸州轻小恶钱。旧俗用铁钱者听之。太宗铸太平通宝及淳化元宝。自后每改元更铸，皆称元宝，冠以年号。设池今安徽池州府、饶今江西饶州府、江今江西九江府、建今福建建宁府州四监，铸铜钱；邛今四川直隶州、嘉今四川嘉定府、兴今陕西汉中府沔县州三监，铸铁钱。庆历中，西事棘而军需乏。陕西请铸当十大钱，河东又铸铁钱，寻敕江南诸州杂铸大小钱，悉辇至关中。于是盗铸者云起，钱文甚乱。其后，以小铁钱三，当铜钱一；当十铜铁钱，减作当二，盗铸乃熄。熙宁中，铜铁钱皆当二，谓之折二钱。是时，诸路铜钱监十七，岁铸五百余万贯。铁钱监九，岁铸八十余万贯。官铸之盛，数十倍汉唐，而国用日广，常苦钱少。崇宁中，铸折十铜钱及夹锡大铁钱，行之，立法苛切，所在骚然。其后复废大钱，而折二钱独行。建炎兵革，州县鼓铸皆废。驯及绍兴，所铸无几，乃造楮币以佐国用。

初，唐元和中，钱少。商贾至京师，委钱诸路进奏院及诸军、使、富家，以轻装趋四方，合券取之，号“飞钱”。太祖效其故事，许民入钱左藏库，于诸州便换，置便钱务，作券以给之。又蜀富人患铁钱重，私作券以便贸易，每以三年为界而收之，谓之交子。后赀衰，不能偿，争讼数起。转运使薛田请置交子务提衡之，禁民私造。至崇宁间，陕西、河东、京东西、淮南亦皆行交子。交子又名钱引，义与茶、盐、钞引同，暂以代钱。故必积钱为本，乃可通行。大观中，不蓄本而增发，始壅而不通，至引一缗直十余钱。

绍兴初，造“见钱关子”付州将，募商人纳钱以给军。执关子诣榷货务请钱，愿得杂货钞引者听，既而出纳留难，人皆嗟怨。关子亦钱引也，后又改为会子，通行于淮、浙、京、湖诸路。凡上供及民间典卖皆用之。虽三年为界，唯造新换旧而已，无偿还之期，实始以楮为钱。孝宗用心铸钱，虑会子病民，屡出钱银收换，使无壅滞。光、宁以后，发楮愈多，折阅日甚，称提无策，国大耗废。

金初不铸钱,用辽宋旧钱。海陵循宋交子之法,造交钞,不限行用年月。若岁久字昏,许于所在官库纳旧换新,或听便支钱。正隆中,始置钱监。然鼓铸不广,敛散无方,大抵楮多钱少。章宗铸银货,每两折钱二贯,寻以奸铸难禁,罢之。宣宗南迁,用度繁殷,专仰于钞,有出无入。至老钞几贯惟易一饼,而金祚亡矣。

卷五　近世史(中)

第一篇　元(上)

第一章　蒙古之兴

元自世祖混一中国,始称正统。然蒙古开国已七十余年,幅员辽阔,度越金宋,且元室立国之本,全在西北,诸藩封地,悉开于太祖。虽及明末,其裔犹盛,则治元史者,不可不托始于蒙古。前卷于金宋之灭,已具梗概,兹故略不复述,而追溯太祖经营西北兵事始末,以表蒙古之所由兴焉。蒙古本室韦一部,世居乌桓之北,其始祖曰乞颜,后嗣因以为姓。金熙宗末年,达赉遗族叛于北方,乞颜裔孙噶布勒罕旧作合不勒助之,金乌珠屡征之,不胜,遂议和,割西平河即胪朐河,今名克鲁伦河,在外蒙古喀尔喀部境北二十七团寨与噶布勒罕,册为蒙辅国王。噶布勒罕不受,自号"大蒙古国合罕"。至其孙伊苏克依旧作也速该,吞并邻近诸部,国势日盛,生子特穆津旧作铁木真,有异征,即太祖也。

伊苏克依后为塔塔尔旧作塔塔儿部所杀。特穆津幼,部众多归泰楚特旧作泰赤乌部。泰楚特合七部人,凡三万攻蒙古,特穆津与母谔楞旧作月伦率部人为十三翼,大战泰楚特,败走,诸部皆降蒙古。未几,塔塔尔部叛金。特穆津欲报父仇,自鄂诺河旧作斡难河,即黑龙江上流,发源于喀尔喀部西北之肯特山率众会金师,攻塔塔尔部,以功为察衮图噜旧作察兀秃鲁,犹中国之招讨使也。

当是时,蒙古部落之东抵兴安岭,有塔塔尔部;其北沿贝加尔湖即白哈儿湖,俄罗斯东境湖泊之最大者畔,有泰楚特部;其南阻沙漠、接长城,有汪古部;其西色楞格河旧作薛灵格河,源出喀尔喀西北杭爱山畔,有默尔奇斯旧作蔑里乞部;默尔奇斯之南有克哷旧作克烈部,皆蒙古同族也。默尔奇斯、克哷两部之西,阿尔泰山之麓,有奈曼旧作乃满部,为西方之强国;奈曼之南,天山附近,有卫和尔旧作畏吾儿部;默尔奇斯之北,贝加尔湖西岸,有卫拉特旧作斡亦剌部;卫拉特之西、奈曼之北，额尔齐斯河旧作也里的石河，亦作也儿的石河，又作叶儿的石河，源出科布多西境之金山畔，有吉里吉思部；奈曼之西，伊犁河畔，有哈剌娄旧作哈剌鲁部。

特穆津欲统一诸部，先与克呼部长王汗旧作汪罕同盟，破默尔奇斯部，寻下泰楚特部，次伐塔塔尔部，蒙古势日益强。王汗忌之，引兵袭蒙古，特穆津与王汗战，大败其众，王汗走死，克呼由是遂灭。蒙古西与奈曼接壤，奈曼王迪延汗旧作太阳罕惧其侵己，诱卫拉特、塔塔尔、默尔奇斯诸部及克呼余众伐蒙古，特穆津逆击之，于杭爱旧作杭海山毙迪延汗。塔塔尔部以下先后皆为蒙古羁属，于是，特穆津以宋宁宗开禧二年十二月，大会诸部酋长，建九斿白旗，即帝位于鄂诺河之源，号"青吉斯旧作成吉思汗"，即以是年为元年。

初，帝之宗亲罕布海汗旧作咸补海罕为金所杀，帝欲报之，而汪古部扼长城要隘，势不得逞。迪延汗之谋伐帝，遣使告汪古部长阿剌忽思的斤忽里，约夹击蒙古，阿剌忽思的斤忽里密告帝，使为备，由是汪古部与蒙古结好。帝既建号，尽灭默尔奇斯、奈曼之余众，进兵西夏，克乌梁海旧作兀剌海，在今甘肃境城。夏主李安全纳女请降，卫拉特、卫和尔、哈剌娄诸部亦相率来归。会金章宗崩，永济嗣位，有诏至蒙古，传言当拜受。帝问金使："新君为谁？"对曰："卫王也。"帝遽南面唾曰："我谓中原皇帝是天上人做，此等庸懦亦为之耶？何以拜为？"遂与金绝，率诸将分道伐金。

帝有四将，曰穆呼哩旧作木华黎、保尔济旧作博尔术、博啰罕旧作博罗浑、齐拉衮，俱以忠勇称，帝号为"都尔木库鲁克"旧作掇里班曲律，犹华言四杰也。伐金诸役，穆呼哩功尤伟。十三年宋宁宗嘉定十一年、金宣宗兴定二年，帝将西征，召穆呼哩还，拜太师、鲁国王，承制行事，分鸿吉哩旧作宏吉剌等十军及蕃汉诸军隶其麾下，命之曰："太行山以北朕经略之，其南汝经略之。"穆呼哩受命，取金河东、山陕诸州郡，帝遂自将西征。

奈曼之败也，迪延汗子库楚类旧作屈出律奔西辽。西辽主直鲁克以女妻之。库楚类与货勒自弥此据《唐书》改，《元史》作花剌子模，改为和拉扎木，今土耳其斯坦及中央亚细亚皆其国地王默呼旧作谟哈美德通，袭灭西辽，自立为王。又破哈剌娄部，侵卫和尔部，乘帝伐金，谋捣蒙古之虚，恢复故境。帝遣哲别旧作哲伯征之，辽人举国降。库楚类逃于巴达克山部名，旧作巴达哈伤，在葱岭西南，今为阿富汗属部，被杀。于是，蒙古与货勒自弥边境接，蒙古遣使至货勒自弥，货勒自弥人杀之，故帝特往讨其罪。

十四年宋嘉定十二年,金兴定三年帝会师于额尔齐斯河,自阿尔穆尔旧作阿力麻里,即今伊犁西之阿里玛图西趋忽章河在葱岭西,源出咸海,今名纳林河,一称锡尔河,侵默迪纳东境,沿道城邑望风而下。十五年宋嘉定十三年,金兴定四年,师抵赛玛尔堪旧作薛迷思干,货勒自弥都城,在忽章河西南,今名撒马尔干,默呼先期遁,使其部将固守赛玛尔堪。帝围攻赛玛尔堪,五日下之,分兵命皇子卓齐特旧作术赤、察罕台旧作察合台、谔格德依旧作窝阔台攻其旧都玉陇哈什旧作玉龙杰赤,在里海东,阿母河西,图类攻取诸部。别遣哲别、苏布特等追默呼。默呼穷蹙,窜死里海岛中。

默呼长子扎拉鼎旧作扎阑丁当蒙古兵逼赛玛尔堪时,遁至格尔济农旧作哥疾宁,故城在巴达克山西南,印度河东,今名嘎自尼,募兵北出,破蒙古将呼图克旧作忽都忽于巴鲁安旧作八鲁湾,在今阿富汗都城喀布尔之北。时,卓齐特等已破玉陇哈什及巴达克山部,图类亦平玛勒齐里克旧作马鲁察叶可,即今波斯之梅而甫城、伊拉旧作也里,即今阿富汗之海拉脱城等城,旋师与帝会于塔尔哈旧作塔里寒,波斯城名。进击扎拉鼎,战于印度河即古恒河,在印度境。扎拉鼎军败,凫水而逸。帝遣巴拉旧作八剌等渡印度河追之。巴拉攻陷木尔滩旧作母儿坦,印度属部,不知扎拉鼎所在,遂大掠印度而还。

哲别、苏布特二将追默呼至里海,遂沿其西岸逾太和岭即高加索山,在今俄国南境,袭奇卜察克旧作钦察,在西伯利亚西南,突厥部族也,奇卜察克纠阿克苏旧作阿速,在今俄国阿索富海境、实哈喇斯旧作撒耳柯思,在今俄国色尔克斯境诸部来御,战于布咱河旧作不租河,即今俄国布苏鲁克河,哲别出奇计击败之。十七年宋嘉定十五年,金宣宗元光五年,师至阿斯塔拉干在里海北,浮而嘎河旁,复败奇卜察克兵,其酋霍滩旧作霍脱思罕遁往俄罗斯旧作斡罗思,乞援。哲别等分兵平阿克苏、实哈喇斯,遂自阿索富海履冰至黑海,穷追霍滩。

俄罗斯南部酋穆尔奇扎尔旧作密赤思老,霍滩之婿也。霍滩既败,穆尔奇扎尔大会诸部酋,助霍滩御蒙古军,逆战于阿勒锦河旧作阿里吉河,即今俄国喀勒吉河,西南流入阿索富海。奇卜察克兵怯敌先退,蒙古军乘之,俄兵大败,其酋扯耳尼哥王以下数十人皆阵亡。十九年宋嘉定十七年,金哀宗正大元年,蒙古兵东入喀喇旧作康里,在奇卜察克西国,与其王呼图克萨哈勒旧作霍脱思罕战,又败其军。会帝闻穆呼里薨,诏苏布特等班师,所定西北城邑,悉置达噜噶齐旧作达鲁花赤监治之。

西夏自臣于蒙古,复通好于宋,约夹攻金,构兵十年,国力疲弊。及帝西征,遂与金平，不复遣质子于蒙古，且纳帝仇人齐拉克和双琨旧作赤腊喇翔昆。二十年宋理宗宝庆元年，金哀宗正大二年，帝至自西域，即议伐夏。二十一年，取夏甘肃州今甘肃肃州西凉府今甘肃凉州府、灵州故城在今甘肃宁夏府灵州西南等处，夏主李德旺忧悸而死，国人立其弟晛。明年，蒙古尽取西夏城邑，晛力屈出降，遂絷以归。夏自元昊称帝，至是凡二百一年而亡。

蒙古之初，朔漠一小部耳，至帝建号，削平诸部，次及中国，复由西域进兵北徼，转战四方，所向无敌。计其末年，蒙古疆域实据今之内、外蒙古，天山南北路，中国之西北部，阿富汗，波斯之东半部，俄罗斯之南部，国势增盛之骤，兵力所及之广，盖亘古所未有。太宗而后席其余威，抚有诸夏。有元一代，遂以兵革相终始云。

第二章　太宗远略

太祖征西域之先，定议以谔格德依为嗣。西域既平，分封诸子，以咸海西南货勒自弥之地并咸海、里海之北授卓齐特；锡尔河东之地授察罕台；额敏尔河旧作叶密尔河，在今塔尔巴哈台境滨之地授谔格德依；和林今喀尔喀部附近地授图类。二十二年宋理宗宝庆三年，金哀宗正大四年，太祖崩于六盘山在甘肃平凉府隆德县西。逾年，谔格德依即帝位于奎腾阿噜地名，在和林东，旧作库铁乌阿剌里，是为蒙古太宗。

太宗初立，庶事草创，用儒臣耶律楚材定朝仪，颁大扎萨克旧作大扎撒，犹华言大法令也，制诸路课税，定都和林。三年宋理宗绍定四年，金哀宗正大八年，立中书省，以楚材为中书令，内治悉以委之。

初，太祖疾革，时谓左右曰："金精兵在潼关，南据连山，北限大河，难以遽破。若假道于宋，宋金世仇，必能许我，则下兵唐州名，属南京路，今河南南阳府唐县治、邓州名，属南京路，今河南南阳府邓州东南，直捣大梁即金南京，今河南开封府。金急，必征兵潼关，然以数万之众千里赴援，人马疲弊，虽至弗能战，破之必矣。"帝用其策，与图类分道伐金，五年而金亡事见前卷。

蒙古之伐金也，辽之遗族利其骚扰，窃据辽东，国号大辽。侵轶高丽，高丽北境悉没于辽。太祖十三年宋理宗开禧十一年，金宣宗兴定二年，遣兵助高丽王瞰攻大辽，灭之。高丽自是臣于蒙古。及帝立，遣使如高丽，高丽人杀之。帝怒，命萨里台旧作撒礼塔率师讨高丽，取四十余城，设官分镇其地而还，时，帝即位之三年也。四年,高丽复叛,杀所置官吏,王瞮徙居江华岛在汉江西海中。帝命唐古旧作唐古特征之,取十余城,招抚其众,瞮乃上表请降。

西北诸国在太祖时虽已分藩设官,而余孽未靖,叛服不常。扎拉鼎自印度归,抄掠诸部,自称波斯可汗,谋复故国。帝命察罕旧作绰儿马罕征之,扎拉鼎走死。奇卜察克、俄罗斯各国犹负固不服,帝既破高丽、灭金,东方稍无事,遂议西征。帝兄卓齐特以太祖二十年薨,子巴图鲁旧作拔都嗣为王。帝即位四年,弟图类亦薨,子莽赉扣旧作蒙哥嗣为王。七年宋理宗端平二年,帝命巴图鲁、莽赉扣及皇子库裕克旧作贵由等率师西征,以苏布特为先锋。八年宋端平三年,苏布特平布而嘎尔部在里海北,今为俄属地。九年宋端平四年,师至奇卜察克,其酋巴齐玛克旧作入赤蛮逃入宽田吉思海岛宽田吉思海,即里海异名。会大风刮海水,浅可涉,莽赉扣喜曰:"此天开我道也。"遂进屠其众,擒巴齐玛克,奇卡察克属部波尔塔斯、毛而杜因、萨克孙等皆震慑款服,里海以北咸定。是年冬,遂入俄罗斯。

俄罗斯自为哲别等败后,诸酋内哄,莫相统一。巴图鲁军至额里齐旧作也烈赞,今名勒冶赞,在墨斯科南,城主幼里乞援于物拉的迷尔当时俄之都城,在墨斯科之北共主攸利第二王,兵未至,莽赉扣已破其城,北陷墨斯科一作莫斯科、洼斯科,自元以后俄罗斯王皆都于此,获攸利第二王之孙,东趋物拉的迷尔,攸利第二王北遁。十年宋理宗嘉熙二年,物拉的迷尔城破,蒙古兵进次锡第河阿勒锦河之支流,与攸利第二王战,大败其众,追北至诺弗郭罗特今作诺弗哥罗,亦俄之旧都,在俄国极北境而还。

十一年宋理宗嘉熙三年,巴图鲁西攻托里实克旧作秃里思哥,即今俄之廓在尔斯科,城主瓦夕里王坚守,不能克,戕蒙古军数千人。巴图鲁命哈坦旧作合台、锡里库旧作吁里兀等督军猛攻数月,始下。莽赉扣分兵攻阿克苏都城乌苏木齐旧作阿苏蔑怯思,即今俄之阿索富城,克之,略定布而嘎尔北境。巴图鲁亦克计掖甫一作基辅,俄之旧都,今为小俄罗斯三部之一城,略定南俄境,遂进击满济勒噶旧作马扎儿,即匈牙利国、博罗尔旧作孛烈儿,即波兰国诸国。

满济勒噶、博罗尔二国,东西相犄角,险远不易攻。巴图鲁分军为五,自攻满济勒噶,命贝达尔攻博罗尔,苏布特哈坦等由他道进,为两军援。十二年宋理宗嘉熙四年,贝达尔至博罗尔,其酋亨力希集众三万,逆战于勒基逆赤城在今普鲁士国境,贝达尔大破之,进击不威迷亚国今属奥斯马加国分省东南,与巴图鲁军合攻满济勒噶派斯特城故址在今奥国多瑙河东,苏布特亦引兵逾哈扎尔山旧作哈咂里山,即今奥国喀而巴特山之支峰,侵入满济勒噶境。

满济勒噶酋齐哩克旧作怯怜克闻蒙古兵至,悉众出御,营于濞宁河今奥国之赛育河,苏布特等破之,齐哩克遁之格兰城在多瑙河西,蒙古兵遂取派斯特城。哈坦自马拉荅满济勒噶属部,今为罗马尼亚国地来会,与巴图鲁合军,渡多瑙河,攻格兰,齐哩克复遁入地中海岛中。巴图鲁命哈坦追齐哩克,自留攻格兰,哈坦追齐哩克至奥大里亚是时,奥国尚小,为日尔曼列邦之一,后并匈牙利,始称奥斯马加境而还。巴图鲁复分军循奥境,直至地中海北维尼斯国今属意大利国界。欧洲大震,其民皆避兵他徙,会太宗崩,诸军始罢归。

初,卓齐特建鄂尔多犹云帐殿于货勒自弥,统辖俄罗斯诸部,相距甚远,控制不易。巴图鲁既平满济勒噶,归建鄂尔多于布而嘎尔,复建鄂尔多于萨莱今俄国阿斯拉干部萨列甫城,名曰阿勒泰鄂尔多,蒙古谓金为阿勒泰,故一称金党国。自是,俄境诸酋役属于蒙古,奉令惟谨,而金党为北方一重镇焉。

第三章　蒙古内乱附辖鲁西征

太宗在位十三年,量时度力,举无过事,华夏富庶,时称治平。然帝性嗜酒,晚年尤甚。耶律楚材数谏不听,乃持酒槽铁口以献,曰:“此铁为酒所蚀,尚如此,况人之五脏耶?”帝乃少减。十三年宋理宗淳祐元年冬,竟以出猎饮酒得疾暴崩。

太宗遗诏以孙锡哩玛勒旧作失烈门,帝四子库春之子为嗣,第六后鼐玛锦氏旧作乃马真氏欲立其子,库裕克,适西征未返,后欲称制以待,召耶律楚材问之,楚材曰:“此非外姓臣所敢知,自有先帝遗诏,幸遵行之。”后不从,遂称制于和林。

鼐玛锦后用鄂多拉哈玛尔旧作奥都剌合蛮为政,鄂多拉哈玛尔权倾中外,后至以御宝空纸使自书填,又命:“凡鄂多拉哈玛尔所建白,令史不为书者断手。”朝事日紊,耶律楚材愤悒成疾而卒。楚材为相二十年,正色立朝,不为势屈,每陈国家利病,生民休戚,辞色恳切,太宗尝曰:“汝又欲为百姓哭耶?”

鼐玛锦后临朝四年,库裕克自西域归,即位于昂吉苏默托里地名,在和林境,旧作汪吉宿灭秃里,是为定宗。定宗虽立,朝政犹出于后,法度不一,内外骚然。诸王及各部遣使四出,诛求无厌,太宗之政于是浸衰。三年宋理宗淳祐八年,定宗崩,皇后乌拉海额锡旧作斡兀立海迷失抱锡哩玛勒听政,诸王大臣不服,议别立君，三年不决。

宋理宗淳祐十一年，蒙古诸王巴图鲁、穆格旧作木哥，大将乌特哩哈达苏布特之子，旧作兀良合台等大会于阿尔图和赉旧作阿剌脱忽剌兀，今阿尔泰山西支，巴勒喀什淖尔西北之山之地，共议所立。时，定宗后所遣使在坐，曰："昔太宗命以皇孙锡哩玛勒为嗣，诸王百官皆与闻之。今锡哩玛勒故在，而议他属，将置之何地邪？"乌特哩哈达等不听，共推莽赉扣即帝位，是为宪宗。宪宗即立，追尊图类为睿宗，遂颁便宜事于国中，罢不急之役，凡诸王大臣滥发牌印、诏旨，尽收之，政始归一。

锡哩玛勒及太宗后、诸王以宪宗夺其位，心不能平，谋作乱。事觉，帝尽执诸王属官诛之。二年宋淳祐十二年，迁太宗子格丹旧作合丹于巴实伯里一作别失八里，即今乌鲁木齐，太宗孙海都于哈里雅尔旧作海押立，在金山南、天山北，定宗后及锡哩玛勒母以厌禳并赐死。谪锡哩玛勒为摩多齐旧作没脱赤，蒙古兵弁之称，史误为地名，寻杀之。遣使巡察诸路，凡附太宗后者皆逮究。由是太宗之裔与睿宗之裔常为怨敌，内乱垂数十年。

太祖征西北诸国，至太宗世始蒇其事，而西南之玛拉希旧作没里奚，一作木剌夷，在里海南、巴哈台旧作八哈塔，一作报达，即大食国，在东土耳其境诸国未服。宪宗二年，命弟辖鲁旧作旭烈兀率郭侃等征之。辖鲁自阿尔穆尔至阿母河畔之克特城旧作柯提城，在今中央亚细亚机洼境，招致西域诸侯王，并领其军，先伐玛拉希，攻奇塔卜城旧作乞都卜城，在里海南塔密干山上，不克。郭侃架巨炮击之，守将和卓纳色尔旧作卜者纳失儿始降。辖鲁率师进抵迭马温脱城在今波斯迭马温脱山南麓，分兵三路，西攻玛拉希都城梅门迭司堡在迭马温脱城西。郭侃说乌尔古纳苏勒坦旧作兀鲁兀乃算滩，玛拉希之酋也来降，其父阿里旧作阿力走据东城，侃攻杀之，次第下一百余城。时，宪宗六年也宋理宗宝祐四年。明年，遂进击巴哈台。

巴哈台，本城名，大食国哈里巴旧作哈里发，见第四篇都之，因以为国号。太祖征货勒自弥，时尝遣兵侵其境，至是辖鲁进军乞里茫沙城即今东土耳其之克里曼沙罕城，巴哈台哈里巴木司塔辛壁拉遣其将哀倍克等营于体格力斯河即今土耳其之底格里斯河，以遏其锋。蒙古军决河堤，淹覆巴哈台兵，进攻其都城，哈里巴具舟欲遁，郭侃扼之于河滨，哈里巴自缚乞降，辖鲁杀之，遂屠其城。巴哈台属城数百同时并下。

辖鲁等既克巴哈台，西行三千里，攻天方国即今阿拉伯。其将周齐旧作住石致书请降,诸军信之,不为备。郭侃独料其诈,严兵以待。周齐果来邀战,侃大败之,下其城百余,又西进至密实斯旧作密昔儿,即埃及国,降其王克纳旧作可乃。八年宋宝祐六年,辖鲁命侃渡红海,收布拉克旧作富浪,即埃及别部,降之,还师,取实喇斯旧作石罗子,即今波斯法尔斯部之什拉自城、布图旧作宾铁,即今波斯吉德罗斯部之宾铁城等地。九年宋理宗开庆元年,师至奇勒扬旧作乞里弯,即今俾路芝之惹拉弯部,降其王和达玛鼎旧作忽都马丁,又东取克实密尔旧作怯失迷儿,即今北印度之克什米尔,西域尽平。是年,宪宗崩,罢西征军。辖鲁留镇西域,建庭于和尔默色旧作忽里模子,波斯海湾口外岛名,子孙世王其地。

第二篇　元(中)

第一章　世祖平定诸国

元世祖呼必赉旧作忽必烈，睿宗之三子，宪宗之弟也。宪宗初即位，即命世祖总治漠南，开府金莲川在山西宣化府赤城县独石口北，军国庶事悉属之。宪宗二年宋理宗淳祐十二年，以汉地分封宗室，命世祖于汴京、关中自择其一。世祖用姚枢言，请得关中。宪宗曰："关中户寡，河南地狭民伙，可取自益。"遂尽有关中、河南之地。世祖所以能灭宋，取中南二带者，以此。

辖鲁西征之际，世祖亦将兵南伐大理即唐之南诏，今云南省地，以乌特哩哈达总诸军事，分三道进，自临洮府名，今甘肃巩昌府洮州厅，经行山谷二千余里，至金沙江，乘革囊及筏以济，摩莎今云南丽江府，唐宋时为摩莎蛮地蛮主迎降；进薄大理城今云南大理府，大破其兵，虏其王段智兴；分兵取鄯阐今云南云南府、乌爨今云南广西州等部，进攻吐蕃今西藏境，其酋苏固图旧作唆火脱乞降。世祖以其喇嘛僧帕克巴旧作八思巴归，留军属乌特哩哈达，俾平诸蛮。

宪宗五年宋理宗宝祐三年，乌特哩哈达自吐蕃进攻白蛮、乌蛮、鬼蛮诸部皆在今云南诸府境，所向风靡。罗罗斯及阿伯两国与下阿鲁俱蛮部名大惧，举国以降。又乘胜攻下阿鲁诸酋，西南夷悉平，凡得五城、八府、四郡，蛮部三十七。七年宋宝祐五年，兵入交趾即今越南，遣使谕降，交趾王陈日煚囚之，遣兵于洮江即富良江上游，在今越南临洮府北拒战，大败，日煚走海岛。乌特哩哈达进屠其都城，以热甚不能堪，班师。

蒙古自灭金后，与宋攻击无宁日。世祖归自大理，罢开府，旋与宪宗分道伐宋。九年宋理宗开庆元年，宪宗攻围合州属潼川府路，今四川重庆府，中飞矢，崩。诸军解围归。世祖在鄂州属荆湖北路，今湖北武昌府闻讣北还，即位于开平今内蒙古多伦诺尔之北,建元中统,时宋理宗景定元年也。至元元年宋景定五年,定都燕京即金中都,号为大都,以开平为上都。八年宋度宗咸淳七年,用刘秉忠议,改国号曰元。

帝之围鄂也,宋丞相贾似道来援,密遣使请称臣纳币,帝乃引还。似道伪称诸路大捷,蒙古败走,以为有再造功。帝即位,遣翰林侍读学士郝经如宋修好,似道幽之真州今江苏扬州府仪征县,数年不遣。帝遂以阿珠旧作阿术为征南都元帅,城白河口在湖北襄阳府境,以逼襄即襄阳府、樊城名,在襄阳县北。至元十年宋度宗咸淳九年,下宋樊城。宋将吕文焕亦以襄阳降。明年,宋度宗崩,帝㬎即位,贾似道专政如故。帝乃下诏,数似道背盟拘执信使之罪,命巴延旧作伯颜总诸道军伐宋,取江淮诸郡。十三年宋帝㬎德祐二年,宋亡,帝封宋帝㬎为瀛国公,杀其相文天祥,分兵平闽、广诸路。于是,元始一统中国。

定宗、宪宗之世,高丽屡叛,凡四命将征之,共拔其城十有四。宪宗末,高丽王瞮遣其子倎入朝。中统元年,瞮卒,帝命倎归国,以兵卫送之,倎后更名禃,屡遣使奉贡。其臣林衍废禃,而立禃弟安庆公淐。帝遣兵讨之,禃得复位,以其西京内属,改为东宁府故城在今朝鲜平安道平壤府东,画慈悲岭为界。禃死,子愖立,帝以皇女妻之,高丽自是为元之外藩。

帝欲介高丽王以招致日本,数以书谕之,日本不报。至元十一年宋咸淳十年,遣经略使锡都旧作忻都等伐之,攻壹岐、对马日本二藩国,属西海道,无功而还。十八年,复以阿楼罕旧作阿剌罕为日本行省右丞相,范文虎为右丞,并高丽之兵,号全军十四万人,攻日本九州,遭飓风破舟,全军覆没。二十年,复命安塔哈旧作阿塔海领征东左丞相,敕各路造海舶、募水手,期以二十三年大举征日本。会占城、安南中统元年,帝封陈日煚子光昺为安南王,故交趾改称安南梗命,专事南伐,遂罢东征兵。

初,帝攻大理国,定云南地,其西南境直接缅国即今缅甸。帝因遣使招缅王内附,缅王不从。至元十四年,云南都元帅纳喇苏尔丹旧作纳速剌丁率兵入缅界,稍稍招降其众,以天热还师。十九年,纳喇苏尔丹复请击缅,帝命诸王桑阿克达尔旧作相答吾儿及右丞台布旧作太卜等分道伐缅,取江头、太公在缅甸北等城。缅王遁入海,遂陷其都蒲甘城在缅甸西南。缅西之金齿诸蛮,缅南之暹国,相率款附。明年,缅王归国,乞降,遂于蒲甘城置邦牙宣慰司以镇抚之。

安南之南有占城国今其地为越南南圻。至元十九年,其王孛由补剌者吾遣使来朝,称臣内属,帝遣索多旧作唆都就其国,立省抚治之。其王子补的专国,负固弗服。帝遂命索多率海军伐之。二十一年，复诏皇子托欢旧作脱欢将陆军往援。索多、托欢假道于安南，安南王陈日烜不纳，托欢乃先攻安南，索多亦自占城来会，败安南兵。已而，元军疫作，安南兵乘之，元军大败，索多战死。二十四年，帝复诏托欢督诸军击安南，托欢分兵三道，水陆并进，凡十七战皆捷，遂陷其都城。日烜遁于海岛，既元军患暑而归，日烜集众追击，大破元军，托欢仅以身免。未几，日烜遣使入贡，以赎其罪，占城寻亦降。

太祖、太宗之世，兵力直达欧洲，而亚洲之东南反不克尽服。自世祖兴，并力南伐，平宋之先，已取交趾等国，而辖鲁军锋亦南及于非洲，先世兵略为之一变。宋室既平，门户大辟，海洋岛国，指顾而定，虽前挫于日本，后沮于安南，而积威所震，卒无能抗。至元十九以来，马八儿今南印度之东岸、来来即罗斛国，今暹罗之南部、苏木都剌今苏门答剌岛、瓜哇今名爪哇，在波罗洲南诸国，前后皆入贡于元。元之声教，殆遍东半球。

第二章　世祖诸政

世祖初开府时，征姚枢、许衡、窦默诸儒，讲求治道，用刘秉忠、廉希宪分任庶职。既即位，秉忠、希宪及巴延、史天泽次第为将相，一时称得人。秉忠以天下为己任，知无不言，凡燕闲顾问，辄推荐人物可器使者。其所甄拔，皆为名臣。希宪尤谠直，人不敢干以私。帝封帕克巴为帝师、大宝法王，令希宪从之受戒，希宪曰："臣已受孔子戒矣。"至元七年，希宪坐事罢，帝立尚书省，用阿哈玛特旧作阿合马为平章政事，内治始紊。

阿哈玛特多智巧言，以功利自效，帝试以行事，颇有成绩，由是有宠。中统初，帝立中书左、右部，命阿哈玛特领之，复兼诸路都转运使，专理财赋。阿哈玛特请兴铁冶、增盐课，因缘为奸，至是帝授以政柄，言无不从。阿哈玛特专愎益甚，许衡嫉之，上疏论其专权、罔上、蠹政、害民诸事，不报。至元八年宋度宗咸淳七年，罢尚书省，阿哈玛特仍平章中书省事。既平宋，刘秉忠、史天泽相继卒，帝急于富国，益任阿哈玛特。阿哈玛特奏立江西行省名，即今江西省榷茶运司及诸路转运盐使司、宣课提举司。宣课司官吏多至五百余人。右丞崔斌发其奸，阿哈玛特衔之，乃奏理算江淮行省钱谷，致斌于死。至元十七年，廉希宪卒，临终告皇太子精吉木旧作真金曰："臣病无足忧，所忧者大奸误国，群小附之，病之大者也。"十九年，帝如上都，太子从，阿哈玛特留守，益都县名，山东青州府益都县治千户王著与妖人高和尚诈称太子还都作佛事,矫令发兵至中书省,呼阿哈玛特出,以铜锤碎其脑,立毙。帝闻变,遣和尔郭斯旧作和礼霍孙等归讨为乱者,获王著、高和尚,皆弃市。著临刑大呼曰:“王著为天下除害,今死矣,异日必有为我书其事者。”帝还,得阿哈玛特罪状,乃诏戮阿哈玛特尸,穷治其党。

阿哈玛特之后,朝臣讳言利,无当帝意者。总制院使僧格旧作桑哥荐卢世荣才能富国,召问称旨,令与中书廷辨所欲行。右丞相和尔郭斯等皆以议不合罢去,帝遂以世荣为右丞。初,王文统创钞法通行西北,宋平,复行钞法于江南。世荣入中书,奉诏理钞法,世荣自谓其生财有法,用其法当赋倍增而民不扰。翰林学士董文用谓之曰:“牧羊者岁尝两剪其毛,今牧人日剪以献主者,固悦其得毛之多,然羊无以避寒暑,既死且尽,毛又安可得?民财有限,右丞将尽取之,得无有日剪其毛之患乎?”世荣不能对。

二十二年,世荣请立规措所,规画钱谷,所司官吏以善贾为之,擢用阿哈玛特党甚众。已又立真定路名,属中书省,今直隶南境、济南路名,属中书省,今山东济南、武定二府境、太原路名,属中书省,今山西太原、汾州二府、忻、代、平、定、保、德诸州境、甘肃行省名,即今甘肃境、江西、江淮、湖广今江苏、安徽、两湖、两广等省等处宣慰司兼都转运司,以治课程。又立榷酤法,禁民私酤,米一石取钞十贯。夺权豪所擅铁冶制器,鬻之于上都,买币帛易羊马,选蒙古人牧之,岁收其皮毛、筋角、酥酪之用,恣行苛刻,所在骚扰。监察御史陈天祥劾世荣诸罪状,帝诏丞相以下杂问其罪,世荣一一款服,乃诛世荣,罢所行诸法。

初,和尔郭斯为相时,太子谓之曰:“阿哈玛特已死,汝任中书省事,有便民利国者,毋惮更张,或有阻挠,吾当力持之。”及世荣以言利进,太子意深非之,尝曰:“财非天降,安能岁取盈乎?”宵小以是忌太子。时帝春秋高,南台御史有上书请内禅者,台臣匿其章,不敢闻,阿哈玛特之党以台臣隐匿,乘间发之。帝震怒,太子忧惧而殂。

二十四年,复置尚书省,以僧格为平章政事。僧格为人狡黠豪横,好言财利,帝惟其言是听,僧格建议更造至元钞行之,检核中书省亏欠之钞,诬杀参知政事郭佑等。是年,遂以右丞相领尚书省事,日进理算之计,钩考百司仓库财谷,置征理司以主之,寻遣使四出钩考诸路钱谷。天下骚然,穷民竞起为盗,江淮间尤甚。

僧格当国四年,中外官吏皆以贿进,谗佞之徒复请立石为僧格颂德。帝命词臣撰文镌之,题曰:"王公辅政之碑。"御史董文用、程文海不附僧格,僧格屡欲杀之,由是,议者莫敢指切时政。二十八年,集贤直学士赵孟頫讽奉御彻哩克为帝言僧格之奸,帝犹不悟。彻哩克力争不已,廷臣相继劾之,帝乃免僧格官,罢征理司,寻诛僧格,仆所立碑,其党皆伏诛。

第三章　诸王兵事

蒙古立君不以世及,新君嗣位,必待诸王大臣推戴,故往往以此召乱。太祖崩时,睿宗监国,太宗会丧,几不得立,赖耶律楚材言于睿宗,始奉太宗即位。定、宪之立,内讧迭起,海都北迁,意尤鞅鞅,阿里克布克旧作阿里不哥一乱,海都乘之,纳延旧作乃颜、都斡旧作笃哇接踵而叛,终世祖之世不能平,盖皆君不世及之祸也。

阿里克布克,宪宗、世祖少弟也。宪宗南伐,阿里克布克留守。宪宗崩,世祖立,阿里克布克亦自立于和林,海都附之,征兵西北,共抗世祖。世祖自将击之,败其兵于锡默图旧作昔木土,在今独石口东北。阿里克布克穷蹙,与宪宗诸子共降世祖。海都仍自擅于远,世祖释阿里克布克不诛,诛其臣数人,遣使征海都,海都不奉诏。

海都封地与察罕台后王封地接壤。察罕台以太宗十三年宋理宗淳和元年薨,其孙哈喇实哈旧作哈剌旭烈嗣。定宗黜之,命哈喇实哈之叔伊苏孟克旧作也速蒙哥为王。宪宗立,复命哈喇实哈之妃倭尔干纳旧作窝尔轧那代主国事。阿里克布克之与世祖争也,立哈喇实哈之从弟阿鲁忽旧作亚古儿,以代倭尔干纳,阿鲁忽归命于朝。至元三年宋度宗咸淳二年,阿鲁忽薨,哈喇实哈子谟拔来克沙嗣立。时,察罕台曾孙巴拉旧作八剌在朝,世祖命之归国,思藉其力控制海都。巴拉既至,废谟拔来克沙,旋与海都战于忽章河,败其众,继反为海都所败。太宗诸孙奇卜察克为之和解,乃各罢兵。

金党国王巴图鲁拥立宪宗,不久即薨,再立嗣,皆旋卒。宪宗乃以其弟伯勒克旧作别儿哥主国事。伯勒克极信回教,屡逐欧洲之耶稣教徒,罗马教皇亚力山大四世谋兴军攻之。伯勒克使其从孙诺垓旧作诺嘉意将俄罗斯、奇卜察克之兵侵波兰,大恣杀掠而还。伯勒克又怨辖鲁之征巴哈台,杀哈里巴,屠戮回教徒,数侵掠辖鲁封地。伯勒克薨,孟克特穆尔旧作忙哥帖木儿嗣,世祖虑其与海都连兵,遣特哩旧作铁连往说之,孟克特穆尔允助讨海都,然卒与海都和,败巴拉军,而说巴拉同助海都。

辖鲁开藩西域，与太祖、太宗之后不和。至元二年宋度宗咸淳元年，辖鲁薨，子阿布哈旧作阿八哈嗣，海都、巴拉连兵攻之，阿布哈逆战于图思地名，在巴克山之西，大败其众。巴拉受重伤，旋卒。其子伯克特穆尔旧作伯克帖木儿、都斡等反攻海都，阿布哈乘势侵海都，扰玉陇哈什机洼之地。然其西北境数为孟克特穆尔所侵，密实斯王比拔而斯亦屡攻掠其属地，阿布哈以是不能钳制海都。至元十九年，阿布哈薨，子及弟争立，国内乱，益无暇图外事。

海都乘是时决计内犯，与都斡议和，援立为王，因并其兵，东进至哈喇火州今哈喇和卓、土鲁番之附近。世祖命皇子诺摩罕旧作那木罕、诸王锡喇勒济旧作昔里吉、右丞相安图旧作安童等将兵御之。行次阿尔穆尔，锡喇勒济夜劫诺摩罕营，械击安图，胁诸王以叛，使通好于海都，海都弗纳。世祖命巴延讨锡喇勒济，战于鄂尔坤河旧作斡鲁欢河，在今喀尔喀境，锡喇勒济兵败走死，海都寻亦遁归。

至元二十四年，诸王纳延叛于北边。纳延，太祖弟广宁王伯勒格特依旧作孛鲁古歹之曾孙也，其封地在今吉林省境。海都煽之，与其族诸王并叛。世祖用宿卫士阿实克布哈旧作阿沙不花策，说下诸王，遣巴延阻海都于和林，然后自将击之。纳延党锦嘉努旧作金家奴、塔布台旧作塔不歹拥众号十万来犯，帝麾兵进击，一战却之，遂执纳延以归，留皇孙特穆尔旧作铁木儿平其余党。

纳延虽平，海都与都斡仍数寇边。二十六年，海都兵至和林，帝自将击之，海都不战而退。二十九年，诸王穆尔特穆尔旧作明里铁木儿叛附海都，巴延败之于哈斯图岭旧作阿撒忽秃岭，在和林北。时有谮巴延与海都通者，帝遣特穆尔抚军北边，诏巴延还，以约苏特穆尔旧作玉昔帖木儿代之。约苏特穆尔未至三驿，海都兵复至，巴延欲诱之深入，且战且行，凡七日，诸将以为怯，还军击败海都，海都竟脱去。

世祖有十子，太子精吉木，其次也。精吉木殂后，帝不立储，以皇太子宝授特穆尔。三十一年，帝崩，特穆尔在边，时巴延已自和林还，发使告哀于特穆尔。特穆尔南还，将嗣位，诸王有违言，巴延宣帝顾命，述所以立皇孙之意。晋王噶玛拉旧作甘麻剌，成宗兄亦愿推戴特穆尔，遂即位于上都。是为成宗。

成宗初年，卓齐特子鄂尔达之曾孙那延与族人贵烈克相争。海都、都斡助贵烈克与那延战，凡十五役。那延势不支，遣使入朝，请王师与辖鲁后王三面合攻海都、都斡。成宗允其请，将亲征，太后止之。大德五年，海都、都斡大举入寇,时帝从子海桑旧作海山,即武宗守和林,躬督绰和尔旧作床兀儿、阿什旧作忽怜等五军合击,大破之。阿什射都斡中膝,号哭遁去。海都不得志,引还,旋亦死。

海都与世祖构衅数十年,巴图鲁、察罕台后王为之牵帅,亦疲弊。海都死,都斡援立其子彻伯尔旧作察八儿,相与降成宗。已而彻伯尔抱异志,都斡击破之,海桑亦自和林袭彻伯尔所部于额里齐斯河。彻伯尔穷蹙,举族降。时成宗大德十年也。都斡抚彻伯尔之众,尽有其地,旋亦卒。元之西北边于是始靖。

第四章　成宗征蛮及武仁之立

缅之东北、云南之西有蛮族,名八百媳妇故地没于缅,今惟整卖、景线二部为其遗种。世祖至元末,尝遣兵征之。成宗大德四年,缅人阿散哥也弑其王的立普哇拏阿迪提牙而自立,缅王子窟麻剌哥撒八奔诉于朝。帝遣云南平章政事薛绰尔旧作薛超兀儿等讨之。阿散哥也倚八百媳妇为援,势张甚。帝用云南行省左丞刘深言,讨八百媳妇,以绝其援。刘深将兵至顺元安抚司治,今贵州贵阳府,胁迫诸蛮供馈,蛮酋宋隆济、蛇节等举兵反,围深于贵州今贵阳府贵筑县,金齿诸蛮亦相率阻征缅兵。帝诏薛绰尔移兵击金齿,薛绰尔等受缅人金赂,遽罢兵归,诏免薛绰尔官。

宋隆济累攻围贵州,不解。帝遣刘国杰等率师讨隆济。国杰未至,刘深遁还,士卒死伤殆尽。乌撒路名,今贵州大定府威宁州、乌蒙路名,今云南昭通府、东川路名,今云南东川府诸蛮皆乘衅起兵。帝遂免刘深官,遣伊逊岱尔旧作也速答儿等会国杰讨诸蛮。七年,国杰败宋隆济及蛇节于墨特川在贵州府西北。余党相继平,然卒未能平八百媳妇,有司以为言,乃诛刘深。

帝继世祖之后,注意内治,罢中外土木之役,遣使问民疾苦,厘正选法,颁定条例,大德之政,号称隆平,而兵威不振,远略逊于先代,诸蛮之乱仅乃获定。尝立征东行省,镇抚高丽。高丽王昛言其不便,遂罢之。昛卒,复置行省,旋亦罢。江浙平章政事伊逊岱尔旧作也速答儿劝帝用兵日本,帝曰:“今非其时。”因其俗奉佛,使僧一山往招之,日本竟不至。帝晚年多疾,国事多决于后,内治亦陵替焉。

帝在位十三年而崩。太子德寿先帝卒,皇后巴约特旧作伯约吾氏垂帘听政,欲立安西王阿南达旧作阿难答,世祖次子莽噶拉木之子,而以序则怀宁王海桑当立。先是,海桑出镇漠北,其弟阿裕尔巴里巴特喇旧作爱育黎拔力八达留京师。后忌之,乘帝不豫,命阿裕尔巴里巴特喇及其母翁吉喇特旧作宏吉哩氏出居怀州今河南怀庆府。及帝崩，右丞相哈喇哈斯旧作哈剌哈孙急遣使迎海桑，并南迎阿裕尔巴里巴特喇于怀州，阿裕尔巴里巴特喇至，阿南达之党欲攻之，哈喇哈斯密启阿裕尔巴里巴特喇曰："怀宁王远，不能猝至，恐变生不测，当先事而发。"阿裕尔巴里巴特喇乃遣使伪召安西王计事，至即执之，械送上都，而自称监国，以待海桑。

海桑至和林，诸王勋戚合辞劝进，海桑命俟至大都议之。时阿裕尔巴里巴特喇已平内难，翁吉喇特妃惑于日者言，欲海桑让位于阿裕尔巴里巴特喇。海桑疑，不敢进，刚哩克托都旧作阿里脱脱、阿实克布哈旧作阿沙不花等为之和解，海桑感悟。阿裕尔巴里巴特喇奉翁吉喇特妃来会于上都，海桑遂即位，是为武宗。武宗尊母翁吉喇特妃为皇太后，立弟阿裕尔巴里巴特喇为皇太子，废成宗后，杀安西王阿南达。

世祖时再置尚书省，僧格败后，并于中书。武宗至大二年，复置尚书省，以左丞相托克托旧作脱虎脱等领之，改造至大银钞，立资国院于上都，质江南富民子为军。成宗旧制多所变更。帝性嗜酒色，即位后，容色日悴。阿实克布哈尝乘间进曰："陛下，八珍之味不知御，万金之身不知爱，而惟耽曲蘖，好妃嫔，是犹两斧伐孤树也。"帝卒以是享祚不永，四年而崩。太子阿裕尔巴里巴特喇即位，是为仁宗。仁宗甫立，即罢尚书省，诛托克托其党，诛黜有差。

第三篇　元(下)

第一章　特们德尔之奸

特们德尔旧作铁木迭儿有宠于翁吉喇特太后，武宗时出为云南行省左丞相，擅离职赴阙，尚书省奏奉旨诘问，寻以太后旨赦之。仁宗立，收召先朝老臣，锐欲更张政事，而太后已召特们德尔为右丞相，帝遂相之。

帝虽相特们德尔，而以潜邸旧臣李孟为平章政事，无巨细必询之。孟感帝知遇，亦以国事为己任，节赐与，重名爵，核大官之滥费，汰宿卫之冗员。贵戚近臣恶其不便于己，而心服其公，皆无闲言。帝尝谓之曰："朕在位，卿必在中书。"然未几，孟及特们德尔相继罢。

延祐元年仁宗三年，特们德尔复起为右丞相。时帝用张闾言经理江浙、江西、河南民田，期日猝迫，贪刻用事，富民、黠吏并缘为奸。特们德尔复下令，括田增税，民不胜搜括，群起为盗。赣州路名，今江西赣州府民蔡五九等寇钞汀今福建汀州府、漳今福建漳州府诸路，遂僭号于宁化县名，今属汀州府。诏遣张闾讨平之。

初，武宗既立，帝为太子，丞相三布斡旧作三宝奴复劝立皇子和锡拉旧作和世琜。刚哩克托都谏曰："太弟囊定宗社，久居东宫，兄弟叔侄世世相承，孰敢紊其宗?"三布斡曰："今日兄已授弟，异日能保叔授其侄乎?"托都曰："在我不可渝，彼失其信，天实鉴之。"及帝议立太子，特们德尔欲徼宠，请立皇子硕迪巴拉旧作硕德八剌，又与太后幸臣锡哩玛勒旧作失烈门谮和锡拉于两宫，遂封为周王，出镇云南。

和锡拉次延安路名，属陕西省，今陕西延安府治，其臣图固勒旧作秃鲁忽及武宗旧臣哩日旧作厘日等咸会，常侍嘉珲旧作教化谋曰："天下者，武宗之天下也，王之出镇，本非上意，由谗构致然。请闻之朝廷，杜塞离间。"遂与陕西丞相阿斯罕旧作阿思罕、平章塔齐尔旧作塔察尔等发关中兵,分道自潼关、河中府属中书省晋宁路,今山西蒲州府永济县治入。已而,塔齐尔背约,袭杀阿斯罕、嘉珲于河中。和锡拉乃西走至阿尔泰山西北,附诸王察克台旧作察阿台等部居之。时,延祐三年十月也。逾月,帝遂立硕迪巴拉为太子。

特们德尔怙势贪虐,凶秽滋甚。平章政事萧拜住、中丞杨多尔济旧作杨朵儿只共发其奸,内外御史劾之者复四十余人。帝震怒,特们德尔逃匿太后宫,太后召多尔济责之。帝不忍伤太后意,仅罢特们德尔相位,而迁多尔济为集贤学士。特们德尔家居未逾年,复夤缘为太子太师。

仁宗在位七年崩,太子嗣立,是为英宗。仁宗崩方四日,特们德尔遂以太后命复入中书,旋矫旨杀萧拜住、杨多尔济以报其怨。英宗尊太后为太皇太后,加特们德尔为太师,诏中外毋沮议之。特们德尔奏平章王毅、右丞高昉等征理在京钱谷亏耗,及诸路岁贡币帛,程督严刻,怨讟繁兴。又谗构李孟,尽夺其前后封拜制命,罗织四川平章政事赵世延罪状,欲置之死,赖帝知其冤,得免。

帝在东宫,闻安图孙拜住之贤,召之。时拜住为宿卫长,以义不当私往来东宫,辞。帝益贤之,既即位,委以心腹,由太常礼仪院使洊擢至左丞相。特们德尔渐失势。至治二年,特们德尔死,太皇太后亦崩,帝遂进拜住为右丞相。一新政务,颁行《大元通制》。命御史特克锡旧作铁失等振举台纲,旋追夺特们德尔官爵,籍没其家。

帝性英明,勤于政治。特们德尔既夺爵籍产,特克锡等以奸党不自安。至治三年,帝如上都,以夜寐不宁,命作佛事。拜住以国用不足,谏止。既而,惧诛者阴诱群僧言:"国当有厄,非作佛事大赦无以禳之。"拜住叱曰:"尔辈不过图得金帛耳,又欲庇有罪耶?"奸党闻之益惧,乃谋变。帝自上都还,驻跸南坡,特克锡先与前平章政事彻辰特穆尔旧作赤斤铁木儿杀拜住,而特克锡直犯禁幄,手弑帝于卧所。

成宗兄噶玛拉旧作甘麻剌自世祖世封晋王,镇北边。子伊逊特穆尔旧作也孙铁木儿嗣为王,以西域人道拉锡旧作倒剌沙为内史用事。特克锡之弑英宗也,密遣使告王曰:"我与哈克散旧作哈散、额森特穆尔旧作也先铁木儿、锡达尔旧作失秃儿谋已定,事成推立王为皇帝。"王囚其使,遣巴勒密拉锡旧作别烈迷失等赴上都告变。未至,英宗已遇弑。诸王阿鲁台布哈旧作按梯不花及额森特穆尔奉皇帝玺绶,北迎王于镇所,遂即位于胪朐河,是为泰定帝。

泰定帝初即位，以额森特穆尔为右丞相，特克锡知枢密院事。诸王满努旧作买奴言于帝曰："不诛元凶，则陛下善名不著。天下后世何从而知？"帝乃诛额森特穆尔、特克锡等，流诸王与逆谋者于边。寻，诏雪萧拜住、杨多尔济等冤，以道拉锡为左丞相。

仁宗、英宗皆贤主，任贤纳谏，惧灾恤民，无历代帝王畋游征伐之弊。然以宏吉喇特太后故，授特们德尔以高位，姑息养奸，坐致祸乱。自武宗崩至泰定初，元室之为特们德尔扰乱者，凡十三年。而仁宗不立周王，其祸且及元末，则又非仅刑政之失矣。泰定帝在位五年，开经筵、赈民饥，谕侍臣尽言，遵祖宗法度，享祚虽短，亦有可纪，然南坡之变，帝知情而不遽讨贼，议者不能无疑于帝云。

第二章　文宗篡弑附顺帝之立

特们德尔为相时，奏徙武宗次子图卜特穆尔旧作图帖睦尔居海南今广东琼州府境。泰定帝元年，命诸王远徙者，悉还其部。图卜特穆尔自海南还，至潭州路名，属湖广省，后改天临路，今湖南长沙府湘潭县，复命止之，居数月，乃还大都，封为怀王，又命之出居建康路名，今江南江宁府。图卜特穆尔使额森鼐旧作也先捏私至上都，与道拉锡等谋复迁于江陵县名，属河南省中兴路，今湖北荆州府江陵县。

泰定帝以致和元年崩于上都，道拉锡专权自用，逾月不立君。时武宗旧臣雅克特穆尔旧作燕帖木儿以签书枢密院事留守大都，自以受武宗宠拔，欲立其子，乃执中书省臣额卜德呼勒旧作乌卜都剌等，改置官属，议立周王。以周王远，不能猝至，亟遣使如江陵迎怀王。上都诸王们都旧作满秃、阿穆尔台旧作阿马剌台等谋附雅克特穆尔，事觉，悉为道拉锡所杀。

泰定帝太子阿苏奇布旧作阿速吉八时年九岁，道拉锡奉之即位于上都，改元天顺，遣梁王旺辰旧作王禅、右丞相塔什特穆尔旧作塔失铁木儿分道讨雅克特穆尔。时，怀王图卜特穆尔已至大都，杀额卜德呼勒等，欲虚位以俟周王。雅克特穆尔固劝即位，图卜特穆尔曰："必不得已，当明著吾志，播告中外。"遂袭帝位，改元天历，诏天下曰："谨俟大兄之至，遂朕固让之心。"

梁王旺辰等，兵入居庸关在今顺天府昌平州西北，与雅克特穆尔战，败，引还。雅克特穆尔复败诸王额森特穆尔旧作也先帖木儿兵于大都，图卜特穆尔遂遣齐王伊噜特穆尔旧作月鲁帖木儿及东路蒙古元帅布哈特穆尔旧作不花帖木儿等发兵围上都,诸王大臣出战,屡败。道拉锡乃奉皇帝宝出降,天顺帝不知所终。初,诸王库库布哈旧作阔不花等将兵讨图卜特穆尔,自陕西攻河南,兵势锐甚,既闻上都已破,天顺帝亡,乃逡巡引兵还镇。

图卜特穆尔杀梁王旺辰及道拉锡,屡遣使迎周王于漠北。天历二年,周王南还至和林之北,遂即帝位,是为明宗。图卜特穆尔遣雅克特穆尔奉玺绶于明宗,明宗立图卜特穆尔为太子,以雅克特穆尔为太师。是年八月,明宗将赴大都,次翁郭察图旧作旺兀察都,今镶黄等旗牧厂,元武宗曾建中都于此,图卜特穆尔来迎,明宗与宴于行殿。越三日,明宗暴崩。图卜特穆尔复袭位于上都,是为文宗。

文宗得国,实出篡弑,史无明文,盖当时讳之也。至顺元年,云南诸王图沁旧作秃坚及土官禄余等相继反。用兵两年,始平。帝以雅克特穆尔有大功,诏皇子古噜喇特纳旧作古纳答剌出居雅克特穆尔家,更名雅克特古斯旧作燕帖古斯,寻又诏养雅克特穆尔之子塔喇海为己子。至顺三年,帝崩于上都,遗诏立明宗子额林沁巴勒旧作懿璘质班。雅克特穆尔请立雅克特古斯,皇后翁吉喇特旧作宏吉哩氏不从,乃立额林沁巴勒,是为宁宗。宁宗即位,尊皇后为太后,中书百司政务,咸启太后取进止。逾月,而宁宗崩。

明宗有子曰托欢特穆尔旧作妥欢帖睦尔,本西域回女所生。至顺初,其乳母夫言,明宗在时,素谓托欢特穆尔非己子,文宗诏徙托欢特穆尔于静江路名,属湖广省,今广西桂林府临桂县治。宁宗崩,雅克特穆尔复请立雅克特古斯,太后命迎托欢特穆尔,立之。托欢特穆尔至京师,雅克特穆尔惧其追举明宗暴崩前事,迁延数月,意不欲立之。既而雅克特穆尔纵淫而死,托欢特穆尔乃即帝位,是为顺帝。太后与帝约,后当传位于雅克特古斯,如武宗、仁宗故事。

顺帝至元元年,尊太后为太皇太后。参政许有壬等谏,不听。六年,追议明宗之事,命太常撤文宗庙主,削太皇太后之号,徙东安州属中书省大都路,故城在今顺天府东安县西北,放雅克特古斯于高丽。监察御史崔敬言雅克特古斯年幼播迁,贻笑他国,请迎归,以尽骨肉之情。不报,未几,太后崩于东安州,雅克特古斯亦遭害于中道。

第三章　顺帝失国

顺帝初即位,有阿哩衮特穆尔旧作阿鲁浑帖木儿者,明宗亲臣也,言于帝曰:

“天下事重,宜委宰相决之,庶可责其成功,若躬自听断,必负恶名。”帝由是深居宫中,每事决于宰相。

文宗罢左丞相,不复置,帝即位复之。既左丞相腾吉斯旧作唐其势,雅克特穆尔从子谋反,右丞相巴延旧作伯颜诛之,并弑皇后巴延特氏旧作伯牙吾氏,腾吉斯妹也,复罢左相。巴延为政专横,构陷郯王彻辰图旧作撒彻秃、宣让王特穆尔布哈旧作帖木儿不花等,不俟帝命,辄诛窜之,变乱成宪,虐害天下,渐有异谋。帝结其从子托克托旧作脱脱使图之。至元六年,遂黜巴延为河南行省左丞相,寻诏安置南恩州阳春县属湖广省,今广东肇庆府阳春县,巴延道死,托克托代为右丞相。

托克托秉政,悉更巴延所行,中外翕然称为贤相。至正四年,以疾罢。阿噜图旧作阿鲁图、特穆尔达什旧作帖木儿答失、多尔济旧作朵尔直、太平汉名贺惟一相继秉政,皆一时贤者。然元自武、仁以来,内乱相踵,吏治颓坏,各省水旱之灾,累岁不绝,百姓愁怨,盗贼蜂起,诸臣亦无能为。翰林学士承旨库库旧作巎巎忠谠知大体,帝尝欲相之。会库库卒,乃止。九年,托克托复起为右丞相,用奇齐叶图旧作偰哲笃言,更钞法,用贾鲁言,开黄河故道。措施颇失当,国遂日乱。

十一年,颍州属河南省汝宁路,今安徽颍州府人刘福通与栾城县名,属中书省真定路,今直隶真定府栾城县人韩山童谋起兵作乱,诡称山童为宋徽宗八世孙,当为中国主。官军捕山童,诛之,福通遂反,攻陷河南诸府县。萧县属河南省归德府,今江苏徐州府萧县人李二、罗田县名,属河南省蕲州路,今湖北黄州府罗田县人徐寿辉同时亦举兵反。皆着红巾,号为红军。寿辉旋称帝于蕲水县名,属河南省蕲州路,今湖北黄州府蕲水县,国号天完,掠取湖广、江西诸府县。

托克托以其弟额森特穆尔旧作也先帖木儿知枢密院事,督兵讨刘福通,兵溃遁归。托克托自请讨贼。十二年,率师至徐州路名,属河南省,即今徐州府治,大破李二兵。帝诏加托克托太师,趣还朝。十三年,泰州属河南省扬州路,今江苏扬州府泰州人张士诚作乱,据高邮府名,属河南省,今江苏扬州府高邮州,自称诚王。帝诏托克托讨之。托克托兵至高邮,大败士诚众,而右丞哈玛尔旧作哈麻尔谮托克托师出无功,诏削其官爵,淮安路名,属河南省,今江苏淮安府安置,施窜之云南,哈玛尔矫诏杀之。

当是时,台州路名,属江浙省,今浙江台州府人方国珍剽掠海上,屡降屡叛。刘福通以韩山童之子林儿称帝于亳州属河南省归德府,今安徽颍州府亳州,又号林儿为小明王,国号宋,改元龙凤。徐寿辉为江浙平章政事布延特穆尔旧作卜颜帖木儿所破，复遣其党攻陷汉阳府名，属湖广省，今湖北汉阳府，居之。定远县名，属河南省安丰路，今安徽凤阳府定远县人郭子兴据滁州属河南省扬州路，今安徽滁州，称滁阳王。子兴死，部将朱元璋统其众，攻取太平属江浙省，今安徽太平府、集庆属江浙省，今江苏江宁府诸路，自称吴国公。中带地尽分裂，国事日棘，而帝怠于政治，惟事游宴，自制龙舟、宫漏，皆极精巧，以宫女十六人按舞，名“十六天魔”，淫乐无度，以至亡国。

初，哈玛尔进西番僧于帝。僧教帝行房中运气之术，号延彻尔旧作演揲儿法。集贤学士图噜特穆尔旧作秃鲁帖木儿又进僧结琳沁旧作伽璘真，善秘密法，帝皆习之。

托克托既死，帝以哈玛尔为左丞相，其弟苏苏旧作雪雪为右丞。哈玛尔自以身为宰辅，耻前进西僧事，欲诛图噜特穆尔，奉帝为太上皇，而立太子阿裕锡哩达喇旧作爱猷识里达腊为帝。图噜特穆尔闻之，密白于帝。帝诏贬哈玛尔兄弟，寻杖杀之。

自刘、李诸贼起，沈邱县名，属河南省汝宁府，今河南陈州府沈邱县人察罕特穆尔旧作察罕帖木儿起义兵击贼，所向辄克。十五年，江浙行省左丞相达什巴图鲁旧作答失八都鲁败刘福通军，进图亳州。福通以韩林儿走安丰县名，属河南省安丰路，在今安徽凤阳府寿州西南，其党李武、崔德等攻陷商州属陕西奉元路，今陕西商州。察罕特穆尔自河南提轻兵赴陕西击破之。帝以察罕特穆尔为陕西行省左丞。十七年，刘福通攻汴梁路名，属河南省，今河南开封府祥符县，分兵略地于山东、西，贼势复炽。达什巴图鲁忧愤而卒，其子博啰特穆尔旧作孛罗帖木儿代领其众。

十八年，刘福通陷汴梁，自安丰迎韩林儿居之。其党田丰、毛贵等，由山东逼畿辅，关先生等由山西转掠辽阳，直至高丽，复焚毁上都宫阙。察罕特穆尔克汴梁，击走福通，贼势少衰，而博啰特穆尔与察罕特穆尔有隙，引兵相攻，帝遣使和解之。二十一年，察罕特穆尔克山东，田丰乞降，旋叛，应益都县名，属中书省益都路，今山东青州府益都县贼，刺死察罕特穆尔，察罕特穆尔养子库库特穆尔旧作扩廓帖木儿，本王姓，小字保保，察罕特穆尔甥也英毅有勇略，代总其兵，攻克益都，执田丰诛之。

哈玛尔诛后，绰斯戬旧作搠思监继之为相，与宦者相表里，专为奸利，四方警报及将臣功状皆壅不上闻。御史大夫罗达锡旧作老的沙劾之，太子恶罗达锡，与绰斯戬谋斥之。罗达锡奔大同路名，属中书省，今山西大同府，依博啰特穆尔。时博啰特穆尔屡与库库特穆尔攻击，帝遂削博啰特穆尔官爵，诏库库特穆尔讨之。博啰特穆尔再举兵犯阙，杀绰斯戬等，攻逐太子，帝乃以博啰特穆尔为右丞相。

二十五年，太子大发兵讨博啰特穆尔。博啰特穆尔幽二皇后奇氏，调兵拒战，大败还，为朝士所杀，罗达锡及其党皆伏诛。库库特穆尔奉太子还，诏封库库特穆尔为河南王，总制诸道军马，讨东南诸贼。库库特穆尔至河南，檄诸将会师大举，张良弼、李思齐等不应命，库库特穆尔攻思齐，相持经年，无意南伐。帝诏太子总制天下军马，罢库库特穆尔官，夺其军，命诸将统之。库库特穆尔既黜，元室事益不可为。

先是刘福通等乱于北地，朝廷无暇南顾。张士诚袭据平江路名，属江浙省，今江苏苏州府，复破杭州路名，属江浙省，今浙江杭州府，略地至淮北。徐寿辉部将陈友谅杀寿辉，称帝于武昌路名，属湖广省，今湖北武昌府，国号汉，与朱元璋鼎足立。而元璋兵势最强，次第灭友谅、士诚，复降方国珍，奄有湖广、江西、江浙之地。至正二十八年，元璋即帝位于应天明府名，即元集庆路，国号明，建元洪武。遣其将徐达、常遇春等率师北侵，略定山东、河南、陕西诸省，水陆并进，会师通州属中书省大都路，今直隶顺天府通州。顺帝命淮王特穆尔布哈旧作帖木儿不花监国，自率后妃、太子北走上都。达等遂入大都，特穆尔布哈死之。元自太祖建号，传三主至世祖凡七十四年而后一统，至是凡十主八十九年，而失中国。

明兵未入大都时，库库特穆尔在山西，顺帝复其官爵，使御明兵。及顺帝北走，库库特穆尔谋复大都，徐达趣太原，袭破其兵，库库特穆尔走甘肃。洪武二年，常遇春攻上都，顺帝奔应昌县名，在今内蒙古多伦诺尔之北，逾年遂崩。帝阿裕锡哩达喇嗣立，改元宣光。明将李文忠率师围应昌，帝阿裕锡哩达喇奔和林。时，库库特穆尔亦为徐达所败，与帝会于和林，募大军南下，与徐达战于图拉河旧作土剌河，在喀尔喀境，大败其众。洪武八年，库库特穆尔卒，帝阿裕锡哩达喇旋亦殂，帝特古斯特穆尔旧作脱古思帖木儿嗣立，使纳克楚旧作纳哈出将蒙古遗众，侵掠辽东。洪武二十年，明将冯胜、蓝玉等将兵二十万，破纳克楚于金山在奉天府开原县西北。明年，进袭帝特古斯特穆尔于捕鱼儿海在内蒙古克什克腾境。特古斯特穆尔奔和林，至图拉河，为其下所弑。于是，蒙古部属全溃，漠南、辽东之地皆归明版图。

第四篇　西北诸国事略

第一章　巴哈台附玛拉希

隋唐之际,阿拉伯人阿蒲而喀生本阿白塔拉,创天方教于麦加今阿拉伯都城,著一书曰《可兰经》,教人敬天积福。从其教者不事偶像,每日西向虔拜,七日则聚拜于礼拜堂,每岁斋戒一月,其族人忌而欲害之。唐高祖武德五年,阿蒲而喀生本阿白塔拉避难至默迪纳今阿拉伯麦地拏邑,徒党日盛,因以兵力胁服邻邑,而自称教王,创天方历,以避难之年为元年。其后阿拉伯全国皆宗其教,不敢斥其名,称之曰谟罕默德,是为巴哈台立国之始。

谟罕默德以唐太宗贞观六年病卒,无子,其友阿部倍壳耳嗣,统其众,号为哈里巴。哈里巴者,犹言继教王而代天治事也。阿部倍壳耳卒,倭马尔嗣,西并西里亚今东土耳其西里部,东侵波斯,国势日强。倭马尔后为人所害。谟罕默德之婿奥自蛮嗣立,遂据有波斯全境,通好于唐,唐人名之为大食国。

谟罕默德之先,同族分为数派。一曰哈深人,多贫;一曰倭马亚人,多富。谟罕默德出哈深派,倭马尔出倭马亚派。奥自蛮后再传至谟阿费牙第一,亦出倭马亚派。遂定议,哈里巴之位必属倭马亚人,毋许他族僭夺。谟阿费牙第一后凡十一传,皆都于丹马斯克在西里亚境,统称倭马亚朝。倭马亚朝为大食极盛时代,葱岭以西、地中海以东之地,悉隶其版图。谟罕默德之教,殆遍布于中亚细亚及西亚细亚,而哈深派人疾视倭马亚派人,遂启争国易朝之祸。

谟罕默德叔伯之裔,有阿拔斯者,亦出哈深派。而其后人衣尚黑,称为谟斯阿费达译言黑衣,《唐书》所谓黑衣大食是也。天宝中,阿拔斯之曾孙依白喇希姆为呼罗珊今波斯国呼拉商部酋长,呼罗珊人奉为哈里巴,倭马亚人杀之,其弟阿蒲罗拔复称哈里巴于苦法城名,在波斯海湾西北,远近响应,攻败倭马亚朝哈里巴末而换第二,尽歼倭马亚人,由是大食之哈里巴改称阿拔斯朝。

阿蒲罗拔在位六年,卒。其弟阿蒲恭拂嗣,勤于国政,国人颂之曰阿而曼苏而译言得胜。唐肃宗至德初,阿蒲恭拂遣使朝贡,代宗时为元帅,尝用其兵以收两都。德宗贞元二年,阿蒲恭拂之孙哈里突以谟萨嗣为哈里巴,始迁都于巴哈台。哈里突以谟萨卒,子诃论嗣,兴学施治,颂声载道。诃论在位十九年卒,三子争立。大将他尔海杀诃论长子阿敏,立其次子麻谟讷。麻谟讷多行不义,国人废之,旋复其位。麻谟讷遣兵攻东罗马罗马国为今意大利地,刘宋时灭于峨特族,其遗众居今东土耳其境,号东罗马国,屡为东罗马所败。他尔海遂据呼罗珊,自立为国,阿拔斯朝自此衰尔。

唐文宗太和六年,麻谟讷卒,弟谟阿塔逊嗣,虑各部酋背叛,巴哈台之兵不足恃,买突厥人之佣力者练为亲军,建城于巴哈台北百里,曰萨米而阿,居焉。亲军后数为乱,凡废立五哈里巴。至谟阿塔米忒为哈里巴,以计收亲军之权,仍都巴哈台。数传至喀海而壁拉,亲军复擅权,废喀海而壁拉,立哀而哈谛壁拉。哀而哈谛壁拉定亲军大将之称曰哀密耳阿而渥姆阿译言将领之魁,国政悉以属之,哈里巴惟主教而已。

北宋中叶,塞而柱克王朝兴详货勒自弥篇,哈里巴之势日替,密昔尔人瞰其弱,攻围巴哈台。时喀津姆贝阿谟尔亦拉为哈里巴,乞援于塞而柱克王,围始解。喀津姆贝阿谟尔亦拉遂授塞而柱克王以哀密耳阿而渥姆阿之职。喀津姆贝阿谟尔亦拉后七传至那昔尔累丁亦拉,有英资,欲恢复哈里巴权势,而货勒自弥国势正强,禁不得逞。至其曾孙木司塔辛壁拉,遂为蒙古所灭。

木司塔辛壁拉无君人之才,喜听乐观剧,国事皆决于下。初,谟罕默德有婿曰阿里,传谟罕默德教,嗣奥自蛮而为哈里巴。及倭马亚朝兴,攘斥其裔,而巴哈台人奉阿里之教者甚众,名其教为十叶教。木司塔辛壁拉欲灭十叶教人,纵兵屠戮。其臣谟牙代丁素奉十叶教,怨之,闻蒙古兵至,遂输款于辖鲁,而劝木司塔辛壁拉裁兵额,以节饷。木司塔辛壁拉吝于财,从其言,故蒙古兵逼巴哈台时,仓猝无以御。辖鲁既入巴哈台,肆杀七日,凡诛天方教人八十万,阿拔斯朝传三十七代,至是国亡。

巴哈台城破,时,木司塔辛壁拉之从父阿卜而喀辛阿黑昧逃入阿拉伯,旋至西里亚。中统二年,密昔尔王比拔而斯迎至其国,立为哈里巴,与以兵数千,俾复巴哈台。阿卜而喀辛阿黑昧率众至哀甫拉特河在波斯及东土耳其境,其族人哀而哈勤亦率兵来会，共攻歇拉城在波斯海湾西北。蒙古将喀拉布哈与巴哈台守将阿里巴图引兵拒战，大破其众，杀阿卜而喀辛阿黑昧，而哀而哈勤逸入密昔尔，复嗣为哈里巴，窃号一隅，无复远略。明时，土耳其灭密昔尔，哈里巴之位遂绝。

玛拉希者，阿里之后也。阿里之教，为天方教别派，子孙世掌教事，号为伊玛姆其尊次于哈里巴。宋哲宗时，有哈山沙巴哈者，率其教人居波斯之低楞在里海南，旋迁于阿剌模忒亦在里海南，建玛拉希国，分遣徒党筑城堡于里海西南诸山。塞而柱克王玛里克沙尝发兵逐之。玛里克沙旋死，兵遂罢。哈山沙巴哈教规，凡徒党必奉教杀仇人，阴谋行刺，必致死乃已。哈山沙巴哈死，传位于伦白赛耳堡在里海南，今名伦姆赛耳主基希牙速而克乌米特，蓄刺客益盛，杀人益多，天方教人争詈之为邪教。

宋宁宗庆元四年，只拉而哀丁哈山嗣位于阿斯兰库沙堡在波斯可斯费音城附近。货勒自弥王喀塔施以兵攻之，只拉而哀丁哈山伪降，而夜从地道入，杀其兵。未几，兵再至，复诈降，而迁其众于他所，故玛拉希人世以诡谲名。只拉而哀丁哈山死，子阿里嗣，值蒙古太祖西征，遣使输款。太宗元年，复朝于和林。至其子乌尔古纳苏勒坦迁居于梅门迭司堡，数侵占货勒自弥故地，故宪宗命辖鲁征之。辖鲁初至玛拉希，乌尔古纳苏勒坦欲为缓兵计，而蒙古兵势甚锐，遂率其众出降。辖鲁诱乌尔古纳苏勒坦入朝，阴遣人杀之于中途。已，复分玛拉希人于各营诛之，无噍类。玛拉希之兴灭起讫，凡百七十余年。

第二章 货勒自弥

自谟罕默德创立新教，从者风靡，招来之穷，济以威力，辟地万里，驱策群酋，中亚细亚诸国王，非受其册封不得为真王。然未及三百年，积威已替，东方酋长争自立国，迭相篡夺。自他尔海后，凡更五朝。而至货勒自弥，虽皆从谟罕默德教，受哈里巴之册封，然惟祭天及铸钱用哈里巴之名，国政军令悉得自专。其势反驾巴哈台之上。

他尔海建国于呼罗珊，传其子萨法尔。当唐懿宗时，麻谟讷之孙木司敦壁拉嗣为哈里巴，阿里之裔哈散牙亚本倭马尔与之争位。萨法尔助木司敦壁拉攻逐哈散牙亚本倭马尔，木司敦壁拉甚德之，萨法尔朝后为萨蛮朝所灭。

萨蛮者，波斯豪族也。唐昭宗时，萨蛮之曾孙伊司摩儿有宠于哈里巴，为之征叛徒，遂兴萨蛮朝，奠都于布哈尔旧作不花剌，即今中亚细亚布哈尔。北自天山西麓,南至波斯湾及印度北境,悉为所据。昭宗天祐四年,伊司摩儿卒,卫和尔及哈剌娄部乘之侵入中亚细亚,遂灭萨蛮朝。

萨蛮朝之奴隶有赛布克的斤者,突厥人也。萨蛮朝既衰,赛布克的斤遂据格尔济农,兴赛布克的斤朝。其子马姆德嗣位,甚得哈里巴之信任,册为国王,尽夺萨蛮朝之属土。其疆域北至阿母河,南至波斯湾。北宋中叶,马姆德用兵印度,先后十七役,威震西土。宋仁宗天圣八年,马姆德卒,后嗣渐不振。塞而柱克朝兴于布哈尔,遂灭赛布克的斤朝。

赛而柱克亦突厥种族,故居布哈尔附近地。哈剌娄卫和尔之灭萨蛮朝也,塞而柱克乘机渐拓属地,部众日强。至其孙脱古尔尔,遂夺格尔济农、呼罗珊等地,奠都于乃沙不耳在巴达克山西,受哈里巴之封。宋仁宗嘉祐中,塞而柱克从子阿而普亚尔司兰嗣,益西拓地,逼小亚细亚,与东罗马构兵。罗马鲁士帝乞和,岁输巨币焉。阿而普亚尔司兰卒,子玛里克沙嗣,属地愈广,西至阿拉伯,东越葱岭,抵喀什噶尔。玛里克沙卒,诸子、诸将分割属地,国运始倾。

货勒自弥之始祖曰奴世的斤,亦突厥种族,尝为玛里克沙之仆,后除仆籍,为货勒自弥部酋。其子库脱拔丁乘塞而柱克朝之衰,诸酋裂土自王,亦僭称货勒自弥沙西域称君为沙。金既灭辽,耶律大石西走,败塞而柱克之兵,复攻货勒自弥,擒库脱拔丁之子阿切斯。阿切斯誓臣服,岁贡金,乃与盟而释之。宋光宗绍熙五年,阿切斯之孙塔喀施灭塞而柱克朝,杀其王托克洛耳巴哈台,哈里巴那昔尔累丁亦拉遂册塔喀施为货勒自弥王。

塔喀施以宋宁宗庆元六年卒,子默哷嗣,吞并巴里黑今波斯呼罗珊属地、伊拉见第一篇、马三德兰今波斯属地、起儿漫今俾路芝国属地各部之地,复败奇卜察克兵。以世纳岁币于西辽为耻,与赛玛尔堪酋锷斯满合攻西辽,旋袭执锷斯满杀之,而迁都于赛玛尔堪。库楚类之夺西辽,默哷实掎角之。故西辽亡,而忽章河以南地悉归于货勒自弥。

货勒自弥国之东南境有郭耳图国,宋高宗绍兴末年,其王希哈泼哀丁始自立国,据阿富汗斯坦,兼有北印度地。时,中印度诸酋不协,希哈泼哀丁数攻之,遂略地至印度河,又西侵货勒自弥,为默哷所败。蒙古太祖元年,希哈泼哀丁死,其侄马赫模特嗣,乞降于货勒自弥,岁纳贡赋。四年,默哷阴使人害马赫模特,遂并郭耳图国。

当是时,货勒自弥属地东至忽章河,西邻巴哈台,北抵咸海、里海,南及印度河,国势之盛,远轶巴哈台。初,那昔尔累丁亦拉忌货勒自弥之强,贻书郭耳图王,欲与之夹攻货勒自弥。及默哷灭郭耳图,得其书,大怒,欲废那昔尔累丁亦拉,立阿里之裔为哈里巴,起兵攻巴哈台。值大雪,士马僵毙,无功而还。

蒙古太祖尝贻默哷书,欲与货勒自弥缔交,通商贾,保疆界。而巴哈台哈里巴密请兵讨之,货勒自弥又杀蒙古商人,遂启太祖西征之师。默哷之母土而堪哈敦,喀喇部人也。货勒自弥将士大抵出自喀喇,恃土而堪哈敦威势,专横无度,蔑视默哷。及默哷归自巴哈台,将士益不用命,蒙古兵至,无为默哷御敌者。默哷弃国出走,病死海岛。土而堪哈敦为蒙古俘获,喀喇部众亦多死于兵。

默哷子札拉鼎自为太祖所败,只身入印度,收集故部,谋夺信地印度西南部名。印度得里中印度都城酋伊勒脱迷失率众逐之,扎拉鼎北走,复有义拉克今波斯以拉亚日迷尔部、呼罗珊、马三德兰三部地。以巴哈台之致蒙古兵,首谋攻之,掠其属部,直逼巴哈台。又东伐玛拉希,兵势甚盛,蒙古诸将留守西域者,合五军击之。扎拉鼎战败,转徙诸部,势复振。察罕西征,扎拉鼎调兵拒战,兵未集而蒙古军奄至。扎拉鼎遁入库儿忒山在波斯西南,为土人所杀,货勒自弥至是始亡。

第三章　俄罗斯

俄罗斯国在亚洲北境,兼跨欧洲。唐以前,部落散处,役属于匈奴,统称萨尔马西亚。至唐懿宗咸通中,有禄利哥者,以材武雄于时,诺弗郭罗特之民拥戴为王,始自立,国号遏而罗斯。遏而罗斯在瑞典国境,禄利哥故居是地,因以为国号,而后人讹为俄罗斯云。禄利哥在位十七年,略定四邻,制驭野番,遐迩震慑。至其子亚力,益扩疆土,以计取计掖甫,执其酋长,而迁都焉。又伐东罗马,围其都城即今东土耳其君士但丁,东罗马乞和,始罢兵而归。

亚力以后梁乾化三年卒,子伊高嗣,复伐东罗马,为所败。伊高归国,大治舟师,期复仇,东罗马惧而请成。伊高征得利夫里部名,一作地里肥含,贡赋不至,率师讨之,兵败而死。子斯非德斯剌夫幼,后亚力高氏摄政。得利夫里酋马利谋醮娶亚力高氏,以占俄地。亚力高氏佯许之,出不意,袭杀马利,遂灭得利夫里。周世宗显德元年,斯非德斯剌夫亲政,平哥萨克即今哈萨克、弗尔加里即今西尔加西诸部,屡与东罗马构兵。至宋太祖开宝三年,东罗马来攻,俄兵战败,弗尔加里复叛,袭击斯非德斯剌夫,杀之。

初,斯非德斯剌夫封其子耶罗巴于计掖甫,阿拉克于得利夫里,物拉的米尔于弗尔加里。斯非德斯剌夫死，耶罗巴嗣，阿拉克举兵反，耶罗巴诛之。物拉的米尔惧而出亡，寻引兵攻计掖甫，弑耶罗巴而自立，国中豪族所在崛起，不奉其命。物拉的米尔分国，封十二子，以镇抚之。未几，其子耶罗斯剌夫亦据诺弗郭罗特以叛，物拉的米尔往讨之，卒于军。长子斯非德北即位于计掖甫。

宋真宗大中祥符九年，耶罗斯剌夫引兵攻计掖甫，斯非德北奔波兰。耶罗斯剌夫遂取计掖甫，而迎斯非德北，使复王位。逾三年，耶罗斯剌夫复叛，弑王而夺其位，分国之半属其弟苏得斯剌夫。设学校，定律令，侵轶邻国，版图日廓。宋仁宗至和元年，耶罗斯剌夫卒，子伊西斯剌夫立，兄弟交哄，国分为三。诺弗郭罗特、计掖甫最大，互相攻伐不已。既诺弗郭罗特并计掖甫，遂称大俄国，总全俄之政令。伊西斯剌夫后更四君，至耶罗巴第二。时，诸侯日事吞并，国势瓦解。宋高宗建炎四年，耶罗巴第二卒，弟肥奇斯剌夫嗣，在位八日，为同姓诸侯维西否奴所篡。自是，诸侯争欲得计掖甫为王。绍兴十七年，安得罗立，迁都物拉的米尔，征诺弗郭罗特，克之。议废封建之制，诸侯闻而大恐，合兵攻之。安得罗败死，弟维西否奴第三立，列国交争，力弗能制，浸淫数十年，式微益甚。及攸利第二后，俄遂内属于蒙古。

哲别、苏布特之败穆尔奇扎尔也，俄列城皆无备御，不能为战守计，惟俟兵至乞降，而蒙古军未深入。越十四年，拔都北征，始尽平俄境，杀攸利第二王，立耶罗斯剌夫第二，使主物拉的米尔。定宗即位，耶罗斯剌夫第二入觐，归而道卒，其子阿来三得立。金党国王伯勒克括俄境户口，计丁出赋，婪索无厌。诺弗郭罗特民谋叛，伯勒克召阿来三得拘之，立其弟耶罗斯剌夫第三，使镇抚俄民，事乃获定。耶罗斯剌夫第三再传至狄米得里，事蒙古惟谨，而其弟安得雷欲夺其位，谮之于金党国王托克托孟克。托克托孟克使安得雷攻物拉的米尔，狄米得里弃城而遁。时，卓齐特曾孙诺垓与托克托孟克不协，自擅于库尔思克城名，在莫斯科南，狄米得里赖其力，得复位。至元二十七年，托克托孟克卒，子托克托立。诺垓亦卒，俄列邦王争诉狄米得里之过于托克托，托克托遂斥狄米得里，议别立君。莫斯科王攸利第三觊觎首邦之位，托克托不从，而立狄米得里之叔弥海勒第二。

延祐中，托克托卒，伊济贝旧作月即别为金党王。攸利第三娶其妹，倚蒙古势，引兵攻弥海勒第二，为弥海勒第二所败。复谮之于伊济贝，伊济贝召弥海勒第二至萨莱，察其诬，释不治。攸利第三贿结伊济贝左右，矫命杀弥海勒第二，遂袭其位。伊济贝后知其情,召攸利第三杀之,封弥海勒第二之子阿来克三德为王。

阿来克三德治国颇得民,莫斯科王伊万第一忌之。会俄民有戕蒙古官者,伊万第一谮阿来克三德于伊济贝,证其叛迹。阿来克三德以是被杀,而莫斯科遂为俄之首邦。伊济贝后,金党国衰,俄人竟图自立。顺帝末,莫斯科王狄米得里第二谋叛元,尽驱蒙古兵,势颇张。会巴图鲁弟托喀特穆尔之裔托克塔迷失崛起于萨莱,攻克莫斯科,焚掠物拉的米尔、勒治赞等城,俄王遂奉职朝贡如初。

狄米得里第二、三传至伊万第三,绝贡于蒙古,定独立体制。寻灭萨莱,驱蒙古诸部,尽复故地。大营城邑,奖励耕牧,国人大悦,上尊号曰加撒译言皇帝。时明宪宗成化末年也。伊万第三卒,子伊万第四嗣,复灭蒙古人之在加森一作卡孙,在黑海北、西伯利亚者。自是,俄人号为中兴,国势日益强大,而其与中国交涉中绝,故伊万第四后之事不著于篇。

第五篇 学艺、宗教

第一章 学校科举

蒙古太祖初平燕京,宣抚王檝以金枢密院为宣圣庙,春秋率诸生行释菜礼。太宗六年,始设国子学总教及提举官,命侍臣子弟入学受业。中原既定,用耶律楚材议,命朝臣历诸路考试,以论及经义、词赋分为三科,作三日程,专治一科,能兼者听。得东平杨奂等若干人,皆一时名士,而廷议或以为非便,事复中止。

世祖至元中,史天泽、王鹗、和尔郭斯等屡请行科举,皆徒议其程式,未尝施行。惟学校之制,大抵创于是时。其设于京师者,则有国子监、蒙古国子学、回回国子学。国子监初立,许衡为祭酒,以耶律有尚等十二人分处各斋,为斋长,倡导儒术,正学颇昌。选蒙古子弟俊秀者入学,以蒙古字译《通鉴节要》教之,并令好学者兼习算学。回回国子学专教伊斯提裴旧作亦思替非文字,凡公卿、大夫与富民之子,皆依汉人入学之制,令肄习之。各省则有路学、县学、小学、书院以教士,设儒学提举司及教授、学正、山长、教谕等职。其经籍版及学田钱谷,又立兴文署以掌之。

世祖取士,虽不设科目,而延揽人材,登进颇广。江南既平,屡诏凡山林隐逸之士,所在官吏,具以名闻。左侍仪奉御谔尔根萨里旧作阿鲁浑萨里尝劝帝治天下必用儒术,宜招致道德之士,以备任使,帝深然之。置集贤馆以待士,士之应诏者,命馆谷之,饮食、供帐、车服之盛,皆喜过望。至元二十三年,遣侍御史程文海访求江南人才,得赵孟适、叶李、赵孟頫、张伯淳等二十余人。帝皆擢用之。

成宗嗣位,益向用儒术。诏中外崇奉孔子,建庙京师,定释奠之礼,营建国学,定国子学。蒙古、色目、汉人生员二百人,三年各贡二人,蒙古学生亦增至三百员。武宗初立,即加封孔子为大成至圣文宣王。至大元年,召吴澄为国子监丞,四方学者闻风而至,澄各因其材质,反复训诲之,元之国学以是时为极盛。仁宗时,李孟领国子学,帝谕之曰:“国学,人材所自出,卿宜数课诸生,勉其德业。”然帝虽重儒学,而不知其本,尝遣宦者李邦宁释奠于孔子,为后世所讥。皇庆二年,中书省臣上言科举事宜,帝纳其言,遂下诏,定科举之制,每三年开试一次,以皇庆三年八月为始。天下郡县兴其贤能,充赋有司。次年二月,会试京师,中选者亲策之。蒙古、色目人试二场第一场试经问五条,《大学》《论语》《孟子》《中庸》内出题,用朱氏《章句集注》。第二场试策一道,以时务出题,限五百字以上,汉人、南人汉人谓中原之人,向属金者。南人谓江淮以南,向属宋者试三场第一场明经、经疑二问,《大学》《论语》《孟子》《中庸》内出题,并用朱氏《章句集注》,限三百字以上。经义一道,各治一经,用古注疏及宋儒传注,限五百字以上。第二场古赋、诏诰、章表、内科一道,参用古体四六。第三场策一道,经史、时务内出题,限一千字以上。分左右二榜,赐第有差。其蒙古、色目人愿试汉人、南人科目,中选者加一等注授。

延祐元年,齐履谦为国子司业。时,吴澄谢病归,学制稍废。履谦乃酌旧制,立升斋、积分之法,每季考其学行,以次第升。既升上斋,逾再岁始与私试,辞理俱优者,为一分;辞平理优者,为半分;岁终,积至八分者,为高等。礼部、集贤岁选六人以贡,翰林国史院检阅官袁桷议欲如唐制,五经各立博士,俾之专治一经。至于当时之要务,则略如宋胡瑗立湖学之法,以礼、乐、政、刑、兵、农、漕运、河渠等事,朝夕讲习,以究经济之实,时弗果行。

英宗以后,科举取士、学校积分皆沿旧制,无所更革。顺帝元统元年,廷试进士,增其名额,以足百人之数,左右榜各三人,皆赐进士及第,视旧制稍变。后三年,哲尔特穆尔旧作彻里帖木儿为平章政事,倡议罢科举,参政许有壬力争,右丞相巴延不听,有壬遂移疾不出。至元六年,翰林学士承旨库库从容言于帝曰:“古昔取人才以济世用,必由科举,何可废也?”帝是之,诏复行科举。

辽、金、元三代,崛起北徼,以武事立国,然皆崇儒、兴学,视宋之禁伪学有异。辽制,进士皆汉人,禁契丹人举进士。金、元则分国族与汉人为二,立法最善。金以科目罗才俊,自开国迄末造,未之或替。元则积数世之议,始克举行,继更厌弃,中辍六年,盖由仕进多歧,故不甚重此一途。然史称,云南俗无礼义,子弟莫知读书者,赛音谔德齐沙木斯鼎旧作赛典赤瞻思丁为云南行省平章,创建孔子庙,明伦堂,购经史,置学田。其子呼逊旧作忽辛继之,选经学之士,分教诸路,而文风始兴。元世学校之盛,远被遐荒,亦自昔所未有云。

第二章 诸儒学派

南宋儒学分朱、陆二派。元室朱学独盛,立其书于学官,而为陆学者,亦赓续不绝。北方朱学始于赵复,而许衡、刘因为大宗。复,字仁甫,德安宋府名,属荆湖北路,今湖北德安府治人,究心程朱之书。元师伐宋,姚枢强之至燕,以所学教士。枢与中书杨惟中建太极书院,立周子祠,以二程、张、游、杨、朱六君子配食,选遗书八千卷,请复讲授其中,学者称之曰江汉先生。枢,字公茂,洛阳人,与广平金县名,属河北西路洺州,今直隶广平府广平县治窦默齐名。世祖在潜邸召询治道,枢以修身、力学、尊贤、亲亲、畏天、爱民、好善、远佞八目对。默首举纲常为对,且曰:"失此,则无以自立于世矣。"许衡初在卫辉路名,属中书省,今河南卫辉府,与枢、默等友善,因得闻赵复所传洛闽之绪。

衡,字仲平,河内金县名,属河东南路怀州,今河南怀庆府河内县治人,生有异禀,长读程朱书,益慨然以道自任。尝曰:"纲常不可一日亡于天下,苟在上者无以任之,则在下之任也。"其教学者,必本于小学、四书,随其才之昏明大小,皆有所得,可以为世用。世祖中统初,召至京师。时王文统以言利进为平章政事。衡于帝前言:"治乱休戚,必以义为本。"文统基之,因谢病归。至元二年,复召至京师,议事中书省,上疏陈立国规模,旋归。已又召与刘秉忠等定官制,以忤阿哈玛特,不竟其用。再为国子监祭酒,领太史院事,与太史令郭守敬定《授时历》,病剧,乞休,至正十八年,卒于家。后赠司徒,谥文正,皇庆二年,从祀孔子庙庭,学者因其所居,称为"鲁斋先生"。

刘因,字梦吉,容城县名,属中书省保定路雄州,今直隶保定府容城县北人,天资绝人,读书过目成诵。初为经学,究训诂注释之说,叹曰:"圣人精意殆不止此。"及从赵复,所得周、邵、程、朱之书,一见即曰:"我固谓当有是也。"尝论其学之所长,曰:"邵至大也,周至精也,程至正也,朱子极其大,尽其精,而贯之以正也。"因爱诸葛亮"静以修身"之语,表所居曰"静修"。至元十九年,诏征为承德郎、右赞善大夫,教近侍子弟。未几,以母疾辞归。后复以集贤学士征,因辞不就。世祖曰:"古所谓不召之臣者,其斯人之徒与。"

金履祥,字吉父,兰溪州名,属江浙省婺州路,今浙江金华府兰溪县人,幼敏睿,凡天文、地形、礼乐、田乘、兵谋、阴阳、律历之书,靡不毕究已。向濂洛之学,事同郡王柏,从登何基之门。基固朱学之再传,履祥从之游,造诣益邃。宋亡,屏居金华山在金华县北中,训迪后学,谆切无倦,后徙仁山之下,学者称为仁山先生。所著有《通鉴前编》《大学章句疏义》《论语、孟子集注考证》《书表注》等书,著录弟子甚众,惟金华许谦得其传。

吴澄,字幼清,崇仁县名,属江西省抚州路,今江西抚州府崇仁县人,博通经籍,一宗朱学,已又有得于陆氏之说,欲合二家而一之。程文海求贤江南,起澄至京师,以母老辞归。至大初,召为国子监丞,升司业。数为学者言朱陆尊德性、道问学之殊。一夕谢去,诸生多从之而南。英宗即位,再起为翰林学士。至治末,请老而归。澄于《易》《春秋》《礼记》各有纂言,尽破传注,穿凿以发其蕴,条归纪叙,卓然成一家言。所居草屋数间,程文海题曰草庐学者,称为草庐先生。澄同时,有江州路名,属江西省,今江西九江府黄泽、休宁县名,属徽州路,今安徽徽州府休宁县陈栎,均名儒。栎著《四书发明》《书传纂疏》《礼记集义》等书,澄称其有功于朱学,江东人受业于澄者,澄尽遣之归栎。泽,覃思六经,期发圣贤之蕴。澄尝观其书,以为平生所见明经士,未有能及之者。赵汸亦休宁人,事泽,称高第弟子,得其《春秋》之学为多。

吴澄之学,不纯主陆氏,其纯主陆氏者以上饶县名,属江浙省广信路,今江西广信府上饶县陈苑、慈溪县名,属江浙省庆元路,今浙江宁波府慈溪县赵偕为最。苑,字立大,世称为静明先生。少读陆九渊书,甚喜,又博求其门人杨简、袁燮所著书,读之,益知益行。是时,科举方用朱学,闻其说者,多诋毁之,苑不为动,一洗训诂支离之学,从之游者,往往有省,由是,江西盛传陆学。偕,字子永,学者称为宝峰先生。其学以静虚为宗,或流于禅悦,然立身行己,卓然有超世之概。其门人祝蕃、李存、舒衍、吴尊光均宗陆学,号"江东四先生"。迄明初,浙东传其学者不绝。

当苑、偕倡陆学时,歙县名,属江浙省徽州路,今安徽徽州府歙县人郑玉亦宗陆学,而归宿于朱。玉,字子美,淹通六经,尤邃于《春秋》,绝意仕进而勤于教学者。学者相与即其居,构师山书院以处焉。顺帝至正中,征为翰林待制、奉议大夫,辞疾不起。明兵入徽州,守将要致之。玉曰:"吾岂事二姓者耶?"具衣冠,北面再拜,自缢而死。歙鲍氏、洪氏皆巨族,从玉游者甚众,知名者十余人。

巴延,一名师圣,字宗道,哈剌娄氏,世居开州濮阳县属中书省大名路,今直隶大名府开州。弱冠即以斯文为己任,其为学,专务真知力践,不屑事举子词章,而必期措诸实用,四方从学者至千余人。至正四年,以隐士征至京师,授翰林待制,辞归。复起为江西廉访佥事,数月以病免。汝颍贼起,巴延结乡兵御贼,被执不屈,死。著述皆毁于兵。

有元立国,未及百年,制度、文物均逊前代,惟儒学之盛,不下两宋。宋儒宗派极多,元则悉出于二派。盖朱、陆本足上掩诸家,生其后者,无待别辟门径也。元儒自诸子外,尚有萧𣂏、同恕,不详其师承,而学术亦近于朱。𣂏,字惟斗,奉元路名,属陕西省,今陕西西安府长安县人,读书南山者二十年,不求进取,以学行为四方矜式。成宗大德末,征拜太子右谕德,寻谢病归。恕,字宽甫,亦奉元人,其学由程朱溯孔孟,务贯浃事理,以利于行。仁宗时,三征之不起。御史赵世延,即奉元置鲁斋书院,以恕领教事,先后来学者千计,关中儒学以萧同并称。

第三章　诗文

元初,大臣名儒如耶律楚材、刘秉忠、许衡、刘因等皆工诗文。然风会初开,精华未备,虽属正宗,尚不足当一代作者。赵孟頫以亡宋之裔腼颜仕元,品节盖无足称,而诗文清邃奇逸,读之使人有飘飘出尘之想,元初文士殆罕其匹。至元以后,姚燧、元明善相继倡古学,风靡一世。大德、延祐间,遂为元文极盛之时。燧,字端甫,枢之从子,许衡之弟子也。衡在国学,首召燧为斋长,后官至翰林学士承旨。燧为文,以明道为主,风骨遒上。名臣世勋有求传志者,必其行业可嘉,然后许之。明善,字复初,清河县名,属中书省大名路,今直隶广平府清河县人,早以文章名。延祐初,官翰林直学士,译《尚书》进讲。每奏一篇,仁宗未尝不称善。典会试,得士极盛,如马祖常、欧阳玄、许有壬,文皆卓然成家。明善文出入秦汉,晚益精诣,惟与虞集论文相左云。

集,字伯生,本蜀人,侨寓崇仁县名,属江西省抚州路,今江西抚州府崇仁县,少从吴澄游,学问博洽,为文雄深雅健,蔼然有宋庆历、乾淳风烈。延祐中,为翰林待制。仁宗尝对左右叹曰:“儒者皆用矣,惟虞伯生未显擢耳。”文宗初,置奎章阁,以集为侍书学士,一时大典册咸出其手,每承诏有所述作,必以帝王之道、治忽之故从容讽切,冀得感悟。同时,杨载、范梈、揭傒斯俱擅文誉世,称虞、杨、范、揭四家。集尝评其诗,各有褒贬,而自称为汉庭老吏、断狱手,盖集诗苍老刻挚,尤为诸家之冠云。

载,字仲宏,杭州人,为文一以气为主,博而敏,直而不肆,于诗尤有法度。

南宋末，诗家喜作纤仄语，号江湖派。元人往往效之。载语学者必以唐为宗，由是一洗宋季之陋。椁，字德机，清江县名，属江西省临江府，今江西临江府清江县人，其诗豪宕清遒，自运机杼，徯斯极推重之。徯斯，字曼硕，富州属江西省龙兴路，今江西南昌府丰城县人，少有文名，程文海荐之入史馆，平章李孟剧赏之。历事七朝，出入馆阁，累官至侍讲学士。至正中，托克托奉诏修辽、金、宋三史，徯斯与为总裁。其文叙事严整，语简而当。诗以秀韵胜，虽不及集之遒劲，而清丽婉转亦有独造之境。

当集、徯斯在翰林时，婺州黄溍、柳贯亦以文章名于京师，世又称儒林四杰。溍，字晋卿，博极群书，归本于儒先性理之学，文辞布置谨严，援据精切，学者经其指授，具有规准，官至侍讲学士。贯，字道传，尝受经于金履祥，又遍交宋室遗老，故学问皆有本末。顺帝至元初，召为翰林待制。其文沉郁舂容，涵肆演迤，虽与溍齐名，实远胜于溍。金华宋濂传其文法，遂开有明一代文统。濂，初师吴莱，莱亦溍、贯同郡人，而辈行稍后于贯、溍。其文崭绝雄深，规摹秦汉，诗亦刻意锻炼，句奇语重。贯平生极慎许与，惟于莱称为绝世之才。

元末，诗家甚众，苏尔约苏哈雅旧作小云石海涯、纳新旧作乃贤、张翥、倪瓒、傅若金均有名于时，而以萨都拉旧作萨都剌、杨维桢为大宗。都拉，字天锡，蒙古人，世奉达实密教见第四章，或即以为达实密人，非也。其诗最长于情，流利轻婉，虽秾丽而无俗态，虞集盛称之。登泰定四年进士，官终河南廉访使经历。维桢，字廉夫，山阴县名，属江浙省绍兴路，今浙江绍兴府山阴县人，都拉同年进士，狷直忤物，仕宦不达。元亡，徜徉山水，以文酒自娱。明太祖闻其名，征之，修礼乐书。诣阙，百余日，仍以布衣还，世以是高之。其诗奇丽横逸，尤长乐府，文亦俊伟可诵。初，维桢少时，读书铁崖山在绍兴府诸暨县东中，自号铁崖，世因称其诗为铁崖体。

第四章　释、道诸教

佛教至两宋极衰，至元代而复盛，僧徒之领于宣政院者，曰禅、曰教、曰律、曰白云宗、曰白莲宗，支分派别，多于四民。广营寺院，颇通奸利，然诸派虽盛，尚无关于治体。惟喇嘛教自西域阑入，荧惑诸帝，流毒烝民，终元之世，其焰独炽焉。

喇嘛教创于北印度僧巴特玛撒，而盛行于吐蕃。元世祖平吐蕃，改置郡县，以其俗犷悍难制，思驯扰之。乃以帕克巴为帝师，领宣政院，掌释教、僧徒及吐蕃之境。帕克巴制蒙古新字，凡千余，以四十一字为母，其相关纽而成字者，则有韵关之法。其以二合、三合、四合而成字者，则有语韵之法，而大要以谐声为宗。至元六年，颁行天下，遂升号帕克巴为大宝法王。帕克巴死，其弟琳沁旧作亦怜真嗣为帝师。由是每帝师死，必自西域取一人为嗣。

嘉木扬喇勒智旧作杨琏真伽者，亦西僧也。世祖平宋，诏以之总摄江南释教。嘉木扬喇勒智发掘宋室诸陵之在绍兴者及其大臣冢墓，凡一百一所，攘取珍宝无算。又上言，凡宋宫殿、郊庙悉毁为寺，帝从其请。嘉木扬喇勒智怙势从恣，隐占田亩，侵盗官物，坐逮下狱，台省诸臣皆言宜诛之，以谢天下。帝不听，命释之，寻以其子安布旧作暗普为江浙行省左丞，帝之宠任西僧如此。

成、武二宗尤崇释氏，大德末，立功德司，醮祠佛事之目，多至五百余。帝师扎克嘉勒灿旧作辇真监藏死，至专遣平章政事特穆尔旧作铁木儿乘传护送归葬。至大元年，西番僧强市民薪，殴上都留守李璧，璧诉于朝，竟释僧不问。其徒龚柯等与诸王和尔巴拉旧作合儿八剌妃争道，拉妃堕车，语侵帝，事闻，宣政院反奏取旨："凡民殴西僧者，断其手；詈者，截其舌。"仁宗在东宫闻之，亟奏寝其令。及仁宗即位，诏书西天字《维摩经》，縻金三千余两，僧徒冒利无厌，岁费滋甚，较之大德，数又加倍。

英宗初立，诏建大刹于京西寿安山在今宛平县境。监察御史观音保等上章直谏，帝怒杀之。寻诏增寿安山寺役卒七千人，又冶铜五十万斤，铸佛像，置中瑞司以领之。诏郡县建帕克巴殿，其制视孔子有加。泰定帝元年，烈风、地震，中书省臣请罢功德司及累朝忌日、醮祠佛事名目，止令宣政院主领修举，余悉停罢，不报。二年，西台御史李昌上言西番僧驰驿扰民、奸污贪虐诸罪状，帝虽禁之，讫不能止。

文宗时，帝师年扎克喇锡旧作辇真乞剌思至大都，帝命朝臣一品以下咸郊迎，大臣俯伏进觞，帝师不为动，惟国子祭酒富珠哩翀旧作孛术鲁翀举觞立进曰："帝师释迦之徒，天下僧人师也。予，孔子之徒，天下儒人师也。请各不为礼。"年扎克喇锡笑而起，举觞卒饮，众为之栗然。

初，世祖立总制院以掌僧众。至元二十五年，改为宣政院，其为使位居第二者，非西僧不得与。帅臣以下，亦僧俗并用，于是帝师之命，与诏敕并行。百年之间，朝廷所以敬礼而尊信之者，无所不用其至。虽帝后妃主，皆因受戒而为之膜拜。文宗至顺二年,复立广教总管府,凡十六所,其总管皆以僧为之,史称西僧。岁时祝厘、祷祠之事,名号猥多,有辰赉索勒斡旧作镇雷阿蓝纳四、满拉旧作亦思满蓝、绰克纲旧作搠思串卜、多尔沁旧作朵儿禅等称。至顺帝时之延彻尔法、秘密法,遂以亡国,良可哀已。

元之崇道教也,先于佛教。太祖下中原,首遣使赍金牌,征栖霞县名,属登州,今山东登州府栖霞县丘处机,询道术。处机随帝西征,每言欲一天下者,必在乎不嗜杀人。帝赐其宫名曰长春,世称处机为长春真人。其徒尹志平等,世奉玺书,袭掌其教,四传至祁志诚,尤有名。

世祖信释氏,欲斥老氏,尝诏枢密副使张易参校道书,自《道德经》外悉焚之,然亦不能废道教。江南初平,召张道陵三十六世孙宗演,封为正一天师,使领江南道教。宗演之徒张留孙从宗演入朝,奏对称旨,遂留侍,封为元教宗师。武宗尝命留孙知集贤院,位大学士上。留孙卒,其徒吴全节、夏文泳等嗣为元教宗师,元教遂为正一教别派。

正一教之外,又有真大教、太一教,亦盛行于元时。真大教始自金季道士刘德仁,其教以苦节、危行为要,而不妄取于人,不苟侈于己,五传至郦至诚,受知宪宗,始赐号真大教。世祖尝命其徒孙德福,统辖诸路之奉其教者。太一教始于金天眷中道士萧抱珍,传太一三元法箓之术,因名其教曰太一。五传至李居寿,值世祖时,尝因祠醮乘间请命皇太子参决国政,帝颇采用焉。

谟罕默德教,自唐世已入中国。蒙古虽屡征西域,夷其教王,而奉其教者,所在多有,广建礼拜堂,诵《可兰经》,上亦不之禁。其西域异教之入中国者,又有伊噜勒昆旧作也里可温、穆苏爱满旧作木速儿蛮、达实密旧作答失蛮及斡脱等教,朝野崇奉,各分宗派,几与释道相埒。伊噜勒昆即景教之遗,至元十九年,其教主鄂特色尔丕勒玛旧作兀咱儿撒里马,自海外遣使奉表。文宗时,尝命其教人于宫廷作佛事。穆苏爱满义谓正教,与达实密均谟罕默德之别派。斡脱即犹太教,专奉天帝,七日一安息,入其教者,种田、入租、贸易、纳税亦与平民等。此元代宗教之大略也。

第六篇　制度略

第一章　职官

蒙古太祖崛起朔土，统御诸部，设官甚简，以扎尔古齐旧作扎鲁忽赤为最尊之职，亦名断事官。其次则有大笔且齐旧作大必阇赤，职视宰相、集赛旧作怯薛，职视侍卫、达噜噶齐译言办事掌印之官、万户典兵之官等职，所任者皆亲臣贵族而已。太宗始立中书省及十路宣课司，选用儒臣。金人来归者，因其故官，若行省、若元帅则以行省、元帅授之。草创之初，未暇为经久之规也。

世祖即位，大新制作，命刘秉忠、许衡酌古今之宜，定内外官制。其总政务者曰中书省；秉兵柄者曰枢密院；司黜陟者曰御史台。其次在内者，则有寺武备、太仆、尚乘、长信、长秋、承徽、长宁、长庆、宁徽、有监度支、利用、中尚、章佩、经正、都水、秘书、司天、有卫左都威、右都威、有府大宗正、侍正、诸总管、内史。在外者，则有行台、有行省、有宣慰司、有廉访司。其牧民者则曰路、曰府、曰州、曰县，官有常职，位有常员。其长则蒙古人为之，而汉人、南人贰焉。于是，一代之制始备。

金以尚书令总领纪纲，位在左右丞相上。元仿其制，置中书令，以相臣或皇太子兼之。其次为右、左丞相历代尚左，惟元尚右、平章政事、右左丞、参知政事，皆领机务，参大政，与金尚书省官制相同，而员数间有增损。至元初，议仿唐宋之制，三省并建，侍御史高鸣言其不便，乃不置门下省，而置尚书省，官属一如中书。九年，罢尚书省，后凡再置再罢。

元之行中书省，掌军国庶务，统郡县，镇边鄙，盖犹今之总督、巡抚，而其设官悉仿都省，有丞相、平章等职，非若督抚之只任一人也。中统、至元间，初立行省，因事设官，官不必备，皆以省官出领其事。其丞相，悉以宰执行某处省事系衔。其后嫌于外重，始改为某处行中书省，而丞相或置或不置。至元之再立尚书省,及至大之立尚书省,皆改为行尚书省,都省罢,则复称行中书省。

至元七年初,立御史台及诸道提刑按察司,纠察百司,号为宪台。时阿哈玛特方专总财赋,惧其不便于己,请罢之,赖廉希宪力争,乃止。至元十四年,置行御史台,以按察司隶之,后又改按察司为肃政廉访司,而分隶于内台及江南、陕西二行台内八道曰:山东东西、河东山西、燕南河北、江北河南、山南江北、淮西江北、江北淮东、山北辽东,隶内台。江南十道曰:江东建康、江西湖东、江南浙西、浙东海右、江南湖北、岭北湖南、岭南广西、海北广东、海北海南、福建闽海,隶江南行台。陕西四道曰:陕西汉中、河西陇北、西蜀四川、云南诸路,隶陕西行台。初制,宪台惟用汉人,以中丞崔彧之请,始参用蒙古人。彧又言台察之选属于中书,惧有偏党之弊,宜令本台得自选其属,世祖从之。

元之官制,大抵与历代相同,惟三公六部及集贤、国史之属异于历代。元初,惟穆呼哩曾为太师,保、傅皆不置。世祖时,仅置太保,又不置师、傅。武、仁而后,三公并建,始无虚位。六部初分吏、户、礼为左三部,兵、刑、工为右三部,尚书、侍郎分辖左右三部。至元元年,合吏、礼为一部,兵、刑为一部,户、工各为一部,凡四部,其后屡有分合。至二十三年,始复为六部。唐宋集贤诸官,皆只掌秘书、图籍。元制,集贤院掌提调学校、征求隐逸之事,故其属有国子监、兴文署,视前代职掌较繁。金制,翰林、国史分为二院。元则以翰林兼国史,又有蒙古翰林院、内八府。宰相掌译写文字、润色诏令,皆为元之创制。

元初,用兵沙漠,得一地,即封一人,使之世守。其以所属来降者,亦即官其人俾世袭焉,及取中原,亦以此法行之,故州县官多世袭。世祖时,廉希宪、姚枢等疏陈其弊,始改州县世袭之制,又罢世侯,而置牧守。平宋后,两广、福建、云南州县官,多从行省就便铨注,中简之缺,或归部选嗣,以省选多弊,乃遣使于行省监选。至文宗、顺帝时,并三品以下官,亦遣使迁调。

元初,设官既简,不定禄制。世祖时,翰林学士宋子贞疏:"请班奉禄、定职田。"于是,官始有奉,而员数渐冗。阿哈玛特柄政,益增置官吏。至元十五年,诏汰江南冗官,省并颇众。未几,增置宿卫,集赛多至四千八百卫。二十三年,复诏铨定省、院、台、部官属,不数年而冗滥如故。赵天麟上策,极言其弊,谓:"凡京师不急之司院、无用之局署,及天下诸衙门、诸司之官吏,可省并裁减者,宜悉去之,以清政本。"帝虽用其言,省内外官府二百五十五所、官六百六十九员,而诸路总管府、提举司、管领官犹极繁猥,未能悉去。

成宗末年，多以内降旨选官，武宗始禁之，后复行内降旨。省臣请汰冗官、停内降旨，皆不报。仁宗即位，定百司递升品秩，停内降旨，禁左右乞恩加官吏，治稍肃。至文宗时，复增置官属，若奎章阁、艺文监、太禧宗禋院等皆非旧制。顺帝初年，颇复裁革。至正兵兴，四郊多垒，中书、枢密俱有分省、分院，而行中书省、行枢密院亦有分省、分院。自省院以及郡县，又各有增置之员，将帅统兵，以便宜行事，承制拟授，漫无考核，于是名爵日滥，纪纲日紊，而国随以亡矣。

第二章　地理

元代疆域之广，振古无匹。其地东包三韩，西割欧洲，北尽俄罗斯，南界南海，约得一百九十八兆余方里。开创之始，因地制宜，西北行封建之制，东南仍郡县之规。世祖平宋，踵辽、金故迹，定都于燕，立中书省，一统山东西、河北之地，谓之腹里今直隶、山东、山西及河南北境。行中书省十有一曰岭北今漠北蒙古地、辽阳今盛京、吉林及高丽境、河南今河南及江苏、湖北北境、陕西今陕西、甘肃及四川西境、四川今四川境、甘肃今甘肃境、云南今云南、贵州境、江浙今江苏、安徽、浙江、福建及江西东境、江西今江西、广东境、湖广今湖北、湖南、广西及广东西南境、征东今高丽全境。其湖广边境，蛮夷杂处，又设安抚司十五，以镇抚之。

宋、金之制，以路统府、州。一路之地，几得古之一州，元代分路益多，路遂与府、州并属于行省。其制大率以路领州，州领县；亦有以路领府，府领州，州领县者；又有府与州不隶路而直隶省者。至元三年，合并江北州县，六千户以上者，为上县；二千户以上者，为中县；不及二千户者，为下县。二十年，又定江淮以南，三万户以上者，为上县；一万户以上者，为中县；一万户以下者，为下县。终元世，凡路一百八十五，府三十六，州三百五十九，县一千一百二十七。

元代，内地诸王食邑而不治事，惟西北属地分藩建国，不直辖于台省。然元初，封建诸王亦非尽以属地界之。宪宗曾立阿母河行省治葱岭以西之地。世祖又立阿尔穆尔元帅府治天山以北，巴实伯里元帅府治天山以南之地。长驾远驭，法制甚善，其后诸王日强，元室威令不能行于西北，于是阿母河行省始废，而天山南北亦为察罕台后王所据，元之疆域仅得埒于汉唐矣。

《元史》附录西北地理，其属察罕台后王者，凡部落三，曰图噜勒奇旧作途鲁吉，即今土耳其斯单、克噜伦地旧作柯耳鲁地，今巴勒喀什淖尔东南境、辉和尔地旧作畏兀儿地，今天山南路，统三十五城。属卓齐特后王者，凡国三，曰奇卜察克、俄罗斯、和拉扎木即货勒自弥。部落四,曰实喇哈斯旧作撒耳柯思,今俄南境色尔克斯、阿噜音乌苏旧作阿兰阿思,今俄阿索富海境、布勒噶尔旧作不里阿耳,今俄布而噶尔、萨奇勒旧作撒吉剌,今俄客勒姆,统三城。属辖鲁后王者,凡国一,曰伯奇台旧作八吉打,即巴哈台。部落四,曰巴噶琳旧作八哈剌因,今波斯海湾岛、齐苏旧作怯失,今波斯海湾岛、逊尼约特旧作孙丹尼牙,今波斯境、和尔默色,统四十城。又有奇尔济苏旧作吉利吉思,今俄哈萨克、哈喇哈纳旧作撼合纳,今俄多特绰尔、谦州今唐努山乌梁海北境、伊兰州旧作益兰州,今俄益兰斯喀等处,不属于诸王,别设断事官治之焉。

第三章　钞法

蒙古太祖末年,何实行元帅府事于博州金州名,属山东西路,今山东东昌府聊城县,值兵火后,货物不通,实以丝数印会子,权行一方,民颇利之,是为元代钞法之始。太宗八年,有于元者,奏行交钞,耶律楚材请惩金末之弊,印钞不得过万锭,诏从之。宪宗三年,立交钞提举司,印钞以佐经用,又从兵马都总管史楫言,立银钞相权法,人以为便。

中统初,王文统柄政,更张庶务。请敕行中书省,造中统元宝交钞,自十文至二贯文,凡十等,不限年月,诸路通行,赋税并听收受。于是,骤行新钞,罢旧银钞不用,公私嚣然,莫知所措。真定宣抚使刘肃建三策:一曰仍用旧钞,二曰新旧兼用,三曰官以新钞如数易旧钞。中书从其第三策,降钞五十万贯,以易旧钞,钞法之变,盖自是始。

中统钞初立,未能通行,边远省郡尚各沿其旧俗。赛音谔德齐沙木斯鼎言,云南民素以贝代钱,不谙钞法,莫若以交会𧴩子𧴩者,贝之俗名,公私通行为便,诏从之。及平江南,帝锐意欲行钞法,禁江南行用铜钱。十七年,遂颁行钞法于江淮等处,废宋铜钱,并括其铜器。后又立江南四省交钞提举司及辉和尔交钞库、和林平准库,于是钞法行于全国矣。

中统之钞,以丝为本,每银五十两易丝钞一千两,诸物之值并从丝例。行之既久,物重钞轻。僧格当国,更定钞法,颁行至元宝钞,自二贯至五文,凡十一等。中统钞通行如故,而与至元钞子母相权。至元宝钞一贯文当中统交钞五贯文,凡岁赐、周乏、饷军,皆以中统钞为准。依中统之制,随路设立官库,贸易金银,平准钞法其法,每银一两入库,价至元钞二贯,出库二贯五分。金一两入库二十贯,出库二十贯五百文。又立回易库,凡钞之昏烂者,许就库倒换,换存之钞,解至省部焚烧,世称其法之善。然钞虚而物实,虚者积轻,势所必然。故赵孟頫言:"始造钞时以银为本,虚实相权,行之二十余年,轻重相去已数十倍。今虽改中统为至元,二十年后,至元必复如中统矣。"

成宗初年,取诸路平准交钞库所贮银,悉运至京师,仅留十余万为钞母。省臣上言,岁入不足,借用钞本,于国计非便,自今敢以节用为请,于是为罢赐与营缮诸不急之务。武宗时,建兴圣宫,筑呼鹰台,工费不赀,每赐一人,动至巨万,帑藏日乏,钞法亦日弊。于是改造至大银钞,凡十三等,每一两准至元钞五贯,白银一两,黄金一钱。更立平准库及常平仓,以权物价,令毋沸腾,元之钞法,于是三变。

武宗既更钞法,又以宝钞、交钞虽皆以钱为文,而未尝铸钱,乃诏大都立资国院,山东、河东、辽阳、江淮、湖广、四川立泉货监六,产铜之地设提举司十九。铸钱二等,其文曰"至大通宝"者,每一文准银钞一厘;曰"大元通宝"者,准至大钱十文,与历代钱通用,其当五、当三、折二并以旧数用之。既而御史言:"至大银钞始行,品目繁多,民犹未悟,而又兼行铜钱,虑有相妨。"不报。仁宗即位,罢至大银钞,仍用中统、至元二钞。又以鼓铸弗给,并罢铜钱。杨多尔济曰:"法有便否,不当视立法之人为废置。银钞固当废,铜钱与楮币相权而行,古之道也,何可遽废?"言虽不用,时论是之。

仁宗而后,诸帝争立,法度颓坏,伪钞滋多,民间流转之钞日少。顺帝时,托克托欲更钞法,奇齐叶图迎合其意,请以钞一贯文省权铜钱一千文,相为子母。国子祭酒吕思诚曰:"中统、至元自有母子,岂有以故纸为母而立铜为子者?"托克托不听,遂定更钞之议,以中统交钞一贯省权铜钱一千文,准至元钞二贯,仍铸至元通宝钱,与历代钱并用,以实钞法,至元钞通行如故。置宝泉提举司,铸至正钱,印造交钞,令民间通用行之。未久,物价腾踊,至逾十倍,所在郡县皆以物货相贸易,公私所积之钞遂俱不行,国用以是大乏。

第四章　河渠漕运

黄河之患至宋而剧,漕运之道至元而变,此数千年得失之林,不可不略究其沿革也。禹导黄河始于积石,东抵冀州,以入渤海,其时贡道多达于河,实漕运之所由昉。殷周二代,诸侯封建,各食其土,漕运之制未详。秦时,黄河安流,号称德水。始皇欲伐匈奴,使天下飞刍挽粟,起于黄县名,今山东登州府黄县、腄县名,今山东登州府文登县、琅邪负海之郡,转输北河,于是始有海运。

西汉都关中,引漕穿渠至河以漕,而数遭河患。武帝元光中,河决瓠子河名,属濮阳郡,在今直隶大名府开州南,东南注巨野泽名,在今山东曹州府巨野县东,通于淮泗,久而不塞。元封二年,帝亲临决河,令群臣从官负薪塞河,导之北行,其后仍数溃决。哀帝时,待诏贾让献治河三策,略谓徙冀州之民当水冲者,决黎阳县名,属魏郡,今河南卫辉府濬县东北遮害亭,放河使北入海,为上策;多穿漕渠于冀州,使民得以溉田,分杀水怒,为中策;筑堤壅水,为下策,世弗能用。平帝时,河决入汴,更六十余年不治。至东汉明帝永平十二年,始命乐浪王景修汴渠,堤自荥阳县名,属司隶河南尹,在今河南开封府荥泽县西东至千乘县名,属青州,在今山东青州府高苑县北海口千余里,功费以百亿计。逾年,渠成,河汴分流,复其旧迹,自是历三国南北朝隋唐五代,河道之不变者,盖千余年。晋武帝时,议凿陕南山,决河东注洛,以通运道,事不成而罢。隋初,沿河置仓,转相灌注,漕运颇便。炀帝开通济渠,西通河洛,南达江淮,转输益利。唐代幅员极广,岭南、辽东边远之地,军食不给者,往往行海运,而正供悉由河运。转般仓之制大兴,大率江南之运积扬州,汴河之运积河阴县名,属河北道孟州,在今河南开封府荥泽县西,河船之运积渭口,渭船之运积太仓。视水力与漕船之便,分设仓廪,较隋制益善焉。

北宋都汴,漕运分为数路,东南则由淮入汴,西北则由洛入河,达汴。而河患自真宗之世迄宋亡不绝。景德中,河决澶州横陇埽,旋塞。景祐元年,再决横陇,遂为经流。庆历八年,河又决澶州商胡埽,而横陇断流。河渠司李仲昌议开六塔河,引归横陇故道。嘉祐元年,塞商胡北流,入六塔河,不能容,遂复决。都转运使韩贽倡议,导河自魏县名,属河北东路大名府,今直隶大名府元城县、恩州名,属河北东路,今直隶广平府清河县,东至德州名属河北东路,今山东济南府陵县、沧州名,属河北东路,今直隶天津府沧州入海,于是开二股河,已而河复北流,注于卫河在今直隶大名府境。又决于内黄县名,属河北东路大名府,今河南彰德府内黄县口,二股河之流遂断。金人克汴,两河悉畀刘豫。豫亡,河入于金,数十年间,或决或塞,渐徙而南。至章宗明昌五年宋光宗绍熙五年,河徙自阳武县名,属南京路开封府,今河南怀庆府阳武县,东至寿张县名,属山东西路东平府,今山东泰安府东平州,注梁山泺在东平州西,分为二派,北派由北清河即古济水,今名大清河入海,南派由南清河即古泗水,今河道已湮入淮。于是,汉唐以降之河道,一变而不可复。

元世祖以其雄才大略锐意外征,诸国既平,复究心内治,于是遣使探河源,造船行海运，其设施皆大异于前代。黄河初源出于葱岭，东汇为罗布淖尔在新疆喀喇沙尔厅，伏流千余里，至青海复发重源。世祖遣招讨使笃什旧作都实往求，得鄂端诺尔旧作火敦脑儿，即今青海鄂敦塔拉于朵甘思在今青海境境内。笃什还报，并图其地以闻，翰林学士潘昂霄得其说，遂撰为《河源志》，盖虽误以重源为初源，亦可谓非常之举矣。

海运之议，创于朱清、张瑄，二人者，宋之海盗也。巴延平宋，使清、瑄载宋库藏等物从海道入京，二人因言海运之便。时转般仓之制久废，朝廷粮运仰给江南者，经涉河淮，劳费甚巨。至元十九年，帝遂命总管罗璧暨瑄等造船六十艘，运粮四万六千余石，由海赴燕。逾年，立万户府二，以朱清为中万户，张瑄为千户。寻又增置万户府二，专命清、瑄督海运事焉。

元虽盛行海运，而世祖时，创开河道亦多，有为后世运漕之利者。至元二十六年，寿张县尹韩仲晖请开会通河，起须城县属中书省东平路，今山东泰安府东平州安山在东平州西南，由寿张、东昌路名，属中书省，今山东东昌府聊城县，西北至临清县名，属中书省濮州，在今山东临清州南，引汶水以达御河即卫河，长二百五十余里。二十九年，复开通惠河，以太史令郭守敬领都水监事，导昌平县属中书省大都路，今直隶顺天府昌平州诸水入都城，汇于积水潭在宛平县西北，东折而南至通州，入白河，每十里置一闸，以时蓄泄。自是都民免陆挽之劳，公私便之。

成宗大德五年，以畿内岁饥，增海运粮至百二十万石。时朱清、张瑄致位显要，宗戚皆累大官。有告其不法者，帝因诛二人，籍没其家，复减海运之数。武宗至大四年，以嘉兴路名，属江浙省，今江浙嘉兴府、松江府名，属江浙省，今江苏松江府秋粮，并江淮、江浙财赋府岁办悉数充海运。又立海道运粮都漕运万户府，设千户所十，每所设达噜噶齐、千户等官，海漕之利，于是益薄。

黄河自金末南徙，其势犹分于北。逮会通河成，始全注于淮水，而河南、山东之河患愈剧。自世祖至元末至顺帝至正初，河决凡十余次，虽事堵塞，旋即溃决，其后决于白茅堤在直隶大名府长垣县境，复决金堤在大名府元城县北，北侵安山，延入会通河。朝廷患之，立行都水监于郓城县名，属中书省济宁路，今山东曹州府郓城县，以贾鲁为太监。鲁议疏、塞并举，挽河东行，使复故道。时人多非其议，独托克托信之。至正十一年，命鲁以工部尚书充总治河防使，发河南、北兵民十七万，自黄陵冈在河南开封府仪封县东北南达白茅，放于黄固在山东曹州府单县界、哈只在河南归德府界等口。又自黄陵西至杨青村在山东曹州府曹县西，合于故道，凡二百八十里有奇。五阅月而毕工,河汇于淮,又东入海。是时,欧阳玄为翰林学士,承旨撰《河平碑》,纪其疏浚塞之方及用土、用石、用草、用木、用杙、用絙之法。后世治河者,往往遵用之焉。

先是河南、北童谣云:"石人一只眼,挑动黄河天下反。"及贾鲁治河,果于黄陵冈得石人一眼,而汝颍之兵起,海内鼎沸。漕运不通,京师屡苦饥。至正十九年,顺帝遣兵部尚书巴延特穆尔旧作伯颜帖木儿至江浙,征海运粮,使张士诚输粟,方国珍具舟,时二贼虽降,互相猜忌,不从命。巴延特穆尔往来开谕,乃运粟十一万石至京师。后三年,复遣官往征,士诚已复叛,自称吴王,拒命不与。元之海运遂不复行。

卷六　近世史(下)

第一篇　明(上)

第一章　太祖开国

明太祖朱元璋，濠今凤阳府临淮县人也。幼孤贫无依，尝入皇觉寺为僧。岁饥，游食诸州。值汝颍兵起，往投郭子兴。子兴奇其貌，与语，大悦，留为亲兵，妻以所抚马公女。元璋战数有功，子兴署为镇抚，命与徐达、汤和等略地定远。得定远士李善长为谋主，以计拔和州今安徽和州，遂下太平，克安庆，分兵取镇江、常州今江苏常州府、宁国今安徽宁国府诸路，衢今浙江衢州府、处今浙江处州府诸州。四方士闻风归之。

陈友谅之僭号也，自江州今江西九江府东下，攻太平，杀元璋守将花云。元璋旋复太平，克江州，友谅败走武昌。元顺帝至正二十三年，友谅大治舟舰，围攻洪都府名，今江西南昌府，且约张士诚夹击元璋，士诚兵不出。元璋率师救洪都，与友谅遇于鄱阳湖之康郎山在江西饶州府境，友谅士众舰巨，悉力死战，元璋军几殆。已而，元璋纵火焚友谅舟，其众大败，骁将死略尽。相持数日，友谅欲遁，复大战于泾江口今名禁江，在九江府湖口县西北，友谅中流矢死。其子理遁还武昌。明年，元璋自立为吴王，率师攻武昌，克之，以陈理归。湖北、江西郡县皆下。明之帝业实基于此。

至正二十七年，吴王移檄，数张士诚八罪，遣徐达、常遇春等讨之。时，士诚据平江，其将张天骐守湖州今浙江湖州府，潘原明守杭州，皆拥重兵，为犄角势。达等先自太湖趋湖州，降天骐，别遣李文忠总水陆师攻杭州，原明亦降，遂进攻平江。士诚固守，经年不下。达等筑长围困之，尽歼其勇胜军。飞炮击其弟士信，余众夺气，城遂破。执士诚至应天，士诚自缢死。

汉、吴张士诚亦号吴国已平，吴王议北侵，常遇春请以兵直捣元都。王曰："元建国百年,守备必固。悬军深入,馈饷不继,援兵四集,危道也。吾欲先取山东,撤彼屏蔽;移兵两河,破其藩篱;拔潼关而守之,扼其户槛。然后进兵,元都势孤援绝,不战自克。鼓行而西,云中、九原、关陇,可席卷也。”诸将皆曰:“善。”乃命徐达为大将军,常遇春为副将军,率师二十万,由淮入河而北。又命胡廷瑞取福建、广东,杨璟取广西,汤和讨方国珍,国珍降,南方悉定。洪武元年,王即帝位,元亡。诏以应天为南京,开封为北京,改元大都为北平府。二年,徐达、常遇春略定陕西,降元将李思齐。遇春进攻上都,顺帝北走,蓟北悉平。遇春还次柳河川在宣化府龙门县西,暴疾,卒,李文忠代领其众。达亦克庆阳府名,属陕西省,今陕西庆阳府,擒元将张良臣,斩之。帝再贻顺帝书,不报。明年,遂命达、文忠分兵北伐。达至安定县名,属甘肃省巩昌府,今甘肃巩昌府安定县,大破库库特穆尔于沈儿峪在安定县北。文忠至应昌,顺帝已崩。文忠击走元主阿裕锡哩达喇,获其子密迪哩巴拉旧作买的里八剌及后妃、诸王、官属数百人,穷追至北庆州在今巴林西而还。帝颁《平定朔漠诏》于天下,封密迪哩巴拉为崇礼侯。寻,大封功臣,李善长、徐达以下赐爵有差。

元顺帝末年,随州今湖北德安府随州人明玉珍起兵应徐寿辉,陷四川诸郡县及云南边境,自称陇蜀王。旋僭帝位于重庆今四川重庆府,国号夏,改元天统。玉珍卒,子昇嗣。帝招昇,使奉国入觐。昇不从,遣其将寇兴元今陕西汉中府南郑县。朔漠既平,帝议征夏,命汤和、廖永忠等以舟师由瞿塘在四川夔州府东趋重庆,傅友德等以步骑由秦陇趋成都。友德连破阶今甘肃阶州、文今阶州文县、绵今四川绵州等州,进拔汉州今四川成都府汉州。蜀守者皆解体。永忠至瞿塘,断其铁锁桥,遂薄夔州今四川夔州府,直捣重庆。昇惧,乞降。成都寻亦下。帝封昇为归义侯,后徙昇及陈理于高丽。

初,帝起兵时,用小明王韩林儿龙凤年号。刘福通兵败,以林儿走安丰。张士诚遣将攻安丰,杀福通,林儿告急于帝,帝迎林儿,居之滁州。帝既称吴王,忌林儿,命廖永忠迎林儿归应天,至瓜步,覆舟沉之于江,而归咎于永忠。封功臣时,特薄其赏。永忠既平蜀,恃功僭侈,失人臣礼。帝遂赐永忠死,命其子袭侯焉。

元室之亡,故臣遗众犹充斥于边境。帝遣徐达等镇北平,每岁春出暮还,以御元兵。又遣翰林院待制王祎至云南,谕降元梁王巴咱尔斡尔密旧作巴币剌瓦尔密,梁王不从。祎被执,不屈死。十四年,帝命傅友德等征云南。梁王遣其将达尔玛旧作达里麻将兵十余万屯曲靖今云南曲靖府以拒。友德倍道疾趋至白石江在曲靖府南宁县东北，出奇计击破元兵，生擒达尔玛。梁王闻败，乃走晋宁州今云南云南府晋宁州之忽纳寨，驱妻子赴滇池死，而与其臣自杀。明年，蓝玉、沐英等进克大理，擒土酋段世，诸蛮部皆下，云南平。帝命英世镇其地。

元将纳克楚者，穆呼哩裔孙也，仕元主特古斯特穆尔为太尉，将兵数十万，出没塞下，数为边患。二十年，帝命冯胜为征虏大将军，率师征之。胜至庆州，破其别部，乘胜趋金山，使降将鼐喇固旧作乃剌吾见纳克楚，谕以威德，自率大军逼其营而阵。纳克楚惧，乞降。胜婿常茂斫伤纳克楚，降众惊溃，几为变。帝收胜大将军印，召还，以蓝玉领其军，使讨特古斯特穆尔。玉出大宁城名，在喜峰口北，至庆州，闻特古斯特穆尔在捕鱼儿海，间道驰进。会大风扬沙，昼晦，军行无知者，元兵不设备，遂大破其众，擒特古斯特穆尔之子迪保努旧作地保奴，奏捷京师，帝大悦，遣使赍敕劳玉，比之卫青、李靖云。

第二章　太祖诸政

帝初起兵，优礼贤士，奖励文学，克太平时，召陶安参幕府。安劝之，规取金陵，抚形胜以临四方。帝用其策，取金陵，即辟夏煜、孙炎、杨宪等十余人。克处州时，有荐刘基、章溢、叶琛、宋濂者。帝以书币招之入见，甚喜，从容与论经史及咨以时事，命于所居之处创礼贤馆以处之。基，字伯温，青田县名，属浙江省处州府，今浙江处州府青田县人，于学靡不窥，工谋画，料事多中。帝之取天下，大抵用基筹策，常比之张子房，惟呼先生而不名。

吴元年初，立庙社、建宫室。有司进宫殿图，帝见有雕琢奇丽者，即去之。及新殿成，制皆朴素。命博士熊鼎编次古人行事可为鉴戒者，书于殿壁；又命书《大学衍义》于两庑壁间，曰："前代宫室多施绘画，今书此以备省览，岂不愈于丹青乎?"帝又尝命有司访求古今书籍，因谓侍臣詹同等曰："吾每于宫中无事，辄取孔子之言观之。如'节用而爱人，使民以时'，真治国之良规也。"

帝用兵如神，所向无敌，而以仁义为本。伐吴时，首谕徐达等毋杀掠、毋毁庐舍、毋伐丘垄。士诚母葬平江城外，毋侵毁。达北侵，克汴梁，帝亲往谕之曰："前代革命之际，肆行杀戮，朕实不忍。诸将毋肆焚掠、妄杀人。"元之宗戚咸俾安全。大都既下，帝命放元宫人，免中原田租，征元故官至南京，问以元政得失。马翌对曰："元有天下，以宽得之，亦以宽失之。"帝曰："以宽得之则闻之矣，未闻以宽失之也。元季君臣耽于逸乐,驯至沦亡,其失在纵弛,实非宽也。圣王之道,宽而有制,简而有节,施之适中,则无弊矣。"

帝锐意图治,善政颇众。修礼乐书,定律令,行科举,兴学校,严宫闱之政,定阉宦之秩,规模宏远,均足为后世法。又以身起布衣,习知元末奸吏虐民之弊,尤留心于吏治。尝令天下府、州、县官来朝,谕之曰:"天下初定,百姓财力俱困,如初飞之鸟,不可拔其羽;新植之木,不可摇其根,在安养生息之而已。惟廉者能约己而利人,尔等当深念之。"史称是时帝惩墨吏,每以极刑处之。或因士民请留良吏,辄进秩留任。并有坐事被逮,部民列善状上闻,亦复其官,且加超擢者。一时,官吏皆兢兢奉职焉。

帝惩元季纵弛,以刑罚绳臣下。平遥县名,属山西省汾州府,今山西汾州府平遥县训导叶伯巨尝因灾异应诏,上书谏帝三事,一曰分封太侈见下篇,二曰用刑太繁,三曰求治太速。帝大怒,逮下狱,瘐死。大理寺卿李仕鲁以帝好释教,数上章谏,不听,因乞骸骨,置笏帝前。帝怒,命武士捽搏之,立死阶下。帝又多猜忌,臣民章奏文字有一二语触忌讳,辄诛窜之。时人皆重足而立。京官入朝者,往往与妻子诀,惧旦夕不免于祸云。初,帝仿元制置中书省,以丞相执政。既即位,以李善长为左丞相,徐达为右丞相。善长罢,汪广洋继之。而左丞胡惟庸专省中事,帝以为才,宠任之。寻罢广洋,以惟庸为右丞相。惟庸性奸黠,与刘基不协。基有疾,惟庸挟医往视,饮之药,旋卒。既广洋复相,惟庸专权纳贿,生杀黜陟,或不奏径行。广洋浮沉守位,无所匡正。御史中丞涂节言刘基遇毒死,广洋宜知状。帝问广洋,对曰:"无有。"帝怒,责广洋欺罔,赐死。

洪武十三年,惟庸结李善长及吉安侯陆仲亨谋叛,遣指挥林贤下海招倭与期会,遣元故臣封绩致书称臣于元,请兵为外应。事未发,涂节上变告。帝大怒,命群臣更讯,诛惟庸及其党御史大夫陈宁,以节本与谋,并诛之。遂罢丞相,以政归六部。谕嗣后毋得议置相。而善长、仲亨置不问。至二十三年,善长弟存义以胡党坐逮。御史交章劾善长,遂赐善长死,杀其家属,并诛仲亨等,株连三万余人。帝作《奸党录》,条列其罪,布告天下。

帝初平元,立功臣庙于鸡鸣山在江宁府西北,亲定其位次,以徐达为首,次常遇春、李文忠等,凡二十二人。死者像祀,生者虚其位。后以功臣骄恣,作铁榜戒之。晚年虑太子文弱,百岁后诸功臣为患,思以次芟除之。时,常遇春先卒,李文忠、徐达皆由诮让致疾薨。汤和窥帝意,乞骸骨归凤阳。沐英远镇云南,亦卒。惟蓝玉、冯胜等功高而典兵,帝深忌之,遂兴大狱。

玉有勇略,恃功骄蹇,尝私元主妃。帝镌其过于券,玉常快快。二十六年,锦衣卫指挥蒋瓛告玉谋反,云将俟帝出耕耤田举事。帝廷鞫玉,族诛之,列侯以下坐党夷灭者万五千人。冯胜及傅友德方率师巡边,均召还。友德请怀远田千亩,帝不悦,赐死,并及定远侯王弼。二十八年,胜邑人告胜家居不法,瘗兵器于稻场。帝召胜,赐之酒,曰:"朕不问也。"胜是夕暴卒。于是,元功宿将相继尽矣。

第三章　惠帝削藩及成祖篡立

太祖洪武元年,立长子标为皇太子,建大本堂,选儒臣教以经史。复惩宋元孤立,失古封建意,择名城大都王诸子,外卫边陲,内资夹辅。三年,封子樉为秦王居西安,㭎晋王居太原,棣燕王居北平,橚吴王后改封周,居开封,桢楚王居武昌,榑齐王居青州,梓潭王居长沙,檀鲁王居兖州,从孙守谦靖江王居桂林,置相傅官属,护卫甲士少者三千人,多者至万九千人。惟列爵而不临民,分藩而不锡土,与周汉之制稍异。十一年,复封子五人为王椿蜀王,居成都;柏湘王,居荆州;桂豫王;楧汉王;植卫王。其后,桂改封代,居大同;楧改封肃,居甘州;植改封辽,居广宁。二十四年,又封子十人为王㮵庆王,居宁夏;权宁王,居大宁;楩岷王,居岷州,后徙云南;橞谷王,居宣府;松韩王,居开原;模沈王,居潞州;楹安王,居平凉;桱唐王,居南阳;栋郢王,居安陆;㰘伊王,居洛阳。分封太侈,遂酿削藩靖难之祸。

二十五年,太子标卒。帝御东角门,召群臣曰:"太子不幸至此。古云:'国有长君,社稷之福。'朕意欲立燕王,何如?"学士刘三吾进曰:"皇孙年富,世嫡之子。子殁,孙承嫡统,礼也。即立燕王,置秦、晋二王于何地?"帝大哭而罢。是年九月,遂立孙允炆为皇太孙。三十一年,帝崩。遗诏立太孙,诸王临国中,毋至京师。太孙即位,是为惠帝。

帝性仁厚,嗜学好古。初即位,闻汉中府名,属陕西省,今陕西汉中府教授方孝孺贤,驰驿召之,授翰林院侍讲。凡将相大政议,辄咨孝孺;臣僚奏事,必命孝孺就扆前批答。孝孺亦慨然以明王道、致太平为己任,倡议官制,兴礼乐。然是时,诸王拥重兵,流言相煽动,帝颇危之。户部侍郎卓敬首请徙封燕王于南昌即洪都府,兵部尚书齐泰、太常寺卿黄子澄相继进削藩之谋,未暇一一复古制也。

初,高皇后马氏崩,诸王奔丧,将还,太祖命各以一僧与之。吴僧道衍入燕邸,数以奇策说燕王,王信之。北平地据形胜,王智勇有大略。洪武末,王屡帅师巡边,降元军甚众。太祖悉命降军听王调用,故燕兵之强为天下最。至是,道衍劝王谋反,日夜筹军实事。闻黄子澄等议,先取诸王,翦燕之手足,遂次第废周王橚、齐王榑、代王桂、岷王楩等。湘王柏畏诛,自焚死。建文元年,燕王举兵反,以诛齐泰、黄子澄为名,称其兵曰"靖难"。以道衍为谋主,护卫张玉、朱能等为将,连陷蓟州属北平府,今直隶顺天府蓟州、怀来卫名,属北平府,今直隶宣化府怀来县、永平府名,属北平府,今直隶永平府、通州各地。谷王橞弃宣府卫名,属谷王府,今直隶宣化府奔京师。

帝闻燕王反,告太庙,削其属籍,废为庶人,拜长兴侯耿炳文为征虏大将军,率师讨之。炳文与棣战于滹沱河北,败绩。帝召炳文还,以曹国公李景隆代之。景隆,黄子澄所荐也。棣诱景隆攻北平,而以单骑入大宁卫名,属北平省,今喀喇沁右翼,诱执宁王权,夺其众,还与景隆战于郑村坝在顺天府大兴县东。景隆大败,奔德州县名,属山东省济南府,今山东济南府德州。二年,景隆誓师德州,合军六十万,与棣战于白沟河在直隶保定府新城县西,连败燕军。棣几殆,会棣次子高煦来援,棣军复振。景隆败溃,奔德州,寻还京师,帝释不诛。

棣军陷德州,进攻济南府名,属山东省,今山东济南府,参政铁铉与都督盛庸等固守济南,袭击燕军,破之。乘胜复德州,复与棣大战于东昌府名,属山东省,今山东东昌府,斩其将张玉。棣引还北平。三年,棣用道衍计,南出保定府名,属北平省,今直隶保定府,盛庸逆战于夹河在直隶冀州武邑县南,斩其将谭渊,燕军大挫。已而复战,胜负未决,忽大风起,飞埃蔽天,官军逆风,咫尺不辨物,棣纵兵左右击,斩首数万,庸败还德州。

李景隆之败,帝罢齐泰、黄子澄官以谢燕,而阴留之京师,仍参密议。东昌告捷,帝遂复二人官,及庸败,帝复窜泰、子澄于外,密令为募兵计。诏赦燕罪,令罢兵归藩。棣不奉诏。会京师中官有输款于燕者,棣遂大举南犯。四年,帝命魏国公徐辉祖帅师御棣兵于山东。未几,召辉祖还。燕兵遂渡淮,陷扬州府名,属南直隶,今江苏扬州府。

燕兵至江上,帝征天下兵勤王,下诏罪己,用方孝孺计,遣使诣棣营,割地许和。棣不从,渡江犯京师,屯兵金川门。谷王及李景隆开门出降。都城陷,宫中火起,帝不知所终。棣遣中使出马后尸于火,诡云帝尸。越八日,用学士王景言,备礼葬之。然葬地所在,后无闻焉。或曰,帝由地道出亡。其后,滇、黔、巴、蜀间皆传有帝为僧,时往来踪迹,世遂以帝为逊国云。

棣发北平时,道衍以方孝孺为嘱曰:“城下之日,彼必不降,幸勿杀之。杀孝孺,天下读书种子绝矣。”棣既入京,遂篡帝位,是为成祖。亟召孝孺草登极诏,孝孺哭且骂,声彻殿陛。帝强之书,孝孺乃大书“燕贼篡位”四字。帝大怒,会齐泰、黄子澄被执至京,帝命同磔于市,并诛其族党数百人。同时,诸臣殉节者甚众。卓敬、铁铉及御史大夫练子宁、景清等皆坐磔,夷其族。清谋刺帝,帝尤恨之,籍其乡,转相攀染,谓之“瓜蔓抄”,村里为墟。后盛庸、耿炳文皆自杀,李景隆亦坐事废锢。

帝革建文年号,以是年为洪武三十五年,明年为永乐元年。凡建文中所更政令条格,悉罢复旧。至神宗时,始复建文年号,附事迹于《太祖实录》之末,诸臣尽节者,各祀于乡,并恤录其苗裔,而惠帝之庙谥未定,通称建文帝。至大清高宗纯皇帝乾隆元年,始追谥曰“恭愍惠皇帝”。

第四章 成祖武功

成祖即位,大封诸将。邱福、朱能等侯伯各十四人,谓之“靖难功臣”。复周、齐、代、岷四王国。以道衍为僧录司左善世,寻拜太子少师,复姚氏姓,赐名广孝。帝与语,常呼为少师而不名。帝以北平为发祥之地,改为北京,发流罪以下垦北京田,又徙直隶、苏州等十郡,浙江等九省富民实之。盖已定迁都之计,然方有事于南方,未遽行也。

帝疑惠帝出亡海外,数遣中宫踪迹之。永乐元年,遣马彬、李兴等使爪哇、苏门答剌等国,无所得。三年,又遣郑和使西洋。和赍金币,率兵卒泛海,至占城,以次遍历西洋,颁天子诏,宣示威德。因给赐其君长,不服则以兵慑之,诸邦咸听命。比和还,皆遣使者随和朝贡。帝大喜,复命和往,遍赍诸邦。由是,来朝者益众。和先后凡七奉使,三擒番长初擒旧港酋陈祖义,次擒锡兰王亚利苦奈儿,最后擒苏门答剌王子苏斡剌。后之承命海表者,莫不盛称和以夸外番焉。

惠帝时,安南人黎季犛弑国王陈日焜而篡其位,更名曰胡一元,名其子苍曰胡奃。寻自称太上皇,传位于奃。帝初即位,奃遣使奉表朝贡,诡言:“陈氏嗣绝,臣为众所推,乞赐封爵。”帝因封之。既而,前国王日煃弟陈天平来奔,请兵复仇,帝悔封奃之误,遣使诘责。奃请迎天平归国,帝信之,以兵纳天平于安南,奃伏兵邀杀天平。帝怒,大发兵讨安南,以朱能为征夷将军,沐晟、张辅副之,帅十八将军分道进。能卒于军，诏辅代之。

四年，辅帅师至安南，破其兵于嘉林江在越南北圻，遂克多邦城属越南北圻兴化省，循富良江进攻东都安南有东、西二都，东曰交州府，即今越南北圻河内省；西曰清化府，即今越南中圻清华省，遣别将李彬等取西都。所至城邑皆望风款附。明年，黎季犛以海艘拒战于富良江。辅等督舟师破之，穷追至奇罗海口在越南中圻乂安省东南，获季犛及其子苍，槛送京师。诏求陈氏后，不得，乃以安南为交阯省，分府十七、州五，设布政使司领之。未几，交阯复乱，陈氏故官简定立蛮人陈季扩为帝。沐晟讨之，败绩。帝复遣张辅往讨。辅破贼兵，获简定，季扩逸去，辅还。季扩集余众复叛。至十二年，张辅复出师，败季扩兵，追及老挝即今南掌国获之。安南始平。

元主特古斯特穆尔后五传至琨特穆尔旧作坤帖木儿，咸被弑。有郭勒齐旧作鬼力赤者篡立，称可汗，去国号，改称鞑靼。元太祖弟楚齐格尔旧作搠只哈儿裔孙阿噜台弑郭勒齐，迎琨特穆尔弟布尼雅锡哩旧作本雅失里于巴什伯里，立之。帝遣使于鞑靼，为所杀，遂以邱福为征虏大将军，帅师击之。福至胪朐河，与布尼雅锡哩战，败没。八年，帝自将五十万众征之。布尼雅锡哩闻大军至，西遁。阿噜台亦率众东走。帝追及布尼雅锡哩于鄂诺河，麾兵奋击，大败之，复移师败阿噜台于飞云壑，追北至广漠戍二地均在漠北而还。

初，元臣孟克特穆尔旧作猛可帖木儿乘元室之衰，据卫拉特部，士马甚强。孟克特穆尔死，众分为三，其渠曰玛哈木特旧作玛哈木，曰太平，曰巴图博啰旧作巴秃孛罗。帝均封之为王，而玛哈木特殊无内附意。布尼雅锡哩既败，往投卫拉特，玛哈木特弑之，立塔尔巴为汗。阿噜台来降，请兵复仇。帝封阿噜台为和宁王。玛哈木特闻之，遂侵边。十二年，帝亲征卫拉特，师次和拉和锡衮旧作忽兰忽失温，在故和林东境。玛哈木特等三部扫境来战。帝大败之，追及图拉河，始班师。

十九年，迁都北京，改应天为南京。未几，奉天、谨身、华盖三殿灾，诏求直言。主事萧仪、侍读李时勉应诏，言迁都不便。帝大怒，杀仪，下时勉于狱。是年冬，帝将大举北征，尚书夏原吉、吴中、方宾等皆谏以为不可。帝下原吉、中于狱，宾惧而自杀。明年，帝遂亲征阿噜台。

阿噜台初为卫拉特所败，穷蹙南窜，帝纳而助之。数年生聚蕃富，浸桀骜，拘留朝使，数寇北边。及帝亲征，大惧，弃辎重于库伦海在漠北饮马河东侧，遁去。帝谓侍臣曰："阿噜台悖逆，恃乌梁海为羽翼也，当移师翦之。"遂简步骑二万，五道并进,至启拉尔河旧作屈裂儿河,在今喀喇沁敖罕境,遇其部众。帝麾左右翼夹击,自率前锋冲之,斩首数百级,遂班师。其后,阿噜台部众溃散。帝再出师亲征,皆不见一敌而还。

帝以叛逆得国,诛戮之惨,前代所无,而锐意外征,能竟太祖未竟之志,明室基础于是始固。交趾既改郡县,又设贵州布政使司,辖元八番之地,改土归流,遂为内地。帝之武功实驾惠帝之上。而其时,翰林学士胡广等奉敕修五经四书及宋儒性理诸书,名曰"大全",颁行天下。姚广孝等复编《永乐大典》二万数千卷,荟萃古书,极为繁富,文治亦蔚然可观焉。

第二篇　明(中)

第一章　仁宣致治

成祖三子，长高炽，次高煦，次高燧。靖难兵起，高煦从战数有功，成祖喜以为类己。高煦亦以此自负，谋夺嫡。及议建储，邱福等言高煦有功，宜立。独兵部尚书金忠力言其不可。帝召解缙问之，缙称皇长子仁孝，天下归心。帝不应。缙又顿首曰："好圣孙。"谓皇孙瞻基也。帝意乃决。永乐二年，立高炽为皇太子，封高煦为汉王，高燧为赵王，后又立瞻基为皇太孙。每出征，常命太孙从历行陈，习知兵法焉。

成祖五次亲征漠北，悉命太子监国。太子性仁厚，宫僚黄淮、杨士奇、杨溥、蹇义等悉力辅导，多行善政。而高煦、高燧数因事谮太子，帝怒，辄系士奇等于狱。二十一年，帝有疾，赵护卫指挥孟贤等谋弑帝立高燧，事觉伏诛。帝欲罪高燧，太子力解得免。二十二年，帝北征，还次榆木川在故开平城西北，崩。太子即位，是为仁宗。首释夏原吉等于狱，咨以时事。原吉以振饥、省赋役、罢西洋取宝船及云南、交趾采办对。帝悉从之。

初，太祖罢丞相，政在六部尚书。成祖以侍读、编修等官入直文渊阁，参机务，备顾问，谓之"内阁"。帝即位，以杨荣、金幼孜、黄淮、杨士奇等皆东宫旧臣，特加其官，悉兼殿阁大学士，综理机务，得专制诸司。于是，内阁之职拟于宰相。帝委任荣等，言无不从。尝赐之银章各一，曰"绳愆纠缪"，谕以政事有阙，群臣言而未从者，用此章密疏以闻。故，帝虽短祚，世称其贤。

成祖用刑严酷，任都御史陈瑛、锦衣卫指挥纪纲等纠察官吏，往往戮及无辜。帝惩其失，诏法司曰："若朕过于嫉恶，法外用刑，法司执奏。五奏不允，同三公、大臣执奏，必允乃已。"然诏下未几，侍读李时勉抗疏言事。帝怒，召至便殿,命武士以金瓜击折其胁,死而复苏,又下之狱,则亦不仅严刑之失矣。

仁宗在位一年,崩。太子瞻基立,是为宣宗。初,汉王高煦封于云南,徙封青州,后有罪,又徙封乐安州属山东省青州府,今山东青州府乐安县。常怀怨望,谋不轨,及闻帝立,遂发兵反。宣德元年,帝亲征高煦,先以书谕之,高煦谂帝知兵,内惧。大兵至乐安,其臣欲拒战。高煦知力不敌,焚军器、文书,出降。兵部尚书陈山请帝移师袭彰德府名,属河南省,今河南彰德府,执赵王。杨士奇、杨溥持不可。帝以玺书及群臣章赐赵王。赵王大喜,上表谢,且献护卫。帝至京师,废高煦为庶人,筑室西安门内,谓之"逍遥城",并其诸子锢之。后,帝往视高煦,高煦伸足勾帝仆地。帝乃以铜缸覆高煦,积炭于上而焚之。

永乐末,黎利叛于交趾,至仁宗时,益猖獗。帝初即位,遣成山侯王通讨之。军至应平县名,属交州府,在今越南北圻兴安省,遇伏大败,参赞尚书陈洽陷阵死。通被创走,惧贼甚,阴许为利请封,而檄清化注见上以南归黎氏。帝复命安远侯柳升督师往讨。二年,升至交趾,连破关隘数十,进薄倒马坡在越南鸡陵关南,遇伏死,诸军尽没。通遂弃交趾,与利盟而还。利立陈暠为陈氏后,表请续封。帝心知其诈,欲藉此息兵,诏廷臣集议。蹇义、夏原吉以为不可许,杨荣、杨士奇并言许之便。帝遂赦利,罢交趾布政使,诏诸军还。通至京,廷臣劾其擅弃交趾罪,下狱论死。

帝留心吏治,尝问廷臣贪廉于杨士奇、杨荣。士奇言都御史刘观贪状,因荐通政使顾佐,廉公有威,可代观。帝立黜观,擢佐为右都御史,赐敕奖勉。佐视事,即奏免御史不法及老疾者三十二人,朝纲肃然。帝又以知府多循资格不称任,命大臣举京官廉能者用之,遂擢郎中况钟等九人分任雄剧地。后,钟等皆著声绩,有居官至一二十年者,吏称其职,民安其业。一时蒸蒸称盛世焉。

帝在位十年,勤政爱民,屡下宽恤之诏,减逋赋、省徭役,尝作《帝训》示后世子孙,作《官箴》以戒百官,揭《豳风图》于殿壁以谂农桑之务,事多可纪。然帝宠孙贵妃,立其子祁镇为太子,遂立贵妃为皇后。孙皇后无故被废,殊为盛德之玷云。

第二章　王振乱国及英宗复辟附景帝

太祖鉴汉唐宦官之害,揭铁牌于宫门,禁内臣预政典兵,且禁其读书。惠帝遇宦官尤严。靖难兵起,内臣多漏朝廷虚实于燕。成祖以为忠于已,即位后分命内臣出镇,赐公侯服,位诸将上,又建东厂,使刺外事。宣宗立内书堂,选翰林诸臣授小内使书,于是,宦官得通文墨,掌章奏,而王振等相继乱国。终明之世,其祸尤烈于汉唐矣。

宣宗崩,太子祁镇立,是为英宗,时年九岁,太皇太后张氏命杨士奇、杨荣、杨溥辅政,臣民章奏悉听裁决。三人同心议政,时号"三杨"。而司礼监太监王振有宠于帝,居中用事。正统二年,太皇太后召三杨及张辅、胡濙入见,谕帝宜委以国事。又诏振数其罪,欲杀之。帝及诸臣为请,乃已。未几,太后崩,三杨次第卒,振遂专国政。

太祖时,大军平云南、平缅元路名,在今云南永昌府腾越州东北,酋思伦发以地降,诏以为宣慰使,兼辖麓川亦在腾越州境诸蛮。思伦发死,子思任发袭职,桀黠喜兵,数扰边。四年,帝命沐晟讨之,晟败而死。思任发旋遣使修贡。王振欲立边功,大发兵,使总督王骥、都督蒋贵等往讨其罪。骥至上江即龙川江,在麓川者为上江,近腾越者为下江,大破麓川兵。思任发携二子走孟养土府名,今为孟良士司,骥平其地,留兵守之。

七年,思任发窜缅甸。其子思机发帅余众据者蓝麓川别寨,地通孟养。明年,帝命王骥再征麓川,且索思任发于缅甸。骥攻者蓝,破之。思机发遁去。缅人出思任发,献云南,斩首送京师。王振欲得思机发,复遣骥征麓川。十四年,骥渡金沙江,破贼于鬼哭山在孟养西南。思机发脱去,诸蛮复拥思任发少子思陆,据孟养。骥乃与思陆约,立石金沙江为界,班师而归。王振柄政,外事甲兵,内兴土木,去太祖所置铁牌,专恣日甚。翰林院侍讲刘球应诏言事,触振怒,下锦衣狱,阴遣小珰杀之。大理寺少卿薛瑄、祭酒李时勉、吏部尚书王直皆不附振。振因事先后下瑄、直于狱,枷时勉于国子监门,旋因迫于公议而释之。是时,闽、浙贼邓茂七、陈鉴湖等所在蜂起,皆以诛振为名。振犹不悛,怙宠肆虐。未几,即有土木堡名,在宣化府怀来县西之变。

卫拉特王玛哈木特死,子托欢旧作脱欢嗣,袭杀阿噜台,逐所立阿尔台王子,而立元后托克托布哈旧作托都不花为汗。正统初,阿尔台常寇边,卫拉特独数入贡。朝廷利其来,设马市于大同,以羁縻之。托欢死,子额森旧作也先嗣,自称太师、淮王,服属诸部,其势日强。会王振减其马价,遂结诸部入寇。

十七年秋七月,帝用王振言,亲征卫拉特,命弟郕王祁钰居守,廷臣交谏不听。师至居庸关,群臣请驻跸,不许。至宣府,大风雨,复有谏者,振虓怒不从。

进次阳和卫名，属山西省山西司，今山西大同府阳高县，振益欲北。时，寇兵伪退，以诱六师。镇守太监郭敬密告振曰："北则堕敌计。"振始惧，旋师至宣府。敌骑大至，恭顺侯吴克忠等战没。帝次土木，掘井二丈余，不得水。寇兵乘之，王师大溃，死者数十万，诸大臣皆死之，振亦被杀。额森拥帝北去。

败报至京师，群臣议战守。侍讲徐珵请南迁，兵部侍郎于谦曰："欲迁者，可斩。京师，天下根本，一动，大事去矣。"太后遣使赍金宝诣额森营，请还车驾，不果。遂命郕王监国，立皇子见深为太子，以于谦为兵部尚书，任军国事，籍王振家，夷其族。九月，郕王以太后命即帝位，尊帝为太上皇。

额森既虏上皇，得中官喜宁，尽知中国虚实，乃诡言奉上皇还京，而大举入寇。由阳和进，陷白羊口在大同府天镇县北，入紫荆关在直隶易州西，长驱犯京师。于谦与都司石亨、都督孙镗等督兵御之。额森邀大臣出迎上皇，谦不听。额森与亨等战不利，引去。都督杨洪复击之于居庸关。额森仍以上皇北行。景泰元年，额森寇宁夏卫名，属陕西省，今甘肃宁夏府，复寇大同。都督郭登大破之于栲栳山在朔平府平鲁县西北，又诱执喜宁，诛之。额森气大沮，遂遣使请和。

额森之入寇也，使托克托布哈及知院阿拉旧作阿剌等分犯各边。二人忌额森之强，内怀携贰。额森自京师败还，托克托布哈即遣使入贡。帝用胡濙等议，厚赐以间之。至是，托克托布哈、额森各遣使来。廷臣交章请迎上皇，帝不怿。于谦从容言之，帝乃遣右都御史杨善等如卫拉特，奉迎上皇。二年八月，上皇至京师。帝居上皇于南宫。其后，额森弑托克托布哈，自称大元特克绅汗旧作田盛可汗，旋为阿拉所杀。鞑靼部人保喇旧作孛来复杀阿拉，立托克托布哈之子穆尔格尔旧作麻儿可儿，号"小王子"。于是，卫拉特遽衰，边境稍乂。

三年，广西土目黄竑以罪下狱，或教之上疏请易太子。帝立赦竑，召群臣集议。群臣心非之，而莫敢阻。帝遂废皇太子见深为沂王，立子见济为太子。四年，太子卒。时，帝久不朝上皇。礼部郎中章纶、御史钟同疏请朝上皇，复立沂王。帝大怒，执纶、同系诏狱，拷掠备至。既南京大理寺少卿廖庄亦言之，帝杖庄于阙下，谪为驿丞。并杖纶、同于狱。同竟死，纶死而复苏，系如故。

八年，帝不豫，群臣请立太子，不许。武清侯石亨、内臣曹吉祥与右副都御史徐有贞即徐珵谋，夜毁南宫城门，迎上皇复位，改元天顺。执于谦及大学士王文下狱，诬谦等谋迎外藩入继大统，坐以谋逆律，凌迟处死，籍其家。谦忠清亮直，才略开敏，自遭寇变，亡身忧国。敌先后入犯，卒不得逞，皆谦功也。为有贞、亨所嫉,遂及于难。弃市之日,阴霾翳天,朝野冤之。帝既复辟,废景泰帝仍为郕王,迁之西内。王寻薨,谥曰戾。宪宗成化十一年,追谥为景皇帝。

帝录夺门功,封石亨忠国公、徐有贞武功伯,予曹吉祥等锦衣卫世职。亨、吉祥恃功骄恣,与有贞渐不协。时有贞已兼大学士入阁,与阁臣李贤谋排亨等。亨等谮之于帝,遂下有贞、贤于狱,谪为参政。帝意向贤,复召入阁,而放有贞于金齿。天顺三年,亨从子彪有罪下狱,亨罢归第。四年,廷臣奏亨怨望谋不轨。诏下亨诏狱,籍其家。亨瘐死,彪戮于市。吉祥见亨败,不自安。五年,保喇寇边,帝遣孙镗等御之。吉祥与其养子钦谋,以出师之日发兵反。事泄,帝收吉祥,钦遂入朝房斫伤李贤,率众攻长安门及东安门。镗召西征军击之,钦投井死。帝出吉祥与钦尸,同磔于市,夷其族。帝以宠王振致祸,几亡国。复辟后,犹不悟,悯振之死,特复其官,建祠祀之,赐额曰"旌忠"。又倚锦衣官校为耳目,使刺外事。指挥门达、佥都逯杲均得幸。李贤请罢锦衣官刺事,不许。杲为曹钦所杀,达愈横。锦衣所逮系囚,狱舍几不能容。至宪宗立,达始败。

第三章　宪孝二宗之政

英宗复辟八年而崩,太子见深立,是为宪宗。宪宗成化初年,阁臣李贤、彭时、商辂皆贤,失政颇鲜。西华县名,属河南省开封府,今河南陈州府西华县贼刘通乱于荆襄,开成县名,属陕西省平凉府,今甘肃平凉府固原州酋满俊叛于石城在固原州西北,皆不久即平。而佥都御史韩雍破猺獞于大藤峡在广西浔州府桂平县西,雍破贼后,斧其藤,易名断藤峡,尤为边功之冠。及贤、时相继卒,帝怠于政,宠万贵妃,佞幸浸用事,阁臣万安、刘吉固宠取容,无所匡救。于是,朝事日紊。

太监汪直,故大藤峡猺种,年少黠谲。帝宠之,特置西厂,广设缇骑,以直领之,俾刺外事。直罗织细故,屡兴大狱,冤死者相属。商辂率同官力请罢西厂,兵部尚书项忠亦倡九卿劾直。帝为暂罢西厂,寻复之。直益横恣,构陷忠,黜为民。辂遂引疾归。

天顺以来,鞑靼诸部入居河套今鄂尔多斯境,逼近延即陕西延安府、绥即陕西绥德州,抄掠无虚岁。成化九年,延绥总督王越袭寇于红盐池在陕西榆林府西北,与甘肃宁夏府接界,大破之。巡抚余子俊复建筑边墙,起清水营在陕西榆林府东北,抵花马石在甘肃宁夏府境,延袤千七百余里,边患少息。及汪直用事,思以边功自树,越谄附之。十六年,鞑靼入寇,直请出监军,与越破敌于威宁海子在今正黄旗察哈尔南，以功增禄。明年，寇犯宣府，直复出御敌。中官尚铭、阿丑等乘间发其奸，帝乃罢西厂。言官交劾直、越交结罪。诏降直奉御，免越官，编管安陆州属湖广省德安府，今湖北德安府安陆县。

汪直虽败，方士李孜省及僧继晓相继以秘术进，与中官梁芳等表里为奸。刑部员外郎林俊疏谏，帝下俊诏狱，谪之。后因天变，黜孜省、继晓等，罢传奉官五百余人。未几，孜省等复进，乱政愈甚。帝在位二十三年，崩。太子祐樘立，是为孝宗。孜省、芳均谪戍，罢传奉官，夺僧道封号。寻复逮孜省，下狱瘐死，继晓亦伏诛。

孝宗初立，罢万安、刘吉，以徐溥、刘健等为大学士，王恕为吏部尚书，马文升为兵部尚书。群贤并进，朝局一新。恕在宪宗朝先后应诏陈言凡五十余奏，皆力阻权倖，天下倾心慕之。至是，综人才，核功实，请停纳粟例，厘正选法，益发摅其志。后礼部尚书邱浚入阁，与恕有隙。恕遂乞罢。未几，浚卒。李东阳、谢迁入阁。廷臣翕然无间。

初，元裔恩克特穆尔旧作安克帖木儿王哈密今新疆哈密厅，永乐中遣使朝贡。成祖封为忠顺王，即其地置卫所。恩克特穆尔再传至布拉噶旧作卜列革，卒，无子。土鲁番酋阿里旧作阿力乘机袭破哈密，以其妹婿伊兰旧作牙兰镇之，时宪宗成化九年也。逾三年，忠顺王故部哈商旧作罕慎纠诸部袭哈密，攻逐伊兰。及帝即位，封哈商为忠顺王。阿里子阿哈玛特旧作阿里麻闻之，怒曰："哈商非忠顺族，安得封?"诱杀哈商，复据哈密，通贡于朝。帝却其贡，责令献还哈密，求故忠顺王托克托从孙善巴旧作陕巴，立之。弘治六年，阿哈玛特复袭哈密，执善巴，以伊兰镇其地。马文升请于帝，敕巡抚许进讨之。进出嘉峪关在甘肃肃州西，会师于伊济穆尔川旧作羽集乜川，冒雨雪，奄至哈密城，拔之，伊兰遁去。十年冬，阿哈玛特送还善巴，款关求贡。朝廷许之，仍命善巴为忠顺王。哈密复安。

宪宗时，阁臣罕得进见，上下否隔，故宵小因缘为奸。帝惩其失，数召见诸臣，裁决庶务。兵部尚书刘大夏、左都御史戴珊均以材见知。帝常召之，密询政策。阁臣徐溥卒，后惟李东阳、刘健、谢迁秉政。三人竭诚尽虑，知无不言。每进见，帝辄屏左右与语，左右不得闻，但闻帝数数称善。时人为之语曰："李公谋，刘公断，谢公尤侃侃。"明代君臣之相得，未有如弘治时者也。

帝在位，省刑薄敛，力除弊政。而宦官、外戚犹多专横，言者往往得罪。给事中庞泮、御史刘绅以锦衣官校逮武冈州名，属湖南省宝庆府，今湖南宝庆府武冈州知州刘逊,纠科道官论之。帝尽下绅等于狱,六科为空。刑部吏徐珪愤东厂苛暴,请革之,黜为民。于是,中官李广、皇后弟张鹤龄等益用事,权倾中外。广后有罪,自杀。户部主事李梦阳上书劾鹤龄,鹤龄为稍戢,然帝犹使之与政。至世宗时,鹤龄兄弟卒得罪,论死。

第四章　武宗失德

弘治十八年,孝宗崩,太子厚照立,是为武宗。武宗幼而好弄狎,昵群小。及即位,与太监刘瑾、张永等八人日事游戏,怠于政事。时谓瑾等为"八党",亦谓之"八虎"。正德元年,刘健、刘大夏、马文升均以言事不用乞休。帝留健,而罢大夏、文升,以焦芳为吏部尚书。芳性粗鄙,结中官干进,由是,瑾等益肆。

户部尚书韩文率诸大臣伏阙抗疏,请斥瑾等。帝心动,欲安置之南京。刘健、谢迁力持之,谓必杀八人乃已。焦芳驰告瑾,使为计。瑾等夜伏帝前,环泣。帝乃以瑾掌司礼监,罢健、迁,以芳及吏部侍郎王鏊代之,杖言官请留健、迁者,削韩文职。二年,瑾矫诏列健、迁等五十三人为奸党,榜示朝堂,召群臣跪金水桥南宣戒之。

瑾诱帝于西华门外作豹房,朝夕处其中。每奏事必伺帝戏弄时,帝厌之,亟挥去曰:"吾用若何事?乃溷我!"自此,大小事皆瑾专决,不复白帝。三年夏,有遗匿名书于御道数瑾罪者。瑾矫诏召百官跪奉天门外,诘之。寻执五品官以下三百余人,悉下狱,究主名者,李东阳力请乃免。瑾知众心不服,立内厂,自领之,遣使四出缉事,中人以危法无得全者。

五年,安化王寘鐇反,以诛刘瑾为名。诏右都御史杨一清讨之,以张永监其军。未至,而玉泉营在甘肃宁夏府西南游击仇钺已袭执寘鐇以献。时,张永与瑾有隙。一清知之,密与画策,使图瑾。永用其策,乘献俘之便,奏瑾因激安化之变,心不自安,谋不轨。帝乃诛瑾,罢焦芳。诸附瑾者皆窜逐,朝署为清。

自刘瑾乱政,朝野汹汹,群盗并起。直隶、山东有刘六、刘七、齐彦名等,河南有杨虎、赵鐩等,四川、湖广有蓝廷瑞、喻思任等,福建、江西有谢志山、池仲容等,骚扰蔓延,几遍宇内。兵部侍郎陆完、都御史彭泽、陈金等,先后讨平之。而帝以畿辅空虚,调边兵入卫。于是,复宠用江彬,肆恶尤甚于瑾。彬,宣府人,官大同游击,性机警,以赂太监钱宁得入豹房侍帝。教帝调宣府、大同、辽东、延绥四镇兵入京师,号"四家军",以彬统之。帝与群阉讲武禁中,晨夕驰逐,朝政益荒。彬又导帝为微行,度居庸关至宣府,虏掠妇女,淫戏无度。大臣交谏不听。会鞑靼寇边,帝自击之,斩首十六级,帝遂自称总督军务威武大将军朱寿,奏捷班师。

十三年,帝复如宣府,遍历塞下,自加封镇国公。大学士杨廷和、梁储极谏不听。明年,还京,自加太师,欲往两畿、山东,祀神祈福。阁臣及科道官切谏,不报。兵部郎中黄巩、修撰舒芬邀同官连疏进谏。帝及诸倖臣大怒,下巩等于狱,罚芬等跪午门外五日。群臣复有谏者,帝益怒,并罚跪、下狱。跪毕,复杖之于廷,死者十一人,余悉贬黜。而车驾亦以是不出。

宁王权五世孙宸濠,居南昌,素有异志,贿结钱宁及陆完,谋伺帝崩,入继大统。江彬欲倾钱宁,发其奸。诸臣亦多言宸濠不法状,诏收其护卫。宸濠遂反,杀巡抚孙燧、按察使许逵,集兵十万,分陷江西诸郡县。先是江西贼池仲容等已平,复叛。兵部尚书王琼荐王守仁才,帝以为佥都御史,巡抚南赣、汀漳。守仁至南赣,贼旋平。及宸濠叛,守仁趋吉安府名,属江西省,今江西吉安府,与知府伍文定谋,绐宸濠使东下,而发兵直捣南昌。宸濠至安庆府名,属南直隶,今安徽安庆府,围攻不克,闻守仁下南昌,还师来救。守仁与战于樵舍镇名,在南昌府新建县西北,大败其众,遂擒宸濠。

帝闻宸濠反,下诏南征。比发京师,王守仁捷至,帝乃幸南京,命太监张忠、安边伯许泰率京军往江西。江彬在途导帝渔猎,所在骚然。忠等至江西,欲构陷王守仁,夺其功。守仁械宸濠,间道至南京。忠等媒蘖不已,赖张永左右之得免。十五年秋,帝受江西俘,班师还京,诛宸濠及陆完等于通州。明年,帝得呕血疾,崩于豹房。杨廷和白太后,诛江彬、钱宁等,尽革帝所行弊政,中外大悦。

第五章　大礼之议及严嵩之奸

武宗无子,遗诏命阁臣议所立。杨廷和以太后命,迎立兴献王祐杬宪宗次子世子厚熜,是为世宗。世宗即位六日,即诏议崇奉兴献王典礼。廷和及礼部尚书毛澄请如宋英宗濮安献王故事,称孝宗曰"皇考",兴献王曰"皇叔父"。帝不怿。进士张璁上疏,请尊崇所生,立兴献王庙于京师,帝是之,诏追尊兴献王为兴献皇帝。

嘉靖元年,定议称孝宗曰"皇考",张太后曰"圣母",兴献帝、后止称"本生",不称"皇"。毛澄以议礼不合,罢。三年,南京刑部主事桂萼疏请改孝宗曰"皇伯考”,兴献帝曰“皇考”。侍郎席书、员外方献夫与之议合。帝罢杨廷和,追尊兴献帝曰“本生皇考”,召用璁、萼、献夫等。未几,复诏去“本生”字。群臣伏阙,谏号呼震殿陛。帝怒,戍学士丰熙等于边,杖员外郎马理等于廷。遂更定大礼,称孝宗“皇伯考”,献皇帝“皇考”,立庙皇城,祀献皇帝。

自大礼议起,璁、萼骤跻清要,排击异己者。杨廷和罢后,阁臣蒋冕、毛纪、费宏、石珤等皆不能久于其位。璁等又藉妖贼李福达之狱,罢谪刑部尚书颜颐寿等四十六人。于是,璁、萼相继入阁,制《明伦大典》,颁示天下,尽削议礼诸臣籍。惟杨一清以老臣赞璁等议,得居首辅。寻,亦为璁等所卖,坐事夺职。萼在阁不久,卒。璁后改名孚敬,屡罢屡起,深得帝眷。

当是时,土鲁番酋莽苏尔旧作满速儿复据哈密,拘留忠顺王巴雅济旧作拜牙,屡寇肃州。三边总制王琼畏其势,遂弃哈密,许土鲁番通贡。甘州、大同军数为乱,杀镇将。田州属广西省,今广西思恩府田州土司蛮及断藤峡猺亦竞起为乱。王守仁平之。而朝臣无以边事为意者,惟争议礼之事,朋党攻讦如水火。帝又怠于政事,崇信道教,宠方士邵元节、陶仲文、段朝用等,大兴斋醮,委政阁臣,致严嵩得窃柄而祸国焉。

张孚敬以十四年罢。费宏复入阁。宏卒,礼部尚书夏言入阁。严嵩自南京入为礼部尚书,黩货骫法,为言者纠劾。嵩欲固位,阿帝旨,请尊献皇帝庙号曰“睿宗”,祔于太庙,又作《庆云赋》及《大礼告成颂》上之,由是有宠。夏言与翊国公郭勋有隙,嵩比勋而构言。言遂失帝意,再罢再相。二十一年,言复罢,嵩入阁,一意媚帝,窃权罔利,嗾言官劾首辅翟銮,去之。票拟一出嵩手。后,帝厌嵩贪横,复召言入阁。言至,务反嵩所为。嵩不敢抗,而心衔之,遂借谙达旧作俺答事倾言。

弘治以来,鞑靼之居河套者,以小王子、和硕旧作火筛为最强。杨一清、王琼尝议复河套,不果。武宗时,和硕出套,独小王子居套中,控弦十余万,常为边患。小王子有三子,长阿尔伦、次阿著、次满官真。阿著嗣父而号“小王子”。阿著死,阿尔伦之子卜赤号“小王子”。而阿著子济农旧作吉囊、谙达分居别部。卜赤后厌兵,徙幕东方,号“土默特”。济农、谙达仍居套中。嘉靖初,三边总制刘天和击败济农。济农旋死,子朗台吉旧作狼台吉等散处河西,势不振。惟谙达独盛,入寇无虚岁。

二十五年,帝以兵部侍郎曾铣总督陕西三边军务。铣喜功名,建言复河套,条八议以进。夏言力主其说,帝亦壮之。谙达求贡,不许。铣遂鸠兵缮塞,锐志出师。帝意忽中变,降严旨责铣。严嵩因极言河套不可复,结廷臣攻铣并及言。二十七年,铣坐交结近侍律,弃市。言亦坐受铣贿,论死。自是,诸臣入阁者拱默顺嵩意,大权一归于嵩矣。

二十九年,谙达大举入寇,越宣府,走蓟州塞,入古北口在顺天府密云县东北,长驱至通州,分兵剽昌平州名,属北直隶顺天府,今直隶顺天府昌平州,犯诸陵,寻渡白河,薄京师。京军饥疲,不任战守。帝深居宫中,一切委之严嵩。兵部尚书丁汝夔问计于嵩。嵩曰:"塞上败可掩也,失利辇下,上无不知,谁执其咎?寇饱自扬去耳。"汝夔因不敢战,且承嵩意,戒诸将勿轻举。寇纵横内地凡八日,所掠过望,整辎重而去,京师解严,嵩诿罪汝夔,杀之。

大同总兵官仇鸾,嵩党也。谙达之入,鸾以兵勤王。帝拜为大将军,节制诸路军马。鸾恇怯不敢御敌,闻敌去,尾之,反为所乘,死伤数千人。鸾收斩平民首数十级,以捷闻。帝以为功,加鸾太保,使督京营戎政。鸾密遣人持货币结谙达义子托克托,使贡马互市而已,与嵩主之,遂开马市于大同、宣府。谙达寇掠益甚,鸾渐骄蹇,与嵩相恶。三十一年,帝命鸾御敌大同,败还而死。礼部尚书徐阶、锦衣都督陆炳尽发其罪,帝大怒,诏暴鸾罪,戮其尸,遂罢马市。

帝英察自信,果于刑戮,颇护己短,以信方士,侈符瑞,故数戮谏臣。嵩窥帝之隐,有忤己者则激帝怒,诛窜之。谙达犯京师,谕德赵贞吉主战,忤嵩意,下狱廷杖,谪荔波县名,属广西省庆远府河池州,今贵州都匀府荔波县东南典史。刑部郎中徐学诗劾嵩奸恶状,下诏狱,削籍。锦衣卫经历沈炼劾嵩及子世蕃十罪,亦谪佃保安卫名,属北直隶万全司,今直隶宣化府怀来县西北境。世蕃憾不已,至属边将诬杀炼。仇鸾既败,嵩益横。兵部员外郎杨继盛劾嵩十大罪、五奸。嵩激帝怒,下诏狱,杖之百,系三年,以倭乱故与张经等同斩于市。

初,倭人乘元季之乱,常入寇。太祖命汤和筑濒海城,量地远近,置卫所,御之。又设市舶提举司于宁波府名,属浙江省,今浙江宁波府,俾领贡市。故永乐以来,海疆少事,虽间有倭寇,不为大患。至嘉靖初,倭酋诸道争贡,抄掠沿海郡县。夏言倡议废市舶,严通番之禁。奸人阑出财物与倭交易,倚贵官势家为援,负直不偿。倭人积愤,始大肆侵掠。朝议设浙江巡抚兼统福建沿海诸府,以都御史朱纨领之。纨至,严诘奸宄,疏陈内衅,浙闽大姓构陷纨。于是,倭乱日炽。

三十三年,帝命南京兵部尚书张经总督军务,讨倭。明年,又遣嵩党工部侍郎赵文华督视海防。文华贪黩凶横,跆藉大吏。经独轻之,文华不悦。经集诸道兵,大破倭于王江泾在浙江嘉兴府秀水县北,斩首千余级。文华攘其功,而劾经养寇失机。帝逮经及巡抚李天宠,杀之。已而,倭寇益肆,以数十人自绍兴转掠杭严、徽宁、太平,直犯南京,出秣陵关在江宁府南,由溧阳县名,属南直隶应天府,今江苏镇江府溧阳县、宜兴县名,属南直隶常州府,今江苏常州府宜兴县抵无锡县名,属南直隶常州府,今江苏常州府无锡县,趋浒墅关名,在江苏苏州府长洲县西北,转斗数千里,杀伤数千人,历八十余日,始为应天巡抚曹邦辅所歼。而文华诡言倭寇平,请还朝,以胡宗宪代之。帝后知其奸,免文华官,戍其子于边。

倭之为寇,恃奸民汪直、徐海辈为谋主。而江浙承平久,士不知兵,以故贼踪所至,无不残破。自胡宗宪代赵文华,设计降徐海、汪直,诛之,浙东渐平。三十八年,倭寇海门县名,属南直隶扬州府通州,今江苏海门厅,沿海东掠至庙湾在江苏淮安府山阳县东北。巡抚都御史李遂督诸将击破之,焚其舟,江北倭悉平。其后,总兵官戚继光、俞大猷等复击倭于福建,倭大创而去,东南始无事。

严嵩为相二十余年,贿结内侍,揣摩帝意,纤悉无不当,故帝倚畀之。子世蕃尤奸黠,嵩之票拟多出其手,诸司白事于嵩,嵩辄曰:"以质东楼。"东楼,世蕃别字也。嵩耄而智昏,帝渐厌之,而亲徐阶。阶在阁,事嵩甚谨,而阴挤之。四十一年,御史邹应龙劾世蕃专权纳贿,因及嵩溺爱恶子之罪。帝亦入方士蓝道行言,遂罢嵩,下世蕃诏狱,戍之边。侍郎魏谦吉等坐奸党,黜谪有差。世蕃未至戍所,返,怙恶纵肆不少衰。四十四年,复逮下狱,伏诛,籍其家。嵩及诸孙皆为民。后二年,嵩老病,寄食墓舍以死。

帝晚年益信道教,分遣御史求方书。左右诈为仙桃、灵芝、龟、鹿之瑞以献,帝辄大喜。严嵩败后,袁炜、严讷等俱以撰拟青词入阁,时号"青词宰相"。四十五年,户部主事海瑞上疏谏,帝怒,下之狱。未几,帝饵方士药得疾,崩。子裕王载垕立,是为穆宗。罢斋醮,黜方士,召用建言得罪诸臣,出海瑞于狱。

第三篇　明(下)

第一章　张居正执政

穆宗之时，阁臣徐阶、赵贞吉、高拱、张居正皆负人望。居正尤有经世才，隆庆二年，上疏陈大本急务六事，曰：省议论、振纪纲、重诏令、核名实、固邦本、饬武备。帝采其言，下所司议行。后，戚继光镇蓟州，建敌台，立车营，练卫兵，威震诸边。海瑞巡抚应天诸府，严惩贪墨，勤恤民隐，势家奸猾望风改行，大抵如居正旨，嘉靖中锢弊，至是一清。然帝颇好游宴，内供猥多，嬖倖宦寺恣为威福。给事中石星、尚宝司丞郑履淳均以直谏，黜为民。而拱、居正率褊忮，好倾轧，阶、贞吉不能安其位而去。故朝政仍未臻上治。惟谙达封贡，边患得少乂焉。

嘉靖末，谙达得叛人赵全、邱富等为谋主，益习边事，常纠诸部入寇。朝廷厌苦之。谙达有孙曰巴噶奈济旧作把汉那吉，聘鄂尔多斯旧作袄儿都司女为妻，号三娘子。谙达见其美，夺之。巴噶恚，率其属来归。三边总督王崇古请厚遇之，以示谙达。谙达急，则令以赵全等来易，因而抚纳之。高拱、张居正主其议，诏授巴噶指挥使。谙达遂执全等来献，且乞封，请互市。五年，诏封谙达为顺义王，其子弟皆授官有差。套部济农等亦如约请命，诏均授官。后，三娘子迭配五王，主兵柄，为中国守边保塞，得封忠顺夫人。河套之患遂除。

穆宗在位六年，崩。太子翊钧立，是为神宗。高拱、张居正及大学士高仪同受遗诏辅政。司礼监太监冯保干政，拱欲逐之。居正与保比，反逐拱。仪寻卒，帝遂专任居正。万历元年，有男子王大臣伪为内侍服，入乾清宫，被获，下东厂。保欲借以陷拱，俾言拱主使谋逆。举朝汹汹多为拱解，大臣吐实伏诛，拱得免。

居正执政，务尊主权，课吏实，信赏罚，一号令，举凌云翼平猺，荐潘季驯治河，任李成梁击土蛮，所在有功，威行万里。又请节浮费、汰冗员、减均徭加派、免逋赋二百余万有奇。而是时,帑藏充盈,国最完富,中外熙熙,有治平之象。然,居正倚冯保为援,植党固位,颇仇视言路,世以是少之。

万历四年,巡按御史刘台劾居正引阁臣张四维等为党,专擅威福,罔上营私。居正具疏辞政,泣诉于帝。帝为逮台下狱,除名为民。已而,居正丁父忧,讽朝臣请夺情留之。编修吴中行、检讨赵用贤等劾居正贪位忘亲。居正怒,谋于保,杖中行、用贤等,谪戍有差。居正归葬父。帝敕阁臣吕调阳等,有大事勿专决,驰白居正,听其处分。居正还朝,帝眷遇益厚,赐札称"元辅",或称"先生"而不名。廷臣亦唯阿趋奉,无敢忤者。十年,居正有疾,百官并为之斋醮祈祷。及居正卒,冯保有罪,安置南京。于是,弹击居正者纷起。十二年,诏籍居正家,追削其官,子弟均戍边。

第二章　万历中兵事附矿税

张居正死后,阁臣申时行、许国、王家屏等碌碌无所短长。神宗怠于政事,深居不出。海内荐饥,灾异数见,一不之省。朵颜酋长昂巴图尔旧作巴土儿、青海酋浩尔齐旧作火落赤、永什卜旧作永邵卜等相率寇边,用兵无虚岁。边将戚继光、李成梁皆以失内援,或徙或罢。及朝鲜之役起,国用遂大耗焉。

朝鲜自开国以来,世奉朝贡,而常为倭寇侵掠。至万历中,其王李昖沉湎于酒,国政废弛。日本关白平秀吉窥其无备,遣舟师攻之,自对马岛逼釜山镇在朝鲜东莱县,南滨大海,分三路进,连陷丰德属京畿道诸郡。昖弃王城,奔平壤,令次子珲摄国事。已,复走义州在平壤西北,属平安道,遣使乞援。倭兵遂入王京,劫王子、陪臣,掠府库,八道几尽没,旦暮渡鸭绿江。诏遣总兵祖承训往援,与倭战于平壤,大败,承训仅以身免。时,万历二十年也。

先是,宁夏都指挥巴拜旧作哱拜聚众作乱,陷甘肃诸州郡。帝命李成梁子如松讨之。巴拜倚套虏卓哩克图旧作著力兔为援。如松先败卓哩克图于贺兰山,寻下宁夏城。巴拜自缢死,俘其子承恩等。帝以如松充防海御倭总兵官,移师救朝鲜。如松至平壤,设计败倭兵。倭酋行长渡大同江在朝鲜黄海道西遁。如松乘胜复黄海、平安、京畿、江源四道,进趋碧号馆在朝鲜王城西,猝遇倭兵,围之数重,官军大败,退驻开城在朝鲜黄海道东。既倭以粮尽,弃王京走,如松引还。

倭兵之入朝鲜也,兵部尚书石星密遣嘉兴人沈惟敬诣倭营议款。如松出师,款议中辍。及如松还,星复倡封贡议。倭亦遣使来朝。二十四年,帝遣都指挥杨方亨等封平秀吉为日本王。秀吉不受,复攻朝鲜。明年,帝以邢玠为蓟辽总督,麻贵为备倭大将军,杨镐为佥都御史,经略朝鲜军事。逮星、惟敬下狱论死。镐抵王京,会师攻倭于蔚山郡名,在庆州西北,败之。进攻岛山在蔚山郡城南,为倭所败。已而,倭兵大集,镐狼狈奔还。二十六年,平秀吉死,群倭解体,争先归国。麻贵等追击,败之。朝鲜始平。

当是时,朝廷注全力于朝鲜。播州今贵州遵义府遵义县西宣慰使杨应龙乘间纠诸苗反,蔓延贵州、四川各地,浸及湖广。二十七年,帝命李化龙总督川、湖、贵州军务,调东征诸将麻贵、刘綎讨之。应龙乘大兵未集,攻破綦江县属四川省重庆府,今四川重庆府綦江县、龙泉司今贵州石阡府龙泉县,远近大震。明年,化龙会师重庆,分八路进讨。刘綎首复綦江,直攻海龙囤在贵州遵义府城北,为应龙穴垒。他将亦次第集攻,围数月,囤破。应龙自缢死。化龙露布以闻,诏磔应龙尸,诛其弟兆龙、子朝栋等。

帝以累岁用兵,国用不给,又值乾清、坤宁两宫,奉天、谨身、华盖三殿灾,锐欲敛财营建。于是,遣中官四出开矿,又设各省税使,有天津店租、广州珠监、两淮余盐、浙江、福建、广东市舶、成都茶盐、重庆名木、长江船税等。使广立名目,婪索无厌。中官奉使者,鱼肉吏民,所至骚扰。湖广、江西、山东同时民变,击税使,几酿大乱。廷臣疏谏,皆不报。三十一年,帝有疾,召大学士沈一贯草诏,除弊政,撤矿税中使。诏具未行,帝已瘳,遂寝前命。至三十三年,以大学士沈鲤言,始罢开矿,以税务归有司。而中使仍留不撤,其害遂终帝世。

初,满洲有苏克素护河在兴京境部酋尼堪外兰,与古哷城主阿泰有隙,结李成梁攻之。我大清景祖翼皇帝、显祖宣皇帝助阿泰守城。城破,为成梁所害。太祖高皇帝愤之,以万历十一年起兵,征尼堪外兰,克图伦城。尼堪外兰遁入边。太祖遣使来索,边吏与之,遂斩尼堪外兰而归。自是,岁输银币,通和好焉。

越二年,书"七大恨"告天下,大举伐明。率步骑二万攻抚顺关名,属沈阳中卫,在今盛京奉天府境,克之。寻下清河堡属三万卫,在今奉天府开原县境,全辽震动。神宗起杨镐为辽东经略,加天下田赋八百余万饷军。四十七年,镐帅师出塞,命总兵官马林、杜松、李如柏、刘綎分四道进攻。松欲立首功,先渡浑河在兴京东北,与大清兵战于吉林崖在兴京西北,败没。林出三岔口在奉天府海城县,兵败遁去。如柏、綎均败于大清兵,力战而死。事闻,诏逮镐下狱,论死,以熊廷弼代之。廷弼未出京。大清兵已克开原即三万卫。马林败没,甫出关,铁岭卫名,今奉天府铁岭县复失。廷弼兼程进,诛失律将士,督军士造战车、治火器、浚濠缮城,为守御计,法严令行,边备大固。时,辽事虽棘,帝偷惰如故,战守方略漫不加察。廷臣伏文华门,固请帝视朝发章奏,不报。会大清兵伐朝鲜、辽左,得少息肩。

第三章　党祸及阉祸

明室之亡,由于党祸及阉祸,而其端皆自神宗昏暗,乾纲不振,内惑嬖倖,外仇言路。阼之初,帝幸恭妃王氏,生子常洛。以王皇后无子,常洛序当立,而帝宠郑贵妃,欲立其子常洵。言者窥帝意,争请立长。帝恶而忌之,遂久不建储。阁臣申时行等阿帝旨,请禁言者。诸臣益哗然,指斥宫闱,攻击执政。帝厌其说,章奏皆留中不下。于是,廷臣日事攻讦,门户之祸大起。

万历二十一年,帝谕阁臣王锡爵,欲并封诸子为王,以待嫡子。锡爵拟旨进,吏部员外郎顾宪成率同官上疏力争,又遗书锡爵,反复辩论,议遂寝。是年,大计京朝官。吏部尚书孙𬮭与考功郎中赵南星力杜请托,忤锡爵意。南星坐贬,𬮭乞休。宪成素与南星善,疏请同坐,不报。明年,宪成迁郎中。锡爵将谢政,廷推代者,宪成举王家屏。家屏故以主建储之说,失帝意,罢归。故帝怒削宪成籍。

宪成,无锡人,天姿刚直,笃志圣学,既废而名益高。里故有东林书院,为宋杨时讲道处。宪成与弟允成倡修之,偕同志高攀龙、钱一本等讲学其中。宪成尝曰:"官辇毂,志不在君父;官封疆,志不在民生;居水边林下,志不在世道。君子无取焉。"故讲习之余,往往讽议时政,裁量人物。朝士慕之,亦遥相应和。由是,东林名大著,而忌者亦多。其后,邹元标、赵南星相继讲学,自负气节,与政府相抗,时与宪成并称为"三君"。

并封议罢,皇长子旋出阁就学。三十年,帝从沈一贯请,立皇长子为太子,封常洵为福王。诸子常浩、常润等并封为王。明年,大学士朱赓于寓门获妖书,其词假郑福成为问答,大略言帝立东宫出于不得已,他日必当更易。郑福成者,谓郑氏子福王当成也。其用朱赓为内阁者,以"赓""更"同音,寓更易之意也。一贯以事衔侍郎郭正域,又恶沈鲤相逼,欲因是倾之。先后逮捕正域仆从,杂治之,无所得。遂归狱于生员皦生光,杀之。正域、鲤得免。

三十四年,一贯、鲤并罢,叶向高入阁。向高,东林党也。越二年,朱赓卒,内阁乏人,廷议欲召用凤阳巡抚李三才。三才亦善于东林,忌者争劾之。顾宪成贻书向高及吏部尚书孙丕扬，盛称三才廉直。言者益集矢于三才，三才投劾去。是时，廷臣各分朋党，有宣、昆、齐、楚、浙诸派。祭酒汤宾尹、谕德顾天埈等为之魁，并以攻东林、排异己为事。会丕扬司京察，劾宾尹等，降黜有差，其党大愤，益事攻击。丕扬寻罢，赵焕代之，与诸党共攻东林。既而，宪成、丕扬相继卒，向高求去，方从哲入阁，而三案之争起。

四十三年，有男子张差持梃入慈庆宫，击伤守门内侍，太子执以闻，帝命法司严讯。刑部郎中胡士相以风癫定谳，提牢主事王之寀私诘差，得其情，语侍郎张问达。问达令十三司会鞫，具得内监庞保、刘成主使状，保、成皆隶郑妃宫。中外籍籍，疑妃与其弟国泰谋危太子，帝亦心动。妃窘，自乞哀于太子。太子以事连宫禁，大惧，请速具狱，毋株连。帝乃御慈宁宫，命太子及三皇孙侍，召方从哲等入见，极言我父子慈孝，以释群疑。遂磔差于市，掠死成、保于禁中。

神宗在位四十八年，崩。太子立，是为光宗，改元泰昌。郑贵妃进珠玉、美姬于帝，帝惑之，得疾。中官崔文升进泄药，益剧。给事中杨涟劾文升用药无状，请帝慎起居。帝疾甚，召阁臣方从哲、韩爌等入受顾命，并及涟。从哲称鸿胪寺丞李可灼有红丸，自云仙方，拟进于帝。帝趣和药进，服讫，体稍舒。诸臣退，帝又命进一丸。明日，帝崩。从哲拟遗旨，赍可灼银币。

光宗宠选侍李氏，尝欲册为后，不果。选侍乘帝崩，据乾清宫，与心腹阉魏进忠谋挟皇长子由校自重。杨涟自以曾受顾命，趣阁部大臣拥立皇长子。御史左光斗首抗疏，请敕选侍移宫。皇长子善之，趣选侍择日移宫。方从哲顾欲缓之，杨涟复疏争。选侍不得已，移居哕鸾宫。皇长子即位，是为熹宗。

世称梃击、红丸、移宫为“三案”。凡力争三案者，皆贤士大夫，与东林相应和，而非东林党者，务反其说，为排击正人计。未几，方从哲为言者劾，罢。叶向高复相。赵南星、高攀龙等相继起用。邹元标、冯从吾倡建首善书院于京师，聚徒讲学。廷臣靡然从风，东林之势大振。会魏忠贤窃政，罢元标等，引其党顾秉谦、魏广微等入阁，而缙绅之祸始作。

忠贤即魏进忠，与帝乳母客氏私，因有宠于帝。帝初即位，即赐忠贤世荫，封客氏为奉圣夫人。忠贤忌司礼太监王安忠直，矫诏杀之。劝帝选武阉，炼火器，日引帝为倡优声伎、狗马射猎，遂得弄权肆恶。又虑妃嫔白其罪，矫旨赐光宗选侍赵氏自尽，幽裕妃张氏于别宫，杀之。皇后数于帝前刺客、魏过失。后有娠，客氏以计堕之，帝用此乏嗣。忠贤既掌司礼监，复提督东厂，车马仪卫僭拟乘舆。以田尔耕、许显纯为爪牙，罗织细故，恣行倾陷，士大夫无不恶之。

天启四年，杨涟劾忠贤二十四大罪，奉严旨切责。工部郎中万燝继论之，忠贤矫旨，杖杀燝。叶向高见时事不可为，遂乞归。寻罢赵南星、高攀龙，削涟及左光斗籍。由是，天下大权一归于忠贤。顾秉谦、魏广微及其党王绍徽、崔呈秀等编东林诸人姓名以授忠贤，目为邪党，欲假“三案”，文致其罪。重修《光宗实录》，痛诋王之寀及涟、光斗等。已，又以“三案”不足杀诸贤，复假熊廷弼事杀之。

初，廷弼挂吏议罢，袁应泰代为经略。天启元年，我大清兵取沈阳卫名，今奉天府、辽阳卫名，今奉天府辽阳县，应泰死之。帝起用廷弼，廷弼建“三方布置策”：广宁用步骑，天津、登莱用舟师，以图辽左，设经略于山海关，节制三方。帝从之，而广宁巡抚王化贞贪功轻战，与廷弼议不协。二年，我大清兵取西平堡在奉天府辽河西，遂克广宁，化贞与廷弼走，入关。廷议逮二人，下狱论死，以大学士孙承宗经略辽蓟。至是，忠贤遂诬诸贤受廷弼赃，矫诏逮之。

五年，涟、光斗及给事中魏大中、御史袁化中、太仆少卿周朝瑞、陕西副使顾大章先后逮下镇抚司狱。赵南星、李三才亦坐赃削籍。许显纯承讯涟等，非刑拷掠，血肉狼籍，涟等诬服，忠贤令狱卒潜毙之。时称六人为“六君子”。廷弼寻亦弃市，传首九边。化贞竟不诛。孙承宗闻其事，疏请入朝面奏机宜，欲因是论忠贤罪，雪诸贤冤。忠贤大惧，使其党劾罢承宗，以兵部尚书高第代之。

忠贤既杀六君子，遂榜东林党人姓名，示天下。作《三朝要典》，暴扬争“三案”诸臣罪状。六年，复矫诏逮高攀龙及前吏部员外郎周顺昌、苏松巡抚周起元、谕德缪昌期、御史黄尊素等。攀龙投水死，顺昌等逮至，均榜掠死狱中。中外臣工畏忠贤毒焰，竞思媚之，奏建生祠，仪视帝者，章奏皆称厂臣而不名。寻以修三殿成，进忠贤爵上公，从子从孙并赐勋爵。阉宦之肆恶，至是极矣。

熹宗在位七年，崩。遗诏立弟信王由检，是为庄烈帝。帝素稔忠贤恶，甫即位，即罢崔呈秀。嘉兴贡生钱嘉征疏陈忠贤十大罪，帝遂放忠贤于凤阳，榜其罪，示天下。忠贤自缢死，诏戮其尸。客氏及其家属无少长俱伏诛。崇祯元年，诏恤冤陷诸臣，赠谥赐荫有差，毁《三朝要典》，尽斥阉党。二年，定逆案，以六等定罪，凡赞导谄附忠贤之徒，悉列名诛谴，无脱者。

第四章　庄烈帝失国

庄烈帝承神、熹衰替之后,励精图治,严惩逆党,收召老臣。即位之初,朝局一振。然以惩朋党之弊,期得孤立无与者任之。贤奸杂进,靡所适从。既见廷臣竞门户不足倚,复委任宦官专制兵柄。封疆日蹙,流贼蔓延,征兵加赋,民力不支。阁臣如温体仁、周延儒辈,皆庸懦无能为。帝虽忧勤惕厉,固不能运独智而延短祚也。

天启末,高第、王之臣、袁崇焕更代督师于辽。帝以崇焕有将略,专任之。崇焕期以五年复全辽,帝赐之尚方剑,许便宜行事。崇焕莅镇,遣使请和,为缓师计,又诱斩总兵官毛文龙。文龙故骄悍,然素有功,世以是议崇焕。崇祯二年,我大清兵下遵化县名,属北直隶顺天府蓟州,今直隶遵化州、顺义县名,属北直隶顺天府昌平州,今直隶顺天府顺义县,进薄京城。帝起孙承宗为兵部尚书,视师通州,诏天下镇巡官勤王。崇焕及总兵官满桂入援,大清设间去崇焕,桂战没。承宗阻于大兵不得前,京师岌岌。三年,大清遗书议和,取道冷口关名,在直隶永平府迁安县东北而归。廷臣交章劾崇焕擅杀卖国,诏磔崇焕,籍其家。

万历以来,辽左被兵,天下嚣然烦费。四川永宁今四川叙永厅永宁县土司奢崇明、贵州水西今贵州大定府黔西州土司安邦彦、山东妖贼徐鸿儒等乘间窃发,已肇流贼之势,幸即剿灭,未震动全局。崇祯初,边事益棘,各省旱、蝗相属。陕西府谷县名,属延安府葭州,今陕西榆林府府谷县人王嘉允、安塞县名,属陕西延安府,今陕西延安府安塞县人高迎祥等啸聚饥民,剽掠郡县。三边总督杨鹤不能制,遣使抚贼,贼倏降倏叛,遂蔓延山、陕二省。延安府名,属陕西省,今陕西延安府人张献忠聚众据十八寨,自称“八大王”。米脂县名,属陕西省延安府,今陕西绥德州米脂县人李自成亦聚众依迎祥,号“闯将”。既嘉允为左右所杀,惟迎祥与张、李最强。群贼麇聚,私立名号,众至数十万。帝逮鹤下狱,论死,以洪承畴代之。承畴督总兵官曹文诏,连破贼于山、陕。贼自山西窜两河,遂犯湖广,窥四川。

七年,帝以延绥巡抚陈奇瑜总督河南、山、陕、川、湖军务,专讨流贼。奇瑜与贼十余战,驱高迎祥、李自成入兴安州属陕西省,今陕西兴安府安康县之车箱峡,将尽歼之,连雨四旬,贼粮尽,乞降。奇瑜纳其货,纵贼出峡。贼复自陕西出犯河南。诏逮奇瑜下狱,谪戍,命洪承畴出关讨贼。八年,迎祥、献忠及老回回、过天星等十三家七十二营会议于荥阳,用自成计,分道拒官兵,剽掠东方,寻陷凤阳,焚皇陵,复西入陕。曹文诏战死,贼势大炽,承畴力不能制。帝复以卢象升总理江北、河南、山东、湖广、四川军务,与承畴分任讨贼之事。承畴、象升屡败贼兵。陕西巡抚孙传庭复擒斩迎祥,群贼夺气,乃共推自成为"闯王"。

十年,帝以杨嗣昌、熊文灿为兵部尚书。嗣昌议大举讨贼,分官军为四正六隅,力筹增兵措饷之策。文灿奉诏督师,独主招抚,刊檄悬通都谕贼。时,献忠犯安徽、湖广各地,屡为总兵官左良玉、刘良佐等所败,遂降于文灿。自成自陕西入蜀,为洪承畴所败。寻,又败于潼关,妻女俱失,从十八骑遁入商洛即今陕西商州。于是,关中贼略尽。惟罗汝才等十余部往来豫、楚,亦为孙传庭击败。未几,承畴、传庭入卫,文灿抚事中变,而明室不可为矣。

当流贼肆扰时,我大清兵围大凌城在盛京大凌河畔,取旅顺在盛京金州西南,几再入塞,克山西、畿内诸州县,皆不久即班师。十一年,大清兵复入塞,直逼良乡县名,属北直隶顺天府,今直隶顺天府良乡县,连下畿辅城四十有八。又自德州渡河,下山东州县十有六。帝诏卢象升督兵勤王,象升主战,而杨嗣昌与总监军中官高起潜主和,议不合,事多掣肘。象升与大清兵战于钜鹿,败殁。帝召承畴总督蓟辽军务,传庭总督保定、山东、河北军务。传庭忤嗣昌意,坐逮下狱。大清兵寻东归。

十二年,张献忠叛于谷城县名,属湖广省襄阳府,今湖北襄阳府谷城县,攻陷房县属湖广省郧阳府,今湖北郧阳府房县。左良玉与战,大败。诏逮熊文灿下狱,命杨嗣昌督师讨贼。嗣昌请拜良玉平贼将军,专讨献忠。十三年,良玉追献忠入蜀,大破之于太平县属四川省夔州府达州,今四川绥定府太平县之玛瑙山,斩获贼渠殆尽。献忠只身遁,势大蹙。既良玉憾嗣昌养寇自重,献忠复出,与罗汝才合。李自成亦自四川出犯河南。十四年,自成陷河南府,杀福王常洵。献忠陷襄阳,杀襄王翊铭。嗣昌闻报,忧惧不食,死。自成寻陷南阳,杀唐王聿镆,进攻开封。帝起孙传庭,督师援开封。传庭治兵关中,未及赴援,自成已决黄河灌开封城,陷之。

流贼之起,初无远图,所得城邑辄焚毁弃去。至是,官军屡败,名都大邑相继失守,愚民附贼者众,贼遂思僭大号。十六年,李自成陷承天府名,属湖广省,今湖北安陆府钟祥县,僭号"新顺王",以襄阳为襄京。张献忠亦陷武昌,僭号"西王",改武昌为天授府。左良玉复武昌,献忠走四川。自成寇潼关,孙传庭死之。自成遂取西安,僭称王,国号"顺",改元永昌。寻陷太原,攻宁武关属山西大同府,今山西宁武府,总兵官周遇吉力战死之。贼遂长驱而东下大同、宣府,从居庸关入,守将及监军太监均降于贼。贼逼京师,太监曹化淳启彰义门,纳贼入。帝命后妃自尽,自登煤山,书衣襟为遗诏,投缳而崩。自成入宫,以柳棺盛帝尸出。大学士范景文、尚书倪元璐等殉难者二百余人。

先是,我大清兵围锦州属广宁卫,今盛京锦州府,洪承畴调马科、吴三桂等八大将兵十三万援锦州,进次松山在锦州府锦县南与大清兵战,皆败溃。承畴坚守松山,至十五年,大清兵克松山,承畴降,遂下锦州。帝密遣使请和,廷臣议不协,遂寝其事。大清兵入蓟州,连下畿南、山东州县,凡攻克八十八城。周延儒自请督师,无功而还,为言官所纠,赐死。至是,京师陷。吴三桂乞降于我大清,求共讨贼。自成已出山海关,与三桂战。大清兵助三桂击破之。自成走京师,僭帝号,寻焚宫殿,挟太子、二王西走。大清兵定京师,改葬帝后,加谥如礼。

自成自山西奔陕西,与献忠相攻,兵势日蹙。献忠陷成都,据有全蜀,僭号“大西国王”,伪称大顺元年,屠戮蜀民,几无噍类。我世祖章皇帝顺治二年,大兵下陕西,自成走湖广。大兵两道追蹑,贼众多乞降或逃溃。自成自武昌走通城今湖北武昌府通城县,率二十骑略食于九宫山,为村民所困,自缢而死。献忠以蜀中民尽,谋窥西安。顺治三年,献忠率众出走,至盐亭今四川潼川府盐亭县界,猝遇大兵于凤凰坡,中矢坠马,蒲伏积薪下,大兵擒献忠,斩之。其党皆溃走,流贼始平。

第五章　福王及诸藩之亡

福王常洵既死于流贼,其子由崧袭封,避乱居淮安。京师失守,兵部尚书史可法迎王至南京,称监国。寻即帝位,改元弘光,以可法及凤阳总督马士英等为大学士。命可法督师江北,分淮、扬、凤、庐为四镇,以总兵官黄得功、刘良佐、刘泽清、高杰领之。王性暗弱,湛于酒色声伎,委任士英及兵部侍郎阮大铖。大铖故阉党,名挂逆案,及柄用,不以国事为意,徒仇视正人,图报私憾,以可法志在恢复,数谮毁之。四镇中,杰、泽清最悍,不相能,常引兵私斗。可法两解之,不能正其罪,以是卒无成功。

王遣兵部侍郎左懋第等求成于我大清,大清不许。我睿亲王多尔衮致书史可法,使劝王归顺,可法答书不从。大兵遂下山东、河南之地,可法帅师进次清江浦在江苏淮安府西,与大兵相持。顺治二年,明总兵官许定国诱杀高杰于睢州今河南归德府睢州,可法兵益单。会有自称太子慈烺及王妃者,王命下狱,治之。

诸镇不服。左良玉自武昌举兵东下,以入清君侧、保全东宫为名。可法还师入援,良玉至九江病死。可法复北上救盱眙今安徽泗州盱眙县,不及,退守扬州,城陷而死。大兵渡江,刘泽清、刘良佐皆降,王出奔太平。大兵遂定南京,追王至芜湖今安徽太平府芜湖县,执之,黄得功战死。明自太祖建元至是,凡十七世二百七十九年而亡。

唐王聿键以崇祯九年起兵勤王,锢于高墙,福王建国释之。南都破,王奔杭州。总兵郑鸿逵、户部主事苏观生等奉之入闽,依南安伯郑芝龙。芝龙,故海盗,启、祯间数寇福建。廷议抚之,使讨贼赎罪,积功至总兵。鸿逵,其弟也。王至闽,议称监国,诸臣劝进,遂称帝于福州今福建福州府,改年隆武。以故礼部尚书黄道周为大学士,进芝龙、鸿逵侯爵。道周建议恢复,以兵出江西。然,政在郑氏,不能有所为。芝龙寻输款于我朝,王虚拥位号而已。

当是时,故明鲁王以海、益王由本、永宁王慈炎、靖江王亨嘉举兵于江、浙、广东各地,竞称监国。臣民举兵守城不下者,所在多有,然皆旋起旋灭,无能抗拒大兵者。黄道周至婺源今安徽徽州府婺源县,兵败被执,至江宁即明南京,不屈死。顺治三年,大清兵克绍兴。鲁王遁入海,闽中大震。郑芝龙尽撤防兵,不为守御计。大兵遂由衢州渡仙霞岭在浙江衢江府江山县南入闽,唐王奔汀州今福建汀州府,大兵追获之,芝龙奉表降。其子成功与郑鸿逵、郑彩叛,入海,奉鲁王居南澳在福建厦门西南海中。

唐王既亡,其臣苏观生等以其弟聿𨮁,称号于广州今广东广州府,改年绍武。兵部尚书丁魁楚、侍郎瞿式耜等拥立桂王常瀛子由榔于肇庆今广东肇庆府,改年永历,遣兵攻聿𨮁,不克。大兵下广州,聿𨮁及观生均自缢死,桂王亦奔梧州今广西梧州府。顺治四年,大兵克肇庆。王奔桂林今广西桂林府,又走武冈今湖南宝庆府武冈州、柳州今广西柳州府,群臣跋扈胁迫,王不能制。会大兵东还,王乃返桂林。

唐王建号时,使总督何腾蛟守湖南。大兵既克湖南,腾蛟与督饷侍郎严起恒同奔桂林。王以起恒为大学士,腾蛟仍出督师。顺治五年,江西降将金声桓、李成栋叛应王,明兵势复振。王进驻肇庆,腾蛟遂陷湖南州县。明年,大兵下湘潭今湖南长沙府湘潭县,腾蛟死之。大兵旋克南昌,诛声桓。复至信丰今江西赣州府信丰县,败成栋军,成栋投水死。顺治七年,大兵克韶州今广东韶州府,王奔梧州。大兵旋下广州,克桂林,瞿式耜死之。王大惧,遂奔南宁今广西南宁府。

先是,鲁王在海上,谋复故土,数以舟师犯闽、浙沿海各地。已而,逼于郑彩,徙居琅琦岛在福建虎门外海中。大兵克兴化城今福建兴化府,尽复所陷州县。彩见事势穷蹙,弃王去。其臣张名振、阮进等奉王居南田在浙江台州府宁海县东海中,寻入舟山今浙江省定海厅治。至是,大兵攻舟山,王遣进拒战,败没。名振等奉王航海走,依郑成功。成功居之金门今福建泉州府同安县金门镇。王自去监国号,奉表于桂王。久之,名振亦卒。成功事王日懈,王积不能平,将往南澳,成功使人沉之海中。

张献忠之亡也,其党孙可望、李定国等溃走四川,复陷贵州,入云南,求封于桂王,严起恒持不可。王既奔南宁,可望遣使迎之,遂杀起恒。王不得已,封可望为秦王。顺治九年,可望劫王,迁之于安隆所,改为安龙府今广西隆州,遣定国陷湖南、广西、广东各地。王恶可望之逼,密谕定国来迎。可望侦知之,杀其大学士吴贞毓等数人。顺治十三年,定国至安隆,奉王走云南。可望与定国战,大败,挈妻子降于我朝。顺治十五年,大兵三路入云南,王走永昌今云南永昌府、腾越,遂入缅甸。定国攻缅,索之不得。顺治十八年,吴三桂与大清定西将军爱星阿等帅师征缅,缅人送王出,王死于云南,定国亦走死。明裔至是尽矣。

第四篇 东南诸国事略

第一章 朝鲜

高丽王氏有国四百余年,交通中国,视前代益繁。宋太祖时,王建之子昭在位,遣使朝贡,太祖优诏答之。自是,高丽奉宋正朔,且慕宋文物,常遣臣庶就学求书。辽圣宗怒高丽不恭,五兴师伐之。高丽遂服属于辽,与宋绝使聘者四十余年。熙宁中,王徽嗣位,治尚仁恕,慕向中国,兼事宋辽,使聘不绝。六传至王楷,值金灭辽,复以事辽旧礼称臣于金。宋室南渡,有请假道高丽以伐金者,高宗使往谕楷,楷难之。隆兴以后,交通乃绝。

蒙古灭金,高丽王瞮复臣于蒙古,蒙古设达噜噶齐监治其国。瞮再传至愖,元世祖以皇女妻之。愖子源复尚布达实哩旧作宝塔实怜公主,故高丽直隶于元,奉命惟谨。顺帝二皇后奇氏,高丽人也。其宗族在高丽者,恃宠骄横,国王巴延特穆尔旧作伯颜帖木儿诛之。后谗巴延特穆尔于帝,欲废之,而立其昆弟在京师者塔斯特穆尔旧作塔思帖木儿为王。至正二十二年,以兵万人送塔斯特穆尔之国,至鸭绿江,为高丽兵所拒,败还。于是,高丽与元绝,而元室亦骤衰矣。

明兴,高丽王颛来贡,太祖降敕封之。洪武七年,颛之相李仁任弑颛,立僧辛旽之子禑,帝遣使责问,禑累表贡献,且乞封,帝遂封禑为王,而索铁岭在江原、咸镜两道间,非奉天之铁岭也以北之地,禑以铁岭为其世封,不予。其臣崔莹劝禑叛明,攻辽东。守门下侍中李成桂力谏,不听。二十一年,禑使莹、成桂将兵三万,进次威化岛在鸭绿江中,值大雨,士卒怨溃。成桂乃还师,围王城,杀莹,放禑于江华岛。

成桂立禑子昌,遣使于明,称禑逊位于子。禑愤甚,谋杀成桂,事败。成桂复废昌,而立王氏裔孙定昌国院君瑶。是时,辛、王二氏更代,朝臣分党,互相倾轧,成桂专其国兵柄,王氏之党争欲去之。二十四年,成桂自立为王,放王瑶于原州属江原道,高丽于是遂亡。明年,成桂遣使来告,且请改国号,帝命仍古号曰"朝鲜"。

成桂在位七年,传位于子芳果。芳果立二年,复逊位于弟芳远。芳远奖励文学,殚心国政,以永乐二十年卒。子祹嗣立,益注意于文治,广聚经籍,擢用儒素,开谚文局于宫中,命其臣郑麟趾、申叔舟、成三问等,制字母二十八字,以初、中、终三声相合而成字,朝鲜至今遵用之。祹再传至弘時,年幼,委政臣下。其叔首阳大君瑈逼弘炜禅位于己,寻放之于宁越属江原道,封为鲁山君。未几,复杀之。

初,朝鲜北边与建州毛怜野人即今吉林盛京境诸卫接壤。野人尝侵辽东,败溃,逃入朝鲜,朝鲜悉捕获,送至明,野人以是恨之。宣德八年,建州长李满住率兵攻朝鲜,朝鲜败之,寻与媾和。至瑈在位时,又诱杀毛怜卫都督郎卜儿哈,野人复侵掠朝鲜。成化三年,李满住叛明,明使朝鲜出师夹击。瑈遣其将康纯、鱼有沼等渡鸭绿江攻破九猕府诸寨,斩满住及其子古纳哈打肥刺,献俘于明,宪宗厚赉之。

瑈三传至㦕,昏愦凶暴,刑戮大臣无算。其臣成希颜等废㦕为燕山君,而立其弟晋城大君怿。怿卒,子峼峘代立,事明甚谨,而国事日坏。廷臣结党相挤,贤者诛窜殆尽。建州人掠其边境,无能御者。峼卒,子昖嗣,野人尼汤介大举攻之,昖使郑彦信等倾国之兵往御,始大破尼汤介,追奔至豆满江即今图们江,掩击其部落而还。

万历十七年,平秀吉贻书朝鲜,假道伐明。朝鲜诸臣分东西两党,互议迎拒不决。至二十年,秀吉怒朝鲜不奉令,遂使其将小西行长、加藤清正、黑田长政等分三路攻朝鲜,连败其兵,杀大将申砬。砬故骁勇,国人恃以为重,及砬死,诸道望风瓦解。倭兵入王城,擒王子临海君珒、顺和君玜,势张甚。全罗、庆尚二道水使李舜臣、元均等以龟船击倭船于巨济洋在庆尚道泗川郡南,倭兵大败。诸郡县复多起兵拒倭者,倭稍稍戢。明廷再出师援朝鲜,相持数年,倭亦不能得志而去。

昖在位四十一年,卒。次子光海君珲立。万历四十四年,我大清兵伐明。明征兵于朝鲜,珲令其臣姜弘立、金景瑞等率师应之。明兵败,弘立、景瑞皆降于大清。时,明以珲越兄珒而自立,且疑其贰于大清,不册封珲。珲恶珒而杀之,复诛其弟璘,囚璘母金氏。屡兴大狱,屠戮忠直。大将金瑬起兵,废珲,以金氏之命立珲兄子倧,时熹宗天启三年也。

七年,大清兵袭明将毛文龙于皮岛一名东江,在登莱海中,并攻朝鲜,连下义州、平壤、黄州属黄海道诸郡。倧率士民遁于江华岛。大清兵次王城,遣使谕倧,倧输款,遂班师。已而,倧渝盟,复欲事明。十年,我太宗文皇帝亲征朝鲜,直逼王都。倧徙妻子于江华,自遁于南汉山城属京畿道广州府,遣使赴明告急。明遣总兵陈洪范调舟师赴援,洪范迁延不出。大兵寻下江华,倧大惧,乞降,以世子溰及凤林君淏为质。朝鲜自是与明绝。

第二章　日本

日本自罢遣唐使,与中国之好中绝。而其国魁柄下移,亦非复唐时之盛。初,唐懿宗时,其王惟仁冲年嗣位,太政大臣藤原良房以外戚摄政相门,自是专权。惟仁三传至定省,委政于良房子基经,号为“关白”。藤原氏遂世居关白之职,国之政刑一出于关白,国王虚拥位号而已。

宋太宗时,有僧奝然自日本来朝,居四年而去。其后,彼国僧徒相继来华,数有贡献,惟未尝遣国使。南宋时,藤原氏益横,拥立五主,祸乱踵起。外戚平清盛、大臣源赖朝合力以攻藤原氏。已,复互相猜忌,势不并立。淳熙中,赖朝尽灭平氏,开幕府于镰仓郡名,属东海道相模国,今神奈川县,称征夷大将军,大权遂归源氏。藤原氏虽更为关白摄政,而其进退无与国事。嘉定初,源实朝为将军,尝劝其王守成,朝贡于宋,会源氏为其戚北条氏所倾,不果行。

守成七传至恒仁。值元世祖尽平诸国,遣使至日本,胁之朝贡。时,北条时宗专政,执不可。元兵攻之,无功而还。恒仁在位十五年,禅位于子世仁。元复大举伐之。恒仁大恐,祷于伊势国名,今畿内三重县神宫,祈以身代国难,又敕诸僧修炽盛光法,以禳兵祸,举国汹惧,几将瓦解。既元军遭飓风,不战自败,国事乃定。元成宗尝遣僧一山赍诏至镰仓,谕令通好,亦不报。

世仁五传至尊治,欲灭北条氏。北条高时举兵反攻,逐尊治。新田义贞起兵勤王。高时将足利高氏亦归顺,遂攻破镰仓,灭北条氏。尊治嘉高氏功,赐名尊氏。既义贞与尊氏相恶,尊氏发兵攻国都,逐尊治,立其从子丰仁亲王,义贞战死,尊治逃之吉野川名,属南海道阿波国,今高知县,遂分南北两朝。北朝势强,居国都,而传国神器在南朝,世仍以南朝为正统。北朝传五主,南朝传三主,互相攻伐,迭有胜负。至明洪武中,尊治孙熙成与北朝媾和,授神器于丰仁曾孙干仁。于是,国统复归于一。而足利氏世为大将军,专其国政。

南北朝之乱,虽与中国绝,不通问,而沿海商民往往潜通市易。盗贼乘间入我内地劫掠,所谓"倭寇"是也。明太祖初即位,即遣使谕日本:禁戢海盗,奉表来庭。北朝不报。已,又遣莱州府同知赵秩及僧祖阐、克勤等相继往谕,皆未得其要领。胡惟庸之谋逆也,日本遣使献巨烛,中藏火药、刀剑,欲为惟庸外应。事觉,帝命锢其人于云南。由是,恶日本特甚,著祖训列不庭之国十五,日本与焉。

建文时,足利道义两遣使上书,故中国误以道义为其国王。成祖尝降敕褒之,又谕令捕送倭寇。道义子义持捕送三十余人,且修贡献。帝嘉其恭顺,赏赉有加,还其人,使自治之。使者还至宁波,置大甑,蒸杀诸寇。永乐十三年,颁勘合于日本,限十年一贡,使臣限二百员,船止二艘,禁挟带刀枪。十五年,道义死,义持遣使告丧。帝遣中官致赙赐谥,又遣官册义持为日本国王。已而,义持不乐臣贡,遣僧等持来告绝好,终义持之世,遂不通讯。

宣德中,义持子义教袭职,遣使来贡。宣宗赐之永乐钱三十万。自后,义胜、义政、义熙、义植等相继为将军,称臣奉正朔,世以为常。嘉靖二年,义植之臣大内义兴遣僧宗设来贡,管领畠山高国亦遣僧瑞佐、宋素卿来市易,先后至宁波,争宴席坐,遂互斗。宗设杀瑞佐,大掠而去。有司执素卿,下之狱,寻杀之。十八年,义植子义晴为将军,复请修贡,赐新勘合,廷议不许。未几,足利氏衰,其国内乱,群雄割据,莫相统一。不逞之徒,出没海上,为中国患者,垂数十年。

平秀吉者,织田信长之将也。信长当足利氏之衰,废将军义昭而代之,使秀吉削平群雄,更定法制,国赖以安。已而,为其下明智光秀所杀。秀吉为信长复仇,诛光秀,遂自请为关白。其王周仁赐姓为丰臣氏。万历中,秀吉以丧子故,郁郁不自得,伐朝鲜以逞其志。明廷用石星议,封秀吉为日本王。秀吉怒曰:"吾而为王,若王室何益?"发兵为进取计,国人谏阻,皆不听。前后用兵七年,至秀吉死,始罢。

秀吉子秀赖嗣为关白,年幼不能任政,周仁以德川家康为大将军。家康遂灭丰臣氏而专政,复通好于明,给印票于诸商,约互市。家康子秀忠嗣职,亦求通商,值明室衰微,不报。南都既亡,郑芝龙奉唐王聿键书暨方物,乞援于日本。时,秀忠子家光为将军,雅不欲开衅于我大清,贻书谢芝龙。芝龙既就抚,其子成功奉鲁王居海上,时与日本通使互市。成功母田川氏,日本女也。顺治六年,明遗臣冯京第、黄宗羲、朱之瑜先后乞师日本,皆不达。洎鲁王亡,独成功与日本交通焉。

第三章　安南

宋初,丁部领王交趾,传二世,为部将黎桓所篡。宋太宗发兵讨之,桓惧,遣使贡方物,上表谢罪,帝因封桓,使主交趾。真宗即位,封桓为南平王。桓卒,诸子争国。大校李公蕴逐黎氏而自立,帝用桓故事封之。再传至日尊,国势日强,改国号曰"大越"。日尊卒,子乾德嗣,与宋构兵,寻归顺,奉职如故。三传至龙翰,有内乱。其臣陈李平之,以功专国柄。李有孙曰日煚,尚龙翰孙女昭圣。龙翰子昊昰嗣位,卒,无子,传位于女,其国遂为日煚所有。

元世祖初年,伐交趾,置达噜噶齐监治之。日煚子光昺嗣位,尝上表乞罢达噜噶齐,不报。光昺卒,日烜、日燇相继立,屡服屡叛。元虽数征之,未能得志。至延祐后,安南始率职贡献不绝。明太祖洪武初,其王日煃首修职贡,太祖嘉之,礼遇优于诸国。日煃卒,侄日熞嗣,为其伯父叔明逼死,叔明篡位。未几,以其弟煓、炜摄政。煓侵占城,败没。炜为黎季犛所弑。立叔明子日焜,已又弑日焜,立其子颙,旋弑颙及其弟安,遂灭陈氏而自立。

成祖讨季犛,夷安南为郡县。而简定、陈季扩、黎利相继为乱,用兵累年。至宣宗时,卒弃安南,命利权署国事。利虽受敕命居国,仍僭帝号,建百官、设学校,以经义、诗赋二科取士,彬彬有华风焉。利卒,子麟嗣。英宗以陈氏嗣已绝,宜使麟正位,遂封麟为安南国王。

正统七年,麟卒。子濬琮灏代立。灏雄杰有智略,成化中,攻占城,执其王盘罗茶全。既又破之,执其王盘罗茶悦,遂改占城为交南州。恃其兵力,攻老挝及八百,邻近诸国无不被兵者。明廷谕禁之,不能止也。灏之后,国势渐颓,其孙谊及晭皆庸暴,多行不义。正德十一年,社堂烧香官陈暠与二子昺、昇作乱,诡言前王陈氏后,国人附之,遂弑晭而篡其位,自称大虞皇帝。大虞者,黎季犛国号,以胡、陈二姓皆出于舜也。

晭臣都力士莫登庸初附陈暠,后与黎氏大臣阮宏裕等起兵讨之。暠败,奔谅山今越南北圻谅山省,据地自保。登庸等共立晭兄灏之子譓。登庸既有大功,潜蓄异志。黎氏臣郑绥以譓徒拥虚位,别立其族子酉榜,发兵攻国都。譓出走。登庸击破绥兵,捕杀酉榜,益恃功专恣,逼妻譓母,而迎譓归,攻陈暠于谅山,暠败走,死。遂谋弑譓,譓奔清华今越南中圻清华省。登庸立其庶弟旷,迁居海东长庆府今越南北圻广平省。旋令其党伪为旷禅诏,篡其位,时嘉靖六年也。九年,登庸传位于子方瀛,移居海阳今越南北圻海阳省,为方瀛外援,作《大诰》五十九条,颁之国中。是年,黎譓卒于清华,国亡。

世宗以安南大乱,莫氏叛逆,宜遣官往勘,且议征讨。时大学士夏言主用兵,而户部侍郎唐胄、兵部侍郎阮珍等力言用兵非计,议久不决。十六年,安南黎宁遣国人郑惟僚等赴京,备陈登庸篡弑状,言乞师亟除贼。事下诸臣议。云南巡抚汪文盛谓登庸必可破,即传檄谕之。帝又命右都御史毛伯温率师进讨。登庸及方瀛大惧,屡表乞降,且籍其土地、户口,听处分。帝乃罢征南兵,削安南为安南都统使司,改十三道为十三宣抚司。

安南既降,登庸父子相继卒。方瀛孙宏瀷嗣,逼于大臣阮敬,国内乱。四十三年,宏瀷卒,子茂洽嗣。莫氏势益衰,遂复夺于黎氏。初,黎宁据清华称帝,为登庸所攻,窜占城界。国人立其弟宪。宁寻自占城归,居于漆马江属清华来州。宁卒,其臣郑检立宁子宠。宠卒,无子,国人共立黎氏之裔维邦、维潭,世居清华,自为一国。万历十九年,维潭攻莫茂洽,杀之,得其都统使印,款关求贡。总督陈大科等上言:"莫之篡黎,其势逆,黎之复仇,其名正。宜许其来归。"二十五年,遂授维潭都统使,使主安南。莫茂洽之死,其族人敬恭、敬用等屯聚谅山、高平今越南北圻高平省,角立不相下。维潭既复国,诏以高平居莫氏,如漆马江故事,毋相侵夺。二十七年,维潭卒,子维新嗣。郑检子松负功专权。维新移居清化,都统使之,威令不能行于全境。莫氏宗党往往据地僭号,侵轶中国。维新卒,子维祺嗣。天启四年,发兵击莫敬宽,克高平,大掠而归。敬宽与其子逃入山中,复回高平,势益弱。然终明之世,二姓分据,讫不能归一云。

第五篇　学艺宗教

第一章　学校科举

明太祖以游丐起事,目不知书,而其后殚心问学,博通古今,遂最措意于学校。初定金陵,即以元集庆路儒学为国子学。洪武元年,令品官子弟及民俊秀通文义者,并充国子学生。天下既定,诏择府、州、县学诸生入国子学,又择年少举人赵惟一、董昶等入学读书,赐以衣帐,命于诸司先习吏事,谓之历事监生。遴其中尤英敏者,入文华、武英堂,研究典籍,讲求经济,谓之秀才。二年,又诏天下府、州、县皆立学,设教授、学正、教谕、训导等官,以礼、乐、射、御、书、数设科分教。兵燹甫夷,莘莘弦诵,视汉、唐、宋、元开国之时,为独优焉。

科举之制,吴元年已定,而未举行。洪武三年,始设科取士。京师、行省各举乡试,以经义、论、策分试三场。中式后十日,复以骑、射、书、算、律五事试之。明年,会试,帝亲制策问,试于奉天殿。时,以天下初定,令各行省连举三年。自后,三年一举,乡试以八月,会试以二月。又以官多缺员,举人俱免会试,赴京听选。并择其年少优异者为翰林院编修,入文华堂肄业,命宋濂为之师。帝政暇,亲品骘其文,恩礼备至。

六年二月,以科举所取多后生少年,有文无实,诏罢科举。别令有司察举贤才,以德行为本,文艺次之。其目曰聪明正直,曰贤良方正,曰孝弟力田,曰儒士,曰孝廉,曰秀才,曰人才,曰耆民,皆礼送京师,不次擢用。而各省贡生,亦由太学以进。于是,罢科举者十年。

十四年,改建国学于鸡鸣山。明年,改称国子监,设祭酒、司业等官,分六堂以课诸生,曰率性、修道、诚心、正义、崇志、广业。每旦,祭酒、司业坐堂上,诸生进揖,质问经史,拱立听命。所习自四子本经外,兼及刘向《说苑》及律、令、书、数、《御制大诰》,每月试经、书义各一道,诏、诰、表、策论、判、内科二道。按诸生文行递升各斋,升至率性,乃积分。每试文理,俱优者与一分,理优文劣者与半分,纰缪者无分。岁积八分为及格,与出身。不及者,仍坐堂肄业。

是年,复行科举。越二年,颁科举条式,子午卯酉年乡试,辰戌丑未年会试。乡、会试各三场,第一场试《四书》义三道、经义四道《四书》主《朱子集注》,《易》主程朱《传义》,《书》主《蔡沈传》及古注疏,《春秋》主三传及胡安国、张洽传,《礼记》主古注疏。至永乐中,颁《四书五经大全》,废注疏不用,其后《春秋》亦不用张洽传,《礼记》止用陈澔《集说》。二场试论一、判语五、诏诰、章表各一。三场试经史策五。乡试中式者为举人,各布政使司送礼部会试。会试中式者赴殿试。殿试以一、二、三甲为名第之次。一甲止三人,曰状元、榜眼、探花,赐进士及第;二甲赐进士及第;三甲赐同进士及第,无定额。十八年,始选进士入翰林,一甲为修撰,二甲为编修,三甲为检讨。又命进士观政诸司,其在翰林中书者曰庶吉士,在六部都察院者仍称进士。

是时,虽复行科举,而监生与荐举人才参用者居多。尝擢监生刘政等六十四人为布政按察使及参政副使等官,或用为御史、给事中。而荐举之途尤广,贤良郭有道、秀才范敏、曾泰、税户人才郑沂、儒士赵概,皆起家为尚书。其他由布衣登大僚者,不可胜数。盖太祖锐意图治,用人不拘资格,而学校修举教课得人进身之阶,初不专恃考试也。

成祖迁都北京,别设国学,以京师国子监为南京国子监,太学生遂有南北之分。仁、宣以后,取士偏重科举,学校浸衰。初,各府、州、县生员定额至少,皆廪于学,为世所荣。宣德元年,始增其额,谓初设者为廪膳生员,新增者为增广生员。英宗正统十二年,复以凤阳府知府杨瓒言,增置生员,毋限额数,谓之附学生。名器日滥,所取或不尽才。迨景泰初,以边事孔棘,令天下纳粟、纳马者入监读书,得视岁贡生员,谓之民生,亦谓之俊秀,而流品益淆,国学亦不复得人矣。

大要:明制,入府、州、县学者,通谓之生员;入国学者,通谓之监生;举人下第而入监者,曰举监;生员以贡入监者,曰贡监;品官子弟曰荫监;捐赀曰例监。贡监有岁贡、选贡、恩贡、纳贡之别;荫监有官生、恩生之分。举、贡得为府佐贰及州县正官;官、恩生得选部、院、府、卫、司、寺小京职,皆为正途。援例监生,仅得选州县佐贰及府首领官,其授京职者乃光禄寺、上林苑之属,谓之异途云。

元设儒学提举司,明初裁之。生员入学,率试于巡按御史、布按两司及州县官。正统元年,始置提督学政专官。南北直隶俱用御史,各省参用副使佥事。景泰元年,罢提学。天顺六年,复设。其有所辖太广及地最僻远,岁巡所不能及者,则属之分巡道员及巡按御史。初制提学官,置德行、文艺、治事三簿,稽诸生优劣而判其等。其后,奉行不力,仅以岁科两试,第其优劣,无复古者学校师儒之义,故士习刓而争骛于奔趋。

明初,两京乡试主考,皆用翰林。而各省考官,先期于儒官、儒士内聘明经公正者为之,故有不在朝列而累秉文衡者。景泰三年,令布、按二司同巡按御史,推举见任教官,年五十以下三十以上,文学廉谨者,聘充考官。于是,教官主试遂为定例。嘉靖中,用兵部侍郎张璁言,各省主试皆选京官或进士,每省二人,驰往。其后,两京及各省房考亦不用教官,两京用京官、进士,各省聘外省推官、知县。初制同考八人,后渐增至十七人,万历中复增至二十人,讫明末不变。

第二章　诸儒学派

明初,诸儒学术纯正,其最著者,若金华范祖干、叶仪、祁门县名,属南直隶徽州府,今安徽徽州府祁门县汪克宽、休宁赵汸等,皆远宗朱熹,而近出于许濂、吴澄,视宋元之学派犹一脉也。方孝孺少受学于宋濂,濂亦金履祥之续传,故其学一以主敬为宗。教授汉中时,蜀王扁其堂曰“正学”,世遂称为“正学先生”。晚遭国难,杀身成仁。忠孝大节,虽出天性,亦其淬厉于学者深也。孝孺,字希直,一字希古,宁海县名,属浙江省台州府,今浙江台州府宁海县人。

继孝孺而讲学者,曰曹端、薛瑄、吴与弼,皆朱学也。端,字正夫,渑池县名,属河南省河南府,今河南河南府渑池县人,永乐六年举人,官霍州属山西省平阳府,今山西霍州学正。其学务躬行实践,而以静存为要。读宋儒《太极图》《通书》《西铭》,叹曰:“道在是矣!”笃志研究,坐下著足处,两足皆穿。居霍州十余年,无愚智皆化之。尝作《川月交映图》拟太极,学者称为“月川先生”。

瑄,字德温,号敬轩,河津县名,属山西省平阳府蒲州,今山西绛州河津县人,永乐十九年进士。正统初,为山东提学佥事,取士先力行而后文艺,人称为“薛夫子”。王振当国,以瑄乡人引为大理寺卿。瑄不往谢,及见振,长揖不拜。振撼之,诬以事,系狱论死。振有老仆,闻之而泣,为振具言其生平,振悯然,立出之。天顺中,以礼部右侍郎入阁。值曹、石用事,道不行,致仕去。瑄学本程朱,修己教人,一以复性为主,充养邃密,言动咸可法。尝曰:"自考亭以还,斯道已大明,无烦著作,直须躬行耳。"有《读书录》二十卷,平易简切,皆自言其所得,学者宗之。成化初,谥文清。隆庆五年,诏从祀孔子庙庭。

与弼,字子傅,号康斋,崇仁县名,属江西省抚州府,今江西抚州府崇仁县人。少从杨溥学,读《伊洛渊源录》,慨然有志于道。遂弃举子业,独处小楼,玩四子五经诸儒语录者数年。家贫,躬耕食力,以其道教学者,累荐不仕。尝叹曰:"宦官、释氏不除,而欲天下治平,难矣!"英宗复辟,以处士征,赐玺书加束帛,特授左谕德,盖出石亨荐也。与弼至京,居二月,以疾辞归,恂恂如乡人,而名益高。浮薄士忌之,诬其讼弟,且为亨作谱,叙称门下士,世以是丛诟焉。与弼为学,一禀宋人成说,敬义夹持明诚两进。所著《日录》,皆躬行心得之言著录。弟子甚众,以胡居仁为称首。

居仁,字叔心,余干县名,属江西省饶州府,今江西饶州府余干县人,学者称为"敬斋先生"。弱冠即奋志于学,及游与弼之门,益自刻厉。每日必立课程,详书得失以自考。家故贫,鹑衣脱粟,肃然有自得之色。尝曰:"以仁义润身,以牙签润屋,足矣。"所著有《居业录》。

自吴、胡之后,讲学家分白沙、姚江二派。陆学大兴,程朱之统遂微。白沙者,新会县名,属广东省广州府,今广东广州府新会县里名,陈献章之所居也。献章,字公甫,正统十二年举人,以荐授翰林院检讨。尝从吴与弼讲学,泛滥于古今圣贤之书,意弗慊也。归筑阳春台,静坐其中,不出阈者数年,始洒然自以为有得,故其学近于禅悦。其教学者,但令端坐澄心,于静中养出端倪。或劝之著述,不答。论者谓献章之学,有鸢飞鱼跃之乐云。

姚江学派始于王守仁。守仁,字伯安,余姚县名,属浙江省绍兴府,今浙江绍兴府余姚县人。学者称为"阳明先生"。少豪迈不羁,长从吴与弼弟子娄谅问学,始有志于道。登弘治十二年进士第,官兵部主事。忤刘瑾,下诏狱,廷杖四十,谪贵州龙场驿属贵阳府修文所,今废丞。穷荒无书,日绎旧闻,忽悟格物致知当自求诸心。由是,学大进。瑾诛,起用,洊擢至左佥都御史,巡抚南赣,夷群盗、平宸濠,升南京兵部尚书,封新建伯,进左都御史。平断藤峡贼,请告归,卒于南安府名,属江西省,今江西南安府。隆庆初,追谥文成。守仁教学者,专以"致良知"为主,谓宋周、程二子后,惟象山陆氏简易直捷,有以接孟氏之传,而朱子《集注》《或问》之类乃中年未定说。学者翕然宗之,所著有《传习录》及《诗文集》。

白沙弟子以湛若水为大宗。若水,字元明,增城县名,属广东省广州府,今广东广州府增城县人。学者称为“甘泉先生”。弘治十八年进士,官至南京吏部尚书。若水之学,专宗献章,所至必建书院以祀之。初,若水与守仁同讲学,后各立宗旨,守仁主“致良知”,若水主“随处体验天理”。守仁言若水之学为求之于外,若水亦谓守仁格物之说不可信。两家门人各相排诋,或亦为调停之说。然湛氏之徒,讫不及王学之盛。

王学自江右浙中播及吴楚,南暨粤闽,北逮齐豫,支派广而门户亦分。弟子之著者,曰钱德洪、王畿、邹守益、罗洪先、李材、王艮。而畿及艮,主张良知变本加厉,实为王学之蠹。畿,字汝中,号龙溪,山阴人,从守仁学最久,谓师门教法常提四句,云:“无善无恶心之体,有善有恶意之动,知善知恶是良知,为善去恶是格物。”艮,字汝止,号心斋,泰州人,从学守仁,尝创蒲轮,招摇道路,入都讲学,时人以怪魁目之。其论格物谓即反已,与诸儒之说皆不合,而持论高远,多出入于二氏焉。

与守仁同时,而墨守朱学者,曰泰和县名,属江西省吉安府,今江西吉安府泰和县罗钦顺。钦顺,字允升,号整庵,弘治六年进士,官至吏部尚书,谥文庄。其学初由禅入,后始悟其非,而力辟之。著《困知记》,发明释氏之明心见性与吾儒之明心见性相似而实不同。又以守仁误认格物,贻书辩论,往返至再,盖钦顺最深于格物致知之功也。

姚江学派盛行于明之中叶,至明末,而别为东林学派。顾宪成、高攀龙之学,虽亦出于阳明,而其讲学,东林恪遵程朱教法,力辟姚江“无善无恶”之说,有功于世甚巨。攀龙尝自述其为学规程,以半日静坐,半日读书。静坐有不安,则以程朱之语参求,凡诚、敬、主静。观喜怒哀乐未发、默坐澄心体认天理等,一一行之。立、坐、食、息,念念不舍,其诚切如此。崇祯初,追谥宪成端文,攀龙忠宪。

东林之后,好名之士,倡为复社、几社,欲以赓续东林。然,特文酒之会,于讲学无当也。明末,儒学惟黄道周、刘宗周二人能殿之。道周,字幼平,号石斋,漳浦县名,属福建省漳州府,今福建漳州府漳浦县人。天启二年进士,官右中允。以建言失庄烈帝意,黜为民。寻召用,进少詹事,上三疏,劾诸辅臣。帝召见平台,诘责之,贬六秩,已复逮下狱,遣戍。崇祯十五年,复故官。郑王监国,拜礼部尚书。南都亡,戴唐王图进取,兵败而死。道周学贯天人,精诚纯一。在狱时,注

《易》，讲学不辍，一时贤士大夫莫不推服。其所论建，动中时弊，而庄烈以迂阔斥之，惜哉。

宗周，字起东，山阴人，万历二十九年进士，以忤宣昆党不仕。天启初，起仪制主事，复忤魏阉，削籍。崇祯初，起顺天府尹，洊擢左都御史。言事侃侃，所规画诤论，皆天下治乱兴亡之本。帝恶其戆，斥为民。南渡，起原官，上疏论大计，不就职。既受命，见马、阮用事，复请告归。浙省降，绝食二十四日而卒。宗周初讲学于东林，后以王学累传而失其本，愍然忧之，筑证人书院，集同志讲肄。且死，语门人曰："学之要，诚而已，主敬其功也。敬则诚，诚则天。良知之说，鲜有不流于禅者。"学者称为"念台先生"。

第三章　诗文

明初，诗文以刘基、宋濂为两大宗。基诗质而雄，濂文厚而婉，皆浑然开国之音。同时，吴下诗人有高启、杨基、张羽、徐贲，号称"四杰"。而启诗尤工丽，启，字季迪，长洲县名，属南直隶苏州府，今江苏苏州府长洲县人。洪武初，荐修《元史》，授翰林院编修，擢户部右侍郎。以作诗讽刺时事，中太祖之忌，赐白金放归，居吴淞江即古松江，在今苏州、松江二府境之青邱，授书自给。已而，太祖见其为知府魏观作《上梁文》，大怒，腰斩于市。所著有《青邱大全集》。

启之后，林鸿、高棅以诗著，方孝孺、解缙以文著，虽皆追摹古作者，而气体渐失之弱。永、宣以还，崇古"台阁体"益靡，然无复杰作。至李东阳、王鏊出，始一洗台阁之陋。东阳，字宾之，茶陵州名，属湖广省长沙府，今湖南长沙府茶陵州人，幼有神童之称，年十八成进士，官至文渊阁大学士。刘瑾窃柄，东阳依违其间，为时所讥。而诗文典丽雄伟，朝廷大著作多出其手，著有《怀麓堂前后集》。鏊，字济之，吴县属南直隶苏州府，今江苏苏州府吴县人。成化中，乡、会试皆第一，廷试第三，授编修。武宗时，官文渊阁大学士。以忤刘瑾，去官。其文尔雅深厚，取士尚经术，险诡者一切屏去。弘正间，文体为一变。

与东阳、鏊同时，以诗文鸣于世者，有李梦阳、何景明、徐祯卿、边贡、康海、王九思、王廷相等，号"七才子"。其言文必秦汉，诗必盛唐，非是者弗道，斥东阳等文笔萎弱，天下翕然宗之。七子中，梦阳、景明名最高，世并称"李何"。梦阳，字献吉，庆阳府名，属陕西省，今甘肃庆阳府人，官户部郎中，忤刘瑾，下狱。康海为说瑾，乃免。瑾诛，起故官，迁江西提学副使，复为上官劾罢。梦阳跅弛负气，自号“空同子”。诗文高者,逼司马迁、杜甫,纵横变化,涵盖一世;劣者,或剽窃字句,取其形似,亦为世所嗤云。景明,字仲默,信阳州名,属河南省汝宁府,今河南汝宁府信阳州人,官陕西提学副使。诗文才力不逮梦阳,而秀逸浑成过之。梦阳所作曰《空同集》,景明曰《大复集》。

明代文人多媕陋,惟杨慎以博雅著。慎,字用修,号升庵,廷和子也。正德六年,殿试第一,授修撰。以伏阙争大礼,下诏狱,廷杖,谪戍云南永昌卫今云南永昌府。慎幼警敏,十一岁能诗。既投荒多暇,于书无所不览,为文章宏博绝丽,随题赋形,一空依傍。于李、何诸子外,自成一家。有集九十卷行世,而诗文外杂著,复有一百余种。当世著作之富,推慎为第一。李、何以后,为文者分二派:一宗秦汉,一宗唐宋。宗唐宋者,倡之王慎中,而唐顺之和之。慎中,字道思,晋江县名,属福建省泉州府,今福建泉州府晋江县人,官河南参政。其文初宗秦汉,谓东京以下无可取,已悟欧、曾作文之法,一意师仿。罢官后,益肆力于古文,演迤详赡,卓然成家。世以与顺之并称曰“王唐”,又曰“晋江毗陵”。毗陵者,古常州之称,顺之之乡也。顺之,字应德,嘉靖八年会试第一,授庶吉士。屡忤执政,削籍,归读书十余年,起御倭寇,官至右佥都御史。顺之于学无不窥,自天文、乐律、地理、兵法、弧矢、句股、壬奇、禽乙,俱能究极原委,为古文洸洋纡折,有大家风。归安县名,属浙江省湖州府,今浙江湖州府归安县茅坤最心折顺之。顺之著《文编》,专取唐宋八家。坤后选《八大家文钞》,其书盛行海内,乡里小生无不知茅鹿门者。鹿门,坤别号也。

宗秦汉者,李攀龙、王世贞其魁也。攀龙,字于鳞,历城县名,属山东省济南府,今山东济南府历城县人,官陕西提学副使。世贞,字元美,太仓人,官南京刑部尚书。攀龙初在京师,倡诗社,与世贞及谢榛、宗臣、梁有誉号“五子”,嗣增徐中行、吴国伦二人,号“七子”。“嘉靖七子”之名与“李何七子”,后先辉映。其古体诗文率聱牙戟口,恣为博奥,而近体诗务以声调胜,清华典赡,视李、何或少过之。攀龙罢官后,构白雪楼,以诗文倡后进,座客恒满。其没也,世贞独主文盟,垂二十年,故其名尤出攀龙上。世贞自号凤洲,又号“弇州山人”,所著《弇州四部稿》,精博与杨慎抗行。然世贞晚年,颇悔其少作,心折归有光。

有光,字熙甫,昆山县名,属南直隶苏州府,今江苏苏州府昆山县人。九岁能属文,弱冠尽通五经三史。举嘉靖十九年乡试,八上春官不第,居安亭江在昆山县东南,今有镇上读书谈道。学徒常数百人,称为“震川先生”。晚登进士第,官至南京太仆寺丞。有光为古文，原本经术，上者得司马迁之神，次亦不失为欧、曾。时，世贞负盛名，有光独斥为庸妄巨子，世贞始憾之，而终服之。论者谓元明三百余年，惟有光古文与八家相衡，无愧色云。明末，王、李之派盛行，公安县名，属湖广省荆州府，今湖北荆州府公安县袁宏道心非之，为诗独尚清真。学者多舍王、李，而从其说，号为“公安体”。其后，竟陵县名，属湖广省安陆府，今湖北安陆府天门县钟惺、谭元春复以幽深孤峭矫之，号为“竟陵体”，诗与古文皆失其正。张溥、陈子龙晚出，文体复一变。溥，字天如，太仓人，崇祯四年进士，改庶吉士。尝倡复社，以复古学，声气倾一时。其文朴茂渊懿，俨然两汉风也。子龙，字卧子，华亭县名，属南直隶松江府，今江苏松江府华亭县人，崇祯十年进士，官兵科给事中，殉国变死。溥之结复社也，子龙亦倡几社应之。其文宗魏晋，诗法汉魏盛唐，不失七子矩矱。

明以制义取士，其体尚排比，仿圣贤语气为之。盖太祖与刘基所定也。嘉、隆间，德清县名，属浙江省湖州府，今浙江湖州府德清县胡友信与归有光并以制义名，世称为“归胡”。启、祯间，抚州艾南英、章世纯、罗万藻、陈际泰等为之益精深刻挚，号为“江西派”。而江南若金声、黄淳耀、夏允彝等，文体复以沉郁雄浑胜。明亡，诸人皆抗节死义，著称于世。

第四章　喇嘛教

明代，释、道二教俱不甚盛，惟喇嘛教盛于西域。永乐初，成祖闻乌斯藏即西藏僧哈里玛旧作哈里麻有道术，国人称曰“尚师”，遣使迎至京师，为高帝后荐福。或言有卿云甘露之祥，帝大喜，封哈里玛为大宝法王，其徒三人皆封国师。后又封大乘、大慈二法王，礼之亚于大宝。于是，其徒争来朝贡，辐辏京师，先后封阐化、阐教、辅教、护教、赞善五王。又授西天佛子者二、灌顶大国师者九、灌顶国师者十有八。法王等死，其徒辄自相承袭，略与土司等。迄宪、孝二宗时，犹常迎喇嘛至京焉。

自帕克巴后，喇嘛世主藏事。至明世，诸法王皆赐红绮禅衣，称为红教喇嘛。红教以密咒为旨，蓄妻子，多弊害。至宗喀巴出，喇嘛教始别创新派。宗喀巴以永乐十五年生于西宁卫属陕西省，今甘肃西宁府，得道于藏中甘丹寺，鉴红教之弊，排幻术，禁娶妻，著黄衣黄冠以自别，是为黄教之祖。宗喀巴有二弟子，曰达赖喇嘛，曰班禅喇嘛。成化十五年，宗喀巴死，遗属达赖、班禅世世以呼毕勒罕转生,演大乘教。呼毕勒罕者,华言化身也。

当明中叶,黄教盛行西域,已远出红教上,而中国未之知也。达赖二世根敦嘉穆错出,始以活佛闻于中国。武宗遣使迎之,达赖匿不出,使还,而武宗崩,事遂寝。嘉靖二十二年,达赖三世锁南坚错立,名益著,青海、河套、诸蒙古罔不向服。顺义王谙达尝躬迎之至漠南布教,又劝之通中国。锁南坚错乃遗大学士张居正书,自称释迦牟尼比邱。居正闻于朝,神宗许其通贡。自是,红教中大宝、大乘诸法王亦皆俯首称弟子,改从黄教,而红教日微矣。

万历末,达赖五世罗卜藏嘉穆错立。红教喇嘛妒其威势之盛,欲引拉达克地名,即今后藏之酋长藏巴汗以控制黄教。罗卜藏嘉穆错乃招致卫拉特以拒之,卫拉特自额森后久不振,当是时,分准噶尔、杜尔伯特、土尔扈、和硕四部,势复强。和硕部长固始汗受达赖喇嘛命,纠三部之众,自青海入西藏,击藏巴汗,杀之。于是,达赖驱除其众,以其地居。班禅与达赖分主藏事。西藏全土遂尽归黄教喇嘛焉。

第五章　天主教附中西之交通及历算西学

自蒙古统一亚细亚,中国始与欧洲交通。然其时,航海必由黑海,中隔土耳其等国,欧人犹未能径至中国通商也。至明中叶,葡萄牙王子亨里究心航海之术,创兴罗盘针,国人有航远洋者,辄奖励之。成化二十二年,遂得新航路于阿非利加洲之喜望峰一名好望角,俗称大浪山,今其地属英国。弘治十一年,葡人滑士科达轧摩复绕喜望峰而达印度。于是,其国人争至东洋经商,夺锡兰印度洋岛名、满剌加南洋岛名、爪哇等地,侵寻及于中国。正德十二年,葡人始至广东,寻于宁波、厦门所名,在福建泉州府同安县西南海中建商馆。嘉靖四十三年,复至广东香山县之濠境即澳门,请隙地建屋,岁纳租银五百两。疆臣林富为请,许之。其后,西班牙、荷兰、英吉利等国次第至南洋通商,中西之交通遂日甚焉。

西人之初至中国,其宗旨有二:曰通商,曰传教。商务开于葡萄牙,而教务传于意大利。意大利即古罗马,天主教之祖国也。自唐迄宋元之时,欧洲教民悉辖于罗马教王,其尊无对。至明中叶,有日耳曼人曼耳金路德者,创立新教,与教王相抗。于是,西教遂分天主、耶稣二派,而教王之势遂衰。

天主教既衰于欧洲,欲传教于亚洲以张其势。明世宗时,有方济各方者,尝至印度、日本传教,未及至中国而逝。万历九年,奇哀休德派之米开鲁老晓始来广东。翌年,利玛窦亦至,建堂布教,民多从之。二十九年,利玛窦入京师,因中官马堂献《天主图》《天主母图》及神仙骨等物,礼部议却之。神宗嘉其远来,假馆授餐,给赐优厚,公卿以下咸与晋接。于是,中国始知有大西洋、五大洲焉。

自利玛窦居京师,其徒来者有龙华民、毕方济、艾儒略、邓玉函、熊三拔、庞迪我、汤若望、阳玛诺、罗雅谷、王丰肃等。史称其人大都聪明特达之士,意专行教,不求利禄,其所著书多华人所未道,故一时好奇者咸尚之。而王丰肃居南京传教,为礼部郎中徐如珂所恶,倡议斥逐。侍郎沈漼、给事中余懋孳等亦相继言之,帝乃命之归国。已而,王丰肃变姓名,复入南京,行教如故,朝士莫能察也。

中国历算之学式微已久。元郭守敬作《授时历》,明初,刘基、元统作《大统历》,推步多不验。万历中,郑王世子载堉究心历算,尝疏请改历,议格不行。及徐光启、李之藻等出,受算法于利玛窦,益知旧历之非。崇祯初,开局修历,命光启、之藻与庞迪我、熊三拔等董其事,始一变而用西法。光启,字子先,上海县名,属南直隶松江府,今江苏松江府上海县人,万历二十七年进士,官至文渊阁大学士。著有《日躔历指》《测天约说》等书,又有欧几里得《几何原本》六卷,则光启官翰林时与利玛窦同译者也。光启执政,尝议创西洋大炮御边,不果行。之藻,字振之,仁和县名,属浙江省杭州府,今浙江杭州府仁和县人,万历二十六年进士,官至南京太仆寺卿。著有《浑盖通宪》《同文算指》等书,皆译利玛窦之作也。

明代所传西人之书,自历算外,有艾儒略之《职方外纪》、熊三拔之《泰西水法》、邓玉函之《奇器图说》。当时颇骇其言为不经,至近世始信之。又艾儒略尝作《西学》一卷,言其国建学育才之法,凡分六科:勒铎理加者,文科也;斐录所费亚者,理科也;默弟济纳者,医科也;勒义斯者,法科也;加诺搦斯者,教科也;陡录日亚者,道科也。盖欧洲之重学校所从来远矣。

第六篇　制度略

第一章　职官

明代设官，初沿元制，中书省以总天下之吏治，都督府以统天下之兵政，御史台以振朝廷之纪纲，内设六部，外置行省、寺、院诸司，咸无所革。至海内渐平，始罢行省。汪、胡乱政，复废丞相。前代陈规，次第改易。建文嗣服，益仿古礼，更定官制。成祖靖难，复仍旧贯，而末年迁都，两京并置，视国初职官稍稍殊矣。仁、宣以降，无大变更，而冗员外吏亦代有所增。兹举其尤要者著于篇，以觇元制与今制所由变迁焉。

太祖之罢丞相也，置四辅官以备顾问，不久即罢。洪武十五年，始仿宋制置华盖殿、武英殿、文华殿、文渊阁、东阁诸大学士，秩皆正五品，特以之侍左右、辅太子而已。永乐初，阁臣始预机务。仁宗复建谨身殿，以东宫旧臣兼殿阁衔，职掌渐崇。宣、景以后，阁臣加公孤，参大政，拟于古之宰执。世宗时，改华盖为中极，谨身为建极，四殿二阁朝班位次俱列六部之上，票拟批答，实一国政权所集焉。

明初，中书省设四部，掌钱谷、礼仪、刑名、营造之事。洪武元年，始置吏、户、礼、兵、刑、工六部，设尚书、侍郎等职，仍属中书省。十三年，罢中书省，政权始归六部。而吏、兵二部之任尤重。吏部掌天下官吏选授、推举、封勋、考课之政令；兵部掌天下武卫、官军选授、简练、征调之政令。二部得人，则吏治清而军政肃，反是则败。后虽政出内阁，亦不能夺其权也。永乐后，南、北二京均设六部，而南京吏部掌考察，兵部尚书加参赞机务，亦视他部特重焉。

元代御史台设御史大夫、中丞、监察御史等职，明初亦因之。后改御史台为都察院，以都御史代大夫，副都御史代中丞，而十三道监察御史多至一百十人，盖重言职也。都御史掌纠劾百司，辨明冤枉；监察御史掌纠察内外百司之官邪，或露章面劾，或封章奏劾，至奉命出巡，其职尤重。藩服大臣、府州县官，悉听其举劾焉。言官自御史外，又有六科给事中，掌封驳之任，旨必下科，其有不便，给事中驳正到部，谓之“科参”。六部之官，无敢抗科参而自行者。故给事中之品卑而权特重，与御史并称“科道”。

明制，部院之外，职掌最重者，曰通政司，曰大理寺。通政使掌受内外章疏、敷奏、封驳之事。太祖尝谕通政使曾秉正等曰：“政犹水也，欲其常通，卿其审命令以正百官，达幽隐以通庶务。”大理卿掌审谳、平反、刑狱之政令。凡刑狱初审，刑部、都察院为主；覆审，大理寺为主。谓之“三法司”。大理寺官以能按律出入罪者为称职，盖慎刑也。然，明制又有锦衣卫镇抚司，掌缉捕、刑狱之事。凡下锦衣卫者，多非法考治。后，又分设南、北司，而命司礼监与法司会审，其滥刑甚矣。

明初，置詹事院、翰林院、秘书监、起居注，多沿前代之旧。后裁秘书监、起居注，改詹事院为詹事府，而翰林为清要之职，阁臣多由是选授，遂与古制迥异。翰林院学士、侍读、侍讲等职有定员，修撰、编修、检讨、庶吉士无定员。嘉靖中，尝定其额，选御史主事为编修。崇祯中，又尝考选推官、知县为编修，然皆创举，非常制。其詹事、庶子、谕德、中允等职，本为宫僚，自嘉靖后，视为翰林迁转之阶，而太子出阁，讲读每点别员焉。

明之宦官有十二监、四司、八局，谓之“二十四衙门”。其外又有提督东厂、提督京营、文书房、供用库等职。设官之多，前代几无其匹。凡内官，司礼监掌印，专司批红，权如外廷元辅；掌东厂，刺缉刑狱，权如总宪；在外则织造、镇守、市舶、监督、监军、采办等使，权侔布按。故有明一代之政，直可谓出之阉宦也。

明初罢行中书省，各省刑名、钱谷、吏治、学校悉统于承宣布政使司、提刑按察使司。布政使左右各一人，按察使每省一人，其属有参政、参议、副使、佥事，分司诸道。建文、永乐间，虽有增改，其大致一也。永乐十九年，始遣尚书蹇义等二十六人巡行天下，安抚军民。后凡边疆重地及有河工鹾务者，则设巡抚或总督，皆兼都御史衔。然因事设官，不以省郡分。至其末年，陕西有三巡抚，山西有二巡抚，直隶有四总督、七巡抚，则几于十羊九牧矣。

明代官制，三途并用，谓进士、举贡、吏员也。洪武中，定南北更调之制，自学官外不得官本省，凡大学士、尚书、侍郎、督抚、布按，由三品以上官推举，谓之

“廷推”,亦曰“会推”。在外府州县正佐,在内大小九卿之属员,由吏部选授。选法初用拈阄,后改为掣签。凡推官、知县选授科道者,谓之“行取”。其考察之法,京官曰“京察”,六年一举;外官曰“外察”,州县曰“大计”,三年一举。其法至今犹沿之。

明内外官,凡二万数千员。自永乐初,即虑其冗滥,以次裁汰。而成化中,京职额外增多,及传奉、升授、匠官等通计二千余人。官吏之冗,莫甚于此。神宗末年,怠于政事,官缺多不补,阁部率止一人,都御史数年空署,督抚、监司亦屡缺不补。文武大选、急选官及四方教职积数千人,以吏、兵二科缺掌印不画凭,久滞都下,时攀执政舆哀诉。废弛之概,亦历代所罕见也。

第二章　地理

明之代元也,仅得元室十一省之地,岭北行省等于瓯脱,而中亚细亚之为元藩服者,悉归帖木儿建莫卧儿所辖,故明代之版图较之于元代,广狭不侔矣。太祖开国,以应天为南京,开封为北京,又以临濠即凤阳府为中都,营城郭宫殿如京师制。洪武八年,罢之。已又念天下形势在西北,欲徙都关中,命皇太子巡视之。太子还而病卒,事遂寝。

太祖时,以京畿应天诸府直隶京师。其天下府、州、县及羁縻诸司,分隶十三布政使司。成祖迁都北京,以北平为直隶,又增设贵州、交趾二布政使司。宣宗弃交趾,版图遂仍其旧。终明之世,为直隶者二:曰京师今直隶境、南京今江苏、安徽境;为布政使司者十三:曰山东今山东境、山西今山西境、河南今河南境、陕西今陕西、甘肃境、四川今四川境、江西今江西境、湖广今湖南、湖北境、浙江今浙江境、福建今福建境、广东今广东境、广西今广西境、云南今云南境、贵州今贵州境。其地东西约万余里,南北殆万里。

元代路府错置,明悉改路为府,府、县各分三等:粮二十万石以上为上府,二十万石以下为中府,十万石以下为下府;上县如之,六万石以下为中县,三万石以下为下县。其州之隶于府者曰散州,不隶于府者曰直隶州。计天下府百有四十,州百九十有三,县千一百三十有八。

明初,沿元制,设万户府、千户府,后改为卫所,分屯各省,世官其地。又置十五都指挥使司北平、陕西、山西、浙江、江西、山东、四川、福建、湖广、辽东、广西、广东、河南、贵州、云南以领卫所。其边境、海疆则增置行都指挥使司,而于京师建五军都督府,俾外都指挥使司各以其方附焉。永乐后,两京皆有都督府,凡分统都指挥使司十有六北平改大宁,又增万全,行都指挥使司五北平、山西、陕西、四川、福建,留守司二,卫四百九十有三,所二千五百九十有三。兵食相辅,上下相衔,法至善也。

元置安抚司以辖苗蛮,明室踵之,于湖广、四川、云南、贵州、广西各边地,分置宣慰、宣抚、安抚、招讨长官,诸司官以世袭,与内地异制。国初,贵州土司霭翠奢香最称恭顺,贵州之设布政司,香与有力焉。启、祯间,石砫今四川石砫厅女土官秦良玉助官军剿贼,尤有名。而其时,永宁今四川叙永厅奢氏、水西今贵州大定府黔西州安氏之乱,用兵亦垂十余年云。

明初封略,东起朝鲜,西据吐蕃,南包安南,北距大碛。封圻虽狭,犹占形胜。自成祖以大宁畀三卫今内蒙古土默特、喀喇沁、科尔沁、郭尔罗斯等部,宣宗迁开平于独石今独石城,在宣化府赤城县东北独石口南,北边之藩篱始失。世宗弃哈密、失河套,西陲亦靡所屏蔽。考其时,边鄙要地称重镇者凡九,曰辽东、蓟州、宣府、大同、榆林卫名,属陕西省,今陕西榆林府、宁夏、甘肃、太原、固原州名,属陕西省平凉府,今甘肃固原直隶州。虽皆分统卫所,关堡环列,然守在堂阈,无以扩战争之势,末世之弱,有由然哉。

第三章　田赋及钱钞

宋、元田赋多仿唐两税之法。宋置力田科,行《经界法》。元置劝农使,立营田司,皆不失务农重谷之意。明太祖起自田间,尤重农事。即位之初,即定夏税秋粮夏税曰米麦、曰钱钞、曰绢,无过八月;秋粮曰米、曰钱钞,无过明年二月,计民授田。又惩郡县吏征收赋税侵渔百姓,令天下府、州、县遍设粮长,以田多者为之,岁督其乡之赋税。州县委官偕诣京师,领勘合以行,其良者辄召见而擢用之。

洪武十四年,诏天下编"赋役黄册",凡乡百一十户为里,里有长,十户为甲,甲有首。岁以里长一人董一里之事,应役一年一周,谓之"排年"。里编一册,册有丁有田,详具其户口、旧管、新收、开除实在之数,为四柱式,而上之部、司、府、县。后又命国子生分行州县,随粮定区,区设粮长四人,量度田亩方圆,次以字号,悉书主名及田之丈尺,编类为"鱼鳞册"。黄册以户为准,鱼鳞册以田为准。鱼鳞册为经,土田之讼质焉;黄册为纬,赋役之法定焉。

明代田制有二:曰官田,曰民田。凡官田,亩税五升三合,民田减二升,重租田八升五合五勺,没官田一斗二升。太祖怒苏、松、嘉、湖诸郡之为张士诚守也,籍诸豪族及富民田以为官田,按私租簿为税额,亩税有至二三石者。故江浙之赋视各省独重,而逋赋亦为天下最。惠帝尝减其额,亩不得过一斗。成祖复复之。宣、英以降,迭次裁减,民困始稍苏。

洪武中,天下税粮许民以银钞代输,谓米麦为本色,诸折银者为折色,以所折银供武臣俸禄。正统初,以尚书黄福、胡濙等言,定制米石折银二钱五分,麦如之。南畿及江浙各省共折银百余万两,解内承运库,谓之“金花银”。除武臣俸给,余悉供内用。其后,诸方赋入折银者几半,而仓廪之积渐少矣。

太祖时,诸王、公主、勋戚、大臣皆有庄田,所谓“官田”也。宪宗以没入曹吉祥田为皇庄,则天子亦仿诸臣置田矣。孝宗时,皇庄益广。弘治十五年,计天下土田四百二十余万顷,官田视民田得七之一,故赋入少而国用不足。武宗淫荒,增皇庄至三百余处,而诸王、外戚、宦寺、嬖倖求请官庄及夺民田者,更不可胜计。世宗惩其弊,始力减之,又用霍韬议清丈民田。万历中,张居正复请量田,遂视弘治时赢民田三百万顷。然其后分封福王,括河南、山东、湖广田为王庄至四万顷,则神宗亦未能尽矫前失也。

明代加赋,自武宗正德九年建乾清宫始。世宗以谙达之乱,困于边饷,加以土木、祷祀之费,遂加赋百二十万。神宗时,接踵三大征,度支告竭,颇有加派。然事毕旋已,民未大困也。万历末,辽左用兵,边饷骤增,而内帑充积,帝靳,不肯发。户部不得已,请加民田亩赋九厘,遂为定额。崇祯初,辽事益棘,于九厘外复增三厘。十年,流寇大扰,用兵中原,从杨嗣昌请,增饷二百八十万。诏书有“暂累吾民一年,除此心腹大患”之语。逾年,饷尽而贼未平,又增练饷七百三十万。盖自神宗末年至是,先后加赋千六百七十万。民穷财尽,国安得不亡哉?

明代钱币先后凡三变,始用钞,继用钱,终则用银。今之用银,沿明制也。太祖初得应天,即置宝源局,铸“大中通宝”钱,即位后,颁“洪武通宝”钱。其制凡五等:曰当十、当五、当三、当二、当一。当十钱重一两,余递降,至重一钱止。各行省皆设宝泉局,与宝源局并铸。而商贾沿元之旧习用钞,多不便用钱,帝乃设宝钞提举司,议行钞法焉。

洪武八年,诏中书省造“大明宝钞”,凡六等:曰一贯、曰五百文、四百文、三百文、二百文、一百文,每钞一贯准钱千文、银一两,四贯准黄金一两。禁民间不得以金银、物货交易,罢宝源、宝泉局。越二年,复设宝泉局铸小钱,与钞兼行。中书省罢,乃以造钞属户部,铸钱属工部。十五年,置户部宝钞广源、广惠二库。

入则广源掌之,出则广惠掌之。终明之世,皆用洪武宝钞。

明初用钞,虽设倒钞法,而钞之昏烂者,亦许其通用。故行钞未久,民即重钱轻钞。洪武末,禁民用钱。永乐中,益严交易金银之禁,而令民计口食盐纳钞。宣宗又用部议,治两京水道,设关收船税,一律纳钞,谓之"钞关",而钞法不通如故。英宗始弛钱禁,而钞法愈敝,一贯至折钱三文。于是,复禁行使铜钱,沮坏钞法。天顺复辟,复弛钱禁,听民相兼行使,而钞遂不行矣。

成、弘之际,制钱与历代钱通用,而伪铸滋多,圜法亦坏。于是,令钞关、盐课俱折收银,而官俸之给钞者,亦多改而折银。嘉靖八年,令解京银两皆倾销成锭,是为银锭之始。是时,官民上下皆专用银,钱益滥恶,率以三四十钱当银一分,议者争请采铜铸钱,而云南巡按王诤言铸钱利少费多,不若征银之便,部议允之。后虽令商税收钱,而官之收银自若也。

万历初,从科臣议,天下省直一体开铸,降钱式,每百文重十三两,每文重一钱三分。盖欲使私铸者无利,不禁而自止。而铜价腾踊,铸钱所费不赀。天启元年,改铸大钱,分当十、当百、当千三等。又设宝泉局于户部,以侍郎领之,名钱法堂,而铜少如故,于是搜括库铸废铜铸钱。崇祯元年,复用给事中黄承昊议,收销古钱,但行新钱。唐、宋历代之钱,至是销毁略尽。十六年,设内宝钞局,议废钱用钞。钞未及行,而流寇入京师矣。

第四章　河渠漕运

明初,都金陵,四方贡赋由江以达京师,故其时,朝野无议及河漕者。黄河虽决徙,不为大害。然自洪武二十四年,河决阳武,由陈州名,属河南省开封府,今河南陈州府淮宁县、颍至正阳注见四卷第一篇五章而入于淮,贾鲁河故道遂淤,又由曹州、郓城漫东平之安山,元会通河故道亦淤。于是,南北运道梗塞。成祖北迁,势不得不以河漕为急务矣。

洪武中,饷辽东军多用海运。成祖既建北京,始行河运,水陆相参,又命平江伯陈瑄等率舟师由海道运粮饷北京、辽东,岁以为常。然海运险远多失亡,而河运则自江淮达阳武,陆挽百七十里入卫河,民苦其劳。议者乃请复会通河。永乐九年,帝命工部尚书宋礼浚会通河。礼用汶上老人白英策,筑坝遏汶水,使尽出南旺湖名,在山东兖州府汶上县境,中分二道,南达徐沛,北至临清,而运道成。又与兴安伯徐亨等发民夫十万,引黄河自开封北复贾鲁河故道,河南水患稍息。

十三年,帝以会通河成,河淮合流,漕道大通,遂罢海运。又使陈瑄自淮安城西管家湖凿渠二十里,为清江浦,导湖水入淮,置四闸以宣泄。又于沿河筑堤,引漕达河,运道益便。于是,定各卫所支运之法,自淮至徐以浙直军,自徐至德以京卫军,自德至通以山东、河南军,次第转运,岁凡四次,粟可三百余万石。

永乐末,用兵塞外,官军多所调遣,始改支运用民运。宣德六年,陈瑄上言:"民运粮诸仓往返经年,失误农事,若令民兑与附近卫所,官军运载至京,量给耗米及道里费,则军民交便。"于是,改用兑运。景泰元年,设漕运总督于淮安,以都御史任之。漕司领十二,总十二万军,漕运遂全隶于官矣。

正统十三年,河决于寿张之沙湾,合大清河入海,又分流至怀远入淮,淹地二千余里,临清以南运道阻塞。值土木之变,越七年不治。景帝用廷臣言,擢徐有贞为左佥都御史治之。有贞上三策:一置水门,一开支河,一浚运河。诏从其议,乃治渠。起张秋金堤,经寿张达澶渊,以接河沁水名,出山西沁州至河南武陟县入河,置闸二、堰九以制河流。景泰六年,工成,赐渠名广济。由是,河水不东冲沙湾,而北出济漕。有贞又浚漕渠,北至临清,南抵济宁州名,属山东省兖州府,今山东济宁州,建闸于东昌,八水道以平。

弘治初,河决开封入淮,复决黄陵冈入海,孝宗命户部侍郎白昂治之,患稍息。已而,河复决于张秋,掣漕河与汶水合而北行。帝以副都御史刘大夏治之。大夏循视决口,先开新旧诸河,导河入淮,以塞决口,后乃兴工筑塞黄陵冈决口,使上流河势复归兰阳县名,属河南省开封府,今河南开封府兰仪县、考城县名,属河南省归德府睢州,今河南卫辉府考城县,径归德州名,属河南省,今河南归德府、徐州入运河,会淮水,东注于海。于是,以一淮受全河,而北流遂绝矣。

嘉靖以后,黄河屡决,或浚或塞,率无善策。万历四年,河决崔镇在今江苏淮安府桃源县西北。明年,复决而北,清口淤垫,全淮南徙。总理河漕潘季驯倡六议,塞崔镇等处决口,筑高家堰在江苏淮安府山阳县境等堤百余里,自徐沛至淮阳间在在堵塞,逾年而工成。自是,治河者多以堵塞为能。季驯后被劾罢,至十六年复起,为右都御史,总督河道,河督遂为专官。

山东有泇河者,北起滕、峄二县均属兖州府,南通淮海。隆庆中,总河侍郎翁大立尝欲开浚之,议不决而罢。万历二十六年,河道总督刘东星复议浚之,工未竟而东星卒。三十二年,侍郎李化龙与淮扬巡抚李三才循东星旧迹复开泇河,由直河在江苏徐州府邳州东入泇口在邳州西北,抵夏镇在徐州府沛县东北。隆庆中,尝开河于此,凡二百六十里,避黄河吕梁之险。由是,泇河遂为漕道永利。

自嘉靖间,数遭河患,朝议欲复海运。穆宗尝命量拨近海漕粮十二万石行之,然未久即以遭风废船罢。万历四十六年,用兵辽东,山东巡抚李长庚奏行海运。遂特设户部侍郎一人,督海艘饷辽东。崇祯十二年,中书沈廷扬复陈海运之便,且辑《海运书》五卷以进。怀宗命试行之,讫未能尽变河运为海运也。

明初,许天下臣民条陈水利,又尝遣国子监生分行天下,督吏民修水利,故明代于南北水利多有可纪者。成祖永乐元年,以苏、松、嘉、湖诸郡频年水灾,命户部尚书夏原吉治之。原吉议浚吴淞江南、北两岸安亭等浦,分太湖水势而浚松江、大黄浦即今黄浦江,在上海县东北,通其入海之道。帝从之,命发民夫开浚。原吉昼夜经画,布衣徒步,以身先之。明年九月毕工,农田大利。宣德中,巡抚周忱等一修之。嘉靖初,巡抚李克嗣再开之。苏、松诸郡遂无水旱之忧。

自元郭守敬后,西北水利多失修。万历初,给事中徐贞明上《水利议》,请兴畿辅水田,朝议以其劳民,不报。贞明坐事谪官,复著《潞水客谈》一书,论水利当兴者十四事。给事中王敬民荐之,遂以贞明为尚宝少卿,领垦田使,督治京畿水田。贞明先治京东州邑,募南人为倡。自十三年至明年二月,凡垦田三万九千余亩,又遍历诸河,周览水泉,分合将大行疏浚。而阉人、勋戚之占田者,争言不便。神宗惑之,遂罢。至三十年,又用保定巡抚汪应蛟言,大兴水田。而御史左光斗奉命出理屯田,亦言北人不知水利,故易荒旱。因条上“三因十四议”,诏允其请。水利大行,北人皆知艺稻焉。

附　录

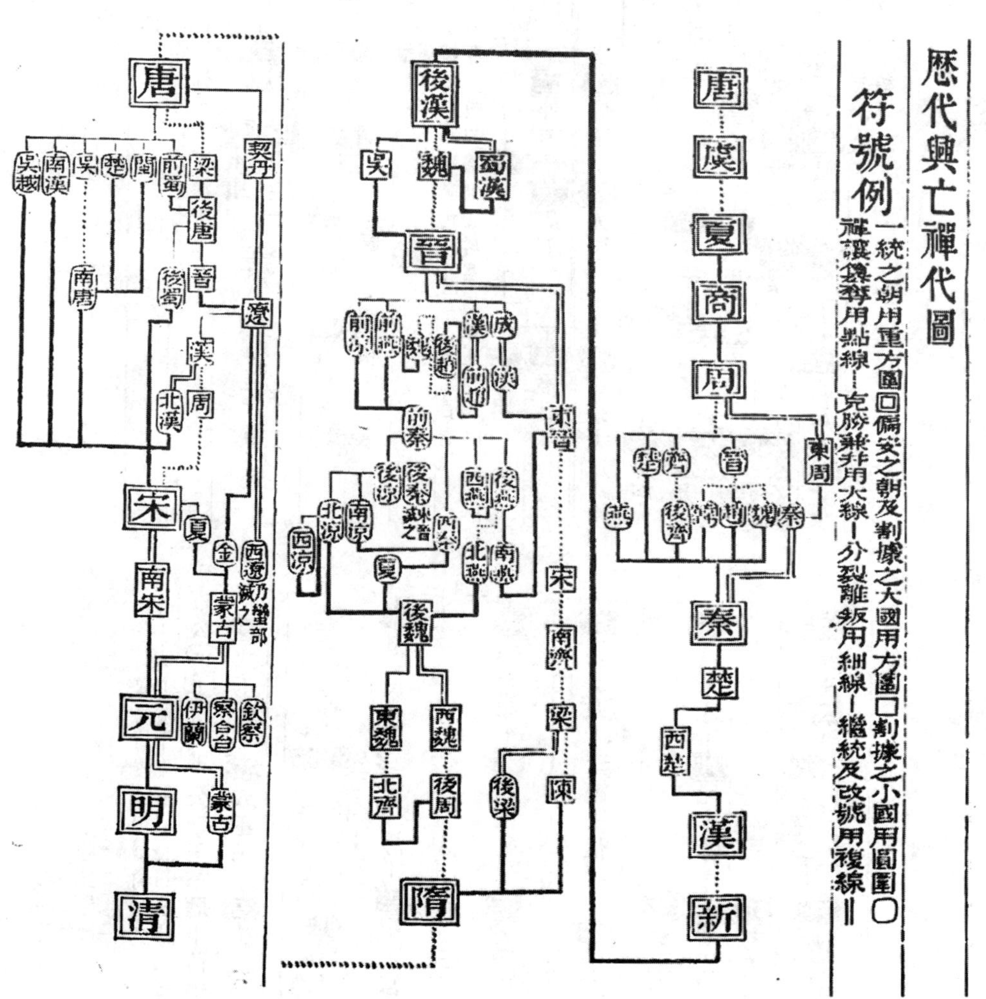
歷代興亡禪代圖
符號例
一統之朝用重方圍▣偏安之朝及割據之大國用方圍□割據之小國用圓圍○
禪讓篡奪用點線……克勝兼并用大線━分裂離叛用細線─繼統及改號用複線‖
唐
虞
夏
商
周
東周
晉
秦
楚
西楚
漢
新
後漢
魏
吳
蜀漢
晉
東晉
前秦
後魏
東魏
西魏
北齊
後周
宋
南齊
梁
陳
後梁
隋
唐
契丹
梁
前蜀
閩
楚
吳
南漢
吳越
後唐
晉
後蜀
南唐
遼
漢
周
北漢
宋
夏
金
西遼乃蠻部滅之
南宋
蒙古
元
伊蘭
察合台
欽察
蒙古
明
清

历代兴亡禅代图

三代世系

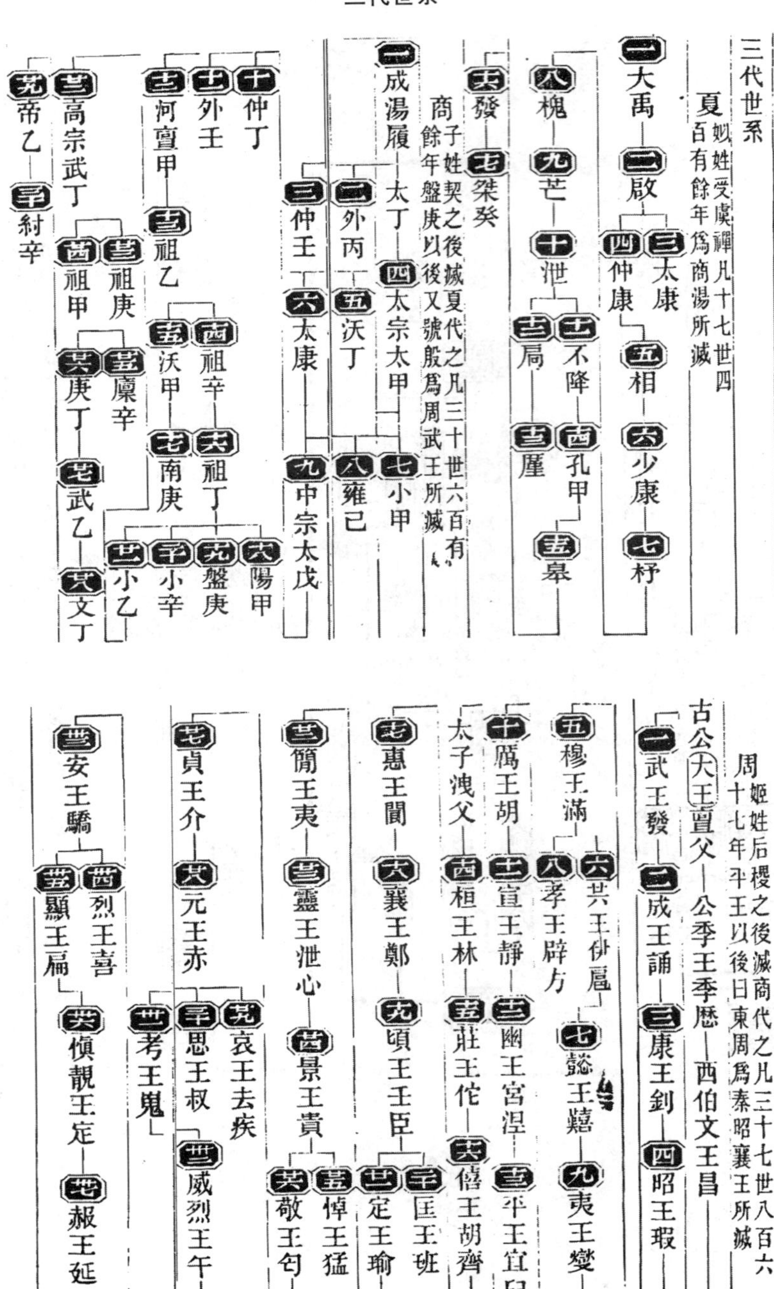

齐晋及七国世系

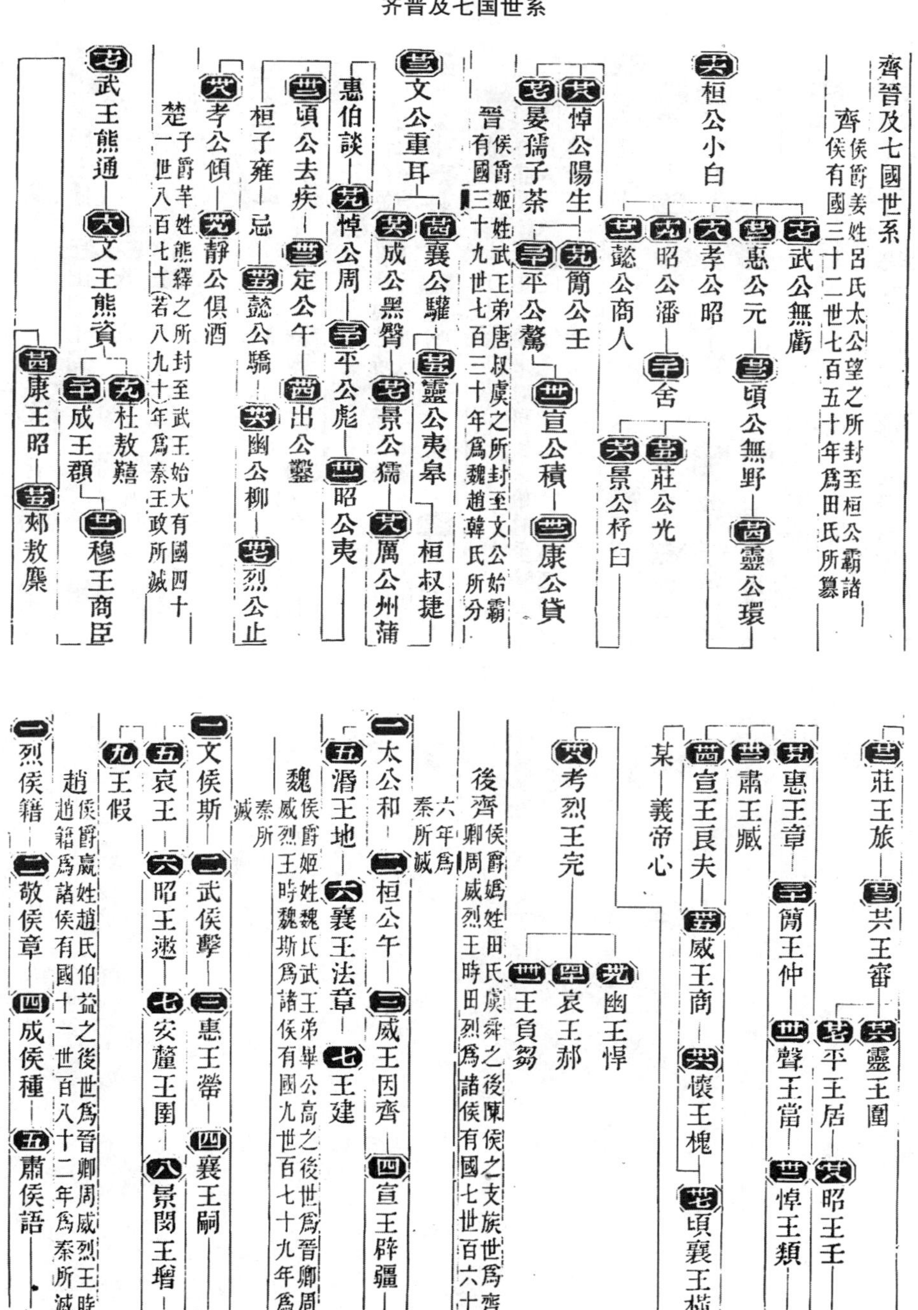
齊晉及七國世系
齊 侯爵姜姓呂氏太公望之所封至桓公霸諸侯有國三十二世七百五十年爲田氏所篡
桓公小白
武公無虧
惠公元—頃公無野—靈公環
孝公昭
昭公潘—舍
懿公商人
莊公光
景公杵臼
悼公陽生—簡公壬
晏孺子荼
平公驁—宣公積—康公貸
晉 侯爵姬姓武王弟唐叔虞之所封至文公始霸有國三十九世七百三十年爲魏趙韓氏所分
文公重耳
襄公驩—靈公夷皋
桓叔捷
成公黑臀—景公獳—厲公州蒲
惠伯談—悼公周—平公彪—昭公夷
頃公去疾—定公午—出公鑿
桓子雍—忌—懿公驕—幽公柳—烈公止
孝公傾—靜公俱酒
楚 子爵芈姓熊繹之所封至武王始大有國四十一世八百七十(若八九十)年爲秦王政所滅
武王熊通—文王熊貲
杜敖囏
成王頵—穆王商臣
康王昭—郟敖麇
莊王旅—共王審—靈王圍
平王居—昭王壬
惠王章—簡王仲—聲王當—悼王類
肅王臧
宣王良夫—威王商—懷王槐—頃襄王橫
某—義帝心
考烈王完
幽王悍
哀王郝
王負芻
後齊 侯爵媯姓田氏虞舜之後陳侯之支族世爲齊卿周威烈王時田烈爲諸侯有國七世百六十六年爲秦所滅
一 太公和—二 桓公午—三 威王因齊—四 宣王辟疆
五 湣王地—六 襄王法章—七 王建
魏 侯爵姬姓魏氏武王弟畢公高之後世爲晉卿周威烈王時魏斯爲諸侯有國九世百七十九年爲秦所滅
一 文侯斯—二 武侯擊—三 惠王罃—四 襄王嗣
五 哀王—六 昭王遬—七 安釐王圉—八 景閔王增
九 王假
趙 侯爵嬴姓趙氏伯益之後世爲晉卿周威烈王時趙籍爲諸侯有國十一世百八十二年爲秦所滅
一 烈侯籍—二 敬侯章—四 成侯種—五 肅侯語

(续表)

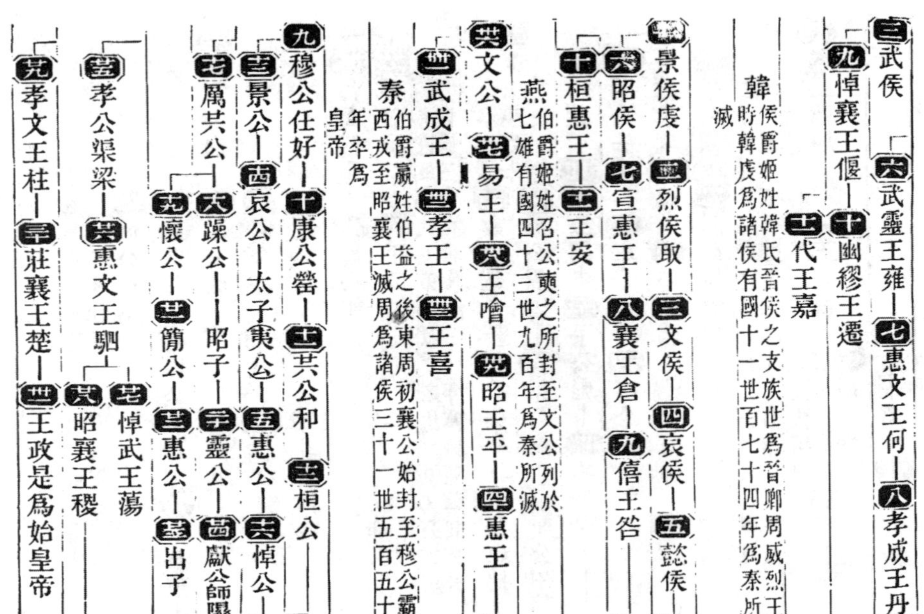
三武侯
六武靈王雍—七惠文王何—八孝成王丹
九悼襄王偃—十幽繆王遷
十一代王嘉
韓侯爵姬姓韓氏晉侯之支族世爲晉卿周威烈王時韓虔爲諸侯有國十一世百七十四年爲秦所滅
一景侯虔—二烈侯取—三文侯—四哀侯—五懿侯
六昭侯—七宣惠王—八襄王倉—九僖王咎
十桓惠王—十一王安
燕伯爵姬姓召公奭之所封至文公列於七雄有國四十三世九百年爲秦所滅
廿六文公—廿七易王—廿八王噲—廿九昭王平—卅惠王
卅一武成王—卅二孝王—卅三王喜
秦伯爵嬴姓伯益之後東周初襄公始封至穆公霸西戎至昭襄王滅周爲諸侯三十一世五百五十年卒爲皇帝
九穆公任好—十康公罃—十一共公和—十二桓公
十三景公—十四哀公—太子夷公—十五惠公—十六悼公
十七厲共公—十八躁公—昭子—二十靈公—二十四獻公師隰
十九懷公—廿一簡公—廿二惠公—廿三出子
廿五孝公渠梁—廿六惠文王駟—廿七悼武王蕩
廿八昭襄王稷
廿九孝文王柱—三十莊襄王楚—卅一王政是爲始皇帝

周秦列王在位年數

周秦列王在位年數

周 三十七王八百六十七年

武王 爲西伯十二年在王位七年	成王 三十七年	康王 二十六年
昭王 五十一年	穆王 五十五年	共王 十二年
懿王 二十五年	孝王 十五年	夷王 十六年
厲王 五十一年	宣王 四十六年	幽王 十年
平王 五十一年	桓王 二十三年	莊王 十五年
僖王 五年	惠王 二十五年	襄王 三十三年
頃王 六年	匡王 六年	定王 二十一年
簡王 十四年	靈王 二十七年	景王 二十五年
悼王 不踰年	敬王 四十四年	元王 七年
貞王 二十八年	哀王 不踰年	思王 不踰年
考王 十五年	威烈王 二十四年	安王 二十六年
烈王 七年	顯王 四十八年	慎靚王 六年
赧王 五十九年		

秦 六王百有四年

惠文王 周顯王三十一年立爲秦君顯王四十四年稱王在王位十五年	悼武王 四年	
昭襄王 五十六年其五十一年并周	孝文王 一年	莊襄王 三年
王政 在王位二十五年明年稱皇帝		

秦汉三国世系

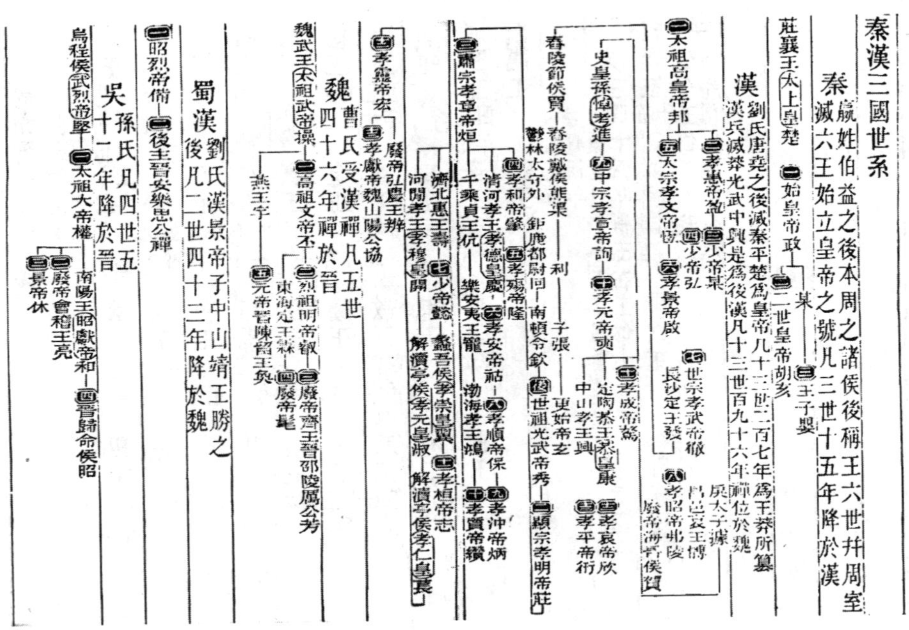

诸帝在位年数及年号秦汉三国

諸帝在位年數及年號

秦 二帝一王十五年

始皇 在王位二十五年在帝位十二年

二世 三年

王子嬰 不滿年

漢 前漢十三帝二百七年後漢十三帝百九十六年通前後併王莽劉玄之世二百二十二年

高帝 在王位四年在帝位八年

惠帝 七年

少帝某 四年

少帝弘 四年

文帝 二十三年

景帝 十六年

武帝 五十四年建元元光元朔元狩元鼎元封各六太初天漢太始征和各四後元二

昭帝 十三年始元六元鳳六元平一

宣帝 二十五年本始地節元康神爵五鳳甘露各四黃龍一

元帝 十六年初元永光建昭各五竟甯一

成帝 二十六年建始河平陽朔鴻嘉永始元延各四綏和二

哀帝 六年建平四元壽二

平帝 五年元始五

新王莽 攝位三年居攝二初始一簒位十五年始建國五天鳳六地皇四

帝玄 王莽地皇四年立滅莽在位三年更始三

光武帝 劉玄更始三年立在位三十三年建武三十一中元二

明帝 十八年永平十八

章帝 十三帝建初八元和三章和二

和帝 十七年永元十六元興一

殤帝 一年延平一

安帝 十九年永初七元初六永甯一建光一延光四

少帝懿 不踰年

順帝 十九年永建六陽嘉四永和六漢安二建康一

沖帝 一年永嘉一

質帝 一年本初一

桓帝 二十一年建和三和平一元嘉二永興二永壽三延熹九永康一

靈帝 二十二年建甯四熹平光和中平各六

獻帝 三十一年初平四興平二建安二十五

魏 五帝四十六年帝髦立不踰年而改元故正元元年即帝芳之嘉平六年而其二年實髦之元年也後凡言實止幾者皆改前帝末年爲元年也

文帝 漢獻帝建安二十五年受禪在位七年黃初七

明帝 十三年太和六青龍四景初三

廢帝芳 十五年正始九嘉平六

廢帝髦 六年正元二實止一甘露五

元帝 五年景元四實止三咸熙二

蜀漢 二帝四十三年

昭烈帝 魏文帝黃初二年稱帝在位三年章武三

後主 四十年建興十五實止十四延熙二十景耀五炎興一

吳 四帝五十二年

大帝 魏文帝黃初二年爲王明年改元在王位八年黃武七魏明帝太和三年稱帝在帝位二十四年黃龍三嘉禾六赤烏十三太元二

廢帝亮 六年建興二實止一五鳳二太平三

景帝 六年永安七實止六

皓 十六年元興一實景帝永安七年甘露一寶鼎建衡鳳凰各三天冊天璽各一天紀四

两汉后家多破灭

兩漢后家多破滅

高祖　呂后（生惠帝及魯元公主惠帝尊爲皇太后惠帝崩立二少帝稱制八年姪台及產封呂王姪祿封趙王台子通封燕王后崩產爲相國祿女爲少帝后大臣誅諸呂無少長悉斬之）　薄姬（生文帝文帝尊爲皇太后景帝尊爲太皇太后）　身家俱全（但弟昭文帝時爲車騎將軍有罪自殺）

惠帝　張后（惠帝姊魯元公主之女庶弟偃封魯王諸呂滅后及魯王皆廢）

文帝　竇后（生景帝及長公主嫖景帝尊爲皇太后武帝尊爲太皇太后）　身家俱全（但族子嬰景帝時爲大將軍武帝時爲丞相後忤田蚡棄市）

景帝　薄后（薄太后之族寵衰而廢）　王后（生武帝武帝尊爲皇太后）　身家俱全（異父弟田蚡武帝時爲太尉又爲丞相）

武帝　陳后（景帝姊長公主嫖之女坐巫蠱廢）　衞思后（生戾太子及二公主異父弟衞青爲大司馬大將軍姊子去病爲大司馬驃騎將軍姊夫公孫賀爲丞相青去病已卒巫蠱事起賀父子死獄中夷其族二公主及青子長平侯伉坐誅后及太子自殺後去病異母弟光爲大司馬大將軍輔昭宣二帝宣帝以戾太子之孫入立追謚后曰思后光少女爲皇后光卒光子禹爲大司馬與母顯謀反坐而誅滅者數十家）　趙倢伃（生昭帝賜死昭帝追尊爲皇太后）

昭帝　上官后（祖父桀爲左將軍父安爲車騎將軍父子謀反宗族悉誅后以霍光外孫得不廢昭帝崩光等尊后爲皇太后元帝尊爲太皇太后）

宣帝　祖母史良娣（戾太子之妾生史皇孫死巫蠱獄宣帝追尊爲戾夫人）　家全（弟高爲大司馬車騎將軍輔元帝）　母王夫人（史皇孫之妻死巫蠱獄宣帝追尊爲悼后姪商成帝時爲丞相王鳳構陷之嘔血死）　恭哀許后（生元帝霍光夫人顯弒之）　家全（叔父延壽宣帝時延壽子嘉元帝時並爲大司馬車騎將軍嘉女爲成帝后）　霍后（霍光之女霍氏謀反坐廢後自殺）　邛成王后（元帝尊爲皇太后成帝尊爲太皇太后）　身家俱全

元帝　王后（生成帝成帝尊爲皇太后兄鳳從弟音弟商及根姪莽相繼爲大司馬哀帝尊后爲太皇太后哀帝崩迎立平帝后臨朝莽號安漢公以女爲皇后竟篡漢而敗滅）　傅昭儀（生定陶恭王恭王之子入立尊爲太皇太后從弟喜及晏相繼爲大司馬晏女爲哀帝后哀帝崩傅氏悉免官爵歸故郡平帝立王莽奏貶后號）

成帝　許后（恭哀后之族趙倢伃譖廢之後賜死）　趙后（哀帝尊爲皇太后平帝時王莽奏廢之自殺）

哀帝　母丁姬（定陶恭王之妾哀帝尊爲帝太后兄明爲大司馬驃騎將軍哀帝崩丁氏悉免官爵歸故郡平帝時王莽奏貶后號）　傅后（傅太后之族平帝時王莽奏廢之自殺）

平帝　母衞姬（中山孝王之妾平帝拜爲中山王后王莽悉滅衞氏族）　王后（王莽之女帝崩莽尊爲皇太后莽篡位降爲定安太后莽滅時自焚死）

光武　郭后（生沛獻王等寵衰而廢爲沛太后）　家全　光烈陰后（生明帝明帝尊爲皇太后）　身家俱全

明帝　明德馬后（子養章帝章帝尊爲皇太后）　身家俱全

章帝　章德竇后（子養和帝和帝立后爲太后稱制四年兄憲爲大將軍父子兄弟並爲卿校和帝與宦官謀而誅之宗族免官歸故郡）

和帝　陰后（光烈后之從曾孫坐巫蠱廢以憂死父特進綱自殺家屬徙日南）　和熹鄧后（和帝崩與兄騭立殤帝以太后臨朝殤帝崩迎立安帝稱制十七年騭爲大將軍后崩騭遭讒

（续表）

	自殺一門七人死遺族從故郡
安帝	嫡母耿姬 清河孝王之妻安帝尊爲太貴人兄寶爲大將軍閻顯忌而貶之自殺
	安思閻后 安帝崩后爲太后臨朝以兄顯爲車騎將軍迎立北鄉侯懿懿崩宦官立順帝殺顯等兄弟家屬徙日南后還離宮
順帝	順烈梁后 父商兄冀相繼爲大將軍順帝崩沖帝立后爲太后臨朝沖帝崩迎立質帝冀弒之迎立桓帝以妹爲皇后稱制六年崩桓帝與宦官定議發兵圍冀第冀及妻孫壽自殺梁氏孫氏無少長皆棄市
桓帝	懿獻梁后 順烈后之妹寵衰憂恚而崩翌月梁氏誅滅追廢爲庶人
	鄧后 和熹后之族孫以驕忌廢幽死從父萬世從兄會下獄死
	桓思竇后 章德后從祖弟之孫桓帝崩后爲太后臨朝與父武迎立靈帝武爲大將軍謀誅宦官不克而死后遷于南宮家屬徙日南
靈帝	母董氏 解瀆亭侯萇之妻靈帝尊爲孝仁皇后姪重爲驃騎將軍帝崩何進收重免官重自殺后憂怖暴崩
	宋后 以讒廢幽死父及兄弟並被殺
	靈思何后 生子辨兄進爲大將軍進弟苗爲車騎將軍靈帝崩辨立后爲太后臨朝進謀誅宦官不克死進黨殺苗董卓廢辨因酖殺后
獻帝	伏后 曹操幽殺之兄弟宗族死者百餘人
	獻穆曹后 曹操之女獻帝禪位降爲山陽夫人

晋及列国世系

晉及列國世系

晉 司馬氏受魏禪凡四世五十二年爲漢主劉聰所滅元帝據江東是爲東晉凡十一世一百四年禪宋通前後凡十五世一百五十六年

舞陽宣文侯(高祖宣帝)懿—舞陽忠武侯(世宗景帝)師
　晉文王(太祖文帝)昭
　瑯邪武王伷—瑯邪恭王覲

(一)世祖武帝炎—(二)孝惠帝衷
　(三)孝懷帝漢會稽公熾
吳孝王晏—(四)孝愍帝漢懷安公業

(五)中宗元帝睿—(六)肅宗明帝紹—(七)顯宗成帝衍
　(八)康帝嶽

(九)孝宗穆帝聃
(十)哀帝丕
(十一)廢帝海西公奕

(十二)太宗簡文帝昱—(十三)烈宗孝武帝昌明—(十四)安帝德宗
　(十五)恭帝宋零陵王德文

成 李氏出於巴蠻壽改國號爲漢有國五世四十四年爲晉桓溫所滅

益州牧始祖景帝特—(一)太宗武帝雄—(三)廢帝卬都幽公期
　鎮軍將軍蕩—(二)哀帝班
漢獻王獻帝驤—(四)中宗昭文帝壽—(五)晉歸義侯勢

漢 劉氏匈奴南單于之裔曜改號趙是爲前趙有國四世二十六年爲後趙王石勒所滅

(一)高祖光文帝淵—(二)烈宗昭武帝聰—(三)隱帝粲
(趙)曜 淵之族子

後趙 石氏上黨羯人有國七世三十三年爲冉閔所滅

(一)高祖明帝勒—(二)廢帝海陽王弘
(三)太祖武帝虎[illegible]—(四)廢帝譙王世
　(五)遵
　(六)鑑
　(七)祗

燕 慕容氏遼東鮮卑稱帝二世十九年自廆爲遼東公五十年爲秦王苻堅所滅後燕建國五世二十六年馮跋代之西燕三世十年爲後燕主垂所滅南燕二世十三年爲晉劉裕所滅

遼東武宣公(高祖武宣帝)廆—燕文明王(太祖文明帝)皝

(一)烈祖景昭帝儁—(二)幽帝前秦新興侯暐
　濟北王泓—(四)忠—(五)永 廆弟運之
　(三)威帝沖

(一)世祖成武帝垂—(二)烈宗惠閔帝寶—(四)中宗昭武帝盛
　(三)昭文帝熙
　(五)惠懿帝雲 [illegible]

穆帝納—(四)超
(三)世宗獻武帝德

北燕 馮氏代後燕二世二十八年爲魏太武帝所滅

(一)太祖文成帝跋
(二)昭成帝弘

秦 苻氏略陽氐人有國六世四十四年爲後秦主姚興所幷

三秦王(太祖惠武帝)洪—(一)高祖景明帝健
　東海敬武王(文桓帝)雄

(一)廢帝越厲王生
(三)世祖宣昭帝堅—(四)哀平帝丕
(五)太宗高帝登—(六)崇

後秦 姚氏安南羌人有國三世三十四年爲晉劉裕所滅

高陵公(始祖景元帝)弋仲—(一)太祖武昭帝萇
(二)高祖文桓帝興—(三)泓

西秦 乞伏氏隴西鮮卑有國四世四十七年爲夏主赫連定所滅

(一)烈祖宣烈王國仁
(二)高祖武元王乾歸—(三)太祖文昭王熾盤—(四)暮末

夏 赫連氏初姓劉漢主淵之族有國三世二十五年爲魏太武帝所幷

(太祖桓帝)劉衛辰—(一)世祖武烈帝勃勃—(二)昌
　(三)定

（续表）

前涼

張氏爲晉涼州刺史後或稱涼王領州九世七十五年爲秦王苻堅所滅

(一)西平武穆公軌—(二)西平元公寔—(四)涼文王駿
(三)涼成烈王茂
(五)西平敬烈公重華—(六)西平哀公曜靈
(八)西平沖公玄靚
(七)涼廢王祚
(九)涼王天錫

後涼

呂氏氐人有國四世十八年爲後秦王姚興所滅

(一)太祖懿武帝光—(二)隱王紹
(三)靈帝纂
(文帝寶)—(四)隆

南涼

禿髮氏河西鮮卑有國三世十八年爲西秦王乞伏熾盤所滅

(一)烈祖武王烏孤
(二)康王利鹿孤
(三)景王傉檀

北涼

段氏稱王一世五年沮渠氏代之沮渠匈奴左沮渠王之後有國二世三十九年爲魏太武帝所滅

(一)段業
(二)太祖武宣王沮渠蒙遜—(三)哀王牧犍

西涼

李氏有國二世二十二年爲北沮渠蒙遜所滅

(一)涼公(太祖武昭王)暠—(二)歆

南北朝隋唐世系

南北朝隋唐世系

宋

劉氏漢楚元王交之後代東晉凡八世六十年禪於齊

(一)高祖武帝裕 —— (二)廢帝營陽王義符；(三)太祖文帝義隆

(三)太祖文帝義隆 —— (四)世祖孝武帝駿；(六)太宗明帝彧

(四)世祖孝武帝駿 —— (五)廢帝子業

(六)太宗明帝彧 —— (七)廢帝蒼梧王昱；(八)順帝齊汝陰王準

齊

蕭氏漢相國何之後代宋凡七世二十四年禪於梁

始安貞王 —— (一)太祖高帝道成；後景皇道生

(一)太祖高帝道成 —— (二)世祖武帝賾 —— 文惠太子(世宗文帝)長懋 —— (三)廢帝鬱林王昭業；(四)廢帝海陵恭王昭文

後景皇道生 —— (五)高祖明帝鸞 —— (六)廢帝東昏侯寶卷；(七)和帝梁巴陵王寶融

梁

蕭氏齊之疏族代齊凡四世五十六年禪於陳後梁建國三世三十三年爲隋文帝所廢

(一)高祖武帝衍 —— 昭明太子(高宗昭明帝)統；(二)太宗簡文帝綱；(三)世祖孝元帝繹

昭明太子(高宗昭明帝)統 —— (後一)中宗宣帝詧 —— (後二)世宗孝明帝巋 —— (後三)隋莒公琮

(三)世祖孝元帝繹 —— (四)敬帝陳江陰王方智

陳

陳氏後漢太邱長寔之後代梁凡五世三十二年爲隋文帝所滅

始興昭烈王道譚 —— (二)世祖文帝蒨；(四)高宗宣帝頊

(一)高祖武帝霸先

(二)世祖文帝蒨 —— (三)廢帝臨海王伯宗

(四)高宗宣帝頊 —— (五)後主隋長城煬公叔寶

後魏

拓跋氏漢魏以來爲索頭部可汗西晉末封代王道武稱魏王尋稱帝孝文改姓元氏恭帝又復拓跋凡十四世百五十九年自道武爲王百七十一年禪於後周東魏一世十七年禪於北齊

始祖神元帝力微 —— 文帝沙漠汗；章帝悉祿；平帝綽；昭帝祿官

文帝沙漠汗 —— 桓帝猗㐌；穆帝猗盧；思帝弗

思帝弗 —— 平文帝鬱律

平文帝鬱律 —— 烈帝翳槐；昭成帝什翼健；惠帝賀傉；煬帝紇那

昭成帝什翼健 —— 世子獻明帝寔 —— (一)太祖道武帝珪 —— (二)太宗明元帝嗣 —— (三)世祖太武帝燾

景穆太子(恭宗景穆帝)晃 —— (四)高宗文成帝濬 —— (五)顯祖獻文帝弘

(五)顯祖獻文帝弘 —— (六)高祖孝文帝宏；廣陵惠王羽；彭城武宣王(肅祖文穆帝)勰

(六)高祖孝文帝宏 —— (七)世宗宣武帝恪；京兆王(文景帝)愉；范陽文獻王懌；廣平文穆王(武穆帝)懷；清河文宣王亶

(七)世宗宣武帝恪 —— (八)肅宗孝明帝詡

京兆王(文景帝)愉 —— (十一)文帝寶炬 —— (十二)廢帝欽；(十三)恭帝周宋公廓

廣平文穆王(武穆帝)懷 —— (十二)孝武帝修

清河文宣王亶 —— (東一)孝靜帝北齊中山王善見

彭城武宣王(肅祖文穆帝)勰 —— (九)敬宗孝莊帝子攸

廣陵惠王羽 —— (十)節閔帝恭

北齊

高氏代東魏凡六世二十八年爲周武帝所滅

渤海獻武王(高祖神武帝)歡 —— 渤海文襄王(世宗文襄帝)澄；(一)顯祖文宣帝洋；(三)肅宗孝昭帝演；(四)世祖武成帝湛

(一)顯祖文宣帝洋 —— (二)廢帝濟南閔悼王殷

(四)世祖武成帝湛 —— (五)後主周溫公緯 —— (六)幼主恆

後周

宇文氏鮮卑宇文部之裔代魏凡五世二十五年禪於隋

安定文公(太祖文帝)泰 —— (一)孝閔帝覺；(二)世宗明帝毓；(三)高祖武帝邕

(三)高祖武帝邕 —— (四)宣帝贇 —— (五)靜帝隋介公闡

隋

楊氏後漢太尉震之後代後周凡三世三十九年加恭帝侑爲四帝侑禪於唐恭帝侗禪於鄭

(一)高祖文帝堅 —— (二)世祖明帝廣 —— 元德太子(世宗成帝)昭 —— 恭帝唐酅公侑；(三)恭帝鄭潞公侗

唐

李氏西涼公暠之後代隋帝侑凡二十世二百八十九年禪於朱梁

(一)高祖神堯帝淵 —— (二)太宗文武帝世民 —— (三)高宗天皇治

(三)高宗天皇治 —— (四)中宗哲；(五)睿宗旦

(四)中宗哲 —— 殤帝襄王重茂

(五)睿宗旦 —— (六)玄宗隆基 —— (七)肅宗亨 —— (八)代宗豫 —— (九)德宗适 —— (十)順宗誦 —— (十一)憲宗純

(十一)憲宗純 —— (十二)穆宗恆；(十六)宣宗忱

(十二)穆宗恆 —— (十三)敬宗湛；(十四)文宗昂；(十五)武宗瀍

(十六)宣宗忱 —— (十七)懿宗漼 —— (十八)僖宗儇

(续表)

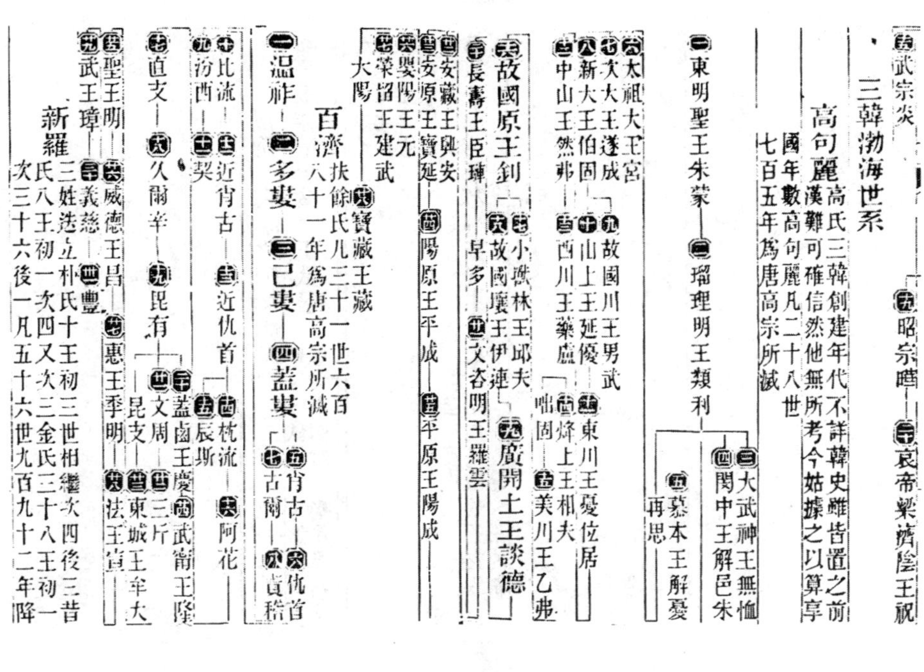

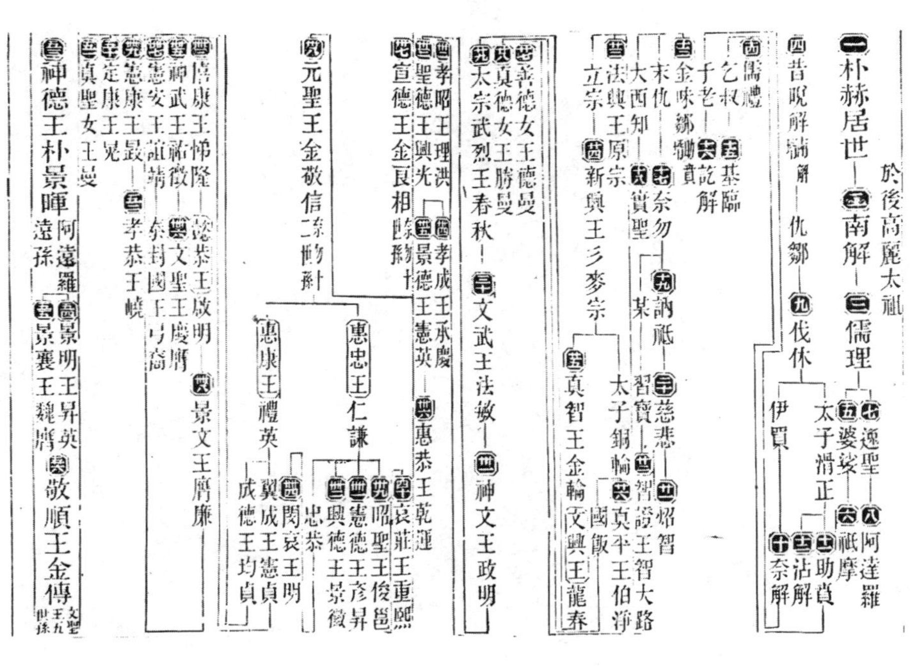

(续表)

渤海 大氏凡十四世二百十五年爲契丹太祖所滅

㈠高王祚榮—㈡武王武藝—㈢文王欽茂—宏臨—㈥康王嵩璘
　　　　　　　　　　└㈣元義
㈥康王嵩璘—㈤成王華璵
　　　　　　㈦定王元瑜
　　　　　　㈧僖王言義
　　　　　　㈨簡王明忠

㈩宣王仁秀（祚榮之弟野勃四世孫）—新德—⑪彝震
　　　　　　　　　　　　　　　　　　　⑫虔晃—⑬景王玄錫—⑭哀王諲譔

诸帝在位年数及年号两晋南北朝隋唐

諸帝在位年數及年號表中言實止幾者皆改前帝末年爲新帝元年也解見第二卷附錄六十七葉

晉十五帝百五十六年

武帝魏元帝咸熙二年簒位二十五年泰始十咸甯五太康十太康元年滅吳惠帝十七年永熙一元康九永康一永甯一太安二永興二光熙一懷帝六年永嘉六愍帝四年建興四元

帝六年建武一大興四永昌一明帝三年太甯三成帝十七年咸和九咸康八康帝二年

建元二穆帝十七年永和十二升平五哀帝四年隆和一興甯三廢帝奕六年太

和六簡文帝一年咸安二實止一孝武帝二十四年甯康三太元二十一安帝二十

二年隆安五元興三義熙十四恭帝二年元熙二

宋八帝六十年

武帝晉元熙二年簒位三年永初三廢帝義符二年景平二文帝二十九年元嘉三

十實止二十九孝武帝十一年孝建三大明八廢帝子業一年景和一明帝七年泰

始七實止六泰豫一廢帝昱五年元徽五順帝二年昇明三實止二

齊七帝二十四年

高帝宋昇明三年簒位四年建元四武帝十一年永明十一廢帝昭業一年隆昌一

廢帝昭文不踰年延興一年即隆昌元年也明帝四年建武四實止三永泰一廢帝寶

卷三年永元三和帝一年中興二實止一

梁四帝五十六年

武帝齊中興二年簒位四十八年天監十八普通七大通二中大通六大同十一中大同一大淸三簡

文帝二年大寶二元帝三年承聖三敬帝三年紹泰一太平二

陳五帝三十二年

武帝梁太平二年簒位三年永定三文帝七年天嘉六天康一廢帝伯宗二年光

大二宣帝十三年大建十三後主叔寶七年至德四禎明三

後魏十四帝加東魏爲十五帝百五十九年

道武帝晉孝武帝太元十一年爲王十二年登國十皇始二晉安帝隆安二年稱帝十二年天

興六天賜六明元帝十四年永興五實止四神瑞二泰常八太武帝二十九年始光四神麚

四延和三太延五太平眞君十三文成帝十三年興安二實止一興光一太安五和平六獻文

帝六年天安一皇興五孝文帝二十八年延興五實止四承明一太和二十三宣武帝

十六年景明正始永平延昌各四孝明帝十三年熙平二神龜二正光五孝昌三武泰一孝莊

帝二年安永三實止二節閔帝二年普泰二孝武帝二年永熙三實止二文帝

十七年大統十七廢帝欽三年無年號恭帝二年無年號三實止二東魏孝靜帝

魏孝武帝永熙二年立十七年天平四元象一興和四武定八

北齊六帝二十八年

文宣帝東魏武定八年簒位十年天保十廢帝殷一年乾明一孝昭帝一年皇

建二實止一武成帝四年太甯一即皇建二年河淸四後主緯十一年天統五實止四武平

六隆化一幼主恆一年承光一

周五帝二十五年

孝閔帝魏恭帝四年簒位稱天王一年無年號明帝三年稱天王無年號二實止一稱帝

武成二武帝十八年保定五天和六建德六宣政一建德六年滅齊宣帝一年天成一靜

帝二年大象三實止二

(续表)

隋 四帝三十九年

文帝 周大象三年篡位二十四年開皇二十仁壽四開皇九年滅陳

煬帝 十四年大業十四

恭帝侑 稱帝二年在煬帝在位之間義甯二卽大業十三十四年也

恭帝侗 大業十四年立一年皇泰二實止一

唐 二十帝併武曌之世二百九十年

高祖 隋煬帝大業十四年稱帝九年武德九

太宗 二十三年貞觀二十三

高宗 三十四年永徽六顯慶五龍朔三麟德乾封總章各二咸亨四上元二儀鳳三調露永隆開耀永淳弘道各一

中宗 一年嗣聖一

睿宗 六年文明光宅俱嗣聖元年也垂拱四永昌二

周武曌 十五年永昌二年改元天授二如意不踰年長壽二延載天冊萬歲萬歲通天神功各一聖厤二久視一大足不踰年長安五

中宗 五年長安五年改元神龍二景龍四

睿宗 二年景雲二實止一太極一

玄宗 四十四年先天一卽太極元年也開元二十九天寶十五

肅宗 六年至德二實止一乾元上元各二寶應一

代宗 十七年廣德二永泰一大厤十四

德宗 二十六年建中四興元一貞元二十一

順宗 不踰年永貞一卽貞元二十一年也

憲宗 十五年元和十五

穆宗 四年長慶四

敬宗 二年寶厤二

文宗 十四年太和九開成五

武宗 六年會昌六

宣宗 十三年大中十三

懿宗 十四年咸通十四

僖宗 十五年乾符六廣明一中和四光啟三文德一

昭宗 十六年龍紀一大順二景福二乾甯四光化三天復三天祐一

哀帝 三年仍用天祐至四

历代官名沿革表

歷代官名沿革表（後周立六官之制名稱異於歷代與寺監臺省之員全不相關）

	諸公	九寺	唐五監
秦及漢初	丞相（或置左右或曰相國） 太尉 御史大夫	奉常 郎中令 衛尉 太僕 廷尉 典客 宗正 治粟内史 少府	將作少府 博士（屬奉常）
前漢	三公：丞相（後改大司徒） 大司馬 御史大夫（後改大司空）	九卿：太常 光祿勳 衛尉 太僕 廷尉（或曰大理） 大鴻臚 宗正 大司農 少府	將作大匠 水衡都尉 都水使者 博士僕射
後漢	太傅 大將軍 三公：太尉 司徒 司空		將作大匠 河隄謁者 博士祭酒
魏	太傅 大司馬 大將軍 太尉 司徒 司空	太常 光祿勳 衛尉 太僕 廷尉 大鴻臚 宗正 大司農 少府	將作大匠 水衡都尉
晉	八公：上公 太宰 太傅 太保 大司馬 大將軍 三公 太尉 司徒 司空	太常 光祿勳 衛尉 太僕 廷尉 大鴻臚 宗正 大司農 少府	將作大匠 都水臺使者 國子學祭酒（屬太常）
宋（齊大抵同之）	太傅 太保 太宰 三公：太尉 司徒 司空 大司馬 大將軍	太常 光祿勳 衛尉 太僕（置不常） 廷尉 太鴻臚（置不常） 大司農 少府	將作大匠（臨時置） 國子祭酒（屬太常）
梁（陳大抵同之）	太宰 太傅 太保 大司馬 大將軍 三公：太尉 司徒 司空	春卿：太常卿 宗正卿 司農卿 夏卿：太府卿 少府卿 太僕卿 秋卿：衛尉卿 廷尉卿 冬卿：大匠卿 光祿卿 鴻臚卿 太舟卿	國子祭酒
後魏	三師：太師 太傅 太保 二大：大司馬 大將軍 太尉 司徒 司空	三卿：太常 光祿勳 衛尉 六卿：太僕 廷尉 大鴻臚 卿：宗正 大司農 太府	將作大匠 都水臺使者 國子祭酒

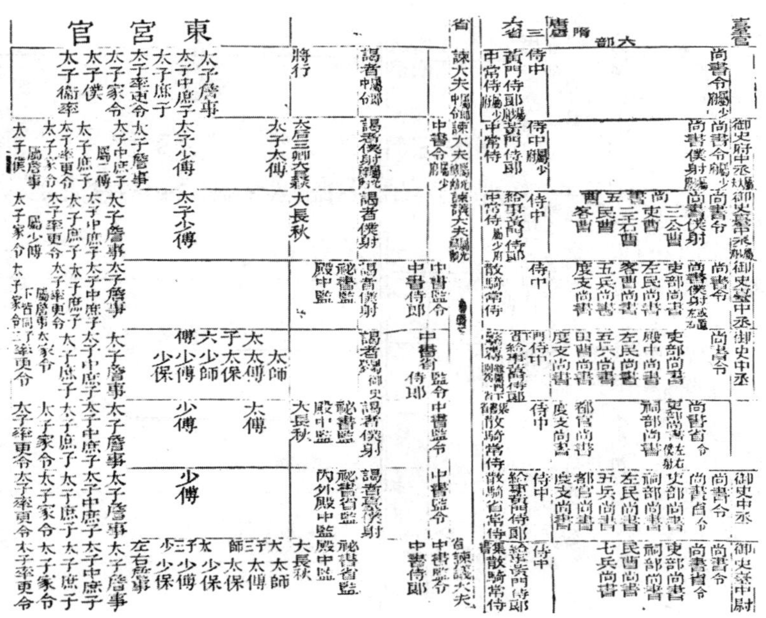

	臺	隋六部	三省	省					東宮官	
秦及漢初		尚書令（屬少府）	侍中 黃門侍郎（屬少府） 中常侍（屬少府）		諫大夫（屬郎中令）	謁者（屬郎中令）		將行		太子詹事 太子中庶子 太子庶子 太子率更令 太子家令 太子僕 太子衛率
前漢	御史府中丞	尚書令（屬少府） 尚書僕射（屬少府）	侍中（屬少府） 黃門侍郎 中常侍	中書令（屬少府）	諫大夫（屬光祿勳）	謁者僕射（屬光祿勳）		大長秋	太子太傅 太子少傅	太子詹事 太子中庶子（屬二傅） 太子庶子 太子率更令 太子家令 太子僕（屬詹事）
後漢	御史臺中丞（屬少府）	尚書令 尚書僕射 尚書：三公曹 吏曹 二千石曹 民曹 客曹	侍中 給事黃門侍郎 中常侍（屬少府）		諫議大夫（屬光祿勳）	謁者僕射		大長秋	太子少傅	太子詹事 太子中庶子 太子庶子 太子率更令 太子家令（屬少傅）
魏	御史中丞	尚書令 尚書僕射（或置左右） 吏部尚書 左民尚書 客曹尚書 五兵尚書 度支尚書	侍中 散騎常侍	中書監令 中書侍郎		謁者僕射	秘書監 殿中監			太子詹事 太子中庶子 太子庶子 太子率更令 太子家令
晉	御史中丞	尚書令 吏部尚書 殿中尚書 左民尚書 五兵尚書 田曹尚書 度支尚書	門下 侍中 給事黃門侍郎 散騎常侍	中書省 監令 侍郎		謁者僕射			太子六傅：太師 太傅 太保 少師 少傅 少保	太子詹事 太子中庶子 太子庶子 太子率更令 太子家令（下皆同）
宋		尚書省令 吏部尚書（僕射左右） 祠部尚書 都官尚書 度支尚書	侍中 散騎常侍	中書監令		謁者僕射	秘書監 殿中監	大長秋	太傅 少傅	太子詹事 太子中庶子 太子庶子 太子家令 太子率更令
梁	御史中丞	尚書令 尚書省令 吏部尚書 祠部尚書 左民尚書 五兵尚書 都官尚書 度支尚書	侍中 給事黃門侍郎 散騎常侍 散騎省常侍	中書監令		謁者臺僕射	秘書省監 內外殿中監		少傅	太子詹事 太子中庶子 太子庶子 太子家令 太子率更令
後魏	御史中尉	尚書令 尚書省令 吏部尚書 祠部尚書 民曹尚書 七兵尚書	侍中 給事黃門侍郎 集書省 散騎常侍	中書監令 中書侍郎	集書省 諫議大夫		秘書省監 殿中監	大長秋	三太：太師 太傅 太保 三少：少師 少傅 少保	左右詹事 太子中庶子 太子庶子 太子家令 太子率更令

(续表)

朝代	武官	地方官	諸公		九寺	
北齊	左右前將軍 中尉	內史 監郡御史 郡守尉 縣令長	三師 太師 太傅 太保 二大 大司馬 大將軍 太尉	三公 司徒 司空	太常寺卿 光祿寺卿 衛尉寺卿 宗正寺卿 太僕寺卿 大理寺卿 鴻臚寺卿 司農寺卿 太府寺卿	
後周	太子衛率 驃騎車騎將軍 左右前將軍 執金吾 八校尉 司隸校尉	三輔 州刺史 郡太守 王國內史 郡尉 縣令長 國相	三公 太師 太傅 太保 三孤 少師 少傅 少保	六卿大夫	天官大冢宰 小冢宰 司會 宗師 典祀 御正 御伯 主膳 太府	地官大司徒 小司徒 計部 民部 鄉伯 [illegible] 稍伯 縣伯 畿伯 載師 師氏
隋文帝	太子僕 太子衛率 五校尉 司隸校尉	河南尹 三輔 州刺史 郡太守 王國相 縣令長 國相	三師 太師 太傅 太保 太尉	三公 司徒 司空	太常寺卿 光祿寺卿 衛尉寺卿 宗正寺卿 太僕寺卿 大理寺卿 鴻臚寺卿 司農寺卿 太府寺卿	
隋煬帝	太子僕 太子衛率 [illegible]將軍 四征四鎮將軍 領軍 護軍 司隸校尉	河南尹 都督 州刺史 郡太守 王國相 內史 縣令長 國相	太師 太傅 太保 太尉	司徒 司空	太常寺卿 光祿寺卿 衛尉寺卿 宗正寺卿 太僕寺卿 大理寺卿 鴻臚寺卿 司農寺卿 太府寺卿	
唐太宗	卿僕 左右前後四衛率 [illegible] 領軍 護軍 司隸校尉	河南尹 都督 州刺史 郡太守 國相 內史 縣令長 國相	三師(雖為贈官) 太師 太傅 太保 太尉	司徒 司空	太常寺卿 光祿寺卿 衛尉寺卿 宗正寺卿 太僕寺卿 大理寺卿 鴻臚寺卿 司農寺卿 太府寺卿	
高宗(自龍朔至咸亨)	太子僕 左右衛率 [illegible] 領軍 護軍 司隸校尉	丹陽尹 都督 州刺史 郡太守 內史相 縣令長 國相	太師 太傅 太保 太尉	司徒 司空	奉常寺正卿 司宰寺正卿 司衛寺正卿 司宗寺正卿 司馭寺正卿 詳刑寺正卿 司文寺正卿 司稼寺正卿 外府寺正卿	
則天	太子僕 左右衛率 [illegible]將軍 四征四中八鎮八安等將軍 領軍護軍將軍 中領軍 中護軍 司隸校尉	丹陽尹 都督 州刺史 郡太守 內史相 縣令長 國相	太師 太傅 太保 太尉	司徒 司空	司禮寺卿 司膳寺卿 司衛寺卿 司屬寺卿 司僕寺卿 司刑寺卿 司賓寺卿 司農寺卿 司府寺	
玄宗	太子僕 左右衛率 [illegible]將軍 四鎮中軍[illegible]等將軍	司州牧 河南尹	三師 太師 太傅 太保 太尉	司徒 司空	太常寺卿 光祿寺卿 衛尉寺卿 宗正寺卿 太僕寺卿 大理寺卿 鴻臚寺卿 司農寺卿 太府寺卿	

朝代			唐五監	臺官	隋唐六部	唐三省
北齊			將作寺大匠 都水臺使者 國子寺祭酒(屬太常寺)	御史臺中丞	殿中尚書 祠部尚書 五兵尚書 都官尚書 度支尚書	侍中
後周	春官大宗伯 小宗伯 禮部 守廟 典祀 內史 大史 [illegible]樂 [illegible]馬 職方 吏部 [illegible] 兵部 天馭 司右 駕部 武藏 司憲 刑部 蕃部 賓部 工部 夏官大司馬 小司馬 秋官大司寇 小司寇	冬官大司空 小司空 匠師 司水 司土 司金 司木				
隋文帝			將作寺大匠 都水臺使者 國子學祭酒	御史臺大夫	尚書省令 左右僕射 吏部尚書 禮部尚書 兵部尚書 刑部尚書 民部尚書 工部尚書	納言
隋煬帝			少府監監 將作監大匠 都水監監 國子監祭酒	御史臺大夫	尚書省令 左右僕射 吏部尚書 禮部尚書 兵部尚書 刑部尚書 民部尚書 工部尚書	納言
唐太宗			將作監大匠 都水監使者 軍器監少監	御史臺大夫	尚書省令 左右僕射 吏部尚書 禮部尚書 兵部尚書 刑部尚書 民部尚書([illegible]) 工部尚書	侍中
高宗(自龍朔至咸亨)			內府監監 繕工監大監 司津監丞 司成館大司成	憲臺大夫	中臺左右匡政 司列太常伯 司禮太常伯 司戎太常伯 司刑太常伯 司元太常伯 司平太常伯	左相
則天			尚方監監 營繕監大監 水衡監都尉 成均監祭酒	左右肅政臺大夫	改文昌臺左右相 天官尚書 地官尚書 春官尚書 夏官尚書 秋官尚書 冬官尚書	納言
玄宗			少府監監 將作監大匠 都水監使者 國子監祭酒 軍器監監	御史臺大夫	尚書省左右丞相([illegible]) 吏部尚書 戶部尚書 禮部尚書 兵部尚書 刑部尚書 工部尚書	侍中

(续表)

六省	東宮官	武官	地方官
給事黃門侍郎 散騎常侍 諫議大夫 中書監令 中書侍郎 謁者僕射 秘書省監 殿中局監（下屬門） 長秋寺卿	詹事府詹事 門下坊中庶子 典書坊庶子 家令寺家令 率更寺令 僕寺僕 左右衛率		清都尹 郡太守 縣令
		柱國大將軍 大將軍 [illegible]	雍州牧 京兆尹 都督
門下給事黃門侍郎 散騎常侍 諫議大夫 中書省令 侍郎 通事舍人 謁者 秘書省監 殿內局監（下屬門） 內侍省內侍	太子三太 太師 太傅 太保 太子三少 少師 少傅 少保 門下坊中庶子 典書坊右庶子 家令寺家令 率更寺令 僕寺僕	左右衛 左右武衛 左右武候 左右屯衛 左右禦衛 左右候衛 十二衛大將軍 [illegible]	總管 縣令長
散騎常侍 黃門侍郎 謁者臺大夫 通事舍人 殿內省監 內侍省內侍 長秋監令	太師 太傅 太保 少師 少傅 少保	家令寺家令 司府寺令	司隸臺大夫 京兆尹 刺史 郡太守
門下黃門侍郎 散騎常侍 諫議大夫 中書省令 侍郎 通事舍人 殿中省監 內侍省內侍	太師 太傅 太保 少師 少傅 少保 詹事府詹事	家令寺家令 十六衛大將軍	雍州牧 巡察使 都督 州刺史 縣令
門下東臺侍郎 左侍極 正諫大夫 中書西臺侍郎 右侍極 右相 通事舍人 蘭臺太史 中御府天監 殿中省監 內侍監內侍	太師 太傅 太保 少師 少傅 少保 太子賓客 端尹府 宮尹府 左春坊 右春坊	家令寺家令 宮府寺大夫	雍洛州牧 都督都護
門下鸞臺侍郎 左散騎常侍 正諫大夫 中書鳳閣侍郎 右散騎常侍 內史 通事舍人 麟臺監 殿中省監 司宮臺內侍	太師 太傅 太保 少師 少傅 少保 宮尹府 左春坊 右春坊	司更寺大夫 率更寺令 馭僕寺大夫 僕寺僕	十道存撫使
門下黃門侍郎 散騎常侍 諫議大夫 中書令 中書侍郎 左右散騎常侍 通事舍人 秘書省監 殿中省監 內侍省內侍	太師 太傅 太保 少師 少傅 少保 詹事府詹事 左春坊左庶子 門下坊左中護 典書坊右庶子 右中護 右春坊右庶子		京兆河南太原府牧尹

历代命品表

歷代命品表

魏晉宋齊陳	一品		二品		三品		四品		五品
梁	十八班	十七班	十六班	十五班	十四班	十三班	十二班	十一班	十班
後魏北齊隋唐	正一品	從一品	正二品	從二品	正三品	從三品	正四品上下	從四品上下	正五品上下
後周　命數	正九命	九命	正八命	八命	正七命	七命	正六命	六命	正五命
後周　爵	國公		侯		伯		子		男
後周　朝官	三公		三孤		六卿		上大夫		中大夫
後周　諸侯官									

魏晉宋齊陳		六品		七品		八品		九品	
梁	九班	八班	七班	六班	五班	四班	三班	二班	一班
後魏北齊隋唐	從五品上下	正六品上下	從六品上下	正七品上下	從七品上下	正八品上下	從八品上下	正九品上下	從九品上下
命數	五命	正四命	四命	正三命	三命	正二命	二命	正一命	一命
爵									
朝官		下大夫		上士		中士		下士	
朝官		公之孤卿		公之大夫		公之上士		公之中士	
諸侯官				侯伯之孤卿		侯伯之大夫		侯伯之上士	
諸侯官						子男之孤卿		子男之大夫	

唐百官表

唐百官表依開元二十五年所制定諸
局署局吏品卑者多略之
品九等十八階正一品 從一品 正二品 從二品 正三品 從三品 正四品上下從四品上下正五品上下
爵九等 王 嗣王郡王國公開國郡公 開國縣公 開國侯 開國伯 開國子
文散官二十九階 開府儀同三司特進 光祿大夫 金紫光祿大夫銀青光祿大夫正議大夫 通議大夫 大中大夫 中大夫 中散大夫 朝議大夫
武散官二十九階 驃騎大將軍輔國大將軍鎮軍大將軍冠軍大將軍雲麾將軍 忠武將軍 壯武將軍 宣威將軍 明威將軍 定遠將軍 寧遠將軍
勳官十二階 上柱國 柱國 上護軍 護軍 上輕車都尉 輕車都尉 上騎都尉
歲給祿米（數字係官品之） 七百石 六百石 五百石 四百六十石 四百石 三百六十石 三百石 二百六十石 二百石
月俸科錢 二十四千文 十七千文 十七千文 十七千文 十一千五百六十七文 九千二百文
職分田（數字係官品頃） 十二頃 十頃 十頃 九頃 九頃 七頃 六頃
師傅 三師三公 太子三師 太子三少 太子賓客
三尚書省 左右僕射 六部尚書 諸司六部侍郎
門下省 侍中 左散騎常侍黃門侍郎 諫議大夫給事中
省中書省 中書令 右散騎常侍中書侍郎 中書舍人
六秘書省 監 少監
殿中省 監 少監 尚食奉御 尚藥奉御
諸衛 翊衛郎將
京兆河南太原三府 牧 尹 少尹 司馬
大都督府 大都督 長史 司馬 長史司馬
中都督府 中都督
下都督府 下都督 長史司馬
都護大都護府 大都護 副都護 長史司馬
地方官 上都護府 都護 副都護 長史司馬
諸州 上州 刺史 別駕
中州 刺史 別駕
下州 刺史
諸縣 京都諸縣令
鎮戍關
津
親王府 傅 長史 諮議參軍
親王府 司馬
品九等十八階從五品上下正六品上下從六品上下正七品上下從七品上下正八品上下從八品上下正九品上下從九品上下
爵九等 開國男

文散官二十九階 朝散大夫 朝請大夫 朝議郎 承議郎 奉議郎 通直郎 朝請郎 宣德郎 朝散郎 宣義郎 給事郎 徵事郎 承奉郎 承務郎 儒林郎 登仕郎 文林郎 將仕郎
武散官二十九階 游騎將軍 游擊將軍 昭武校尉 昭武副尉 振威校尉 振威副尉 致果校尉 致果副尉 翊麾校尉 翊麾副尉 宣節校尉 宣節副尉 禦侮校尉 禦侮副尉 仁勇校尉 仁勇副尉 陪戎校尉 陪戎副尉
勳官十二階 騎都尉 驍騎尉 飛騎尉 雲騎尉 武騎尉
歲給祿米（數字係官品之） 百石 九十石 八十石 七十石 六十七石 六十二石 五十七石 五十二石
月俸科錢 五千三百文 四千五十文 四千五十文 三千五百五十文 千九百文
職分田（數字係官品畝） 四頃 三頃五十畝 二頃五十畝 二頃
師傅
三尚書省 左右司郎中 諸司員外郎 都事
門下省 起居郎 城門郎 符寶郎 左補闕 錄事 左拾遺
省中書省 起居舍人 通事舍人 右補闕 主事 右拾遺
六秘書省 丞 著作郎 秘書郎 著作佐郎 太史局令 太史局丞 司辰 靈臺郎 保章正 挈壺正 校書郎 正字 司曆 監候
省殿中省 丞 尚衣尚舍尚乘尚輦奉御 侍御醫 六尚局直長 司醫 醫佐 掌輦 奉乘
內侍省 內給事 內謁者監 內寺伯 掖庭局令 宮闈局令 奚官局令 內僕局令 內府局令 宮教博士
御史臺 侍御史 主簿 殿中侍御史 監察御史
內侍省 內侍 內常侍
御史臺 大夫 中丞
太常寺 卿 少卿
光祿寺 卿 少卿
衛尉寺 卿 少卿
九宗正寺 卿 少卿
寺太僕寺 卿 少卿
大理寺 卿 少卿
鴻臚寺 卿 少卿
司農寺 卿 少卿
太府寺 卿 少卿
少府監 監 少監
五將作監 大匠 少匠

（续表）

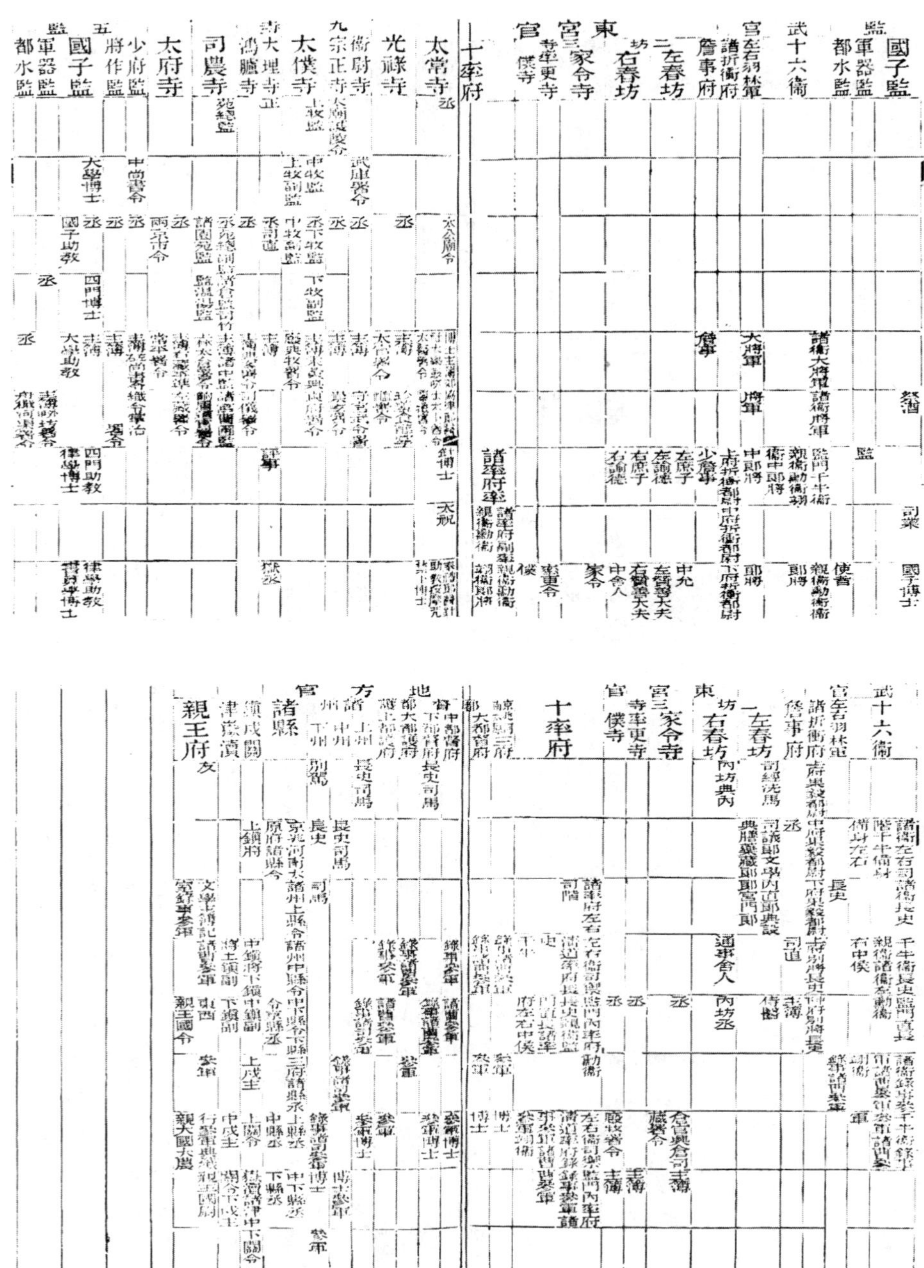

五代列国世系

五代列國世系

梁 朱氏代唐凡二世十七年爲後唐莊宗所滅

（一）太祖晃—（二）末帝瑱

後唐 本姓朱邪氏沙陀人唐賜姓李稱帝四世十四年自克用爲晉王四十二年爲晉高祖所滅

晉武王太祖武帝克用—（一）莊宗存勗，（二）明宗亶—（三）閔帝從厚，（四）末帝從珂 養子本姓王氏

晉 石氏沙陀人稱帝二世十一年爲遼太宗所滅

宋王敬儒—（二）出帝遼負義侯重貴

（一）高祖敬瑭

漢 劉氏沙陀人稱帝二世四年爲周太祖所篡北漢稱帝四世二十九年降於宋太宗

（一）高祖暠—（二）隱帝承祐

（一）世祖旻—（二）孝和帝鈞

公主—（三）廢帝繼恩 本姓薛氏孝和養子，（四）宋彭城公繼元 本姓何氏孝和養子

周 郭氏自謂周文王弟虢叔之後代漢凡三世十年禪於宋

（一）太祖威—（二）世宗榮 養子本姓柴氏—（三）恭帝宋鄭王宗訓

前蜀 王氏稱帝二世十九年自爲蜀共三十四年爲後唐莊宗所滅

（一）高祖建—（二）衍

後蜀 孟氏稱帝二世三十二年降於宋太祖

（一）高祖知祥—（二）宋秦公昶

吳 楊氏稱帝一世十一年自行密爲吳王四世三十六年禪於南唐

（一）武忠王太祖武帝行密—（二）景王烈祖景帝渥，（三）宣王高祖宣帝隆演，（四）睿帝溥

南唐 李氏自稱唐憲宗子吳王恪之後代楊吳二世二十九年降於宋太祖

（一）烈祖昪—（二）元宗景—（三）江南主宋隴西公煜

南漢 劉氏稱帝四世五十五年降於宋太祖

南海王襄帝隱

（一）高祖龑—（二）殤帝玢，（三）中宗晟—（四）宋衛公鋹

閩 王氏稱帝四世十三年自審知爲閩王六世三十七年降於南唐元宗

（一）忠懿王太祖昭武帝審知—（二）延翰，（三）太宗惠帝鏻—（四）康宗昶，（五）景宗曦，（六）延政

吳越 錢氏王兩浙五世七十二年獻地於宋太宗

（一）武肅王鏐—（二）文穆王元瓘—（三）忠獻王弘佐，（四）廢王弘倧，（五）宋南陽王俶

楚 馬氏王湖南六世四十五年爲南唐元宗所滅

（一）武穆王殷—（二）希聲，（三）文昭王希範，（五）希萼，（四）希廣，（六）希崇

荊南 高氏領鎮五世五十七年降於宋太祖

（一）楚武信王季興—（二）南平文獻王從誨—（三）南平貞懿王保融—（五）繼沖，（四）保勗

宋辽金夏世系

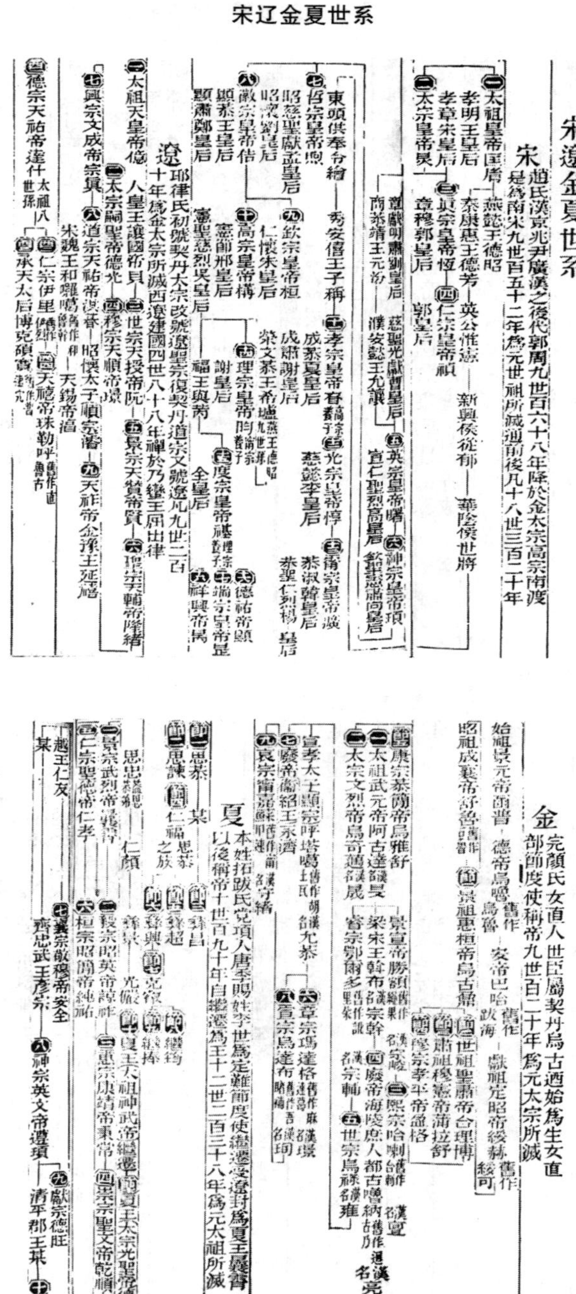

諸帝在位年數及年号五代宋辽金

諸帝在位年數及年號表中言實止幾者皆從前帝末年爲新帝元年也解見第二卷附錄六十七葉

梁二帝十七年
太祖唐天祐四年篡位六年開平四乾化二
末帝瑱十一年仍用乾化至四貞明六龍德三

後唐四帝十四年
莊宗梁龍德三年稱帝滅梁四年同光四
明帝七年天成四實止三長興四
閔帝應順一
末帝從珂二年清泰三實止二

晉二帝十一年
高祖唐清泰三年遼太宗天顯十一年稱帝滅唐七年天福七
出帝重貴四年仍用天福至八開運三

漢二帝四年
高祖暠遼太宗大同元年稱帝二年仍稱晉天福十二年是歲改號漢乾祐一
隱帝二年仍用乾祐至三

周三帝十年
太祖漢乾祐四年稱帝四年廣順三顯德一
世宗五年仍用顯德至六
恭帝一年年號不詳疑仍用顯德七年

宋十八帝三百二十年
太祖周顯德七年篡位十七年建隆三乾德五開寶九
太宗二十一年太平興國八實止七雍熙四端拱二淳化五至道三
眞宗二十五年咸平六景德四大中祥符九天禧五乾興一
仁宗四十一年天聖九明道二景祐四寶元二康定一慶曆八皇祐五至和二嘉祐八
英宗四年治平四
神宗十八年熙甯十元豐八
哲宗十五年元祐八紹聖四元符三
徽宗二十五年建中靖國一崇甯五大觀四政和七重和一宣和七
欽宗二年靖康二
高宗三十五年建炎四實止三紹興三十二
孝宗二十七年乾道九淳熙十六
光宗五年紹熙五
甯宗三十年慶元六嘉泰四開禧三嘉定十七
理宗四十年寶慶三紹定六端平三嘉熙四淳祐十二寶祐六開慶一景定五
度宗十年咸淳十
帝㬎二年德祐二
端宗二年景炎三實止二
帝昺一年祥興二實止一

遼九帝二百十年
太祖梁末帝貞明二年稱帝改元十一年神冊六天贊四天顯一
太宗二十一年仍用天顯至十二會同九大同一會同九年滅晉
世宗四年天祿五實止四
穆宗十八年應曆十九實止十八
景宗十三年保甯十實止九乾亨四
聖宗四十九年統和二十九開泰九太平十一
興宗二十四年景福一卽太平十一年也重熙二十四
道宗四十六年清甯十實止九咸雍太康太安各十壽隆七
天祚帝二十四年乾統十實止九天慶十保大五

金八帝百二十年
太祖宋徽宗政和五年遼天祚帝天慶五年稱帝九年收國二天輔七
太宗十二年天會十三實止十二天會三年滅遼
熙宗十四年仍用天會至十五天眷三皇統九
廢帝亮十二年天德四實止三貞元三正隆六
世宗二十八年大定二十九實止二十八
章宗十九年明昌六承安五泰和八
廢帝永濟五年大安三崇慶一至甯一
宣宗十年貞祐四實止三興定五元光二
哀宗十一年正大八開興一天興二

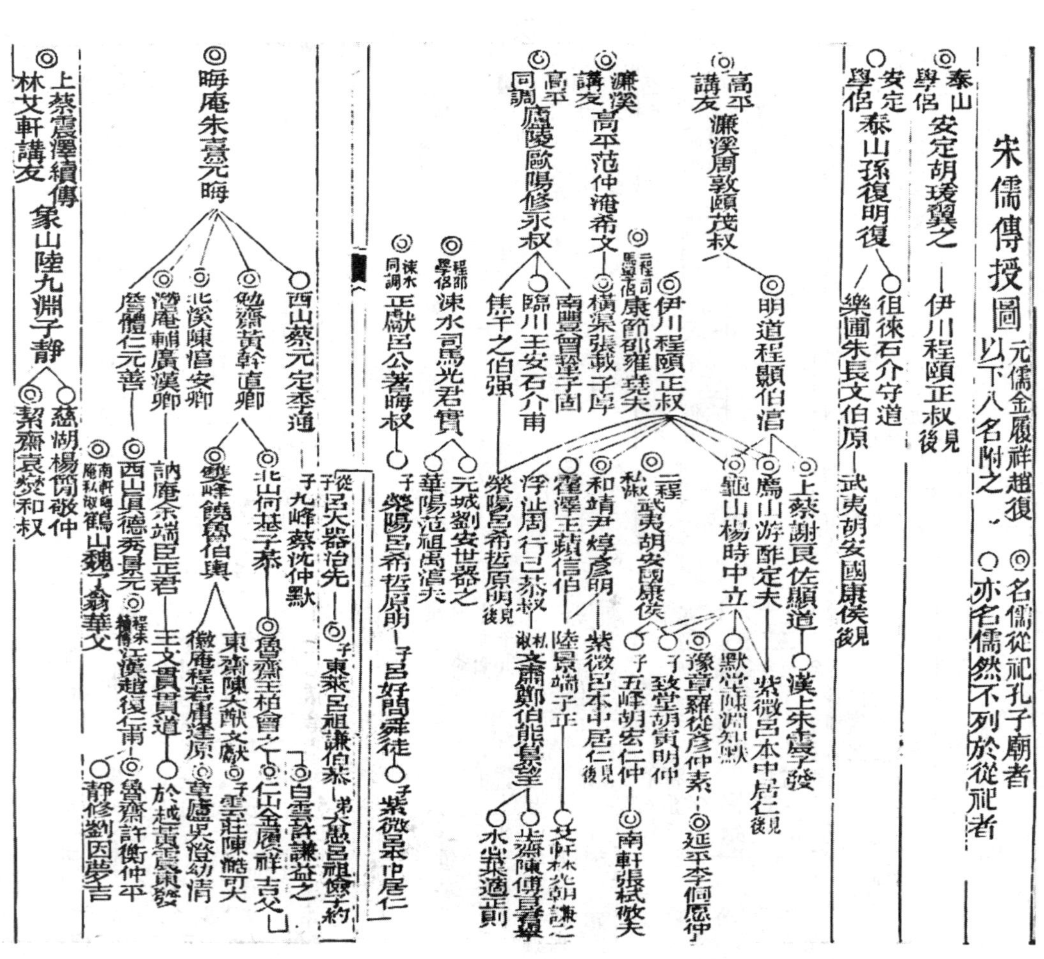
宋儒傳授圖 元儒金履祥趙復以下八名附之
◎名儒從祀孔子廟者
○亦名儒然不列於從祀者
泰山學侶 安定胡瑗翼之
伊川程頤正叔 後見
安定學侶 泰山孫復明復
徂徠石介守道
樂圃朱長文伯原
武夷胡安國康侯 後見
高平講友 濂溪周敦頤茂叔
明道程顥伯淳
上蔡謝良佐顯道
漢上朱震子發
廌山游酢定夫
紫微呂本中居仁 後見
龜山楊時中立
默堂陳淵知默
豫章羅從彥仲素
延平李侗愿中
伊川程頤正叔
二程私淑 武夷胡安國康侯
子 致堂胡寅明仲
子 五峰胡宏仁仲
南軒張栻敬夫
和靖尹焞彥明
紫微呂本中居仁 後見
震澤王蘋信伯
陸景端子正
艾軒林光朝謙之
浮沚周行己恭叔
私淑 文肅鄭伯熊景望
止齋陳傅良君舉
水心葉適正則
滎陽呂希哲原明 後見
濂溪講友 高平范仲淹希文
橫渠張載子厚
二程同調 康節邵雍堯夫
高平同調 廬陵歐陽修永叔
南豐曾鞏子固
臨川王安石介甫
焦千之伯强
程邵學侶 涑水司馬光君實
元城劉安世器之
華陽范祖禹淳夫
涑水同調 正獻呂公著晦叔
子 滎陽呂希哲原明
子 呂好問舜徒
子 紫微呂本中居仁
從子 呂大器治先
子 東萊呂祖謙伯恭
弟 大愚呂祖儉子約
子 九峰蔡沈仲默
白雲許謙益之
仁山金履祥吉父
晦庵朱熹元晦
西山蔡元定季通
勉齋黃榦直卿
北山何基子恭
魯齋王柏會之
雙峰饒魯伯輿
東齋陳大猷文獻
子 雲莊陳澔可大
徽庵程若庸達原
草廬吳澄幼清
北溪陳淳安卿
潛庵輔廣漢卿
訥庵余端臣正君
王文貫貫道
於越黃震東發
詹體仁元善
西山真德秀景元
程朱私淑 江漢趙復仁甫
魯齋許衡仲平
靜修劉因夢吉
南軒鶴山私淑 鶴山魏了翁華父
上蔡震澤續傳 林艾軒講友
象山陸九淵子靜
慈湖楊簡敬仲
絜齋袁燮和叔

宋儒传授图

文庙从配沿革表

文廟從配沿革表

	孔子謚號	配享（後號四配）	十哲（後為十二哲）
唐初	先聖孔子 高祖武德七年配享周公太宗貞觀二年升為先聖	顏回 曾參 貞觀二年顏回配享高宗總章元年曾參配享	
唐玄宗以後宋	先聖文宣王 玄宗開元二十七年追謚	兗國公顏子 開元二十七年追封	閔損 冉耕 冉雍 宰予 端木賜 冉求 仲由 言偃 卜商 曾參 開元八年以閔損等九人與顏回同從祀曾參列於其次後降居七十子之首
	至聖文宣王 眞宗咸平三年謚玄聖文宣王大中祥符五年改玄聖為至聖	兗國公顏子 鄒國公孟子 舒王王安石 神宗元豐中封孟軻配享徽宗崇甯三年王安石配享欽宗時罷安石	閔損 冉耕 冉雍 宰予 端木賜 冉求 仲由 言偃 卜商 曾參 宋以顏回特稱配享而曾參補十哲之闕
南宋	至聖文宣王	兗國公顏子 郕國公曾子 沂國公子思 鄒國公孟子 度宗咸淳二年進封曾參孔伋升之配享	閔損 冉耕 冉雍 宰予 端木賜 冉求 仲由 言偃 卜商 顓孫師 咸淳三年曾參進配享以顓孫師補闕
元及明	大成至聖文宣王 元成宗大德十一年加號	兗國復聖公 郕國宗聖公 沂國述聖公 鄒國亞聖公 元仁宗延祐三年加封	閔損 冉耕 冉雍 宰予 端木賜 冉求 仲由 言偃 卜商 顓孫師
明世宗以後	至聖先師	復聖顏子 宗聖曾子 述聖子思子 亞聖孟子	閔損 冉耕 冉雍 宰予 端木賜 冉求 仲由 言偃 卜商 顓孫師
國朝	至聖先師	復聖顏子 宗聖曾子 述聖子思子 亞聖孟子	閔損 冉耕 冉雍 宰予 端木賜 冉求 仲由 言偃 卜商 顓孫師 有若 朱熹 康熙五十一年朱熹自先儒進

(续表)

	先賢從祀	
	曾參顓孫師澹臺滅明有若等七十	三人開元二十七年從祀
	顓孫師澹臺滅明有若孔伋等七十	二人貞宗咸平三年罷公夏首等十一人進曾參於十哲徽宗大觀二年增祀孔伋四年復祀公夏首等十人
	澹臺滅明有若等七十一人咸淳三年升孔	伋於配享升顓孫師於十哲而增祀孔熙
	澹臺滅明有若等七十一人	
	澹臺滅明有若等六十二人	
乾隆中有若自先賢進號十二哲	蘧瑗澹臺滅明左邱明等六十八人	及公孫僑公明儀樂正克公都子萬章公孫丑周敦

		歷代增減
		貞觀二十一年從祀凡二十二人
		開元八年卜商入十哲凡二十一人
		元豐七年增荀況揚雄韓愈凡二十四人徽宗政和三年增王雱欽宗時王安石罷配
		理宗淳祐元年罷王安石增周張二程朱熹景定二年增張栻呂祖謙度宗咸淳二年
		元仁宗時增許衡明太祖時罷揚雄增董仲舒英宗正統中增胡安國蔡沈眞德秀吳
		嘉靖九年罷荀況戴聖劉向及鄭眾以下十一人增后倉王通歐陽脩胡瑗陸九淵穆
頤邵雍張載程顥程頤雍正二年復祀蘧瑗等四人增縣亶牧皮及孟子高弟四人而左邱明及宋儒	五人自先儒進後有若列於十哲又增公孫僑公明儀凡七十九人國初從祀三十五人康熙五十一年朱熹升十哲之次雍正二年周邵張二程進於先	

（续表）

享仍居從祀之列孝宗淳熙四年罷王雱

增邵雍司馬光凡三十三人

澄孝宗時增楊時罷坝澄凡三十八人

宗時增薛瑄神宗時增王守仁凡三十一人

賢復祀鄭康成諸葛亮范甯尹焞黃幹陳淳魏了翁何基王柏趙復金履祥許謙陳澔蔡清羅欽順陸隴其十六人乾隆中復祀吳澄道光中增陸贄謝良佐文天祥呂坤劉宗周黃道周孫奇逢湯斌八人咸豐中增韓琦李綱陸秀夫曹端四人同治中增毛亨袁燮方孝孺呂柟陸世儀張履祥六人光緒初增劉德

	先儒從祀 周儒	漢儒
	左邱明 卜商 公羊高 穀梁赤	伏勝 高堂生 孔安國 戴聖 毛萇 劉向 杜子春
	左邱明 公羊高 穀梁赤	伏勝 高堂生 孔安國 戴聖 毛萇 劉向 杜子春
	左邱明 荀況 公羊高 穀梁赤	伏勝 高堂生 孔安國 戴聖 毛萇 劉向 揚雄 杜子
	左邱明 荀況 公羊高 穀梁赤	伏勝 高堂生 孔安國 戴聖 毛萇 劉向 揚雄 杜子
	左邱明 荀況 公羊高 穀梁赤	伏勝 高堂生 孔安國 董仲舒 戴聖 毛萇 劉向
	左邱明 公羊高 穀梁赤	伏勝 高堂生 孔安國 董仲舒 后倉 毛萇 杜子
許慎呂大臨游酢輔廣張伯行六人凡七十八	公羊高 穀梁赤	伏勝 高堂生 毛亨 劉德 孔安國 董仲舒 后倉

（续表）

	魏儒	晋儒	隋儒	唐儒	宋儒
鄭衆 賈逵 馬融 盧植 鄭玄 服虔 何休	王肅 王弼	杜預 范甯			
鄭衆 賈逵 馬融 盧植 鄭玄 服虔 何休	王肅 王弼	杜預 范甯			
春 鄭衆 賈逵 馬融 盧植 鄭玄 服虔 何休	王肅 王弼	杜預 范甯		韓愈	王安石 王雱
春 鄭衆 賈逵 馬融 盧植 鄭玄 服虔 何休	王肅 王弼	杜預 范甯		韓愈	周敦頤 邵雍 司馬光 張載 程顥 程頤 朱熹 張栻 呂祖謙
杜子春 鄭衆 賈逵 馬融 盧植 鄭玄 服虔 何休	王肅 王弼	杜預 范甯		韓愈	周敦頤 邵雍 司馬光 張載 程顥 程頤 楊時 胡安國 朱熹 張栻 呂祖謙 蔡沈 眞德秀
春		范甯	王通	韓愈	歐陽脩 胡瑗 周敦頤 邵雍 司馬光 張載 程顥 程頤 楊時 胡安國 朱熹 張栻 呂祖謙 陸九淵 蔡沈 眞德秀
毛萇 杜子春 許慎 諸葛亮		范甯	王通	陸贄 韓愈	范仲淹 歐陽脩 胡瑗 韓琦 司馬光、謝良佐 呂大臨 楊時 游酢、尹焞 胡安國 羅從彦 李綱 李侗 張栻 呂祖謙

（续表）

		元儒
		許衡 吳澄
		許衡
陸九淵 袁燮 輔廣 蔡沈 黃幹 陳湻 眞德秀 魏了	翁 何基 王柏 文天祥 陸秀夫	趙復 許衡 金履

	明儒	
	薛瑄 王守仁	
祥 許謙 吳澄 陳澔	方孝孺 曹端 薛瑄 胡居仁	陳獻章 王守仁 蔡清 羅欽順 呂柟 呂坤 劉宗

(续表)

	國朝先儒	
陸隴其 張伯行	孫奇逢 陸世儀 張履祥 湯斌	周 黃道周

宋辽金职官沿革表

宋遼金職官沿革表

	三師	三公	宰執：宰相	宰執：參政	宰執：樞密院
唐末五代	太師太傅太保	太尉司徒司空	同中書門下平章事		唐內樞密使後省內字五代崇政使樞密使或知樞密院事
宋初	太師太傅太保	太尉司徒司空	同中書門下平章事	參知政事	使或稱知院事副使或稱同知院事
元豐以後	太師太傅太保	太尉司徒司空	尚書令侍中中書令並不除人尚書左僕射尚書右僕射	門下中書侍郎尚書左右丞	知院事同知院事簽書院事
政和以後	三公太師太傅太保	三孤少師少傅少保	左輔右弼並不除人太宰少宰	門下中書侍郎尚書左右丞	知院事同知院事簽書院事
南宋	三公太師太傅太保	三孤少師少傅少保	左丞相右丞相	參知政事	使知院事同知院事簽書院事
遼北面官	裕悅無職掌坐而論議		北府左右宰相南府左右宰相或置總知軍國事或置知國事		北樞密院掌兵機武銓羣牧之政使副使南樞密院掌文銓部族丁賦之政使副使各院或置知同知簽書
遼南面官	太師太傅太保	太尉司徒司空	中書令侍中尚書令左右僕射或置大丞相左右丞相及同平章事等官	兩省侍郎尚書左右丞或置參知政事	漢人樞密院掌漢人兵馬之政使副使或置知院事或置同知院事
金	太師太傅太保	太尉司徒司空	尚書令左右丞相平章政事	尚書左右丞參知政事	使副使簽書院事同簽院事

	給舍	學士院	諫院	六部：吏部	六部：戶部	六部：禮部	六部：兵部	六部：刑部
唐末五代	給事中中書舍人	翰林學士	左右散騎常侍左右諫議大夫	尚書侍郎	三司使尚書侍郎	尚書侍郎	尚書侍郎	尚書侍郎
宋初	判門下省事知制誥直舍人院	翰林學士翰林侍讀侍講學士	知諫院	知事官院判部事	三司使判部事	判禮儀院判部事	判部事	知審刑院判部事
元豐以後	給事中中書舍人	翰林學士	左右散騎常侍不除人左右諫議大夫	尚書侍郎	尚書侍郎	尚書侍郎	尚書侍郎	尚書侍郎
政和以後	給事中中書舍人	翰林學士	左右諫議大夫	尚書侍郎	尚書侍郎	尚書侍郎	尚書侍郎	尚書侍郎
南宋	給事中中書舍人	翰林學士	左右諫議大夫	尚書侍郎	尚書侍郎	尚書不常置侍郎	尚書不常置侍郎	尚書不常置侍郎
遼北面官		大林牙院掌文翰之事北面都林牙林牙			北南大王院分掌部族軍民之政北南院大王	多囉府都司掌禮儀多囉倫穆騰		伊勒希巴院掌刑獄伊勒希
遼南面官	給事中中書舍人	翰林都林牙翰林學士	散騎常侍諫議大夫	尚書侍郎	尚書侍郎	尚書侍郎	尚書侍郎	尚書侍郎
金		翰林學士翰林侍讀侍講學士	左右諫議大夫	尚書侍郎	尚書侍郎	尚書侍郎	尚書侍郎	尚書侍郎

(续表)

工部	尚書侍郎	判部事	尚書侍郎	尚書侍郎	尚書侍郎	尚書侍郎（巴或分左右）	尚書侍郎	尚書侍郎
御史臺	大夫中丞	中丞	大夫中丞不除人	中丞	中丞		大夫中丞	大夫中丞
殿閣	弘文館集賢殿學士	三館及諸殿閣學士	諸殿閣學士	諸殿閣學士	諸殿閣學士		諸殿館閣學士	院知弘文
秘書省	監		監	監	監			
殿中省	監	判省事	監	監				
太常寺	卿	判寺事判太常禮院	卿	卿	卿		卿	卿
宗正寺	卿	知大宗正事判寺事	知大宗正事卿	知大宗正事卿	判大宗正事卿不除置	皇族帳官掌皇族之政教大內特哩袞橫帳詳袞孟仲季父族三帳詳袞		判大宗正事同判大宗正事
九寺　光祿寺	卿	判寺事	卿	卿			崇祿寺卿	
衛尉寺	卿	判寺事	卿	卿			卿	
太僕寺	卿	判寺事羣牧使	卿	卿		諸路羣牧使	卿	諸羣牧所烏魯古使
大理寺	卿	判寺事	卿	卿	卿		卿	卿
鴻臚寺	卿	判寺事	卿	卿	卿		卿	卿
司農寺	卿	判寺事	卿	卿	卿		卿	勸農使司勸農使
太府寺	卿	判寺事	卿	卿	卿			
祕書監							監	監
國子監	祭酒	判監事	祭酒	祭酒	祭酒		祭酒	祭酒
五監　太府監							監	監
少府監	監	判監事	監	監			監	監
將作監	監	判監事	監	監	監		監	
軍器監	監		監	監				
都水監	使者	判監事	使者	使者				監
司天監	監	監					監	
禁軍　殿前司	（五代）都點檢副都點檢都指揮使	都指揮使	都指揮使	都指揮使	都指揮使或主管殿前司	御帳官侍衛太師太保司徒司空	都點檢副都點檢都指揮使	殿前都點檢兼侍衛親軍都指揮使
侍衛親軍	（五代）都指揮使馬軍都指揮使步軍都指揮使	馬軍都指揮使步軍都指揮使	馬軍都指揮使步軍都指揮使	馬軍都指揮使步軍都指揮使	馬軍步軍都指揮使或主管侍衛馬步軍司	北南護衛太師太保司徒著帳官著帳郎君節度使司徒	都指揮使馬軍都指揮使步軍都指揮使	殿前左右副都點檢兼侍衛親軍副都指揮使
宣徽院	宣徽南院使宣徽北院使	宣徽南院使宣徽北院使				北南院宣徽使或知北南院宣徽事	宣徽使或知宣徽院事	左宣徽使右宣徽使
客省		使	使	使			使	使屬宣徽院
引進司		使	使	使			使	使
四方館		使	使	使			使	使屬兵部
東西上閤門		使	使	使	知閤門事		使	使屬宣徽院
內侍省	監	入內內侍省都知內侍省左右班都知	入內內侍省都知內侍省左右班都知	知入內內侍省事知內侍省事	知入內內侍省事知內侍省事		內省使黃門令	內侍屬宣徽院
	三師三	三師三	三師三	三師三	三師三	皇太子	三師三	三師三

（续表）

東宮官	親王府	地方官									
		京師	陪京	大藩府	統軍司	招討司	漕司	憲司	倉司	列郡	縣
少賓客詹事庶子	傅長史	唐京兆府牧尹【五代】開封府牧尹	河南府尹兼東京留守太原府尹兼北京留守	諸道節度使觀察使團練使防禦使			諸道轉運使			諸州刺史	縣令
少賓客詹事庶子諭德主管左右春坊事		權知開封府	知河南應天大名府兼西南北京留守	河東陝西嶺南路經略安撫使兼馬步軍都總管			諸路轉運使	提點諸路刑獄公事		知州軍事	知縣
少賓客詹事庶子諭德不除人		權知開封府	知河南應天大名府兼西南北京留守	知府兼京路經略安撫使馬步軍都總管或以知州兼或不加經略字			諸路轉運使	提點諸路刑獄公事	提舉諸路常平倉	知州軍事	知縣
少賓客詹事庶子諭德不備員		開封府牧尹	河南應天大名府尹兼西南北京留守	知府州兼本路安撫使馬步軍都總管太原府及陝西諸路則加經略字			陝西都轉運使諸路轉運使	諸路提刑武提刑	常平提舉茶鹽提舉	知州軍事	知縣
少賓客詹事庶子諭德不備員主管左右春坊事		知臨安府帶浙西安撫使		知府州兼本路安撫使馬步軍都總管廣東西荊南襄陽則加經略字		諸路招討使	江東西四川等都轉運使諸路轉運使	諸路提刑	提舉常平茶鹽公事	知州軍事	知縣
特哩袞				諸路兵馬都統略諸軍詳袞						諸部族節度使	
少賓客詹事庶子諭德三令諸率府率	傅內史	大定府尹	諸京留守兼本府尹或諸京都總管知本府事		諸路統軍使	西邊二路招討使	山西路及諸州轉運使			諸州節度使觀察使團練使防禦使刺史	縣令
少詹事諭德左右衛率府監門僕正	傅尉	大興府尹兼中都路兵馬都總管	諸京留守帶本府尹兼本路兵馬都總管	府尹兼本路兵馬都總管	南邊四路統軍使	西北三路招討使	中都路都轉運使諸路轉運使	諸路提刑使		諸府尹諸州節度使防禦使部族節度使刺史明安	縣令穆昆

宋百官品秩表

宋百官品秩表 元豐以後官制屢有更革今據孝宗所修定閤門及府州軍等不載長官此皆以他官攝其職也

品九等十八階：正一品　從一品　正二品　從二品　正三品　從三品　正四品　從四品　正五品　從五品　正六品　從六品　正七品　從七品　正八品　從八品　正九品　從九品

爵九等：王　嗣王　郡王　國公　開國郡公　開國縣公　開國侯　開國伯　開國子　開國男

勳官十二階 政和三年罷：上柱國　柱國　上護軍　護軍　上輕車都尉　輕車都尉　上騎都尉　騎都尉　驍騎尉　飛騎尉　雲騎尉　武騎尉

吏部尚書以下諫議大夫以上曰侍從官　左右司郎中以上曰卿監　正郎員外太子洗馬將作監主簿以上曰陞朝以上曰朝官　京官

文階官

元豐以前舊官　三省長官　尚書左右僕射

吏部尚書　五部尚書　尚書左右丞

六部侍郎　給事中　左右諫議大夫　秘書監

白光祿　太常　衛尉　光祿　前行郎中　前行員外郎中　前行都少卿　太常卿至　少府　監

左右正言　太常中行郎中　尚書郎中行員外　左右後行郎中　司郎中　中

秘書　著作　殿中丞　長博士　國子　後行　員外

大理評事　大理太祝　著作佐郎　丞光祿　作郎　博士○　子中

校書郎正字　將作監主簿　奉禮　祿衛郎　大尉府　作監

郎侍　御史　起居　舍人　左右　司諫

允贊丞　善大夫　太子洗馬

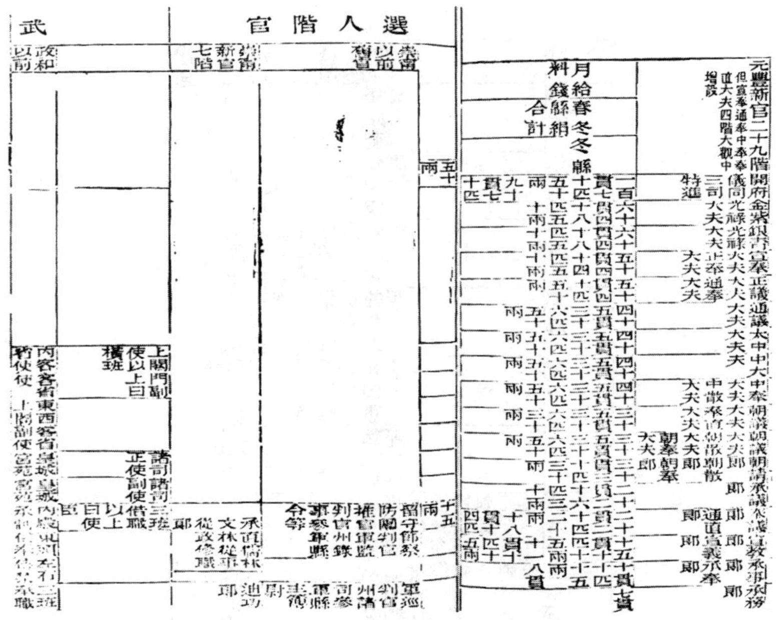

元豐新官二十九階 開府儀同三司　特進　金紫光祿大夫　銀青光祿大夫　光祿大夫　宣奉大夫　正奉大夫　正議大夫　通奉大夫　通議大夫　太中大夫　中大夫　中奉大夫　中散大夫　朝議大夫　奉直大夫　朝請大夫　朝散大夫　朝奉大夫　朝請郎　朝散郎　朝奉郎　承議郎　通直郎　奉議郎　宣教郎　承事郎　承奉郎　承務郎

但宣奉通奉中奉奉直大夫四階大觀中增設

月給料錢　春冬縣絹　冬縣　合計

一百貫　七十五貫　六十貫　五十五貫　四十五貫　四十貫　四十貫　三十七貫　三十五貫　三十五貫　三十貫　二十五貫　二十貫　二十貫　十五貫　十貫　十貫　七貫

十四　十八　十八　十四　十四　三十　三十　三十　三十　二十　二十　十六　十四　十四　十二

五十兩　四十五兩　四十五兩　四十兩　五十兩　四十兩　六十四　六十四　六十四　六十四　三十四　三十四　三十四　二十五兩　二十兩　十五

九十貫　五十兩　五十兩　五十兩　五十兩　三十兩　五十兩　十兩　十一兩　八貫

十七貫　十四　十八貫十　四十

十四　十四　四五兩

選人階官

舊以前　節度掌書記　觀察支使　防禦判官　團練判官　軍事判官　留守節察判官　令錄等　判官　推官　州鎮　軍監　事參軍　縣令

新官七階　承直郎　儒林郎　文林郎　從事郎　從政郎　修職郎　迪功郎

軍巡判官　州諸司參　縣主簿　尉　迪功郎

五十兩　十五兩

武

政和以前

上閤門副使以上曰橫班　諸司正使　諸司副使　三班借職以上曰使臣

內客省使　客省使　東西上閤門副使　宮苑使　皇城使　內殿承制　內殿崇班　左右侍禁　左右班殿直　三班奉職　三班借職

（续表）

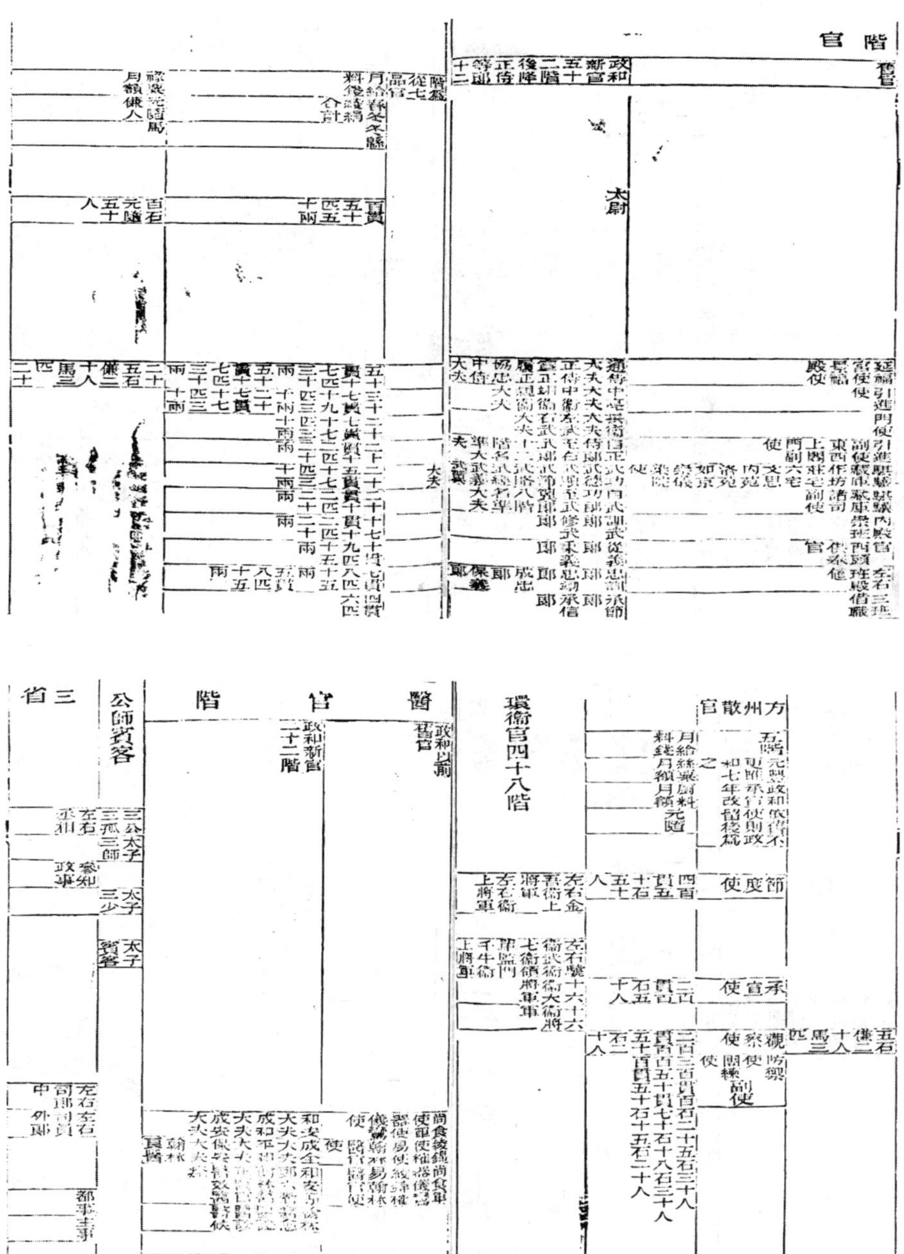

(续表)

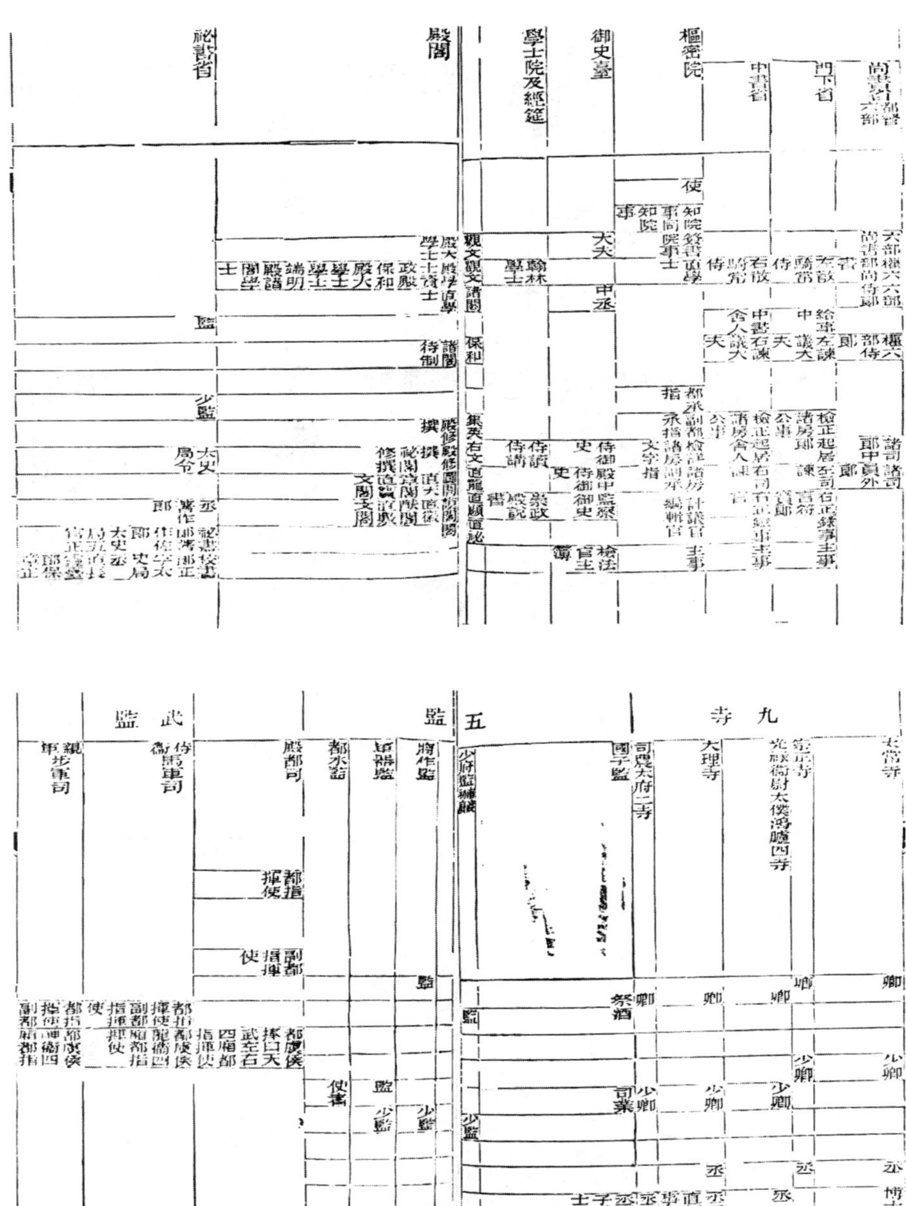
尚書省六部
門下省
中書省
樞密院
御史臺
學士院及經筵
殿閣
祕書省
九寺
太常寺
宗正寺
光祿衛尉太僕鴻臚四寺
大理寺
司農太府二寺
國子監
五監
少府監
將作監
軍器監
都水監
殿前司
武監
侍衛馬軍司
侍衛步軍司

(续表)

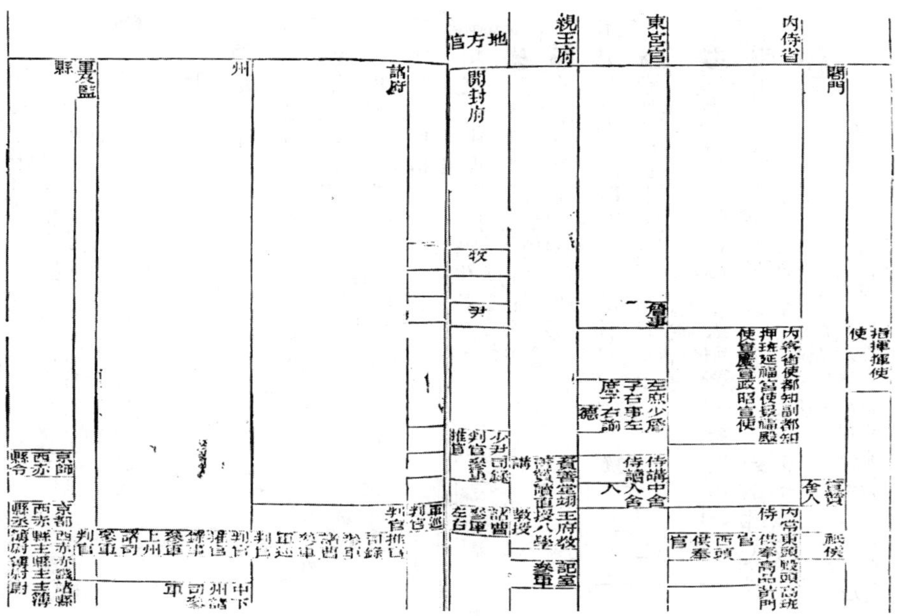

宋朝百官各依階官受俸而公孤宰執則別有官祿在京職事官則別有職錢今以四品官以上俸給附於左御史大夫以下階卑於官則職錢稍減

職事官俸給

官名	料錢	職錢	春冬綾	冬絹	冬棉	羅
三公三孤	三百	[illegible]	[illegible]	[illegible]	百兩	[illegible]
宰相 樞密使	三百	[illegible]	[illegible]	[illegible]	[illegible]	[illegible]
參知政事 知樞密院 同知院 簽書	二百	[illegible]	[illegible]	[illegible]	[illegible]	[illegible]
太子三師 太子三少	[illegible]	[illegible]	[illegible]	[illegible]	[illegible]	[illegible]
開封牧	[illegible]	[illegible]	[illegible]	[illegible]	[illegible]	[illegible]
御史大夫 六部尚書	六十	[illegible]	[illegible]	[illegible]	[illegible]	[illegible]
左右散騎常侍 權六部尚書	五十	[illegible]	[illegible]	[illegible]	[illegible]	[illegible]
翰林學士	五十	[illegible]	[illegible]	[illegible]	[illegible]	[illegible]
太子賓客 御史中丞	五十	[illegible]	[illegible]	[illegible]	[illegible]	[illegible]
太子詹事 太子六部侍郎	五十	[illegible]	[illegible]	[illegible]	[illegible]	[illegible]
給事中 中書舍人	四十	[illegible]	[illegible]	[illegible]	[illegible]	[illegible]
諫議大夫 左右諫議大夫	四十	[illegible]	[illegible]	[illegible]	[illegible]	[illegible]
權六部侍郎 秘書監	四十	[illegible]	[illegible]	[illegible]	[illegible]	[illegible]
太常七寺卿 宗正卿	三十	[illegible]	[illegible]	[illegible]	[illegible]	[illegible]
少府 將作 國子 軍器 祭酒監	三十	[illegible]	[illegible]	[illegible]	[illegible]	[illegible]

文階通直郎以上武階太尉職事官侍從以上春冬服綾絹之外每春給羅一匹公孤則給三匹

外任者料俸之外別有公用錢使相自二萬貫至七千貫節度使自萬貫至七千貫觀察防團以下準之而遞降又有職田兩京大藩府四十頃次藩鎮二十五頃防團以下各按品級為差此二事係北宋之制選人階官醫階官內侍官別有祿制與文武官不同今舉選人七階奉給於下

選人七階奉給

階名	料錢	春冬絹	冬棉	茶湯錢	廚料
承直郎	二十	[illegible]	四十兩	十貫	二石
儒林郎	二十	[illegible]	[illegible]	十貫	二石
文林郎	十[illegible]貫	[illegible]	[illegible]	十貫	一石
從事郎 從政郎 修職郎	十六	[illegible]	[illegible]	十貫	四石
迪功郎	十二	[illegible]	[illegible]	十貫	三石

元及诸国世系

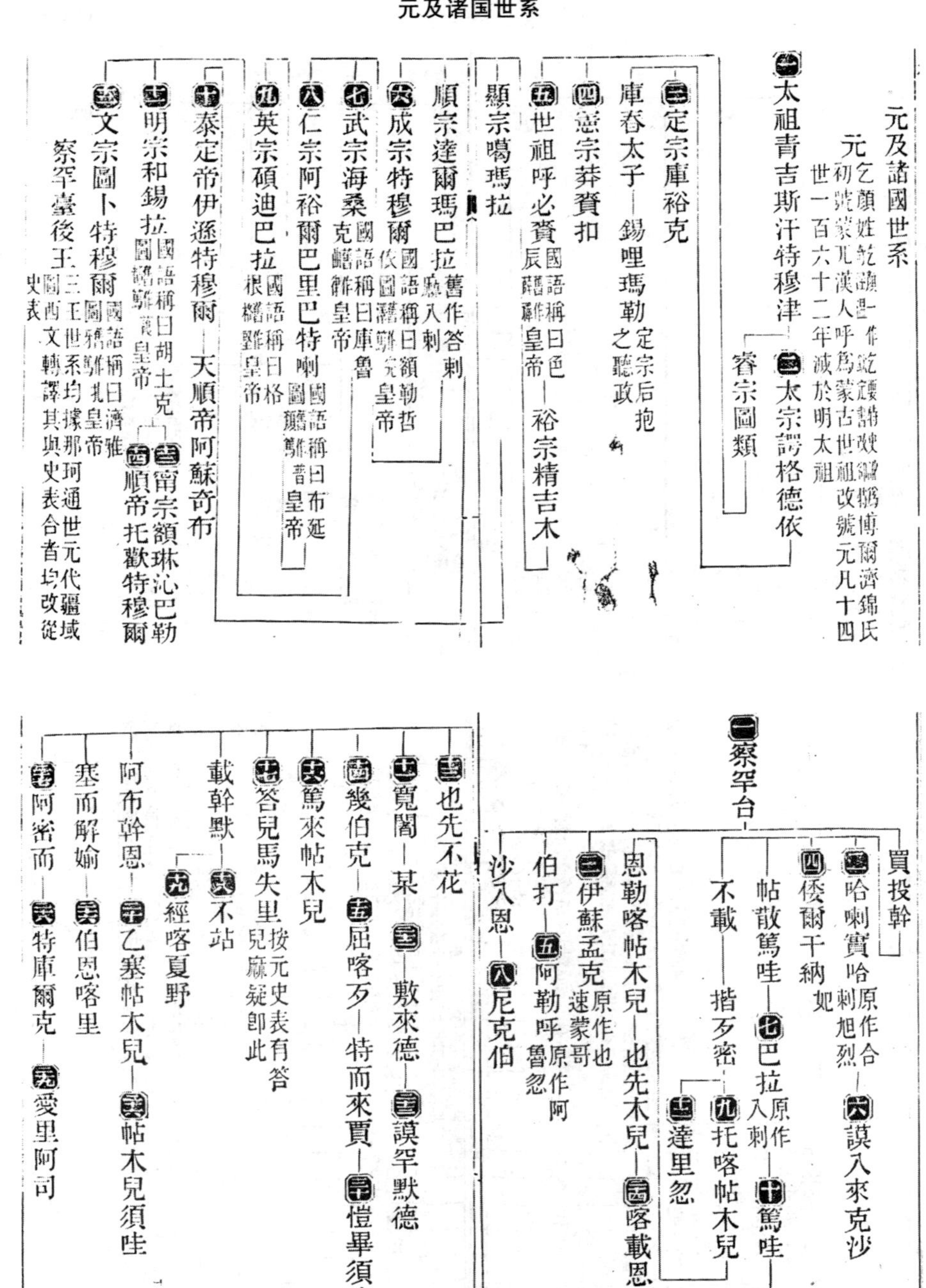

元及諸國世系

元 乞顏姓乾隆一作乾隆譯改爲博爾濟錦氏 初號蒙兀漢人呼爲蒙古世祖改號元凡十四世一百六十二年滅於明太祖

(一)太祖青吉斯汗特穆津—(二)太宗諤格德依
睿宗圖類
(三)定宗庫裕克
庫春太子—錫哩瑪勒 定宗后抱之聽政
(四)憲宗莽賚扣
(五)世祖呼必賚 國語稱曰色辰皇帝 舊作薛禪—裕宗精吉木
顯宗噶瑪拉
順宗達爾瑪巴拉 舊作答剌麻八剌
(六)成宗特穆爾 國語稱曰額勒哲依圖皇帝 舊作完澤篤
(七)武宗海桑 國語稱曰庫魯克皇帝 舊作曲律
(八)仁宗阿裕爾巴里巴特喇 國語稱曰布延圖皇帝 舊作普顏篤
(九)英宗碩迪巴拉 國語稱曰格根皇帝 舊作格堅
(十)泰定帝伊遜特穆爾—天順帝阿蘇奇布
(十一)明宗和錫拉 國語稱曰胡土克圖皇帝 舊作忽都篤—(十四)甯宗額琳沁巴勒
(十三)順帝托歡特穆爾
(十二)文宗圖卜特穆爾 國語稱曰濟雅圖皇帝 舊作札牙篤

察罕臺後王三王世系均據那珂通世元代疆域圖西文轉譯其與史表合者均改從史表

(一)察罕台
買投斡
(三)哈喇實 哈剌旭烈原作合—(六)謨八來克沙
(四)倭爾干納 妃
帖散篤哇—(七)巴拉 原作八剌—(十)篤哇
不載—揩歹密—(九)托喀帖木兒
(十一)達里忽
恩勒喀帖木兒—也先木兒—(十四)喀載恩
(二)伊蘇孟克 原作也速蒙哥
伯打—(五)阿勒呼 原作阿魯忽
沙八恩—(八)尼克伯

(十二)也先不花
(十三)寬闍—某—(十五)敷來德—(十三)謨罕默德
(十四)幾伯克—(十五)屈喀歹—特而來賈—(二十)愷畢須哇
(十六)篤來帖木兒
(十七)答兒馬失里 按元史表有答兒麻失里疑即此
載斡默—(十八)不站
(十九)經喀夏野
阿布斡恩—(二十一)乙塞帖木兒—(二十四)帖木兒須哇
塞而解蝓—(二十二)伯恩喀里
(二十五)阿密而—(二十六)特庫爾克—(二十九)愛里阿司

（续表）

〔十三〕阿里蘇而灘　〔十五〕歹溺須乃幾均太宗之裔

卓齊特後王

卓齊特—〔一〕巴圖魯—〔二〕薩喇達原作撒里答—〔四〕孟克特穆爾原作忙哥帖木兒

脱歡—〔五〕託克託孟克原作脱脱蒙哥

〔三〕伯勒克

篤剌兒—〔七〕伊濟貝原作月即別—〔八〕帖力別

〔九〕嘉鼐巴原作札尼別—〔十〕畢而諦伯克

〔六〕託克託

右金黨國

卓齊特—〔一〕斡魯朵—〔二〕庫色勒原作寬撒—〔三〕伯顏—〔四〕塞司伯克

〔五〕伊別撒—〔七〕屈沒台—〔八〕有入司

〔六〕沒伯萊火買

〔九〕特克台喀

〔十〕帖木兒抹里克—〔十二〕帖木兒喀特路—〔十五〕帖木兒

〔十三〕戌帖别

〔十四〕孛剌德

〔十一〕喀兒里甲克

右白黨國

轄魯後王

〔一〕轄魯—〔二〕阿布哈原作阿八哈—〔四〕阿嚕原作阿魯—〔七〕格藏原作合贊

〔八〕額兒觧吐—〔九〕不賽因

〔五〕改汗吐—阿剌夫賽因克—吉汗帖木兒

喀兒來哥—〔六〕八都—阿里—〔十〕沒沙

〔三〕尼克打阿買特　〔十三〕吐哥帖木兒擲只撒哈兒之裔

蒙哥帖木兒—阿恩別兒吉—庫吉

帖兒克特孟格—〔十二〕謨罕默德

特須默德—撒哥—特色夫須哈—蘇萊曼

阿里不哥—買里帖木兒—新汗—嗉喜—〔十一〕阿而慨幹

巴哈台唐宋時號大食元初稱爲巴哈台以哈里巴爲君易姓不一凡五十五世六百四十一年滅於元

〔三〕阿蒲而喀生本阿白塔拉　〔二〕阿布倍克耳　〔三〕倭馬爾

〔四〕奥自鑾　〔五〕阿里　〔六〕哈山

以上之哈里巴皆非傳子至倭馬亞朝始定傳子之例故起謨阿費牙第一標直線以序其統

〔七〕謨阿費牙第一—〔八〕栢濟特第一—〔九〕謨阿費牙第二

〔十〕末而换第一

〔十一〕威利特第一—〔十七〕栢濟特第三

〔十二〕蘇勒滿—〔十三〕倭馬爾第二

〔十四〕栢濟特第二—〔十六〕威利特第二

〔十五〕希沙姆

〔十八〕末而换第二以下爲阿拔斯朝

〔十九〕阿蒲而阿拔斯

〔二十〕阿蒲恭拂—〔二十一〕愛而每諦謨罕默德

〔二十二〕哈里突以謨薩—〔二十三〕訶論—〔二十四〕阿敏

〔二十五〕麻謨訥

(续表)

(八)謨阿塔遜

(九)瓦體克壁拉

(十)謨阿塔起而壁拉—(十一)木司灘錫而壁拉

(十二)木司敦壁拉—(十三)謨阿塔玆壁拉

(十四)謨台諦壁拉—(十五)謨阿塔米忒—(十六)謨阿塔梯忒壁拉

(十七)謨克塔非壁拉—(十八)謨克塔的而壁拉

(十九)喀海而壁拉—(二十)哀而哈諦壁拉

(二十一)謨塔奇壁拉—(二十二)木司塔克非—(二十三)謨梯亦壁拉

(二十四)台亦壁拉—(二十五)喀諦而壁拉

(二十六)喀律姆貝阿謨爾亦拉—(二十七)謨克塔諦貝阿謨而亦拉

(二十八)木司灘舍而壁拉—(二十九)木司塔而舍壁拉

(三十)拉施特壁拉—(三十一)謨克塔非貝俺木而亦拉

(三十二)木司灘朮忒壁拉—(三十三)木司塔諦貝俺木而亦拉

(三十四)那昔爾㷀丁亦拉—(三十五)哀脫塔海而壁拉

(三十六)木司丹錫爾壁拉—(三十七)木司塔辛壁拉

貨勒自彌　突厥種人凡七世一百三十九年

(一)奴世的斤—(二)庫脫拔丁—(三)阿切斯—(四)伊兒阿斯蘭

(五)塔喀施—(六)默哷—(七)扎拉鼎

俄羅斯　唐末立國，傳二十三世而臣於元，又十六世而中興，合六百二十餘年

(一)祿利哥—(二)亞力—(三)伊高—(四)斯非德斯剌夫

(五)耶羅巴

(六)物拉的米爾—(七)斯非德北

(八)耶羅斯剌夫—(九)伊西斯剌夫

(十)維西否奴

(十一)斯非阿德北

(十二)物拉的米爾第二—(十三)密給爾

(十四)耶羅巴第二

(十五)肥奇斯拉夫　以下諸侯爭立不能詳其統系

(十六)維西否奴第二—(十七)伊西斯剌夫第二

(十八)羅狄斯剌

(十九)伊西斯剌夫第三

(二十)攸利

(二十一)安得羅

(二十二)維西否奴第三—(二十三)攸利第二—(二十四)耶羅斯剌夫第二

(二十五)阿來三得

(二十六)耶羅斯剌夫第三—(三十)攸利第三

(三十二)伊萬第一—(三十三)色密思

(三十四)伊萬第二—(三十五)狄米得里第二

(二十七)法西里第一

(二十八)狄米得里第一

(二十九)彌海勒第二—(三十一)阿來克三得

(三十六)法西里第二—(三十七)法西里第三—(三十八)伊萬第三

(三十九)伊萬第四

元帝在位年数及年号

元帝在位年數及年號

太祖宋甯宗開禧二年稱帝二十二年少子圖類監國一年　太宗十三年鼎瑪錦后稱制四年

定宗三年烏拉海額錫后稱制二年　憲宗九年　世祖三十五年中統四至元三十一

成宗十三年元貞二大德十一　武宗四年至大四　仁宗九年皇慶三實止二延祐七

英宗三年至治三　泰定帝五年泰定四致和一

天順帝天順元年郎致和元年　明宗一年天歷二寶止一　文宗三年至順三

順帝三十六年元統二至元六至正二十八

明及诸国世系

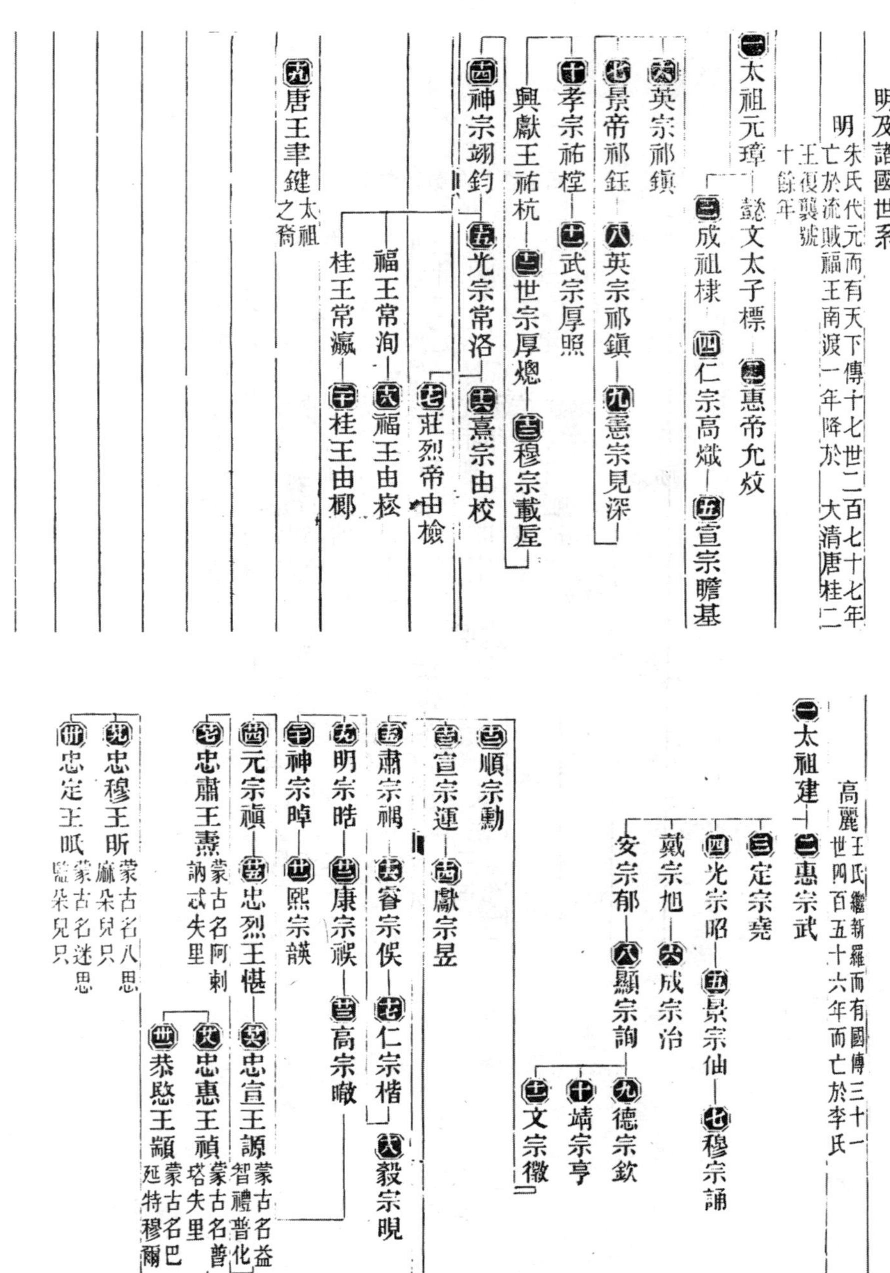

明及諸國世系
明　朱氏代元而有天下傳十七世二百七十七年亡於流賊福王南渡一年降於大清唐桂二王復襲號十餘年
(一)太祖元璋—懿文太子標—(二)惠帝允炆
(三)成祖棣—(四)仁宗高熾—(五)宣宗瞻基
(六)英宗祁鎮
(七)景帝祁鈺
(八)英宗祁鎮—(九)憲宗見深
(十)孝宗祐樘—(十一)武宗厚照
興獻王祐杬—(十二)世宗厚熜—(十三)穆宗載垕
(十四)神宗翊鈞—(十五)光宗常洛—(十六)熹宗由校
(十七)莊烈帝由檢
福王常洵—(十八)福王由崧
桂王常瀛—(二十)桂王由榔
(十九)唐王聿鍵　太祖之裔
高麗　王氏繼新羅而有國傳三十一世四百五十六年而亡於李氏
(一)太祖建—(二)惠宗武
(三)定宗堯
(四)光宗昭—(五)景宗伷—(七)穆宗誦
戴宗旭—(六)成宗治
安宗郁—(八)顯宗詢—(九)德宗欽
(十)靖宗亨
(十一)文宗徽
(十二)順宗勳
(十三)宣宗運—(十四)獻宗昱
(十五)肅宗顒—(十六)睿宗俁—(十七)仁宗楷—(十八)毅宗晛
(十九)明宗晧—(二十二)康宗祦—(二十三)高宗皞
(二十)神宗晫—(二十一)熙宗韺
(二十四)元宗禃—(二十五)忠烈王㦢—(二十六)忠宣王謜　蒙古名益智禮普化
(二十七)忠肅王燾　蒙古名阿剌訥忒失里
(二十八)忠惠王禎　蒙古名普塔失里
(三十)恭愍王顓　蒙古名巴延特穆爾
(二十九)忠穆王昕　蒙古名八思麻朵兒只
(三十一)忠定王䀎　蒙古名迷思監朵兒只

（续表）

朝鲜 李氏代高麗而有國傳二十六世五百餘年

【一】太祖成桂—【二】定宗芳果
【三】太宗芳遠—【四】世宗祹
【五】文宗珦—【六】端宗弘暐
【七】世祖瑈—德宗暲—【九】成宗娎—【十】燕山君㦕
【八】睿宗晄
【十一】中宗懌
【十二】仁宗峼
【十三】明宗峘
德興大院君岹—【十四】宣祖昖—【十五】光海君琿
元宗琈
【十六】仁祖倧—【十七】孝宗淏—【十八】顯宗棩—【十九】肅宗焞
【廿】景宗昀
【廿一】英宗昑—莊獻世子愃—【廿二】正宗祘—【廿三】純祖玜
翼宗旲—【廿四】憲宗奐
全溪大院君曠—【廿五】哲宗昇
興宣大院君昰應—【廿六】今王熙

日本

【一】神武天皇日本磐余彥—【二】綏靖神渟名川耳
【三】安甯磯城津彥玉手見—【四】懿德大日本彥耜友
【五】孝昭觀松彥香植稻—【六】孝安日本足彥國押人
【七】孝靈大日本根子彥太瓊—【八】孝元大日本根子彥國牽
【九】開化稚日本根子彥太日日—【十】崇神御間城入彥五十瓊殖
【十一】垂仁活目入彥五十狹茅—【十二】景行大足彥忍代別
【十三】成務稚足彥
【十四】仲哀足仲彥
【十五】應神譽田—【十六】仁德大鷦鷯—【十七】履中去來穗別
【十八】反正瑞齒別
【十九】允恭雄朝津間稚子宿禰—【廿】安康穴穗
【廿一】雄略大泊瀨幼武—【廿二】清甯白髮廣武國押稚日本根子
市邊押磐—【廿三】顯宗宏計來目稚子袁祁石巢別
【廿四】仁賢億計—【廿五】武烈小泊瀨稚鷦鷯
彥主人王—【廿六】繼體男大迹—【廿七】安閑句大兄
【廿八】宣化武小廣國押盾

(续表)

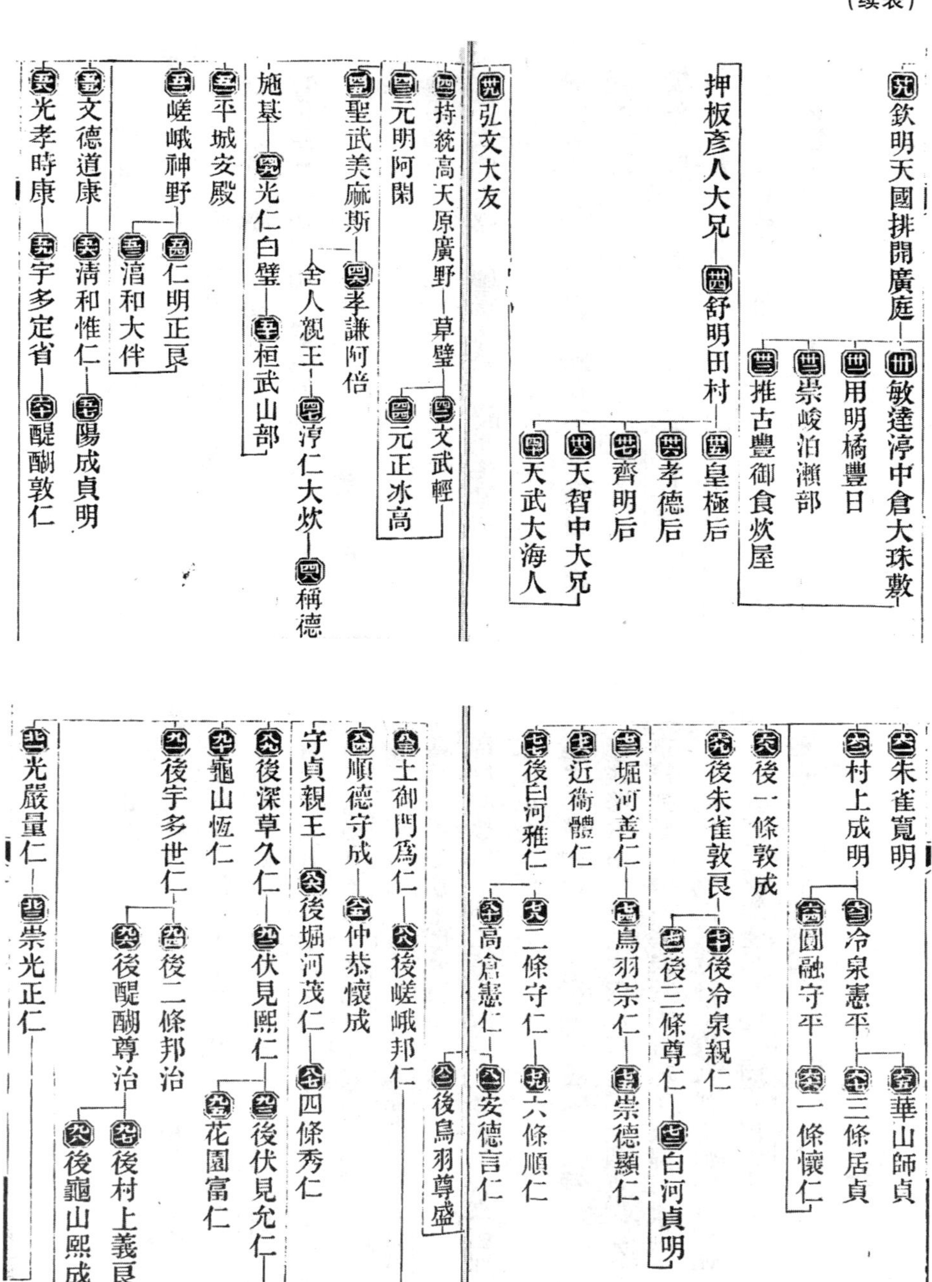

（续表）

（北二）光明豐仁
（北四）後光嚴彌仁—（北五）後圓融緒仁
（九九）後小松幹仁—（百）稱光實仁
貞成親王—（百一）後花園彥仁—（百二）後土御門成仁
（百三）後柏原勝仁—（百四）後奈良知仁—（百五）正親町方仁
誠仁親王—（百六）後陽成周仁—（百七）後水尾政仁
（百八）明正興子
（百九）後光明紹仁
（百十）後西院良仁
（百十一）靈元識仁—（百十二）東山朝仁
（百十三）中御門慶仁—（百十四）櫻丁昭仁—（百十五）桃園遐仁
（百十六）後櫻町智仁
（百十七）後桃園英仁
（百十八）光格兼仁—（百十九）仁孝惠仁—（百二十）孝明統仁
（百二十一）今王睦仁

明帝在位年数及年号

明帝在位年數及年號

太祖 元順帝至正二十八年僭帝三十一年洪武三十一

惠帝 四年建文四

成祖 二十二年永樂二十二

仁宗 一年洪熙一

宣宗 十年宣德十

英宗 先後二十二年正統十四天順八

景帝 七年景泰七

憲宗 二十三年成化二十三

孝宗 十八年宏治十八

武宗 十六年正德十六

世宗 四十五年嘉靖四十五

穆宗 六年隆慶六

神宗 四十八年萬麻四十八

光宗 一年實一月泰昌一卽萬歷四十八年

熹宗 七年天啟七

莊烈帝 十七年崇禎十七

福王 一年宏光一

唐王 一年隆武一

桂王 十六年永麻十六

元明职官沿革表

附录元代太后中宫官属

元明職官沿革表

元明官制互有異同元代太后中宮官屬最多明則闕而不置而永樂以後兩京並置百官亦為元之所無茲以元之太后中宮官屬附著篇後而明之南京官屬則分隸於諸司之下以便學者討究

	宗人	三公	三 師 孤	宰相	執政 參政
蒙古	扎爾古齊	太師太傅太保		大筆且齊 中書令 右左丞相	
元初	扎爾古齊	太保	太尉司徒司空	中書令 皇太子兼 右左丞相 尚書省右左丞相	平章政事 右左丞 參知政事
至大以後	扎爾古齊	太師太傅太保	太尉司徒司空	中書令 皇太子兼 右左丞相 尚書省右左丞相	平章政事 右左丞 參知政事
元末	扎爾古齊	太師太傅太保		中書令 皇太子兼 右丞相 左丞相 罷而復設 添設丞相	平章政事 添設平章 右左丞 添設右左丞 參知政事 添設參政
明洪武初	宗人令	太師太傅太保	少師少傅少保	左右丞相	平章政事 右左丞 參知政事
洪武末	宗人令	太師太傅太保	少師少傅少保		春夏秋冬四輔官
建文	宗人令				
永樂以後	宗人令	太師太傅太保	少師少傅少保	內閣諸大學士	
南京	宗人府經歷				

	給事中	起居注	典瑞院 尚寶司	中書	六部 吏部	戶部	禮部	兵部	刑部	工部	樞密院 行樞密院	都督府	御史
元初	給事中兼	修起居注	典瑞監卿	元中書即宰執見前	尚書 侍郎 初為	尚書 侍郎 左三部	尚書 侍郎 後分	尚書 侍郎 初為	尚書 侍郎 右三部	尚書 侍郎 後分	副使 行院官		御史大夫
至大以後	給事中兼	修起居注	典瑞院使		尚書 侍郎	尚書 侍郎	尚書 侍郎	尚書 侍郎	尚書 侍郎	尚書 侍郎	知院 知院		御史大夫
元末	給事中兼	修起居注	使		尚書 侍郎	尚書 侍郎	尚書 侍郎	尚書 侍郎	尚書 侍郎	尚書 侍郎	知院 知院	大都督	御史大夫
明洪武初	給事中	起居注	尚寶司卿	中書舍人 直省舍人	尚書 侍郎	尚書 侍郎	尚書 侍郎	尚書 侍郎	尚書 侍郎	尚書 侍郎	行樞密院	五軍都督	右左御史大夫
洪武末	六科給事中		卿	中書舍人	尚書 侍郎	尚書 侍郎	尚書 侍郎	尚書 侍郎	尚書 侍郎	尚書 侍郎		五軍都督	右左都御史
建文	都給事中		卿	侍書	尚書 左右侍中 侍郎	尚書 左右侍中 侍郎	尚書 左右侍中 侍郎	尚書 左右侍中 侍郎	尚書 左右侍中 侍郎	尚書 左右侍中 侍郎		五軍都督	都御史 御史大
永樂以後	六科都給事中		卿	中書科中書舍人	尚書 侍郎	尚書 侍郎	尚書 侍郎	尚書 侍郎	尚書 侍郎	尚書 侍郎		五軍都督	史 右左都御史
南京	六科給事中		卿		尚書 侍郎	尚書 侍郎	尚書 侍郎	尚書 侍郎	尚書 侍郎	尚書 侍郎		五軍都督	右都御史

(续表)

御史			學士院			
	察院	行御史	翰林兼國史	蒙古翰林附		集賢院
中丞 侍御史 治書侍御史 殿中侍御史	監察御史	行御史大夫 中丞 侍御史 監察御史	承旨學士 侍講學士 直學士 修撰 應奉翰林文字 編修 檢閱	蒙古翰林承旨 直學士		大學士 直學士 侍讀學士
中丞 侍御史 治書侍御史 殿中侍御史	監察御史	行御史大夫 中丞 侍御史 監察御史	承旨學士 侍講學士 直學士 待制 修撰 應奉翰林文字 編修 檢閱	蒙古翰林承旨 學士 侍講 直學士	內八府宰相附	大學士 學士 侍講學士 直學士 奎章閣大學士
中丞 侍御史 治書侍御史 殿中侍御史	監察御史	行御史大夫 中丞 侍御史 監察御史	承旨學士 侍講學士 直學士 待制 修撰 應奉翰林文字 編修 檢閱	蒙古翰林承旨 學士 侍講 直學士		大學士 學士 侍講學士 直學士 宣文閣大學士
御史中丞 侍御史 殿中侍御史	十二道監察御史	巡按御史	學士承旨 侍講學士 修撰 待制 應奉 檢閱			華蓋殿 武英殿 文淵閣
左副都御史 左僉都御史	十二道監察御史	巡按御史	學士 侍講學士 侍講 侍詔 修撰 編修 檢討 庶吉士			華蓋殿 文華殿 武英殿
夫	左右兩院御史		承旨 文學士 學士 侍講學士 文翰館士 侍讀 侍講 文史館修撰 編修 檢討			華蓋殿 武英殿 文華殿
左副都御史 左僉都御史	十三道監察御史	巡按御史 總督 巡撫 經略 總制	侍講學士 侍讀 侍講 修撰 編修 檢討 庶吉士			
右副都御史 右僉都御史	十三道監察御史	副僉都御史 提督操江	翰林學士			

	諸										
	太常寺	大禧宗禋院附	崇福司附	司禋監附	提督四夷館附	光祿寺	宣徽院附	太僕寺	尚乘寺附	行太僕寺	苑馬寺
	太常寺丞		崇福司使	內監		卿	使	卿	卿		
	太常禮儀院使	使	崇福院領院事			卿	使	卿	卿		
	使		崇福司使	內監		卿	使	卿	卿		
東閣大學士 文華殿大學士	太常司卿					卿	使	卿		少卿	
正心殿 文淵閣 東閣大學士	太常寺卿					卿		卿		少卿	
謹身殿 文淵閣 東閣大學士	卿					卿		卿		少卿	
	卿				少卿	卿		卿		卿	卿
	卿					卿		卿			

		寺			諸										
大理寺	經正監附	鴻臚寺	武備寺	司農司附	太府監	度支監	利用監	中尚監	章佩監	祕書監	藝文監	司天監	回回司天監附	太史院附	國子監
初屬都護府後改		侍儀司 屬禮部	卿	司農使	卿監	博克遜屬徽院	卿監	卿監	卿監	卿監		提點監	提點監	令	祭酒
大都護	卿		卿	大司農	卿監	卿監	卿監	卿監	卿監	卿監	監	提點監	提點監	使	祭酒
大都護			卿	大司農卿	卿監	卿監	卿監	卿監	卿監	卿監	監 [illegible]	提點監	提點監	使	
磨勘司令		侍儀司 使			案元代置監甚多悉用士人而參以宦者明裁諸監不置而以其職掌歸於內侍故宦官十二監中如內官御用司設尚寶印綬諸監所掌實與元代太府度支利用中尚章佩五監相同惟流品既異名號亦殊不便據以列表謹附著於此					丞		欽天監	監	令使	祭酒
大理寺卿		鴻臚寺卿 卿										正			祭酒
卿		卿										正			祭酒
卿		卿										正			祭酒
卿												正			祭酒

（续表）

監											東宮官				地	
蒙古國子監附	都水監	行都水監	將作院附	客省	內侍	太醫院	上林署	通政使司	宣政院附明僧道官	京衛	師賓	詹事府	坊局	王府官	京師	陪京
祭酒	監		使	使	侍正府侍正	提點使	令	元爲詳定司	使	五衛都指揮使親軍都指揮使				王傅內史	大都留守司	上都留守司
祭酒	監		使	使	侍正	使	令		使	五衛都指揮使親軍都指揮使				王傅內史	大都留守司	上都留守司
祭酒	監	監	使	使	侍正	使	令		使	五衛都指揮使親軍都指揮使	三師三少賓客	詹事庶子諭德		王傅內史	大都留守司	上都留守司
中都國子學祭酒	都水司屬工部			行人司行人	十二監四司八局太監	使		通政使	善事院元教院	京衛指揮使錦衣衛	三少賓客	詹事侍正庶子		左右相左右傅參軍	應天府尹	中都留守司
中都國子監祭酒				行人司正	太監	使		通政使	僧錄司善世道錄司正	京衛指揮使	三師三少賓客	詹事少詹事	砝春坊大學士司經局洗馬	左右長史	應天府尹	中都留守司
				行人	太監	使		通政寺卿	善世正	京衛指揮使錦衣衛京營提督	三師三少賓客	詹事少卿	大學士洗馬	賓輔長史	應天府尹	中都留守司
				行人司正	太監	使	上林院監正	通政司使	善世正	京衛指揮使錦衣衛京營提督	三師三少賓客	詹事少詹事	大學士洗馬	左右長史	順天府尹	應天府尹
				行人司左司副	守備太監	院判		通政使		守備衛指揮使		主簿				中都留守司
																應天府尹

方									
兵馬司	大藩府		鎮將	漕司	鹽司	市舶提舉司	儒學	府	州縣
	行省	提刑按察司	元帥達嚕噶齊		鹽運使			達嚕噶齊	達嚕噶齊
大都路都指揮使上都路都指揮使	行中書省丞相平章	肅政廉訪司使	元帥達嚕噶齊	都漕運使	都轉運鹽使	提舉	提舉	達嚕噶齊知府	達嚕噶齊
大都路都指揮使上都路都指揮使	行中書省丞相平章行尚書省丞相平章	肅政廉訪司使	元帥達嚕噶齊	都漕運使萬戶	都轉運鹽使	提舉	提舉	達嚕噶齊知府	達嚕噶齊
大都路都指揮使上都路都指揮使	行中書省丞相平章中書省右左丞	肅政廉訪司使	元帥達嚕噶齊	都漕運使萬戶	都轉運鹽使	提舉	提舉	達嚕噶齊知府	達嚕噶齊
都指揮	行中書省平章政事分左右丞	各道按察使	大元帥總兵官都司	漕運使	都轉運鹽使	提舉	教授訓導學正教諭	知府	知州知縣
五城指揮	承宣布政使左右布政使左右參政左右參議	提刑按察司使副使僉事	總兵官都司	漕運使	都轉運鹽使		教授訓導學正教諭	知府	知州知縣
五城指揮	布政使左右參政左右參議	十三道肅政按察司使	總兵官都司	漕運使	都轉運鹽使		教授訓導學正教諭	知府	知州知縣
五城指揮	左右布政使左右參政左右參議	提刑按察司使副使僉事	總兵官都司	漕運總兵漕運總督	都轉運鹽使	提舉	提督學政教授訓導學正教諭	知府	知州知縣
五城指揮興都留守司									

（续表）

官	
	知州縣知州縣知州縣
	尹尹尹
諸使	宣慰宣宣慰宣宣慰宣宣慰宣宣慰宣宣慰宣宣慰宣
	撫安撫撫安撫撫安撫撫安撫撫安撫撫安撫撫安撫
	招討使招討使招討使招討使招討使招討使招討使
諸路總管府	達嚕噶達嚕噶達嚕噶
	齊總管齊總管齊總管

附錄元代太后中宮官屬

中政院使　掌中宮財賦營造供給并番衛之士湯沐之邑

徽政院卿　掌太后位下錢糧選法工役

內宰司　掌內府飲膳倉儲絲銀糧稅之事

隆福宮左右都威衛使　掌侍衛東宮之事

長信寺卿　領大鄂多齊哩克昆諸事

長秋寺卿　掌武宗五鄂爾多戶口錢糧營繕諸事

承徽寺卿　掌達爾瑪寶哩皇后位下錢糧營繕等事

長甯寺卿　掌英宗蘇克巴拉皇后位下戶口錢糧營繕等事

長慶寺卿　掌成宗鄂爾多及常歲管辦禾失房子行幸集賽台人等衣糧之事

甯徽寺卿　隸班布爾實皇后位下

延徽寺卿　掌伊埒哲伯皇帝鄂爾多

資正院使　為鄂勒哲呼圖克皇后置

此外又有管領大都等路打捕鷹房臙粉人戶總管府管領諸路齊哩克昆民匠都總管府隨路諸色民匠打捕鷹房都總管府管領保定等路阿哈塔密爾諸色人匠總管府管領打捕鷹房民匠達嚕噶齊總管府管領隨路諸色民匠打捕鷹房等戶總管府管領隨路打捕鷹房諸色民匠齊哩克昆總管府管領齊哩克昆諸色民匠達嚕噶齊并管領上都奈曼提舉司管領大都諸色人匠奈曼戶提舉司及尚供總管府雲需總管府等官皆歷代之所無也

明百官品秩表

明百官品秩表 沿革表次序遵用欽定續通考之例綜兩朝以列表茲表專詳明制故一依明史次第

爵三等：公 侯 伯

九品十八級	文官四十二階	武官六品三十階	文勳十階	武勳十二階	歲給俸祿	宗人府	公孤	內閣	六部
正一品	特進榮祿大夫 特進光祿大夫	特進榮祿大夫 特進光祿大夫	左右柱國	左右柱國	一千四十四石	宗人令 宗正 宗人	三公		
從一品	榮祿大夫 光祿大夫	榮祿大夫 光祿大夫	柱國	柱國	八百八十八石		三孤 太子三師 三少		
正二品	資善大夫 資政大夫 資德大夫	驃騎將軍 金吾將軍 龍虎將軍		上護軍	七百三十二石				尚書
從二品	中奉大夫 通奉大夫 正奉大夫	鎮國將軍 定國將軍 奉國將軍		護軍	五百七十六石				
正三品	嘉議大夫 通議大夫 正議大夫	昭勇將軍 昭毅將軍 昭武將軍		上輕車都尉	四百二十石		太子賓客		侍郎
從三品	亞中大夫 中大夫 大中大夫	懷遠將軍 定遠將軍 安遠將軍	少尹	輕車都尉	三百一十二石				
正四品	中順大夫 中憲大夫 中議大夫	明威將軍 宣威將軍 廣威將軍	贊治尹	上騎都尉	二百八十八石				
從四品	朝列大夫 朝議大夫 朝請大夫	宣武將軍 顯武將軍 信武將軍	贊治少尹	騎都尉	二百五十二石				
正五品	奉議大夫 奉政大夫	武德將軍 武節將軍	修正庶尹	驍騎尉	一百九十二石	經歷		大學士	郎中
從五品	奉訓大夫 奉直大夫	武略將軍 武毅將軍	協正庶尹	飛騎尉	一百六十八石				員外郎
正六品	承直郎 承德郎	昭信校尉 承信校尉		雲騎尉	一百二十石				主事
從六品	承務郎 儒林郎 宣德郎	忠顯校尉 忠武校尉		武騎尉	九十六石				
正七品	承仕郎 文林郎 宣議郎				九十石				
從七品	從仕郎 徵仕郎				八十四石				
正八品	迪功郎 修職郎				七十八石				照磨
從八品	迪功佐郎 修職佐郎				七十二石				
正九品	將仕郎 登仕郎				六十六石				檢校 大使
從九品	將仕佐郎 登仕佐郎				六十石				司務 司獄
未入流	文武階皆分初授陞授加授以歷考爲差				三十六石				

九品十八級	都察院	通政司	大理寺	詹事府	春坊	司經局	翰林院	國子監		太常寺	光祿寺	太僕寺	鴻臚寺	尚寶司	六科	中書	行人司
正一品																	
從一品																	
正二品	左右都御史								衍聖公附								
從二品																	
正三品	左右副都御史	通政使	卿	詹事						卿							
從三品											卿	卿					
正四品	左右僉都御史	左右通政	左右少卿	少詹事						少卿		少卿	卿				
從四品								祭酒									
正五品		左右參議	左右寺丞	通事舍人	大學士 左右庶子	洗馬	學士				少卿			卿			
從五品					左右諭德		侍讀學士 侍講學士						左右少卿	少卿			
正六品	經歷		左右寺正	府丞	左右中允		侍讀 侍講	司業		丞	署正 丞	丞		丞			
從六品			寺副		左右贊善 左右司直郎		修撰						左右寺丞				
正七品	都事 監察御史	經歷	評事				編修			典簿 博士	典簿 署丞				都給事中		司正
從七品				主簿			檢討					主簿			左右給事中 給事中	中書舍人	司副
正八品	照磨	知事						丞	五經博士	協律郎	錄事 監事						行人
從八品					左右清紀郎		典籍	博士 助教 典簿					主簿				
正九品	檢校						侍書	學正		贊禮郎		大使 監正	署丞				
從九品	司務 司獄		司務	錄事	左右司諫	校書	待詔	學錄 典籍	教授	司樂	大使	監副	鳴贊 序班				
未入流						正字	孔目	掌饌	學司								

(续表)

機構	官職
欽天監	監正、監副、五官正、主簿、五官靈臺郎、五官保章正、五官挈壺正、五官監候、五官司曆、五官司晨、五官漏刻博士
太醫院	院使、院判、御醫、吏目
上林苑	左右監副、左右監丞、典署、署丞、典簿、錄事
五城兵馬司	指揮、副指揮、吏目
順天府	府尹、府丞、治中、通判、推官、經歷、知事、教授、訓導、照磨、檢校
武學	教授、訓導
僧錄司	左右善世、左右闡教、左右講經、左右覺義
道錄司	左右正一、左右演法、左右至靈、左右玄義
宦官	太監、左右少監、左右監丞、典簿、長隨、奉御
王府官	左右長史、審理正、審理副、典膳正、典膳副、典簿
布政司	左右布政使、左右參政、左右參議、經歷、理問、都事、副理問、照磨、檢校、大使、司獄
按察司	按察使、副使、僉事、經歷、知事、照磨、檢校、司獄
行太僕寺	卿、少卿、寺丞、主簿
苑馬寺	卿、少卿、寺丞、主簿
鹽運司	都轉運使、同知、副使、提舉、判官、副提舉、經歷、副提舉、知事、吏目
府	知府、同知、通判、推官、經歷、知事、照磨
州	知州、同知、判官、吏目
縣	知縣、縣丞、主簿、巡檢
儒學	教授、學正、教諭、訓導
五軍都督府	左右都督、都督同知、都督僉事、經歷、都事
京衛	指揮使、指揮同知、指揮僉事、鎮撫司鎮撫、經歷、知事、吏目
留守司	留守、副留守、指揮同知、經歷、斷事、都事、副斷事、吏目
都司	都指揮使、都指揮同知、都指揮僉事、經歷、斷事、都事、副斷事、吏目
所	正千戶、副千戶、鎮撫、吏目
土官	宣慰使、宣慰同知、副使、僉事、副使、宣慰使、宣慰同知、安撫同知、僉事、副使、僉事、招討使、副招討使、長官、副長官、吏目、吏目

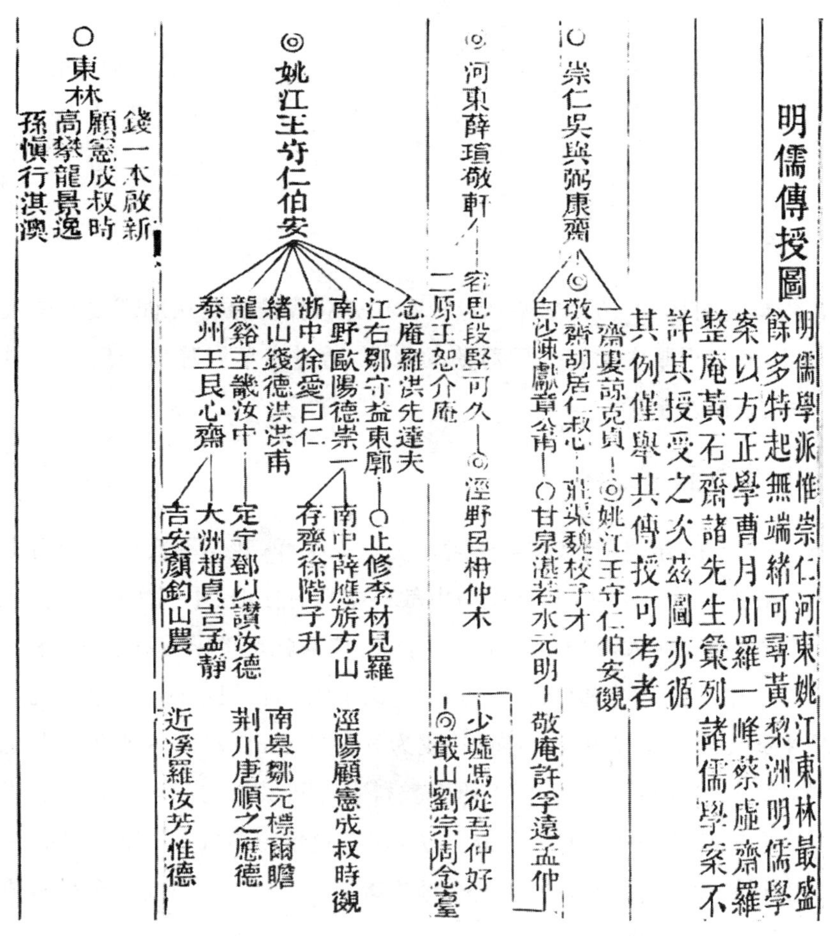

明儒传授图

点校后记

捧着即将付梓的《历代史略》(点校本)书稿,我仿佛是从助产婆手中接过新生的婴儿,欣喜得眼中噙着一层薄薄的水幕,透过水幕回眸那与历史教科书的过往,不免感慨万千。

一、与历史教科书之缘

上个世纪80年代,与大多数学习历史的人一样,我第一次接触到历史教科书应该是在读初中一年级时,初中历史教科书只有四册《中国历史》,高中是上、下册的《世界历史》,大多是在老师的要求下,按部就班地学习和复习,基于中考及高考的个中缘由,对历史教科书没有太多的关注,也根本谈不上去仔细研究。

后来我走上中学历史教学岗位,成为教"书"匠,自然而然地在备课、上课、复习时就离不开教科书,也不得不研究教科书。从最初的盲从,到发表《清政府在第二次鸦片战争中赔款数额的新提法》(《历史学习》2002年第11期,中国人民大学报刊复印资料中心《中学历史、地理教与学》2003年第3期全文转载),再到发表《毛泽东与尼克松会见一图的质疑与破解》(《历史学习》2003年第9期),该文引起人民教育出版社编辑的重视,并于2004年夏季印刷时更换了图片,这些对我来说,都是莫大的鼓舞。在此激励下,长篇的、短篇的,普通的、核心的文章散见于报刊杂志,累计至今,已百余篇。

个人努力固然是必要的,贵人相助亦是必不可少的。2005年的中国教育学会全国历史教学年会在新疆维吾尔族自治区首府乌鲁木齐市召开,我有幸认识时任江苏省教研室历史教研员的刘克明先生、人民教育出版社历史室陈其主任、许斌副主任等,在他们的提携下参加了人教社2007版高中历史教科书的修订,撰写了《诠释〈元朝行省图〉之疑窦》《历史教科书封面蕴含的人文信息举隅》

《试论高中历史教科书的“大前言”》等文章；参加了江苏省教研重点课题《中学历史教材比较研究》和国家社科基金“十一五”规划（教育科学）国家一般课题《新课改后各类教材特点的比较研究》，虽然两个课题分别于2011年和2012年结题，但本人对历史教科书的研究兴趣余味未消，反而更加浓厚了。

基于兴趣和爱好，从老教师和台籍门生手里，从人教社历史室编辑那里，从新加坡教育部官员那里，从互联网书店和网盘中，一个囊括中国的和外国的、纸质的和电子的、原版的和复制的、中文的和外文的历史教科书的微型“图书馆”初具规模，其中就有一套日本早稻田大学图书馆藏、历史学家柳诒徵编写的中国最早的历史教科书之一《历代史略》（以下简称《史略》）电子版。为方便翻阅，我将这一套时代久远的书打印装订成册，不时阅读起来。

二、点校《历代史略》由来

2014—2015年，借国家新一轮基础教育课程改革的东风，个人同步于教育部课程标准研制组，积极开展历史学科核心素养的研究，撰写成《基于实践的历史学科核心素养体系刍议》（2015年第9期《历史教学》，该文目前已被下载4000余次，引用100余次）。随后，本人又对体系中的时间观念、空间观念等分别撰文，其中《基于中学历史教学需求的核心素养培养旨要——以时间观念为例》一文发表于中文核心期刊《教育理论与实践》（2016年第12期），《高中生空间观念缺失的具象、归因与救赎》一文获第六届全国教育博士论坛优秀论文奖（全国教育专业学位研究生教育指导委员会2018年12月）。

2017年8月25日，我应南京市教育局教研室王兵老师邀请，给中学历史教师培训部编初中历史教科书，有幸认识时任江苏人民出版社社长的徐海先生。徐先生不仅全程听了我的课，还于百忙之中陪我用午餐，期间聊到手头的一本新加坡的高中历史教科书（*The 20th Century：As It Was Lived A History of Modern World*），我一直想将它翻译成中文，让国人体悟新加坡人看世界历史的视角，并稍后发去了该书的目录图片，徐社长对该书赞赏有加，但因翻译不是我们的专长等原因而作罢。

伴随对历史学科核心素养中的空间观念研究的深入，我在钻研、学习触手可及的古今中外历史教科书基础上，感悟到近代历史教科书特别是《史略》在开篇基本上都介绍地理沿革或地理概况，由此大概领略了空间观念培养的路径。

《史略》是国学大师柳诒徵先生在《支那通史》的基础上，于 1903 年增补元明两代历史，由设在南京的江楚书店印行，语言精炼，意思精要。而《支那通史》(以下简称《通史》)则是日本“东洋史的创设者”那珂通世在 1886—1890 年，用中文为中学编写出版的自中国远古至元朝之前的历史教科书，被誉为“世界第一部近代性质的中国通史”。1899 年，《通史》由罗振玉介绍到中国，在此后的数十年间，一直是“一种新式中国史的范本”，加上柳诒徵先生撷取其精华，摒弃其“支那”称呼，匡正中国名号，共塑华夏一体形象，此后中国历史教科书的编写大多沿用《史略》的式样。

至于日本人书写杰出的中国通史，是那个时代的必然。被国际汉学界奉为学术警察的伯希和在 1933 年 4 月曾断言“中国近代之世界学者，惟王国维及陈先生两人”，这里的陈先生即陈垣。而陈垣早在 1923 年就指出“现在中外学者谈汉学，不是说巴黎如何，就是说日本如何，没有提中国的”，更在 1931 年对胡适说“汉学正统此时在西京(日本京都)呢？还是在巴黎？”陈胡二人相对而叹，盼望十年后也许可能在北京。由此可见当时汉学，特别是中国史学研究，日本是领先中国的，这才会有像柳诒徵先生改编和续写《史略》这样有影响力的历史教科书的出现。

遗憾的是，对照建国以来我国的中国古代史教科书，无一版本在全书之前放置“总论”来介绍“地理概略”和“历史大旨”。《史略》一书中的丰满史实、典型事例，亦是昔日历史场景的悉数再现，不少是众多历史学习者所鲜见的内容，尤其是在当今将“时空观念”界定为历史学科五大核心素养之一的情况下，这一治史传统的丢失尤其令人惋惜。

2018 年 1 月 14 日，我将以张华中名师工作室集体力量点校《史略》的想法向徐海社长汇报：柳先生是江苏镇江人，学衡派领袖人物，被国学大师吴宓尊称为师、“柳公”，其弟子中名人辈出，譬如桥梁专家茅以升、史学家蔡尚思、地理学家胡焕庸等，其中茅以升在南京求学时读的就是《史略》这套书。近代中国人编纂的历史教科书较早者，有夏曾佑的《最新中学中国历史教科书》和刘师培的《中国历史教科书》，但二书成书时间均晚于《史略》，且夏著只写到隋唐，刘著仅写到西周结束，很难称得上是近代意义上的古代通史。鉴于《史略》书虽好，但仍是竖排繁体字版，且为六卷本，不便于阅读普及，点校本的出版有利于让该经典历史教科书在时代背景下焕发出耀眼的光芒。江苏人民出版社的领导高度重视并集体研讨了选题，并要求进一步求证是否已有其他点校本出版。

2018 年 1 月 15 日，对《史略》颇有研究的香港学者区志坚给出了没有点校本出版的两点原因：一是点校不容易；二是柳先生的后人内部对著作版权归属有争议。1 月 29 日，《中国近代思想家文库·柳诒徵卷》(中国人民大学出版社，2014 年)一书的作者孙文阁教授亦表示没有点校本出版过。4 月 9 日，我向江苏人民出版社提交《〈史略〉点校本选题信息表》，同日，华东师范大学李孝迁教授回复指出没有点校本出版的四点理由：一是实为改编之作；二是出版社影响小；三是篇幅仍然过大；四是柳先生的新书不断出现。3 月 18 日，通过大数据查询，在南京大学图书馆找到台湾影印版的《史略》(晚清四部丛刊第二编，林庆彰等主编，台中市文听阁图书有限公司，2010 年 11 月)，标明[清]柳诒徵撰，据光绪二十九年刻本影印，也不是点校过的版本。至此，基本确认没有点校本出版发行。

2018 年 5 月 11 日，假借到江苏省教育厅和江苏省文明办出席一个评审会的机会，我到江苏人民出版社拜会了社领导徐海、王保顶和主任卞清波、责任编辑洪扬，当面交流点校事宜。2018 年 5 月 14 日，江苏人民出版社正式通过《〈史略〉点校本》的选题论证，并于 6 月 17 日签订出版合同。

三、点校《历代史略》历程

《史略》(点校本)是由苏州高新区教育局张华中名师工作室成员为主体完成点校的。该工作室于 2017 年 7 月正式由苏州高新区教育局命名成立，是一个县(区)级高中历史名师工作室，成员由一名领衔人和五名学员构成，领衔人张华中为辽宁师范大学在读博士研究生、江苏省正高级教师、特级教师；学员中有学术硕士研究生两人，其余三人均为本科学历；工作室中一位成员毕业于“985 高校”，5 位毕业于“211 工程院校”。这样的一个学术团体，有一定的中学历史研究基础，有利于开展中学历史教科书研究。

早在点校项目确定之前，我便与尚在苏州科技大学工作的明史新秀黄阿明博士沟通，商定请他在最后给我们审稿，以便精益求精，无奈阿明博士后来到华东师范大学历史学系高就，无法参加我们日常的点校工作。这就迫使我们在点校的过程中更要精细，不能出丝毫纰漏，不能有任何怠慢，于是趁 2018 年 6 月学期即将结束之际，吸纳苏州田家炳中学褚宏达老师、苏州实验初级中学王之

剑老师,充实力量,正式启动点校工作,具体任务分工如下:

<table>
<tr><th>卷</th><th>基本点校责任人员</th><th>通读人员</th><th>统稿、定稿人员</th></tr>
<tr><td>总论</td><td>张华中</td><td rowspan="7">周　敏
褚宏达
王之剑
张华中</td><td rowspan="7">张华中</td></tr>
<tr><td>卷一</td><td>燕　鹏</td></tr>
<tr><td>卷二</td><td>张亦良</td></tr>
<tr><td>卷三</td><td>赵慧敏</td></tr>
<tr><td>卷四</td><td>唐晓燕</td></tr>
<tr><td>卷五</td><td>周　敏</td></tr>
<tr><td>卷六</td><td>王之剑</td></tr>
</table>

点校过程中,江苏人民出版社的洪扬老师给予了很多帮助和指导。先是于2018年2月1日寄来列印的《史略》和《通史》纸质本,接着是认真准备并提交项目申请。7月16日,基本的、在原书上进行的点校本交到洪老师手里,随即进入了录排程序,8月29日就收到了第一批前四本电子稿。结合洪老师的要求,于10月23日提交总论的样稿。2019年2月21日,完成了录排稿的点校,并于3月2日提交电子稿给洪老师,录排公司很快于3月11日排出了样章,3月13日,根据提议确定了录排的版式,3月28日赶出来一校稿。当时正值工作室领衔人在南京参加省领航项目,顺道将一校稿带回苏州。经过每位点校责任人员核校与通读成员四遍通读,7月21日完成一校稿的点校并寄洪老师。因编辑室和录排公司为与国内一高校合作的整体项目和建国70周年的时事选题,本书稿就暂时搁停下来,进入了一个漫长的等待期。

2019年9月21日,在华东师范大学历史学系李孝迁教授的办公室,李教授介绍了北京师范大学历史系整理出版的《柳诒徵文集》,该文集由商务印书馆在2018年10月正式出版,2019年3月发行,其第一卷即为《史略》。虽然该文集在2011年就被列入教育部人文社会科学重点研究基地北京师范大学史学理论与史学史研究中心的重大项目,历经八年多的努力编校完成,但细小的疏漏姑且不提,谨以"卷二《中世史(上)》"为例,该部分相对于《史略》原书漏掉了近23个页面,缺失了包括"第二篇楚汉"的"第一章项羽为霸王""第二章楚汉分争上""第三章楚汉分争下""第四章汉灭楚"及"第三篇前汉上"的"第一章汉业初定"约计五章内容,原应是"第三篇前汉上""第二章高祖诸政"的篇章序号,将错就错地改为了"第二篇前汉上""第一章高祖诸政"。《史略》本卷(商务版将"卷"改为“编”)原有9篇,商务版本编仅剩8篇,这也致使整理者自己都无法衔接上去,故在第61页不得不加上按语“整理者按:原文此叙事混乱不明,只好试接《史记》补,以通文字”,但不知整理者所据“原文”是什么?无论是早稻田大学存本,还是台湾影印本,都无整理者所述现象。况且,该文集12卷只有一个定价,计1998元,对单行本《史略》的普及和推广极为不便。

直到2020年1月13日,二校稿终于录排完成。但2020年春节前后,因受新冠肺炎疫情影响,出版部门的工作基本上都停了下来,就连快递都难以收寄。在此期间,统稿人仔细地进行了通读校对,并将问题反馈给各篇章负责人,研究确认后,又进行了四遍通读,最终于6月14日提交编辑部。2020年9月2日,三校样排版出来,给作者和准备为本书写序言的王子今教授分别寄了一份。通读组拿到三校稿后即进行轮流通读,期间,9月18日,洪老师发来设计的两个封面方案供选择,这也预示着点校工作接近了尾声。

四、点校《历代史略》感悟

点校工作历时两年多,四易其稿,终于要定稿出版,回首过去,感悟颇多。

首先,增强了团队的凝聚力。8人的点校组成员中,7人是学校中层干部或管理人员,日常事务繁杂,但能在百忙之中抽出时间,在喧嚣的尘世中静下心来读书、查资料、做学问,寻得一方净土,能在规定的时间内完成各自的点校任务,难能可贵;四位通读人员,一遍又一遍地轮换通读,也彰显了团队的强大战斗力。

其次,完善了知识的结构图。虽然本人从初中就开始学历史,一直学到大学毕业,毕业后又教了多年历史,但仔细品读柳诒徵先生所编撰之《史略》,顿感知识之匮乏,结构之不完整。点校加上通读,是对个人历史知识结构的弥补,是对史学研究方法的再提升。在当今国家成立中国历史研究院,统一编写历史教科书的新形势下,本书对广大历史学习者、爱好者来说,无疑是一难觅的中国古代史读本。

第三,结识了众多专家学者。从最初的项目申请到最后的图书付梓,因研究《史略》这一近代历史教科书,认识或熟识了中国人民大学的王子今,河北师范大学的孙文阁,香港的区志坚,日本爱知县立大学的黄东兰,南京大学的孙江、胡阿祥、武黎嵩,华东师范大学的李孝迁、黄阿明,江苏人民出版社的徐海、王保顶、卞清波、洪扬等专家学者,从他们身上学到了很多做学问的本领。

第四,了却了心中的小愿望。点校该历史教科书,初衷是将其蕴含的历史学科核心素养介绍给每一位历史爱好者,开卷即可发现,书中所涉及的地名,几乎无一例外地用小字指出位于当时(清朝)哪一个位置,形成古今对照,搭建起历史时序背景下历史人物延展的舞台,给时下乃至今后的统编历史教科书编写提供些许参考。

最后,致谢所有的关爱者。点校项目是依托苏州高新区教育局高中历史名师工作室开展的,工作室的成立承蒙苏州高新区教育局局长周经纬、副局长张文、时任吴县中学校长符云峰的厚爱;承蒙中国人民大学王子今教授百忙之中惠赐序言,王教授博学多才,史学功底深厚,古籍文献信手拈来,如"'小学'的主要内容是'学六甲五方书计之事','六甲'是关于时间的知识,'五方'是关于空间的知识",巧妙地例证了历史学科核心素养中的"时空观念"古已有之,对点校者"传播历史知识,特别是空间知识的初衷"给予肯定,鼓励点校者对史学传统的继承和发扬;承蒙人民教育出版社历史室原主任、中国教育学会历史教学专业委员会原理事长、美国夏威夷州立大学历史学博士陈其先生惠赐序言;承蒙胡阿祥、黄东兰、孙江三位教授惠赐推荐语;承蒙点校组成员所在单位领导、同事和家人的关爱,没有他们的默默关心,很难顺利地完成点校工作。

总之,自酝酿点校《史略》以来,两年多的时间里,感悟颇多,要感谢的人更多。点校过程中的疏漏也再所难免,《史略》(点校本)是集体智慧的结晶,荣耀属于大家,责任则由我一人承担,恳请专家学者批评指正。

执笔人:张华中

联系邮箱:hzsj8888@vip.163.com

2020 年 10 月 31 日